LAUREN ESPY

MEIN AMIGURUMI ABENTEUER

Niedliche Tiere aus Ozean, Dschungel und Wald häkeln

EMF

EIN BUCH DER
EDITION MICHAEL FISCHER

WIDMUNG

Im Andenken an meine liebe Mama Shannon. Du hast mich immer ermutigt, meinen Träumen zu folgen, und warst stets meine größte Unterstützerin.

INHALT

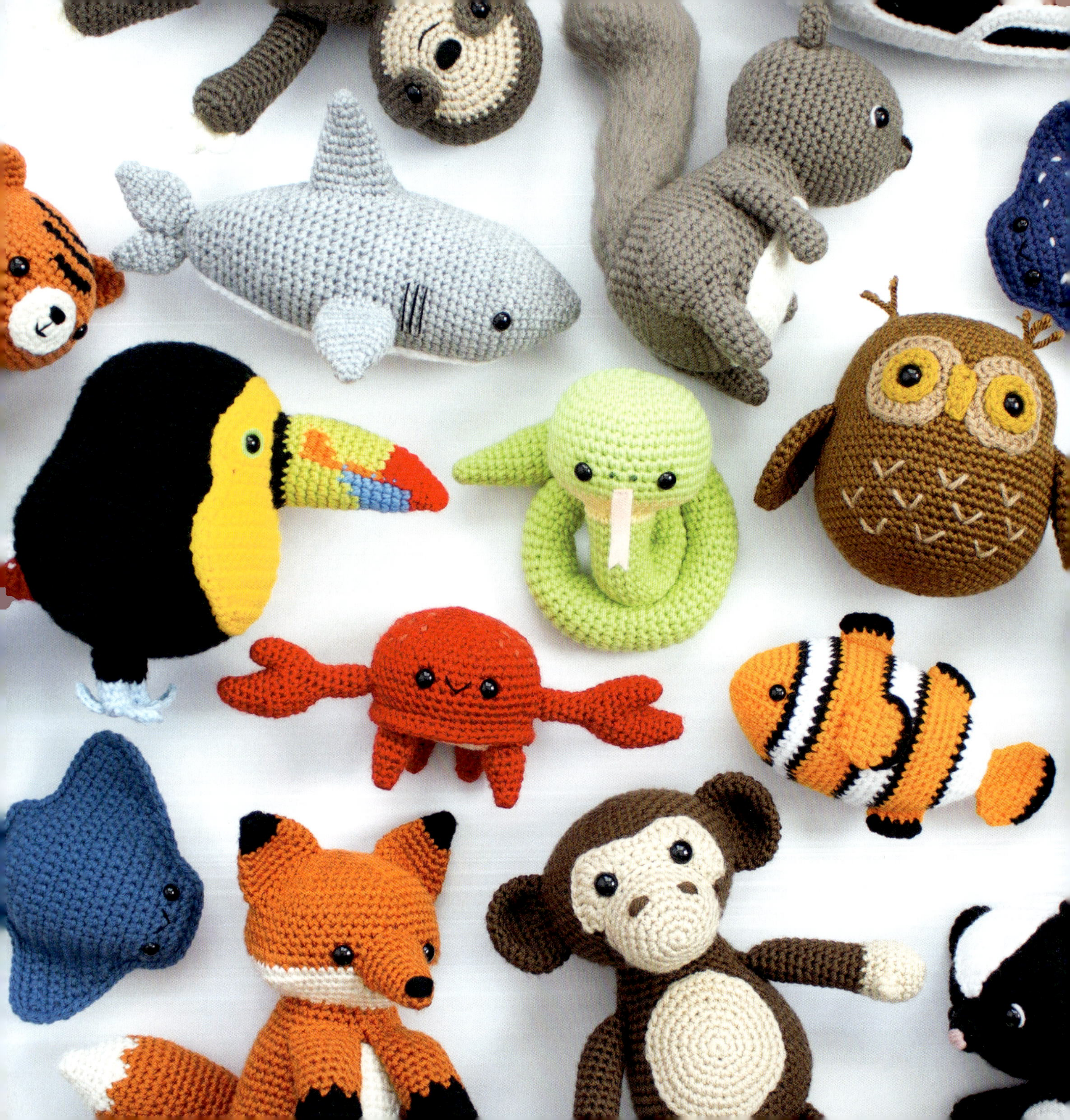

EINLEITUNG

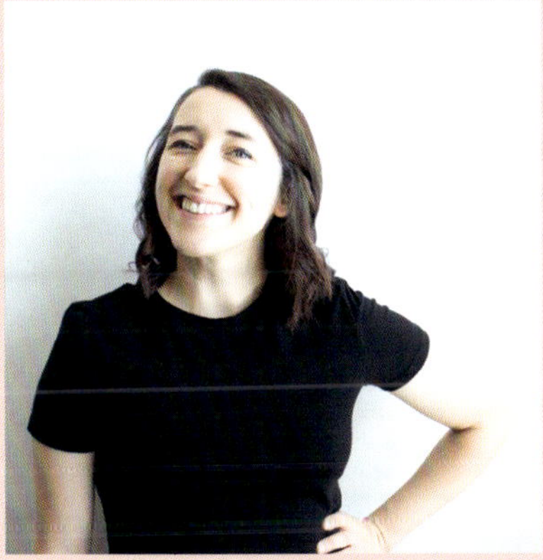

Hallo, liebe Freundinnen und Freunde! Ich freue mich sehr, dass ihr bei diesem neuen Amigurumi-Abenteuer dabei seid!

Meine Liebe zum Häkeln flammte wieder auf, als mir meine Großmutter 2009 ein Set aus Häkelnadeln, Wolle und ein Buch über Amigurumis geschenkt hat. Es hat mich sofort fasziniert, dass man aus Wolle und einer Häkelnadel süßes Spielzeug anfertigen kann. So brachte ich mir das Häkeln mit ein paar Online-Videos selbst bei, und nachdem ich mein erstes Stück – einen schiefen Oktopus – fertig hatte, war ich vom Häkeln besessen.

Nachdem ich raushatte, wie man Amigurumis macht und wie man verschiedene Formen häkelt, begann ich, eigenes Spielzeug zu entwerfen. Ein Modell zeichnen und es in etwas Greifbares verwandeln zu können, wird für mich immer das Schönste am Häkel-Designen sein. Zu sehen, wie ein Teil entsteht, ist so cool! Im Jahr 2015 habe ich schließlich meinen Online-Shop eröffnet, *A Menagerie of Stitches*, wo ich fertige Teile, aber auch Anleitungen zum Häkeln von Amigurumis verkaufe. Seitdem habe ich viele weitere Muster veröffentlicht und sogar zwei Bücher geschrieben, *Meine kunterbunte Amigurumi-Welt* und *Crochet Cafe*. Ich freue mich sehr, dass alle Amigurumis anfertigen und Spaß am Häkeln finden, nachdem sie meine ersten beiden Bücher gekauft haben.

In diesem Buch befasse ich mich mit einem Thema, an das ich mich bisher noch nicht in Gänze rangetastet habe – die Welt der Tiere! Tiere sind großartige Kreaturen, und es hat mir Freude bereitet, mehr über sie zu erfahren, als ich jedes Einzelne gehäkelt habe.

Jedes Kapitel dieses Buchs enthält fünf Tiere, die man in verschiedenen Gebieten der Erde finden kann. Wir beginnen unsere Reise mit einem Trip durch den Ozean, um clevere Clownfische und Krabben zu besuchen. Als Nächstes begeben wir uns in den Dschungel, wo wir ein neugieriges Faultier und einen sehr mitteilsamen Tukan treffen. Dann unternehmen wir eine Tour durch einen Wald und entdecken einen Fuchs und Eichhörnchen, die miteinander plaudern.

Wenn du in diesem Buch blätterst, findest du hoffentlich dein Lieblingstier oder entdeckst ein paar neue, die dir genauso gut gefallen. Du kannst sie an deinen Geschmack anpassen, indem du sie mit deinen Lieblingsfarben häkelst oder kleine Verzierungen hinzufügst. Die Möglichkeiten dafür sind endlos!

Ich bin bereit für dieses neue Abenteuer und kann es kaum erwarten, dich mitzunehmen. Schnapp dir deine Wolle und Häkelnadeln und lass uns ein paar wirklich süße Tiere treffen!

Viel Spaß beim Häkeln!

Lauren

MATERIAL

GARN

Es gibt eine große Auswahl verschiedener Garnarten, aber ich nehme am liebsten Acrylwolle mit einer Lauflänge von 100–120 m je 50 g. Mir gefällt Garn aus Acryl, weil es in vielen verschiedenen Farben erhältlich und strapazierfähig ist. Es eignet sich gut für Amigurumis. Nimm für die Tiere in diesem Buch einfach deine Lieblingsmarke und -farben! Eine Liste mit den Marken und genauen Farben, die ich für dieses Buch verwendet habe, kannst du auf meiner Website www.amenagerieofstitchesblog.com einsehen.

HÄKELNADEL

Häkelnadeln gibt es in zahlreichen Größen aus Aluminium, Kunststoff oder Holz. Ich nehme meist eine Alu-Häkelnadel mit ergonomischem Griff, weil er beim Häkeln am besten in meiner Hand liegt. Achte auch darauf, dass die Nadel zur Wolle passt. Um es einfach zu halten, wird für alle Anleitungen in diesem Buch eine Häkelnadel 3,75 mm verwendet. Wenn du willst, kannst du natürlich auch eine größere oder kleinere nehmen. Bedenke dann nur, dass deine Tiere je nach Nadelgröße größer oder kleiner werden können.

SICHERHEITSAUGEN

Sicherheitsaugen gibt es in zahlreichen Größen und Farben. Sie haben eine Kunststoff- oder Metallscheibe, die auf der Rückseite befestigt wird, nachdem die Augen in das Häkelteil eingesetzt wurden. Achte darauf, dass du die Augen genau dort anbringst, wo du sie haben möchtest, bevor du die Scheiben montierst, denn später lassen sie sich nicht mehr entfernen. Knöpfe, Filz oder aufgestickte Augen sind eine prima Alternative zu Sicherheitsaugen.

Für die Anleitungen in diesem Buch verwenden wir einfache schwarze Augen mit einem Durchmesser von 9 mm, 10 mm, 10,5 mm und 12 mm. Wenn die Häkelstücke für kleine Kinder gedacht sind, empfehle ich immer, die Sicherheitsaugen durch Filz zu ersetzen oder die Augen mit Wolle oder Stickgarn aufzusticken.

FÜLLMATERIAL

Füllwatte aus Polyester eignet sich sehr gut zum Ausstopfen der Amigurumis. Achte darauf, genug davon zu verwenden, damit die Häkelarbeit ihre Form behält, aber nimm auch nicht zu viel. Denn dann dehnen sich die Maschen und die Füllwatte tritt durch die Löcher. Um die Füllwatte in kleinere Teile, in die du mit dem Finger nicht hineinkommst, zu stopfen, nimmst du am besten ein Essstäbchen oder den Stiel der Häkelnadel zu Hilfe.

WOLLNADEL

Wichtig für die Anfertigung von Amigurumis! Woll- oder Stopfnadeln braucht man, um Teile zusammenzunähen oder Fadenenden zu vernähen. Sie haben eine stumpfe Spitze und ein viel größeres Öhr, durch das sich der Faden ganz einfach einfädeln lässt.

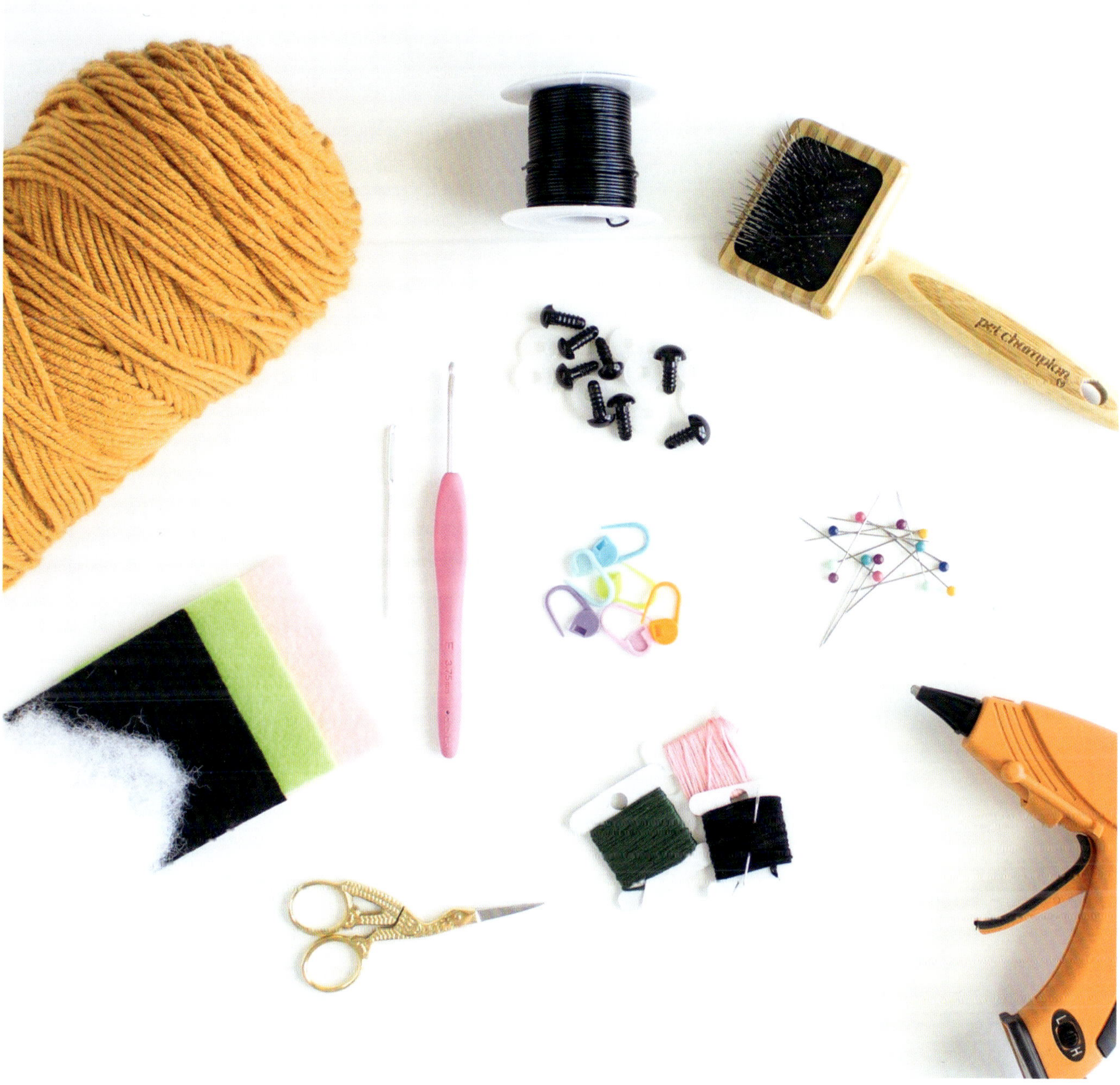

MASCHENMARKIERER

Sie sind für die Anfertigung von Amigurumis ein Muss. Da wir in Runden häkeln, müssen wir damit das Ende der vorherigen Runde markieren. Alternativ kannst du auch einen Kontrastfaden oder eine Sicherheitsnadel nehmen.

STICKNADEL UND -GARN

Damit werden kleinere Details wie Münder und Nasen gearbeitet. Ich nehme dafür gerne Stickgarn, weil es das in so vielen verschiedenen Farben gibt und weil es viel dünner als Wolle ist. Für die Anleitungen in diesem Buch nehmen wir schwarzes, dunkelgrünes und rosa Stickgarn.

SCHERE

Eine scharfe Schere ist zum Ausschneiden von Filz oder zum Abschneiden von Wolle und Stickgarn nützlich.

STECKNADELN

Stecke die Einzelteile des Tiers mit Stecknadeln aneinander, bevor du sie zusammenfügst. So kannst du dich vergewissern, dass alle Teile an der richtigen Stelle sitzen, bevor du sie festnähst.

FILZ

Ich nehme gerne Filz, um einem Tier kleine Details anzufügen. Nasen und Augen können zum Beispiel leicht aus Filz in verschiedenen Farben gefertigt werden. Befestige den Filz mit einer Heißklebepistole oder mit Stickgarn an den Häkelteilen. Für die Anleitungen in diesem Buch nehmen wir schwarzen, rosa und limettengrünen Filz.

BASTELDRAHT AUS ALUMINIUM

Basteldraht ist viel dicker und fester als Pfeifenreiniger, sodass sich damit größere Teile gut biegen lassen.
Wir nehmen für die Schlange im Kapitel Dschungel (Seite 88) Alu-Basteldraht mit 1 mm Durchmesser.

HEISSKLEBEPISTOLE

Ich nehme gerne Heißkleber, um Filz oder gehäkelte Details an einem Stück anzubringen. Das Ergebnis ist viel sauberer und verleiht dem Tier ein schönes Aussehen. Der Trick dabei ist, langsam vorzugehen und den Kleber in geringen Mengen nach und nach aufzutragen. Es geht viel schneller, diese Details aufzukleben als aufzunähen. Wenn du keinen Heißkleber nehmen möchtest, kannst du die Teile auch mit Stickgarn und -nadel anbringen.

HUNDEBÜRSTE

Eines meiner Lieblingswerkzeuge! Mit einer Hundebürste kann man das Garn auflockern und dem Teil eine andere Struktur verleihen. Verwende diese Bürste für den Schwanz des Eichhörnchens (Seite 164).

ABKÜRZUNGEN

Abn – Abnahme(n)
DStb – Doppelstäbchen
fM – feste Masche(n)
hMg – nur hintere(s) Maschenglied(er)
hStb – halbe(s) Stäbchen
Km – Kettmasche(n)
Lm – Luftmasche(n)
M – Masche(n)
Mg – Maschenglied(er)
Mini-Np– Mini-Noppe(n)
Np – Noppe(n)
R – Reihe(n)
Rd – Runde(n)
Stb – Stäbchen
uns Abn – unsichtbare Abnahme(n)
vMg– nur vordere(s) Maschenlied(er)
Zun – Zunahme(n)
Zun DStb – Doppelstäbchen zunehmen
Zun hStb – halbes Stäbchen zunehmen
Zun Stb – Stäbchen zunehmen

* – Schritte zwischen Sternchen so oft wie angegeben wiederholen.
( ) – Die Zahl in der Klammer gibt die Maschenzahl am Ende einer Runde oder Reihe an.

MASCHENARTEN UND TECHNIKEN

Auf meinem Blog www.amenagerieofstitchesblog.com und auf meinem gleichnamigen YouTube-Kanal findest du hilfreiche Video-Tutorials für diese Maschenarten.

GRÖSSE

Zwar spielt die Größe beim Häkeln eine Rolle, für Amigurumis ist sie jedoch nicht so wichtig. Jede*r hält den Faden anders, daher ist die Spannung bei dir wahrscheinlich anders als bei mir. Achte darauf, dass sie immer gleichmäßig ist und deine Maschen fest genug sind, damit die Füllwatte nicht zu sehen ist.

Beim Häkeln mit einer kleineren oder größeren Nadel verändert sich die Größe deines Tiers. Bei den Maßangaben handelt es sich um grobe Richtwerte.

UMSCHLAG

Mit der Häkelnadel den Arbeitsfaden greifen. Dabei wird er von hinten nach vorne um die Nadel gelegt (Foto 1). Der Faden liegt nun auf der Nadel und kann durch die Schlaufe oder Masche gezogen werden.

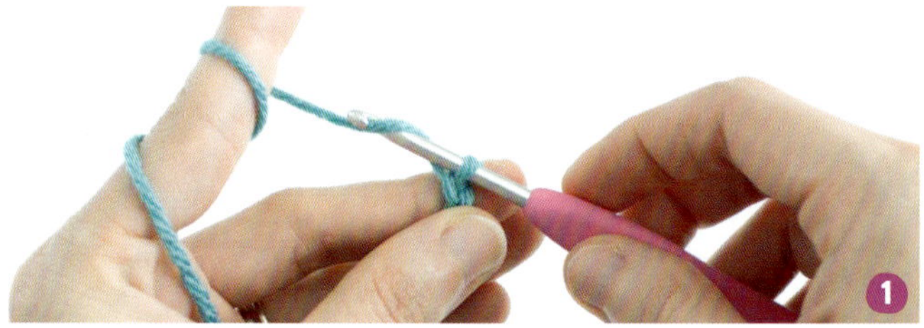

MAGISCHER RING

1. Den Faden zu einer Schlaufe legen, dabei den Arbeitsfaden über den Endfaden legen (Foto 1).

2. Die Nadel in die Schlaufe führen und den Arbeitsfaden greifen. Durch die Schlaufe ziehen (Fotos 2+3).

3. Umschlag um die Nadel legen und durch die Schlaufe ziehen. Dies ist die 1. Luftmasche (Fotos 4+5). Im nächsten Schritt werden feste Maschen gehäkelt.

4. Die Nadel in die Schlaufe führen. Darauf achten, sie unter beide Schlaufen hindurch zu führen (Foto 6).

5. Umschlag um die Nadel legen und durch die Schlaufe ziehen. Es liegen 2 Schlaufen auf der Nadel (Fotos 7+8).

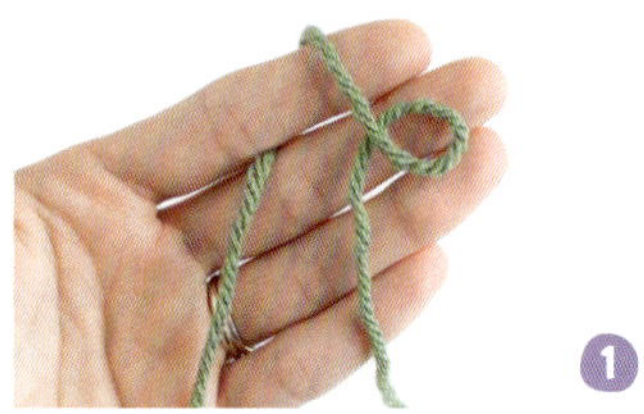

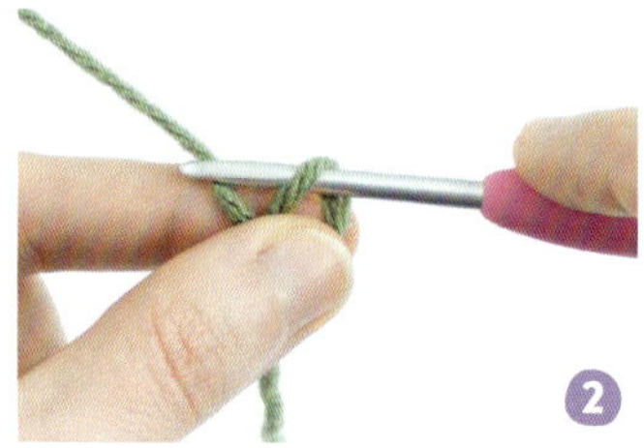

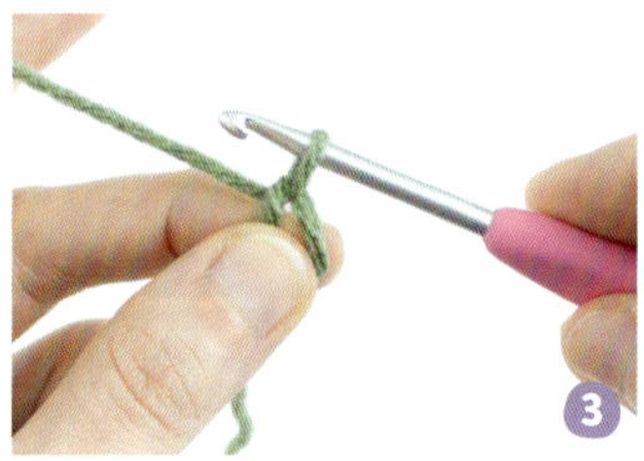

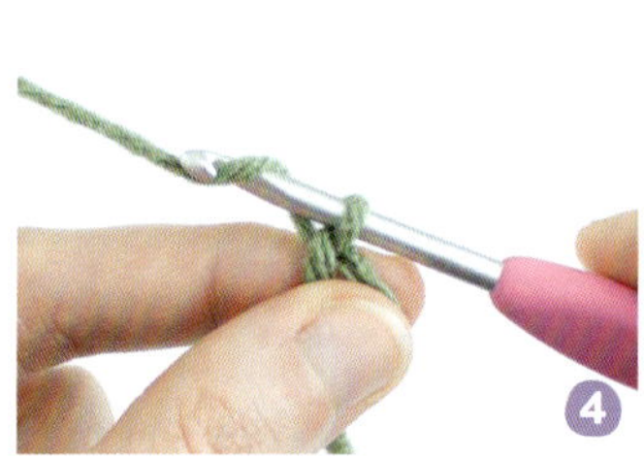

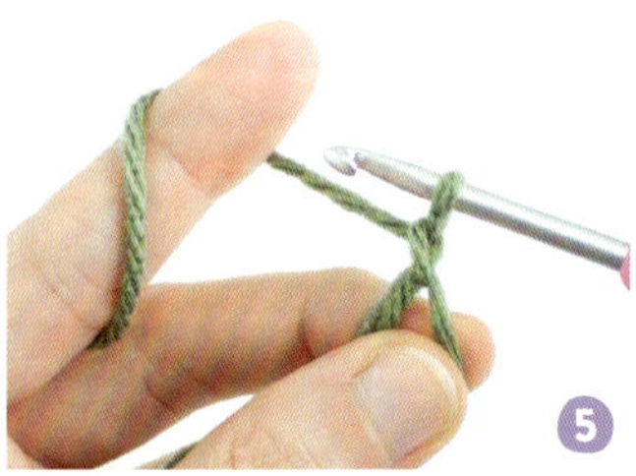

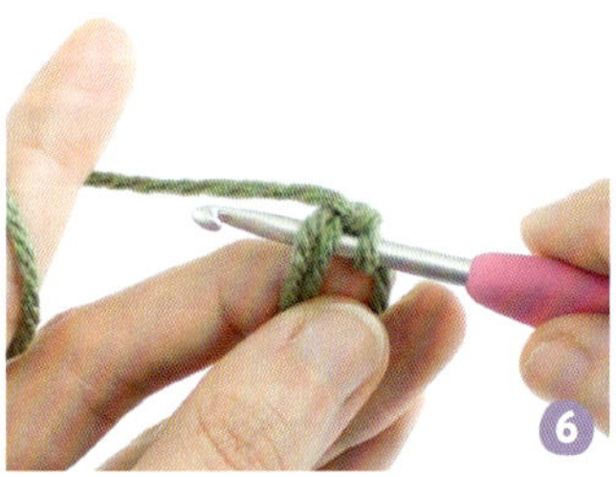

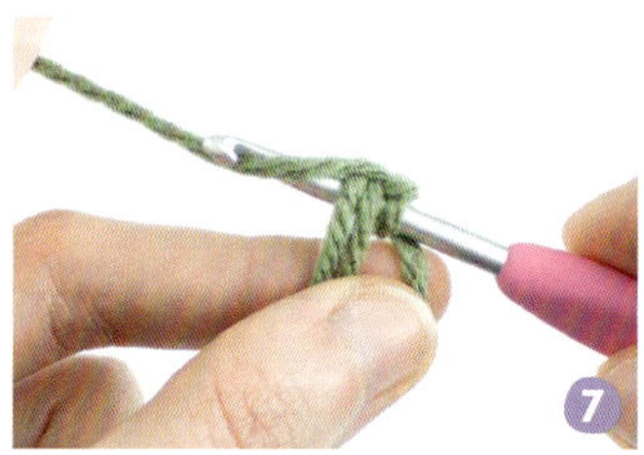

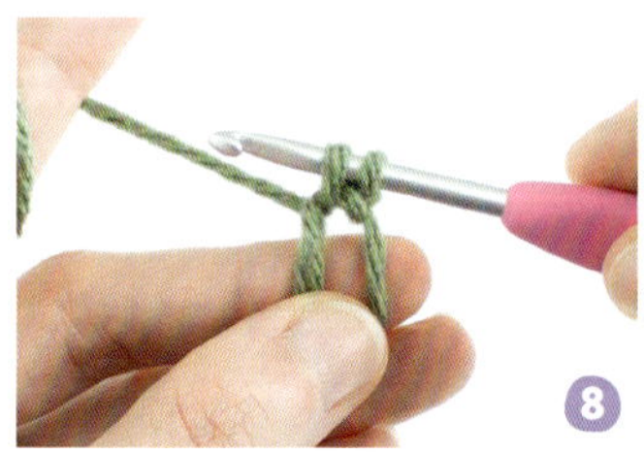

6. Umschlag um die Nadel legen und durch beide Schlaufen ziehen. Es liegt 1 Schlaufe auf der Nadel. Die erste feste Masche ist nun fertig (Foto 9).

7. Schritte 4–6 so oft wie angegeben wiederholen. In den meisten Anleitungen werden 6 feste Maschen in einen magischen Ring gehäkelt (Foto 10).

8. Dann am Endfaden ziehen und so die Schlaufe schließen. Der magische Ring ist nun fertig (Foto 11). Um die nächste Runde zu beginnen, in die 1. feste Masche aus Schritt 6 häkeln (Foto 12).

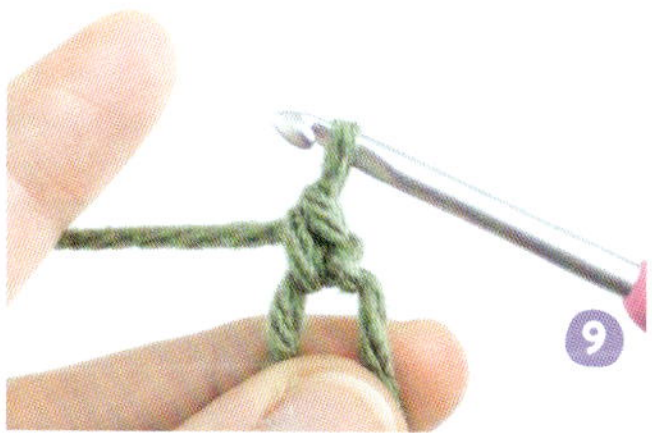
9

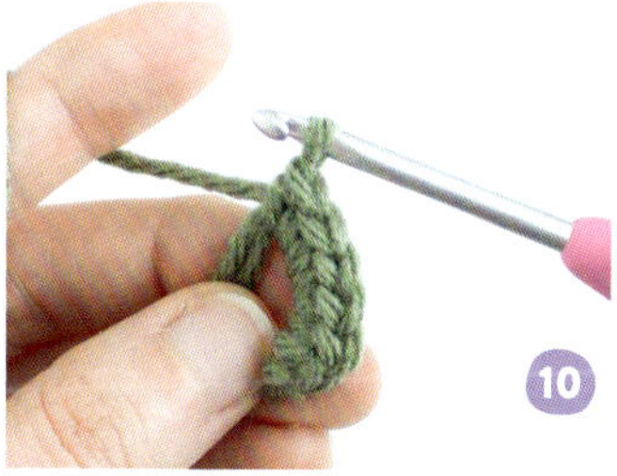
10

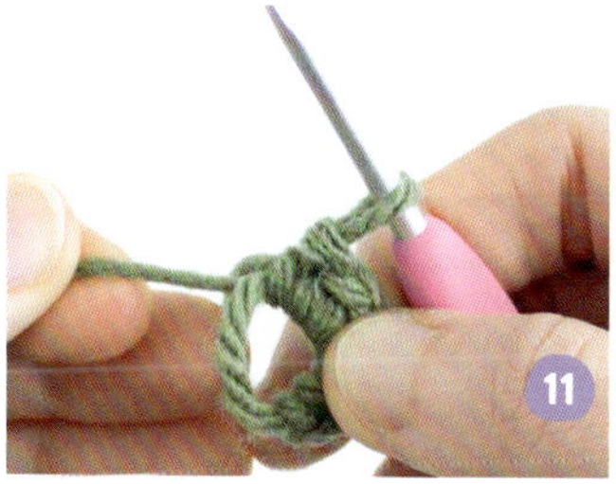
11

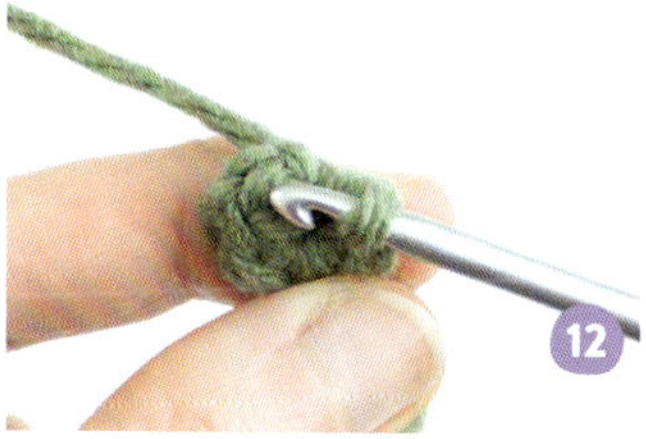
12

FESTE MASCHE (fM)

1. Nadel in die Masche führen und 1 Umschlag um die Nadel legen (Fotos 1+2).

2. Nadel durch die Masche ziehen. Es liegen 2 Schlaufen auf der Nadel (Foto 3).

3. Umschlag um die Nadel legen, durch beide Schlaufen ziehen. Es liegt 1 Schlaufe auf der Nadel (Fotos 4+5).

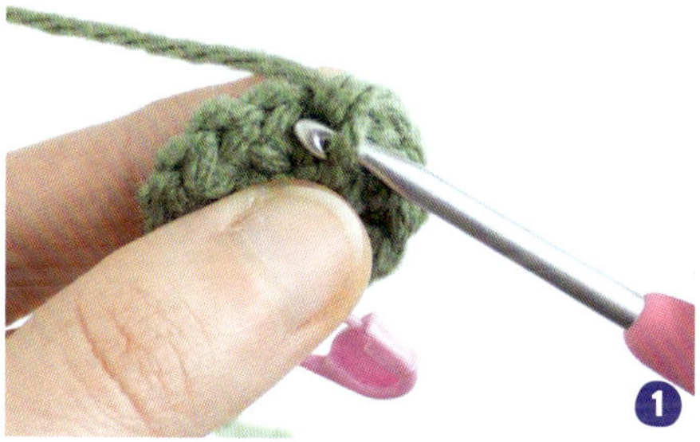
1

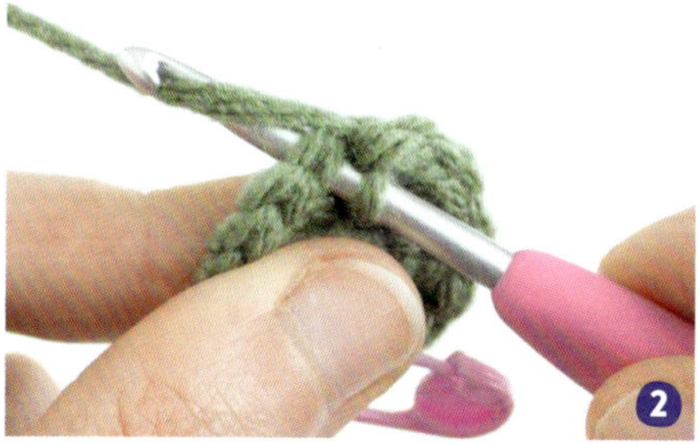
2

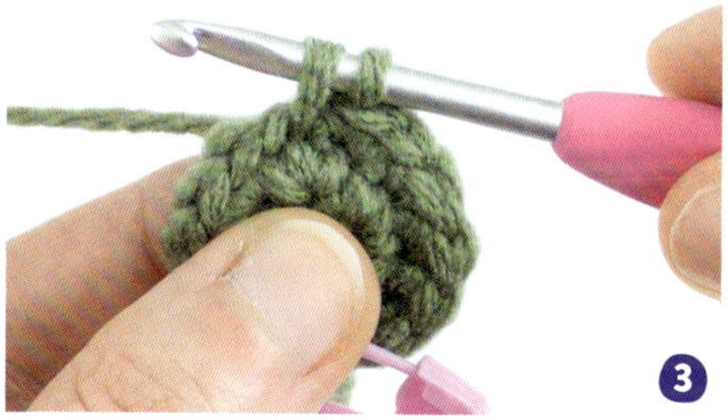
3

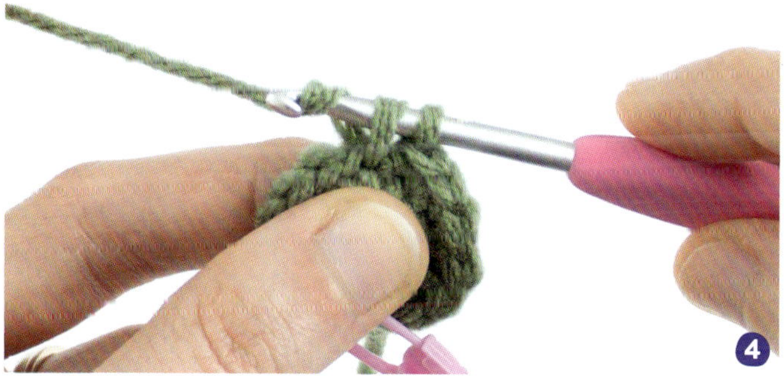
4

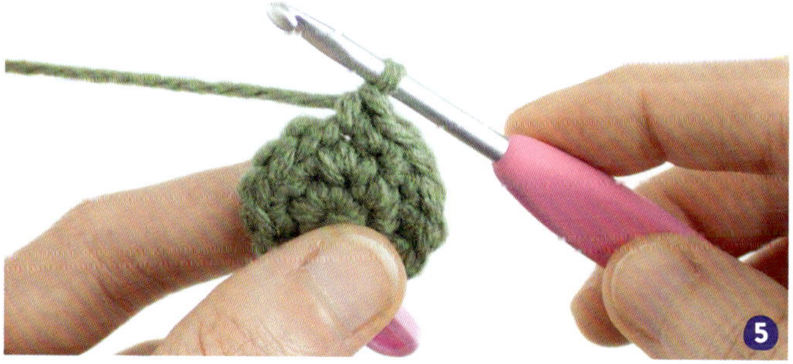
5

ZUNAHME (Zun)

Eine Zunahme wird gearbeitet, damit die Häkelarbeit größer wird. Dafür einfach 2 feste Maschen in 1 Masche arbeiten. Auf dem Foto kannst du in einer Masche 2 „Vs" sehen (Foto 1). Dies ist eine Zunahme.

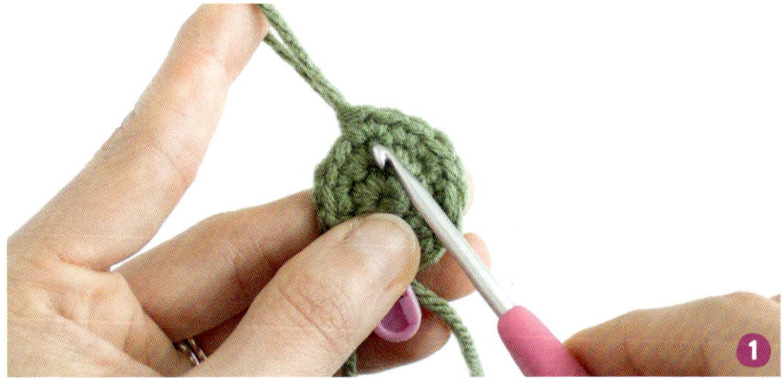

HALBES STÄBCHEN (hStb)

1. Umschlag um die Nadel legen und die Nadel in die Masche führen (Fotos 1+2).

2. Umschlag um die Nadel führen und die Nadel durch die Masche ziehen. Es liegen 3 Schlaufen auf der Nadel (Fotos 3+4).

3. Umschlag um die Nadel legen und durch alle 3 Schlaufen ziehen. Es liegt 1 Schlaufe auf der Nadel (Fotos 5+6).

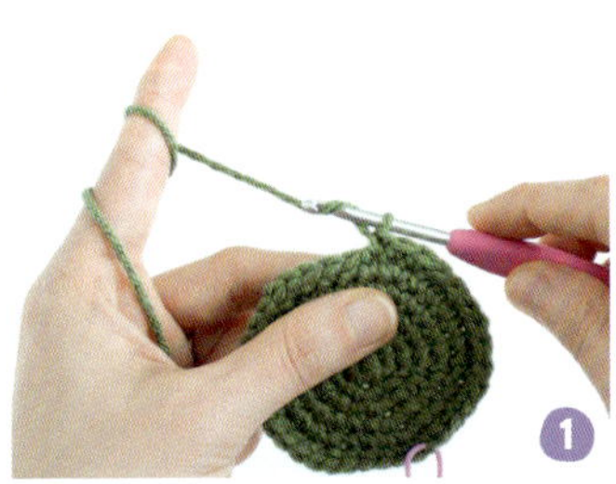

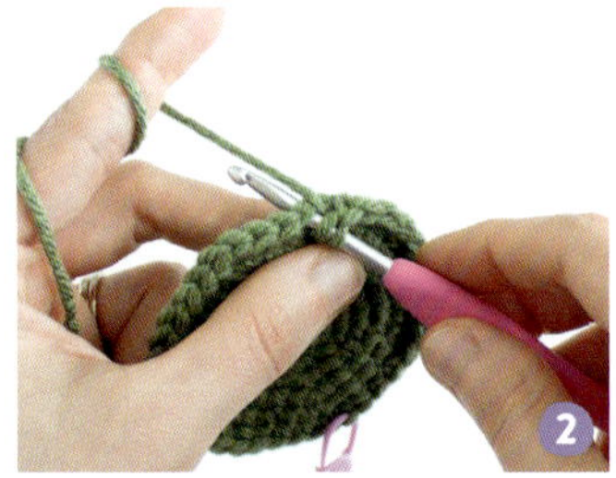

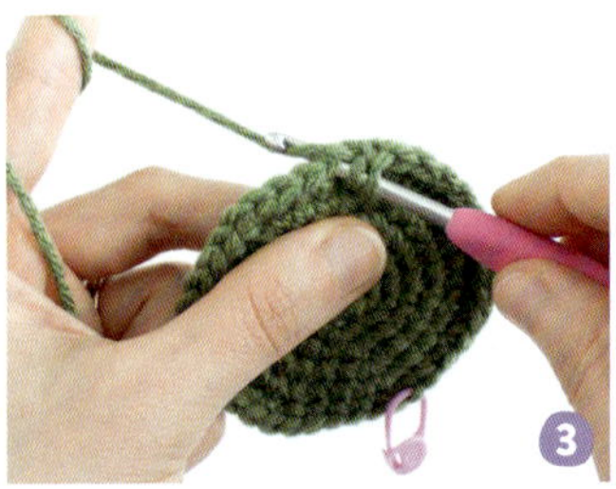

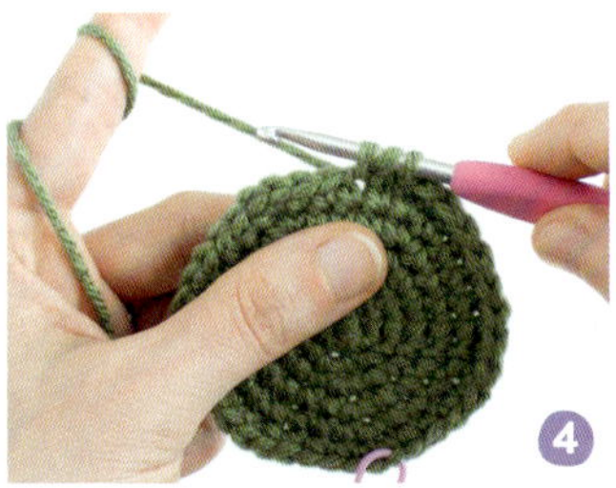

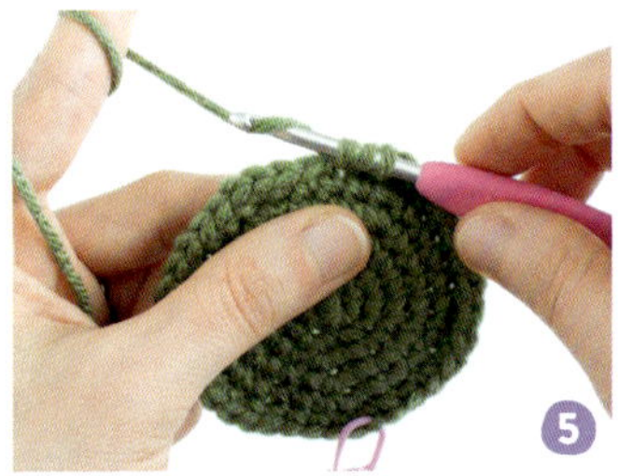

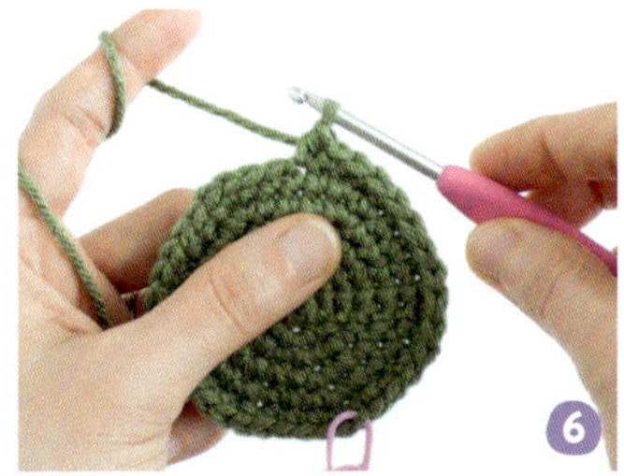

STÄBCHEN (Stb)

1. Umschlag um die Nadel legen, diese in die Masche führen (Fotos 1+2).

2. Umschlag um die Nadel führen, diese durch die Masche ziehen. Es liegen 3 Schlaufen auf der Nadel (Fotos 3+4).

3. Umschlag um die Nadel legen, durch die ersten 2 Schlaufen ziehen. Es liegen 2 Schlaufe auf der Nadel (Fotos 5+6).

4. Umschlag um die Nadel legen, durch beide Schlaufen ziehen. Es liegt 1 Schlaufe auf der Nadel (Foto 7+8).

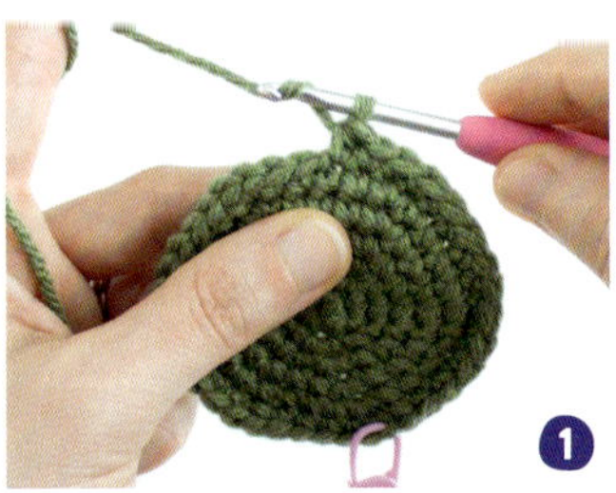

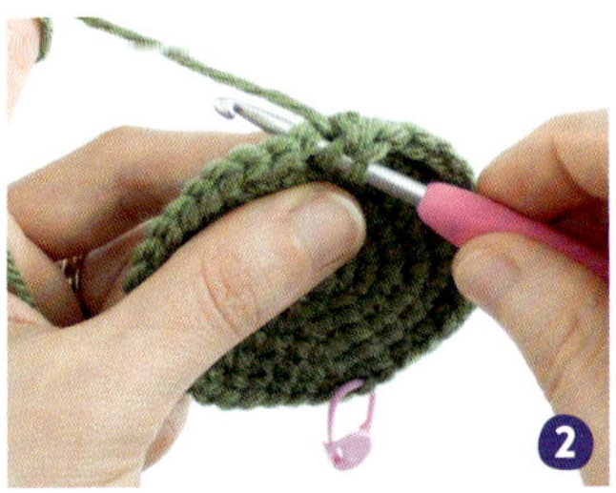

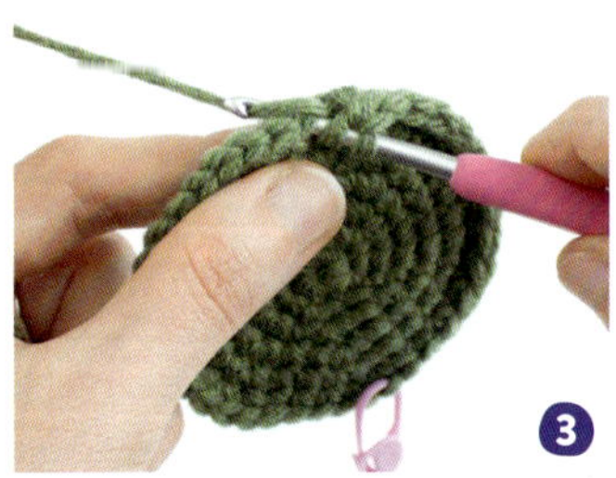

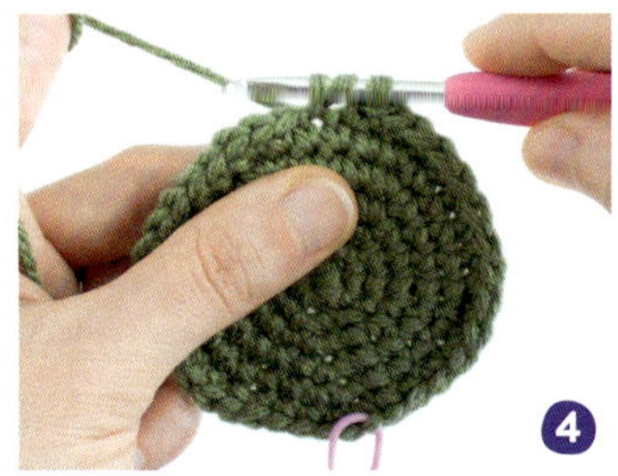

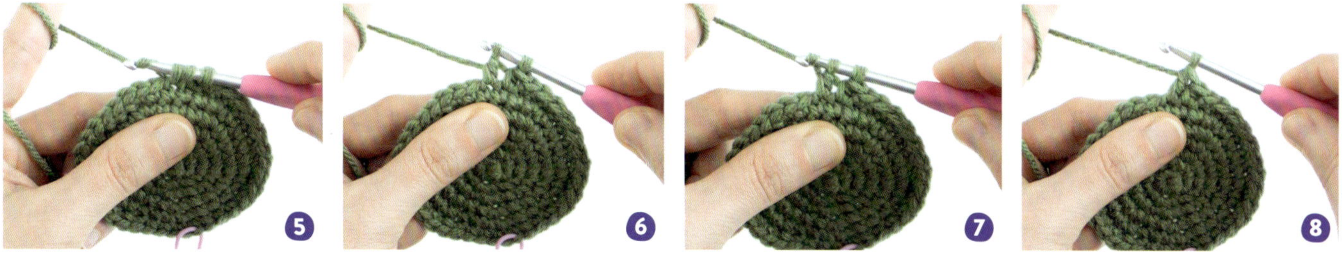

DOPPELSTÄBCHEN (DStb)

1. 2 Umschläge um die Nadel legen, sodass 3 Schlaufen daraufliegen (Foto 1).

2. Nadel in die Masche führen und 1 Umschlag um die Nadel legen (Foto 2).

3. Nadel durch die Masche ziehen. Es liegen 4 Schlaufen auf der Nadel (Foto 3).

4. Umschlag um die Nadel legen und durch 2 Schlaufen ziehen. Es liegen 3 Schlaufen auf der Nadel (Fotos 4+5).

5. Umschlag um die Nadel legen und durch die anderen 2 Schlaufen ziehen. Es liegen 2 Schlaufen auf der Nadel (Fotos 6+7).

6. Umschlag um die Nadel legen, durch die restlichen 2 Schlaufen ziehen. Es liegt 1 Schlaufe auf der Nadel (Foto 8).

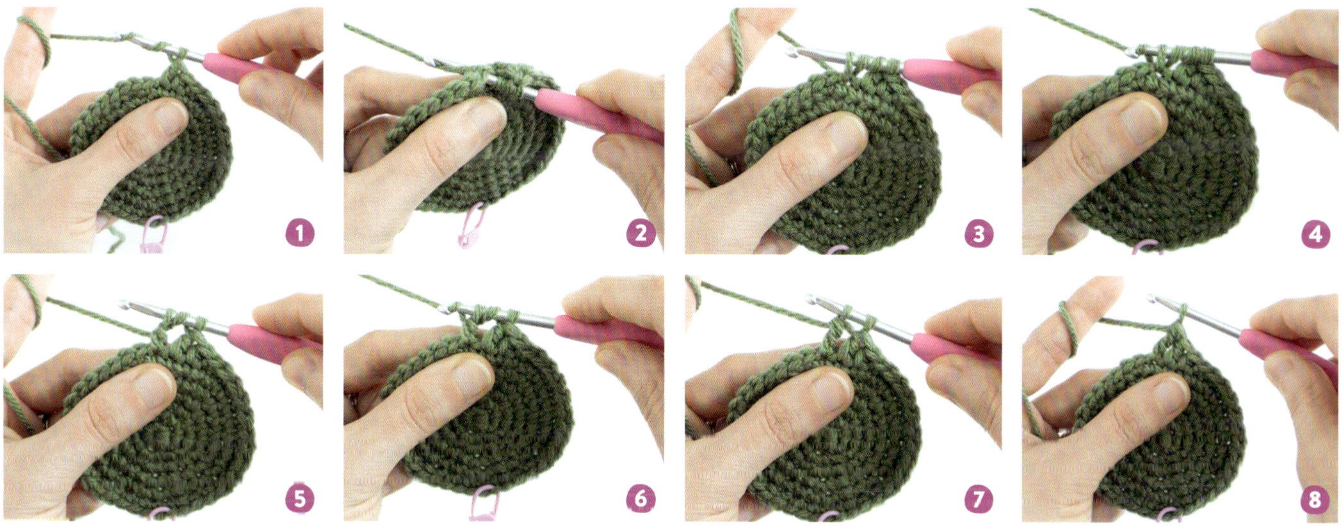

HALBES STÄBCHEN, STÄBCHEN, DOPPELSTÄBCHEN ZUNEHMEN (Zun hStb, Zun Stb, Zun DStb)

Diese Zunahmen werden wie normale Zunahmen mit festen Maschen gearbeitet. Dafür einfach 2 halbe Stäbchen, 2 Stäbchen oder 2 Doppelstäbchen in eine Masche häkeln.

UNSICHTBARE ABNAHME (uns Abn)

Dies ist meine bevorzugte Weise, ein Amigurumi zu verkleinern. Eine normale Abnahme ist am Ende etwas dick, während eine unsichtbare Abnahme fast nicht zu sehen ist.

1. In die VORDEREN Maschenglieder der nächsten 2 Maschen stechen. Es liegen 3 Schlaufen auf der Nadel (Foto 1).

2. Umschlag um die Nadel legen, durch die 2 vorderen Maschenglieder ziehen. Es liegen 2 Schlaufen auf der Nadel (Foto 2+3).

3. Noch einen Umschlag um die Nadel legen und durch die 2 restlichen Schlaufen ziehen. (Foto 4).

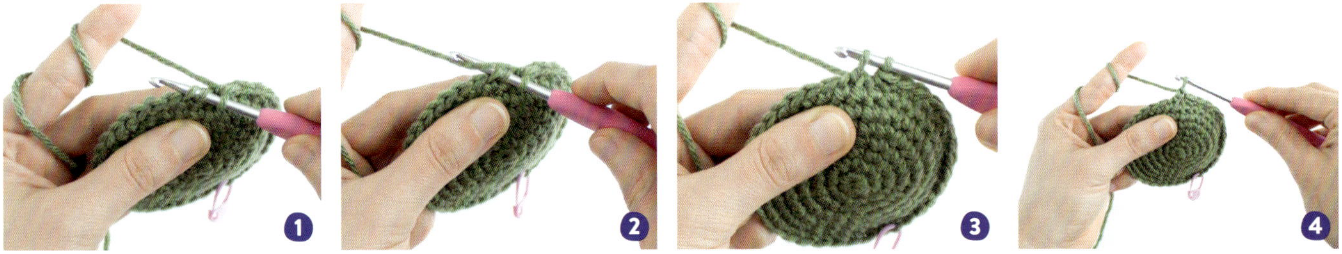

NORMALE ABNAHME (Abn)

In einigen Anleitungen wird diese Technik zum Abnehmen von Maschen verwendet, vor allem bei flachen Stücken, in denen nicht in Runden gearbeitet wird.

1. Nadel in die nächste Masche führen. Umschlag um die Nadel legen und durchziehen. Es liegen 2 Schlaufen auf der Nadel (Fotos 1+2).

2. Nadel in die nächste Masche führen. Umschlag um die Nadel legen und durchziehen. Es liegen 3 Schlaufen auf der Nadel (Fotos 3–5).

3. Umschlag um die Nadel legen und durch alle 3 Schlaufen ziehen. Es liegt 1 Schlaufe auf der Nadel (Fotos 6+7).

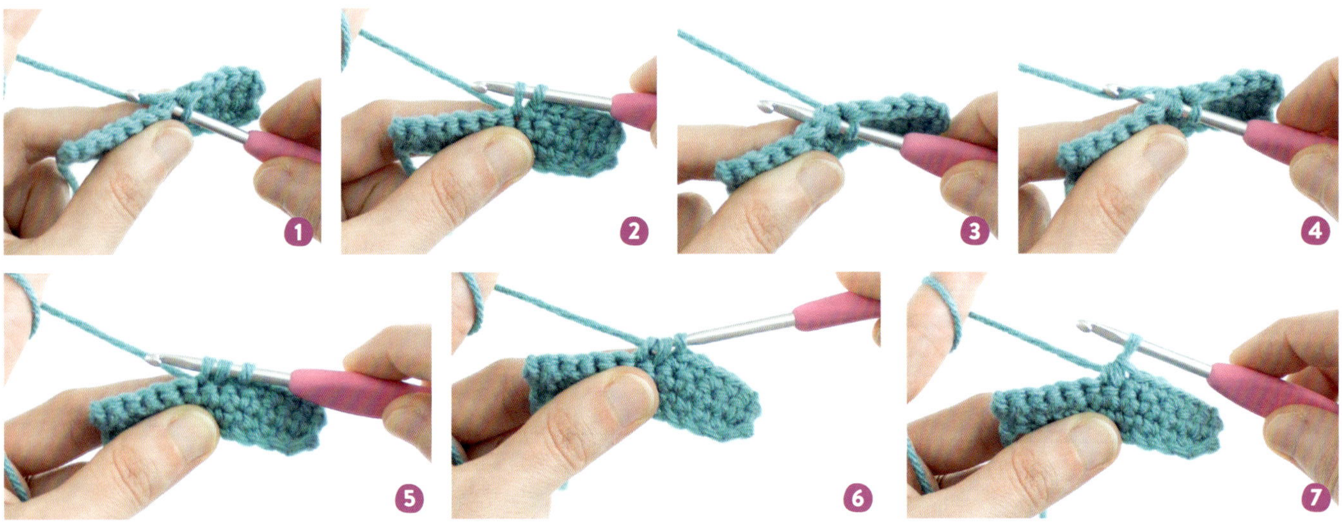

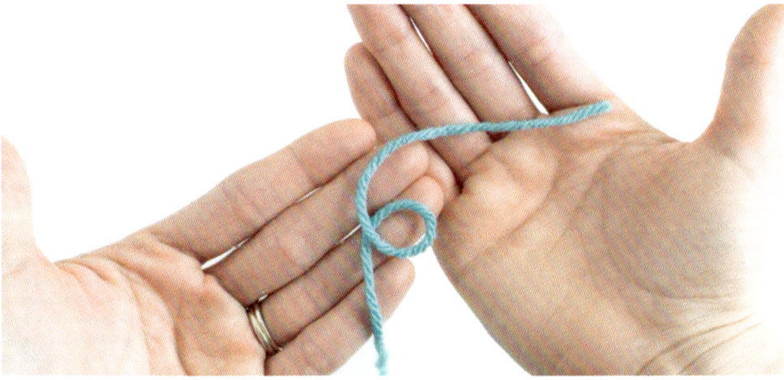

1

ANFANGSSCHLAUFE

1. Den Endfaden über den Arbeitsfaden legen (Foto 1).

2. Nadel in die Schlaufe führen und den Endfaden greifen (Fotos 2+3).

3. Endfaden durch die Schlaufe ziehen (Foto 4).

4. Beide Fäden festhalten und anziehen, um die Anfangsschlaufe auf der Nadel zu sichern (Foto 5).

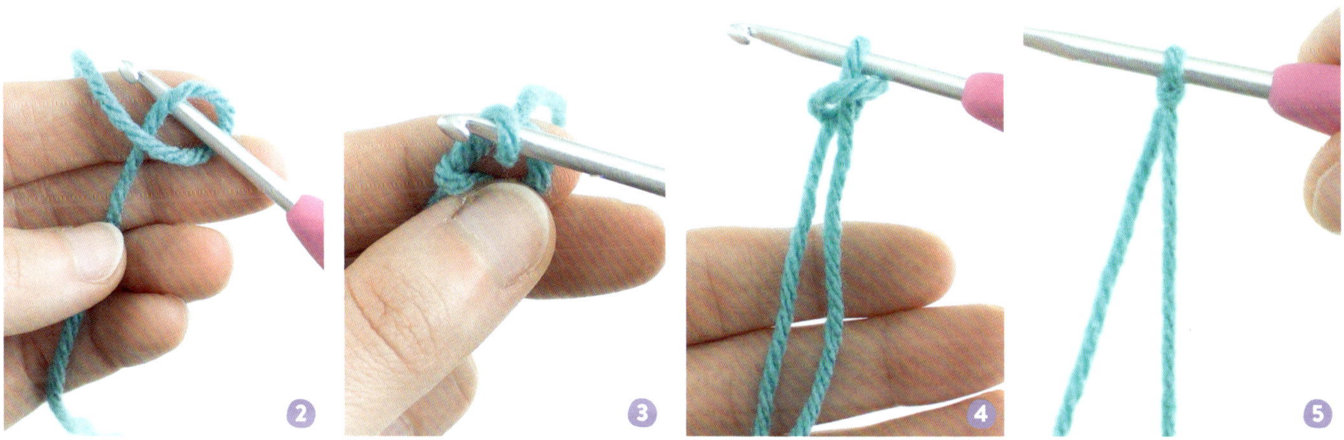

LUFTMASCHE (LM)

1. Nachdem die Anfangsschlaufe gemacht ist, einfach mit dem Arbeitsfaden 1 Umschlag um die Nadel legen (Foto 1).

2. Die Nadel durch die Anfangsschlaufe ziehen. Dies ist die 1. Luftmasche. So oft wiederholen wie in der Anleitung angegeben (Fotos 2+3).

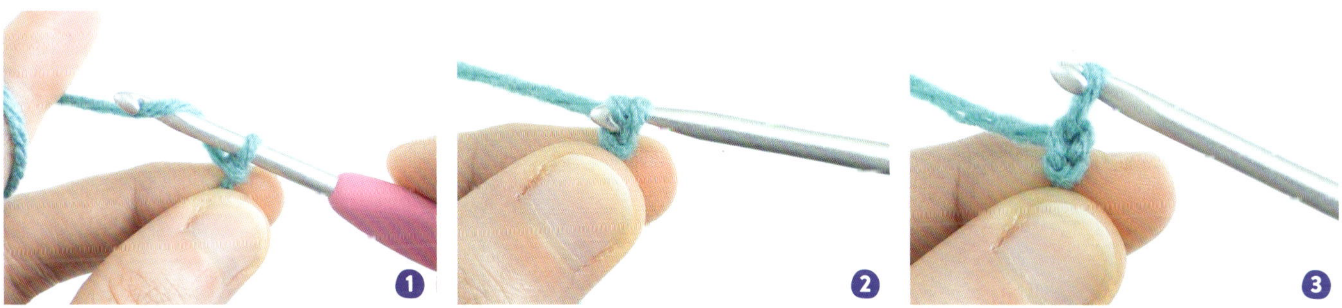

KETTMASCHE (Km)

1. Nadel in die Masche führen und 1 Umschlag darumlegen (Fotos 1–3).

2. Nadel durch die Masche ziehen. Es liegen 2 Schlaufen auf der Nadel (Foto 4).

3. Nadel durch die 1. Schlaufe ziehen. Es liegt 1 Schlaufe auf der Nadel (Fotos 5+6).

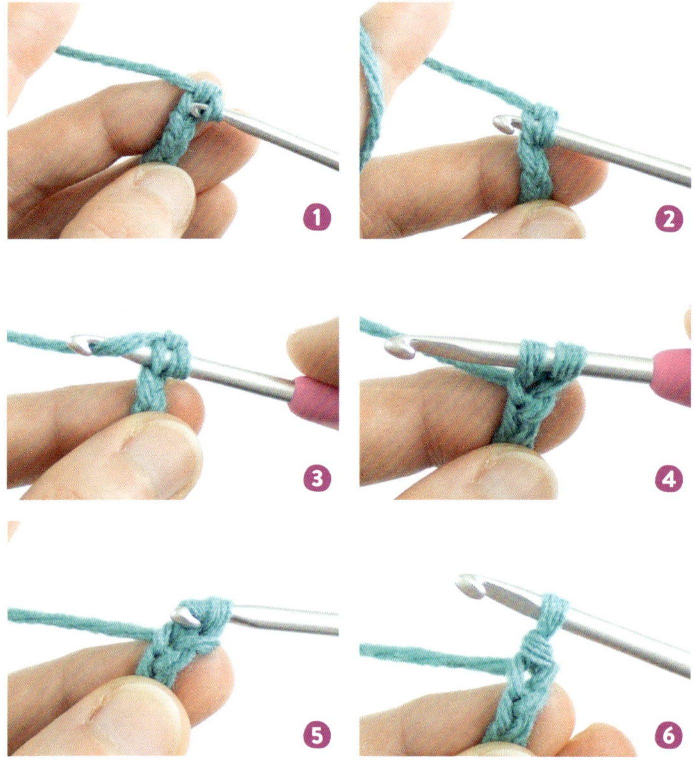

NUR IN DIE VORDEREN ODER HINTEREN MASCHENGLIEDER HÄKELN (vMg ODER hMg)

Von oben betrachtet sehen die Maschen wie liegende „Vs“ aus. Die nach vorn zeigende Seite ist das vordere Maschenglied (Foto 1), die rückwärtige das hintere (Foto 2). „In vMg häkeln“ heißt, nur in die vorderen Maschenglieder zu arbeiten (Foto 3). Wenn einige Maschen gehäkelt sind, erkennst du die hinteren Maschenglieder gut, da sie nicht bearbeitet werden (Foto 4). „In hMg häkeln“ heißt, die Nadel in die Mitte des Vs einzustechen und unter die hintere Schlaufe zu führen (Foto 5). Nach einigen Maschen heben sich die vorderen Maschenglieder ab (Foto 6).

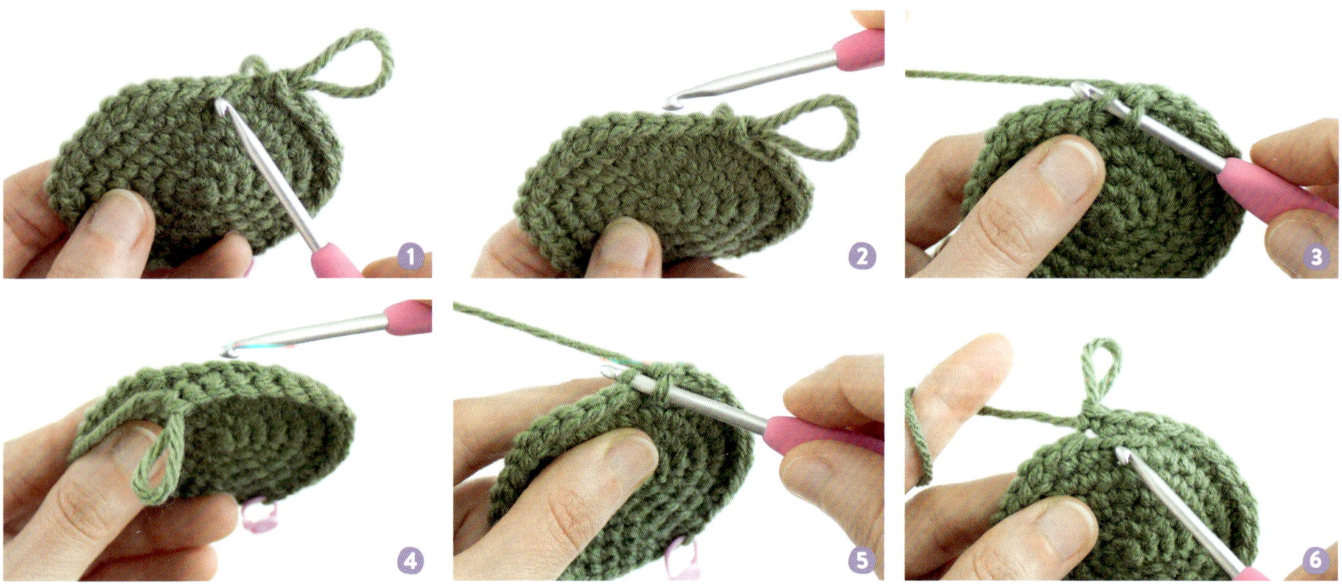

NOPPE (Np)

1. Umschlag um die Nadel legen und diese in die Masche führen (Fotos 1+2).

2. Umschlag um die Nadel legen und durch diese Masche ziehen. Es liegen 3 Schlaufen auf der Nadel (Foto 3).

3. Umschlag um die Nadel legen, durch die ersten 2 Schlaufen ziehen. Es liegen 2 Schlaufen auf der Nadel (Fotos 4+5).

4. Schritte 1–3 noch 4 x wiederholen, bis 6 Schlaufen auf der Nadel liegen (Foto 6).

5. Umschlag um die Nadel legen und durch alle Schlaufen ziehen. Es liegt 1 Schlaufe auf der Nadel (Fotos 7+8).

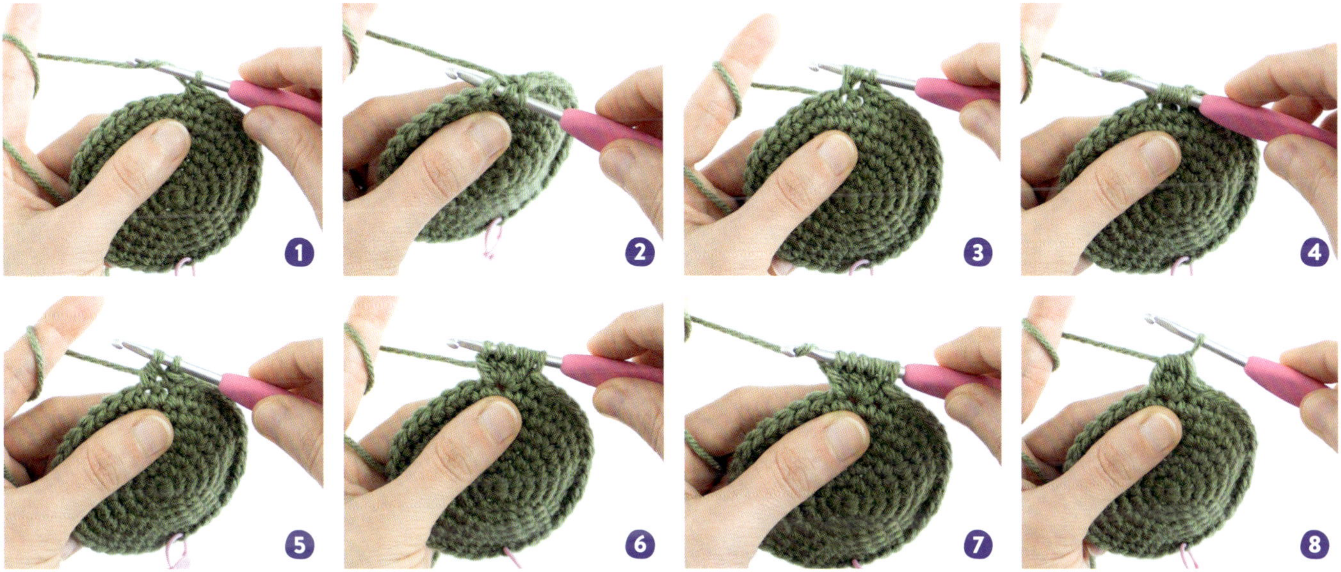

MINI-NOPPE (Mini-Np)

1. Umschlag um die Nadel legen und diese in die Masche führen (Fotos 1+2).

2. Umschlag um die Nadel legen und durch diese Masche ziehen. Es liegen 3 Schlaufen auf der Nadel (Foto 3).

3. Umschlag um die Nadel legen, durch die ersten 2 Schlaufen ziehen. Es liegen 2 Schlaufen auf der Nadel (Fotos 4+5).

4. Schritte 1–2 noch 1 x wiederholen, bis 3 Schlaufen auf der Nadel liegen (Foto 6).

5. Umschlag um die Nadel legen, durch alle Schlaufen ziehen. Es liegt 1 Schlaufe auf der Nadel (Fotos 7+8).

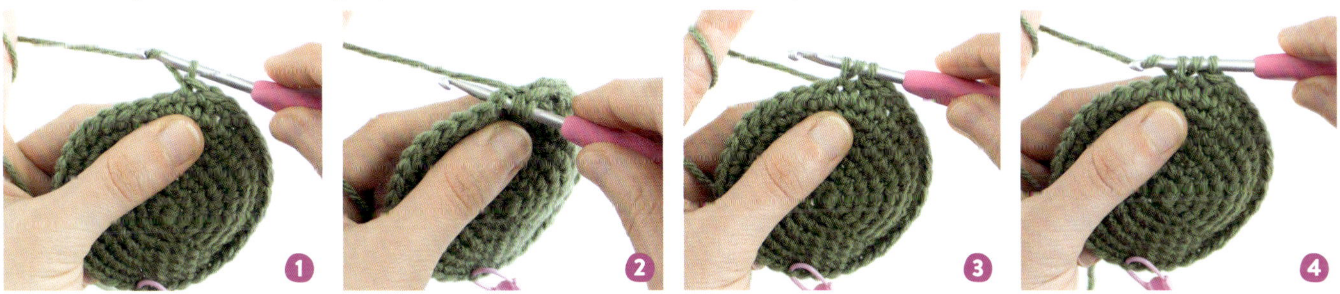

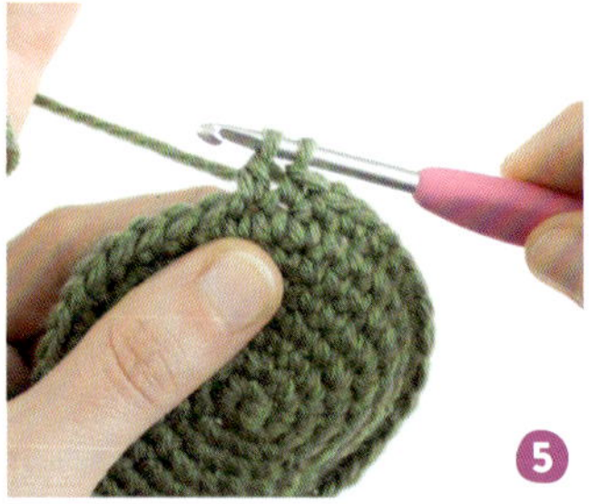

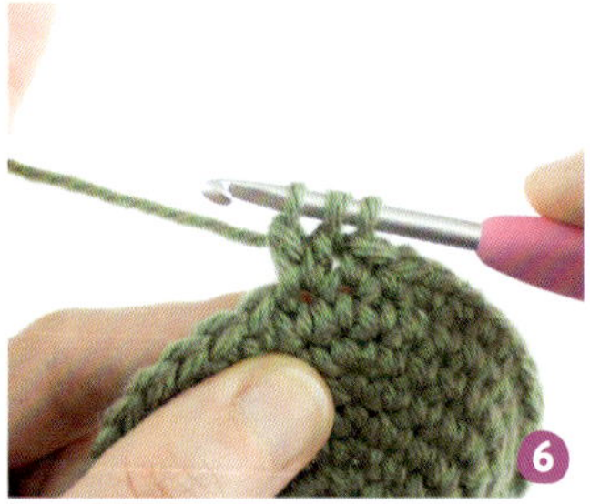

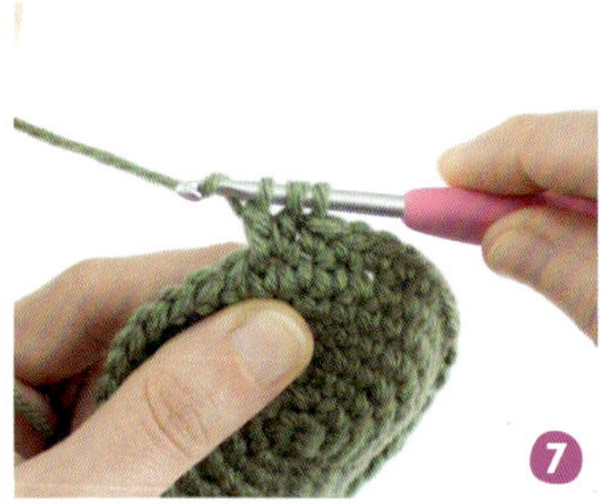

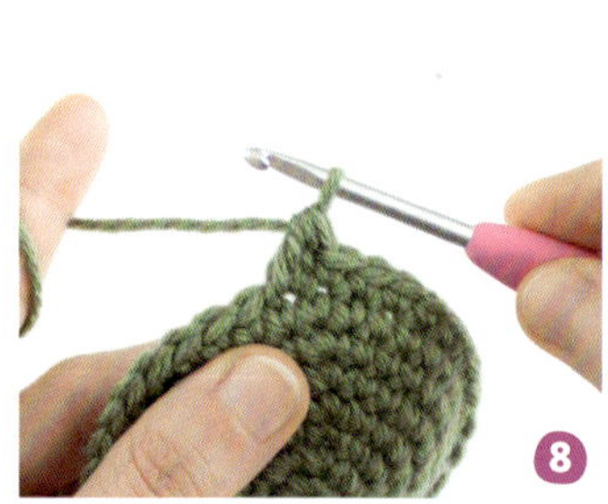

SAUBERER FARBWECHSEL

Diese Technik wendet man an, wenn der Farbwechsel nicht so auffällig sein soll. Er ist zwar immer noch sichtbar, fällt aber viel weniger auf.

1. Die letzte Masche in der alten Farbe so weit arbeiten, bis 2 Schlaufen auf der Nadel liegen (Foto 1).

2. Mit der neuen Farbe 1 Umschlag um die Nadel legen und die Masche beenden (Fotos 2+3).

3. Mit der neuen Farbe 1 Kettmasche in die nächste Masche häkeln (Fotos 4–6).

4. Mit der neuen Farbe ganz normal weiterhäkeln (Foto 7).

Den Faden der alten Farbe abschneiden. Beide Fadenenden verknoten und so die Stelle mit dem Farbwechsel sichern. Diese Methode wende ich bei den Streifen für den Clownfisch (Seite 26) an.

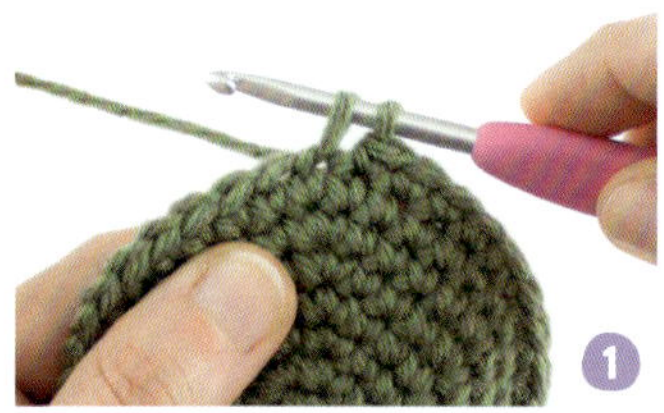

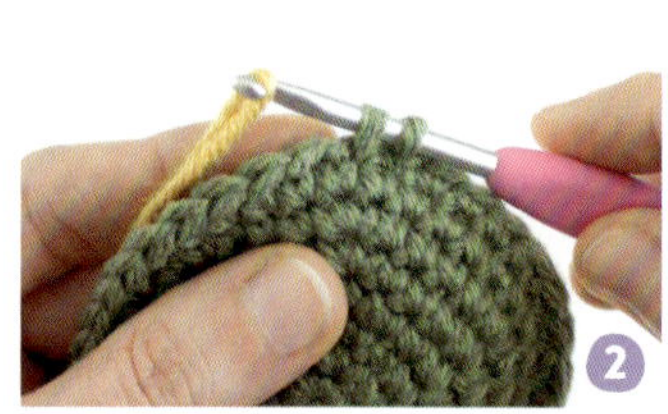

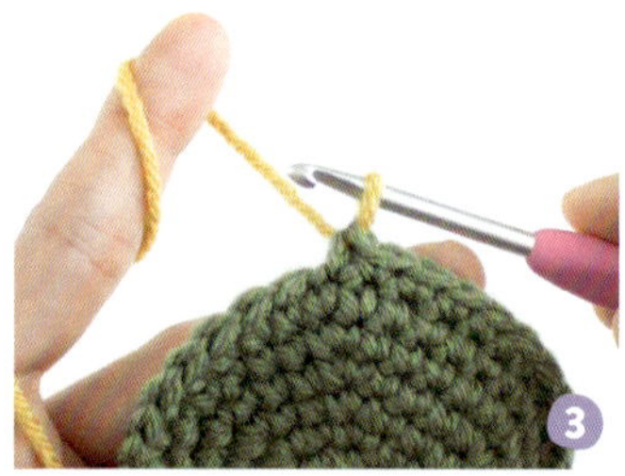

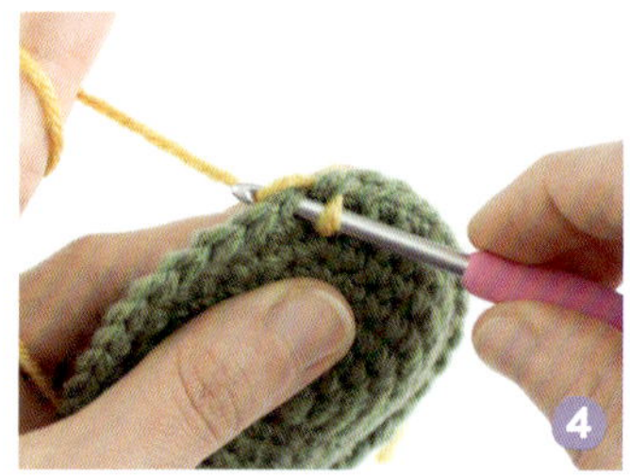

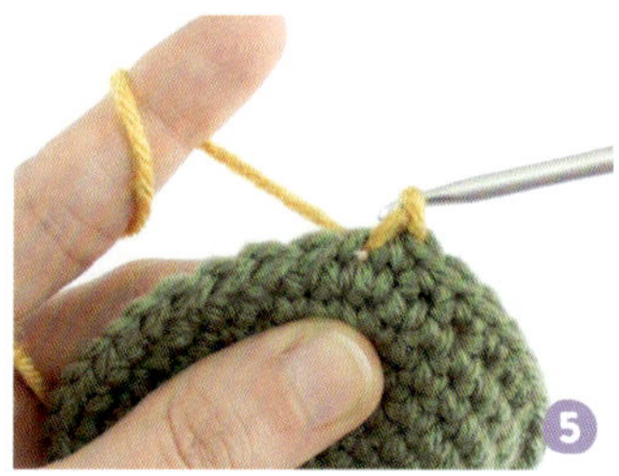

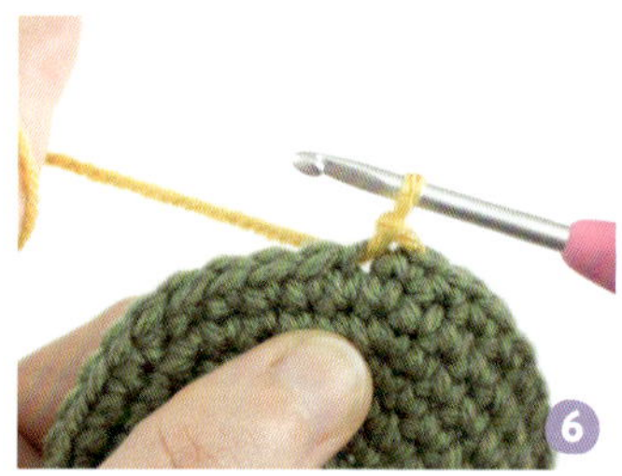

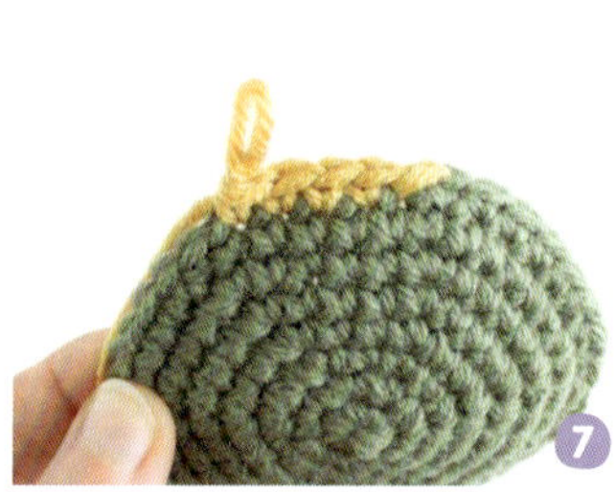

NORMALER FARBWECHSEL

Ein normaler Farbwechsel ist prima, wenn er sichtbarer sein soll. Bei dieser Methode ist die Masche in der neuen Farbe besser zu sehen als bei der Methode für den sauberen Farbwechsel. Verwende sie beim Schnabel für den Tukan (Seite 106) sowie bei den Beinen und dem Schwanz für den Fuchs (Seite 120).

1. Die letzte Masche in der alten Farbe so weit arbeiten, bis 2 Schlaufen auf der Nadel liegen (Foto 1).

2. Mit dem Faden in der neuen Farbe die Masche beenden (Fotos 2+3).

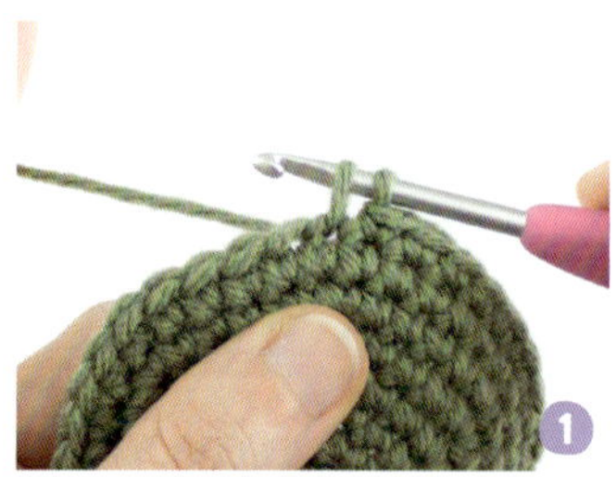

3. In die nächste Masche ganz normal mit der neuen Farbe fortfahren (Fotos 4+5).

Den Faden der alten Farbe abschneiden. Beide Fadenenden verknoten und so die Stelle mit dem Farbwechsel sichern.

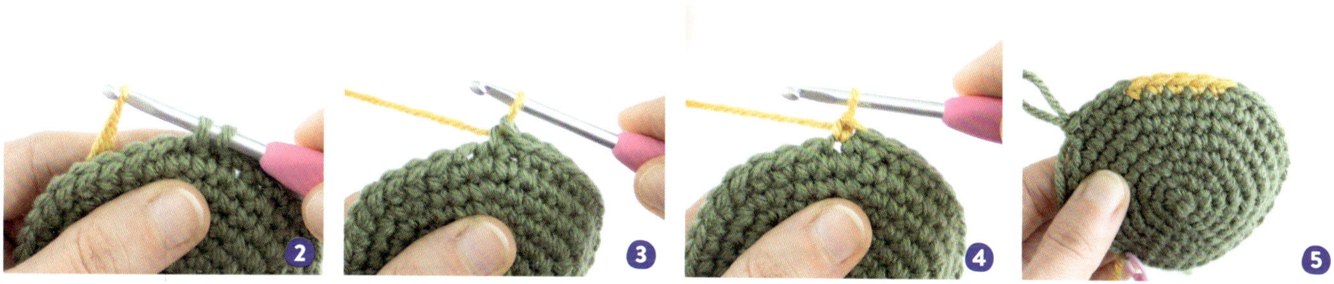

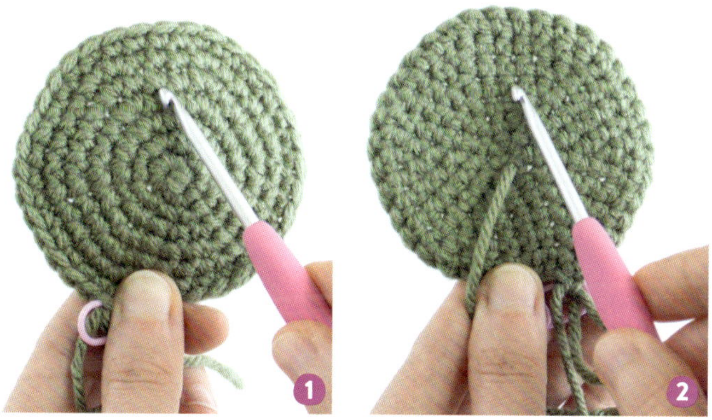

RECHTE/LINKE ARBEITSSEITE

Beim Häkeln zeigt immer eine Seite der Arbeit zu dir. Dies ist die rechte Arbeitsseite. Die nach hinten zeigende Seite ist die linke Arbeitsseite. Um festzustellen, welche Seite welche ist, einfach auf der zugewandten Seite nach dem „V" suchen (Foto 1). Auf der Rückseite siehst du zwischen jeder Reihe mit „Vs" einen horizontalen Balken (Foto 2). Manchmal neigt eine Arbeit dazu, sich in die entgegengesetzte Seite zu wellen, weshalb die linke Seite auf der Außenseite der fertigen Arbeit landet. Wenn sich die Arbeit wellt, diese einfach glatt streichen, damit die rechte Seite immer zu dir zeigt.

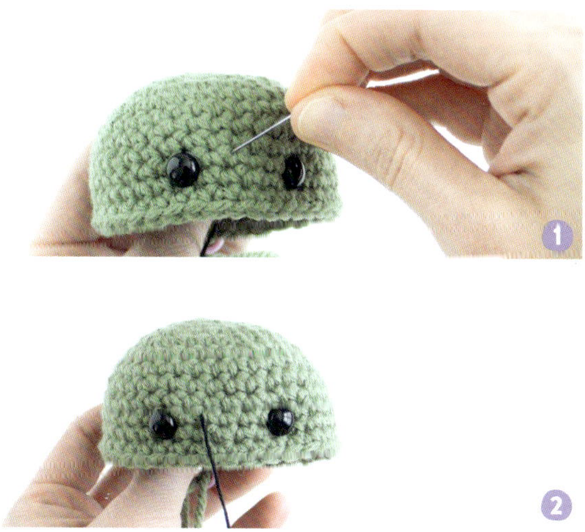

MUND AUFSTICKEN

Einen etwa 15 cm langen Faden Stickgarn in die Sticknadel fädeln.

1. Mit der Nadel dicht neben dem von dir aus gesehen linken Sicherheitsauge vom Inneren der Arbeit nach außen stechen (Fotos 1+2).

2. Die Nadel von links nach rechts führen und einstechen. Den Faden jedoch nicht ganz festziehen (Foto 3).

3. Den Faden wie zu einem Lächeln hängen lassen und die Nadel wieder von Innen nach außen führen. Dabei etwa 1 Runde unterhalb des ersten Ausstichs mittig zwischen den Stichen ausstechen (Fotos 4+5).

4. Den Faden zu einer „V“-Form nach unten ziehen (Foto 6).

5. Die Nadel ganz dicht neben dem Ausstich wieder einstechen, dabei um den Faden herumführen und diesen so fixieren (Foto 7).

6. Den Faden durchziehen und mit einem Knoten sichern (Foto 8).

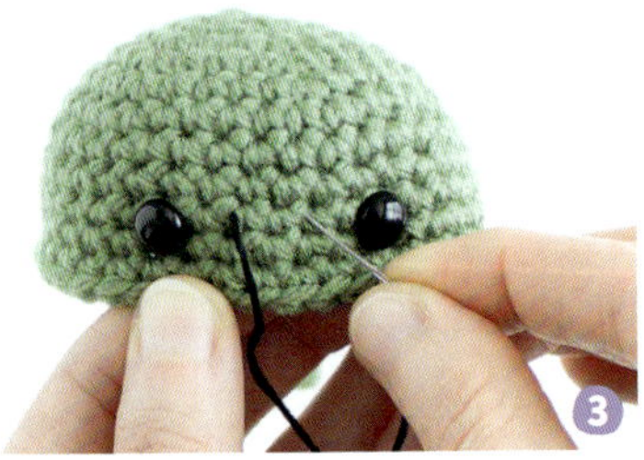

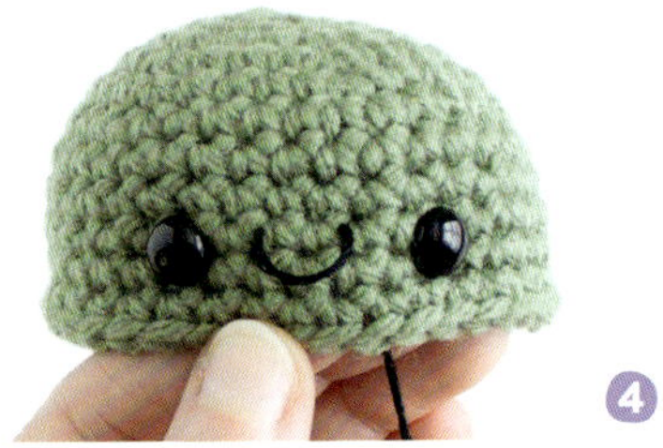

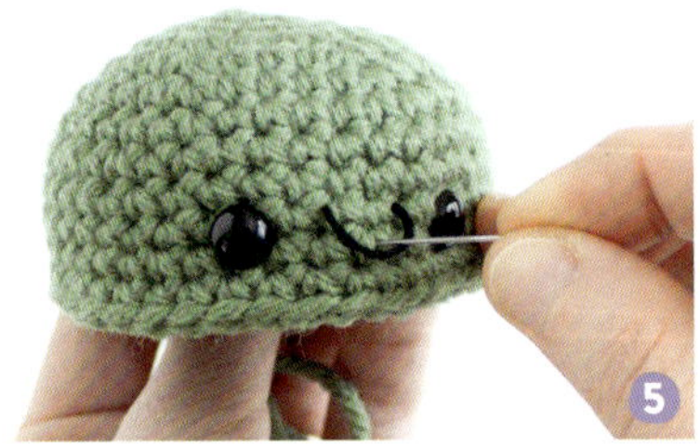

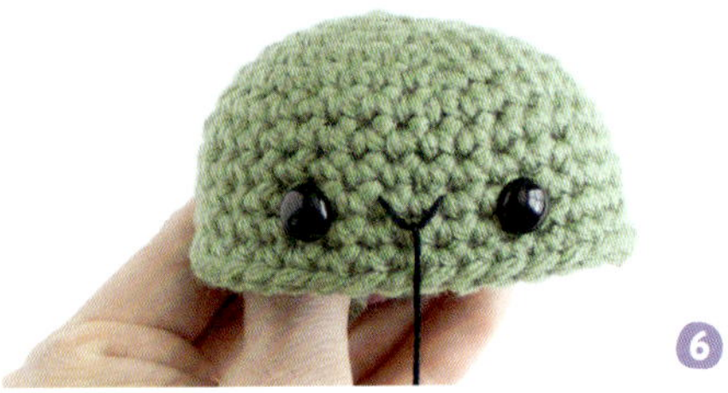

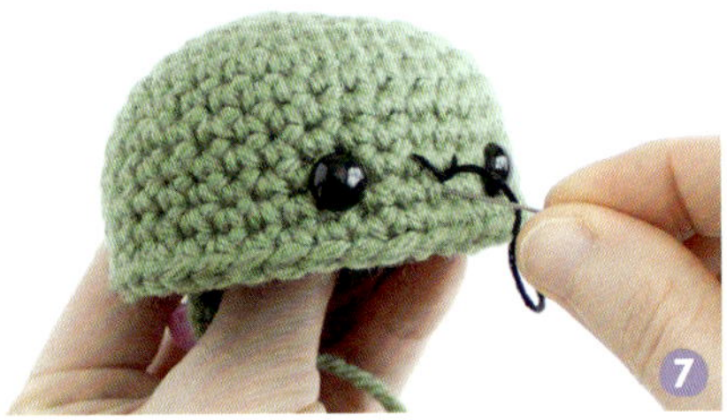

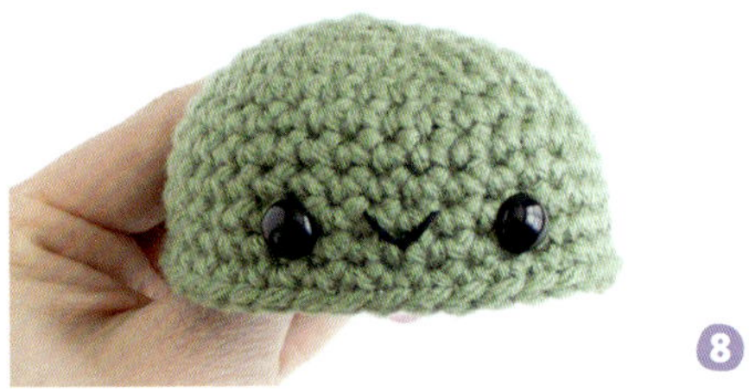

HÄKELARBEIT SCHLIESSEN

Mit dieser Technik wird die Arbeit sauber beendet und das Ende ist fast nicht mehr zu erkennen.

1. Wenn du zum Ende kommst, den Faden lang abschneiden. Das Fadenende durchziehen und festziehen (Fotos 1+2).

2. In eine Nadel fädeln. Die Nadel in das vordere Maschenglied der ersten Masche führen, dabei von innen nach außen arbeiten. Die Nadel durchziehen. Auf diese Weise mit den restlichen Maschen fortfahren (Foto 3).

3. Am Ende den Faden durchziehen, sodass sich das Loch schließt (Fotos 4+5).

4. Die Nadel in die Mitte des Lochs führen und auf der anderen Seite der Arbeit herausziehen. Den Faden mit einem Knoten sichern, zurückschneiden und im Inneren der Arbeit verstecken (Fotos 6–8).

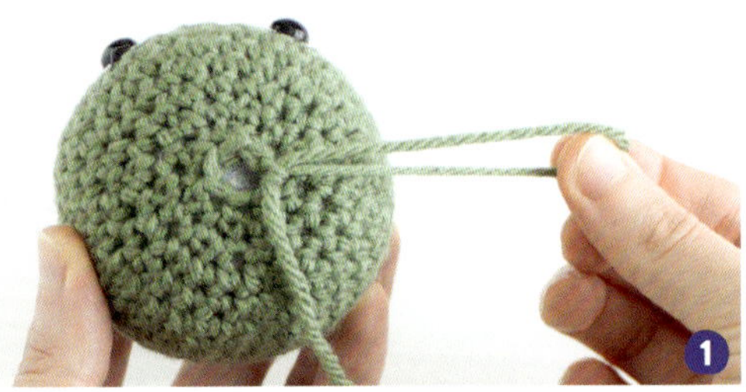

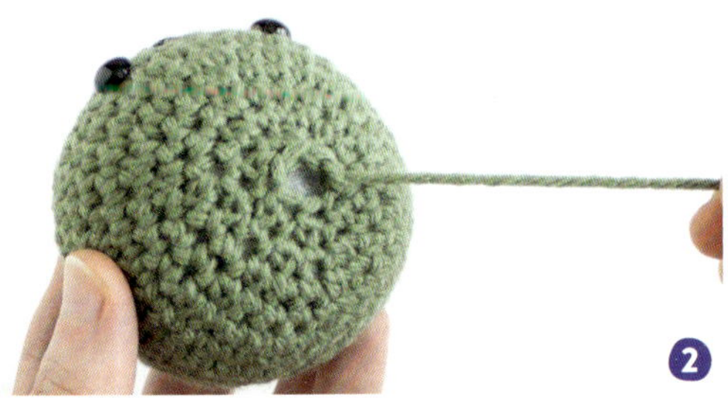

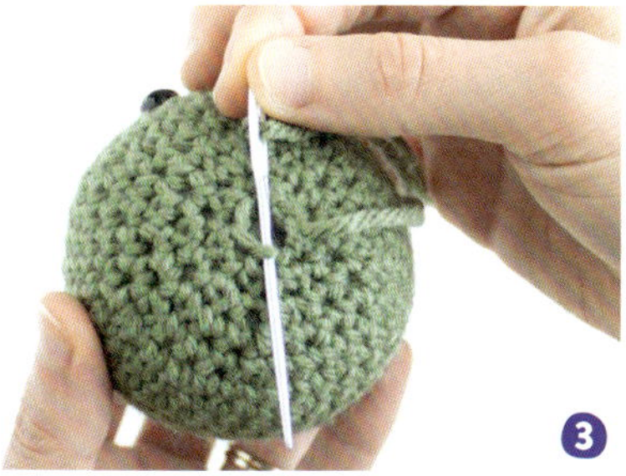
3

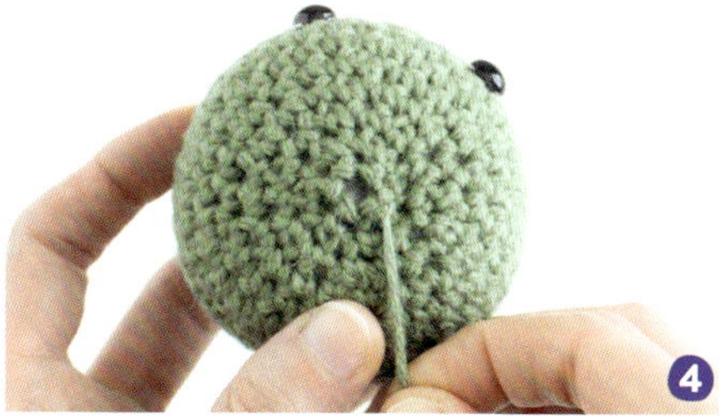
4

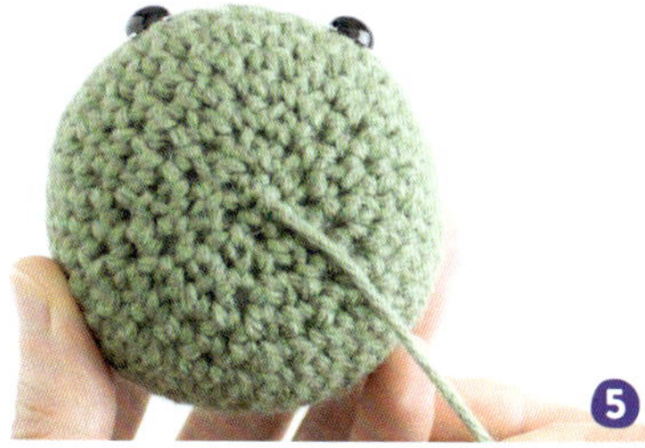
5

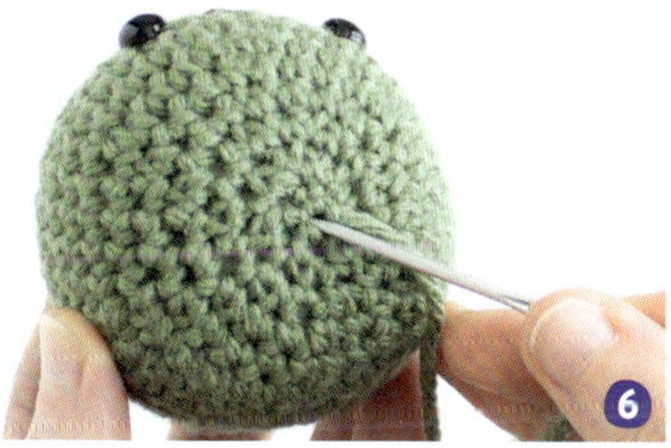
6

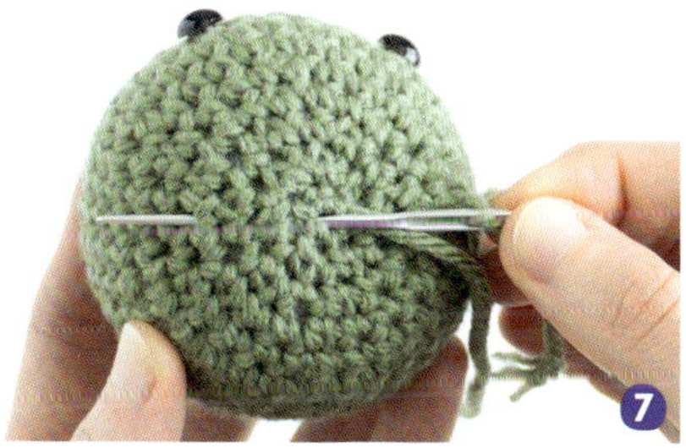
7

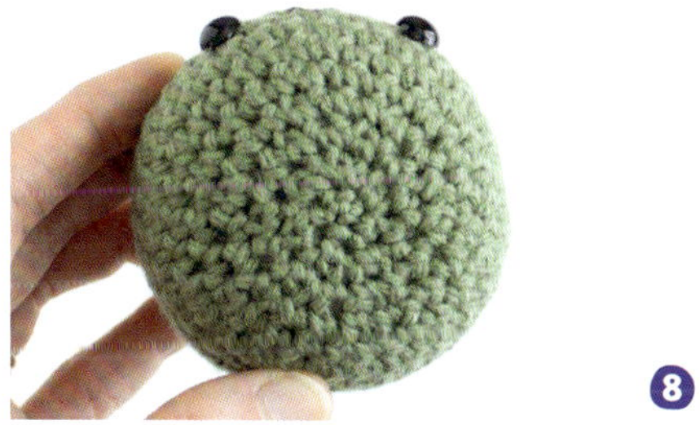
8

SAUBER ABMASCHEN

Ich masche so am liebsten ab, weil ein sauberer Rand entsteht und sich die Teile viel leichter zusammenfügen lassen.

1. Bei der letzten Masche den Faden abschneiden und durch die Schlaufe auf der Nadel ziehen (Fotos 1–3).

2. In eine Nadel fädeln und in die 2. Masche einstechen. Dabei die 1. Masche der Runde direkt neben der letzten Masche überspringen.

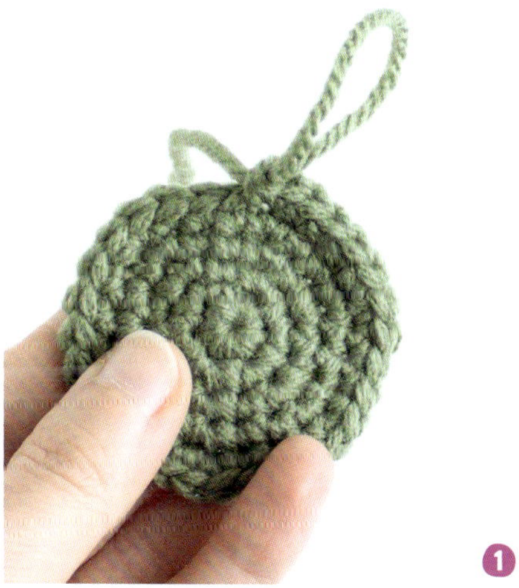
1

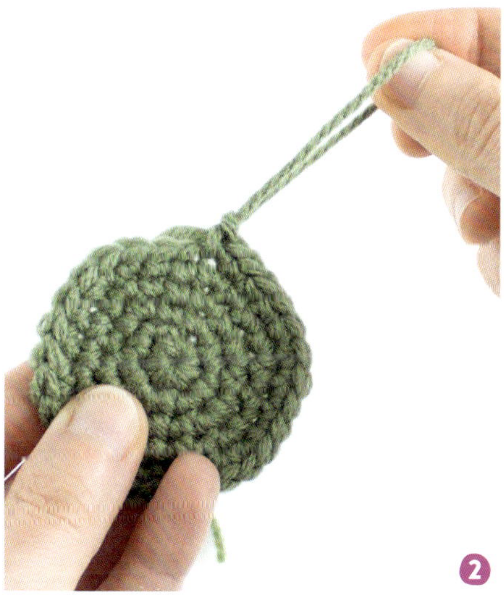
2

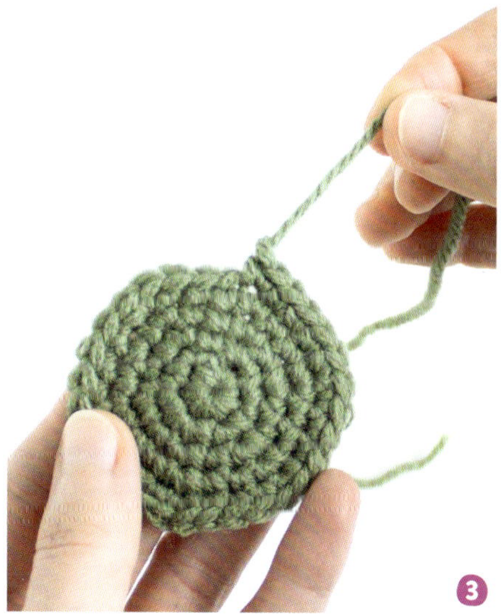
3

3. Die Nadel von vorne nach hinten unter beide Maschenglieder führen. Den Faden durchziehen (Fotos 4+5).

4. Dann die Nadel von vorne nach hinten in das „V“ der letzten Masche der Runde nur unter das hintere Maschenglied führen (Foto 6).

5. Den Faden durchziehen, aber nicht zu fest anziehen. Auf diese Weise ist eine „Masche“ entstanden und das Ende der Arbeit ist unsichtbar (Fotos 7–9).

Den Endfaden wie in der Anleitung beschrieben entweder vernähen oder zum Annähen hängen lassen.

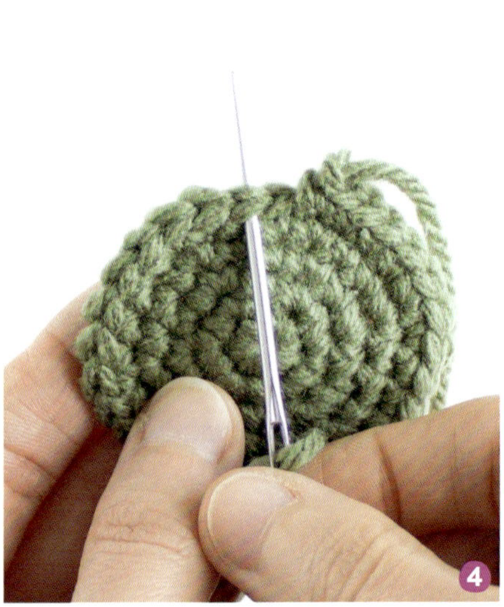
4

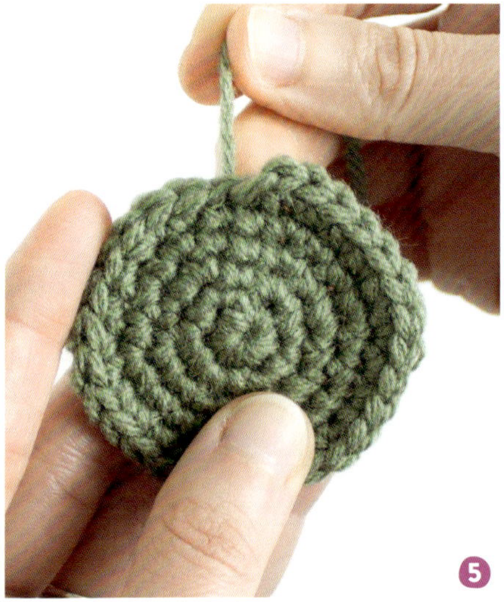
5

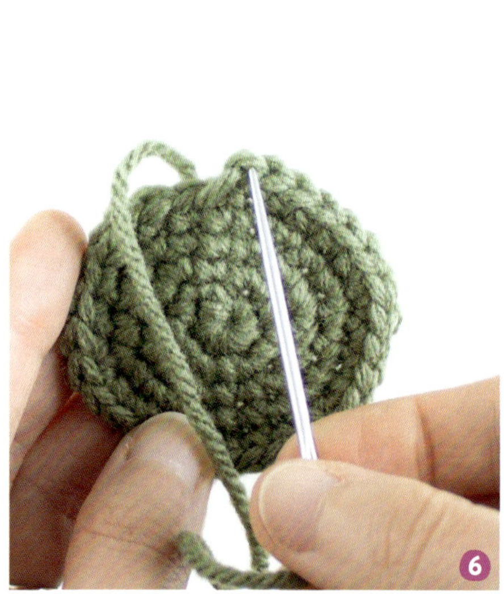
6

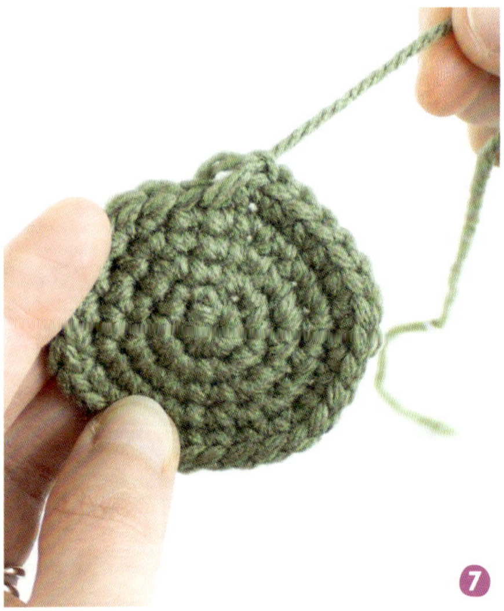
7

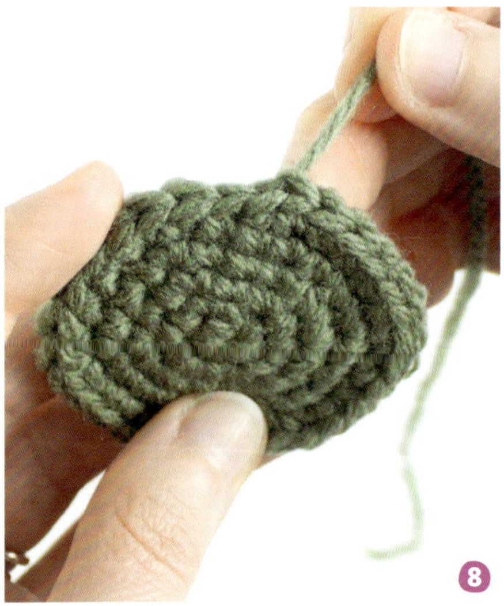
8

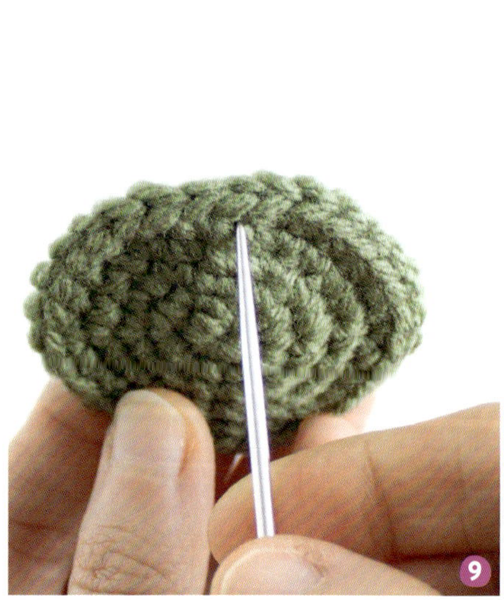
9

HÄKELTIPPS

SCHWIERIGKEITSGRAD

Zu Beginn jeder Anleitung ist der Schwierigkeitsgrad mit einem Scheren-Symbol angegeben. Eine Schere heißt, dass das Projekt leicht und für Anfänger*innen geeignet ist, zwei Scheren bedeuten, dass es mittelschwer ist, und drei Scheren stehen für ein schwieriges Projekt für Fortgeschrittene.

Anfänger*innen empfehle ich, das Buch durchzublättern und zunächst leichtere Anleitungen herauszusuchen. Wenn du schon Erfahrung beim Häkeln hast und nach einer Herausforderung suchst, probiere die Fortgeschrittenen-Projekte aus.

TIPPS ZUM LESEN DER ANLEITUNGEN

Die meisten, wenn nicht gar alle Anleitungen in diesem Buch werden in Runden gehäkelt, also in fortlaufenden Spiralrunden. Nach den Runden keine Luftmasche häkeln. Markiere die letzte Masche einer Runde mit einem Maschenmarkierer und setze ihn am Ende der Runde nach oben.

Wenn VOR einer Masche eine Zahl steht, zum Beispiel 3 fM, bedeutet das, dass jeweils 1 feste Masche in die nächsten drei Maschen gehäkelt wird.

Beispiel: *3 fM, Zun * 6 x (30 M).

Hier in die nächsten 3 Maschen jeweils eine feste Masche häkeln, dann 1 Zunahme arbeiten (dafür 2 feste Maschen in die nächste Masche häkeln). Diese Abfolge 6 x wiederholen, sodass am Ende 30 Maschen in dieser Runde gehäkelt wurden.

Wenn in der Anleitung zum Beispiel „8.–11. Rd: 36 fM." steht, bedeutet das, dass in der 8., 9., 10. und 11. Runde jeweils 36 feste Maschen gehäkelt werden. Ich lege mir gerne ein Stück Papier und einen Stift bereit, um mir zu notieren, welche Runden ich gehäkelt habe.

OZEAN

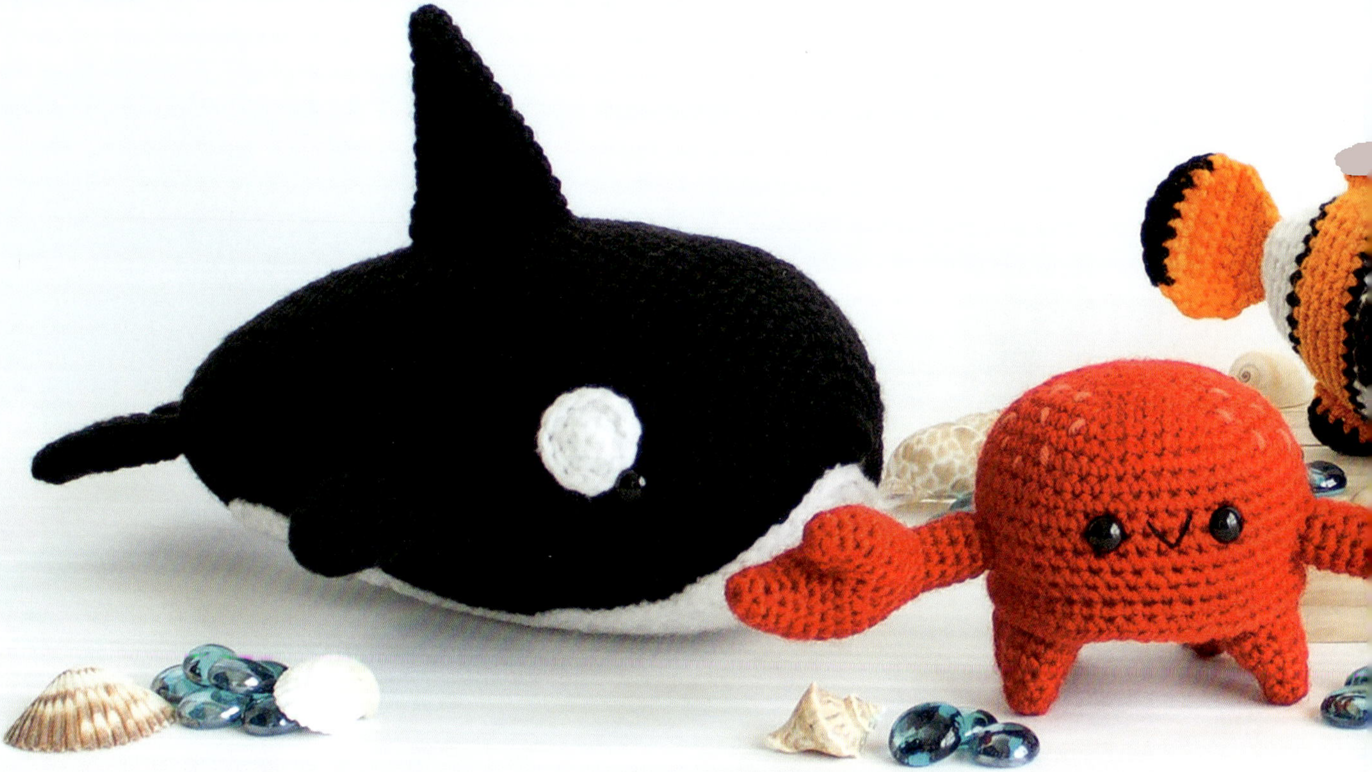

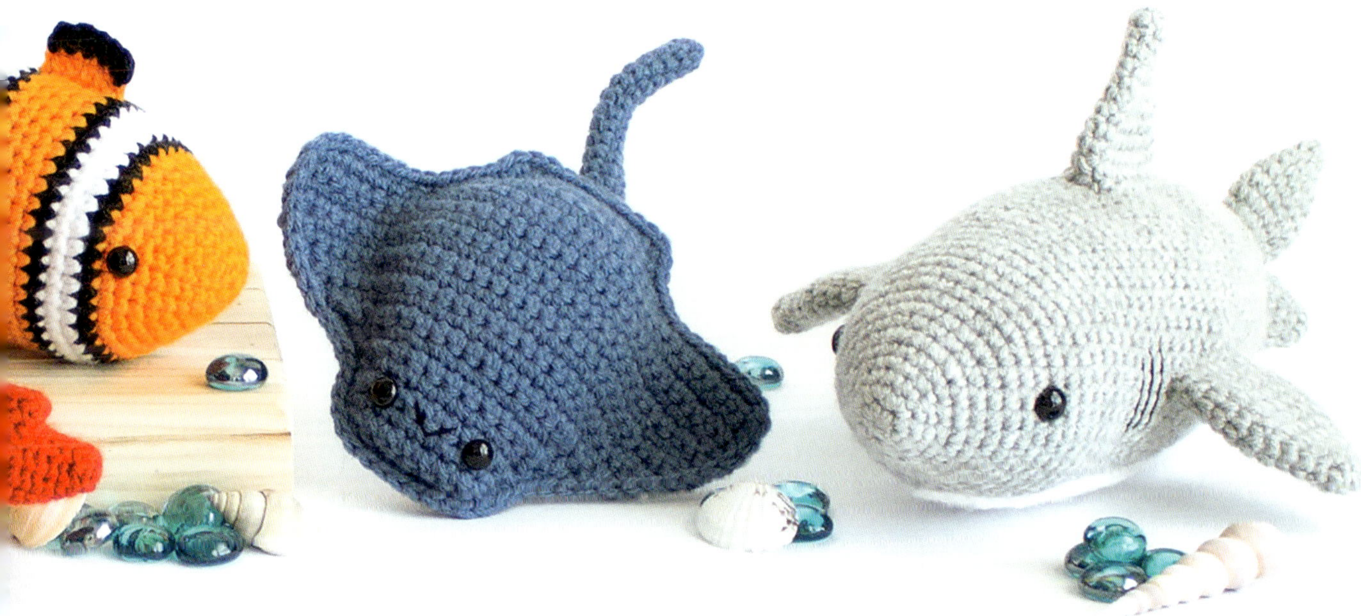

CLOWNFISCH

SCHWIERIG

FERTIGE MASSE

- Etwa 7,5 cm breit, 9 cm hoch und 19 cm lang

MATERIAL

- Häkelgarn (Lauflänge 100–120 m/50 g) in Orange, Schwarz und Weiß
- Häkelnadel 3,75 mm
- 1 Paar Sicherheitsaugen, 9 mm Ø
- Füllwatte aus Polyester
- Wollnadel
- Schere
- Maschenmarkierer
- Stecknadeln

ABKÜRZUNGEN

- Abn – Abnahme(n)
- fM – feste Masche(n)
- hStb – halbe(s) Stäbchen
- Lm – Luftmasche(n)
- M – Masche(n)
- R – Reihe(n)
- Rd – Runde(n)
- Stb – Stäbchen
- uns Abn – unsichtbare Abnahme(n)
- Zun – Zunahme(n)

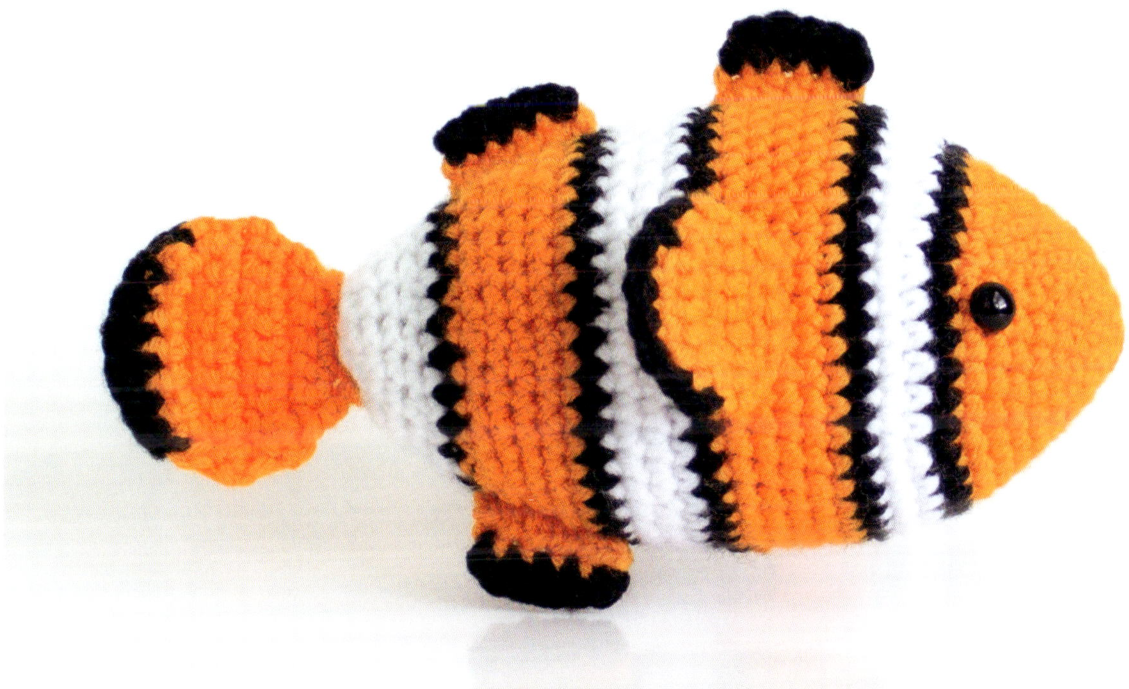

27 CLOWNFISCH

KÖRPER

Hinweis: In diesem Teil der Anleitung werden viele Farbwechsel gearbeitet. Dafür einfach die alte Farbe fallen lassen, die neue Farbe aufnehmen und wie gewohnt weiterhäkeln. Die Anleitung ist so geschrieben, dass du bei einem Farbwechsel den Faden wieder da aufnehmen kannst, wo er ein paar Runden zuvor fallen gelassen wurde.

Mit Orange beginnen.

1. Rd: 6 fM in einen magischen Ring häkeln (6 M).

2. Rd: 6 Zun (12 M).

3. Rd: *1 fM, Zun* 6 x (18 M).

4. Rd: 18 fM.

5. Rd: *2 fM, Zun* 6 x (24 M).

6. Rd: 24 fM.

7. Rd: *3 fM, Zun* 6 x (30 M).

8. Rd: 30 fM.

9. Rd: *4 fM, Zun* 6 x (36 M).

Zu Schwarz wechseln.

10. Rd: 36 fM.

Zu Weiß wechseln.

11. Rd: *5 fM, Zun* 6 x (42 M).

12. Rd: 42 fM.

Die Sicherheitsaugen zwischen der 8. und 9. Rd im Abstand von 13 M einsetzen (Foto 1).

Zu Schwarz wechseln.

13. Rd: 42 fM.

Zu Orange wechseln.

14.–18. Rd: 42 fM.

Zu Schwarz wechseln.

19. Rd: 42 fM.

Zu Weiß wechseln.

20.–22. Rd: 42 fM.

Zu Schwarz wechseln.

23. Rd: 42 fM.

Zu Orange wechseln.

24.+25. Rd: 42 fM.

26. Rd: *5 fM, uns Abn* 6 x (36 M).

27. Rd: 36 fM.

28. Rd: *4 fM, uns Abn* 6 x (30 M).

Den Körper ausstopfen und nach und nach weiteres Füllmaterial hinzufügen.

Zu Schwarz wechseln.

29. Rd: *3 fM, uns Abn* 6 x (24 M).

Schwarzen und orangen Faden abmaschen.

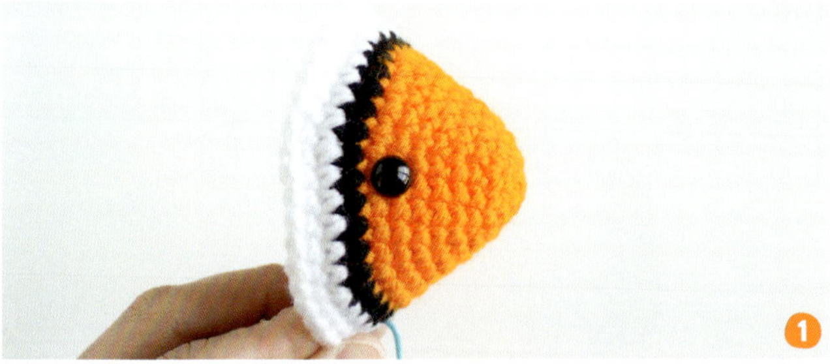

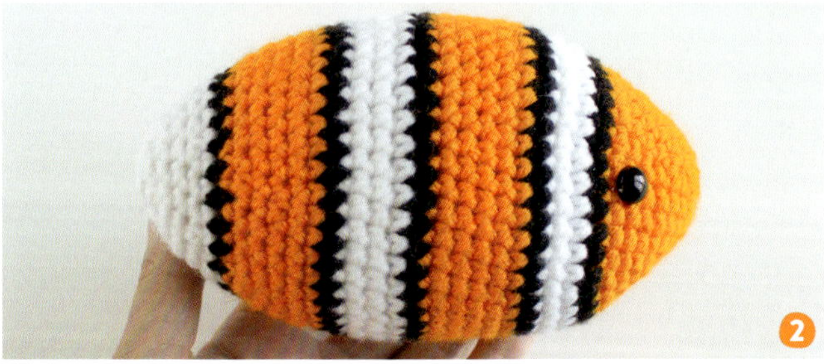

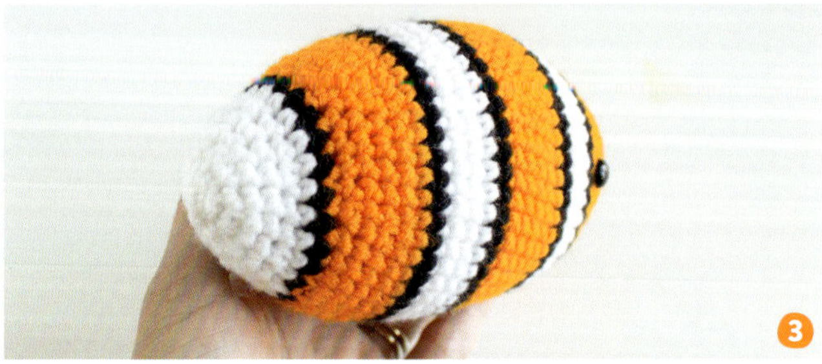

Zu Weiß wechseln.

30. Rd: 24 fM.

31. Rd: *2 fM, uns Abn* 6 x (18 M).

32.+33. Rd: 18 fM.

34. Rd: *1 fM, uns Abn* 6 x (12 M).

35. Rd: 6 uns Abn (6 M).

Abmaschen und den Faden zum Verschließen hängen lassen (Fotos 2+3).

SEITENFLOSSE: 2 X HÄKELN

In Orange häkeln.

Den Anfangsfaden zum Annähen etwa 25,5 cm hängen lassen.

1. R: 5 Lm, dann ab der 2. Lm von der Nadel 4 fM (4 M). 1 Lm und wenden (Fotos 4+5).

2. R: Zun, 2 fM, Zun (6 M). 1 Lm und wenden.

3. R: Zun, 4 fM, Zun (8 M). 1 Lm und wenden.

4. R: 8 fM. 1 Lm und wenden.

5. R: Abn, 4 fM, Abn (6 M). 1 Lm und wenden.

6. R: Abn, 2 fM, Abn (4 M).

Orangen Faden abmaschen (Foto 6).

7. R: Schwarzen Faden auf der rechten Flossenseite in das 2. Loch an der Ecke mit 1 Lm anmaschen (Fotos 7–10).

Dann fM in das nächste Loch an der Ecke (Fotos 11+12). 4 fM über die Maschen der 6. R (Foto 13). fM in das 1. Loch an der Ecke auf der linken Seite. fM in das nächste Loch an der Ecke (6 M) (Fotos 14+15).

Abmaschen und alle Fadenenden bis auf den langen Anfangsfaden vernähen (Fotos 16+17). Die Flossen auf beiden Seiten des Körpers an der 16. Rd feststecken (Fotos 18+19). Mit dem Anfangsfaden annähen. Das Fadenende mit einem Knoten sichern und im Inneren des Körpers verstecken (Fotos 20+21).

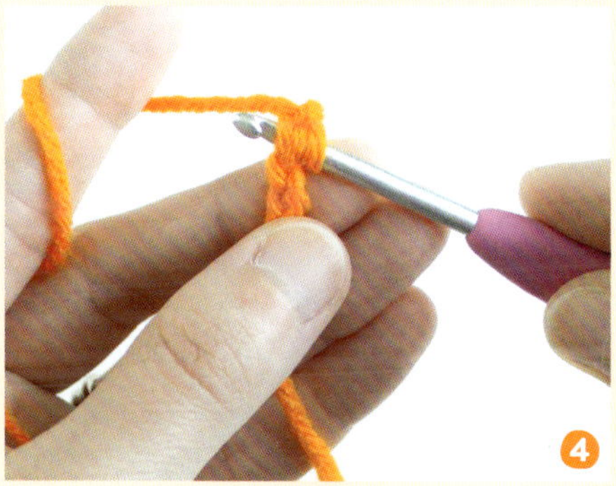

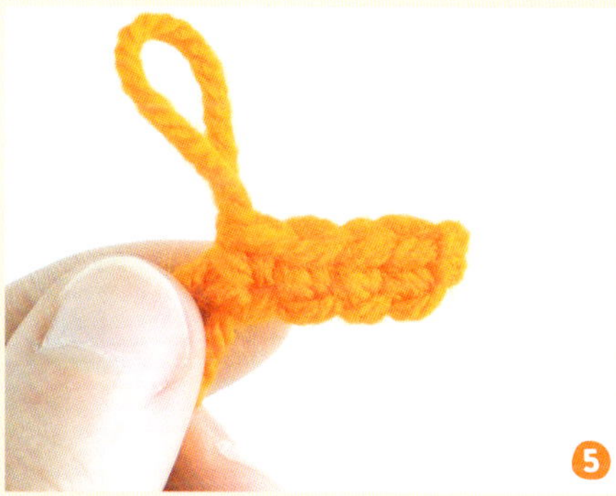

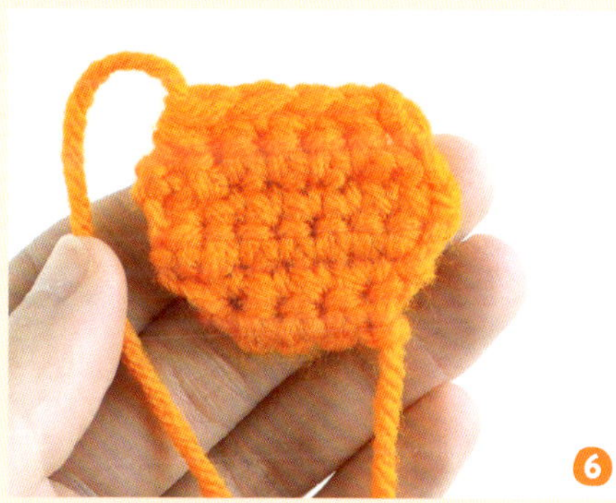

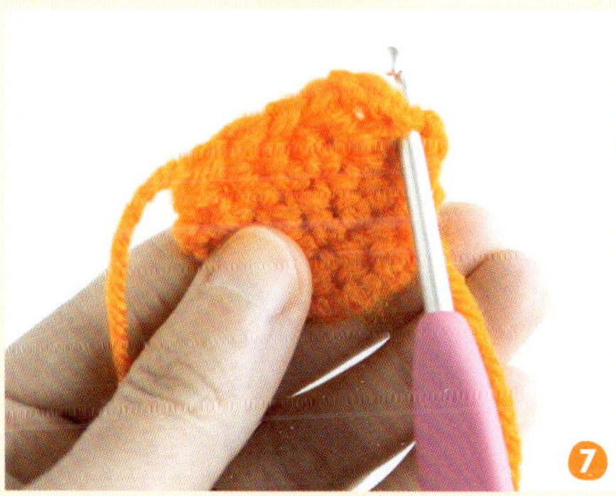

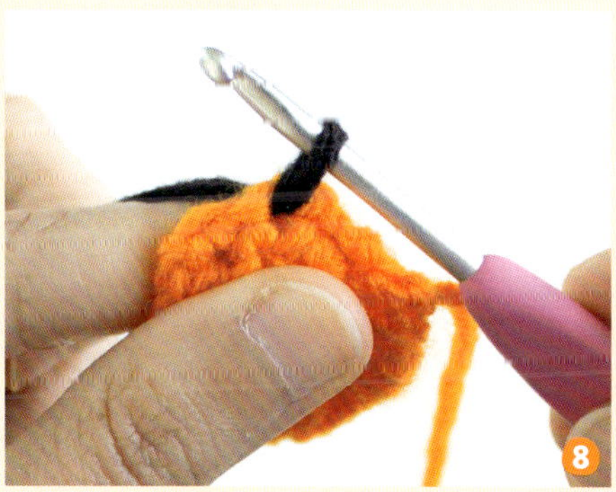

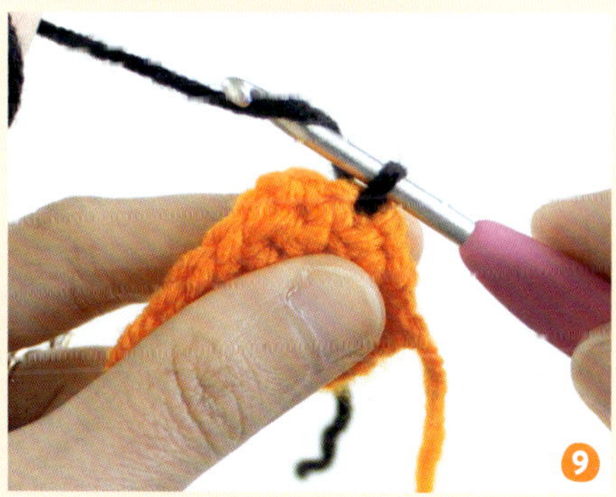

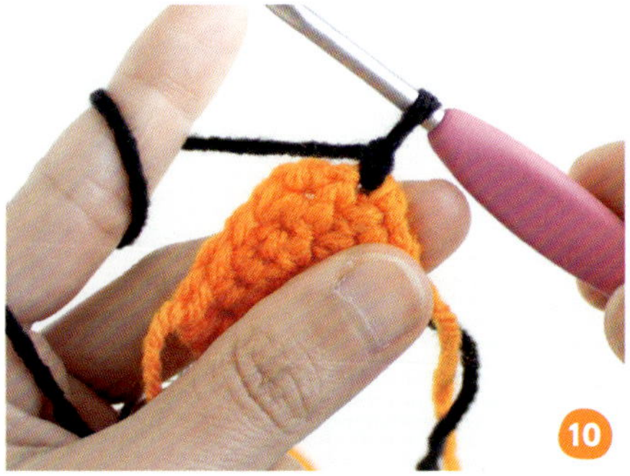
10
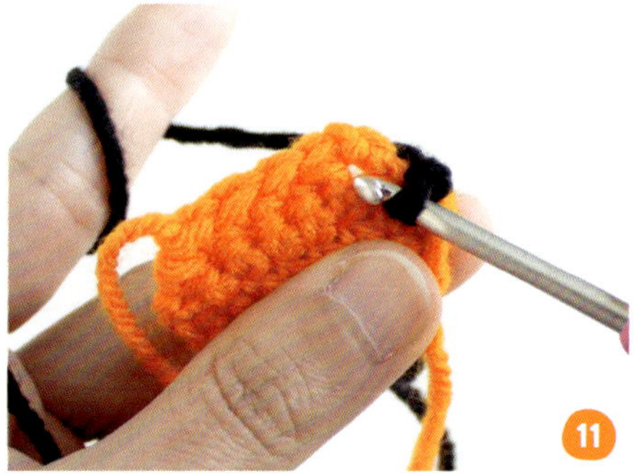
11
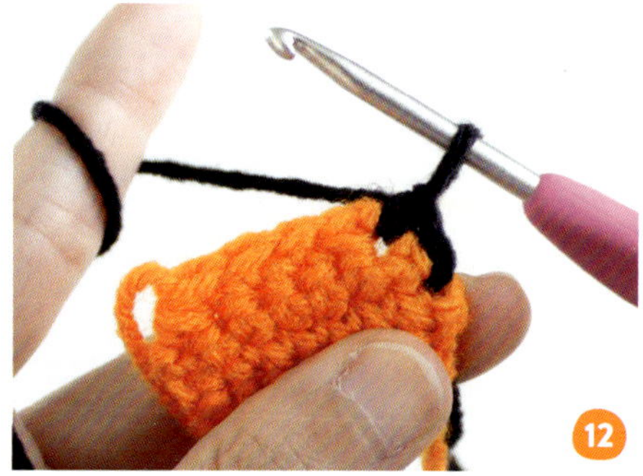
12
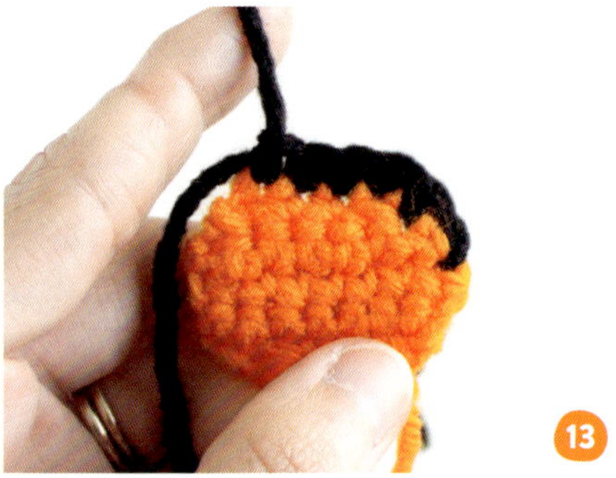
13
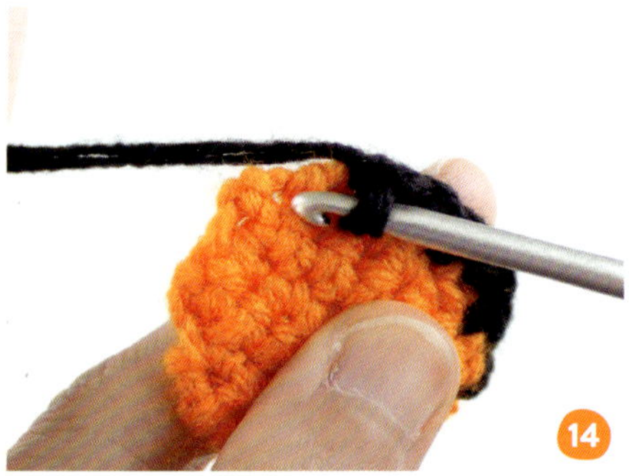
14
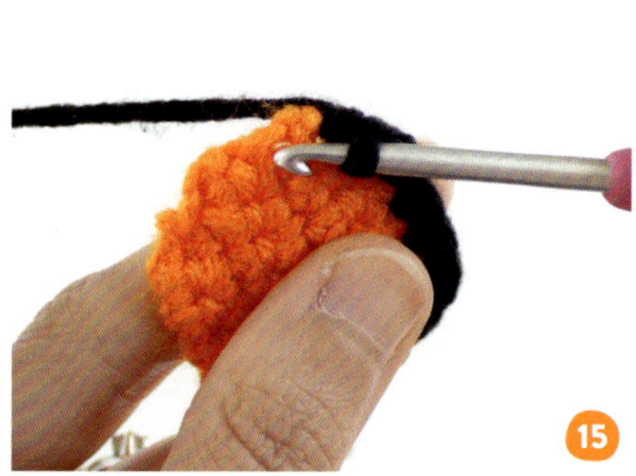
15
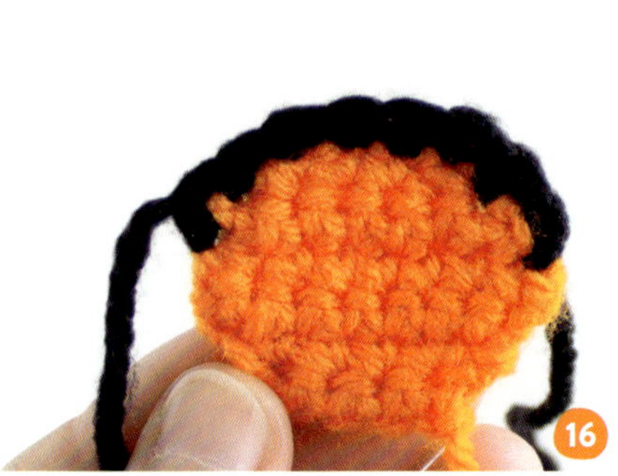
16
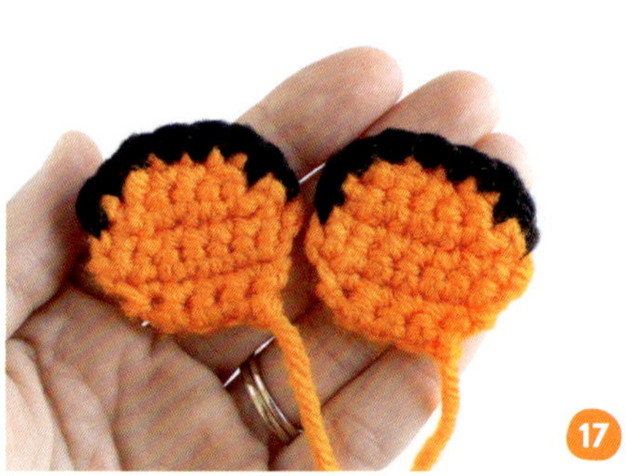
17
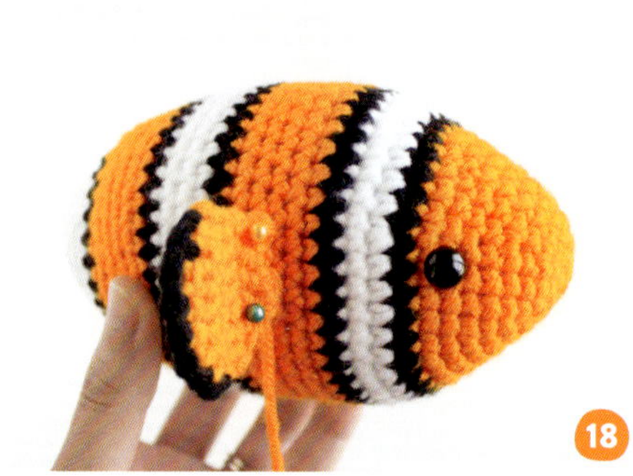
18
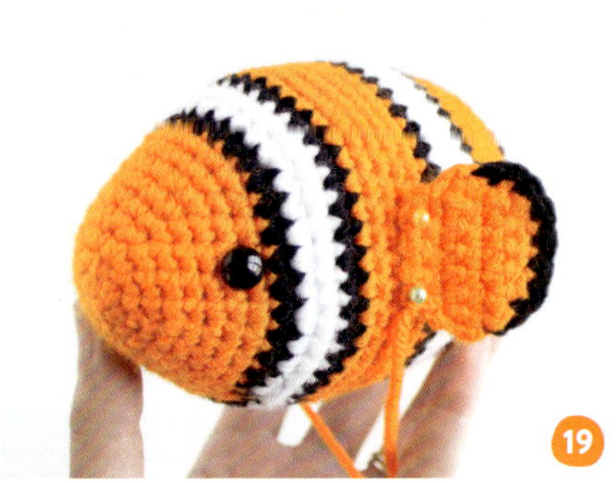
19
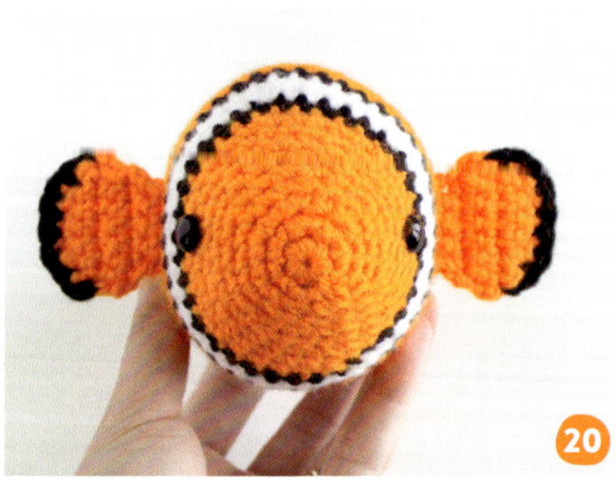
20
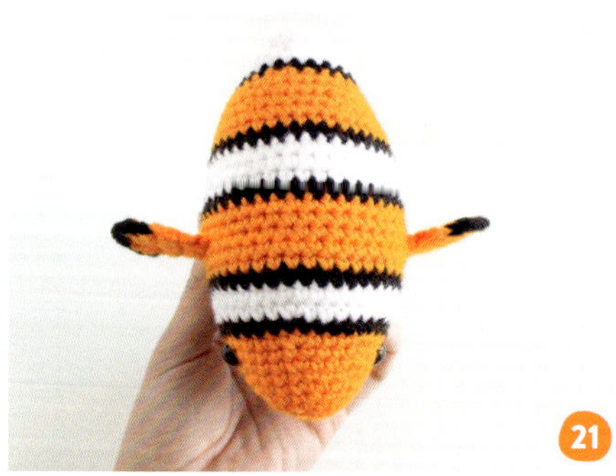
21

SCHWANZFLOSSE

In Orange häkeln.

Den Anfangsfaden zum Annähen etwa 25,5 cm hängen lassen.

1. R: 5 Lm, dann ab der 2. Lm von der Nadel 4 fM (4 M). 1 Lm und wenden (Fotos 22+23).

2. R: Zun, 2 fM, Zun (6 M). 1 Lm und wenden.

3. R: Zun, 4 fM, Zun (8 M). 1 Lm und wenden.

4. R: Zun, 6 fM, Zun (10 M). 1 Lm und wenden.

5.+6. R: 10 fM. 1 Lm und wenden.

7. R: Abn, 6 fM, Abn (8 M). 1 Lm und wenden.

8. R: Abn, 4 fM, Abn (6 M).

Orangen Faden abmaschen (Foto 24).

9. R: Schwarzen Faden auf der rechten Flossenseite in das 1. Loch an der Ecke mit 1 Lm anmaschen (Fotos 25+26). In die Maschen der 8. R: fM, hStb, Stb, Stb, hStb, fM. Dann fM in das 1. Loch an der Ecke auf der linken Seite (8 M) (Foto 27).

Abmaschen und alle Fadenenden bis auf den langen Anfangsfaden vernähen (Foto 28).

Den Schwanz zwischen der 34. und 35. Rd an den Körper stecken (Foto 29). Mit dem Anfangsfaden annähen. Das Fadenende mit einem Knoten sichern und im Inneren des Körpers verstecken (Foto 30).

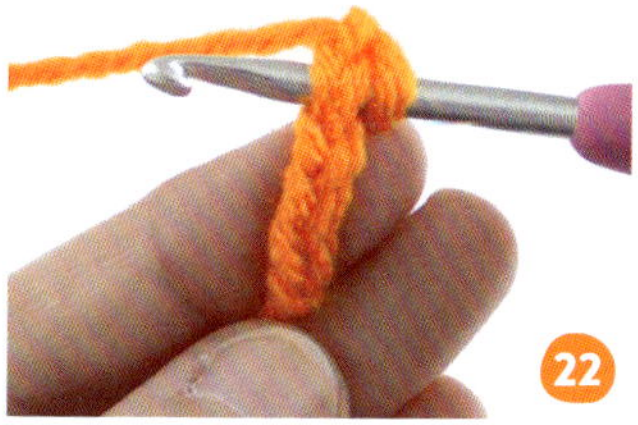
22

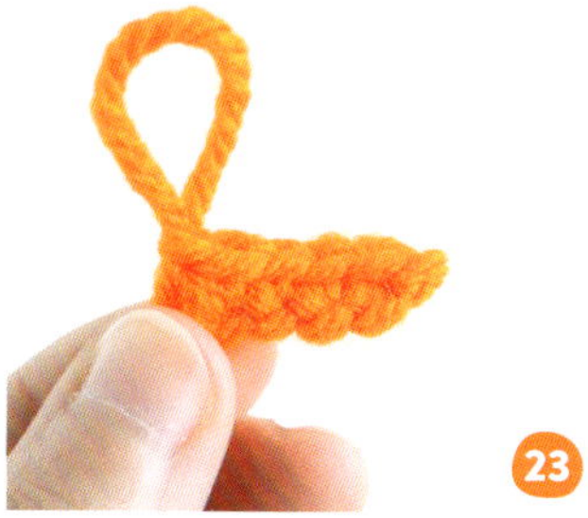
23

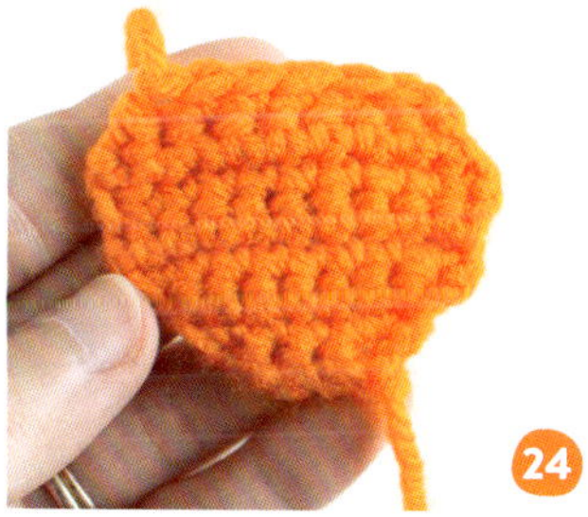
24

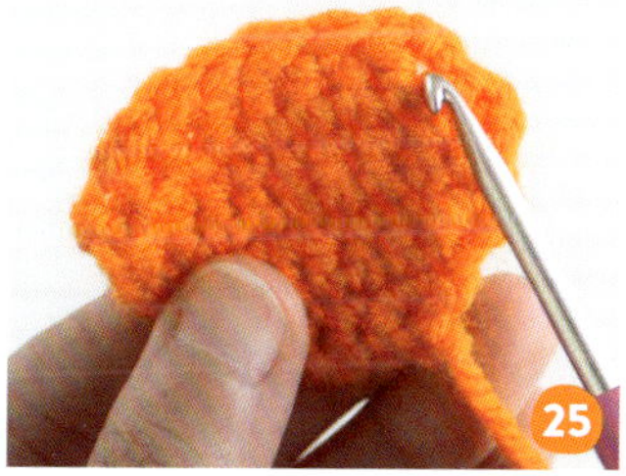
25

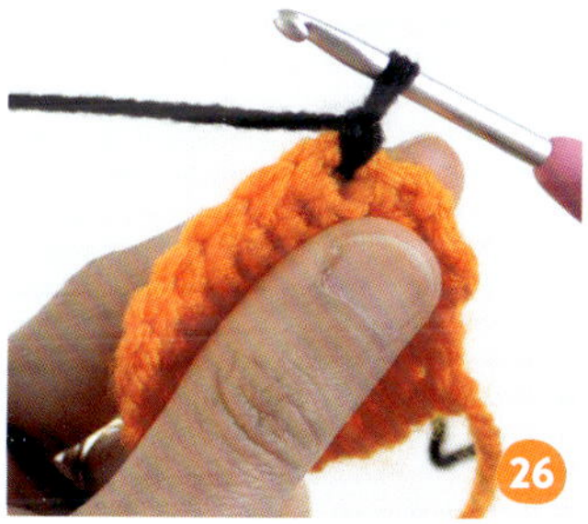
26

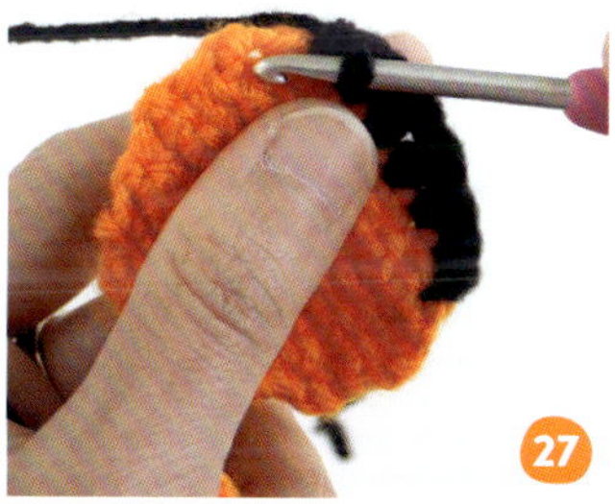
27

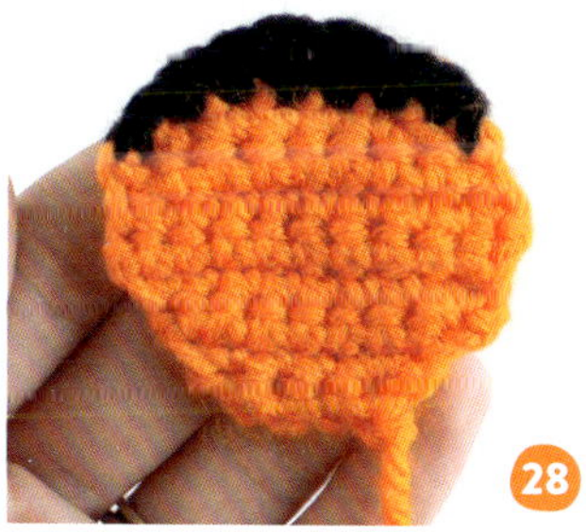
28

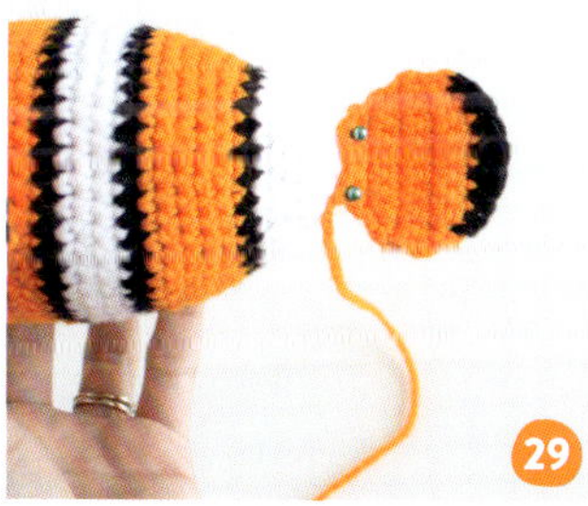
29

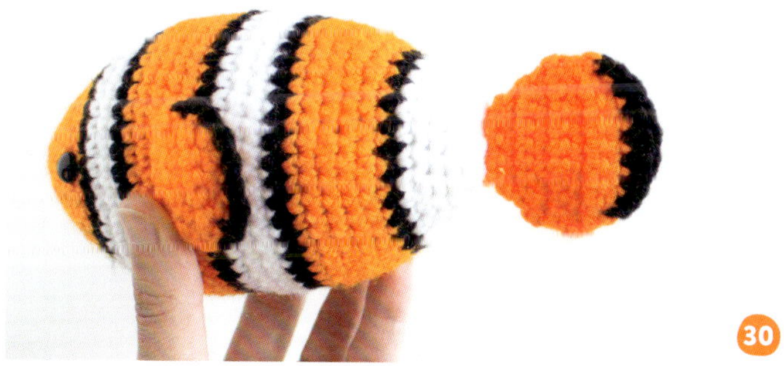
30

RÜCKENFLOSSEN GROSS: 2 X HÄKELN

In Orange häkeln.

Den Anfangsfaden zum Annähen etwa 25,5 cm hängen lassen.

1. R: 6 Lm, dann ab der 2. Lm von der Nadel 5 hStb (5 M) (Fotos 31+32).

Orangen Faden abmaschen.

2. R: Schwarzen Faden in das 1. hStb anmaschen und 1 Lm (Fotos 33–36). 1 hStb an dieselbe Stelle wie die Lm, dann 4 hStb (5 M) (Fotos 37+38).

Abmaschen und alle Fadenenden bis auf den langen Anfangsfaden vernähen (Foto 39).

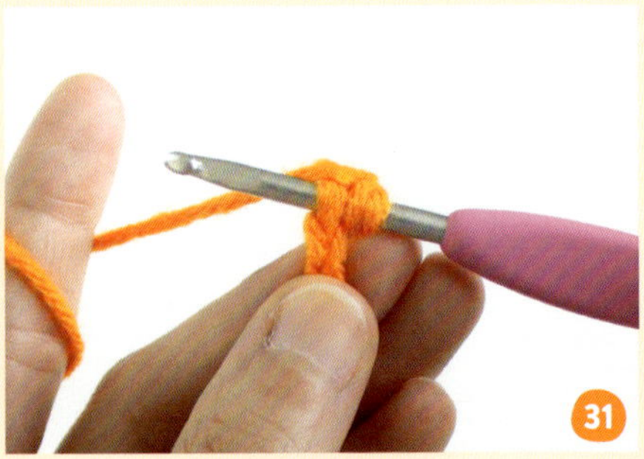
31

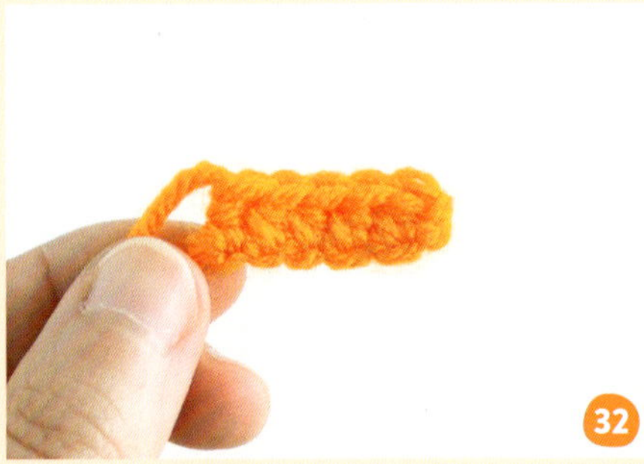
32

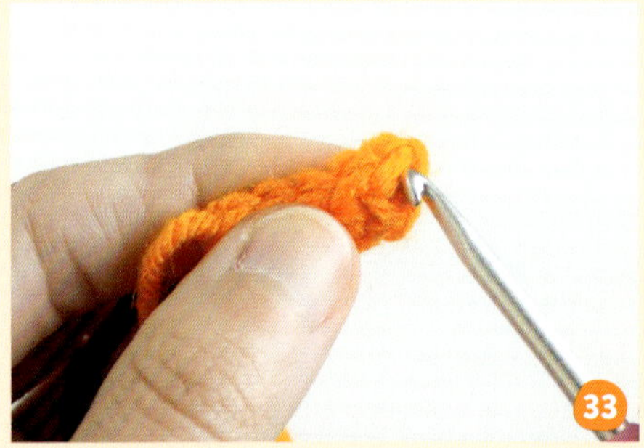
33

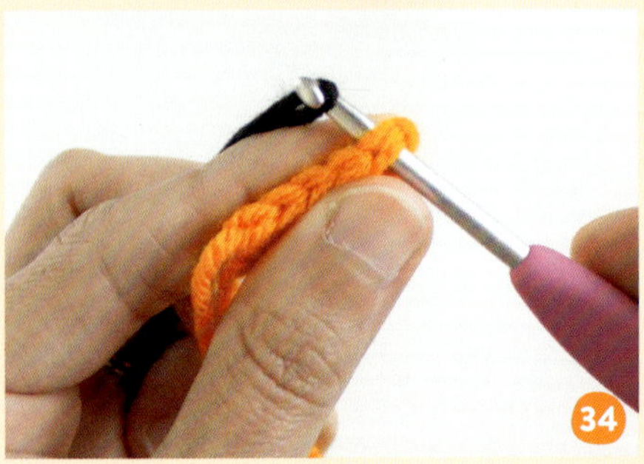
34

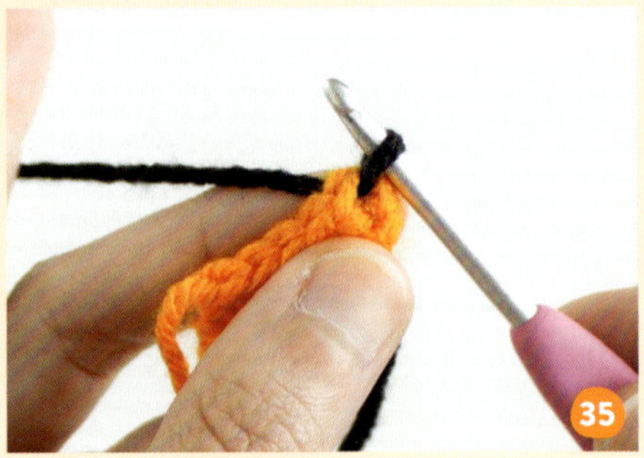
35

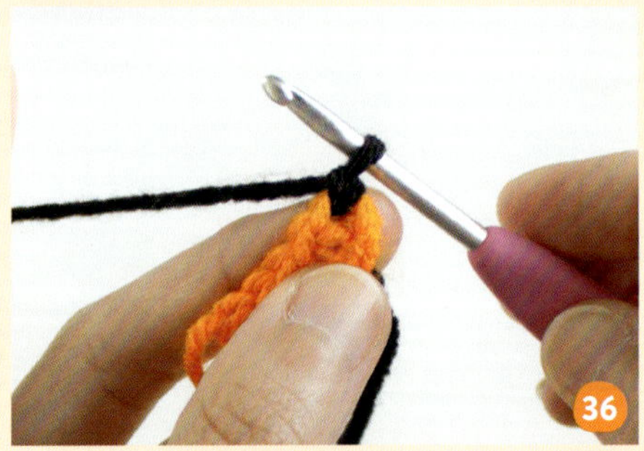
36

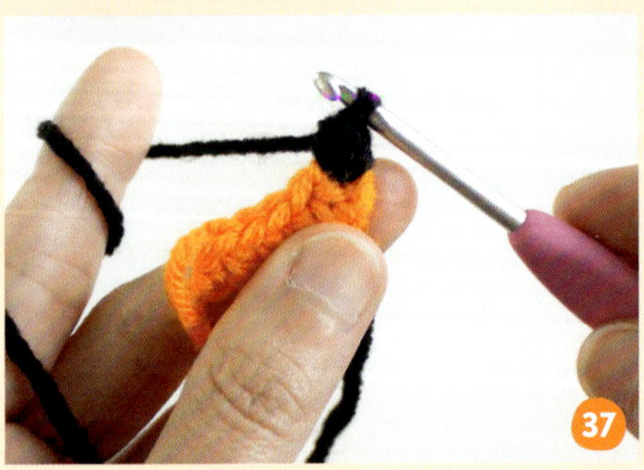
37

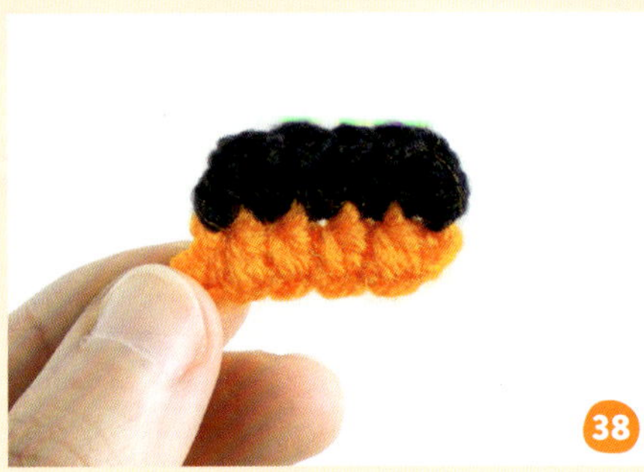
38

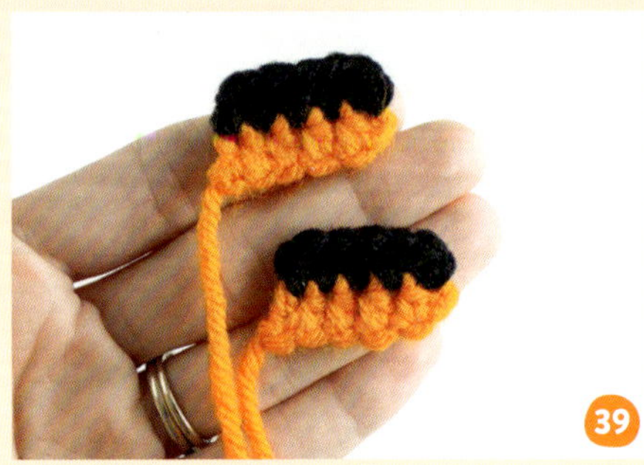
39

KLEIN: 1 X HÄKELN

In Orange häkeln.

Den Anfangsfaden zum Annähen etwa 25,5 cm hängen lassen.

1. R: 6 Lm, dann ab der 2. Lm von der Nadel 5 fM (5 M) (Fotos 40+41).

Orangen Faden abmaschen.

2. R: Schwarzen Faden in die 1. fM anmaschen und 1 Lm (Fotos 42–44). 1 fM an dieselbe Stelle wie die Lm, dann 4 fM (5 M) (Foto 45).

Abmaschen und alle Fadenenden bis auf den langen Anfangsfaden vernähen (Foto 46).

Die Flossen an den Körper stecken: eine große Flosse zwischen die 13. und 19. Rd oben auf den Körper, die zweite große Flosse auf der Unterseite zwischen der 23. und 28. Rd , die kleine Flosse zwischen die 23. und 28. Rd oben auf den Körper. Mit dem Anfangsfaden die Flossen annähen. Das Fadenende mit einem Knoten sichern und im Inneren des Körpers verstecken (Fotos 47–50).

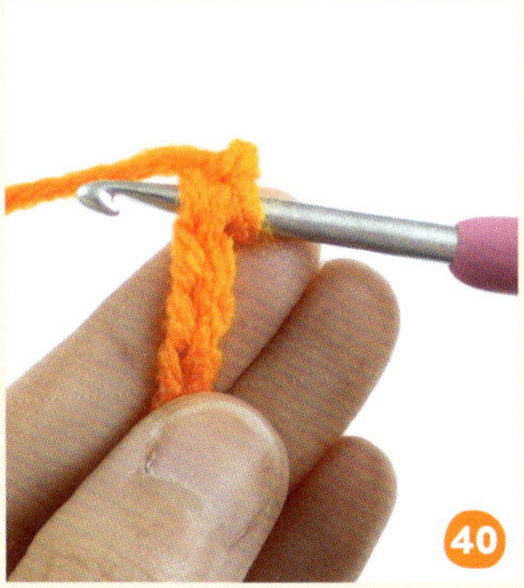

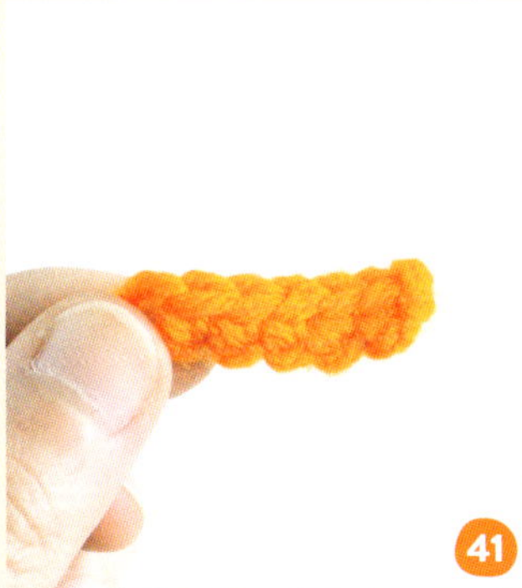

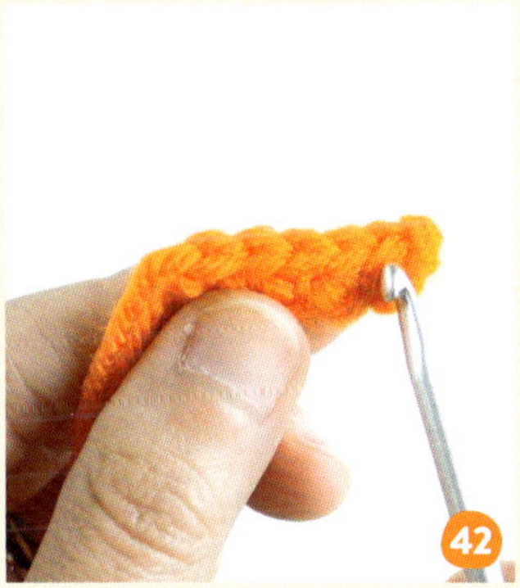

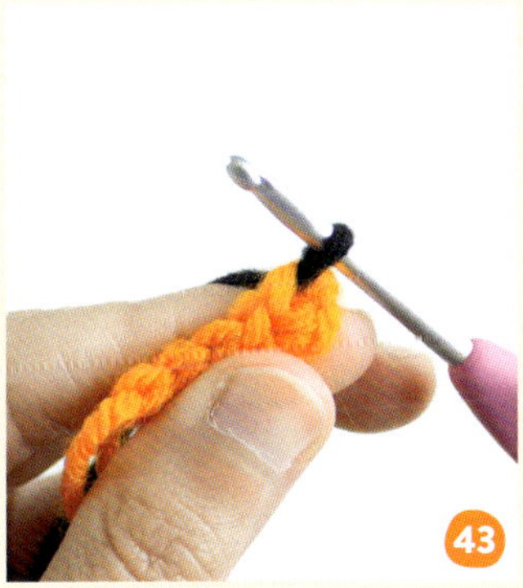

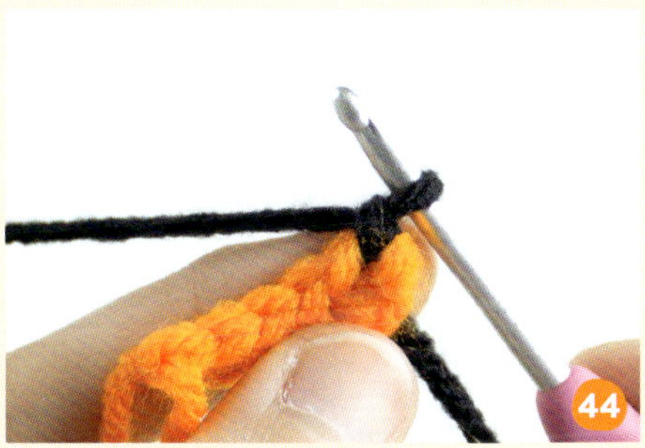

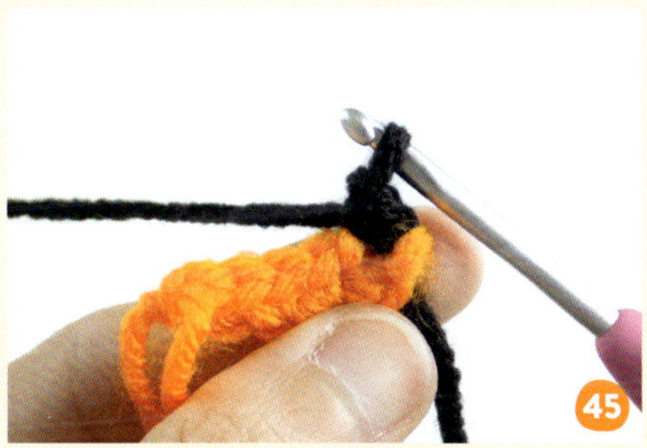

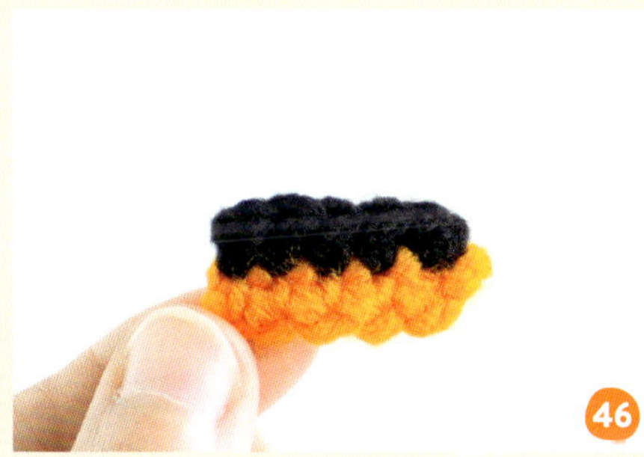

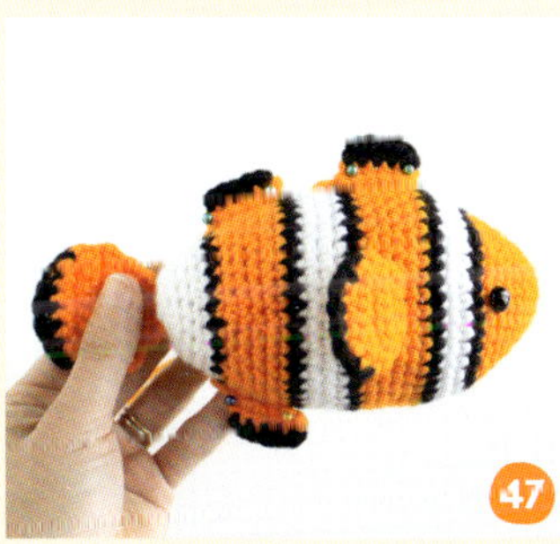

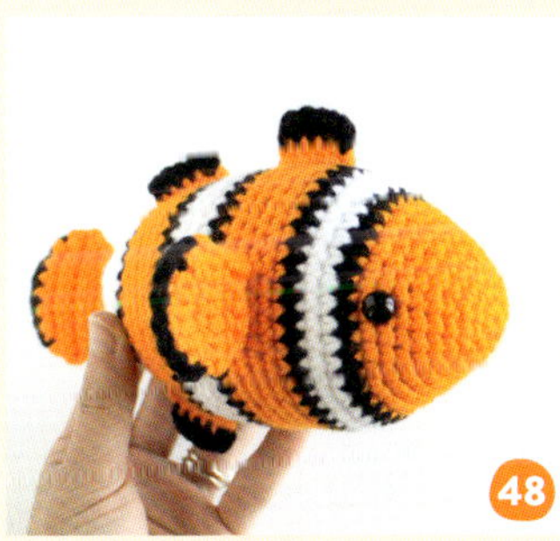

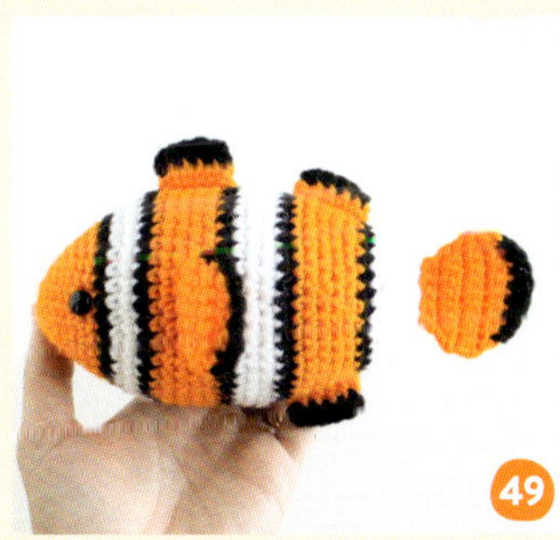

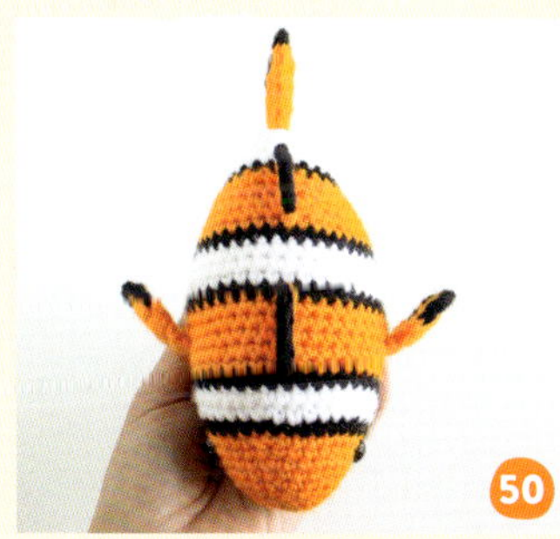

KRABBE

MITTELSCHWER

FERTIGE MASSE

- Etwa 23 cm breit und 9 cm hoch

MATERIAL

- Häkelgarn (Lauflänge 100–120 m/50 g) in Rot, Hellrot und Pfirsich
- Häkelnadel 3,75 mm
- 1 Paar Sicherheitsaugen, 10 mm Ø
- Schwarzes Stickgarn und Sticknadel
- Füllwatte aus Polyester
- Wollnadel
- Schere
- Maschenmarkierer
- Stecknadeln

ABKÜRZUNGEN

- fM – feste Masche(n)
- M – Masche(n)
- Rd – Runde(n)
- uns Abn – unsichtbare Abnahme(n)
- vMg – nur vordere(s) Maschenglied(er)
- Zun – Zunahme(n)

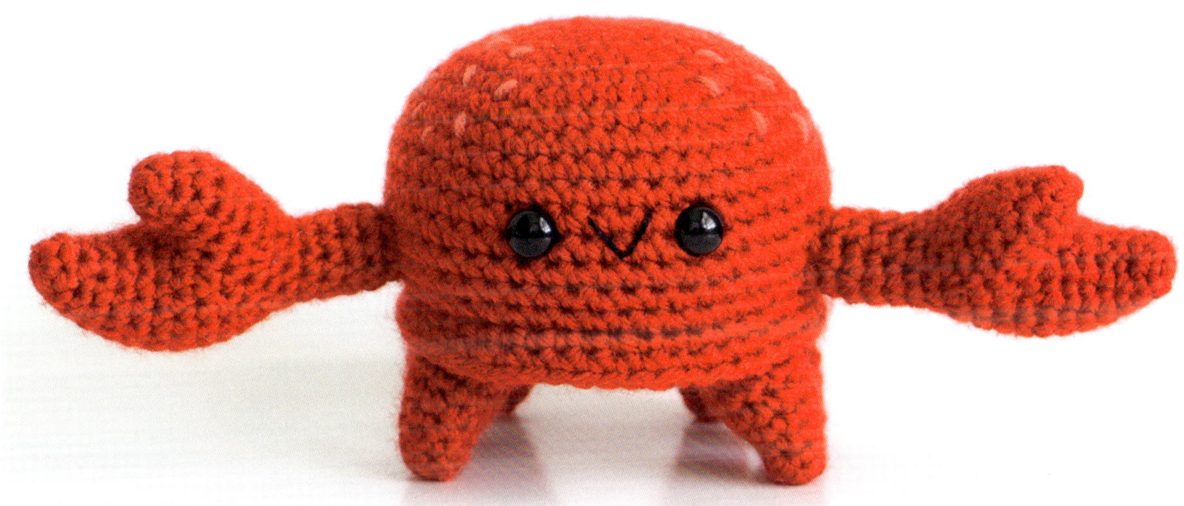

GEHÄUSE

In Rot häkeln.

1. Rd: 6 fM in einen magischen Ring häkeln (6 M).

2. Rd: 6 Zun (12 M).

3. Rd: *1 fM, Zun* 6 x (18 M).

4. Rd: *2 fM, Zun* 6 x (24 M).

5. Rd: *3 fM, Zun* 6 x (30 M).

6. Rd: *4 fM, Zun* 6 x (36 M).

7. Rd: *5 fM, Zun* 6 x (42 M).

8. Rd: *6 fM, Zun* 6 x (48 M).

9.–16. Rd: 48 fM.

Die Sicherheitsaugen zwischen der 12. und 13. Rd im Abstand von 5 M einsetzen. Mit schwarzem Stickgarn den Mund aufsticken (Foto 1).

17. Rd: In vMg 48 fM (Foto 2).

18. Rd: 48 fM.

Abmaschen und Fadenende vernähen (Foto 3). In Hellrot Sprenkel auf das Gehäuse sticken: In der 5. Rd beginnen und 8 Linien in einem Cluster sticken. Auf der anderen Seite oberhalb der Augen ebenso verfahren (Fotos 4+5).

BAUCH

In Pfirsich häkeln.

1. Rd: 6 fM in einen magischen Ring häkeln (6 M).

2. Rd: 6 Zun (12 M).

3. Rd: *1 fM, Zun* 6 x (18 M).

4. Rd: *2 fM, Zun* 6 x (24 M).

5. Rd: *3 fM, Zun* 6 x (30 M).

6. Rd:*4 fM, Zun* 6 x (36 M).

7. Rd: *5 fM, Zun* 6 x (42 M).

8. Rd: *6 fM, Zun* 6 x (48 M).

Abmaschen und den Faden zum Annähen lang genug lassen (Foto 6). Den Bauch an das Gehäuse nähen. Dafür die Nadel unter die hMg der 17. Rd des Gehäuses

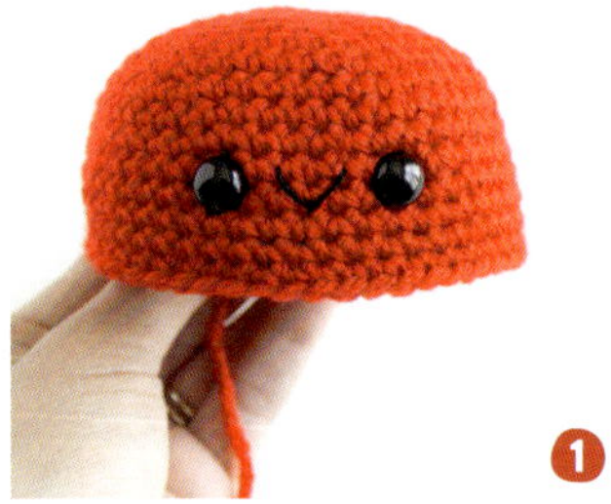

1

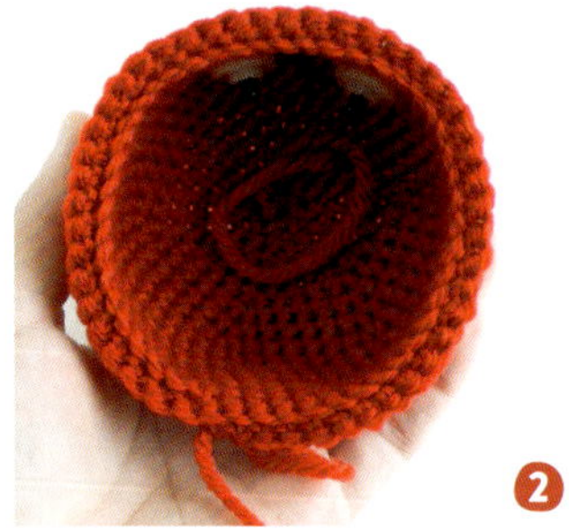

2

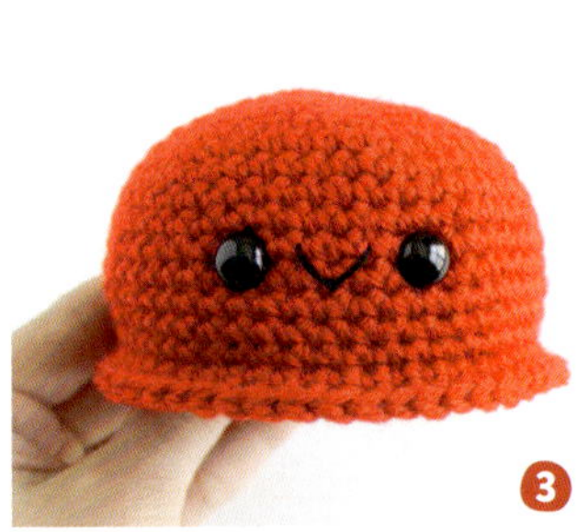

3

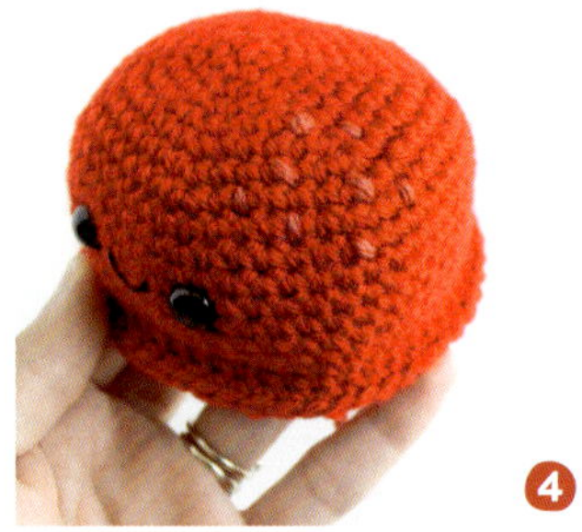

4

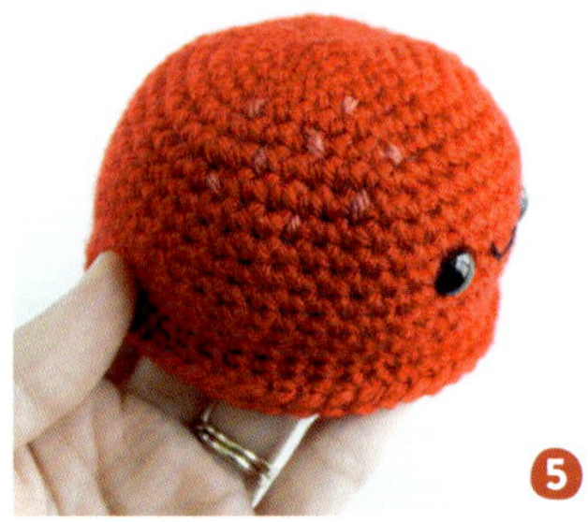

5

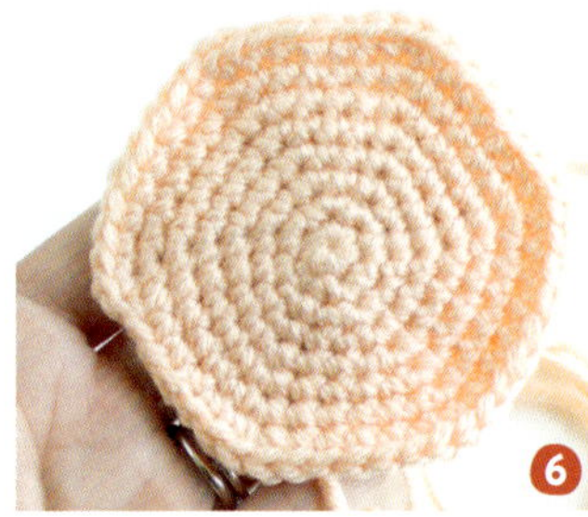

6

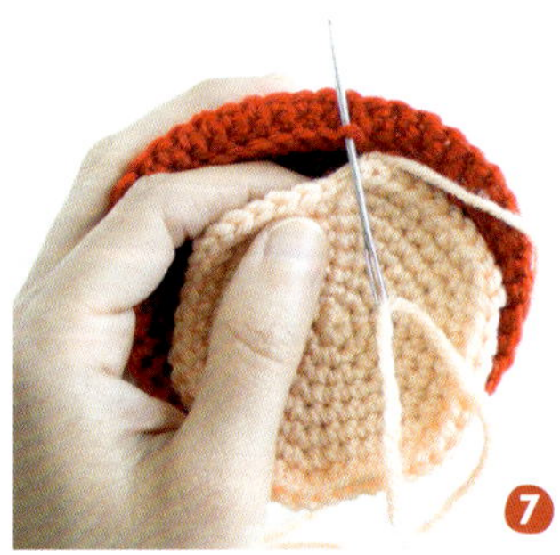

7

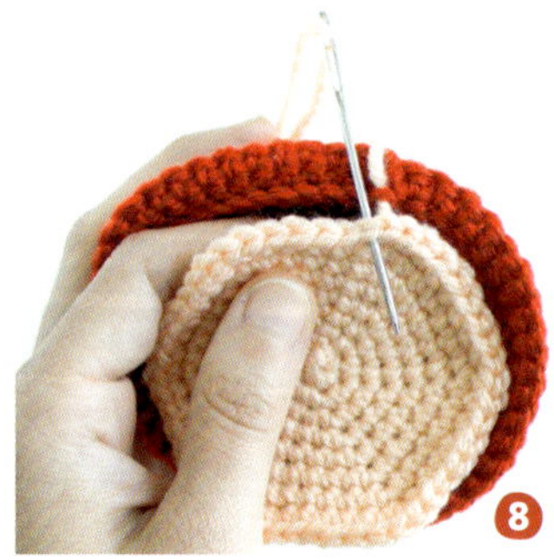

8

und unter beide Mg der 8. Rd des Körpers führen (Fotos 7+8). Auf diese Weise fortfahren (Foto 9). So sieht die Naht sauber aus (Fotos 10+11). Füllwatte einfüllen, bevor die Naht geschlossen wird (Foto 12). Das Fadenende mit einem Knoten sichern und im Inneren des Gehäuses verstecken (Fotos 13+14).

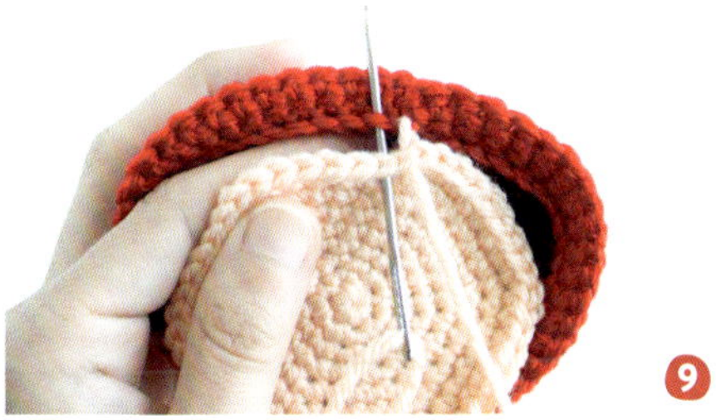

9

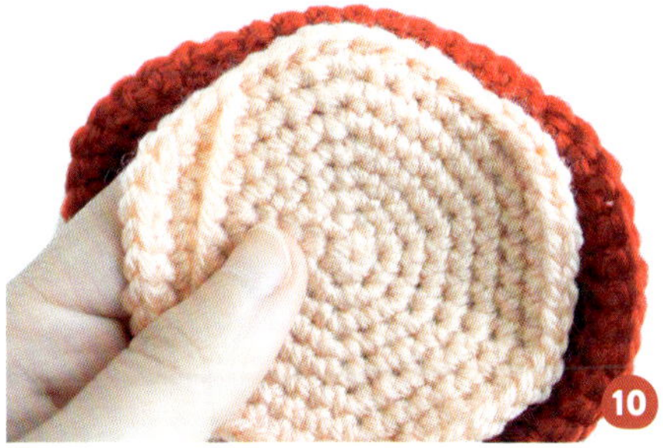

10

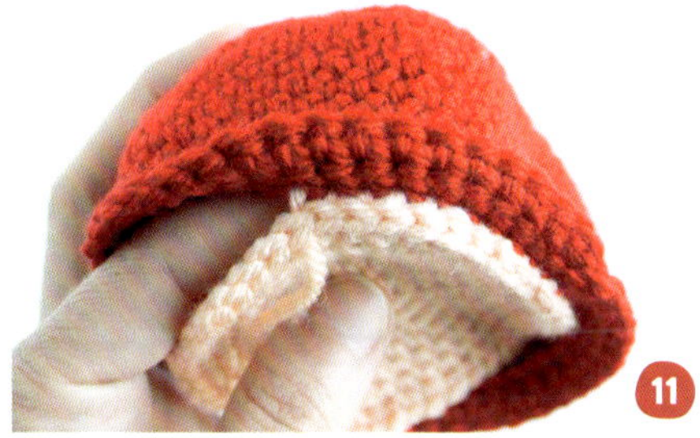

11

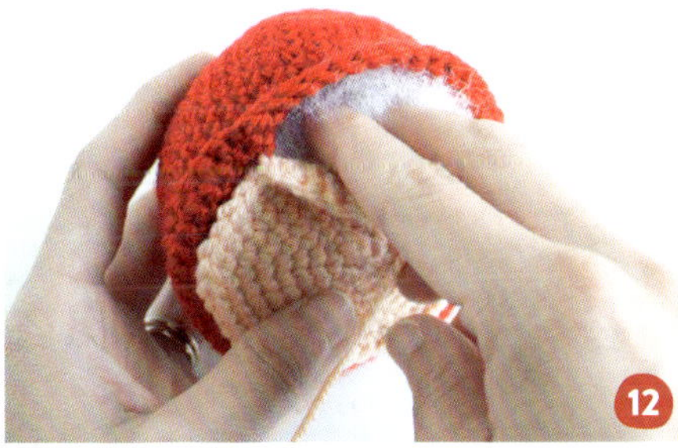

12

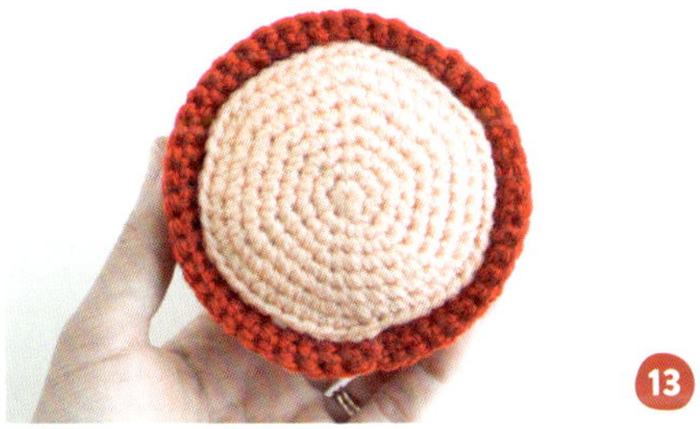

13

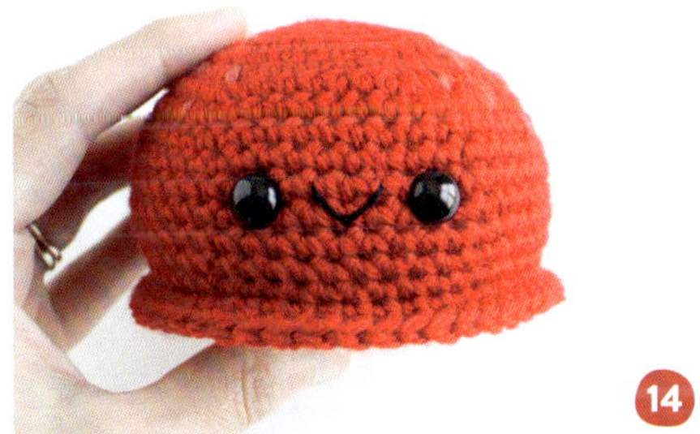

14

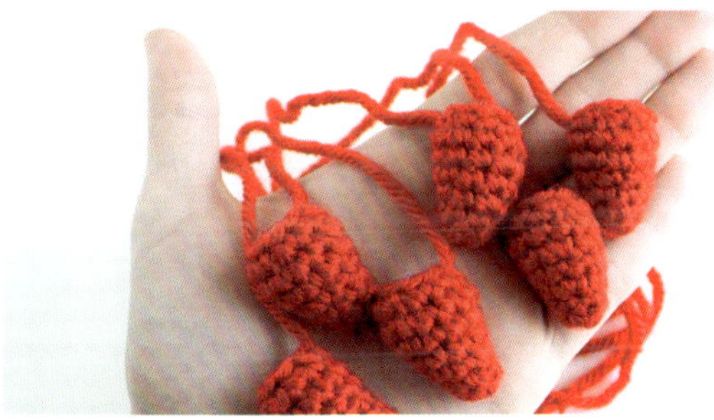

15

BEINE: 6 X HÄKELN

In Rot häkeln.

1. Rd: 6 fM in einen magischen Ring häkeln (6 M).

2. Rd: 6 fM.

3. Rd: *1 fM, Zun* 3 x (9 M).

4. Rd: 9 fM.

5. Rd: *2 fM, Zun* 3 x (12 M).

6. Rd: 12 fM.

Das Bein mit etwas Füllwatte ausstopfen.

7. Rd: *2 fM, uns Abn* 3 x (9 M).

Abmaschen und den Faden zum Annähen hängen lassen (Foto 15). Die Vorderbeine zwischen der 5. und 8. Rd platzieren. Darauf achten, dass sie gleichmäßig auf beiden Seiten des Bauchs sitzen (Fotos 16–18).

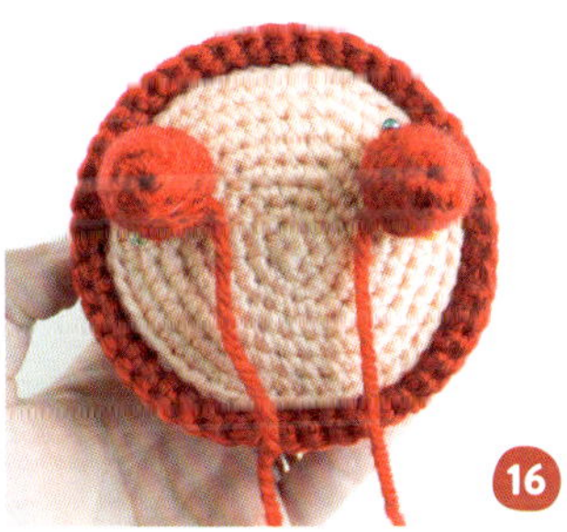

16

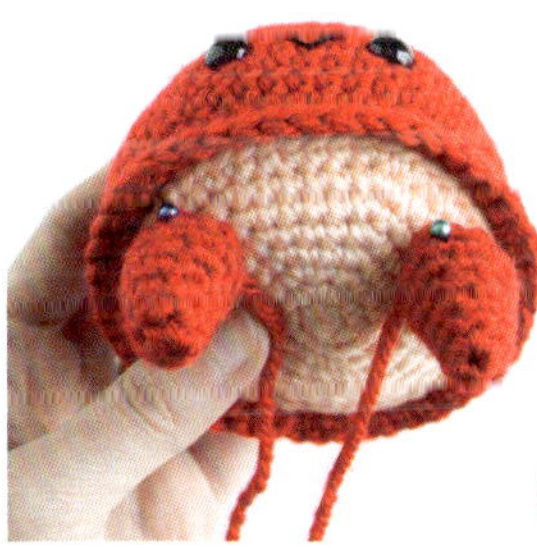

17

Die anderen Beine in V-Form am Bauch anbringen. Dabei sitzen die hinteren Beine dichter beieinander (Foto 19). Dann die Beine mit dem Anfangsfaden annähen, mit einem Knoten sichern und im Inneren des Gehäuses verstecken (Fotos 20+21).

SCHEREN

Die Scheren werden in zwei Teilen gearbeitet. Zuerst das kleinere Teil häkeln und dann wie beschrieben mit dem größeren verbinden.

KLEINES TEIL: 2 X HÄKELN

In Rot häkeln.

1. Rd: 6 fM in einen magischen Ring häkeln (6 M).

2. Rd: 6 fM.

3. Rd: *1 fM, Zun* 3 x (9 M).

Abmaschen und einen kurzen Faden zum Annähen hängen lassen (Foto 22).

GROSSES TEIL: 2 X HÄKELN

In Rot häkeln.

1. Rd: 6 fM in einen magischen Ring häkeln (6 M).

2. Rd: 6 fM.

3. Rd: *1 fM, Zun* 3 x (9 M).

4. Rd: 9 fM.

5. Rd: *2 fM, Zun* 3 x (12 M).

6. Rd: 12 fM.

7. Rd: *3 fM, Zun* 3 x (15 M) (Foto 23).

Nun wird das kleine Teil mit dem großen verbunden und die Schere zu Ende gehäkelt (Foto 24).

8. Rd: Das große Teil liegt noch auf der Nadel. Die Nadel in die 1. M des kleinen Teils einstechen und 1 fM. Dies ist die M links von der Stelle, an der abgemascht wurde (Foto 25). 9 fM auf dem kleinen Teil. Dann auf dem großen Teil die Nadel in die 1. M der 7. Rd einstechen (Foto 26). 15 fM auf dem großen Teil (24 M) (Foto 27).

9. Rd: *4 fM, uns Abn* 4 x (20 M) (Foto 28).

10. Rd: *8 fM, uns Abn* 2 x (18 M) Foto 29).

Mit dem Anfangsfaden des kleinen Teils die Öffnung zwischen den Teilen schließen (Foto 30). Das Fadenende im Inneren der Schere mit einem Knoten sichern. Die Spitzen beider Teile ausstopfen und nach und nach weitere Füllwatte hinzufügen.

11. Rd: 18 fM.

12. Rd: *1 fM, uns Abn* 6 x (12 M) (Foto 31).

13. Rd: *2 fM, uns Abn* 3 x (9 M).

14.–18. Rd: 9 fM (Foto 32).

Abmaschen und den Faden zum Annähen hängen lassen (Foto 33).

Die Scheren mit Stecknadeln zwischen der 14. und 16. Rd an das Gehäuse stecken (Foto 34). Mit dem Fadenende annähen. Das Ende mit einem Knoten sichern und im Inneren des Gehäuses verstecken (Fotos 35+36).

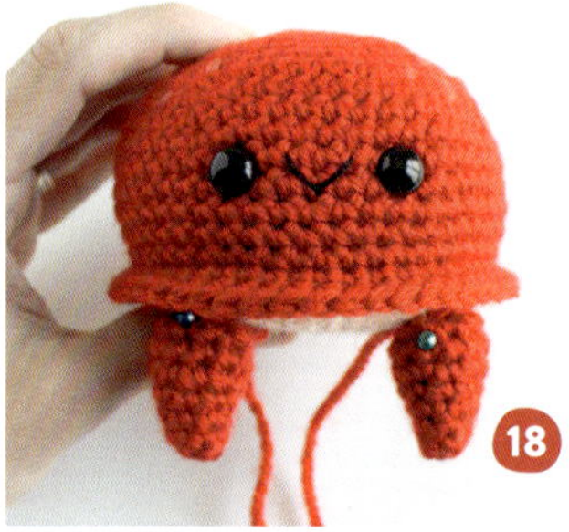
18

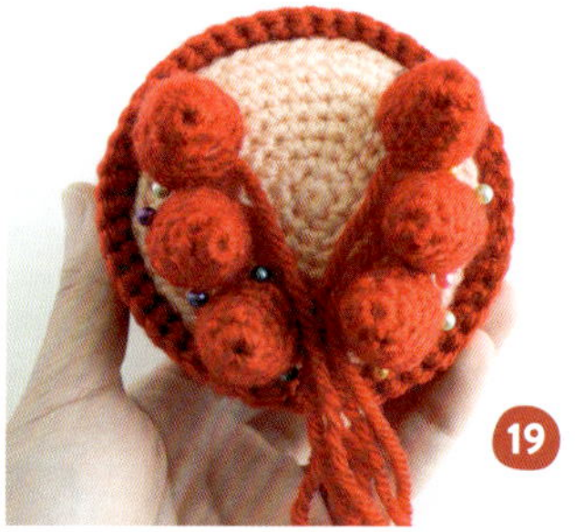
19

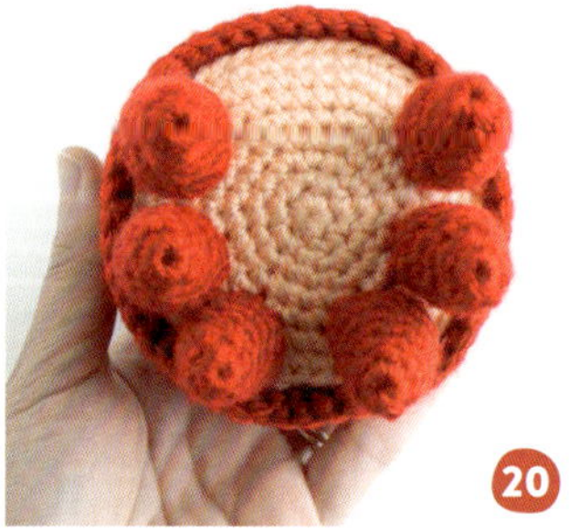
20

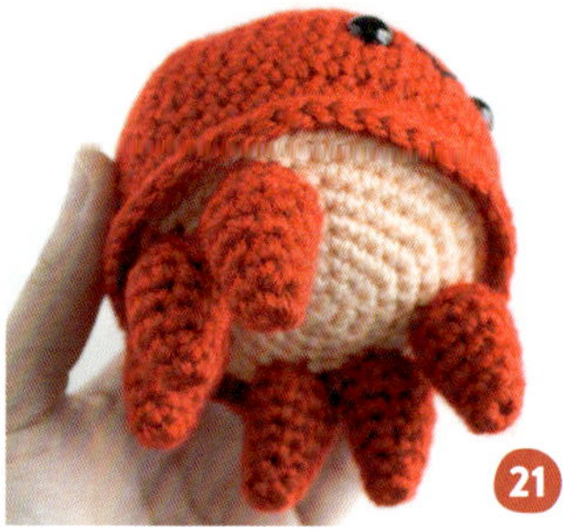
21

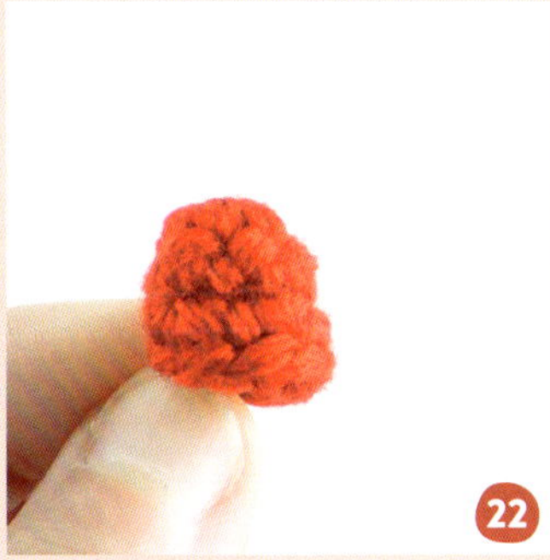
22
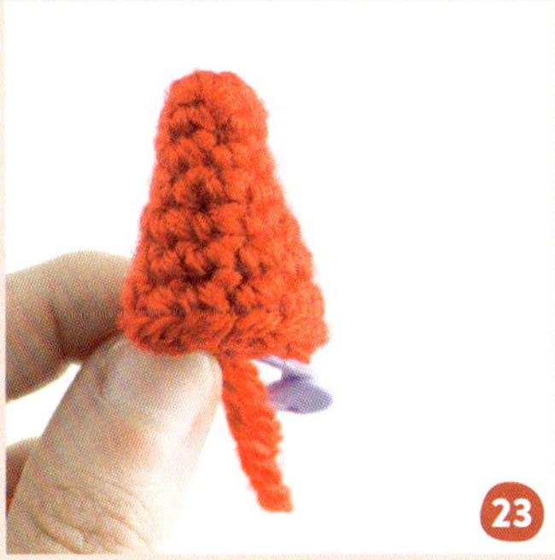
23
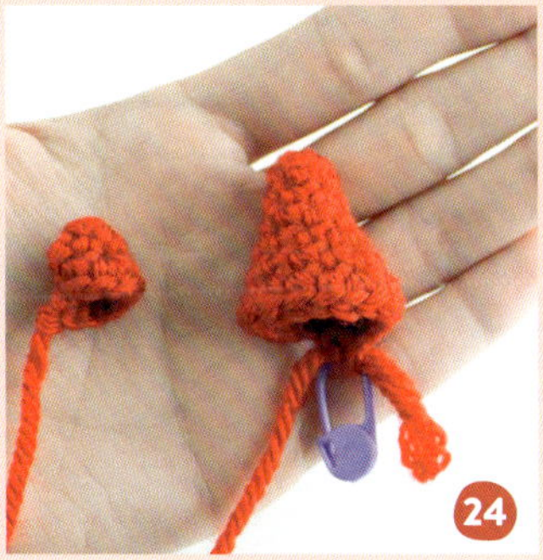
24
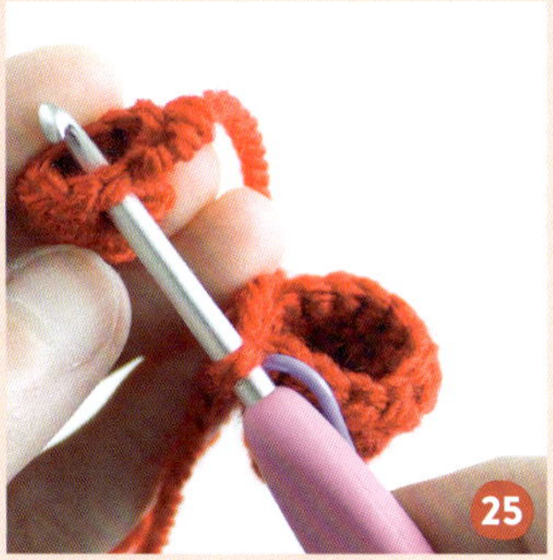
25
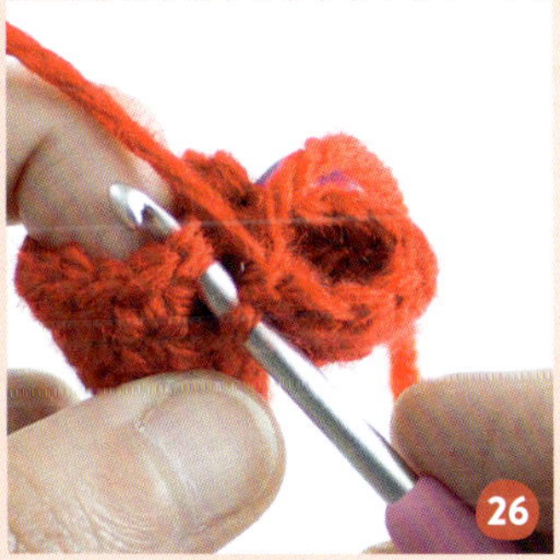
26
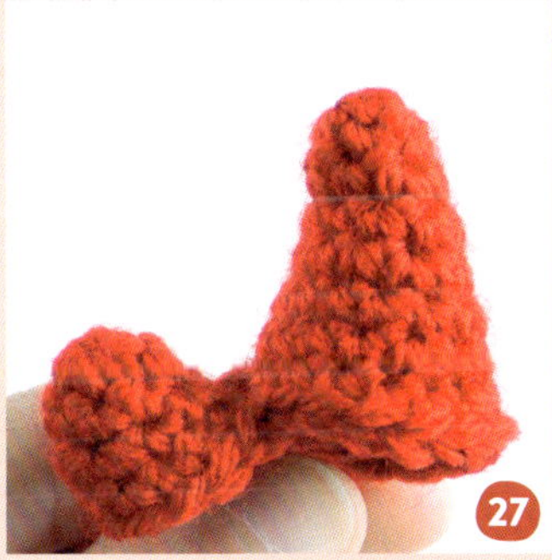
27
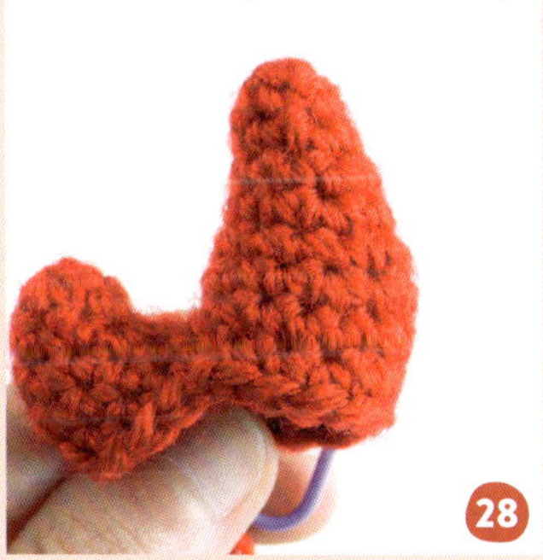
28
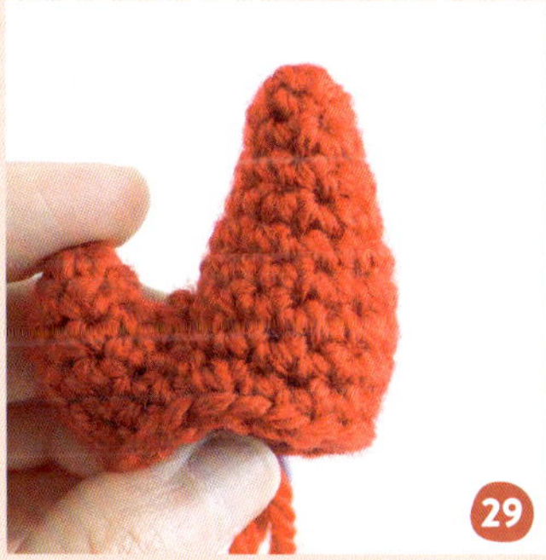
29
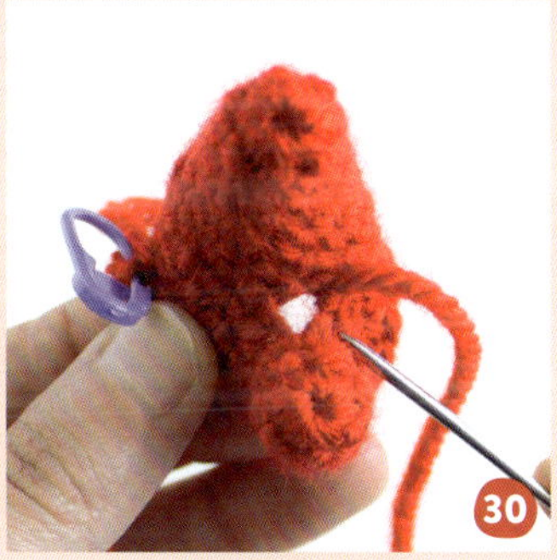
30
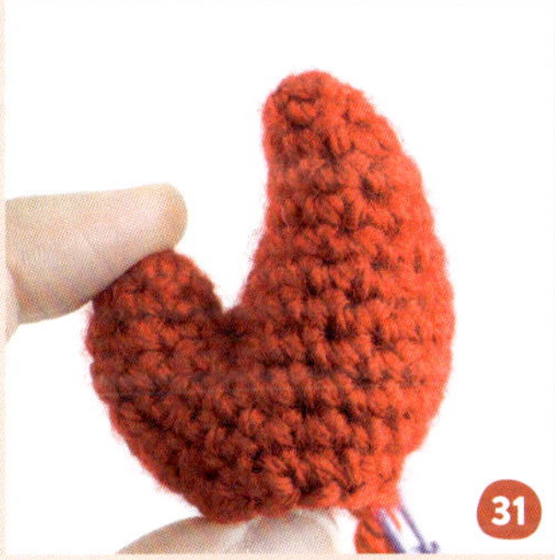
31
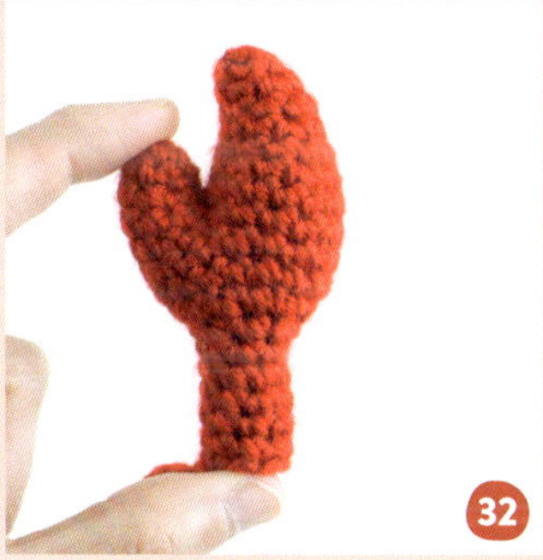
32
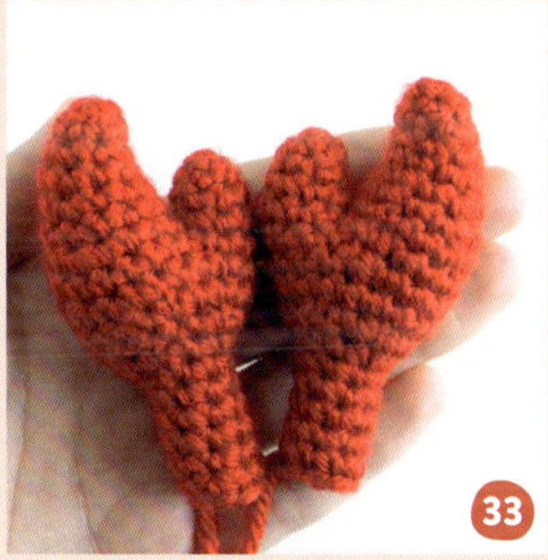
33
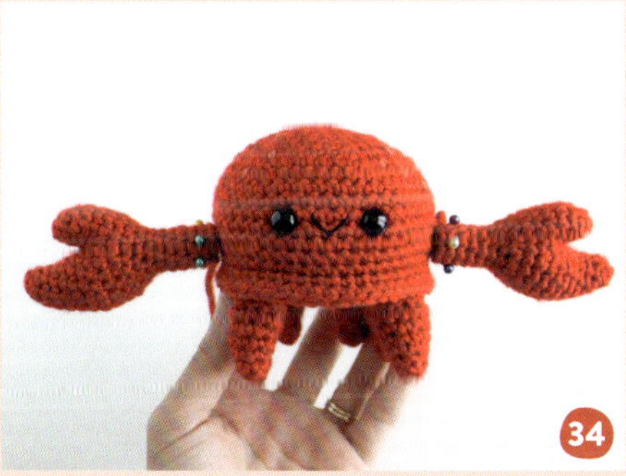
34
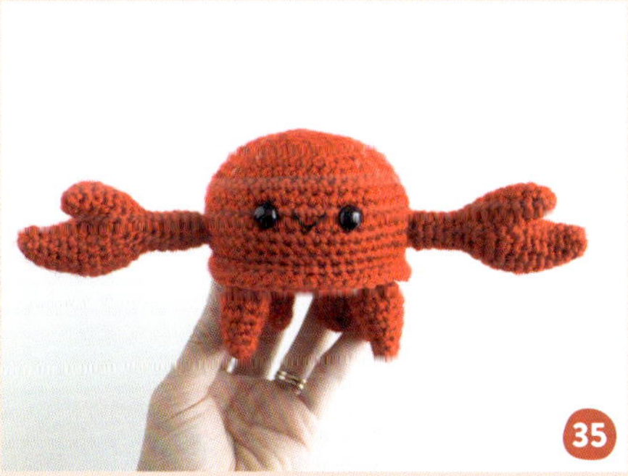
35
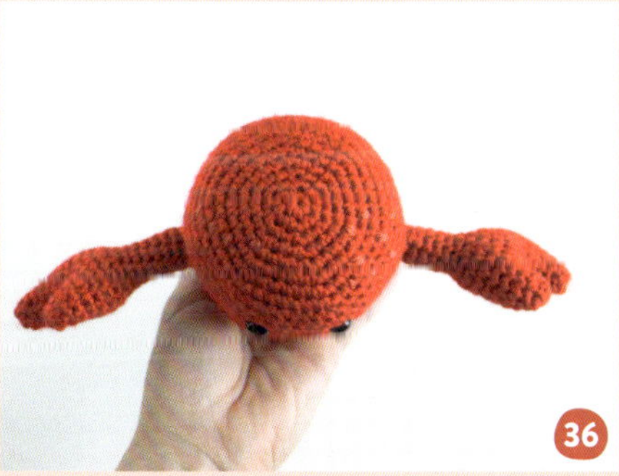
36

WEISSER HAI

LEICHT

FERTIGE MASSE

- Etwa 7,5 cm breit, 14 cm hoch und 25,5 cm lang

MATERIAL

- Häkelgarn (Lauflänge 100–120 m/50 g) in Grau und Weiß
- Häkelnadel 3,75 mm
- 1 Paar Sicherheitsaugen, 10 mm Ø
- Schwarzes Stickgarn und Sticknadel
- Füllwatte aus Polyester
- Wollnadel
- Schere
- Maschenmarkierer
- Stecknadeln

ABKÜRZUNGEN

- Abn – Abnahme(n)
- fM – feste Masche(n)
- Lm – Luftmasche(n)
- M – Masche(n)
- R – Reihe(n)
- Rd – Runde(n)
- uns Abn – unsichtbare Abnahme(n)
- Zun – Zunahme(n)

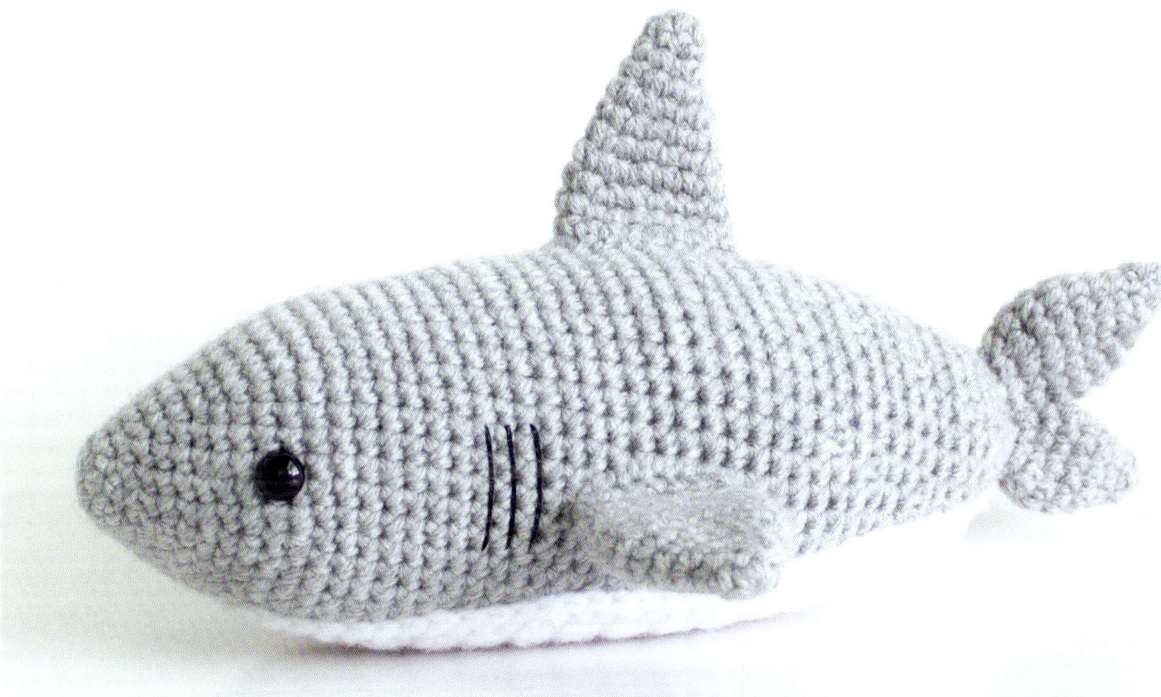

KÖRPER

In Grau häkeln.

1. Rd: 6 fM in einen magischen Ring häkeln (6 M).

2. Rd: 6 Zun (12 M).

3. Rd: 12 fM.

4. Rd: *1 fM, Zun* 6 x (18 M).

5. Rd: 18 fM.

6. Rd: *2 fM, Zun* 6 x (24 M).

7. Rd: 24 fM.

8. Rd: *3 fM, Zun* 6 x (30 M).

9. Rd: 30 fM.

10. Rd: *4 fM, Zun* 6 x (36 M).

11. Rd: 36 fM.

12. Rd: *5 fM, Zun* 6 x (42 M).

13.–35. Rd: 42 fM.

Nach der 25. Rd die Sicherheitsaugen einsetzen und Kiemen aufsticken: Die Augen zwischen der 11. und 12. Rd im Abstand von 16 M anbringen. Für die Kiemen mit schwarzem Stickgarn drei vertikale Linien über etwa 5 M zwischen der 20. und 22. Rd aufsticken (Fotos 1+2). Den Körper ausstopfen und nach und nach weitere Füllwatte hinzufügen

36. Rd: *5 fM, uns Abn* 6 x (36 M).

37. Rd: 36 fM.

38. Rd: *4 fM, uns Abn* 6 x (30 M).

39.+40. Rd: 30 fM.

41. Rd: *3 fM, uns Abn* 6 x (24 M).

42.+43. Rd: 24 fM.

44. Rd: *2 fM, uns Abn* 6 x (18 M).

45. Rd: 18 fM.

46. Rd: *1 fM, uns Abn* 6 x (12 M).

47. Rd: 12 fM.

48. Rd: 6 Abn (6 M).

Abmaschen und den Faden lang hängen lassen (Fotos 3+4).

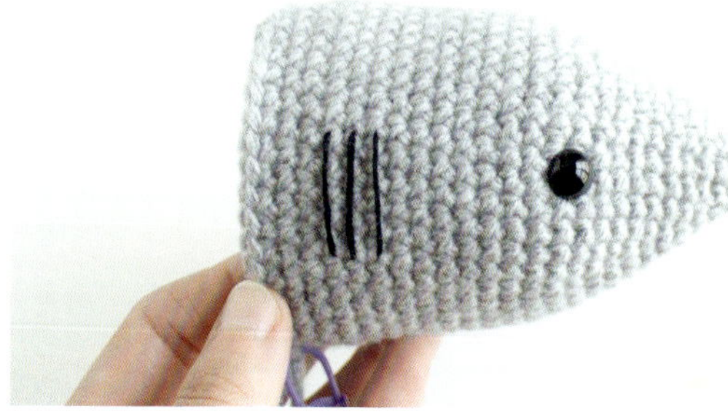

1

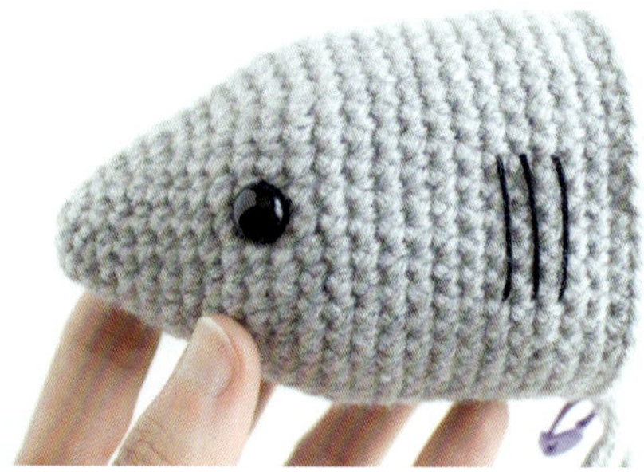

2

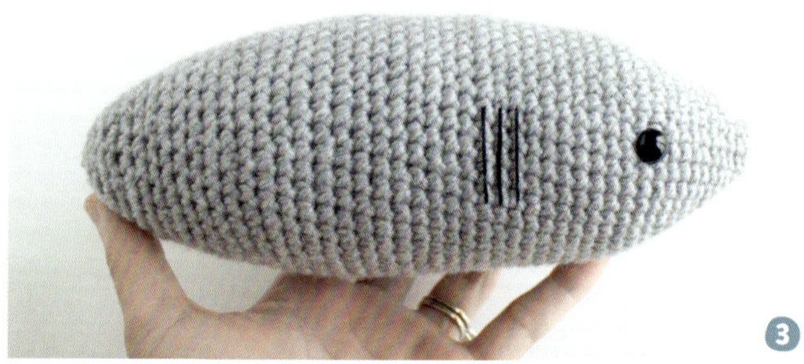

3

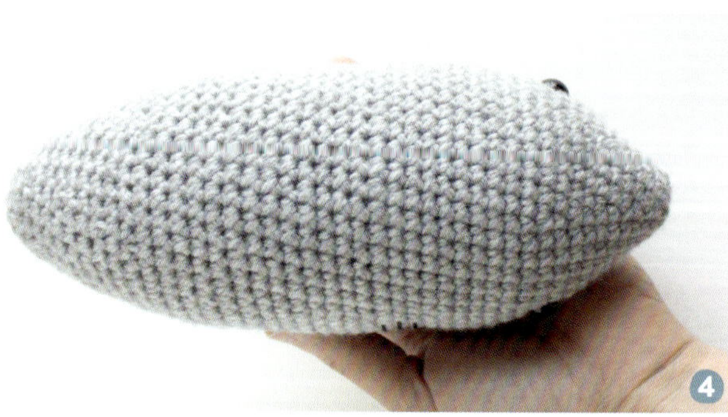

4

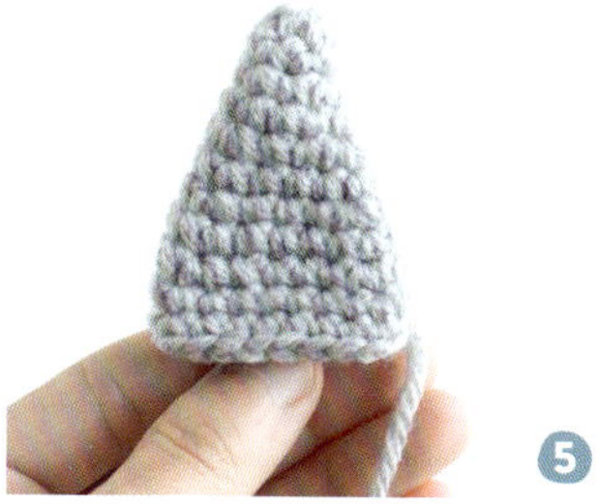

5

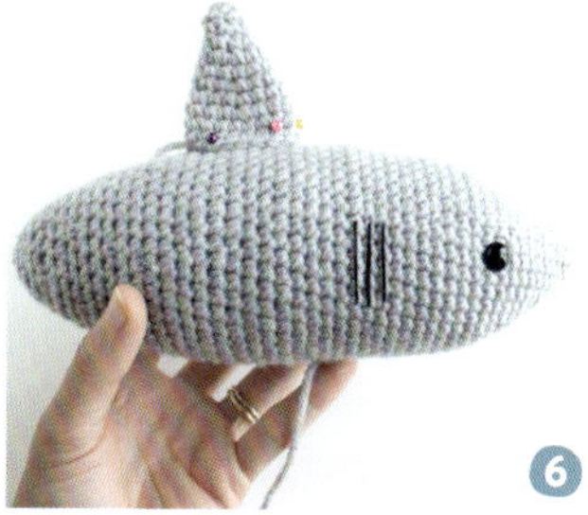

6

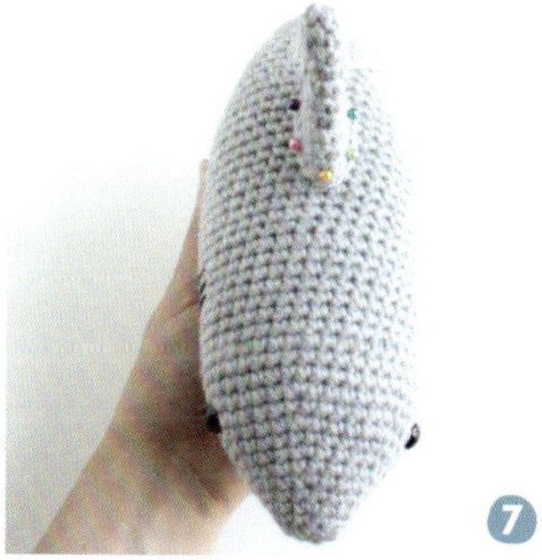

7

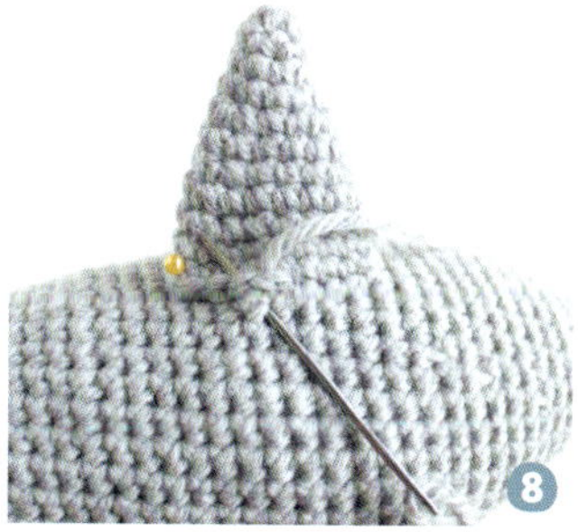

8

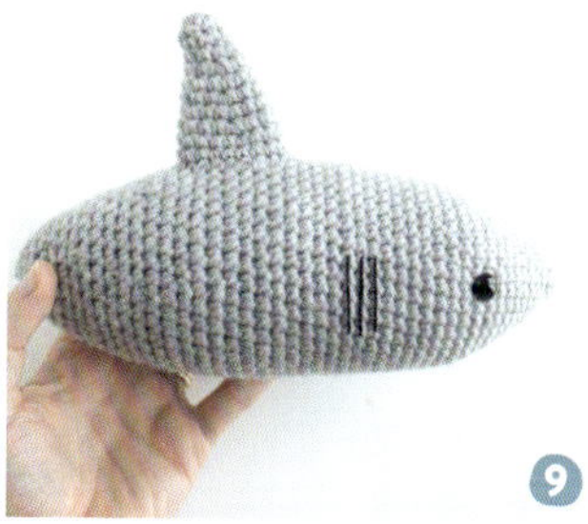

9

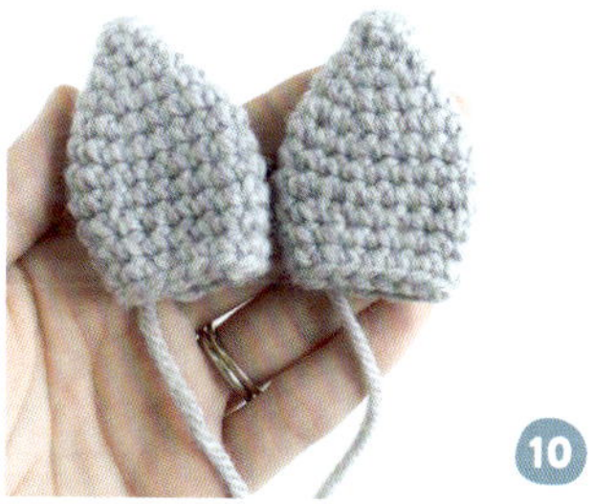

10

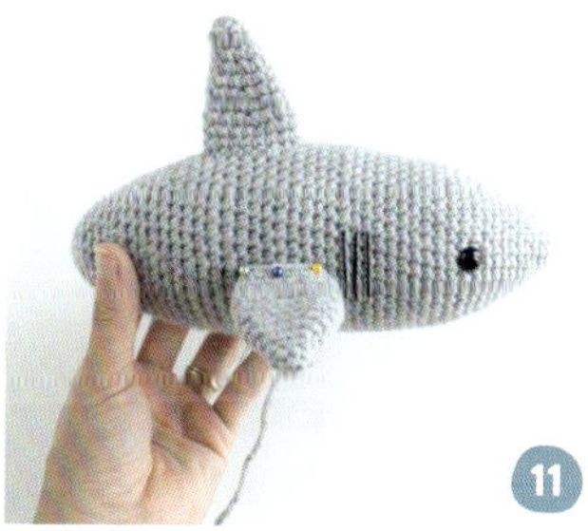

11

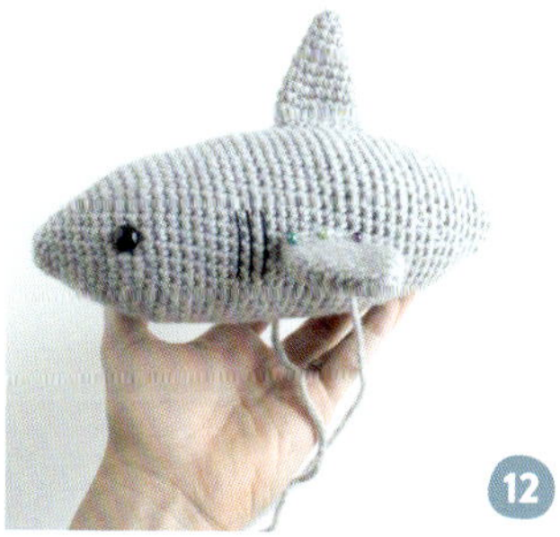

12

RÜCKENFLOSSE

In Grau häkeln.

1. Rd: 6 fM in einen magischen Ring häkeln (6 M).

2. Rd: 6 fM.

3. Rd: *1 fM, Zun* 3 x (9 M).

4. Rd: 9 fM.

5. Rd: *2 fM, Zun* 3 x (12 M).

6. Rd: 12 fM.

7. Rd: *3 fM, Zun* 3 x (15 M) .

8. Rd: 15 fM.

9. Rd: *4 fM, Zun* 3 x (18 M).

10.+11. Rd: 18 fM.

Abmaschen und den Faden lang hängen lassen. Die Flosse nicht ausstopfen (Foto 5) und zwischen der 26. und 34. Rd an den Körper stecken (Foto 6+7). Mit dem Fadenende annähen (Foto 8). Das Fadenende verknoten und im Inneren des Körpers verstecken (Foto 9).

SEITLICHE BRUSTFLOSSEN: 2 X HÄKELN

In Grau häkeln.

1. Rd: 6 fM in einen magischen Ring häkeln (6 M).

2. Rd: 6 fM.

3. Rd: *1 fM, Zun* 3 x (9 M).

4. Rd: *2 fM, Zun* 3 x (12 M).

5. Rd: *3 fM, Zun* 3 x (15 M).

6. Rd: *4 fM, Zun* 3 x (18 M).

7.–9. Rd: 18 fM.

10. Rd: *4 fM, uns Abn* 3 x (15 M) .

11.+12. Rd: 15 fM.

Abmaschen und den Faden lang hängen lassen. Die Flossen nicht ausstopfen (Foto 10) und zwischen der 24. und 30. Rd auf Höhe der Sicherheitsaugen an den Körper stecken (Foto 11–14). Mit dem Fadenende annähen. Das Fadenende verknoten und im Inneren des Körpers verstecken.

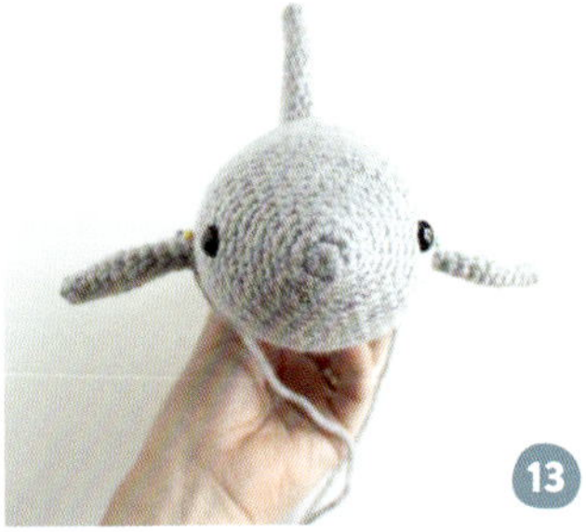

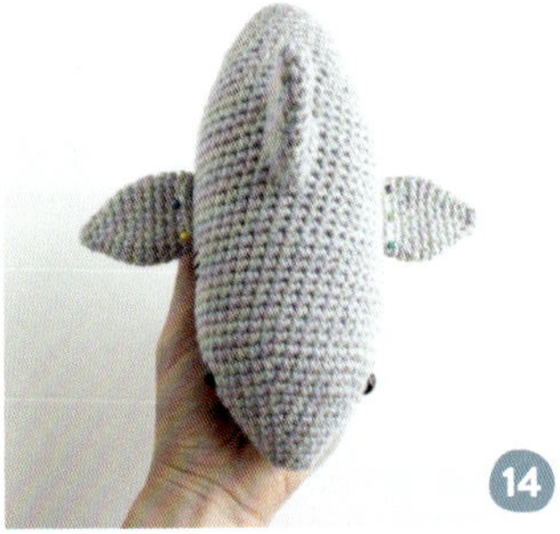

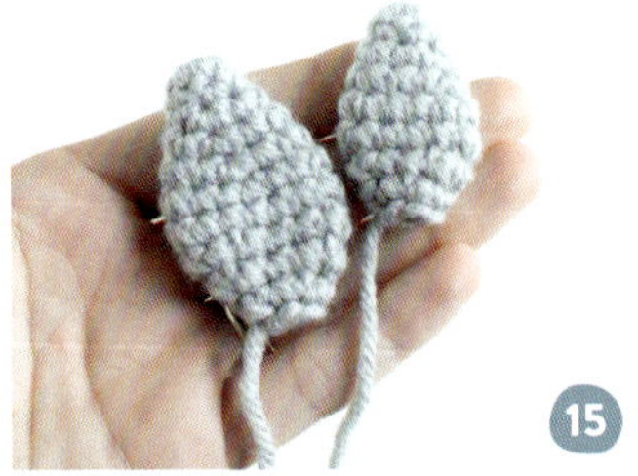

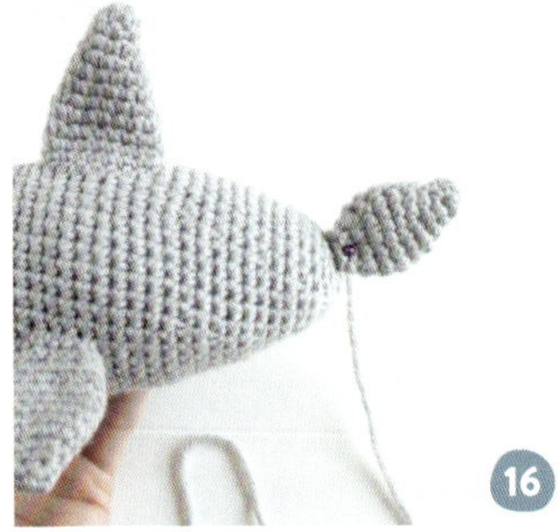

SCHWANZFLOSSE
GROSSES OBERES TEIL

In Grau häkeln.

1. Rd: 6 fM in einen magischen Ring häkeln (6 M).

2. Rd: 6 fM.

3. Rd: *1 fM, Zun* 3 x (9 M).

4. Rd: *2 fM, Zun* 3 x (12 M).

5. Rd: *3 fM, Zun* 3 x (15 M).

6.+7. Rd: 15 fM.

8. Rd: *3 fM, uns Abn* 3 x (12 M).

9. Rd: *2 fM, uns Abn* 3 x (9 M).

10. Rd: *1 fM, uns Abn* 3 x (6 M).

Abmaschen und den Faden zum Annähen hängen lassen. Die Flosse nicht ausstopfen (Foto 15).

KLEINES UNTERES TEIL

In Grau häkeln.

1. Rd: 6 fM in einen magischen Ring häkeln (6 M).

2. Rd: 6 fM.

3. Rd: *1 fM, Zun* 3 x (9 M).

4. Rd: *2 fM, Zun* 3 x (12 M).

5.+6. Rd: 12 fM.

7. Rd: *2 fM, uns Abn* 3 x (9 M).

8. Rd: *1 fM, uns Abn* 3 x (6 M).

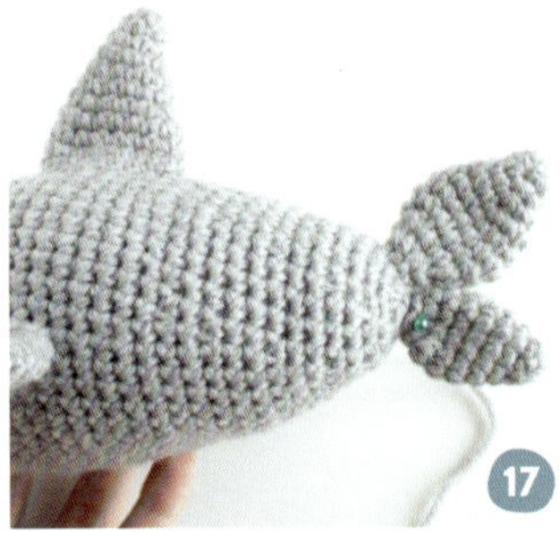

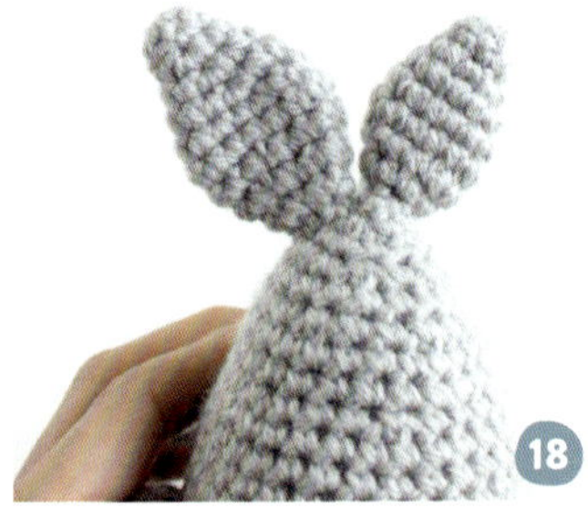

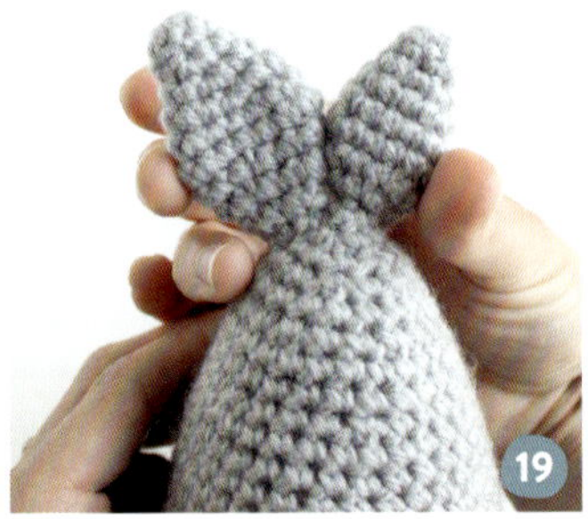

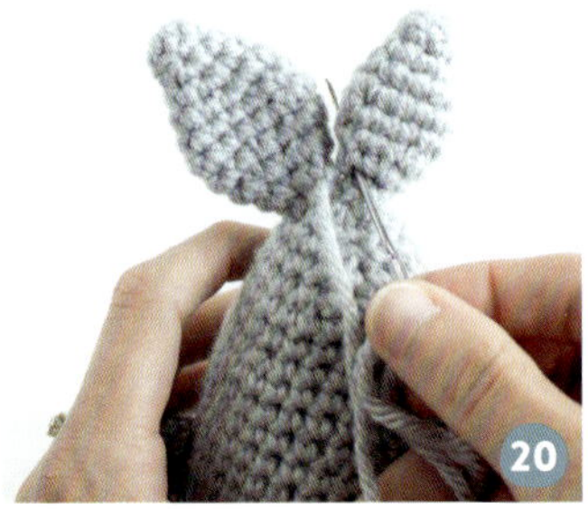

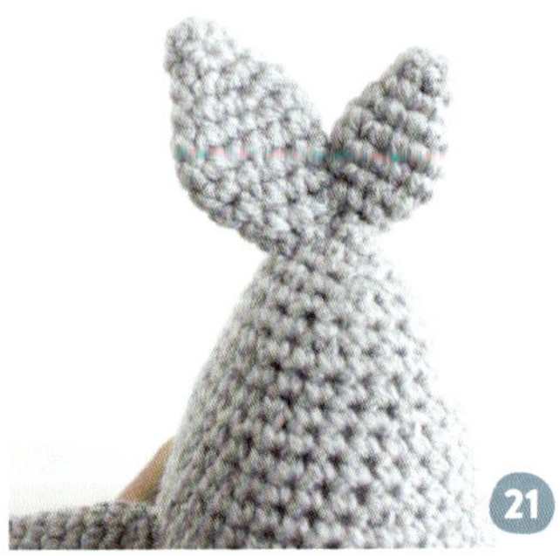

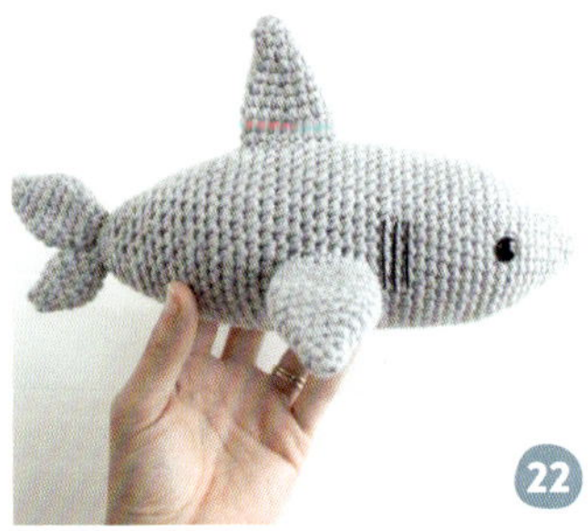

Abmaschen und den Faden zum Annähen hängen lassen. Die Flosse nicht ausstopfen (Foto 15). Das große obere Teil an die 47. und 48. Rd der Schwanzspitze stecken (Foto 16). Darauf achten, dass es auf einer Höhe mit der Rückenflosse oben am Körper sitzt. Dann mit dem Endfaden annähen. Als Nächstes das kleine untere Teil direkt an das obere stecken (Foto 17). Ebenfalls festnähen. Mit demselben Faden die beiden Teile über die etwa 2–3 unteren Rd aneinandernähen (Fotos 18–21). Mit einem Knoten sichern und im Inneren des Körpers verstecken (Foto 22).

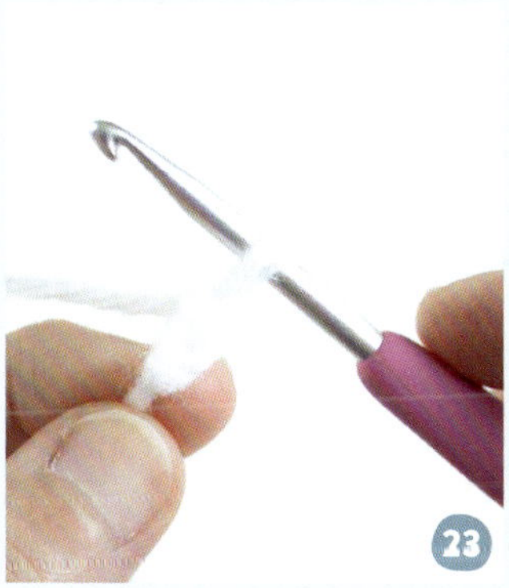
23

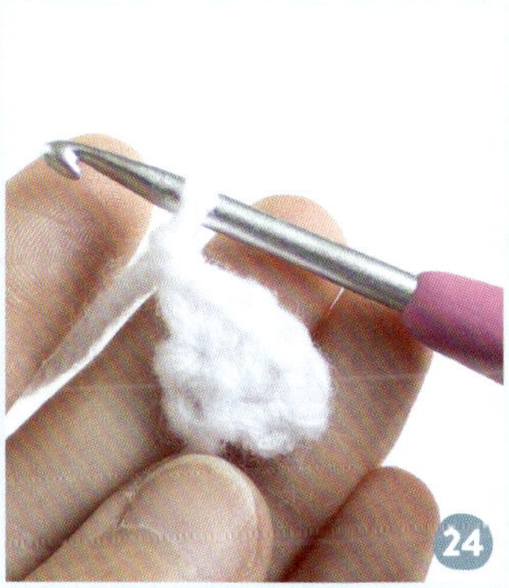
24

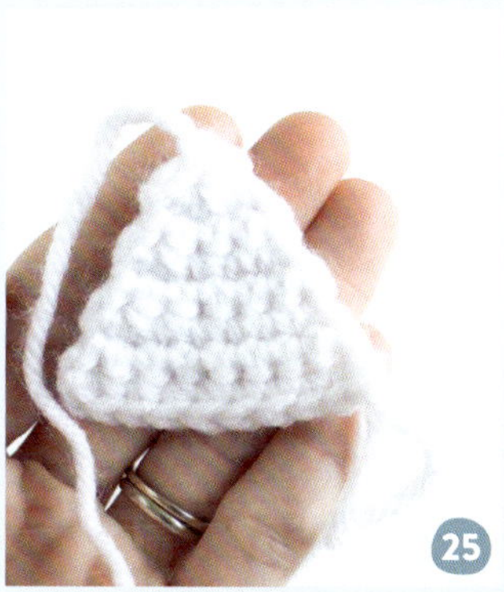
25

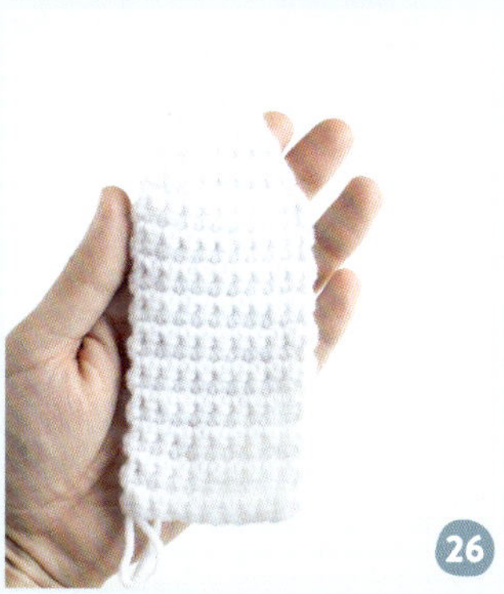
26

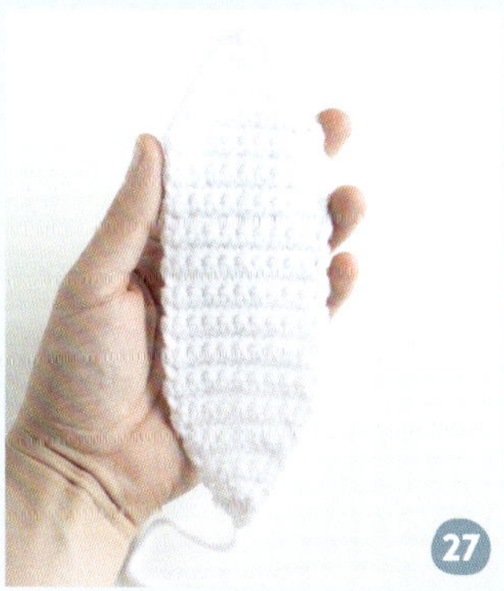
27

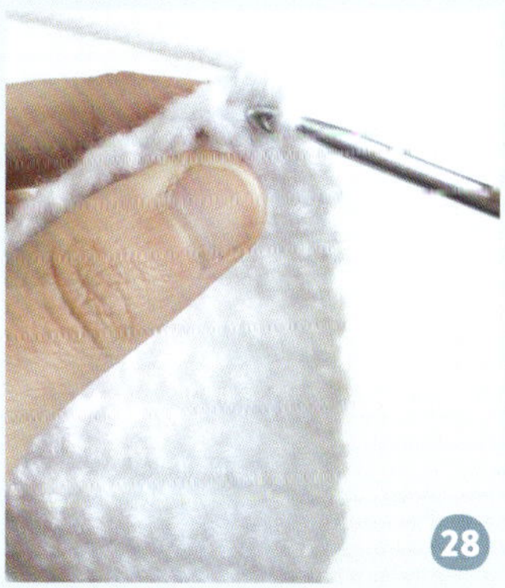
28

BAUCH

In Weiß häkeln.

1. R: 2 Lm, dann ab der 2. Lm von der Nadel 1 Zun (2 M). 1 Lm und wenden (Foto 23).

2. R: 2 Zun (4 M). 1 Lm und wenden (Foto 24).

3. R: 4 fM. 1 Lm und wenden.

4. R: Zun , 2 fM, Zun (6 M). 1 Lm und wenden.

5. R: 6 fM. 1 Lm und wenden.

6. R: Zun , 4 fM, Zun (8 M). 1 Lm und wenden.

7. R: 8 fM. 1 Lm und wenden.

8. R: Zun, 6 fM, Zun (10 M). 1 Lm und wenden (Foto 25)

9.–27. R: 10 fM. Nach jeder R 1 Lm und wenden (Foto 26).

28. R: Abn, 6 fM, Abn (8 M). 1 Lm und wenden.

29. R: 8 fM. 1 Lm und wenden.

30. R: Abn, 4 fM, Abn (6 M). 1 Lm und wenden.

31. R: 6 fM. 1 Lm und wenden.

32. R: Abn, 2 fM, Abn (4 M). 1 Lm und wenden.

33. R: 4 fM. 1 Lm und wenden.

34. R: 2 Abn (2 M) (Foto 27).

In der nächsten R um die Kante des Bauchs herum arbeiten.

35. R: fM in dieselbe M wie die letzte fM, dann weiter fM um die Kante häkeln (69 M) (Fotos 28+29).

Abmaschen und den Faden zum Annähen besonders lang lassen.

Mit Stecknadeln den Bauch an den Körper stecken, dabei an der 10. Rd beginnen und an der 45. Rd enden (Fotos 30+31). Den Endfaden unter beide Schlaufen (das „V“) der M aus der 35. R des Bauchs und dann in den Körper führen (Foto 32). Dann mit der Nadel zurück in den Körper und unter die nächste M des Bauchs stechen (Foto 33). Darauf achten, den Faden unter und nicht über die M zu führen, damit die Naht sauber aussieht. Das Fadenende mit einem Knoten sichern und im Inneren des Körpers verstecken (Fotos 34–36).

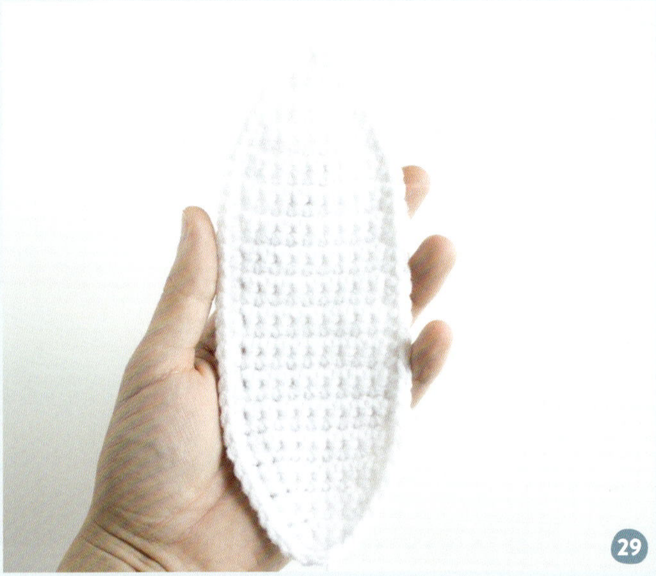

29

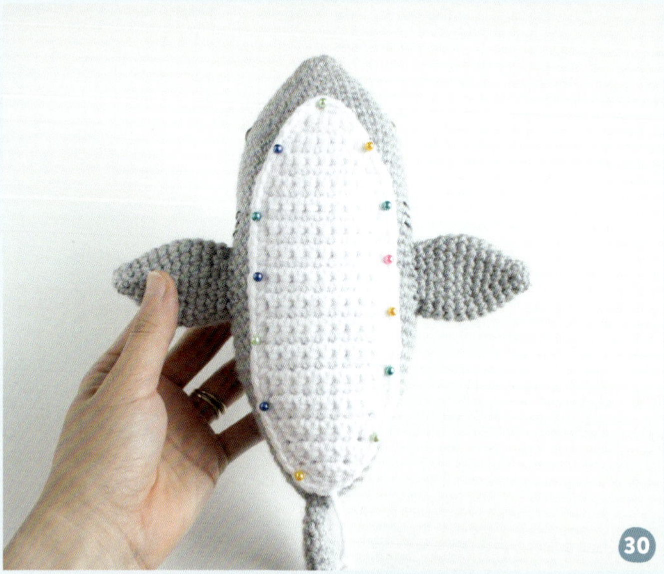

30

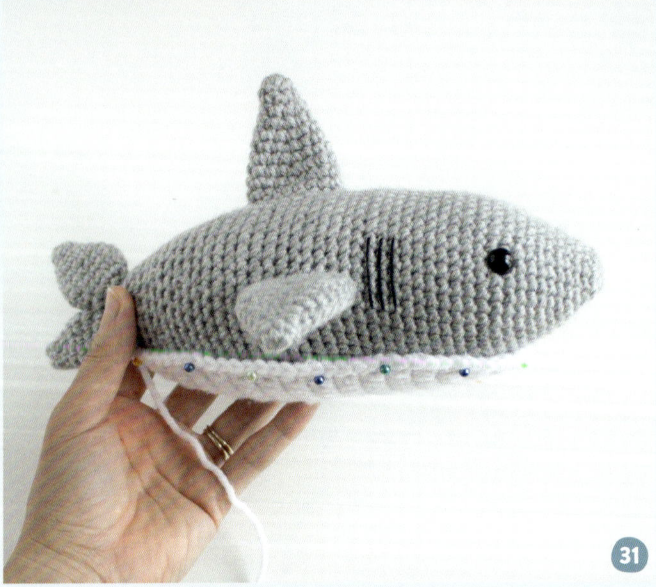

31

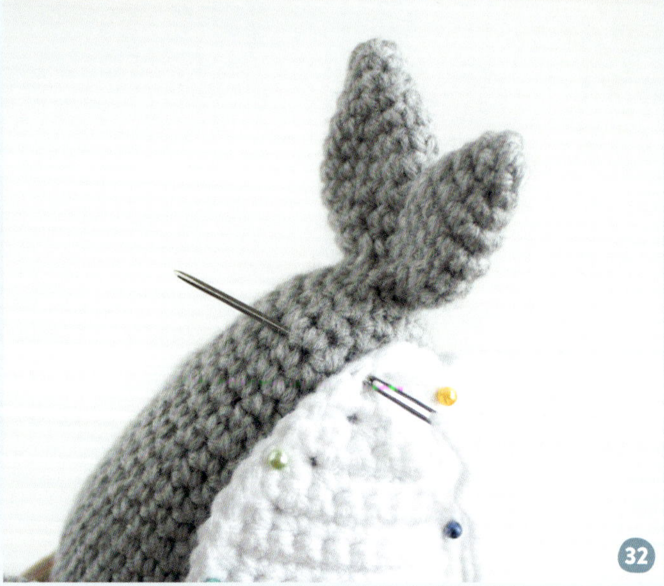

32

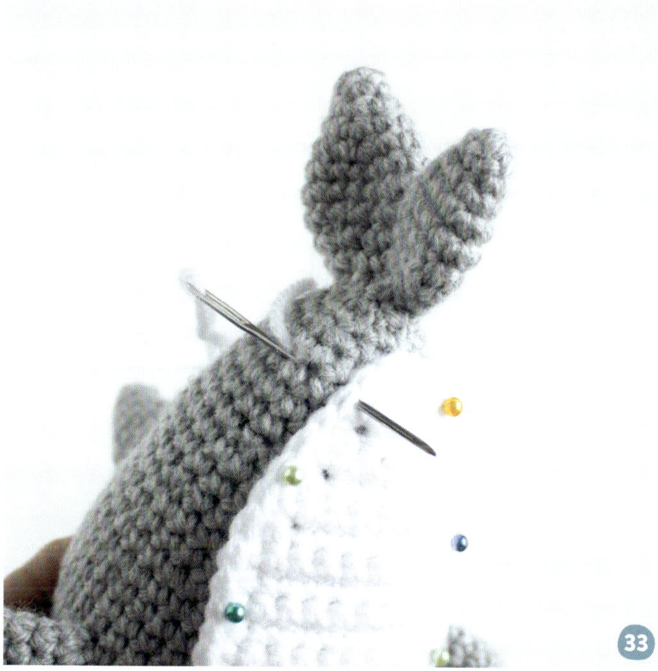

33

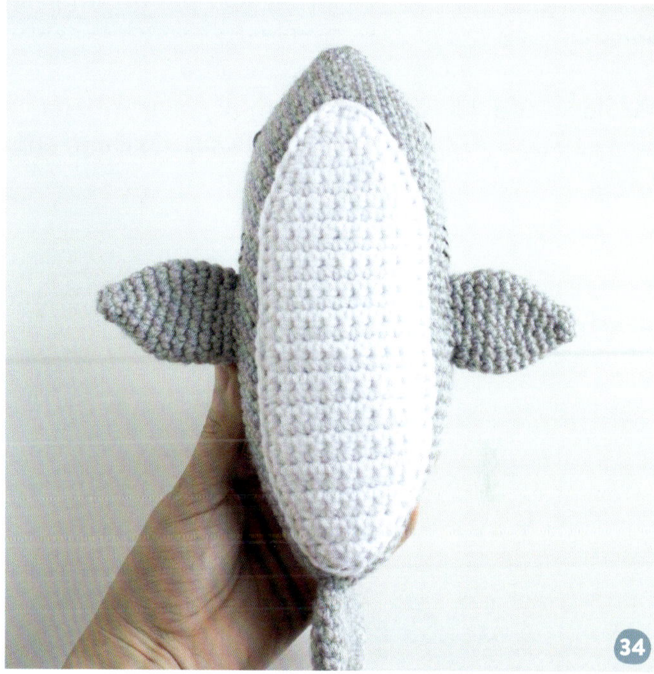

34

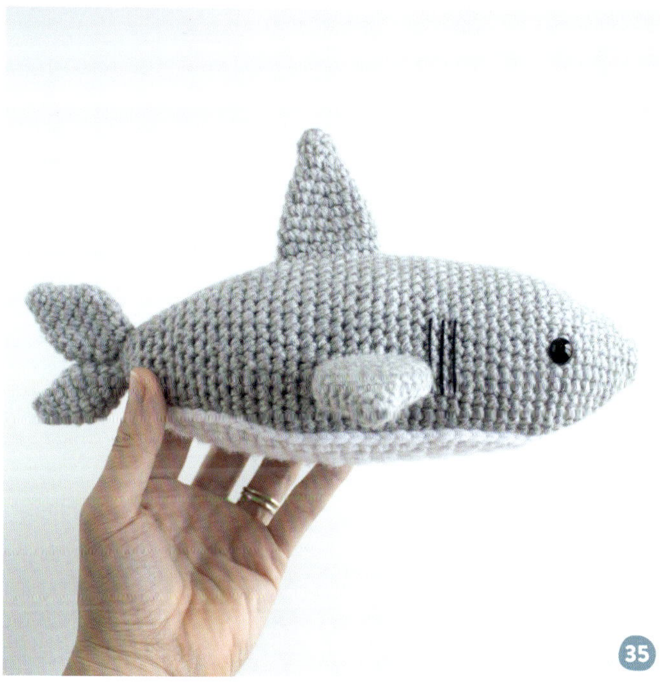

35

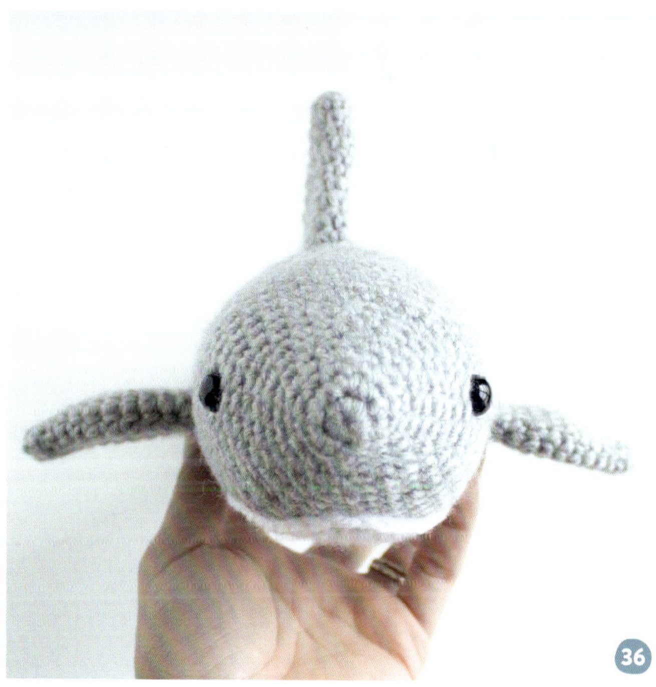

36

MANTAROCHEN

LEICHT

FERTIGE MASSE

- Etwa 16,5 cm breit, 5 cm hoch und 19 cm lang

MATERIAL

- Häkelgarn (Lauflänge 100–120 m/50 g) in Blau und Weiß
- Häkelnadel 3,75 mm
- 1 Paar Sicherheitsaugen, 9 mm Ø
- Schwarzes Stickgarn und Sticknadel
- Füllwatte aus Polyester
- Wollnadel
- Schere
- Maschenmarkierer

ABKÜRZUNGEN

- Abn – Abnahme(n)
- fM – feste Masche(n)
- Lm – Luftmasche(n)
- M – Masche(n)
- Rd – Runde(n)
- R – Reihe(n)
- Zun – Zunahme(n)

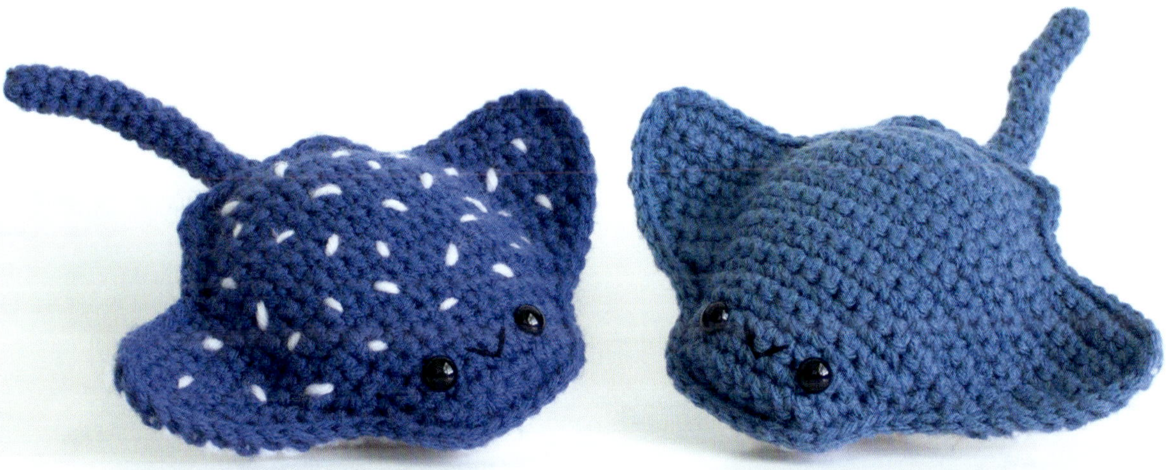

KÖRPER: 2 X HÄKELN (1 X IN BLAU, 1 X IN WEISS)

In Blau oder Weiß häkeln.

1. R: 11 Lm, dann ab der 2. Lm von der Nadel 10 fM (10 M). 1 Lm und wenden (Fotos 1–3).

2. R: 10 fM. 1 Lm und wenden.

3. R: Zun , 8 fM, Zun (12 M). 1 Lm und wenden.

4. R: Zun , 10 fM, Zun (14 M). 1 Lm und wenden.

5. R: Zun , 12 fM, Zun (16 M). 9 Lm und wenden (Foto 4).

6. R: Ab der 2. Lm von der Nadel 8 fM (Fotos 5+6). Dann auf dem Hauptkörper fortfahren, 16 fM (24 M) (Foto 7). 9 Lm und wenden (Foto 8).

7. R: Ab der 2. Lm von der Nadel 8 fM (Fotos 9+10). Dann auf dem Hauptkörper fortfahren, 25 fM (32 M) (Foto 11). 1 Lm und wenden.

8.+9. R: 32 fM. 1 Lm und wenden (Foto 12).

10. R: Abn, 28 fM, Abn (30 M). 1 Lm und wenden.

11. R: 30 fM. 1 Lm und wenden (Foto 13).

12. R: Abn, 26 fM, Abn (28 M). 1 Lm und wenden.

13. R: Abn, 24 fM, Abn (26 M). 1 Lm und wenden.

14. R: Abn, 22 fM, Abn (24 M). 1 Lm und wenden.

15. R: Abn, 20 fM, Abn (22 M). 1 Lm und wenden (Foto 14).

16. R: 2 Abn, 14 fM, 2 Abn (18 M). 1 Lm und wenden.

17. R: 2 Abn, 10 fM, 2 Abn (14 M). 1 Lm und wenden (Foto 15).

18. R: Abn, 10 fM, Abn (12 M). 1 Lm und wenden.

19. R: Abn, 8 fM, Abn (10 M). 1 Lm und wenden.

20.+21. R: 10 fM. 1 Lm und wenden (Foto 16).

22. R: Abn, 6 fM, Abn (8 M). 1 Lm und wenden.

23. R: Abn, 4 fM, Abn (6 M) (Foto 17).

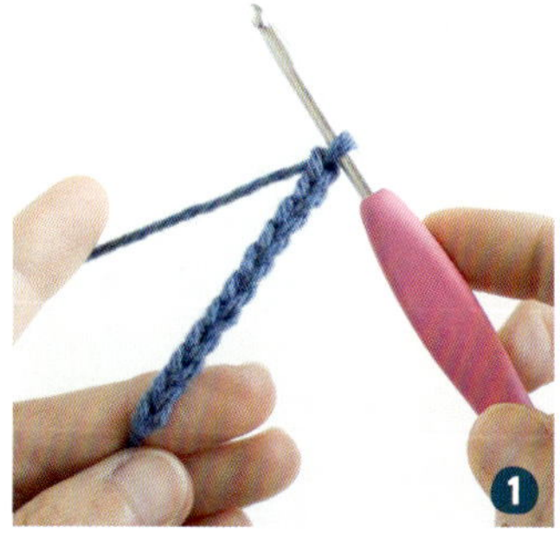

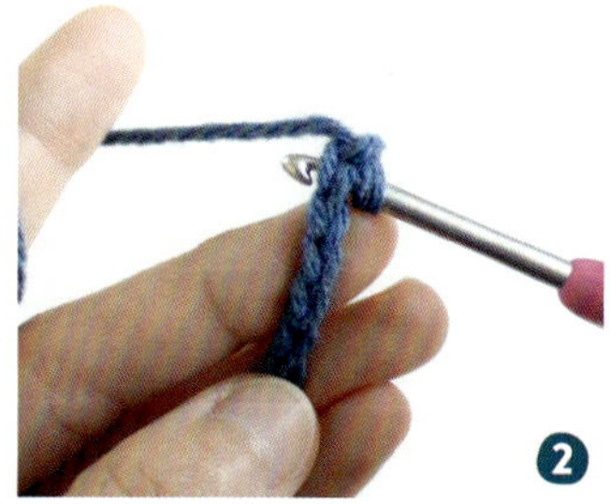

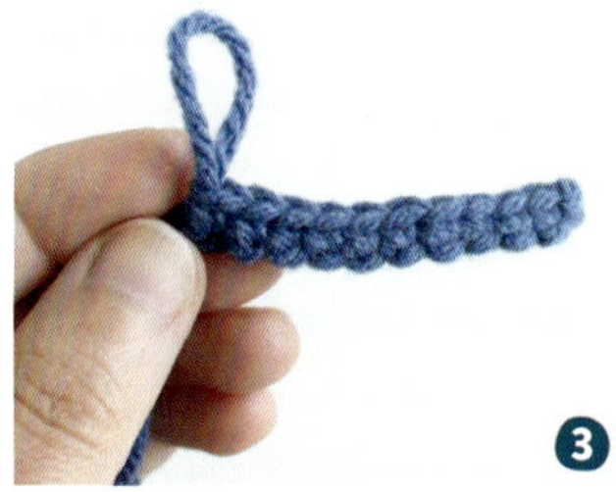

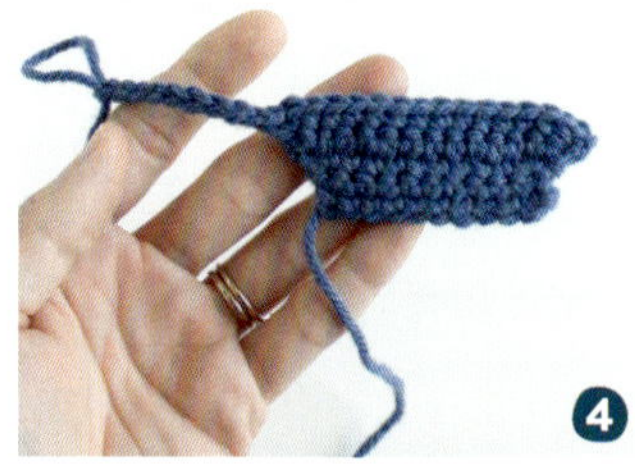

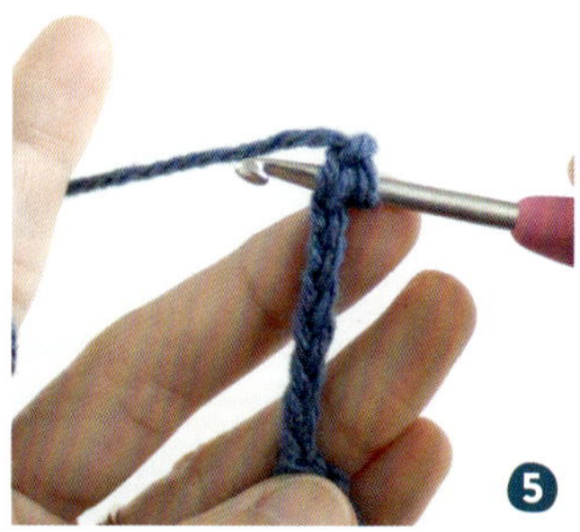

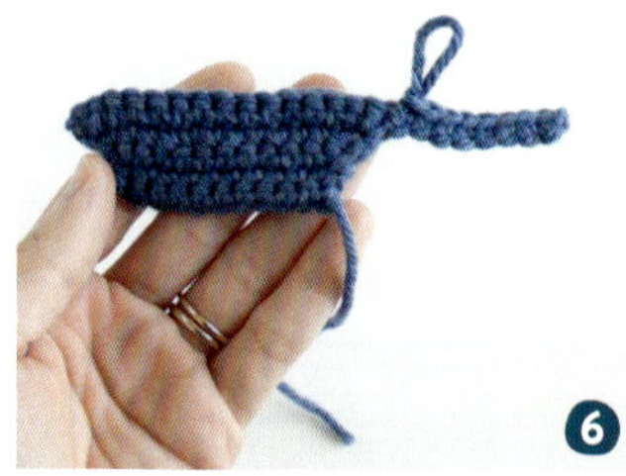

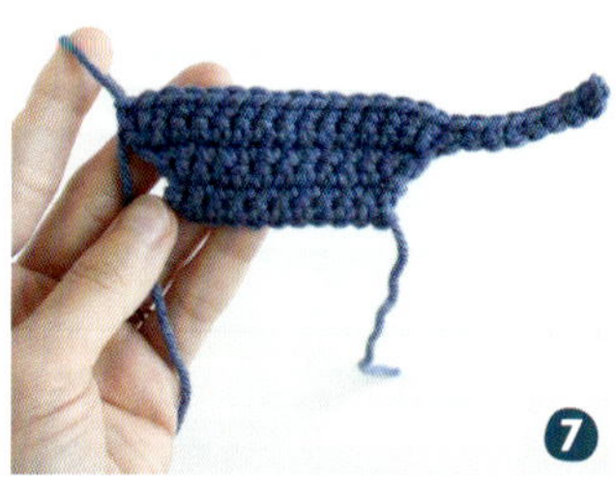

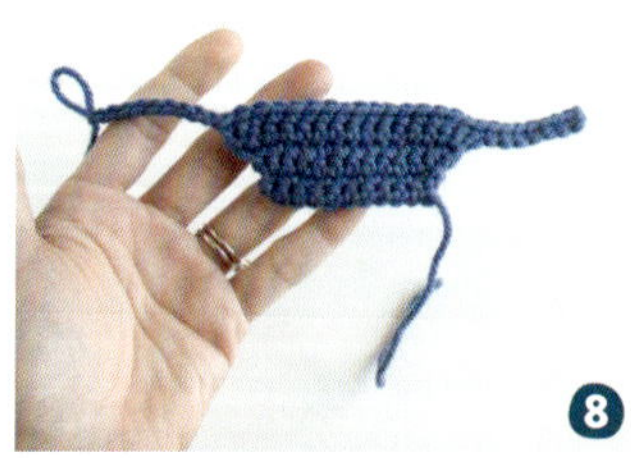

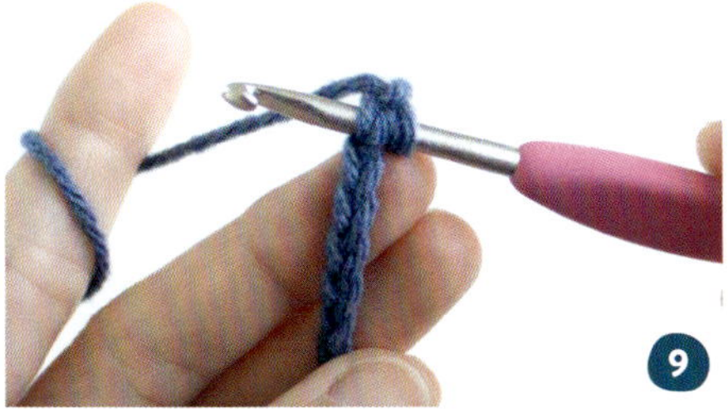

9

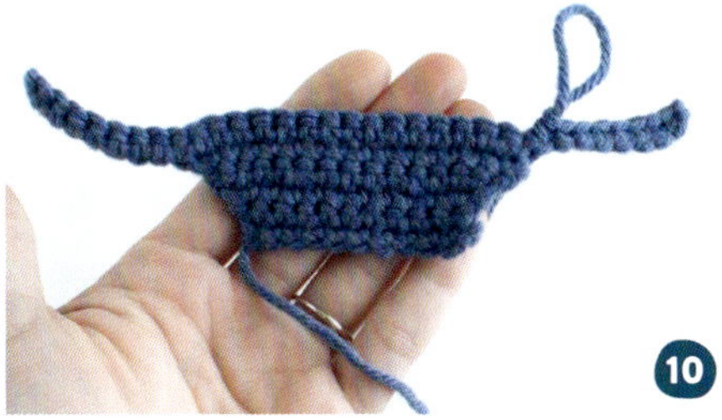

10

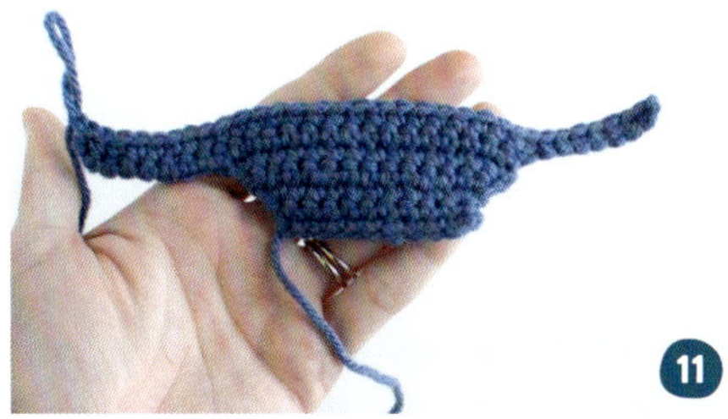

11

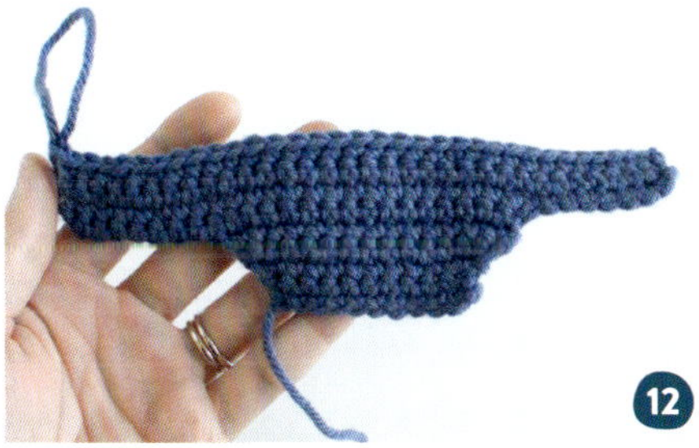

12

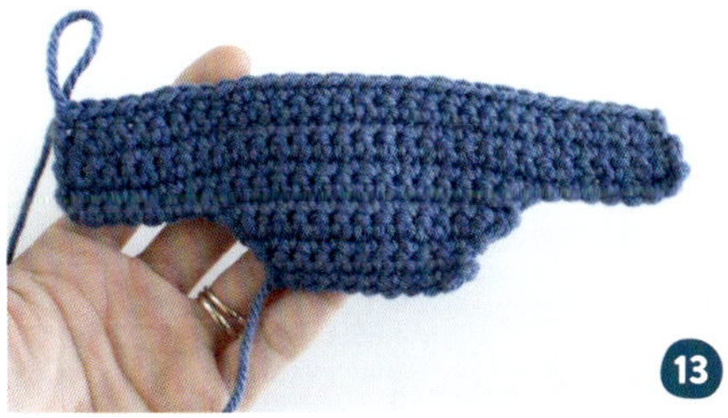

13

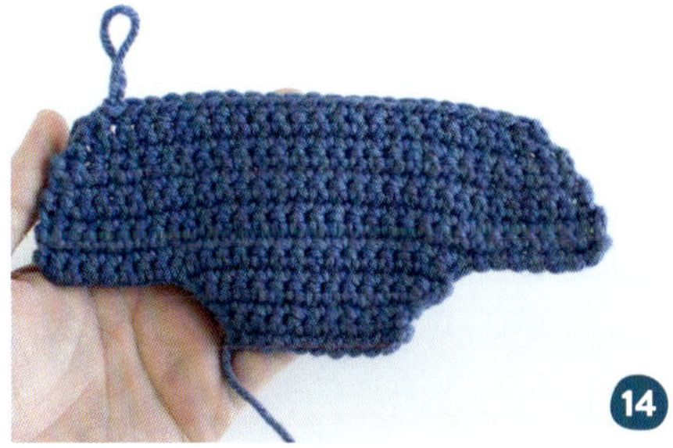

14

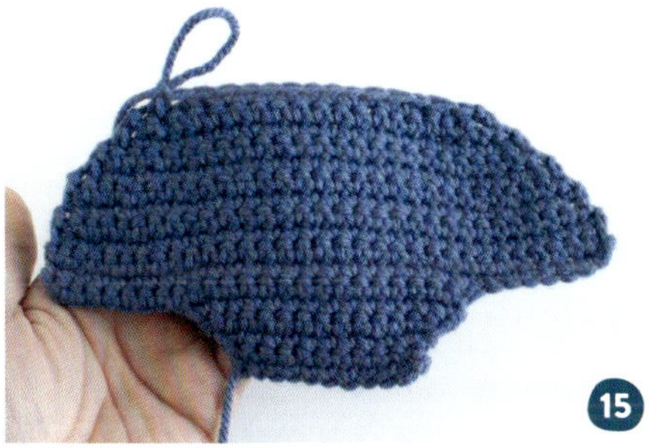

15

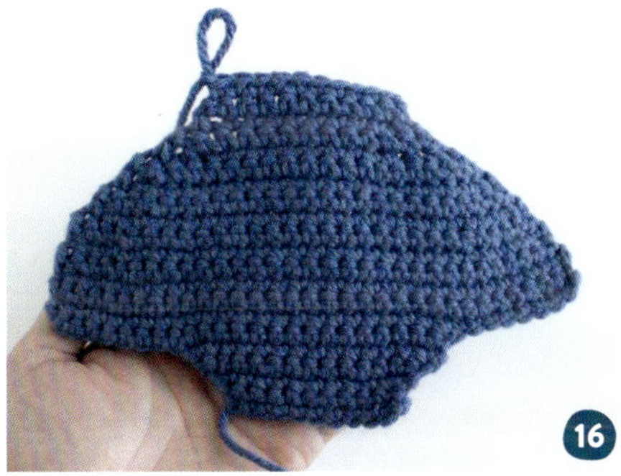

16

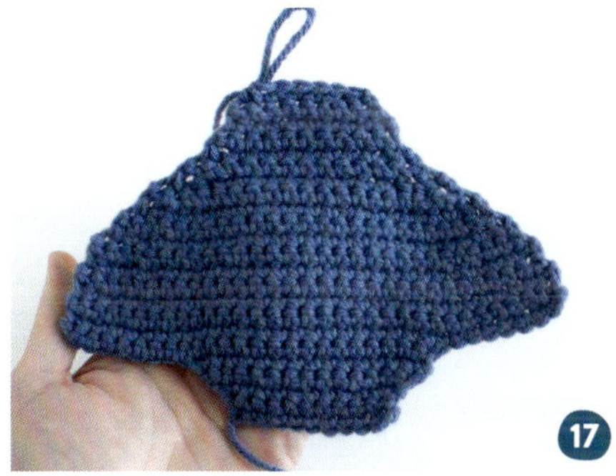

17

Nur am weißen Teil abmaschen (Foto 18). Das blaue Teil nicht abmaschen, hier werden nachher beide Teile verbunden. Die Sicherheitsaugen am blauen Teil zwischen der 20. und 21. R im Abstand von 4 M so einsetzen, dass sie jeweils 2 M Abstand zur Kante haben. Den Mund aufsticken (Foto 19).

Zum Zusammensetzen beide Teile aufeinanderlegen, dabei zuerst die Stellen mit den Anfangs-Lm aufeinanderlegen (Foto 20). Einen Maschenmarkierer durch die jeweils letzte fM der 23. R stecken (Foto 21). So werden sie zusammengehalten, während sie umhäkelt werden. Den blauen Faden an der Kante durch beide Teile führen und eine fM häkeln (Fotos 22+23). Auf diese Weise bis zum Flügel fortfahren (Fotos 24+25). Dann die fM durch je ein weißes und ein blaues Mg häkeln (Foto 26). Ebenso auf der Hinterseite und dem gegenüberliegenden Flügel verfahren (Fotos 27+28). Beim Gesicht aufhören (Fotos 29+30). Den Körper, nicht aber die Flügel ausstopfen (Fotos 31+32). Nun weiter bis zum Maschenmarkierer häkeln. Das Fadenende verknoten und im Inneren des Körpers verstecken (Fotos 33–35).

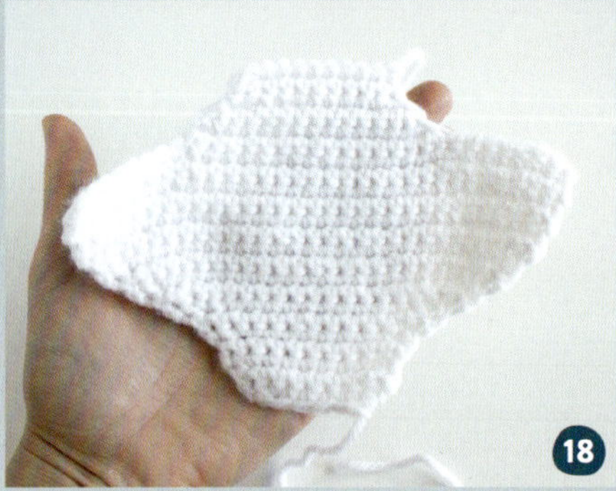

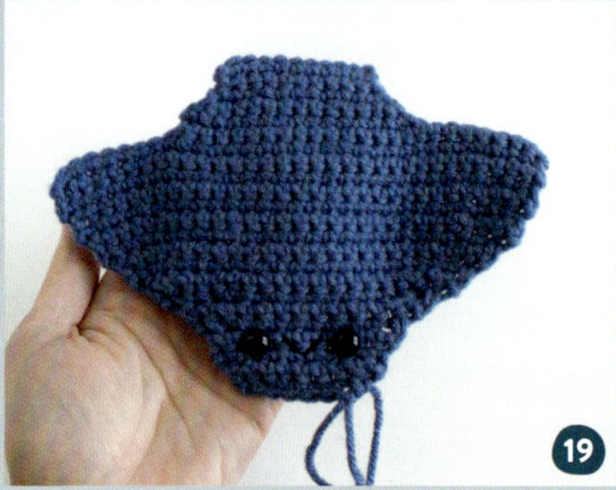

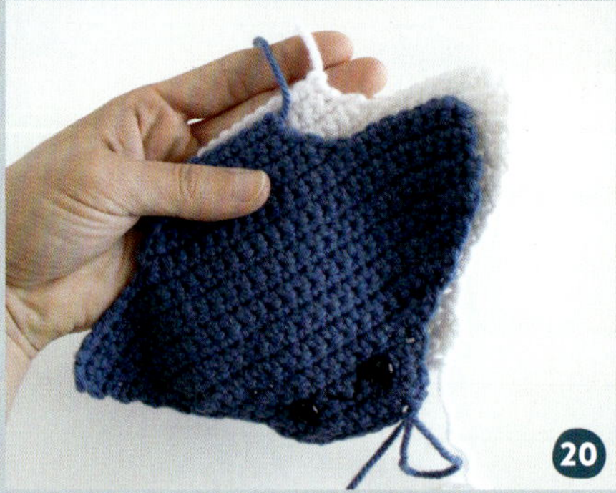

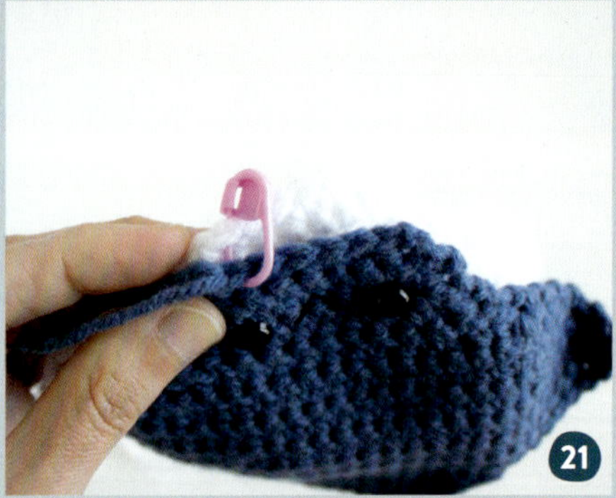

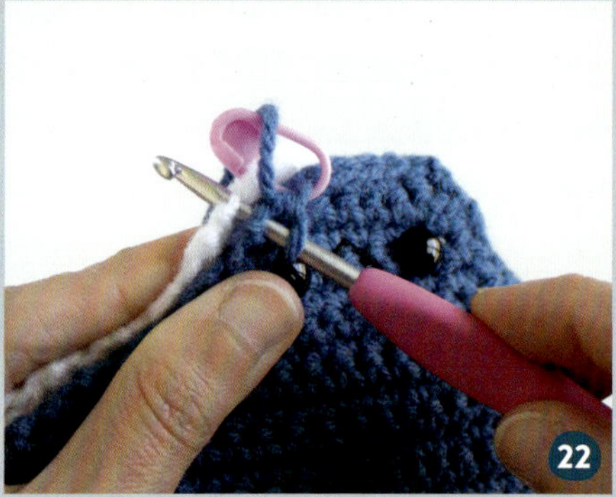

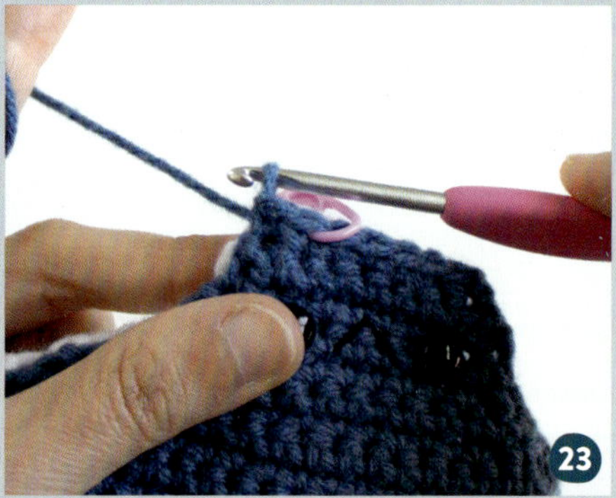

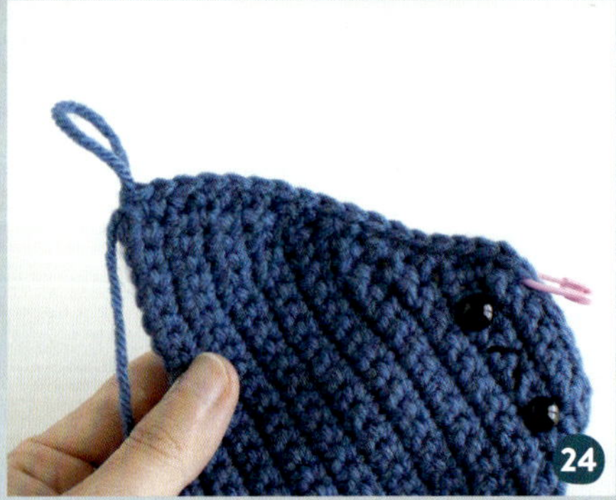

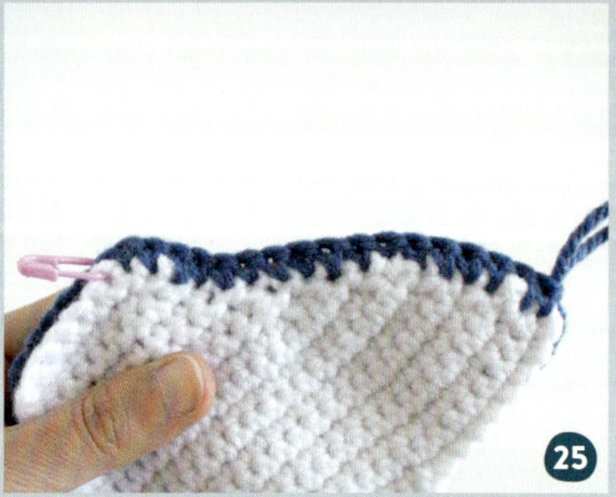

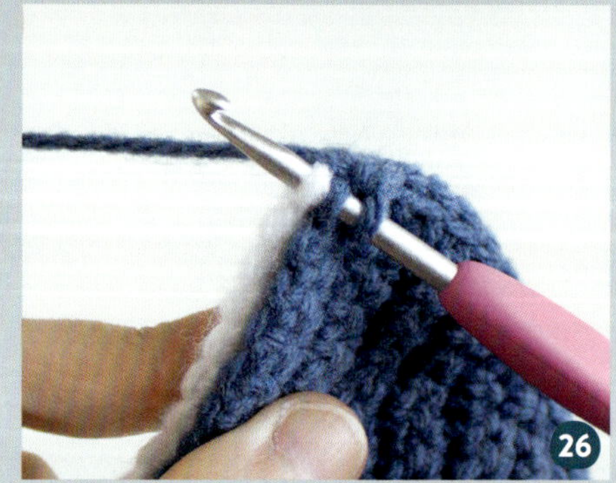

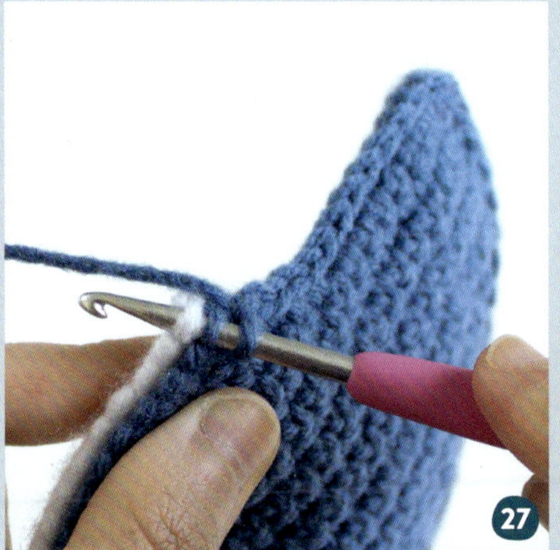
27

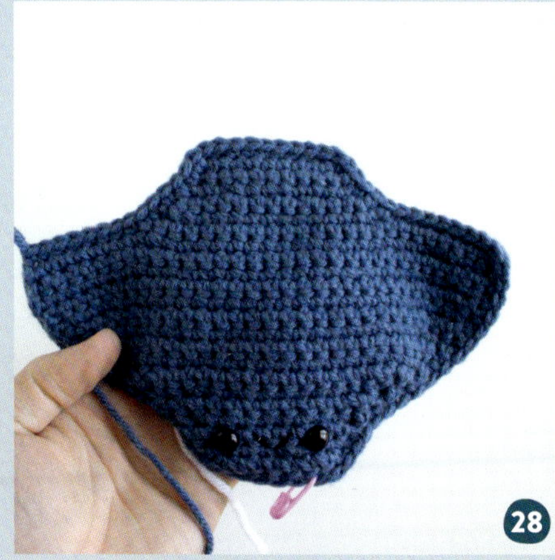
28

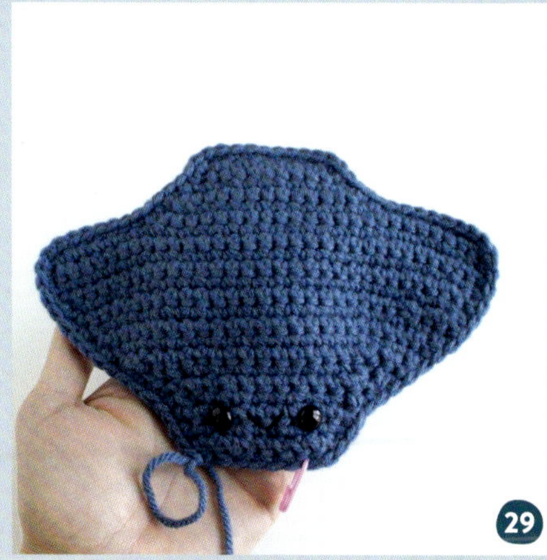
29

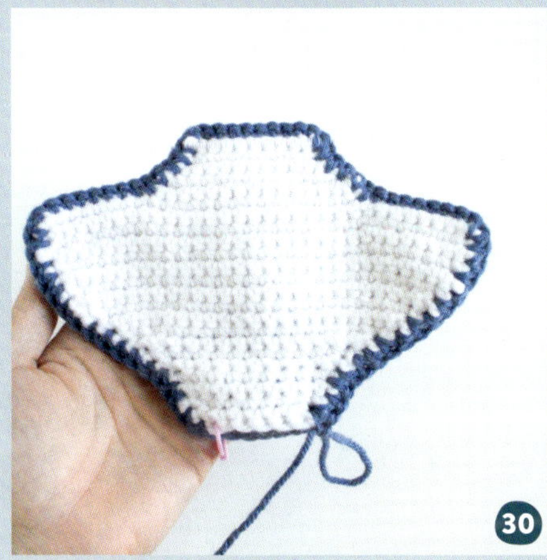
30

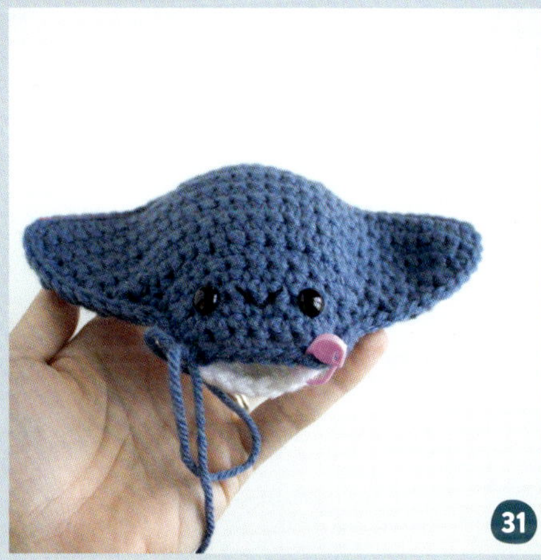
31

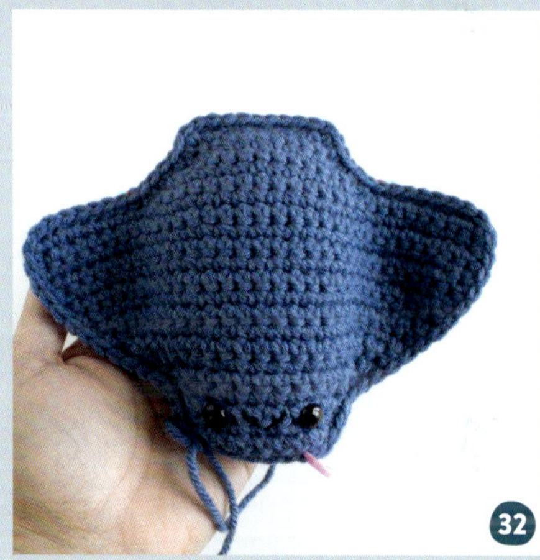
32

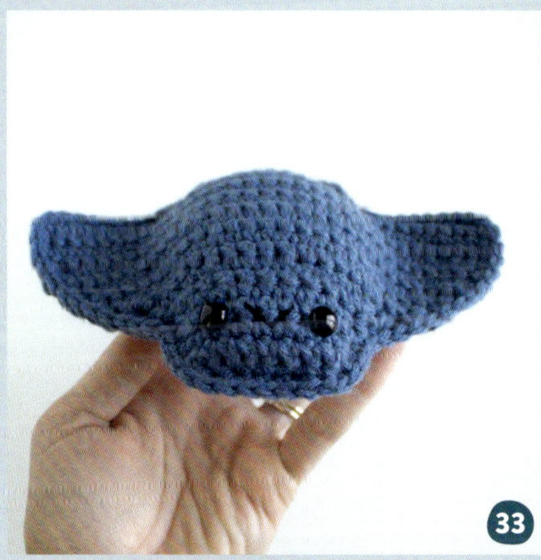
33

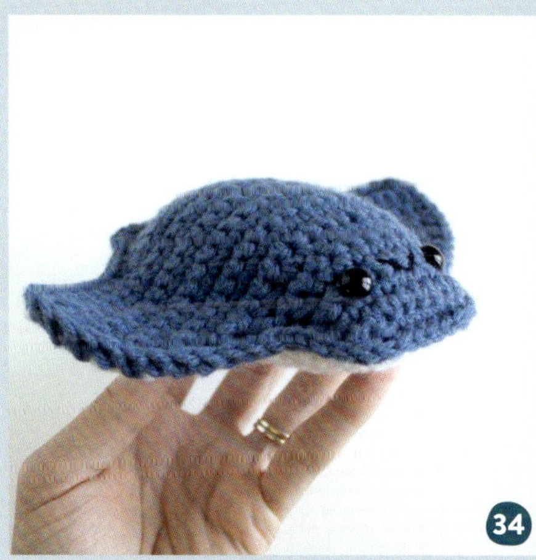
34

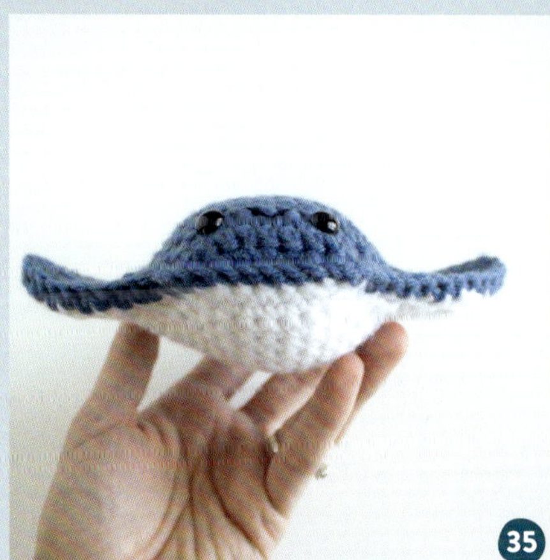
35

SCHWANZ

In Blau häkeln.

1. Rd: 6 fM in einen magischen Ring häkeln (6 M).

2.–15. Rd: 6 fM.

Abmaschen und den Faden zum Annähen hängen lassen.

Den Schwanz nicht ausstopfen (Foto 36) und mit dem Endfaden den Schwanz hinten an den Rochen nähen. Darauf achten, dass er mittig und hauptsächlich am weißen Teil sitzt (Fotos 37–39). Das Fadenende mit einem Knoten sichern und im Inneren des Körpers verstecken (Fotos 40–42).

Optional: Du kannst mit unterschiedlichen Blau- und Grautönen auch einen Adler- oder Stachelrochen häkeln. Dem Adlerrochen dann mit weißem Garn kleine Flecken aufsticken (Foto 43).

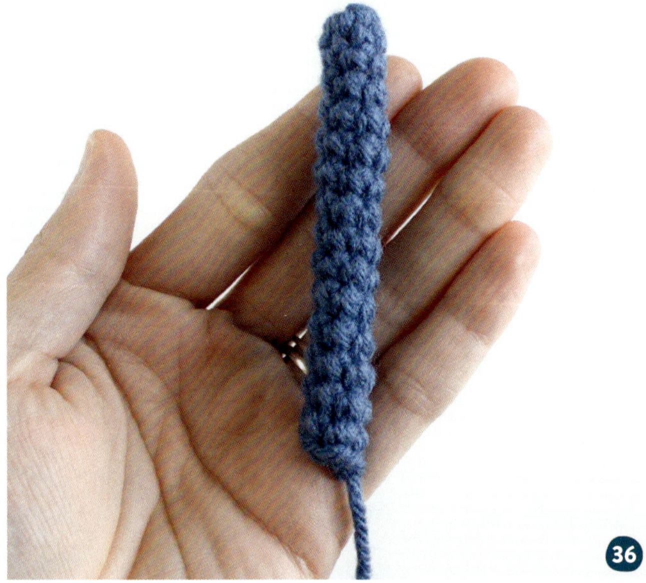

36

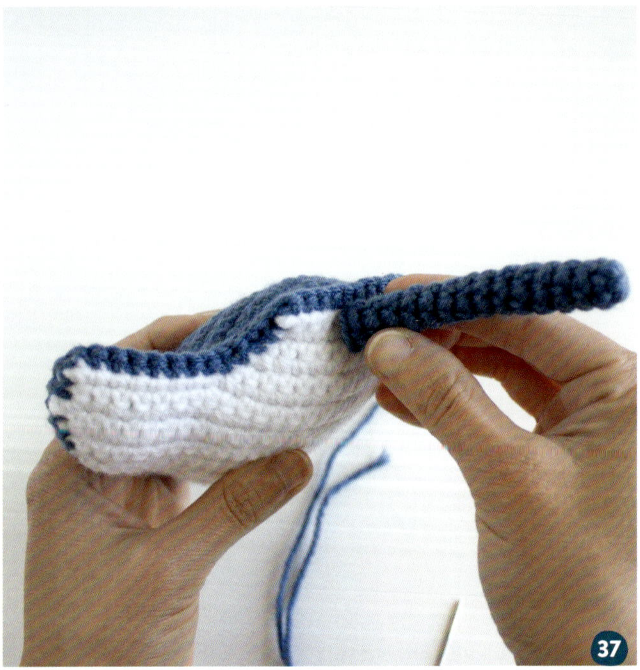

37

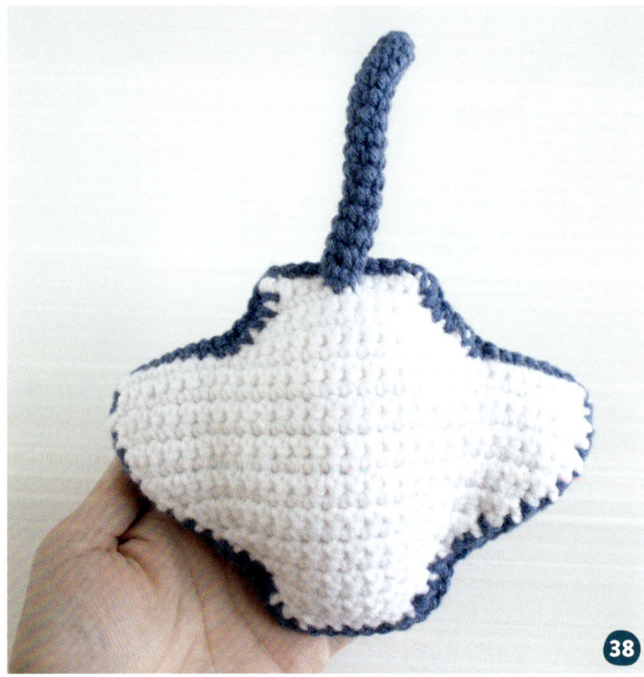

38

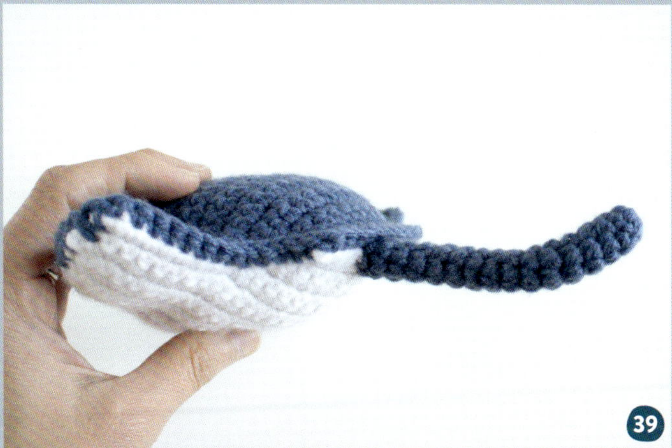
39

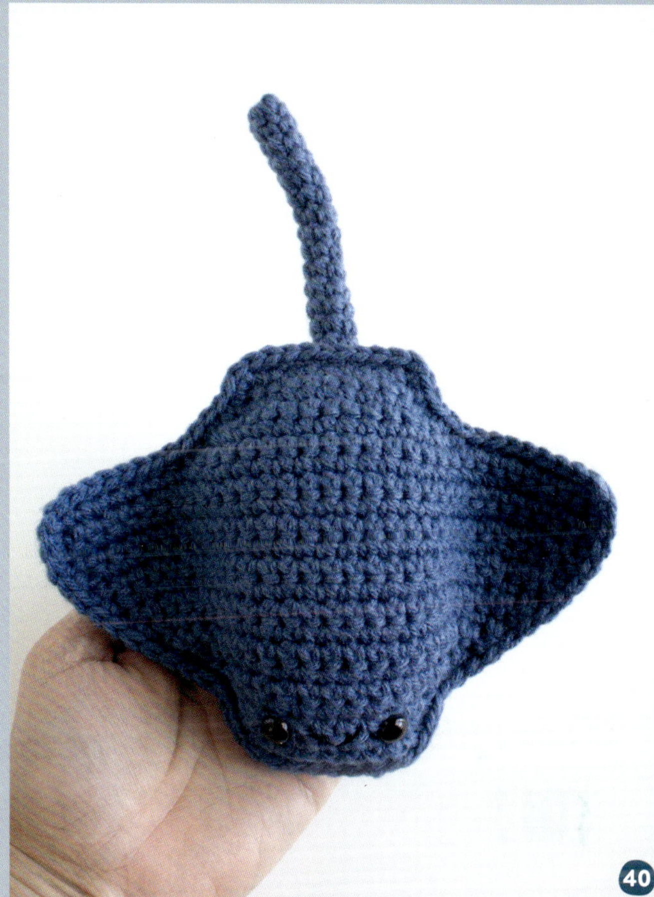
40

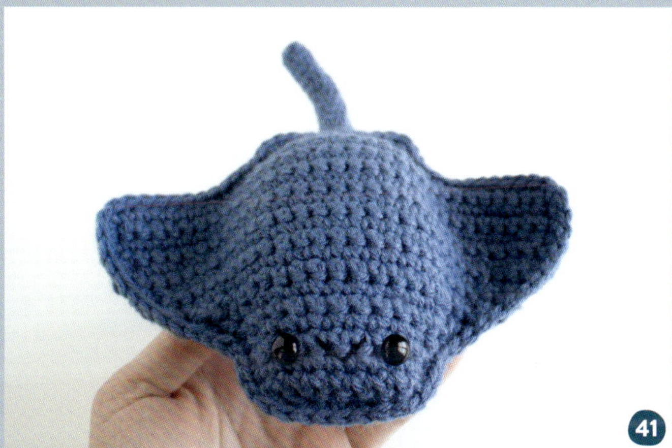
41

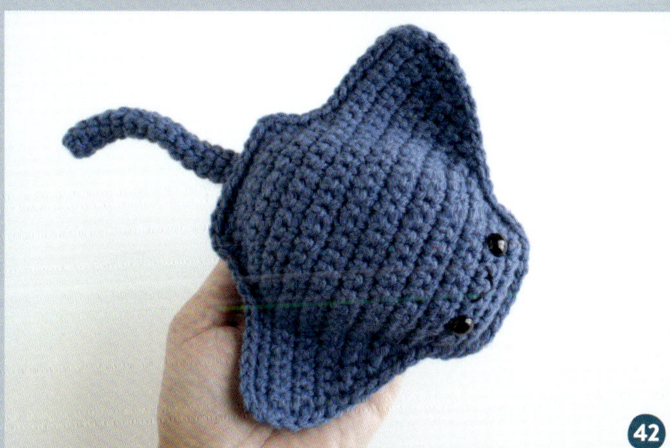
42

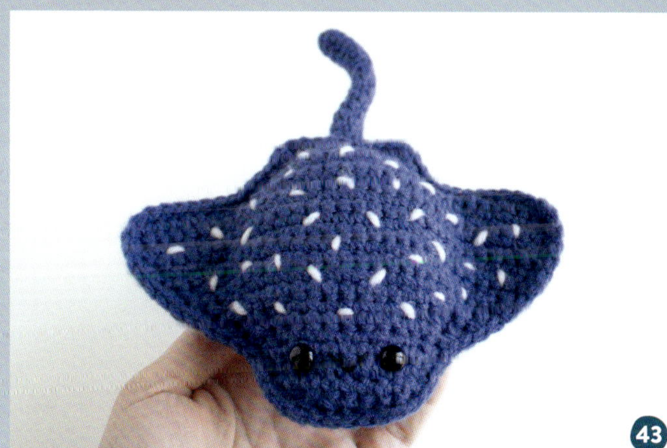
43

ORCA

MITTELSCHWER

FERTIGE MASSE

- ✗ Etwa 11,5 cm breit, 18 cm hoch und 29 cm lang

MATERIAL

- ✗ Häkelgarn (Lauflänge 100–120 m/50 g) in Schwarz und Weiß
- ✗ Häkelnadel 3,75 mm
- ✗ 1 Paar Sicherheitsaugen, 10 mm Ø
- ✗ Füllwatte aus Polyester
- ✗ Wollnadel
- ✗ Schere
- ✗ Maschenmarkierer
- ✗ Stecknadeln

ABKÜRZUNGEN

- ✗ Abn – Abnahme(n)
- ✗ fM – feste Masche(n)
- ✗ hStb – halbe(s) Stäbchen
- ✗ Lm – Luftmasche(n)
- ✗ M – Masche(n)
- ✗ R – Reihe(n)
- ✗ Rd – Runde(n)
- ✗ uns Abn – unsichtbare Abnahme(n)
- ✗ Zun – Zunahme(n)

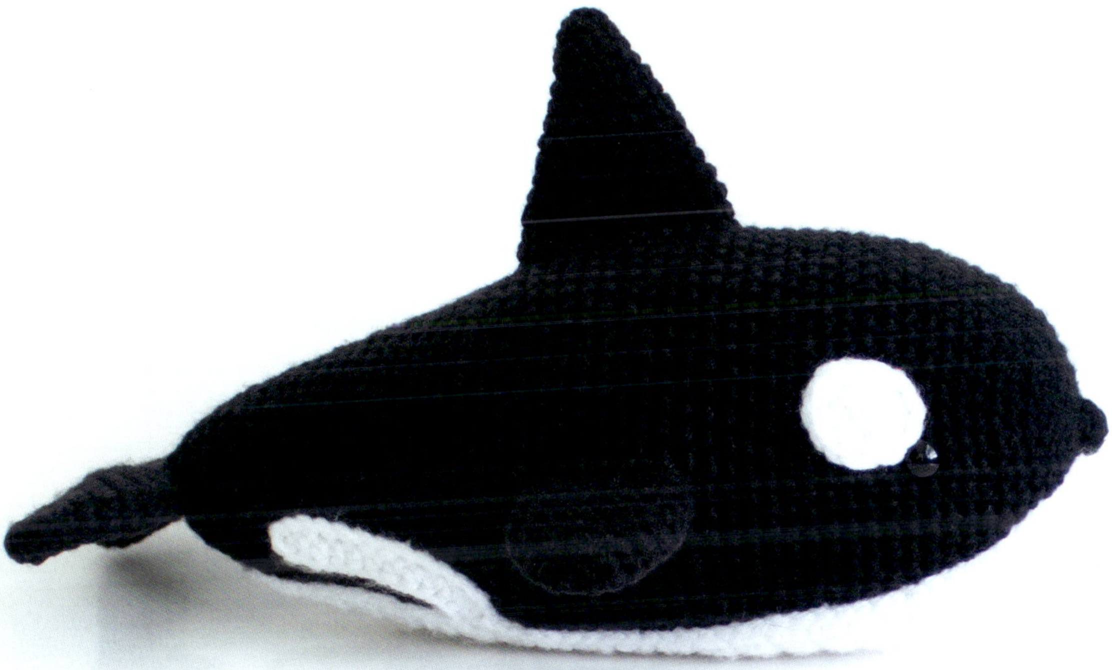

AUGENFLECK: 2 X HÄKELN

In Weiß häkeln.
1. Rd: 6 fM in einen magischen Ring häkeln (6 M).
2. Rd: *Zun, 2 fM* 2 x (8 M).
3. Rd: *2 Zun, 2 fM* 2 x (12 M).
Abmaschen und den Faden lang abschneiden (Foto 1).

KÖRPER

In Schwarz häkeln.
1. Rd: 6 fM in einen magischen Ring häkeln (6 M).
2. Rd: 6 fM.
3. Rd: 6 Zun (12 M).
4. Rd: *1 fM, Zun* 6 x (18 M).
5. Rd: *2 fM, Zun* 6 x (24 M).
6. Rd: *3 fM, Zun* 6 x (30 M).
7. Rd: *4 fM, Zun* 6 x (36 M).
8. Rd: 36 fM.
9. Rd: *5 fM, Zun* 6 x (42 M).
10. Rd: 42 fM.
11. Rd: *6 fM, Zun* 6 x (48 M).
12. Rd: 48 fM.
13. Rd: *7 fM, Zun* 6 x (54 M).
14.–31. Rd: 54 fM.

Nach der 22. Rd die Augenflecken zwischen der 14. und 19. Rd mit 20 M Abstand seitlich am Körper platzieren (Foto 2). Mit dem Endfaden aufnähen. Dabei die Nadel unter beide Mg der M der 3. Rd des Augenflecks und dann in den Körper stechen (Fotos 3+4), damit die Naht sauber aussieht. Das Fadenende verknoten und im Inneren des Körpers verstecken (Foto 5). Die Sicherheitsaugen zwischen der 14. und 15. Rd direkt neben den Augenflecken einsetzen(Fotos 6+7).
32. Rd: *16 fM, uns Abn* 3 x (51 M).
33. Rd: 51 fM.

Den Körper ausstopfen und nach und nach weitere Füllwatte hinzufügen.

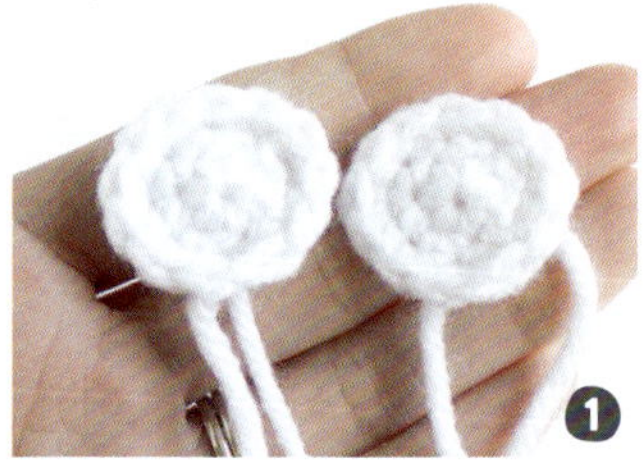

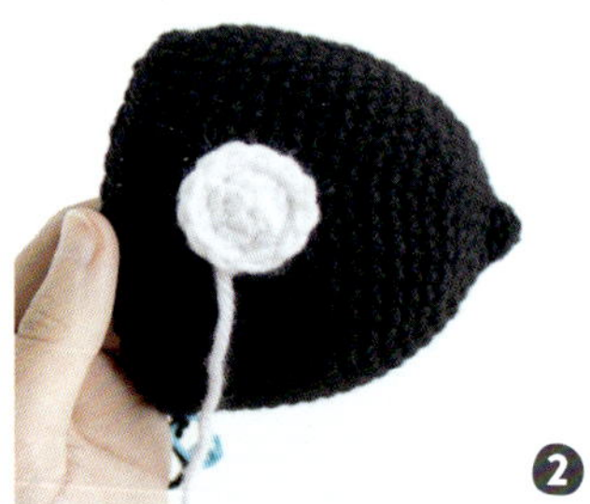

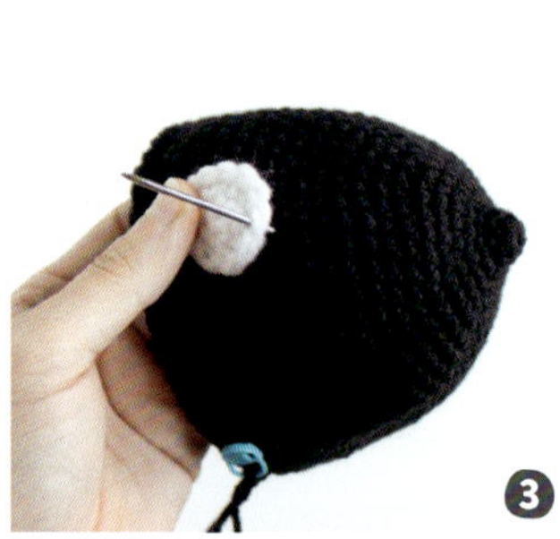

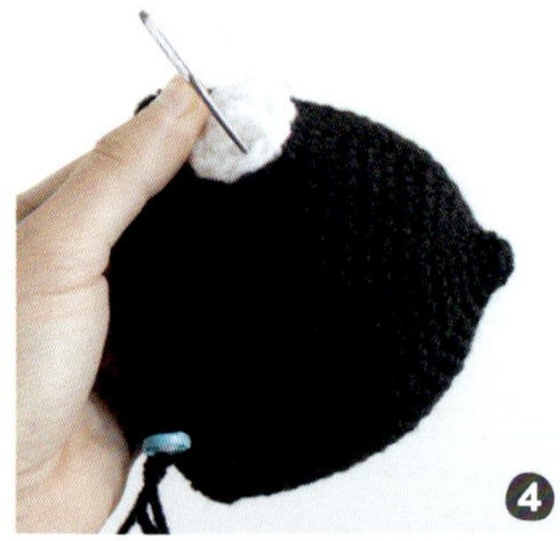

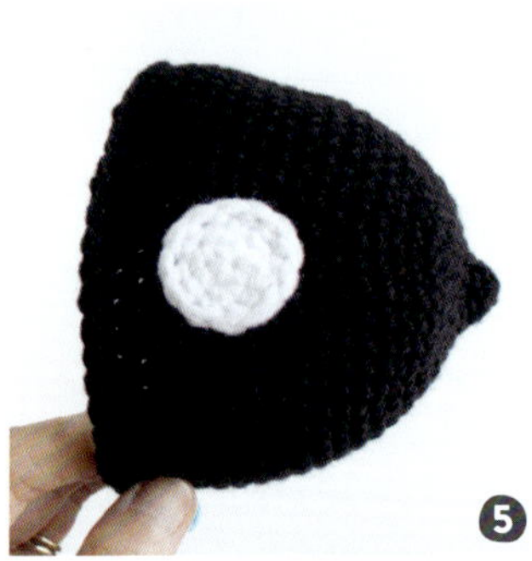

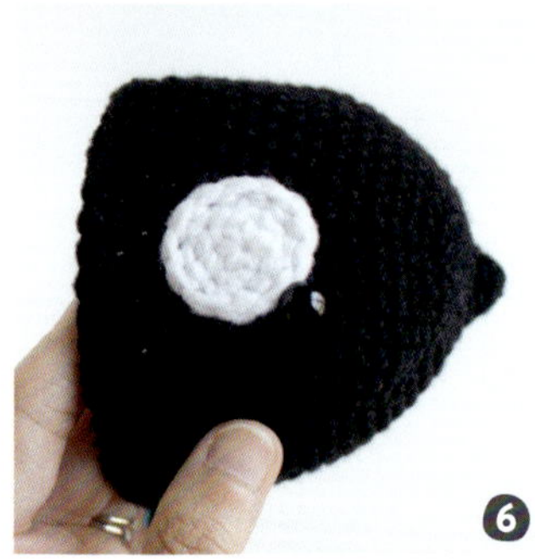

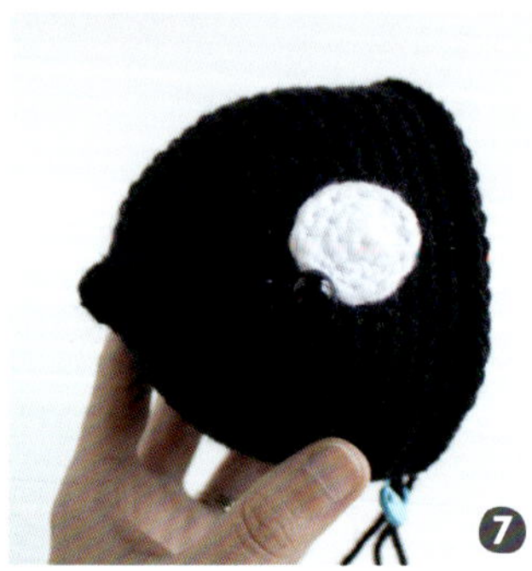

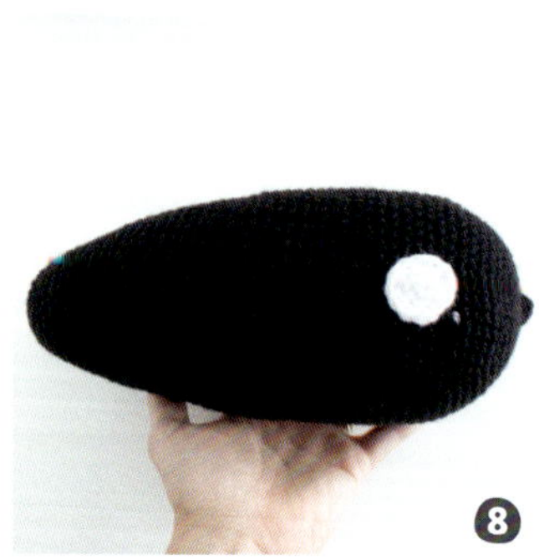

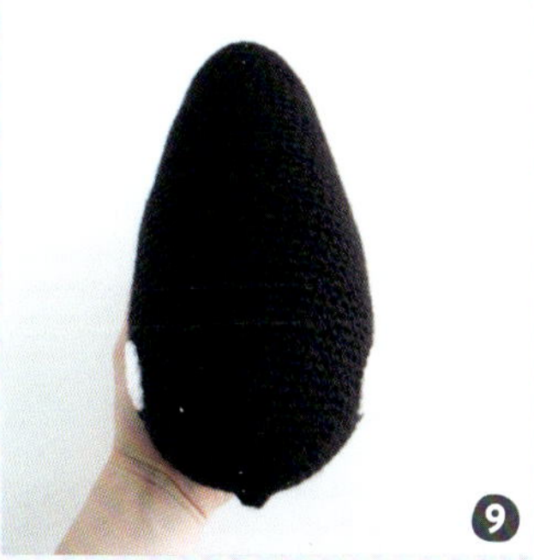

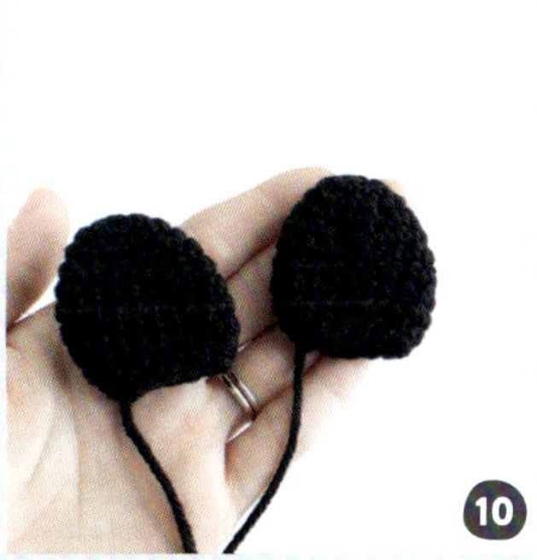

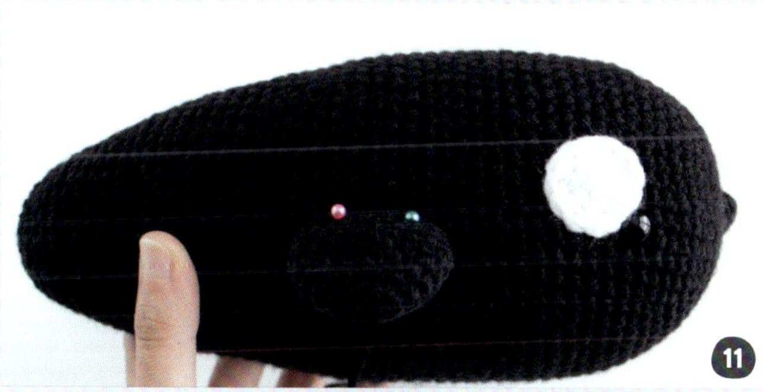

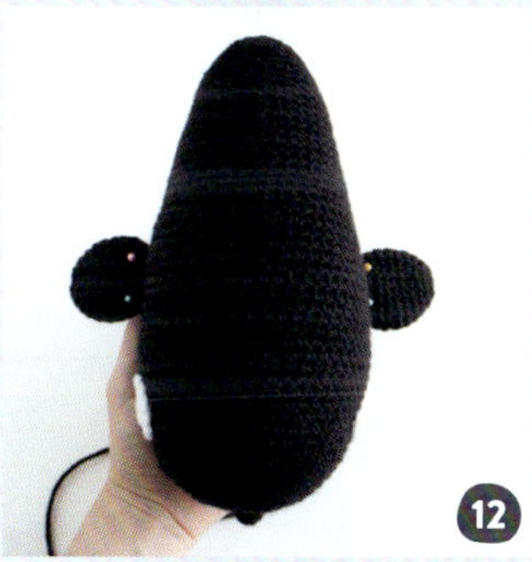

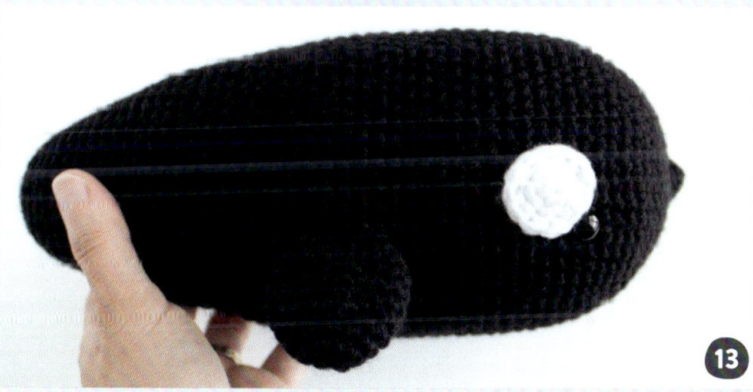

34. Rd: *15 fM, uns Abn* 3 x (48 M).
35.+36. Rd: 48 fM.
37. Rd: *14 fM, uns Abn* 3 x (45 M).
38.+39. Rd: 45 fM.
40. Rd: *13 fM, uns Abn* 3 x (42 M).
41. Rd: 42 fM.
42. Rd: *12 fM, uns Abn* 3 x (39 M).
43. Rd: 39 fM.
44. Rd: *11 fM, uns Abn* 3 x (36 M).
45. Rd: 36 fM.
46. Rd: *10 fM, uns Abn* 3 x (33 M).
47.+48. Rd: 33 fM.
49. Rd: *9 fM, uns Abn* 3 x (30 M).
50. Rd: 30 fM.
51. Rd: *3 fM, uns Abn* 6 x (24 M).
52. Rd: 24 fM.
53. Rd: *2 fM, uns Abn* 6 x (18 M).
54. Rd: 18 fM.
55. Rd: *1 fM, uns Abn* 6 x (12 M).
56. Rd: 6 uns Abn (6 M).
Abmaschen und den Faden zum Verschließen hängen lassen (Fotos 8+9).

SEITENFLOSSEN: 2 X HÄKELN

In Schwarz häkeln.
1. Rd: 6 fM in einen magischen Ring häkeln (6 M).
2. Rd: 6 Zun (12 M).
3. Rd: 12 fM.
4. Rd: *1 fM, Zun * 6 x (18 M).
5.–9. Rd: 18 fM.
10. Rd: *1 fM, uns Abn* 6 x (12 M).
Abmaschen und den Faden lang abschneiden. Die Flossen nicht ausstopfen (Foto 10) und zwischen der 27. und 34. Rd auf Höhe der Unterkante des Augenflecks seitlich an den Körper stecken (Fotos 11+12). Mit dem Endfaden die Flossen annähen. Das Fadenende mit einem Knoten sichern und im Inneren des Körpers verstecken (Foto 13).

RÜCKENFLOSSE

In Schwarz häkeln.

1. Rd: 6 fM in einen magischen Ring häkeln (6 M).
2. Rd: 6 fM.
3. Rd: *1 fM, Zun* 3 x (9 M).
4. Rd: 9 fM.
5. Rd: *2 fM, Zun* 3 x (12 M).
6. Rd: 12 fM.
7. Rd: *3 fM, Zun* 3 x (15 M).
8. Rd: 15 fM.
9. Rd: *4 fM, Zun* 3 x (18 M).
10. Rd: 18 fM.
11. Rd: *5 fM, Zun* 3 x (21 M).
12. Rd: 21 fM.
13. Rd: *6 fM, Zun* 3 x (24 M).
14. Rd: 24 fM.

Abmaschen und den Faden lang abschneiden. Die Flosse nicht ausstopfen (Foto 14). Zwischen der 25. und 35. Rd auf den Körper stecken (Fotos 15+16) und mit dem Endfaden annähen. Das Fadenende verknoten und im Inneren des Körpers verstecken (Fotos 17+18).

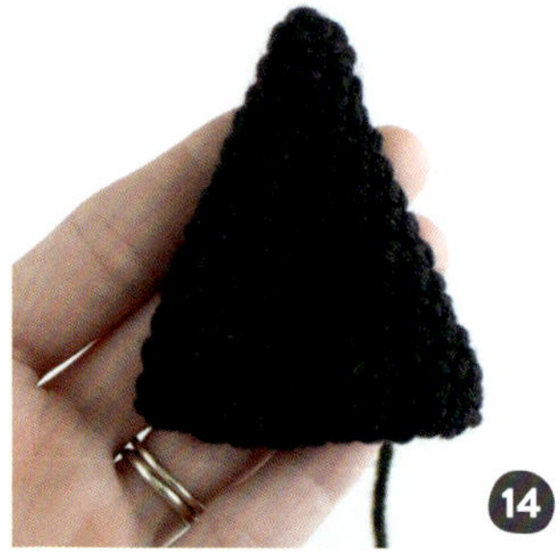
14

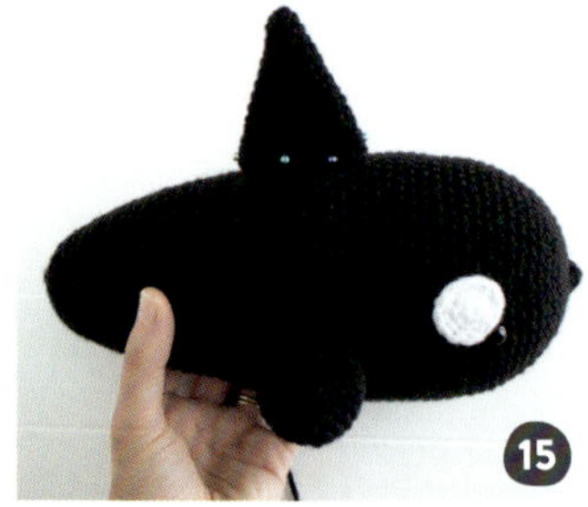
15

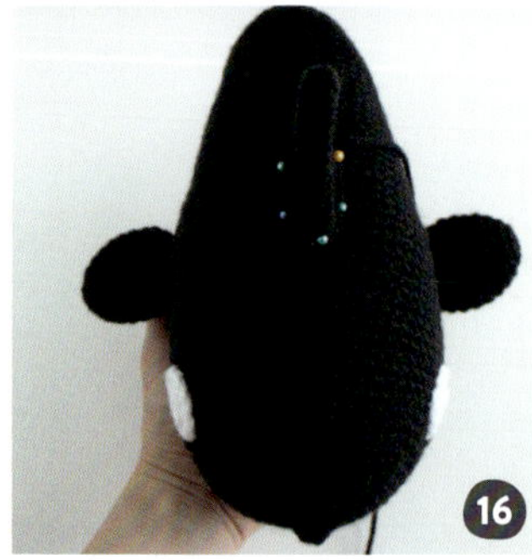
16

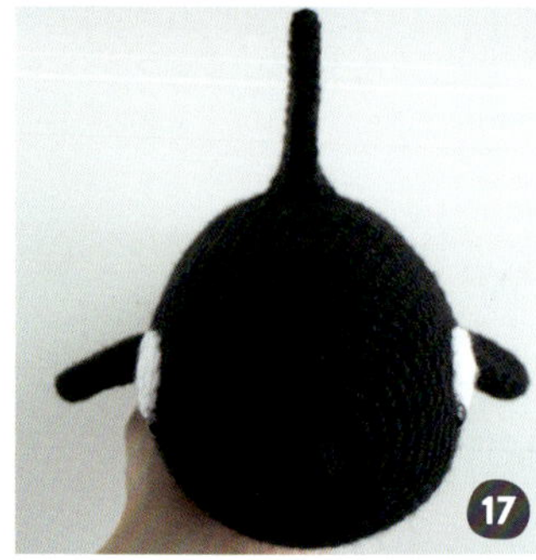
17

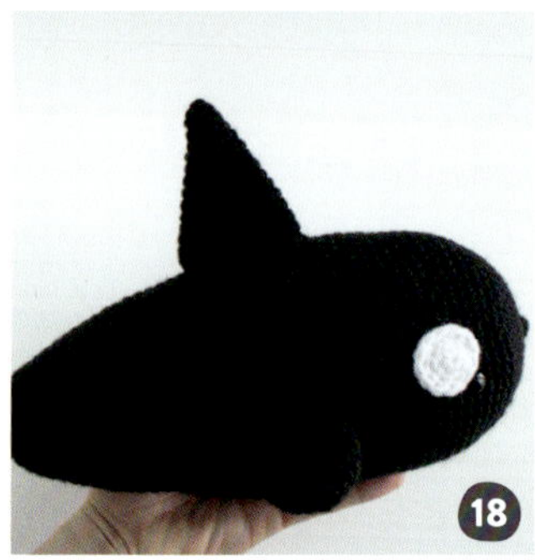
18

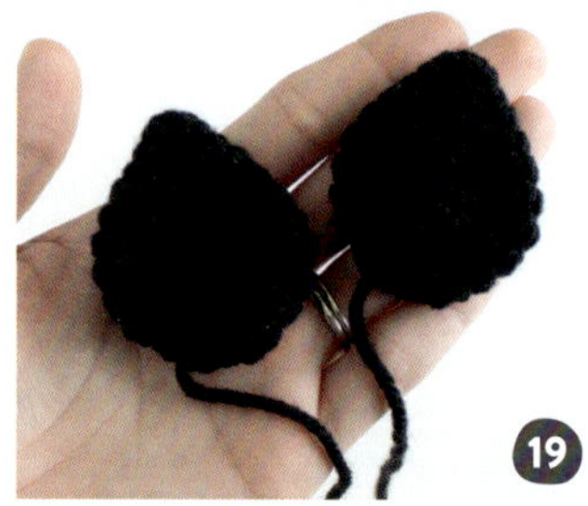
19

SCHWANZFLOSSE: 2 X HÄKELN

In Schwarz häkeln.

1. Rd: 6 fM in einen magischen Ring häkeln (6 M).
2. Rd: 6 fM.
3. Rd: 6 Zun (12 M).
4. Rd: 12 fM.
5. Rd: *1 fM, Zun* 6 x (18 M).
6. Rd: 18 fM.
7. Rd: *2 fM, Zun* 6 x (24 M).
8. Rd: 24 fM.
9.Rd: *2 fM, uns Abn* 6 x (18 M).
10. Rd: *1 fM, uns Abn* 6 x (12 M).
11. Rd: *2 fM, uns Abn* 3 x (9 M).

Abmaschen und den Faden lang abschneiden,

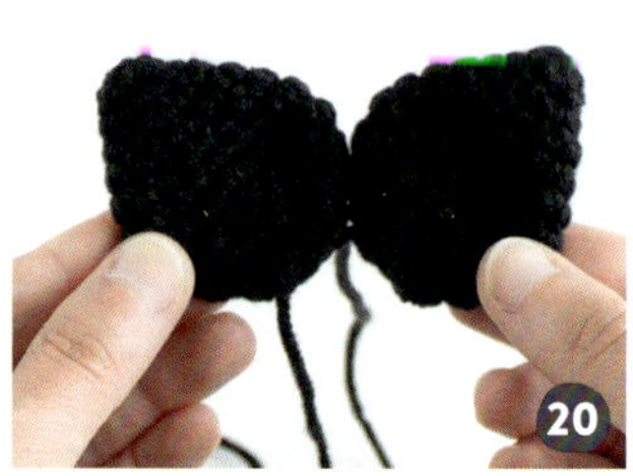
20

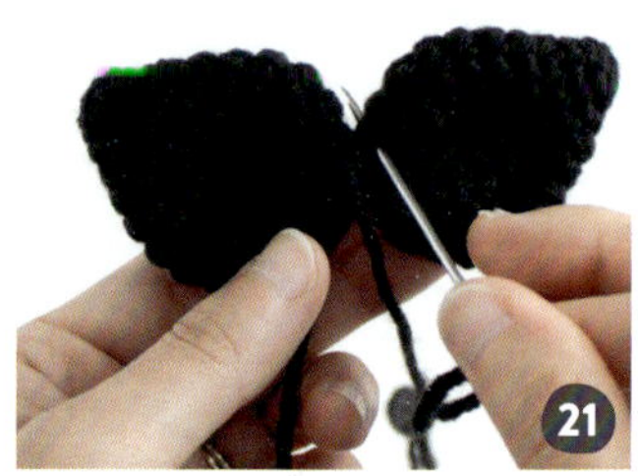
21

die Teile nicht ausstopfen (Foto 19). Für die Schwanzflosse beide Teile leicht schräg halten, sodass sie in der 9.–11. Rd aneinanderstoßen (Foto 20). Mit einem der Endfäden diese Stelle zusammennähen, dabei von der 11. zur 9. Rd arbeiten (Foto 21). Den Faden verknoten und im Inneren der Flosse verstecken (Foto 22). Die Flosse an die 55. und 56. Rd hinten an den Wal stecken (Foto 23) und mit dem Endfaden annähen (Foto 24). Das Fadenende verknoten und im Inneren des Körpers verstecken (Fotos 25+26).

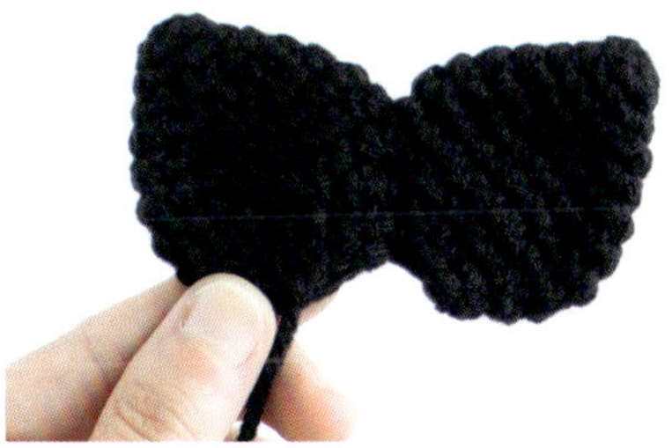
22

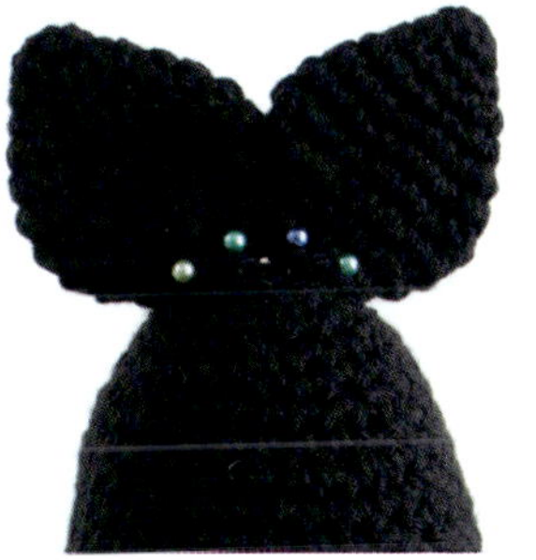
23

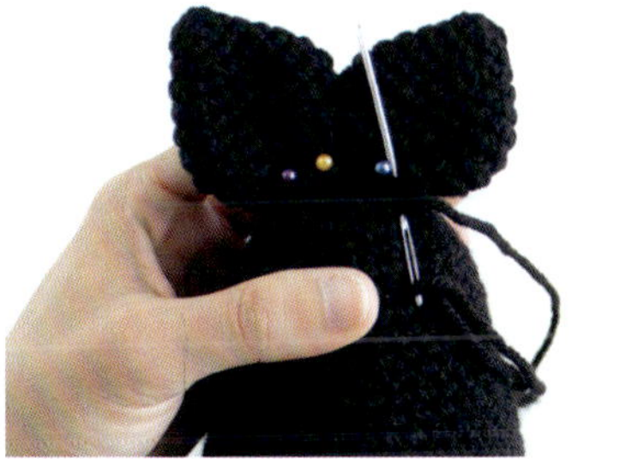
24

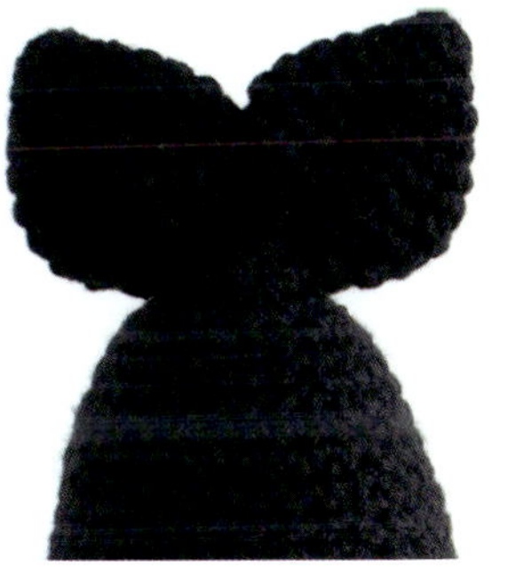
25

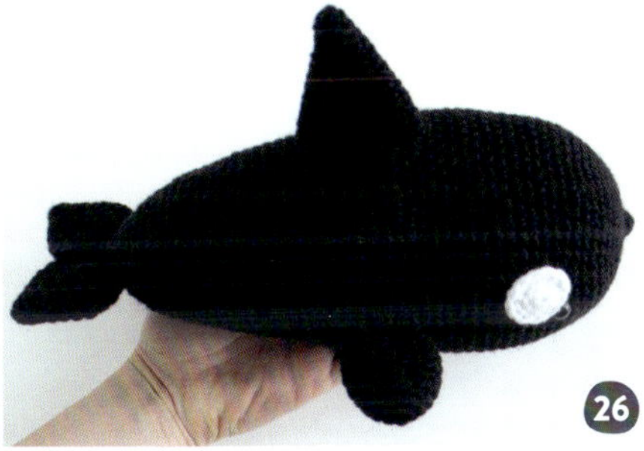
26

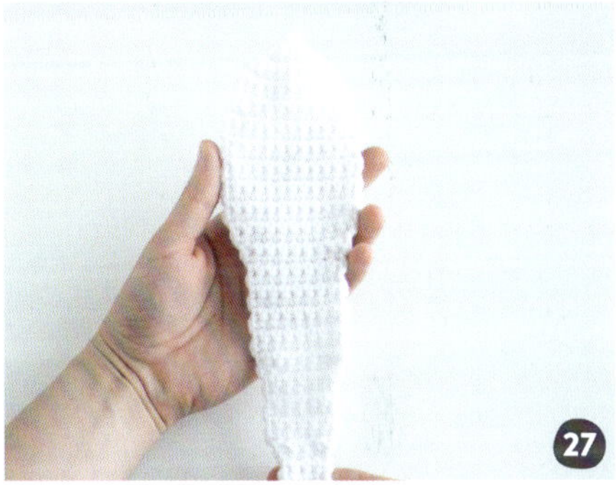
27

BAUCH

In Weiß häkeln.

1. R: 2 Lm, dann ab der 2. Lm von der Nadel 1 Zun (2 M). 1 Lm und wenden.

2. R: 2 Zun (4 M). 1 Lm und wenden.

3. R: Zun, 2 fM, Zun (6 M). 1 Lm und wenden.

4. R: Zun, 4 fM, Zun (8 M). 1 Lm und wenden.

5. R: Zun, 6 fM, Zun (10 M). 1 Lm und wenden.

6.–8. R: 10 fM. 1 Lm und wenden.

9. R: Zun, 8 fM, Zun (12 M). 1 Lm und wenden.

10.–19. R: 12 fM. Nach jeder R 1 Lm und wenden.

20. R: Abn, 8 fM, Abn (10 M). 1 Lm und wenden.

21. R: 10 fM. 1 Lm und wenden.

22. R: Abn, 6 fM, Abn (8 M). 1 Lm und wenden.

23.–32. R: 8 fM. Nach jeder R 1 Lm und wenden.

33. R: Abn, 4 fM, Abn (6 M). 1 Lm und wenden.

34.–39. R: 6 fM. Nach jeder R 1 Lm und wenden.

40. R: Abn, 2 fM, Abn (4 M). 1 Lm und wenden.

41.–45. R: 4 fM. Nach jeder R 1 Lm und wenden, außer nach der 45. R (Foto 27).

In der nächsten R den Bauch umhäkeln.

46. R: fM in dieselbe M wie die letzte fM (Foto 28). 11 fM, 14 Lm, dann ab der 2. Lm von der Nadel hStb in jede Lm (13 M) (Fotos 29–32). 1 fM in die nächste Lücke an der Kante, dann 31 fM (Fotos 33+34). Nun sollte die Spitze erreicht sein. 1 Zun an der Spitze des Bauchs (Foto 35). 32 fM, 14 Lm, dann ab der 2. Lm von der Nadel hStb in jede Lm (13 M) (Fotos 36+37). 1 fM in die nächste Lücke an der Kante, dann 11 fM bis zum Ende. Nun sollten 94 M gehäkelt sein, einschließlich der 4 fM der 45. R. Die hStb in den Lm-Teilen zählen nicht mit.

Abmaschen und den Faden zum Annähen besonders lang lassen.

Den Bauch an den Körper stecken. Dabei sitzt die Spitze des Bauchs direkt unter der Nase, der Rest führt bis zur 52. Rd (Fotos 38+39). Die Lm-Teile an den Seiten feststecken und dabei so einschlagen, dass sie zum Schwanz zeigen (Foto 40). Den Endfaden unter beide Mg der M aus der 46. R des Bauchs und in den Körper führen (Fotos 41+42). Dann zurück in den Körper und unter die nächste M des Bauchs führen (Foto 43). Auch an den Lm-Teilen den Faden unter beide Mg durchziehen (Fotos 44–46). So sieht die Naht sauber aus. Das Fadenende mit einem Knoten sichern und im Inneren des Körpers verstecken (Fotos 47–49).

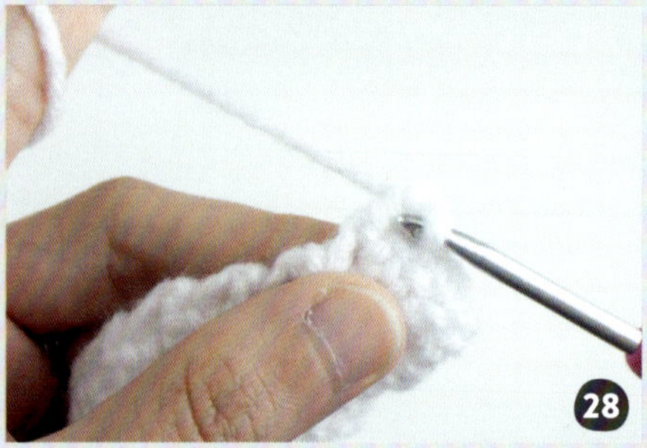
28

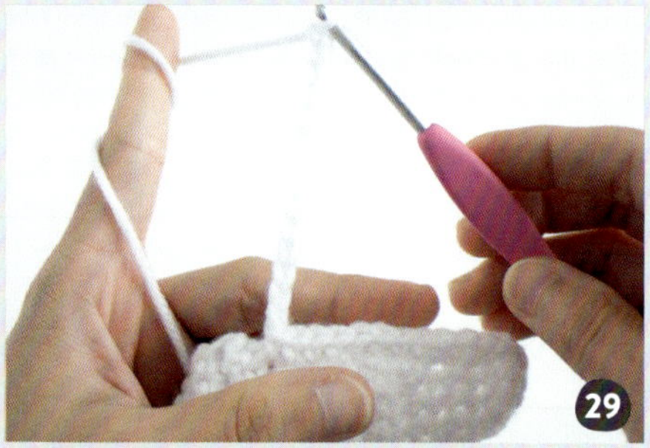
29

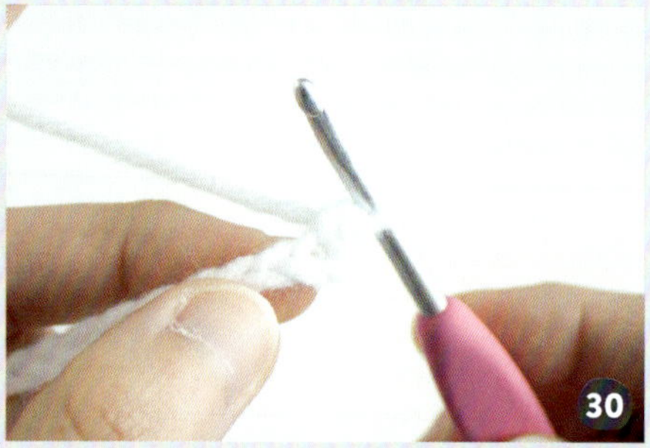
30

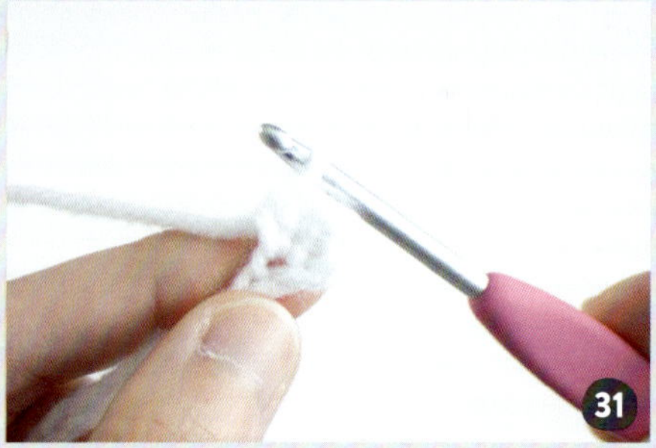
31

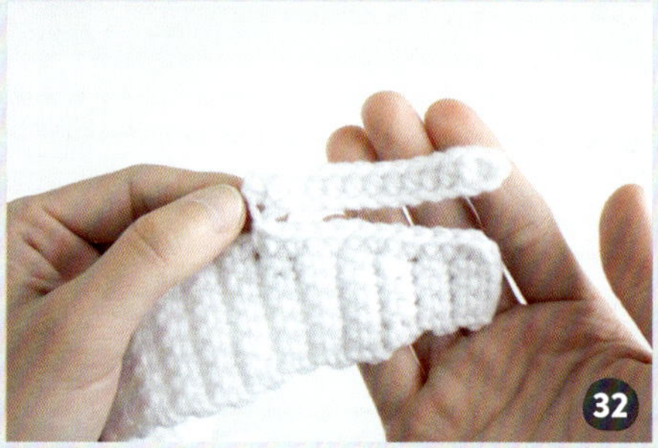
32

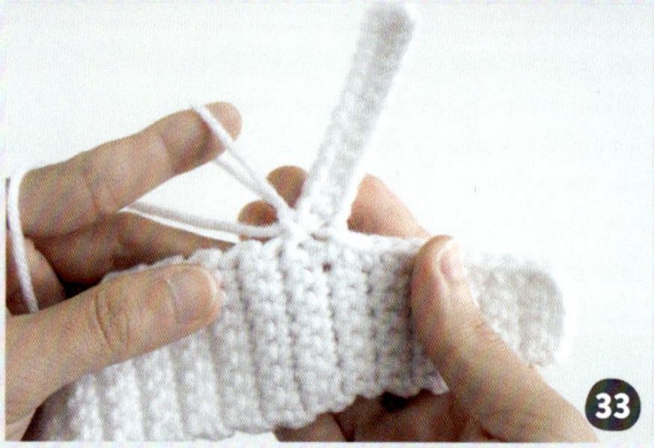
33

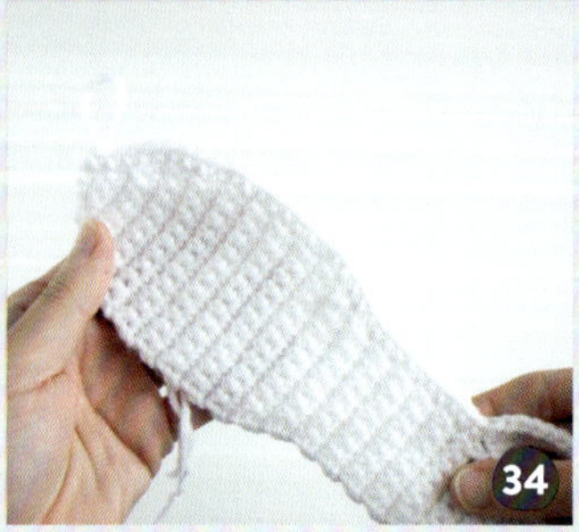
34

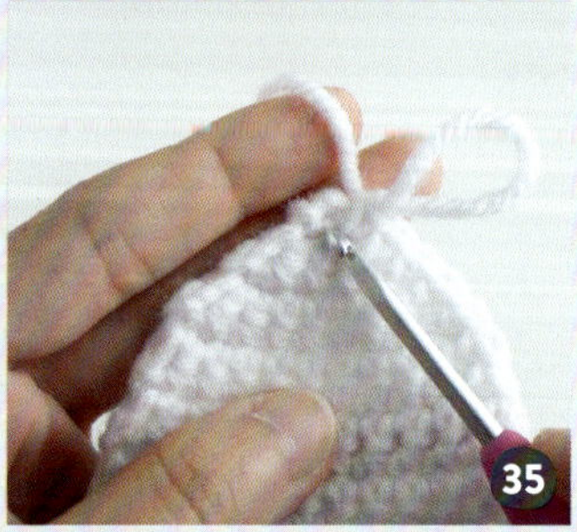
35

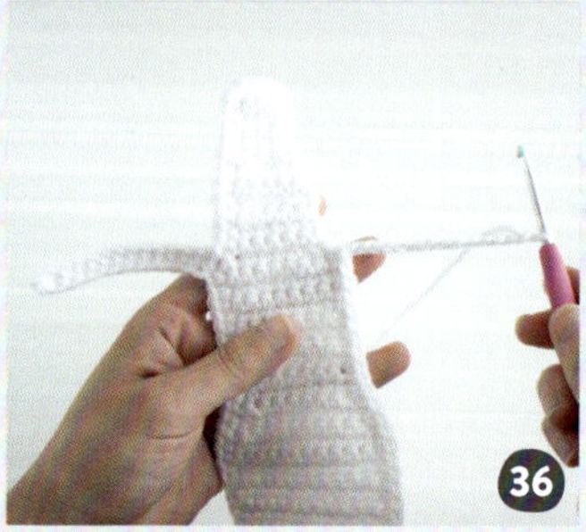
36

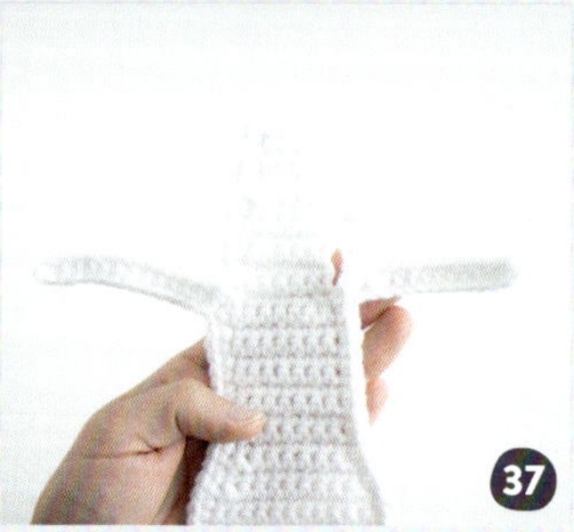
37

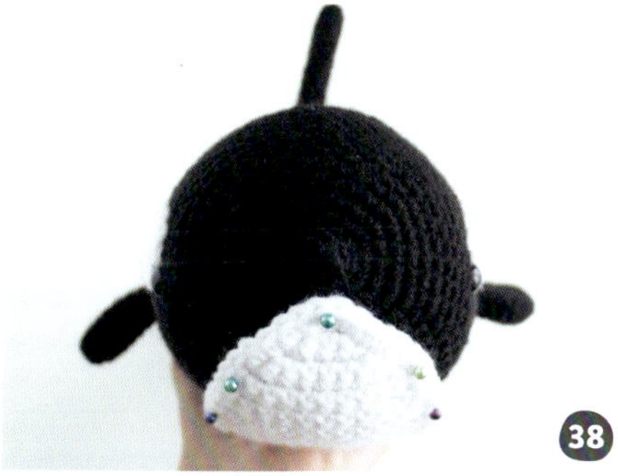
38
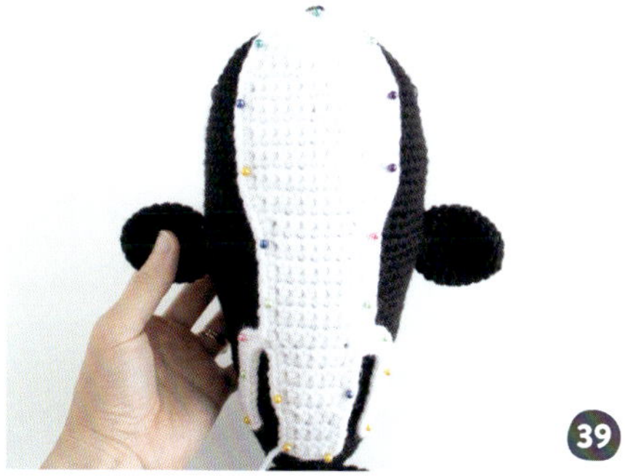
39
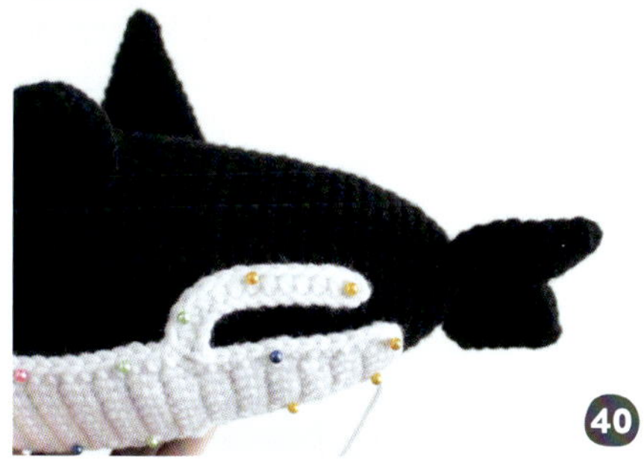
40
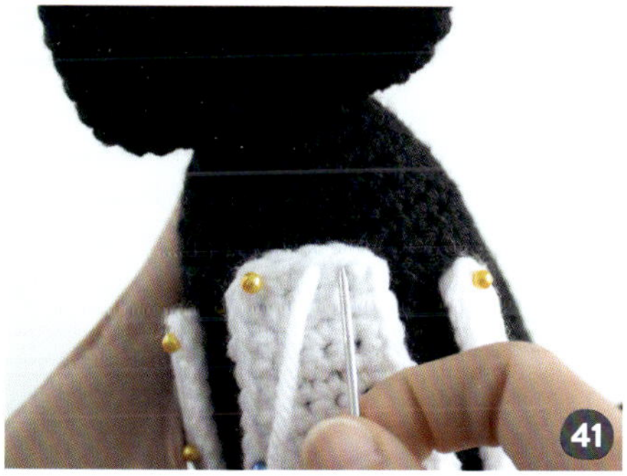
41
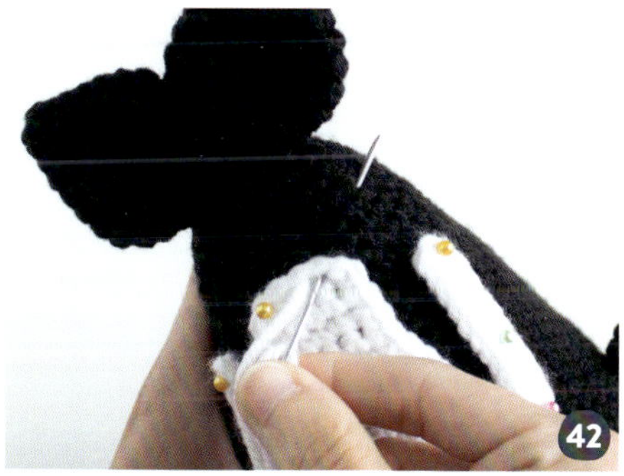
42
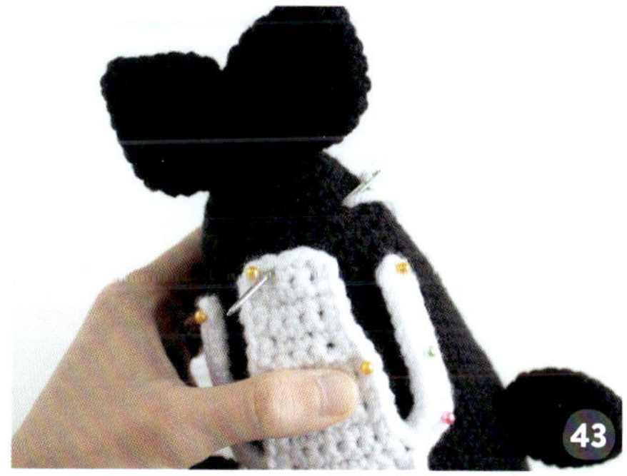
43
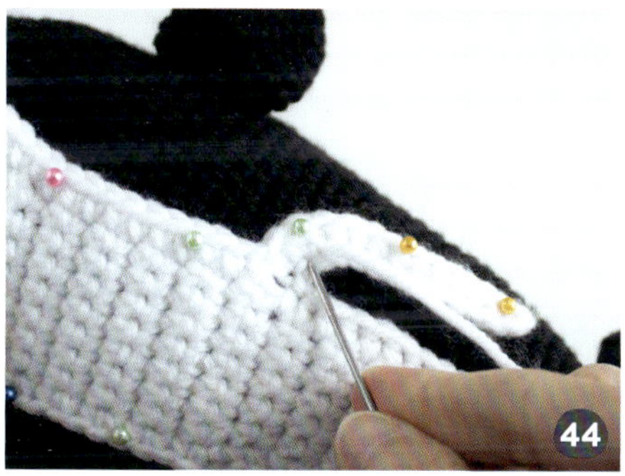
44
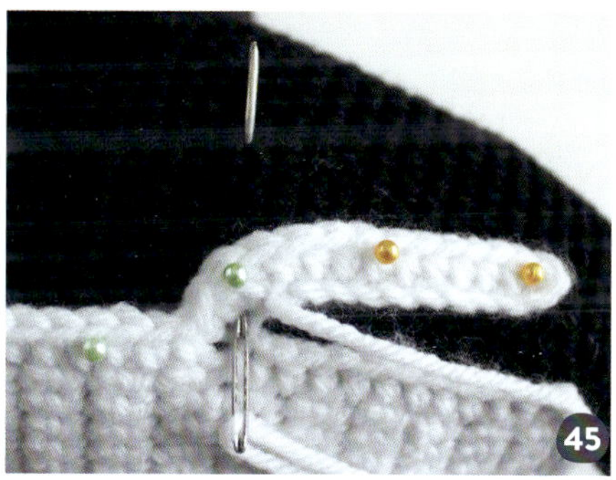
45
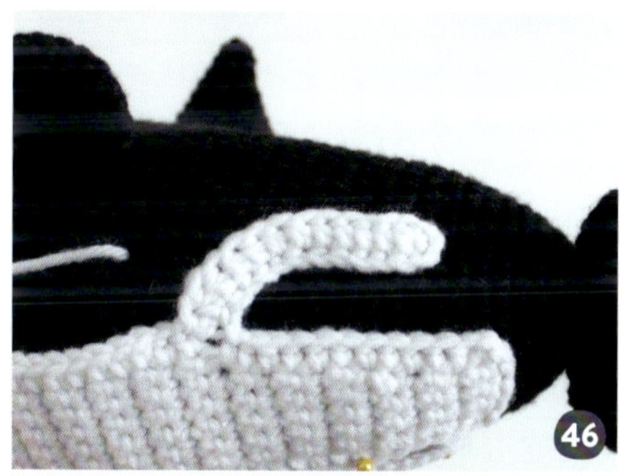
46
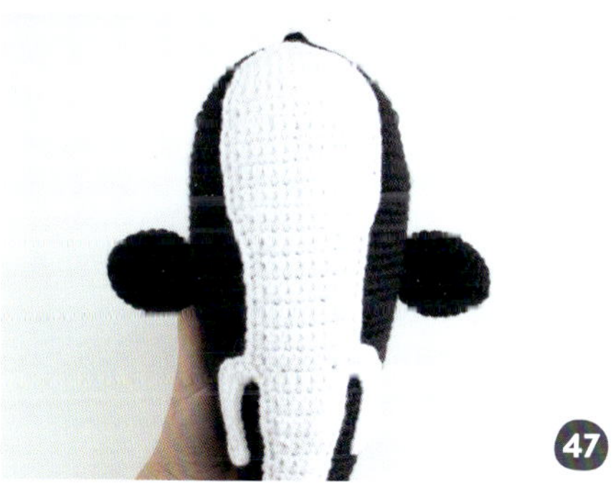
47
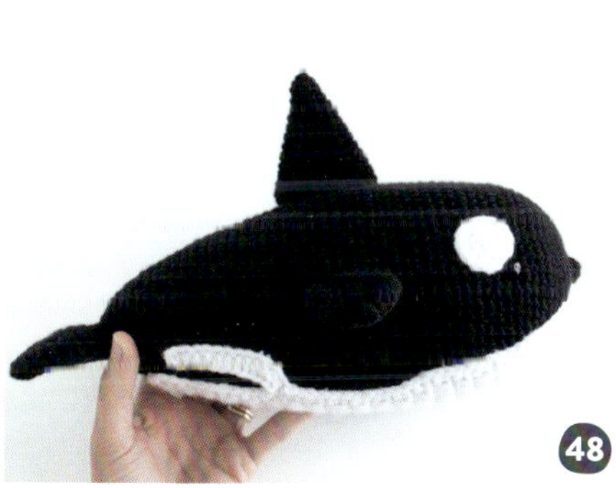
48
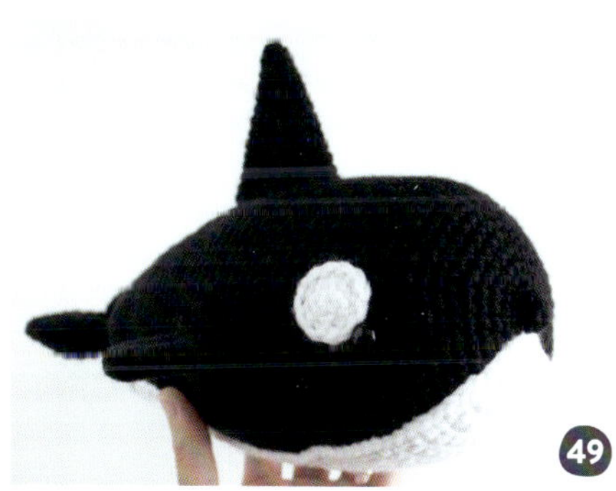
49

DSCHUNGEL

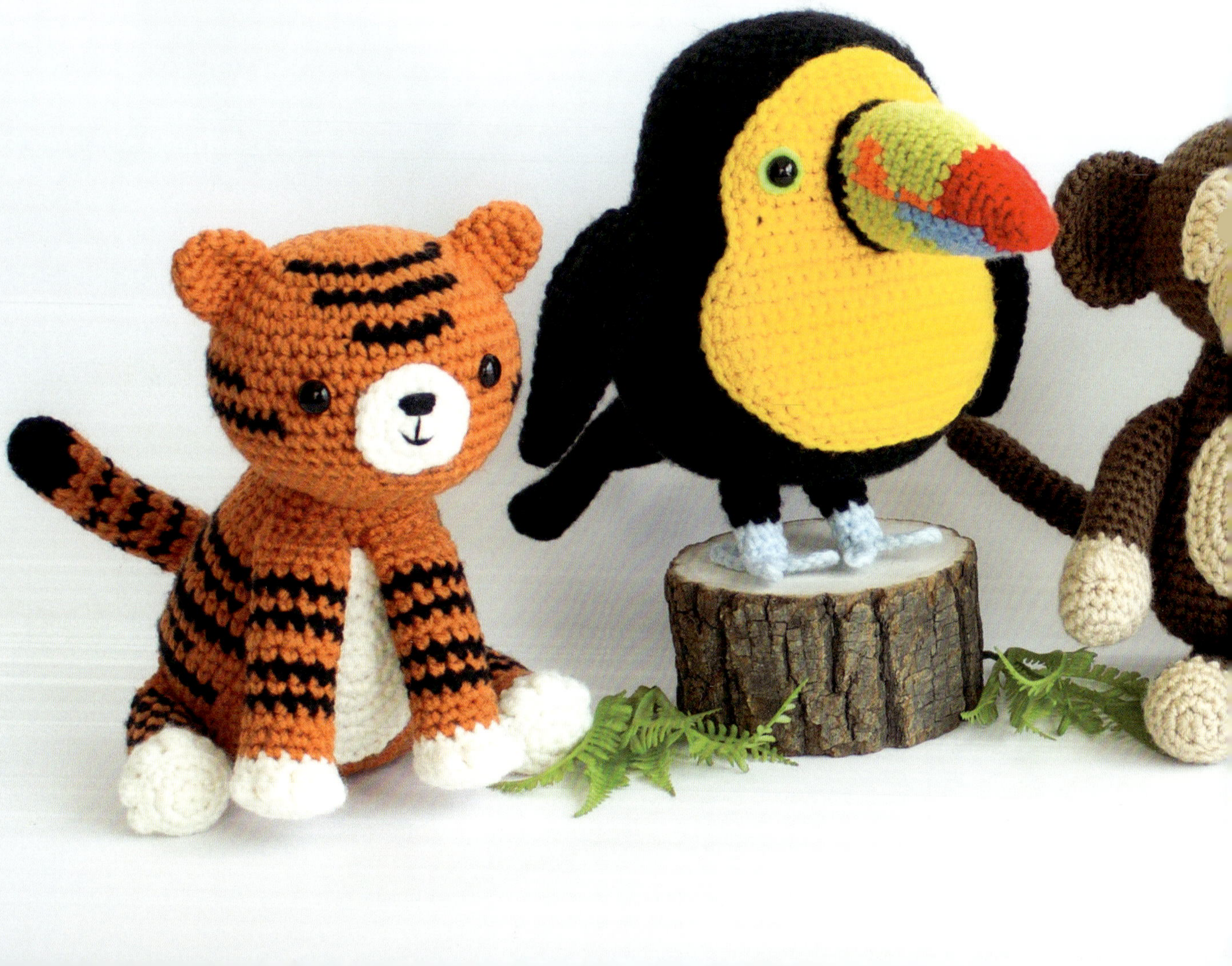

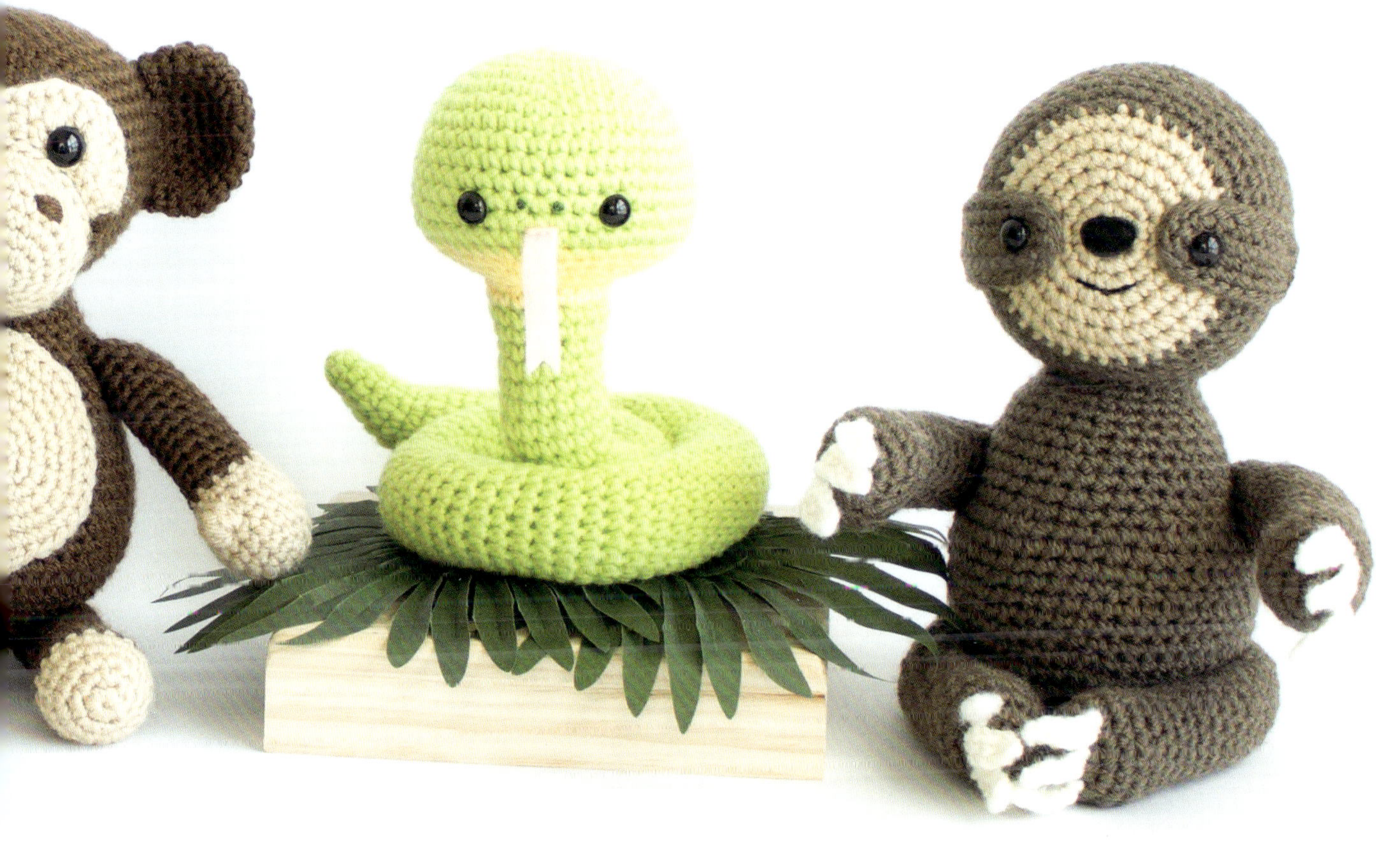

AFFE

MITTELSCHWER

FERTIGE MASSE

- Etwa 15 cm breit und 19 cm (im Sitzen) bzw. 26,5 cm (im Stehen) hoch

MATERIAL

- Häkelgarn (Lauflänge 100–120 m/50 g) in Braun und Beige
- Häkelnadel 3,75 mm
- 1 Paar Sicherheitsaugen, 12 mm Ø
- Füllwatte aus Polyester
- Wollnadel
- Schere
- Maschenmarkierer
- Stecknadeln

ABKÜRZUNGEN

- fM – feste Masche(n)
- Lm – Luftmasche(n)
- M – Masche(n)
- Np – Noppe(n)
- Rd – Runde(n)
- uns Abn – unsichtbare Abnahme(n)
- Zun – Zunahme(n)
- Zun DStb – Zunahme(n) mit Doppelstäbchen
- Zun hStb – Zunahme(n) mit halbem/n Stäbchen
- Zun Stb – Zunahme(n) mit Stäbchen

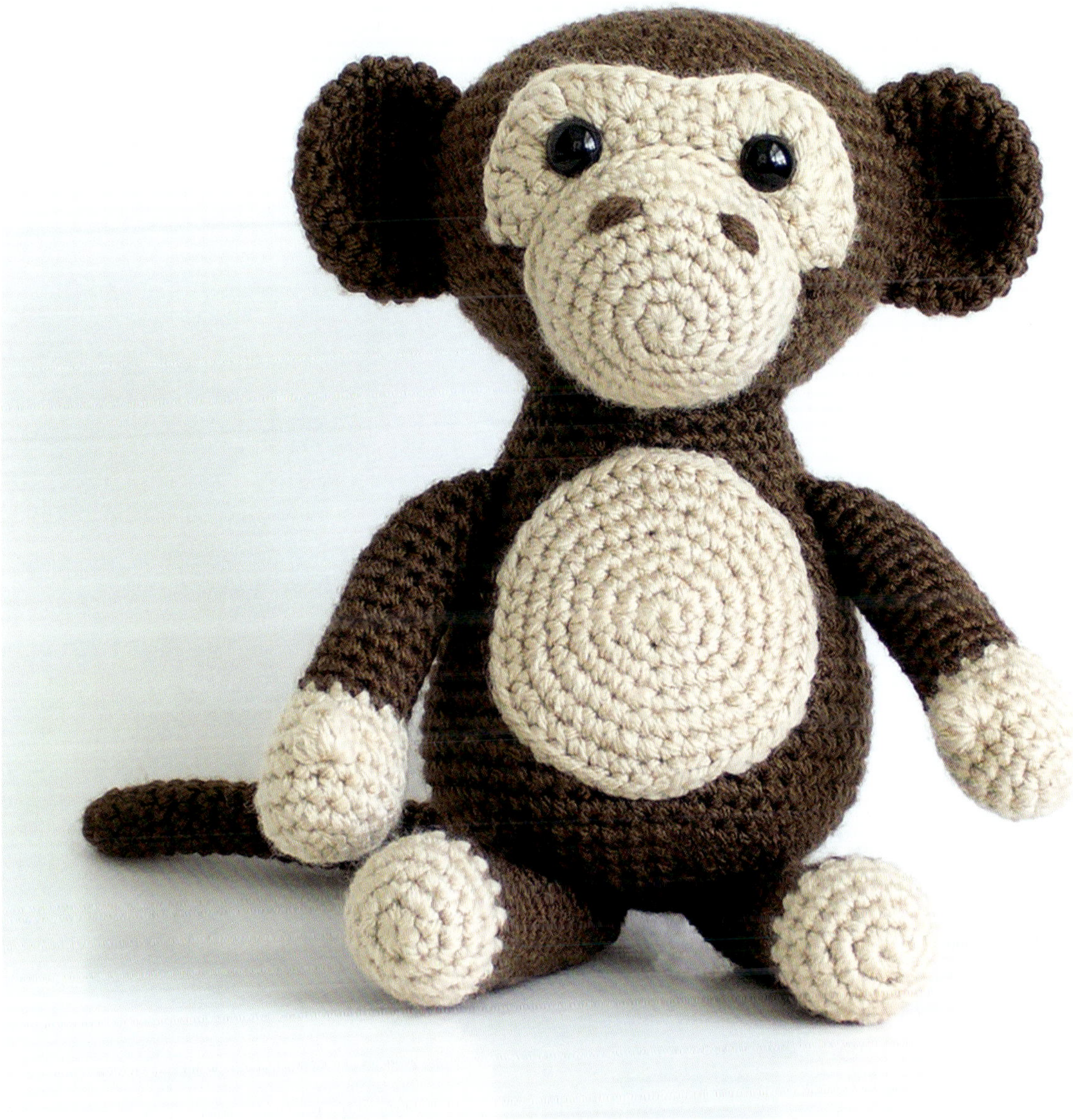

GESICHT

In Beige häkeln.

1. R: 15 Lm, dann ab der 2. Lm von der Nadel 14 fM (14 M). 1 Lm und wenden (Fotos 1–3).

2. R: fM, Zun hStb, Zun Stb, Zun DStb, Zun Stb, Zun hStb, 2fM, Zun hStb, Zun Stb, Zun DStb, Zun Stb, Zun hStb, fM (24 M) (Fotos 4+5).

Abmaschen und den Faden zum Annähen lang genug lassen.

Die Sicherheitsaugen zwischen der 1. und 2. R im Abstand von 6 M so einsetzen, dass sie unter den DStb der 2. R sitzen (Fotos 6+7). Die Scheiben auf der Rückseite jedoch noch nicht montieren. Das Gesicht zur Seite legen.

KOPF

In Braun häkeln.

1. Rd: 6 fM in einen magischen Ring häkeln (6 M).

2. Rd: 6 Zun (12 M).

3. Rd: *1 fM, Zun* 6 x (18 M).

4. Rd: *2 fM, Zun* 6 x (24 M).

5. Rd: *3 fM, Zun* 6 x (30 M).

6. Rd: *4 fM, Zun* 6 x (36 M).

7. Rd: *5 fM, Zun* 6 x (42 M).

8. Rd: *6 fM, Zun* 6 x (48 M).

9. Rd: *7 fM, Zun* 6 x (54 M).

10.–18. Rd: 54 fM.

Die Sicherheitsaugen zwischen der 12. und 13. Rd im Abstand von 6 M einsetzen. Die Enden des Gesichtsteils sollten auf der 16. und 17. Rd liegen (Foto 8). Die Sicherheitsaugen nun mit der Scheibe fixieren. Wenn das zu dick wird, probiere, die Scheibe umzudrehen und andersherum am Auge zu befestigen. Mit dem Endfaden das Gesicht an den Kopf nähen. Dabei die Nadel unter beide Mg der M in der 2. R des Gesichts und dann in den Kopf führen (Foto 9).

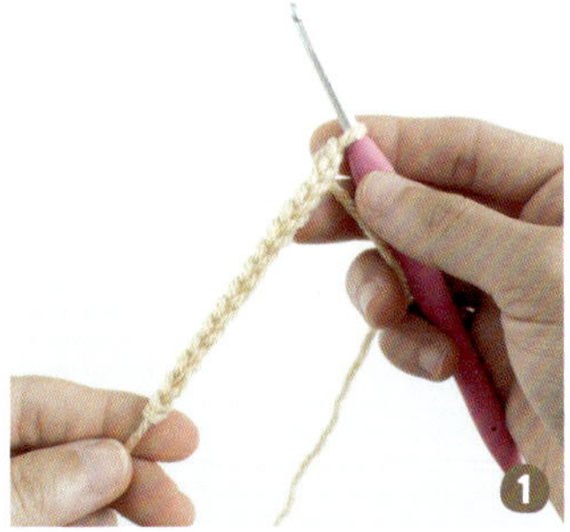

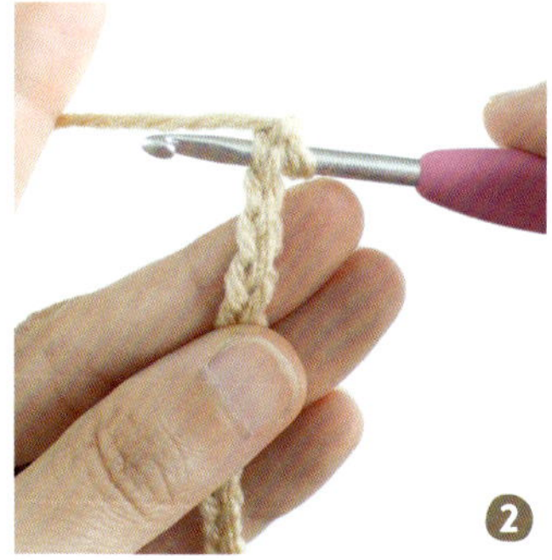

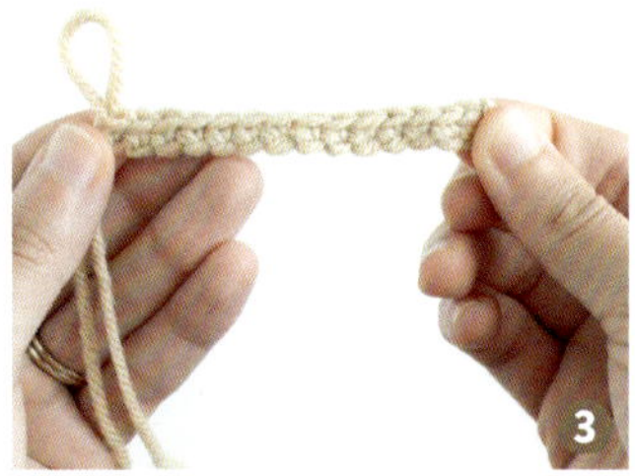

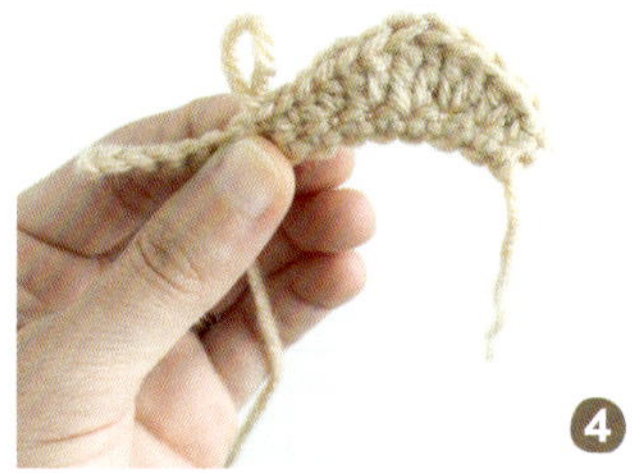

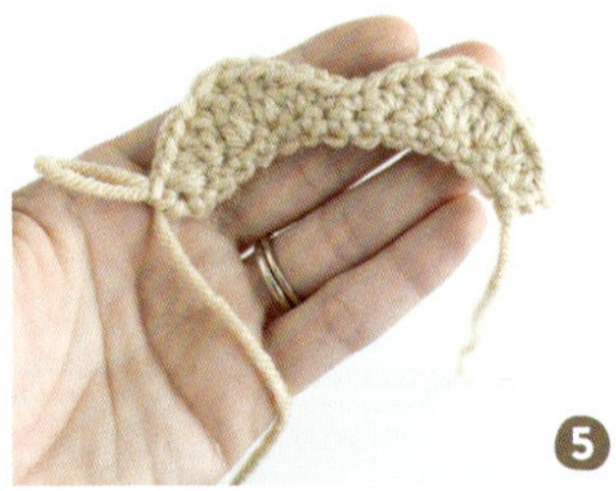

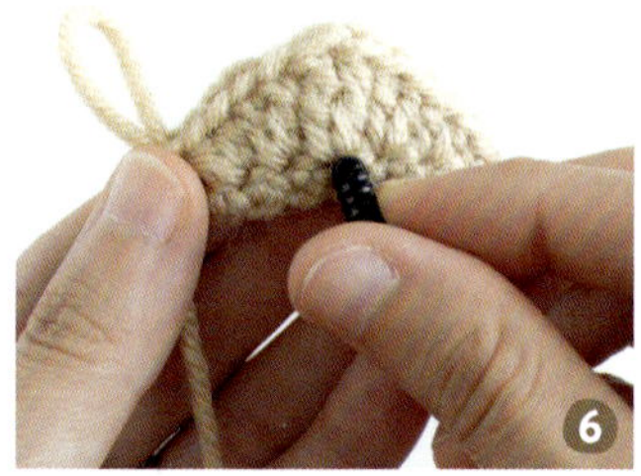

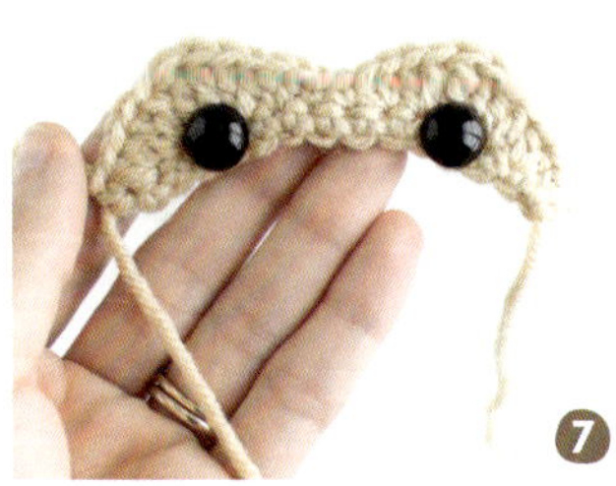

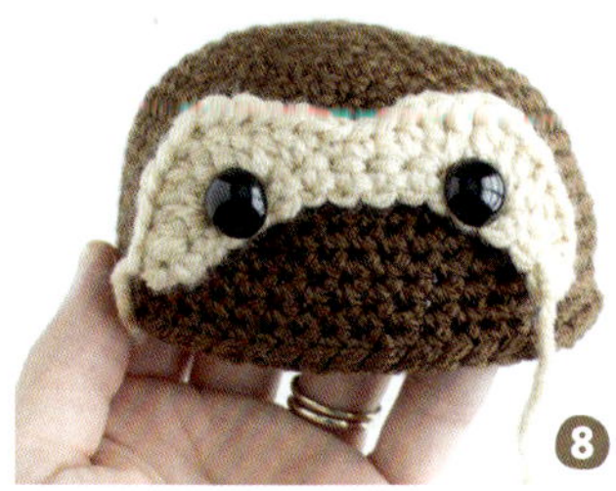

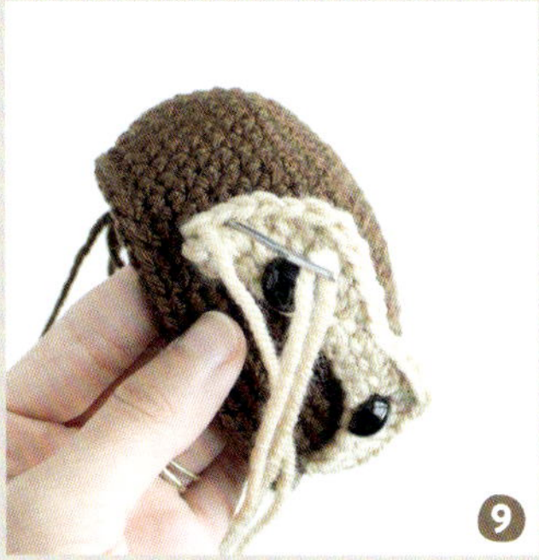
9

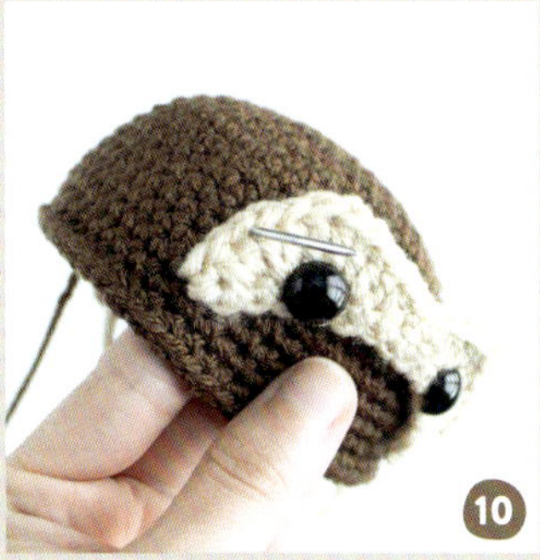
10

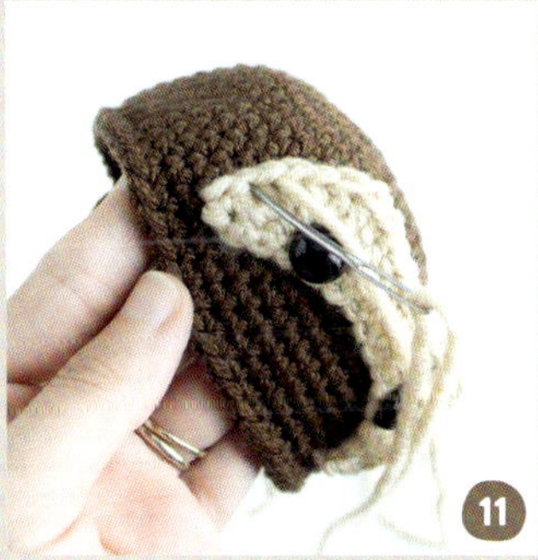
11

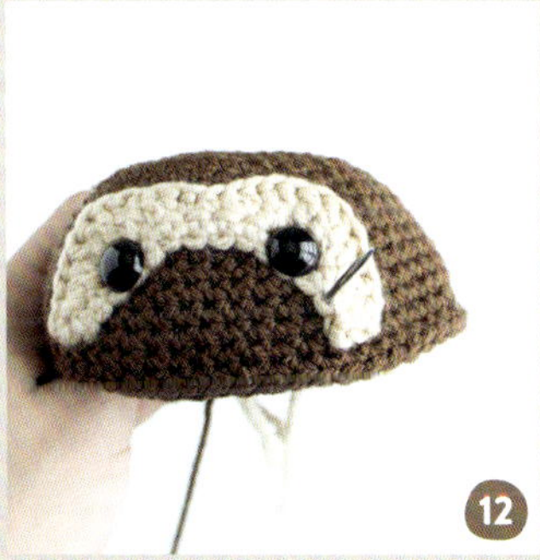
12

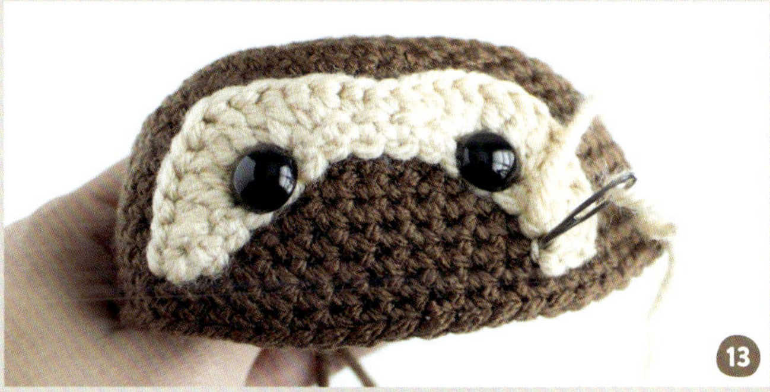
13

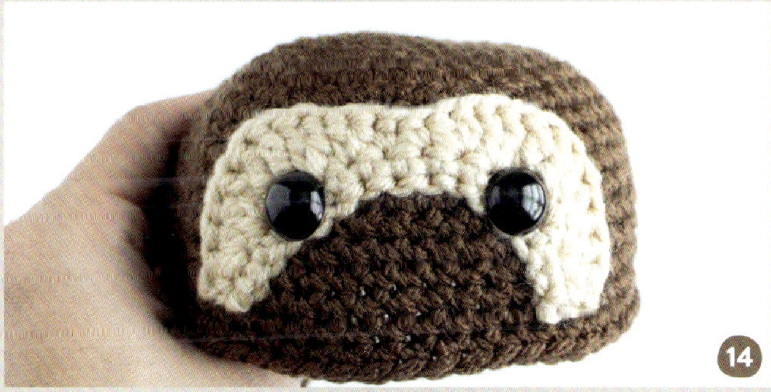
14

Die Nadel in die nächste M einstechen und nach außen führen (Foto 10). Dann unter beide Mg der nächsten M stechen und den Faden ins Innere des Kopfs ziehen (Foto 11). Darauf achten, dass er unter und nicht über die Mgeführt wird, damit die Naht sauber aussieht. Wenn der obere Teil angenäht ist, die nicht gehäkelten rückseitigen Schlaufen aus der 1. R annähen. Auf diese Weise fortfahren (Fotos 12+13). Das Fadenende mit einem Knoten sichern und im Inneren des Kopfs verstecken (Foto 14).

19. Rd: *7 fM, uns Abn* 6 x (48 M).

20. Rd: *6 fM, uns Abn* 6 x (42 M).

21. Rd: *5 fM, uns Abn* 6 x (36 M).

Den Kopf ausstopfen und nach und nach weitere Füllwatte hinzufügen.

22. Rd: *4 fM, uns Abn* 6 x (30 M).

23. Rd: *3 fM, uns Abn* 6 x (24 M).

24. Rd: *2 fM, uns Abn* 6 x (18 M).

25. Rd: *1 fM, uns Abn* 6 x (12 M).

26. Rd: 6 uns Abn (6 M).

Abmaschen und den Faden zum Verschließen hängen lassen (Foto 15).

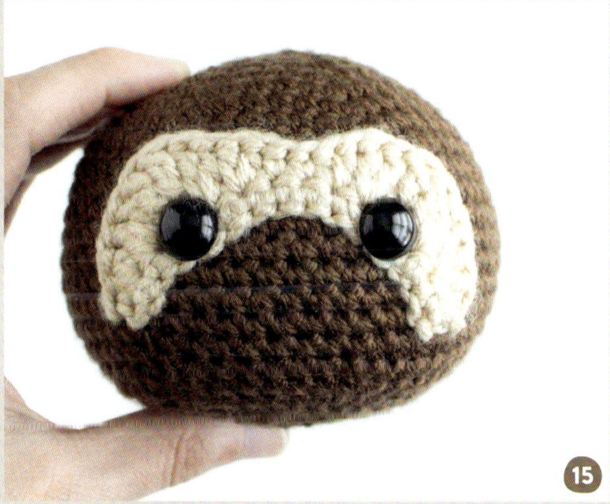
15

NASE

In Beige häkeln.

1. Rd: 6 fM in einen magischen Ring häkeln (6 M).

2. Rd: 6 Zun (12 M).

3. Rd: *1 fM, Zun* 6 x (18 M).

4. Rd: *2 fM, Zun* 6 x (24 M).

5. Rd: *3 fM, Zun* 6 x (30 M).

6.–8. Rd: 30 fM.

Abmaschen und den Faden zum Annähen hängen lassen (Foto 16).

Für die Nasenlöcher einen etwa 38 cm langen Faden braune Wolle abschneiden. Die Position der Nasenlöcher mit 4 Stecknadeln (für jedes Nasenloch 2) zwischen der 5. und 6. Rd markieren. Die Nasenlöcher je über 3 M und im Abstand von 3 M aufsticken (Foto 17). Dafür mit der Nadel etwa 5–6 x hin und her sticken (Fotos 18–20). Das Fadenende verknoten und zurückschneiden (Foto 21).

Die Nase zwischen der 13. und 22. Rd auf den Kopf stecken (Foto 22), sie sitzt direkt unter dem Gesicht. Mit dem Endfaden annähen. Dabei die Nadel unter beide Mg der M in der 8. Rd der Nase und in den Kopf führen und zwischen den M wieder ausstechen. Dann dort wieder einstechen, zur nächsten M auf der Nase führen und so fortfahren (Fotos 23+24). An der Stelle, wo die Nase auf das Gesichtsteil trifft, ebenso verfahren (Foto 25). Darauf achten, den Faden unter und nicht über die M zu führen, damit die Naht sauber aussieht. Die Nase mit Füllwatte ausstopfen, bevor die Naht ganz geschlossen wird. Das Fadenende verknoten und im Inneren des Kopfs verstecken (Fotos 26+27).

OHR: 2 X HÄKELN

In Braun häkeln.

1. Rd: 6 fM in einen magischen Ring häkeln (6 M).

2. R: 6 Zun (12 M).

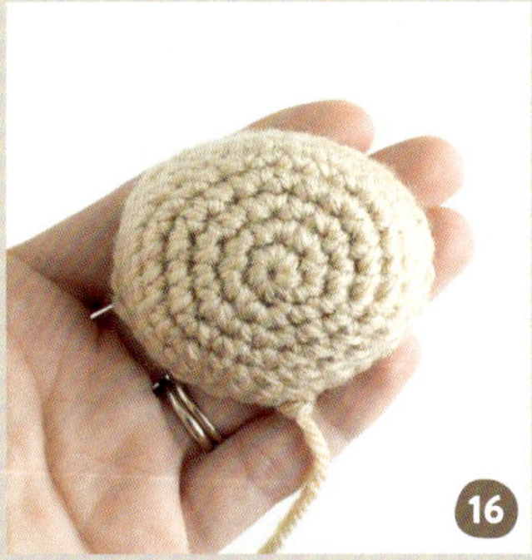
16

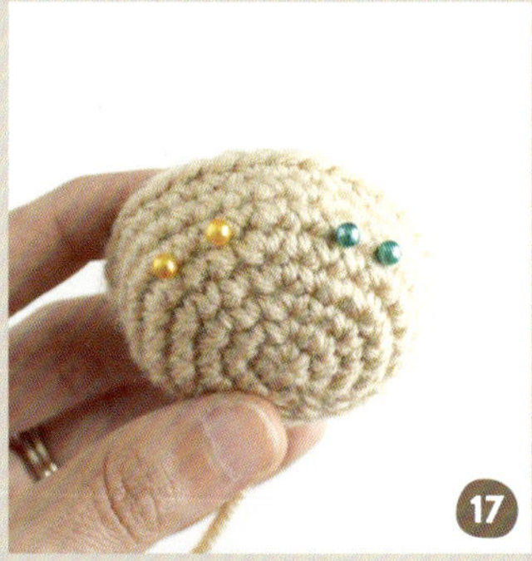
17

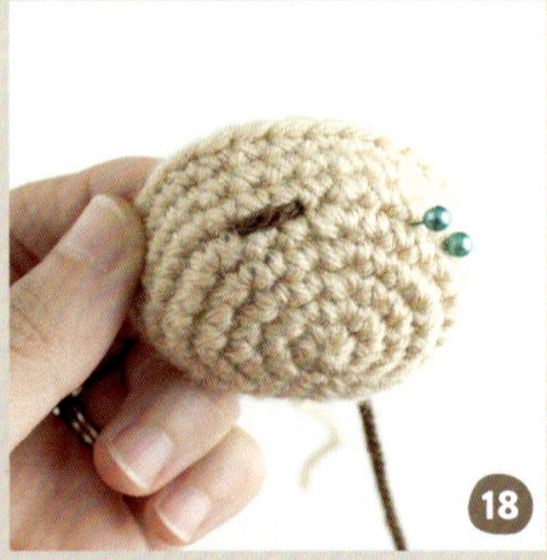
18

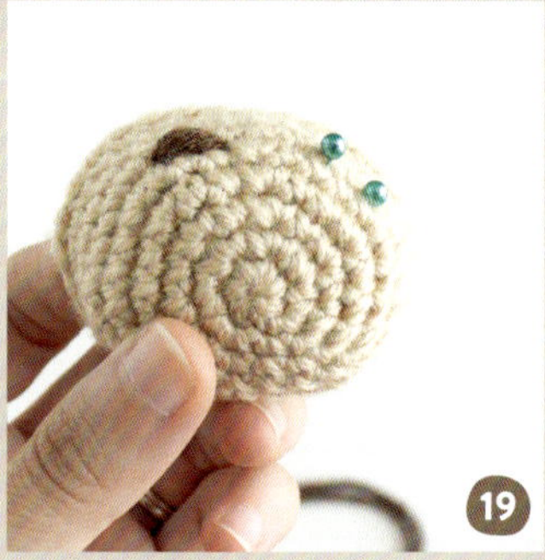
19

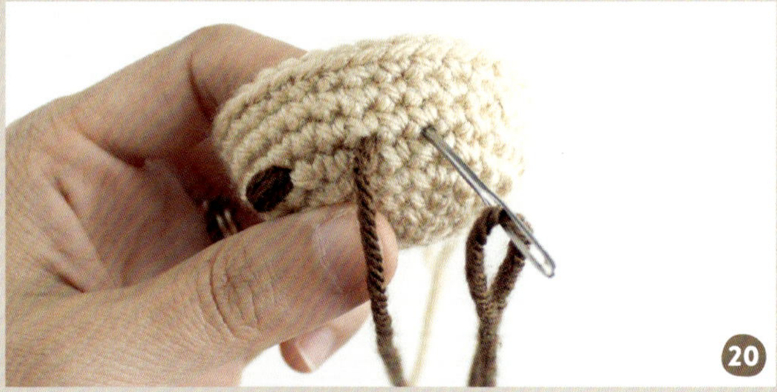
20

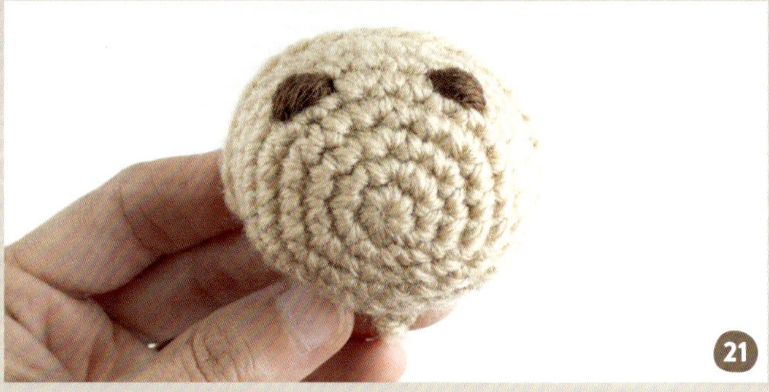
21

3. Rd: *1 fM, Zun* 6 x (18 M).

4. Rd: *2 fM, Zun* 6 x (24 M).

5. Rd: *3 fM, Zun* 6 x (30 M).

6. Rd: 30 fM.

7. Rd: *3 fM, uns Abn* 6 x (24 M).

8. Rd: 24 fM.

9. Rd: *2 fM, uns Abn* 6 x (18 M).

Abmaschen und den Faden zum Annähen hängen lassen. Die Ohren nicht ausstopfen (Foto 28).

Mit Stecknadeln zwischen der 9.–17. Rd an den Kopf stecken (Fotos 29+30). Sie sollten etwa 6 M Abstand zum Gesichtsteil haben (Foto 31). Mit dem Endfaden die Ohren annähen. Das Fadenende mit einem Knoten sichern und im Inneren des Kopfs verstecken (Foto 32).

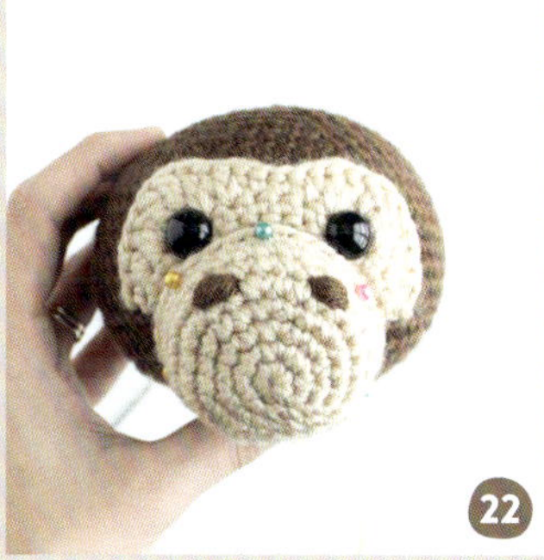

22

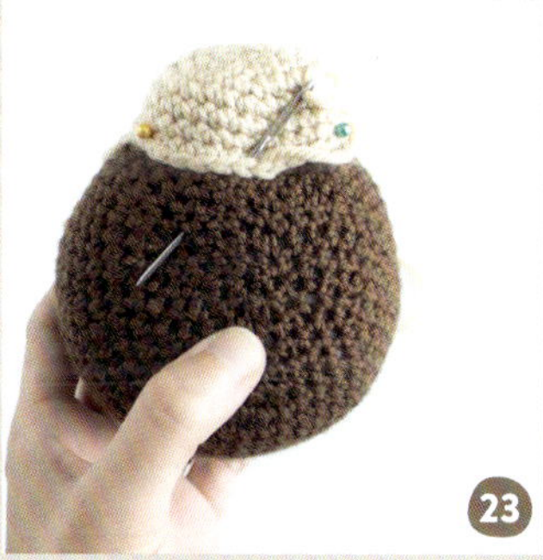

23

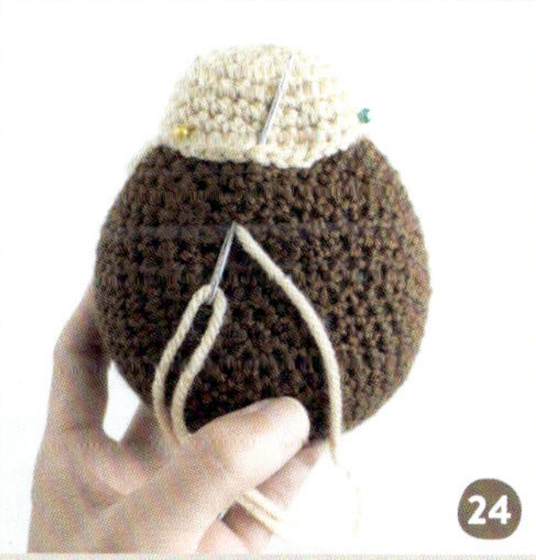

24

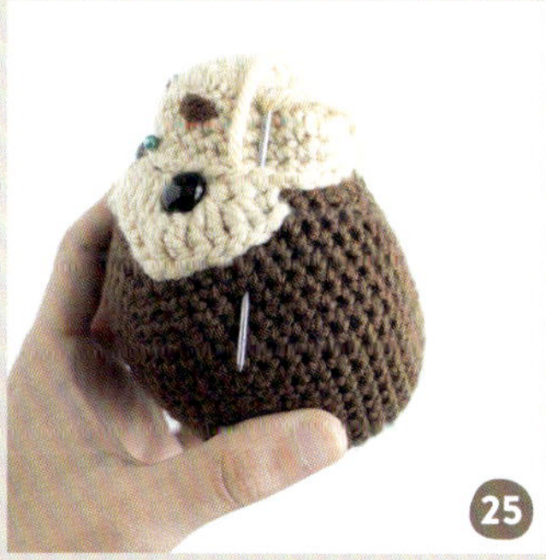

25

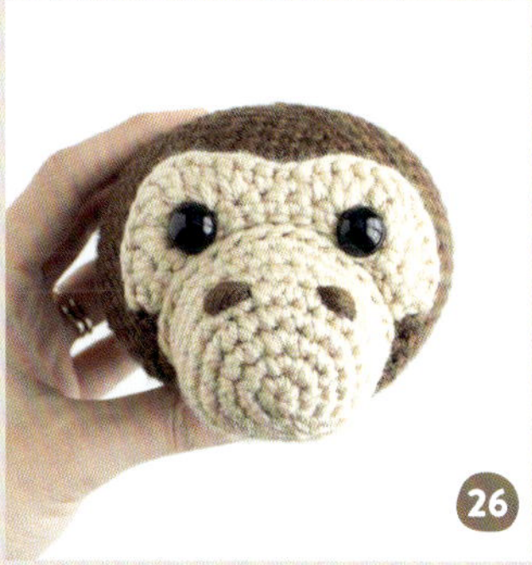

26

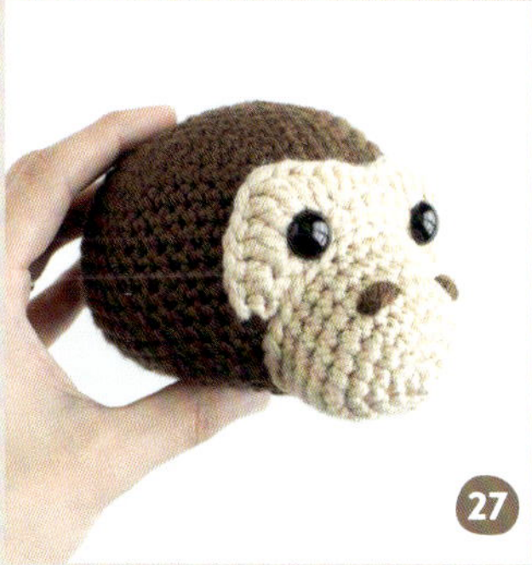

27

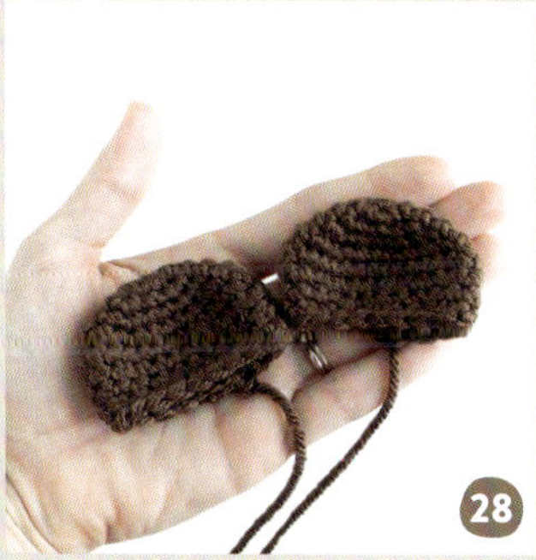

28

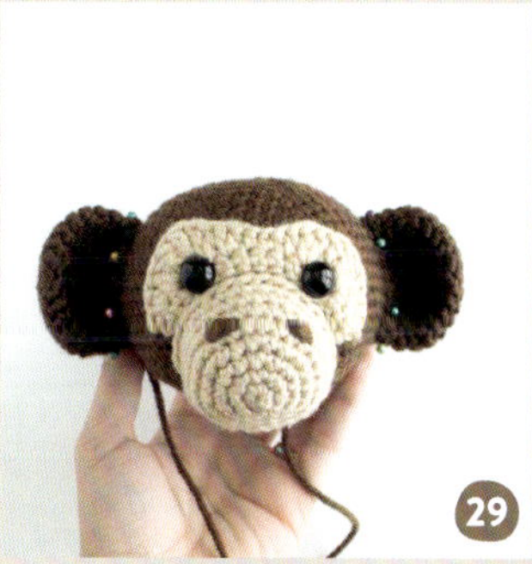

29

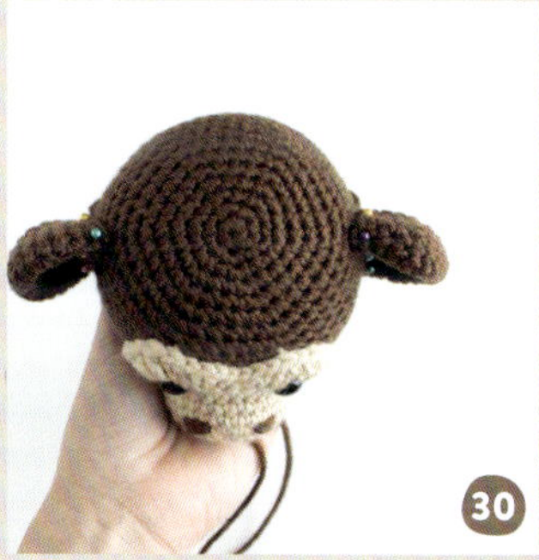

30

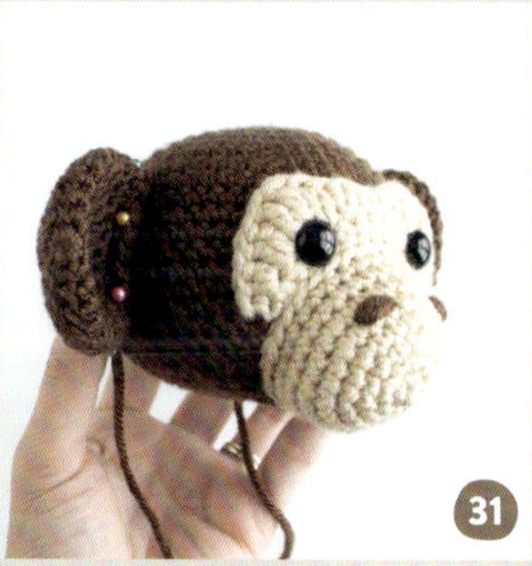

31

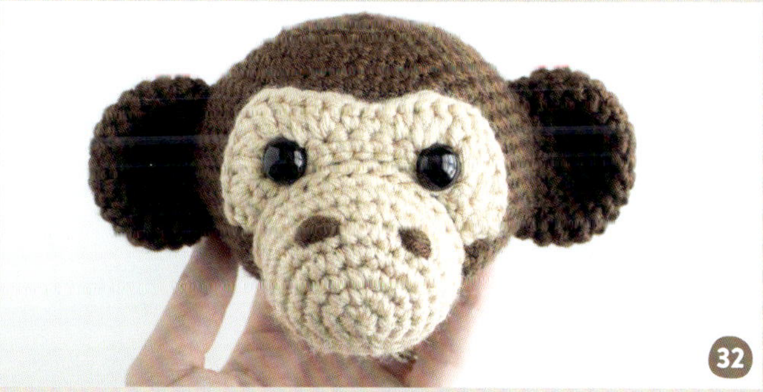

32

KÖRPER

In Braun häkeln.

1. Rd: 6 fM in einen magischen Ring häkeln (6 M).

2. Rd: 6 Zun (12 M).

3. Rd: *1 fM, Zun* 6 x (18 M).

4. Rd: *2 fM, Zun* 6 x (24 M).

5. Rd: *3 fM, Zun* 6 x (30 M).

6. Rd: *4 fM, Zun* 6 x (36 M).

7. Rd: *5 fM, Zun* 6 x (42 M).

8. Rd: *6 fM, Zun* 6 x (48 M).

9. Rd: *7 fM, Zun* 6 x (54 M).

10.+11. Rd: 54 fM.

12. Rd: *7 fM, uns Abn* 6 x (48 M).

13.–15. Rd: 48 fM.

16. Rd: *6 fM, uns Abn* 6 x (42 M).

17.–19. Rd: 42 fM.

20. Rd: *5 fM, uns Abn* 6 x (36 M).

Den Körper ausstopfen und nach und nach weitere Füllwatte hinzufügen.

21.–23. Rd: 36 fM.

24. Rd: *4 fM, uns Abn* 6 x (30 M).

25.–27. Rd: 30 fM.

Abmaschen und den Faden zum Annähen hängen lassen (Foto 33). Den Kopf an den Körper stecken (Foto 34) und mit dem Endfaden annähen (Foto 35). Nach Bedarf den Körper noch etwas ausstopfen, bevor die Naht geschlossen wird. Das Fadenende verknoten und im Inneren des Körpers verstecken (Fotos 36+37).

BAUCH

In Beige häkeln.

1. Rd: 6 fM in einen magischen Ring häkeln (6 M).

2. Rd: 6 Zun (12 M).

3. Rd: *1 fM, Zun* 6 x (18 M).

4. Rd: 1 fM, Zun, *2 fM, Zun* 5 x, 1 fM (24 M).

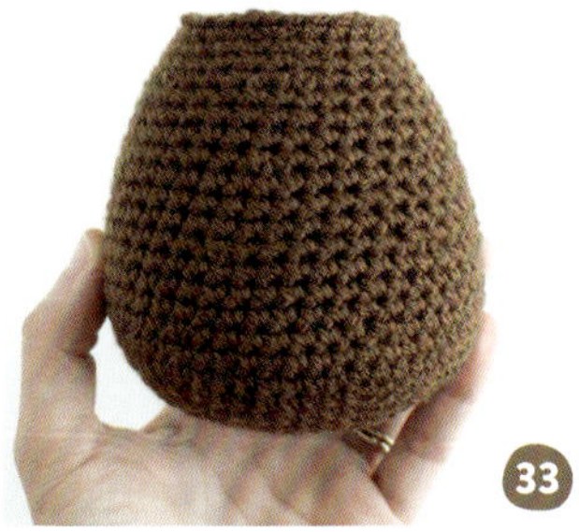
33

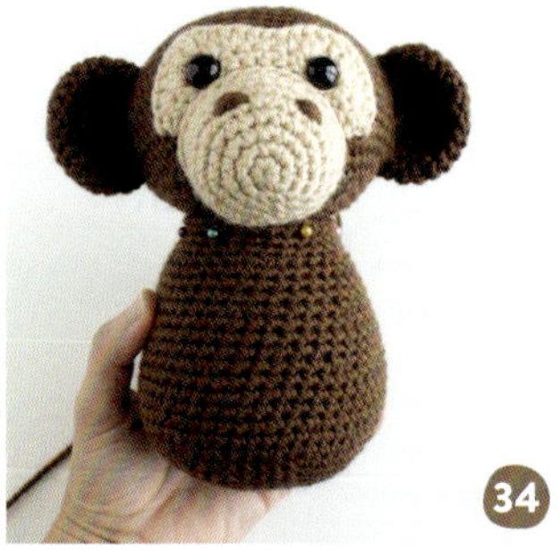
34

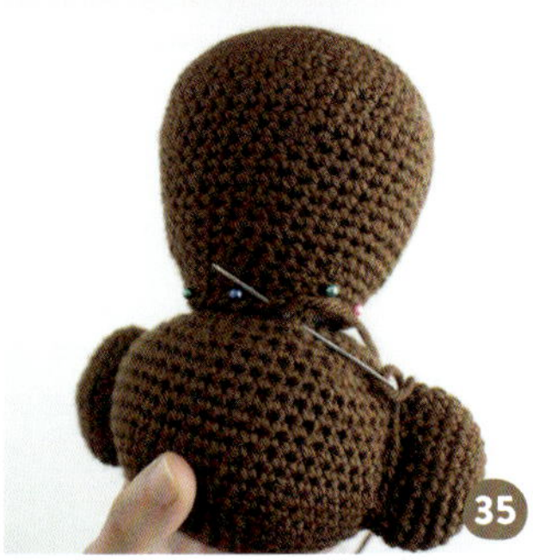
35

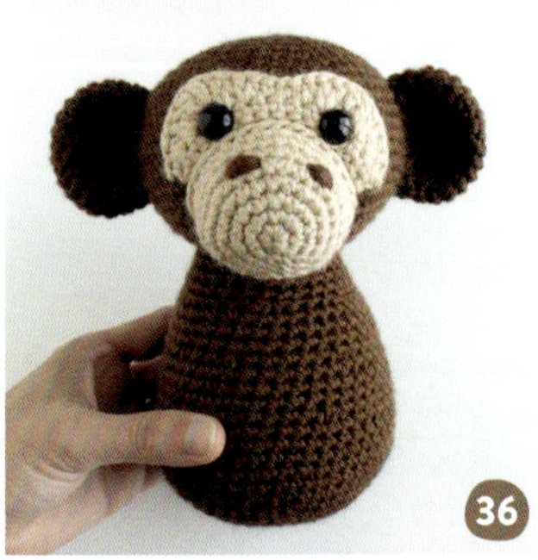
36

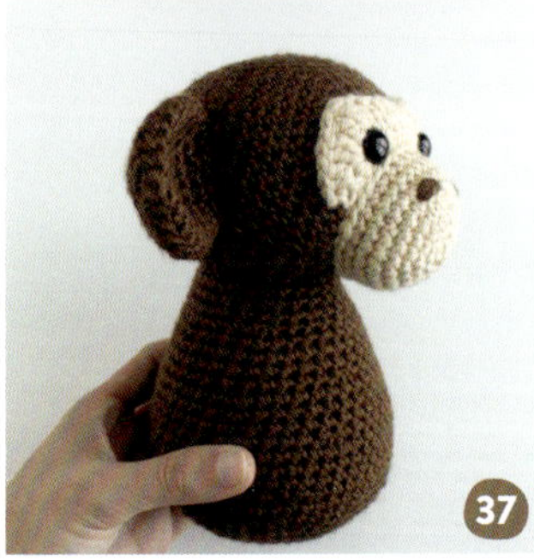
37

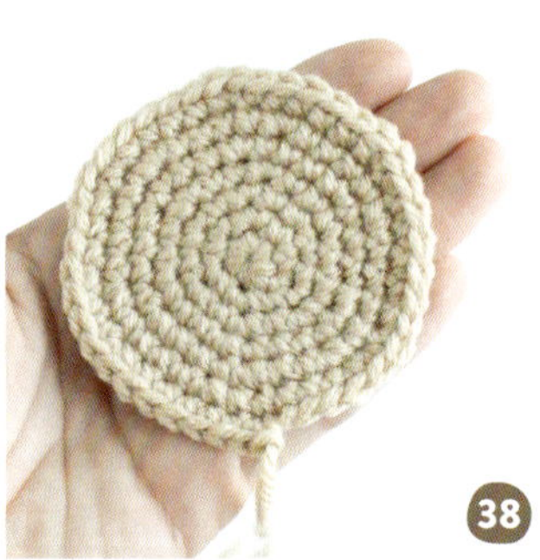
38

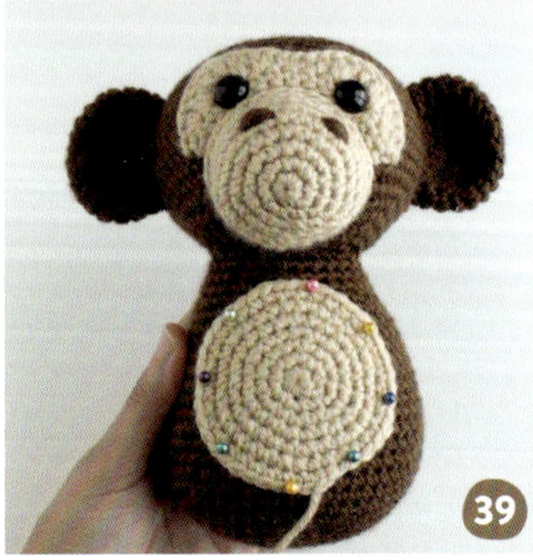
39

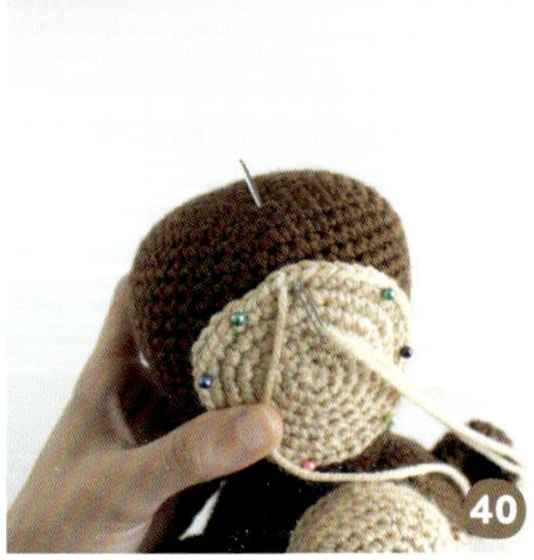
40

5. Rd: *3 fM, Zun* 6 x (30 M).

6. Rd: 2 fM, Zun, *4 fM, Zun* 5 x, 2 fM (36 M).

7. Rd: *5 fM, Zun* 6 x (42 M).

Abmaschen und den Faden lang abschneiden (Foto 38). Den Bauch zwischen der 11. und 25. Rd an den Körper stecken (Foto 39) und mit dem Endfaden aufnähen.

Dabei die Nadel unter beide Mg der M der 7. Rd des Bauchs und dann in den Körper führen und zwischen den M wieder ausstechen (Foto 40). Dann dort wieder einstechen und zu den nächsten M des Bauchs führen und so fortfahren (Fotos 41+42). So sieht die Naht sauber aus. Das Fadenende verknoten und im Inneren des Körpers verstecken (Foto 43).

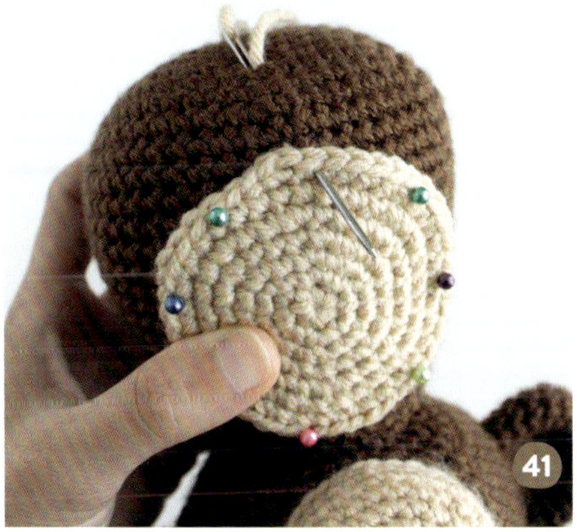

41

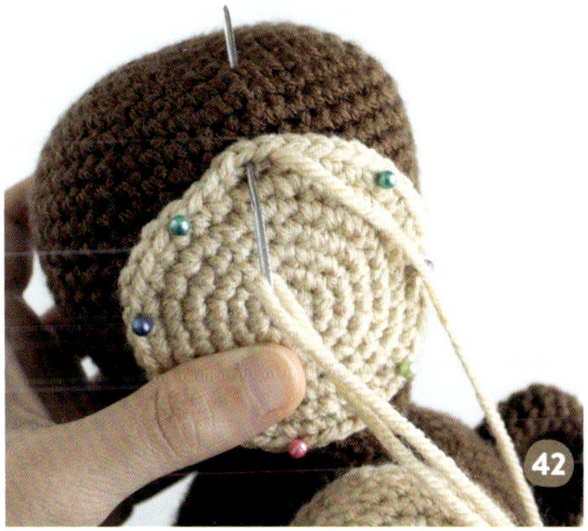

42

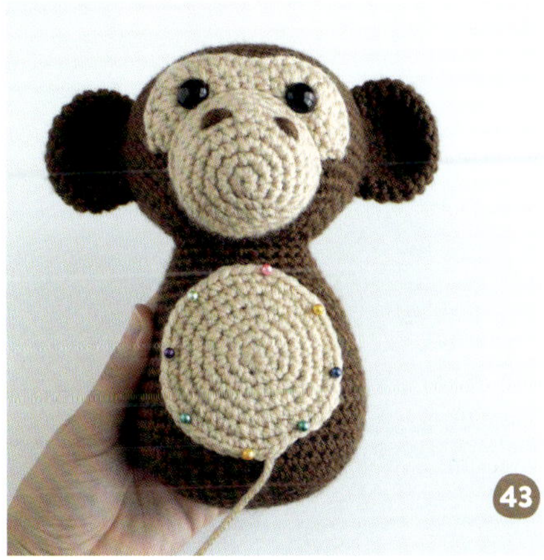

43

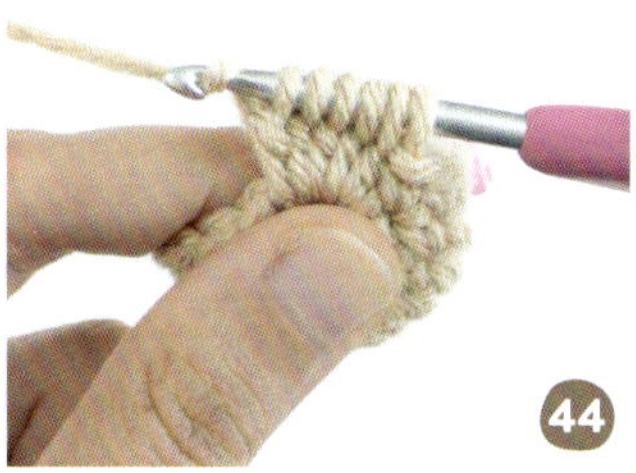

44

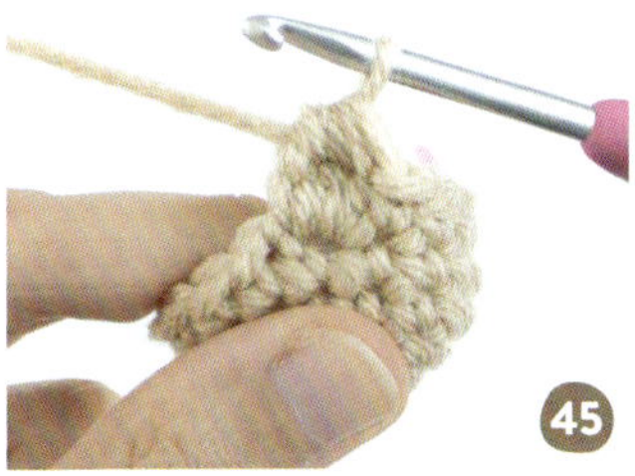

45

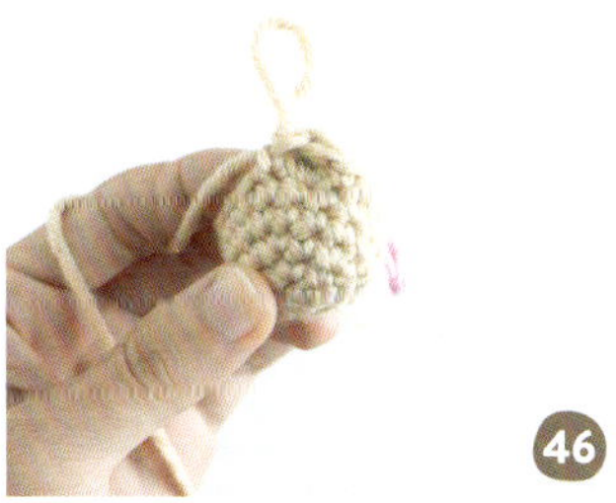

46

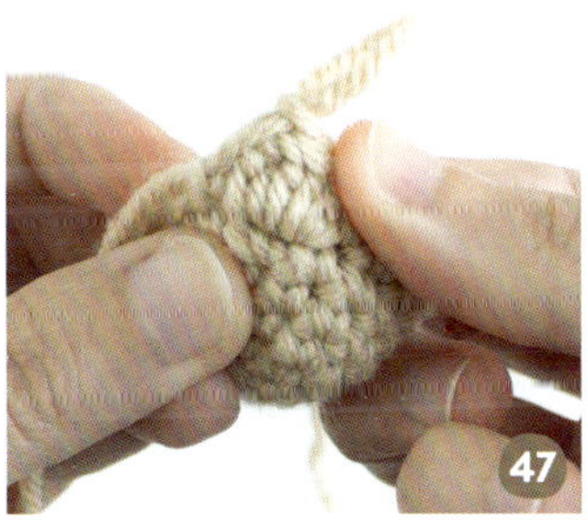

47

ARM: 2 X HÄKELN

In Beige häkeln.

1. Rd: 6 fM in einen magischen Ring häkeln (6 M).

2. Rd: 6 Zun (12 M).

3. Rd: *1 fM, Zun* 6 x (18 M).

4.+5. Rd: 18 fM.

6. Rd: 4 fM, Np, 13 fM (18 M) (Fotos 44+45).
Die fertige Noppe nach außen drücken (Fotos 46–48).

7. Rd: 18 fM.

8. Rd: *1 fM, uns Abn* 6 x (12 M).

Die Arme ausstopfen und nach und nach weitere Füllwatte hinzufügen.

Zu Braun wechseln.

9.–21. Rd: 12 fM (Foto 49).

22. Rd: 5 fM. Dabei die Kanten des Arms aneinanderlegen und zusammenhäkeln. Dafür mit der Nadel durch beide M stechen. Dann wie gewohnt mit fM fortfahren (Fotos 50–53).

Abmaschen und den Faden zum Annähen hängen lassen (Foto 54). Die Arme leicht schräg zwischen der 20. und 24. Rd seitlich an den Körper stecken (Fotos 55–57). Die Daumen zeigen nach oben. Die Arme mit dem Endfaden annähen. Dabei die Nadel unter beide Mg der 22. Rd des Arms und dann in den Körper führen (Fotos 58–60). Das Fadenende verknoten und im Inneren des Körpers verstecken (Fotos 61–63).

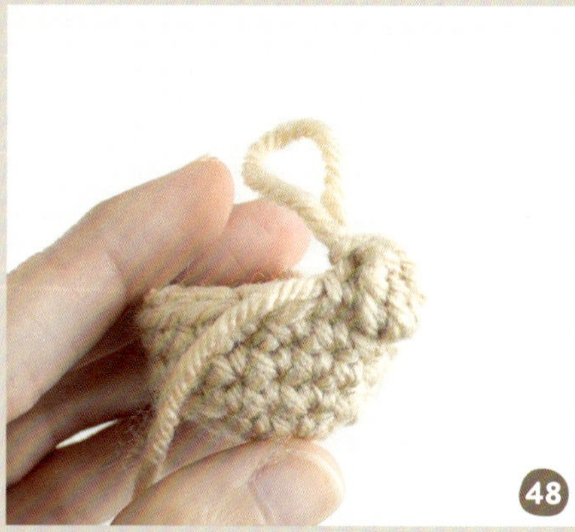
48

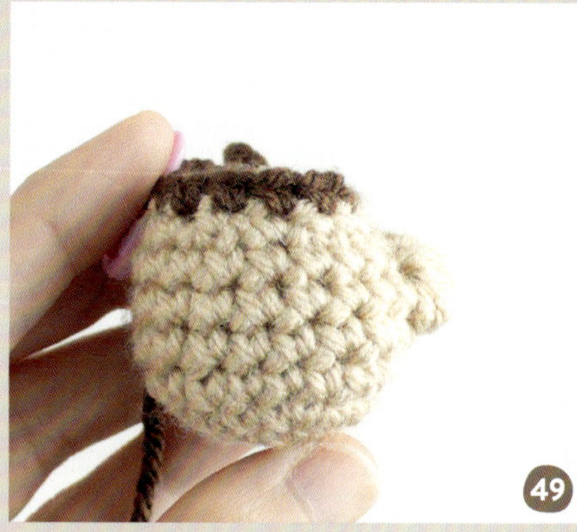
49

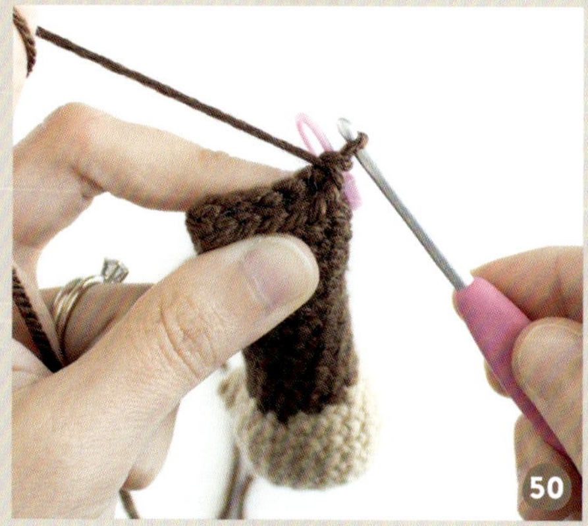
50

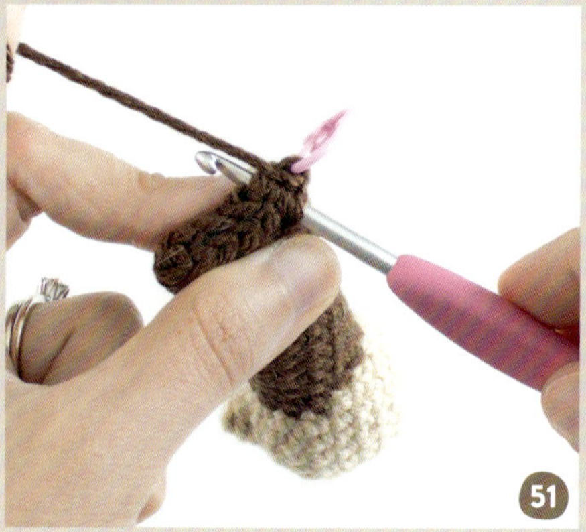
51

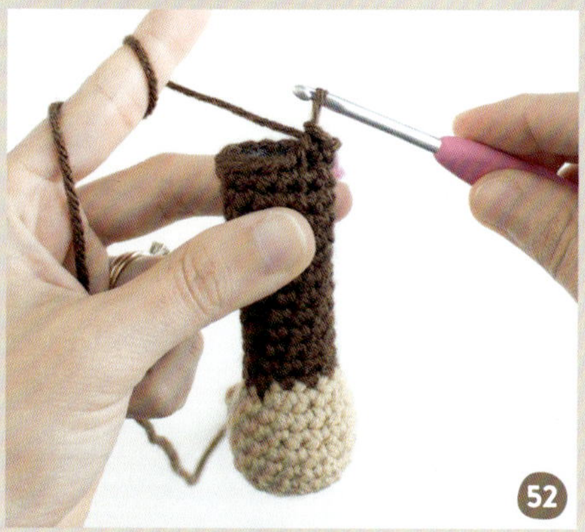
52

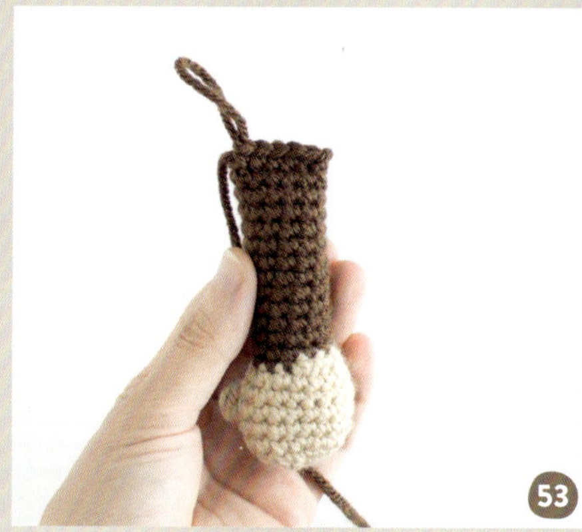
53

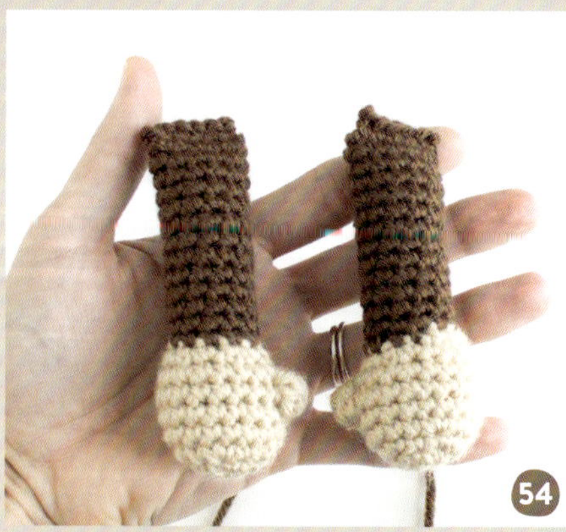
54

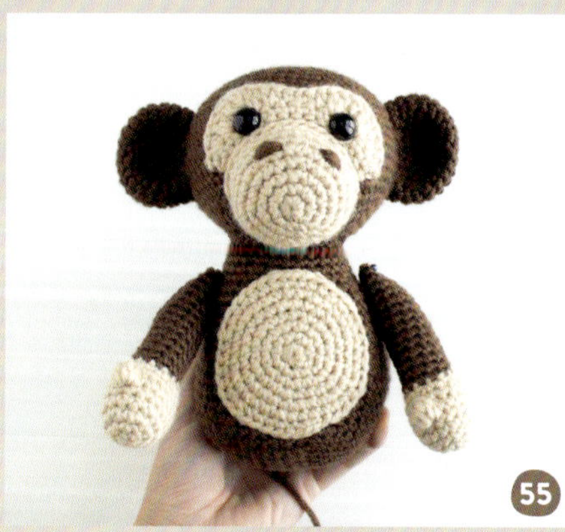
55

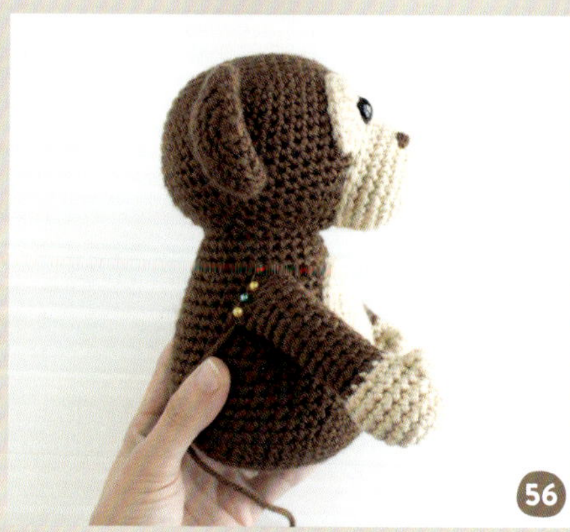
56

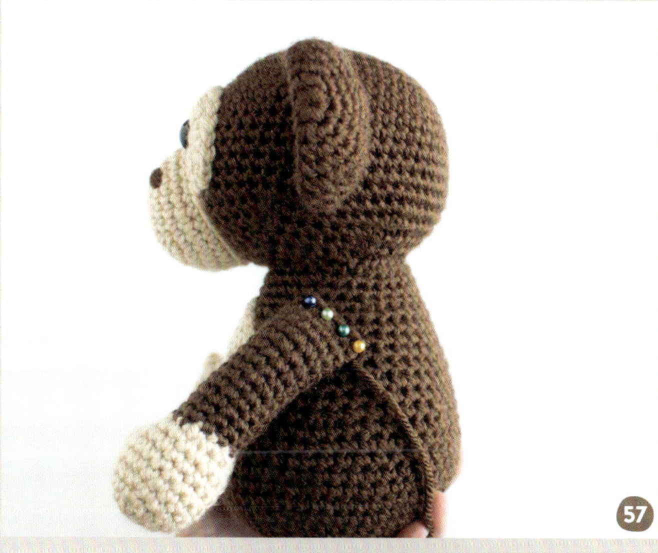
57

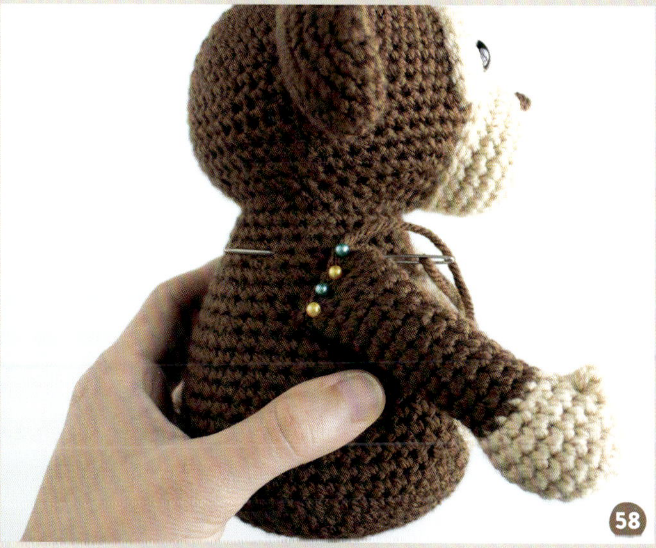
58

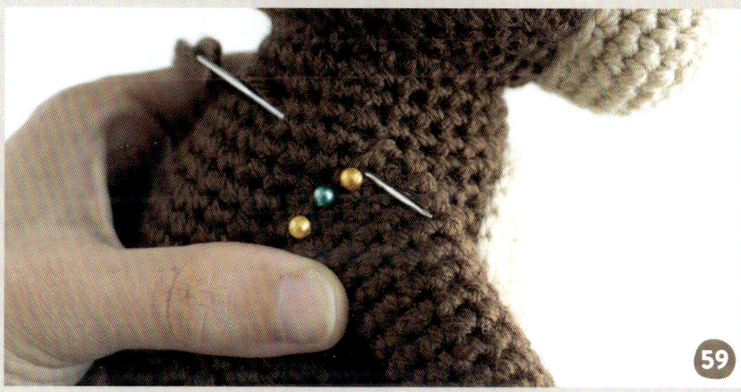
59

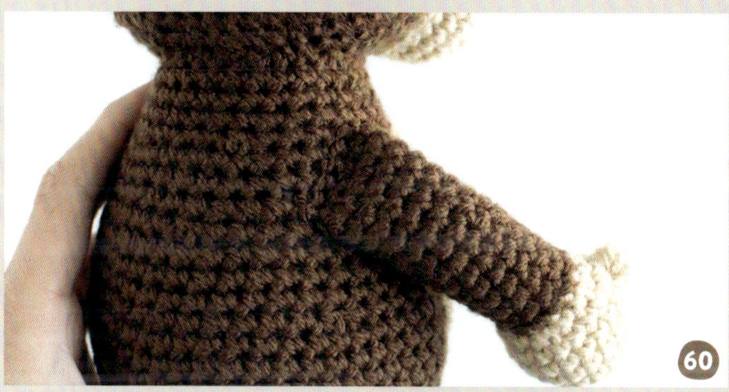
60

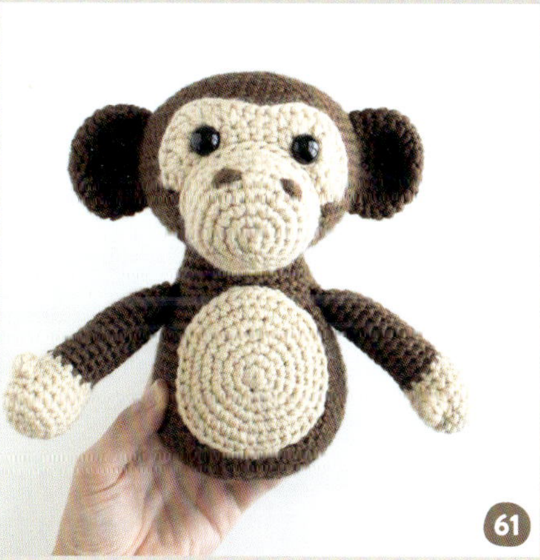
61

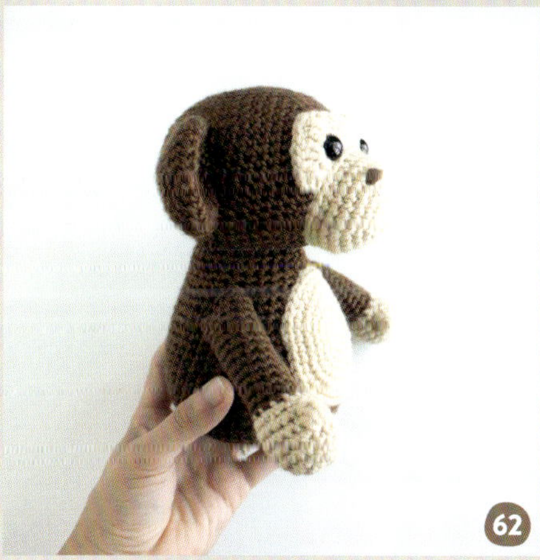
62

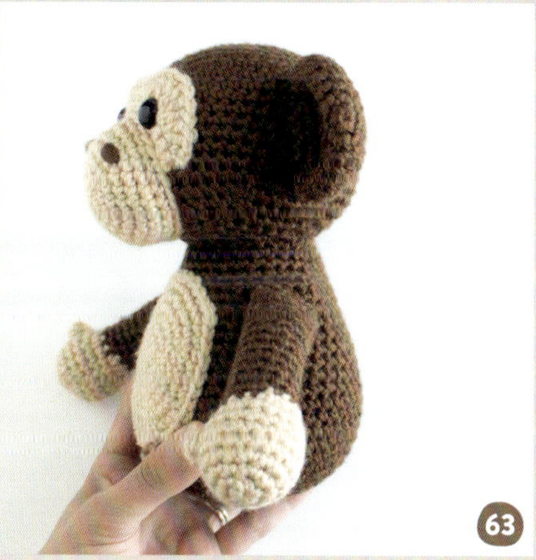
63

BEIN: 2 X HÄKELN

Mit Beige beginnen.

1. Rd: 6 fM in einen magischen Ring häkeln (6 M).

2. Rd: 6 Zun (12 M).

3. Rd: *1 fM, Zun * 6 x (18 M).

4.+5. Rd: 18 fM.

Zu Braun wechseln.

6.+7. Rd: 18 fM.

8. Rd: *1 fM, uns Abn* 6 x (12 M) (Foto 64).

Die Beine ausstopfen und nach und nach weitere Füllwatte hinzufügen.

9.–19. Rd: 12 fM.

20. Rd: 5 fM. Dabei die Kanten des Beins aneinanderlegen und zusammenhäkeln. Dafür mit der Nadel durch beide M stechen. Dann wie gewohnt mit fM fortfahren (Fotos 65–68).

Abmaschen und den Faden zum Annähen hängen lassen (Foto 69). Die Beine unten zwischen der 2. und 6. Rd an den Körper stecken (Fotos 70+71) und mit dem Endfaden annähen. Dabei die Nadel unter beide Mg der 20. Rd des Beins und dann in den Körper führen (Foto 72–74). Das Fadenende mit einem Knoten sichern und im Inneren des Körpers verstecken (Fotos 75+76).

SCHWANZ

In Braun häkeln.

1. Rd: 8 fM in einen magischen Ring häkeln (8 M).

2.–29.Rd: 8 fM.

Den Schwanz nach jeder Rd mit Füllwatte ausstopfen.

Abmaschen und den Faden zum Annähen hängen lassen (Foto 77). Den Schwanz zwischen der 8. und 10. Rd an den Körper stecken (Foto 78) und mit dem Endfaden annähen. Den Schwanz in eine S-Form biegen (Foto 79). Das Fadenende verknoten und im Inneren des Körpers verstecken (Fotos 80+81).

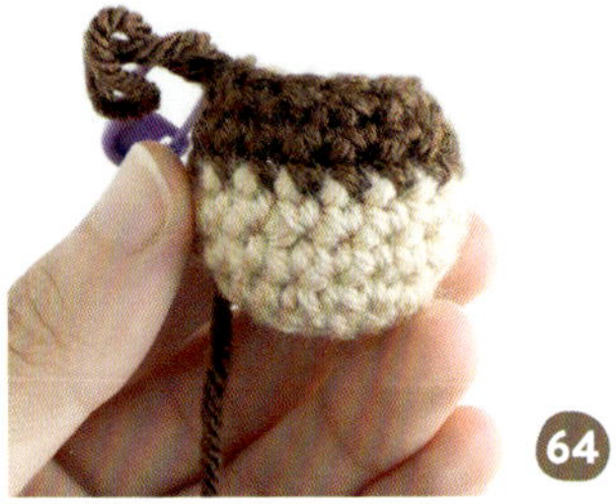
64

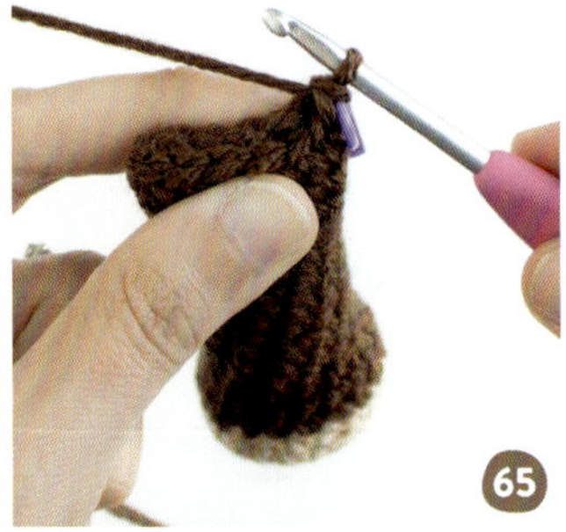
65

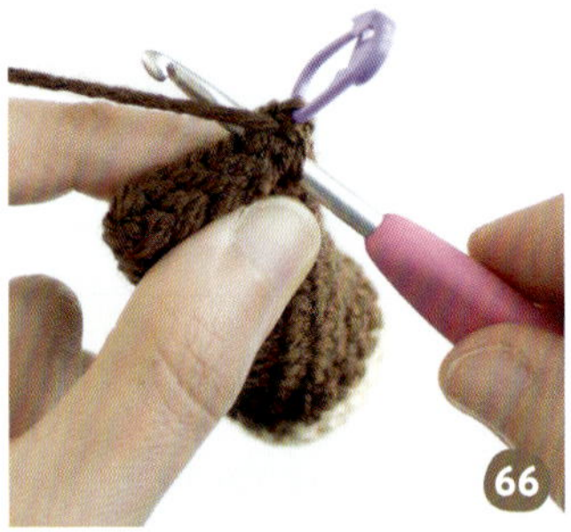
66

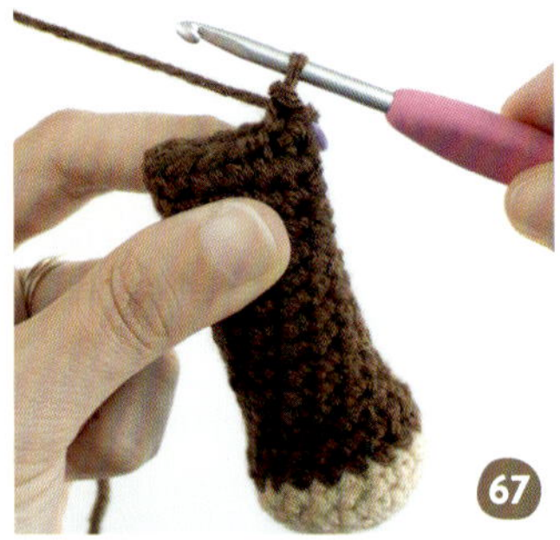
67

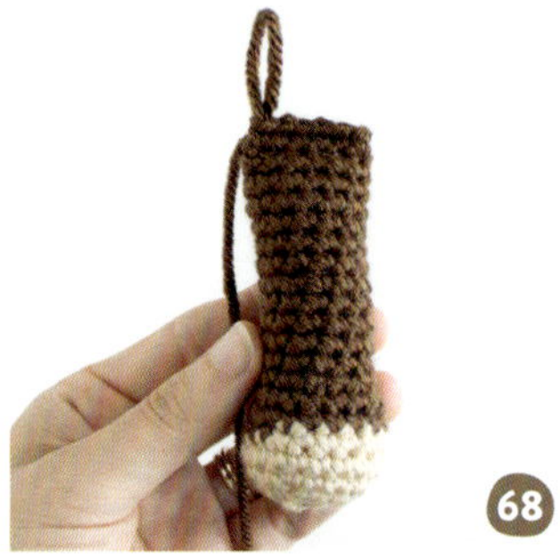
68

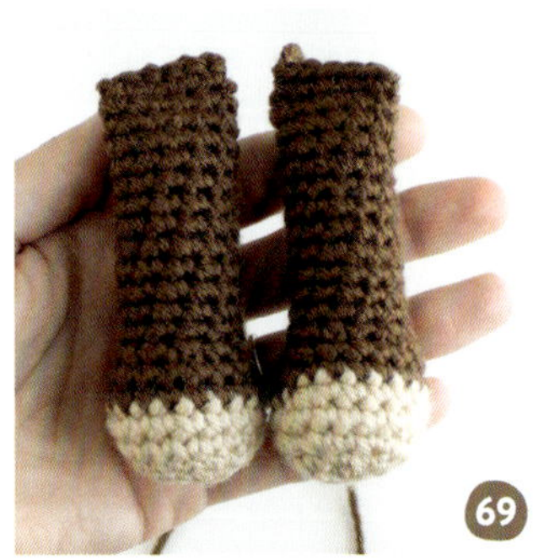
69

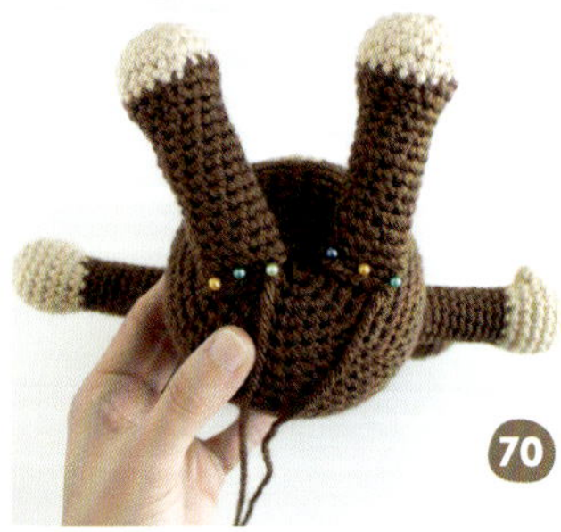
70

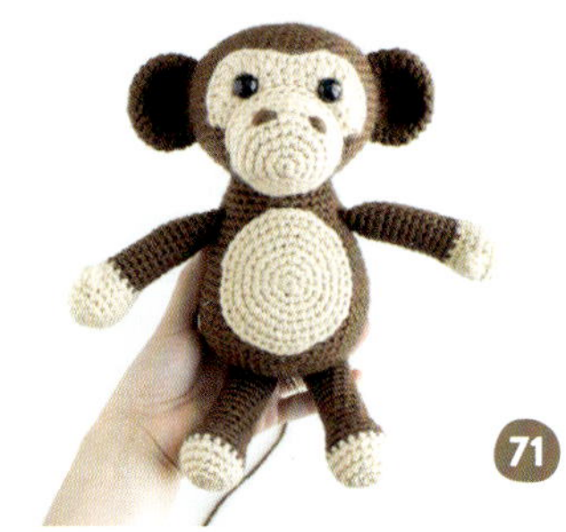
71

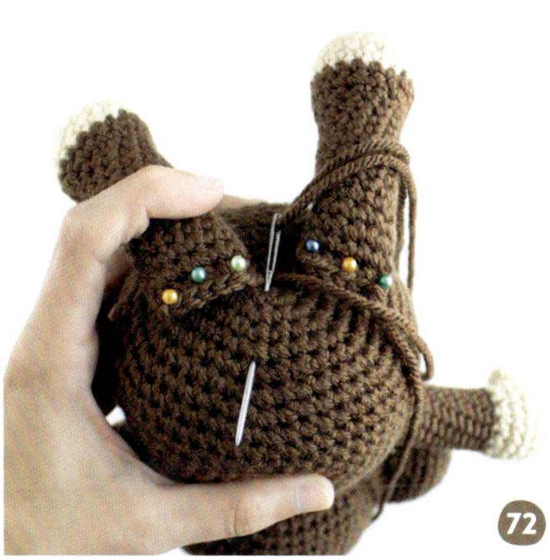
72

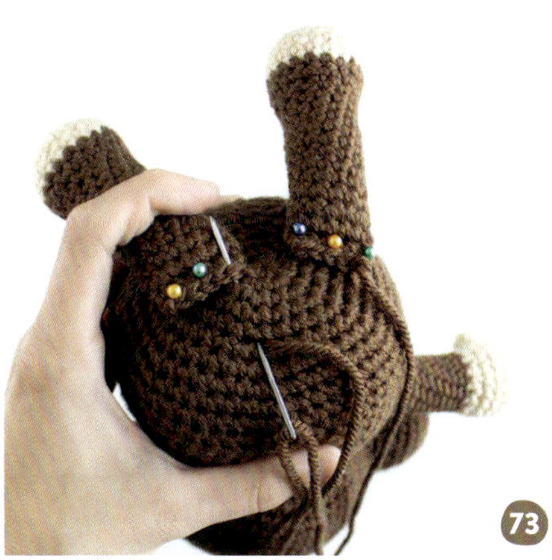
73

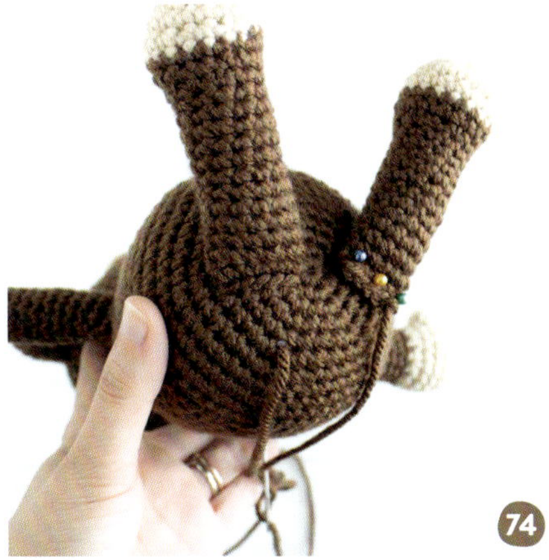
74

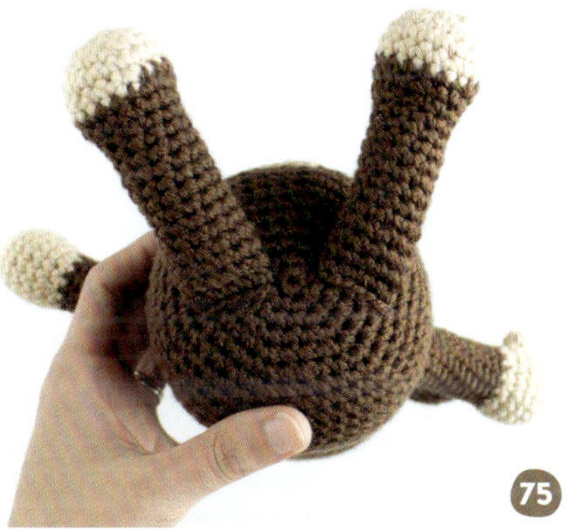
75

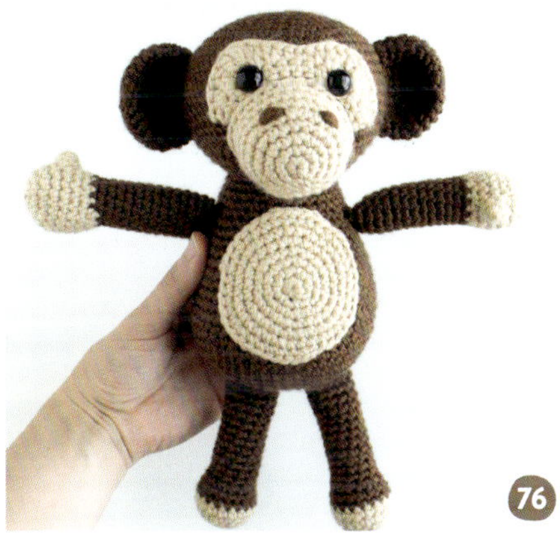
76

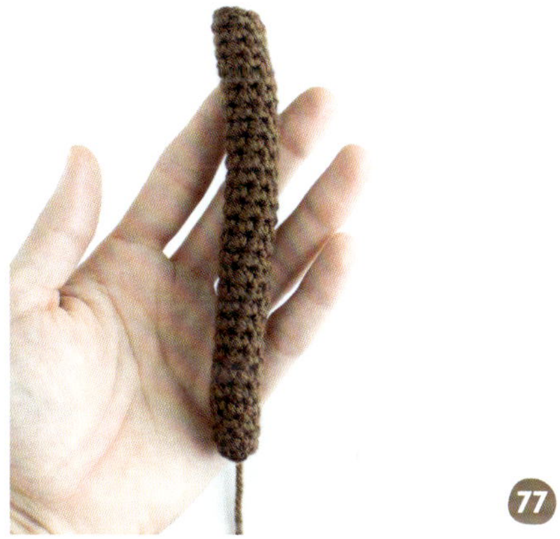
77

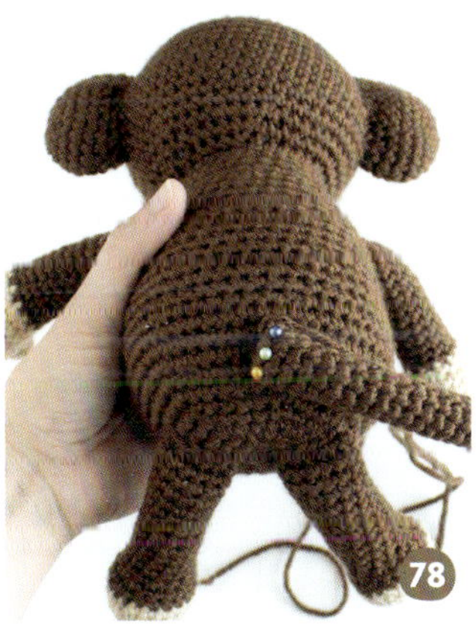
78

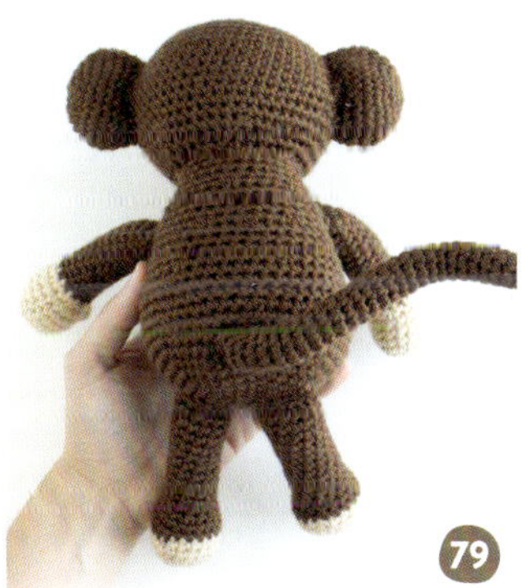
79

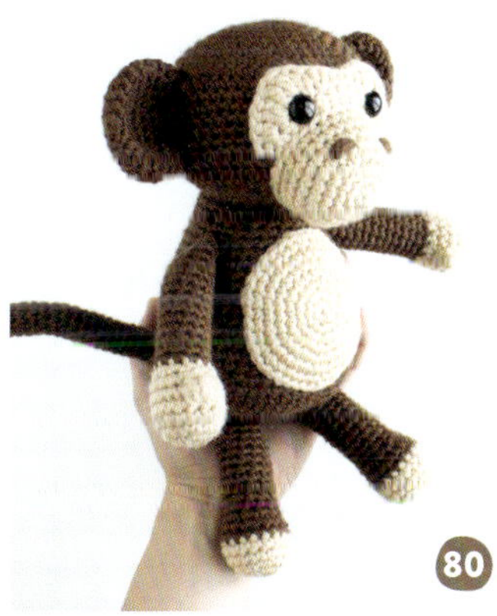
80

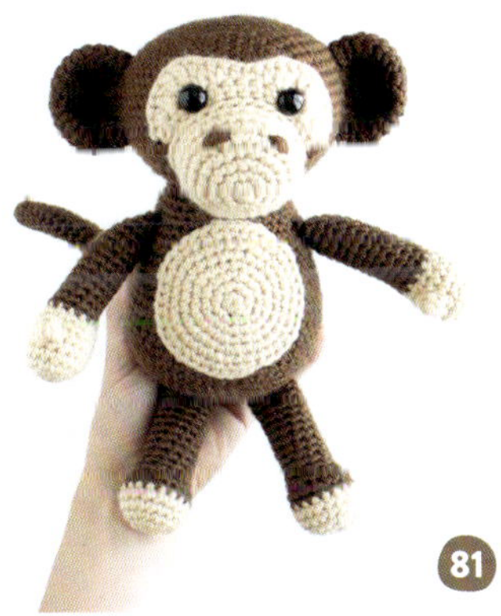
81

FAULTIER

LEICHT

FERTIGE MASSE

- Etwa 15 cm breit und 19 cm hoch

MATERIAL

- Häkelgarn (Lauflänge 100–120 m/50 g) in Braun, Beige und Creme
- Häkelnadel 3,75 mm
- 1 Paar Sicherheitsaugen, 10 mm Ø
- Schwarzer Filz
- Schwarzes Stickgarn und Sticknadel
- Füllwatte aus Polyester
- Wollnadel
- Schere
- Maschenmarkierer
- Stecknadeln

ABKÜRZUNGEN

- fM – feste Masche(n)
- Lm – Luftmasche(n)
- M – Masche(n)
- R – Reihe(n)
- Rd – Runde(n)
- uns Abn – unsichtbare Abnahme(n)
- Zun – Zunahme(n)

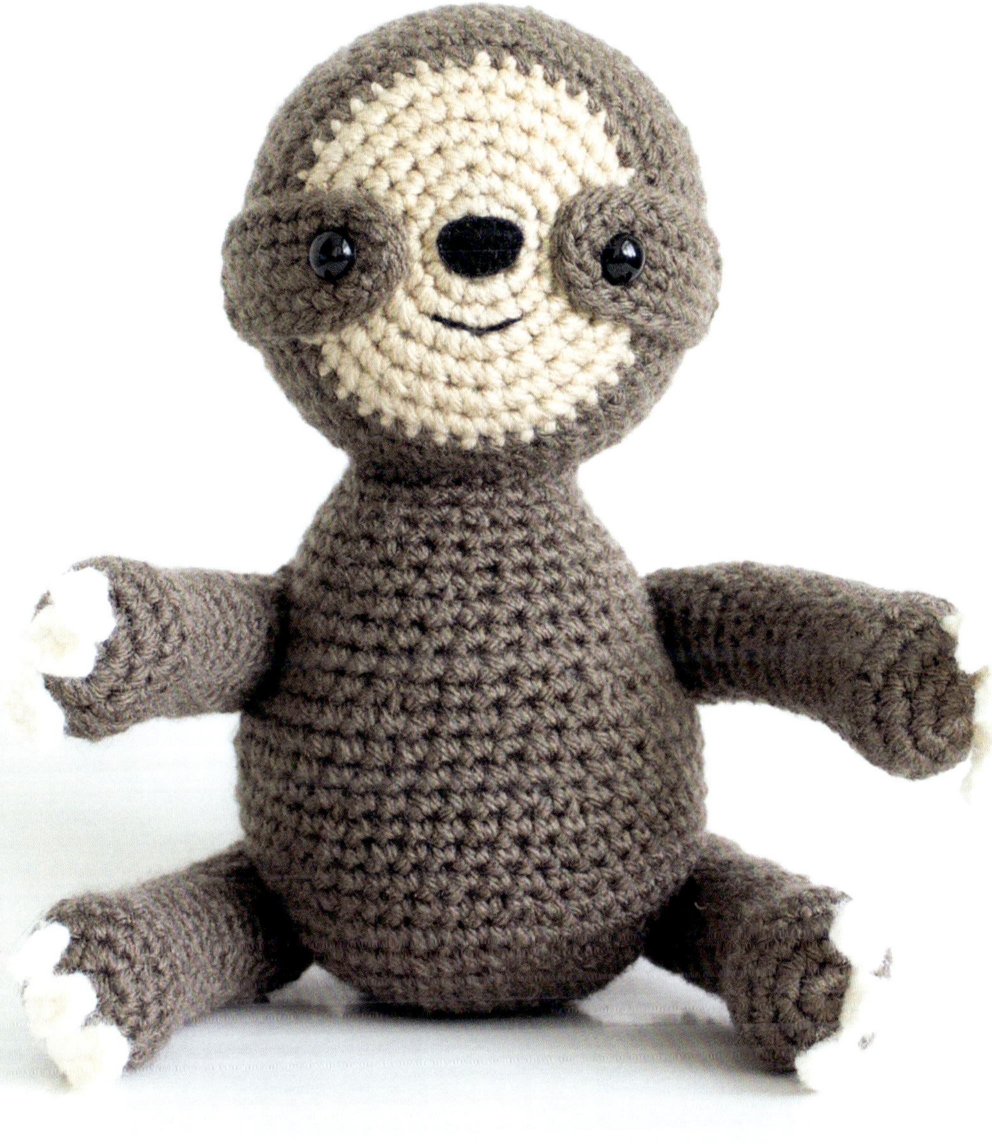

AUGENSTREIFEN: 2 X HÄKELN

In Braun häkeln.

1. R: 10 Lm, dann ab der 2. Lm von der Nadel 9 fM. Drehen, nicht wenden, und auf der anderen Seite der Lm-Kette in die rückseitigen Schlaufen 9 fM (18 M) (Fotos 1–5).

2. R: Zun, 7 fM, 2 Zun, 7 fM, Zun (22 M) (Foto 6).

Abmaschen und den Faden zum Annähen hängen lassen. In die 1. R jedes Teils ein Sicherheitsauge an der Stelle einsetzen, an der zuerst auf der einen, dann auf der anderen Seite der Lm-Kette gehäkelt wurde. Die Augen sollten genau dazwischen sitzen (Fotos 7+8). Die Scheiben jedoch noch nicht montieren. Die Teile zur Seite legen.

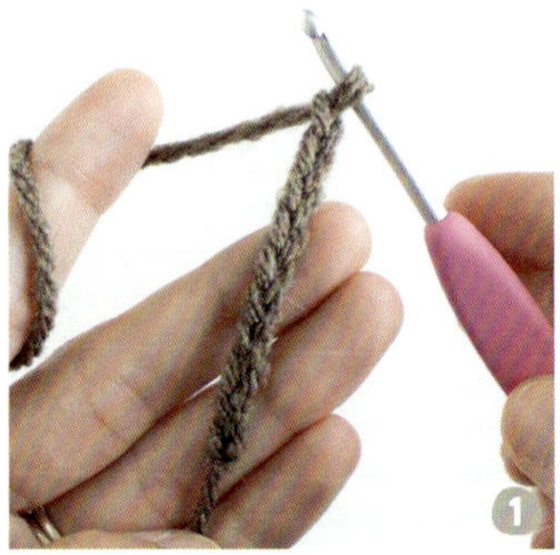

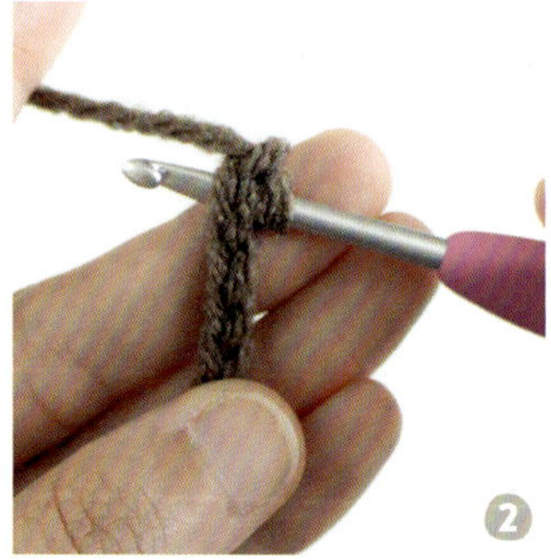

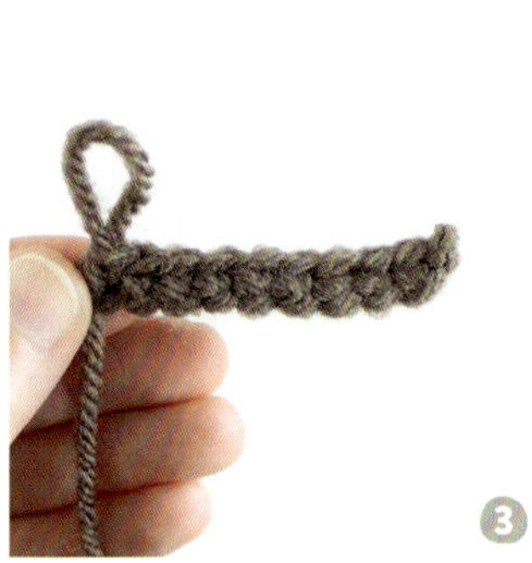

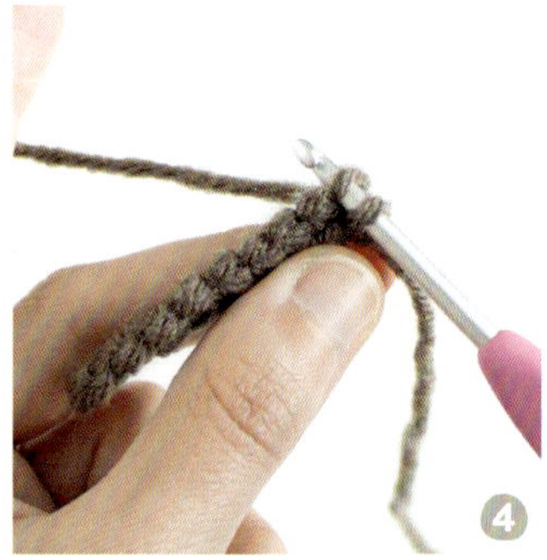

KOPF

Mit Beige beginnen.

1. Rd: 6 fM in einen magischen Ring häkeln (6 M).

2. Rd: 6 Zun (12 M).

3. Rd: *1 fM, Zun* 6 x (18 M).

4. Rd: 1 fM, Zun, *2 fM, Zun* 5 x, 1 fM (24 M).

5. Rd: *3 fM, Zun* 6 x (30 M).

6. Rd: 2 fM, Zun, *4 fM, Zun* 5 x, 2 fM (36 M).

7. Rd: *5 fM, Zun* 6 x (42 M).

Zu Braun wechseln.

8. Rd: 3 fM, Zun, *6 fM, Zun* 5 x, 3 fM (48 M) (Foto 9).

9.–17. Rd: 48 fM.

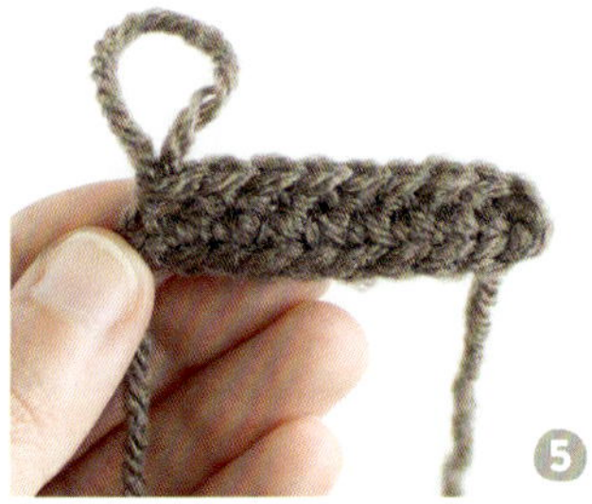

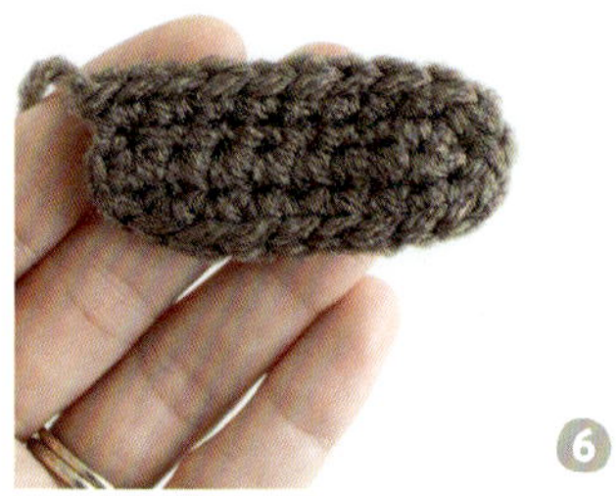

Die Sicherheitsaugen zwischen der 5. und 6. Rd im Abstand von 14 M einsetzen (Foto 10).

Tipp: Einen Augenstreifen so platzieren, dass er den Farbwechsel in der 8. Rd verdeckt (Foto 11). *Die Scheiben der Sicherheitsaugen montieren. Wenn das zu dick ist, probiere die Scheiben umzudrehen und andersherum am Auge zu befestigen* (Foto 12).

Die Augenstreifen mit dem Endfaden auf den Kopf nähen. Dabei die Nadel unter beide Mg der 2. R des

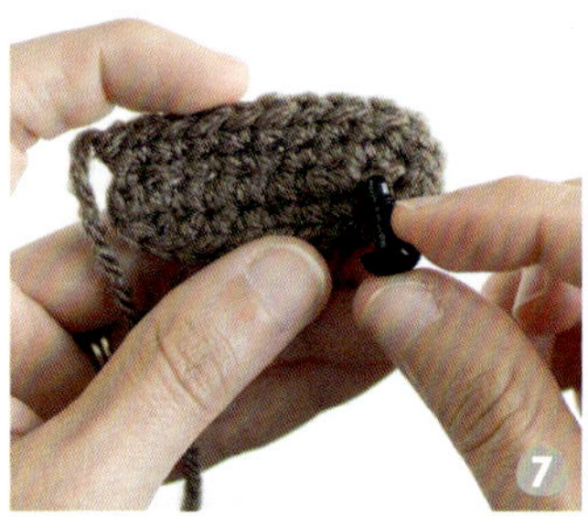

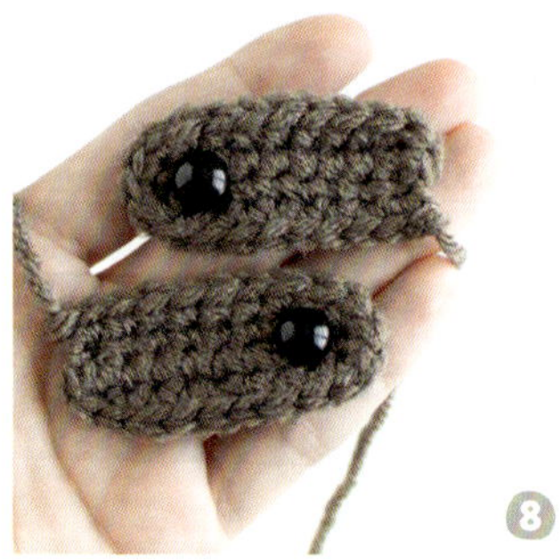

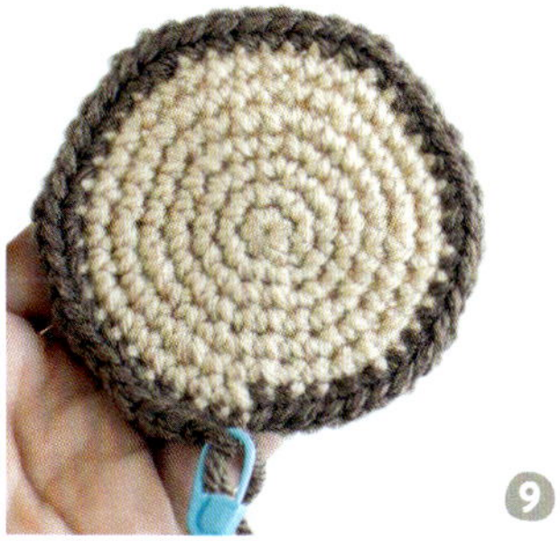

9

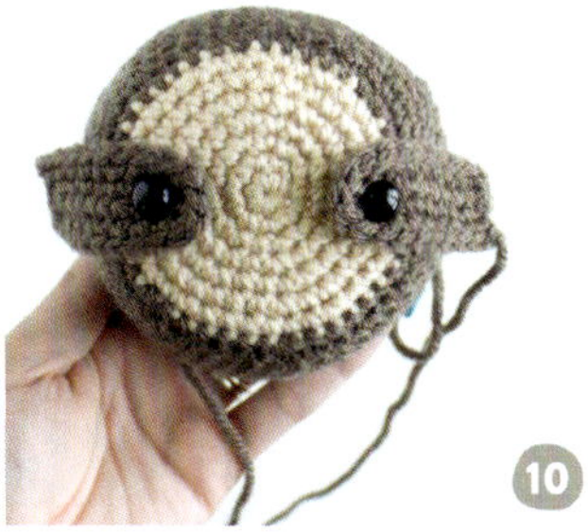

10

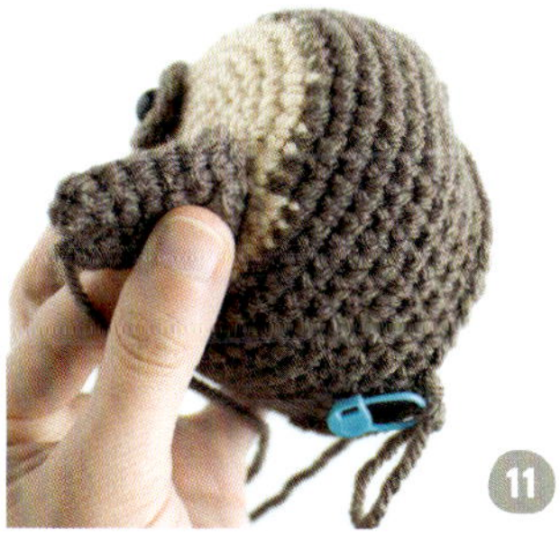

11

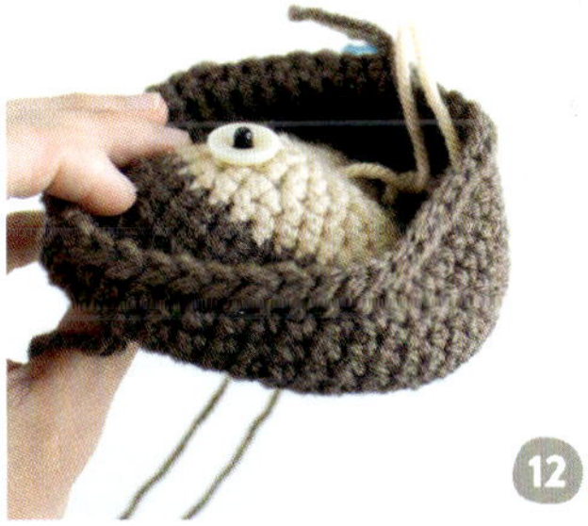

12

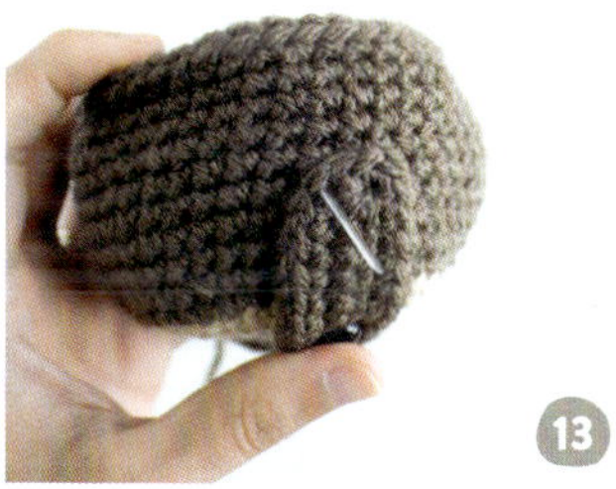

13

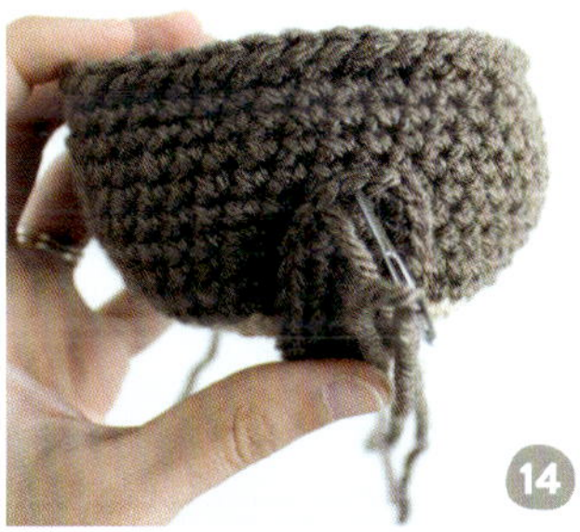

14

Augenstreifens und dann in den Kopf führen (Fotos 13+14). Wieder ausstechen, bei der nächsten M des Augenstreifens einstechen und den Faden durchziehen. So bis zum Ende fortfahren. Darauf achten, den Faden unter und nicht über die M zu führen, damit die Naht sauber aussieht. Das Fadenende mit einem Knoten sichern und zurückschneiden (Fotos 15+16).

Aus schwarzem Filz eine kleine ovale Nase ausschneiden (Foto 17). Die Nase mit schwarzem Stickgarn mit Vorstichen auf den magischen Ring nähen (Foto 18). Den Mund zwischen der 3. und 4. Rd über etwa 5 M mit schwarzem Stickgarn aufsticken (Foto 19).

18. Rd: 3 fM, uns Abn, *6 fM, uns Abn* 5 x, 3 fM (42 M).

19. Rd: *5 fM, uns Abn* 6 x (36 M).

Den Kopf ausstopfen und nach und nach weitere Füllwatte hinzufügen.

20. Rd: 2 fM, uns Abn, *4 fM, uns Abn* 5 x, 2 fM (30 M).

21. Rd: *3 fM, uns Abn* 6 x (24 M).

22. Rd: 1 fM, uns Abn, *2 fM, uns Abn* 5 x, 1 fM (18 M).

23. Rd: *1 fM, uns Abn* 6 x (12 M).

24. Rd: 6 uns Abn (6 M).

Abmaschen und den Faden zum Verschließen hängen lassen (Fotos 20+21).

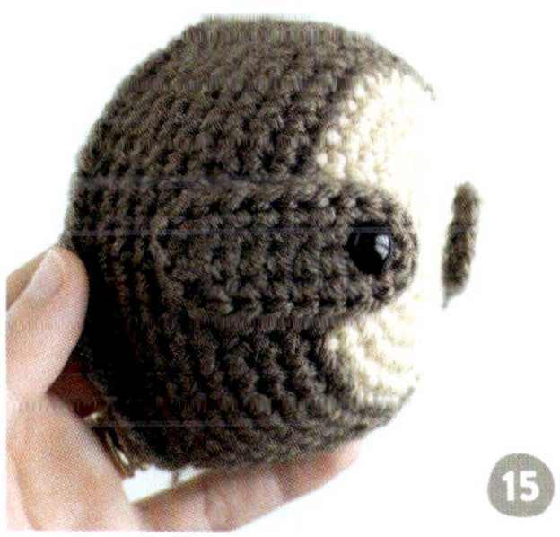

15

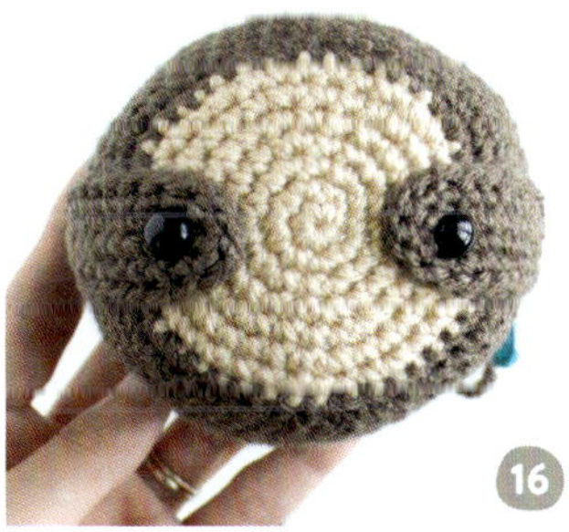

16

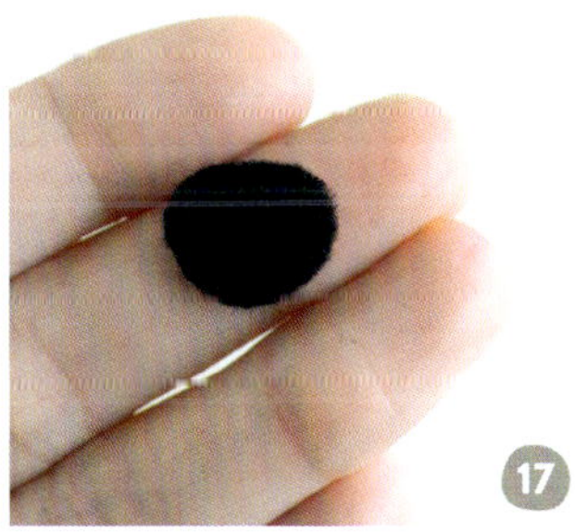

17

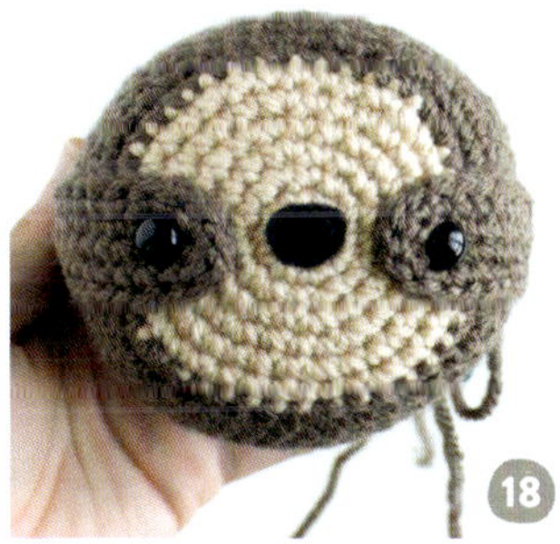

18

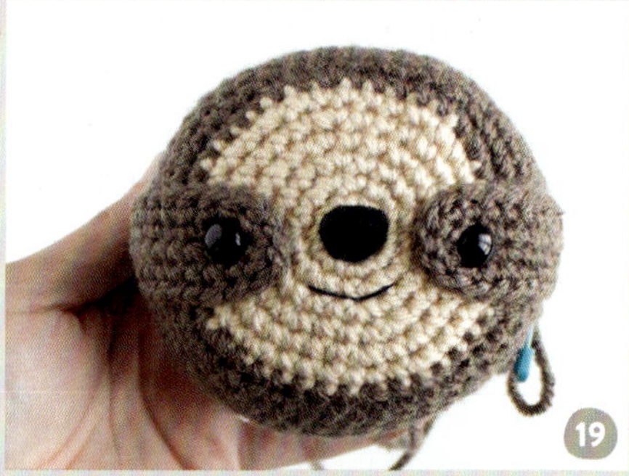
19

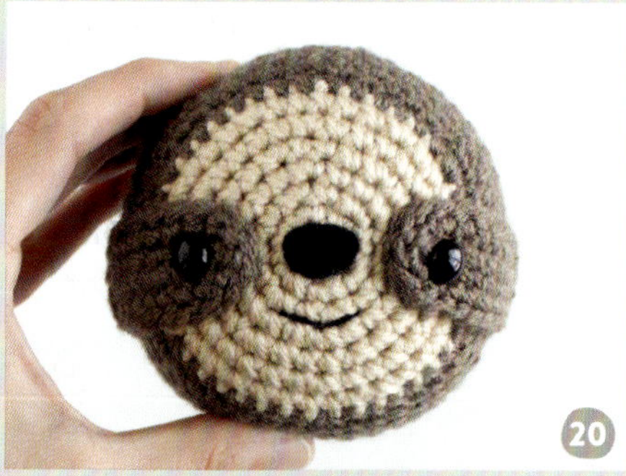
20

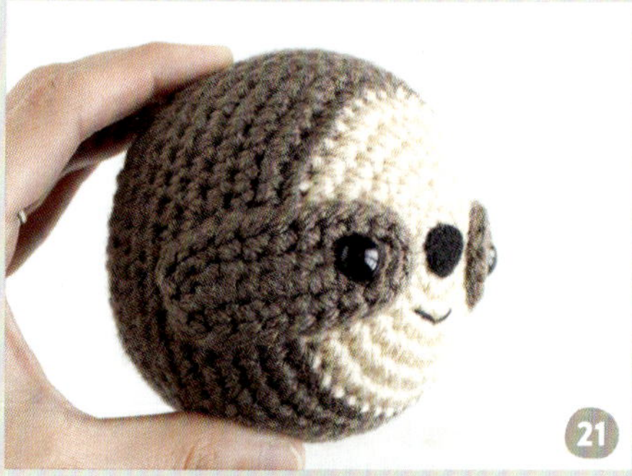
21

KÖRPER

In Braun häkeln.

1. Rd: 6 fM in einen magischen Ring häkeln (6 M).
2. Rd: 6 Zun (12 M).
3. Rd: *1 fM, Zun* 6 x (18 M).
4. Rd: *2 fM, Zun* 6 x (24 M).
5. Rd: *3 fM, Zun* 6 x (30 M).
6. Rd: *4 fM, Zun* 6 x (36 M).
7. Rd: *5 fM, Zun* 6 x (42 M).
8. Rd: *6 fM, Zun* 6 x (48 M).
9. Rd: *7 fM, Zun* 6 x (54 M).
10. Rd: 54 fM.
11. Rd: *7 fM, uns Abn* 6 x (48 M).
12.–14. Rd: 48 fM.
15. Rd: *6 fM, uns Abn* 6 x (42 M).
16.–18. Rd: 42 fM.
Den Körper ausstopfen und nach und nach weitere Füllwatte hinzufügen.
19. Rd: *5 fM, uns Abn* 6 x (36 M).
20.–22. Rd: 36 fM.
23. Rd: *4 fM, uns Abn* 6 x (30 M).
24.+25. Rd: 30 fM.
26. Rd: *3 fM, uns Abn* 6 x (24 M).
27. Rd: 24 fM.

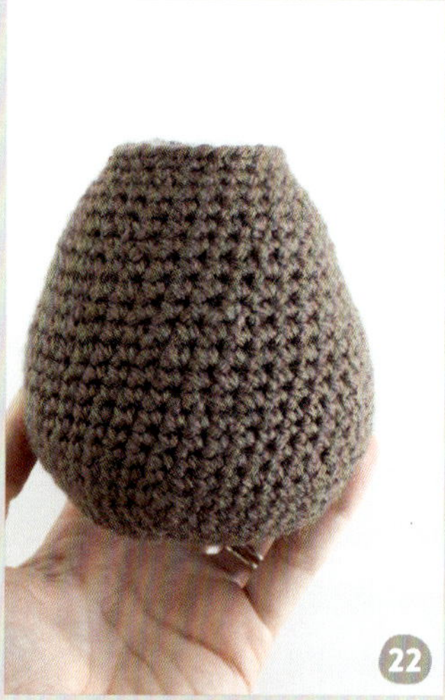
22

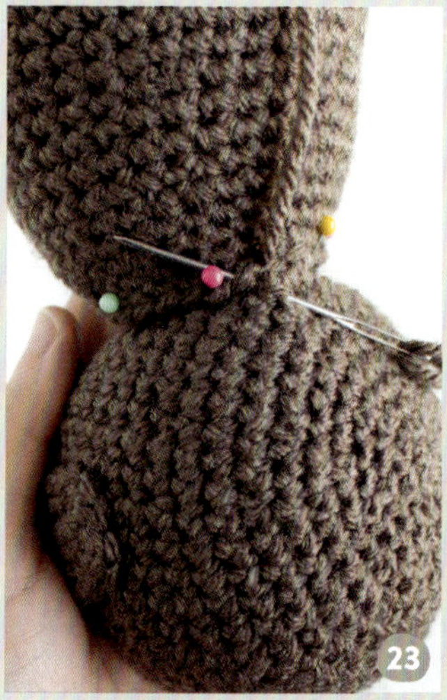
23

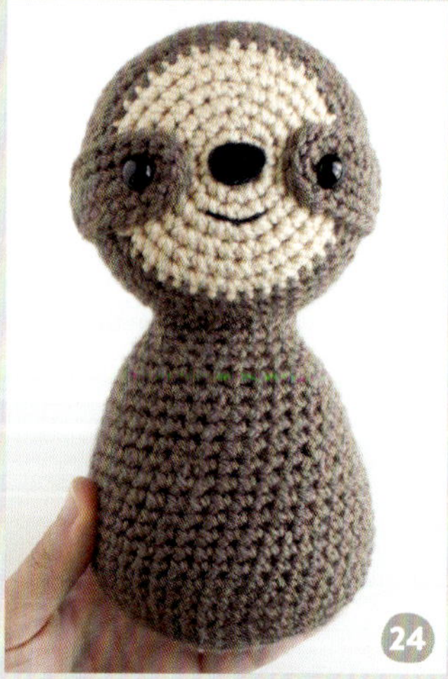
24

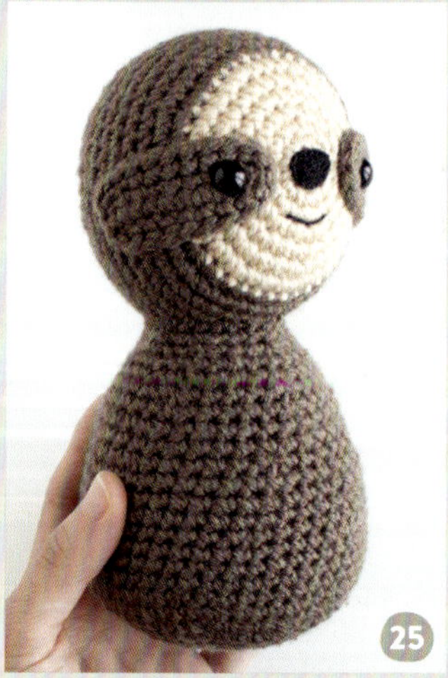
25

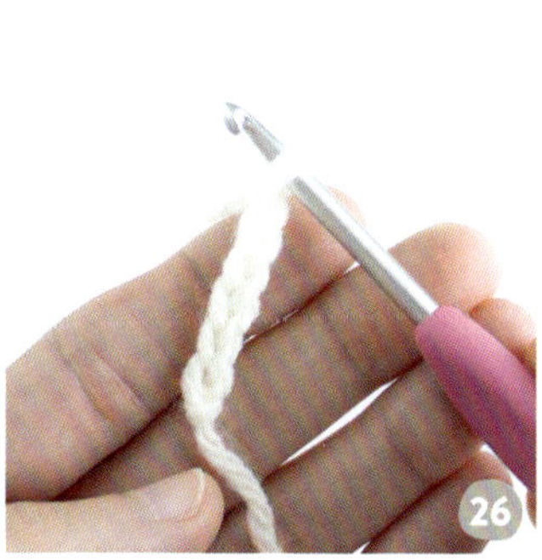

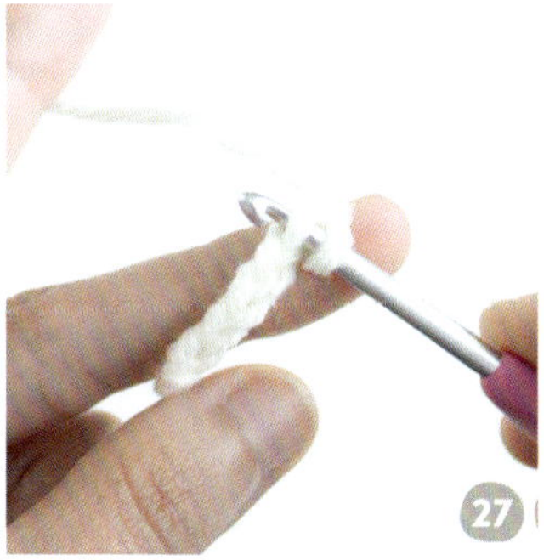

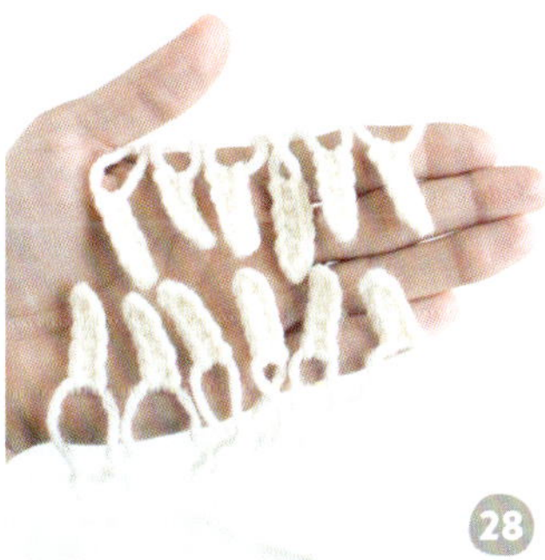

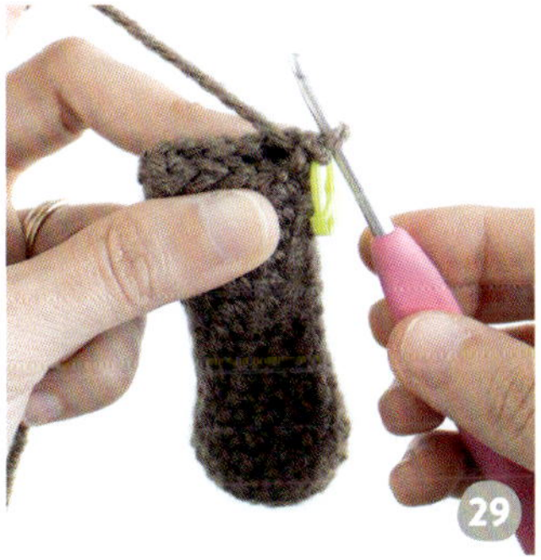

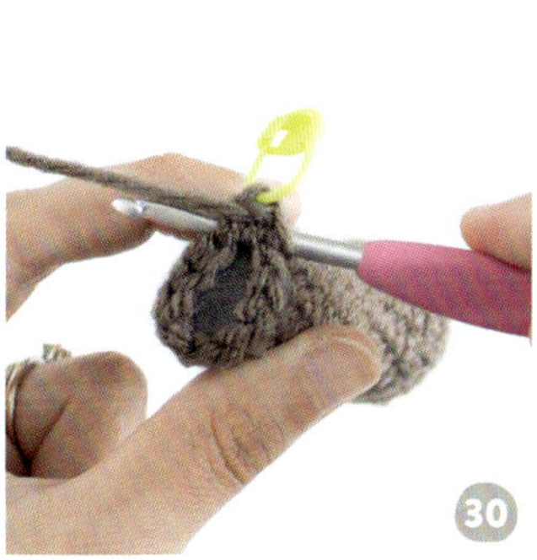

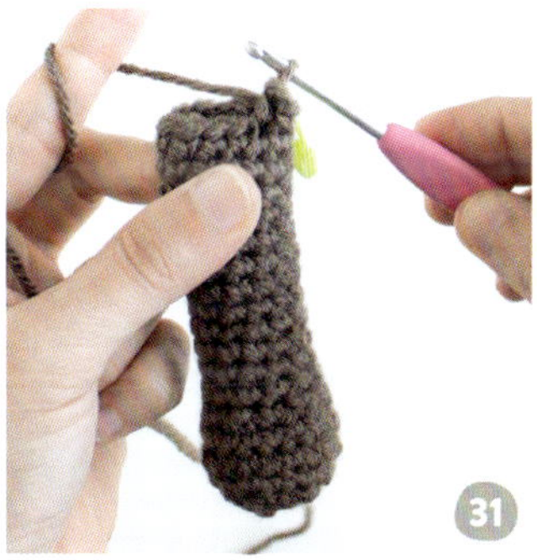

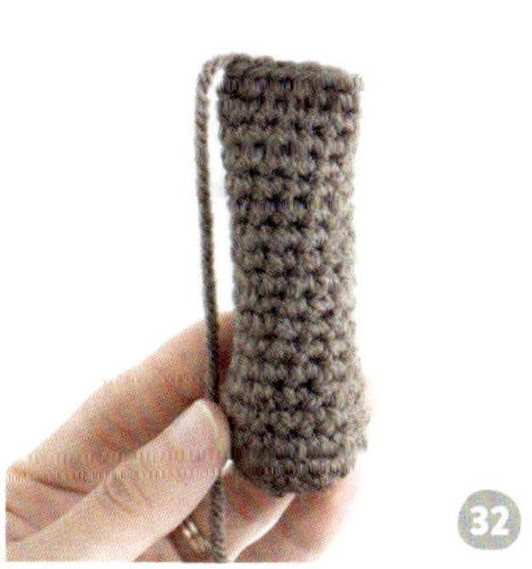

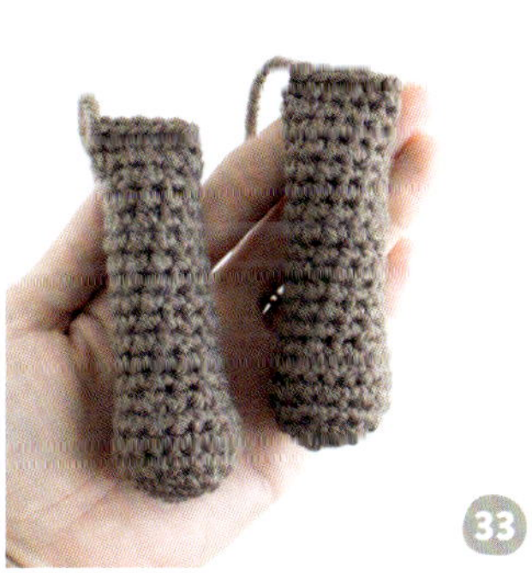

Abmaschen und den Faden zum Annähen hängen lassen (Foto 22). Den Kopf an den Körper stecken und annähen (Foto 23). Eventuell vorher noch weitere Füllwatte in den Körper stopfen. Das Fadenende verknoten und im Inneren des Körpers verstecken (Fotos 24+25).

KRALLEN: 12 X HÄKELN

In Creme häkeln.

1. R: 6 Lm, dann ab der 2. Lm von der Nadel 5 fM (5 M) (Fotos 26+27).

Abmaschen und den Faden zum Annähen hängen lassen (Foto 28). Die Krallen zur Seite legen.

ARME: 2 X HÄKELN

In Braun häkeln.

1. Rd: 6 fM in einen magischen Ring häkeln (6 M).

2. Rd: 6 Zun (12 M).

3. Rd: *1 fM, Zun* 6 x (18 M).

4.+5. Rd: 18 fM.

6. Rd: *1 fM, uns Abn* 6 x (12 M).

Die Arme ausstopfen und nach und nach weitere Füllwatte hinzufügen.

7.–19. Rd: 12 fM.

20. Rd: 5 fM. Dabei die Kanten des Arms aneinanderlegen und zusammenhäkeln. Dafür mit der Nadel durch beide M stechen. Dann wie gewohnt mit fM fortfahren (Fotos 29–32).

Drei Krallen zwischen der 2. und 3. Rd oben an die Arme stecken (Foto 34). Mit dem Endfaden annähen. Anfangs- und Endfaden verknoten und im Inneren des Arms verstecken (Fotos 35–37). Die Arme zwischen der 17. und 22. Rd seitlich an den Körper stecken (Fotos 38+39). Mit dem Endfaden annähen. Dabei die Nadel unter beide Mg der 20. Rd der Arme und dann in den Körper führen (Fotos 40–42).

Mit demselben Faden das obere Ende der Arme an den Körper nähen. So bleiben sie dichter am Körper und stehen nicht so stark ab (Fotos 43+44). Die Nadel oben in den Arm und in den Körper stechen (Fotos 45+46). Dann zwischen zwei M am Körper durchziehen (Foto 47). Anschließend dort wieder einstechen und durch den Arm führen (Foto 48). So fortfahren, bis der obere Teil des Arms befestigt ist. Das Fadenende mit einem Knoten sichern und im Inneren des Körpers verstecken (Fotos 49+50).

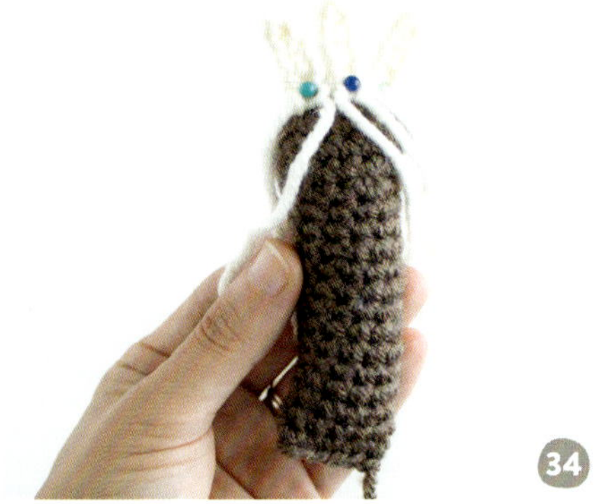
34

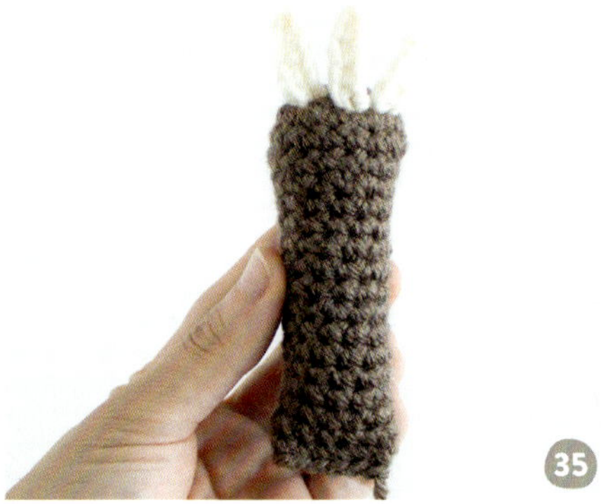
35

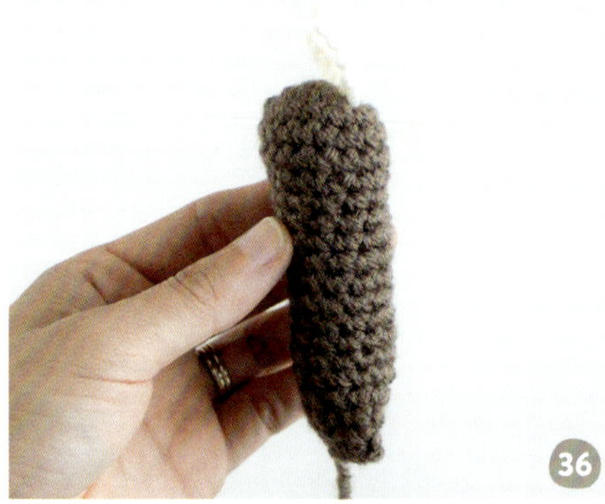
36

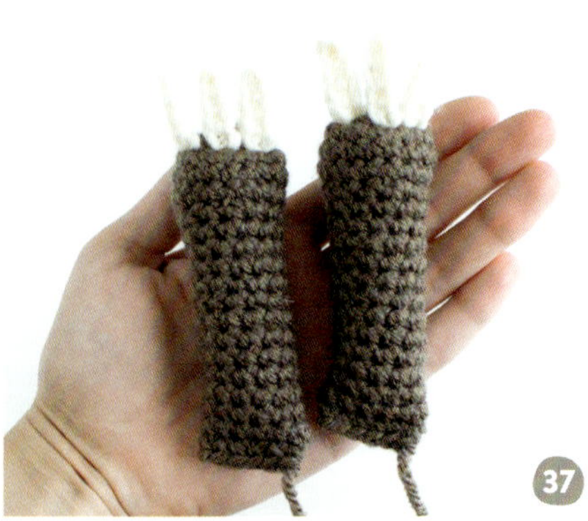
37

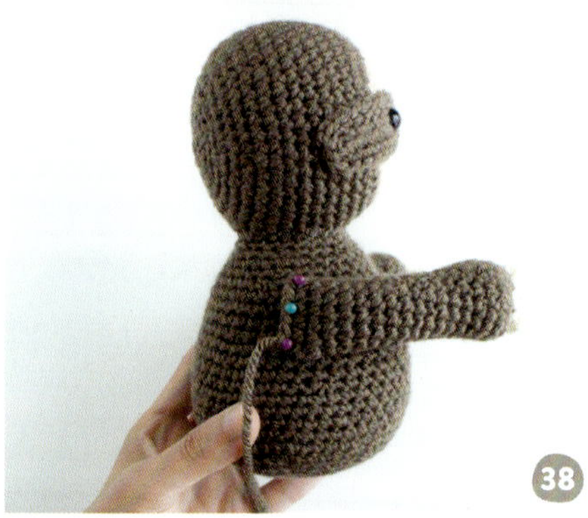
38

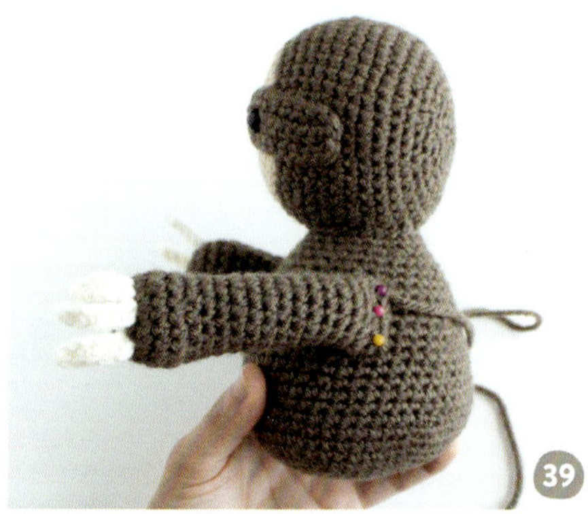
39

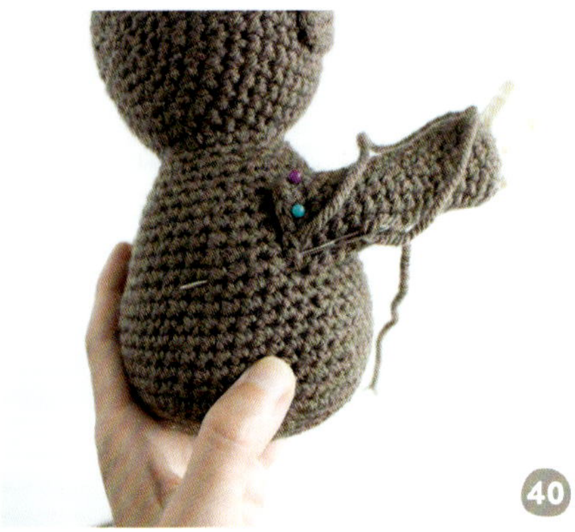
40

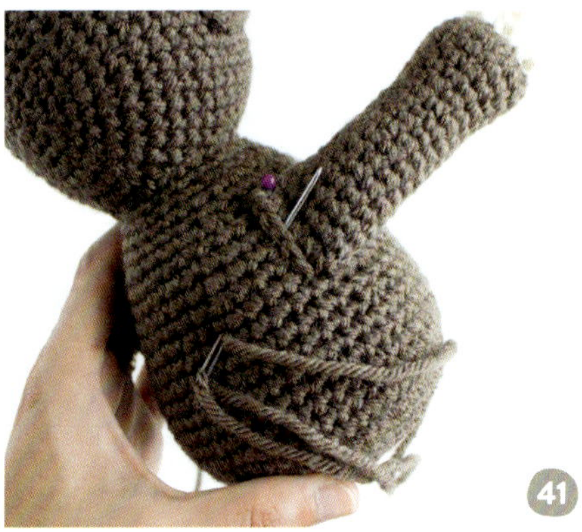
41

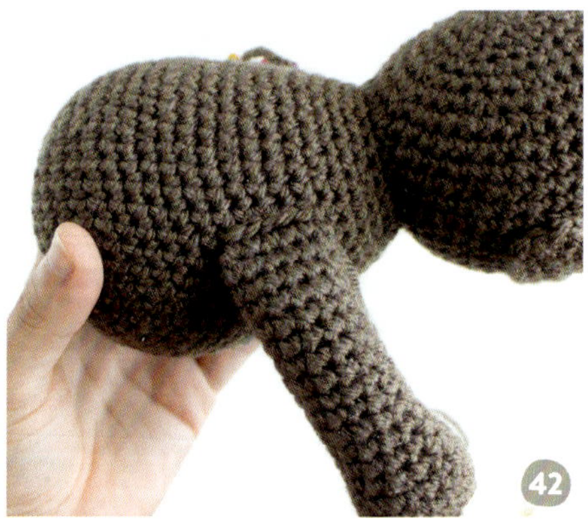
42

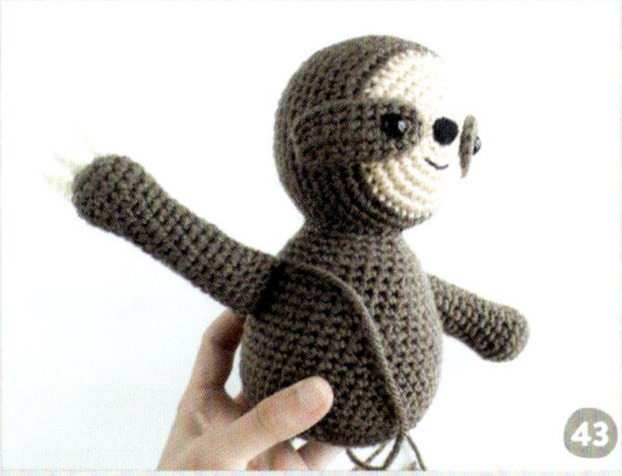
43
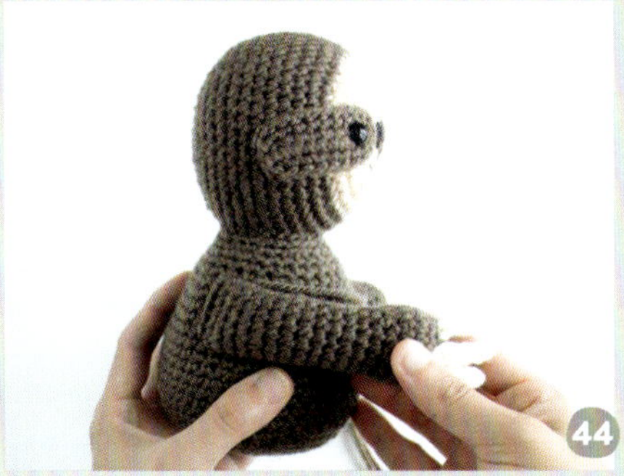
44
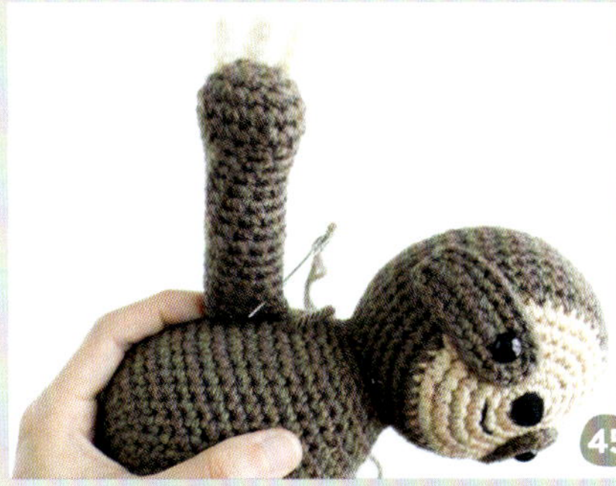
45
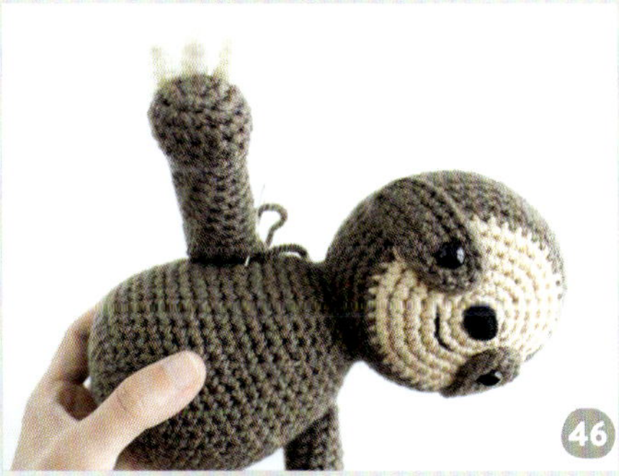
46
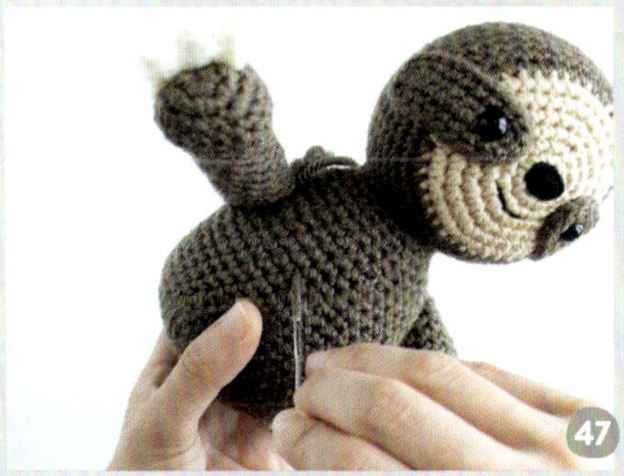
47
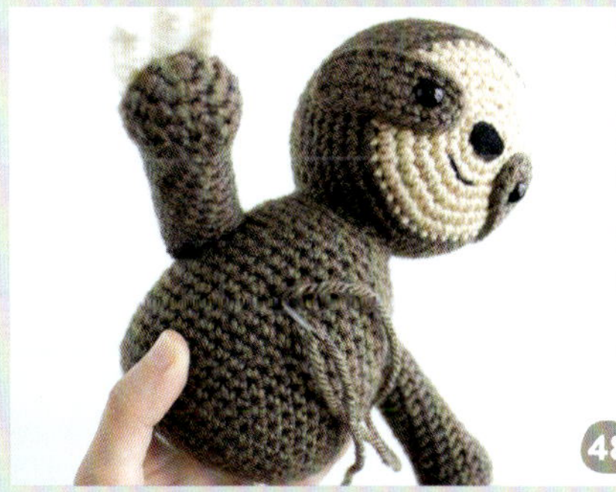
48
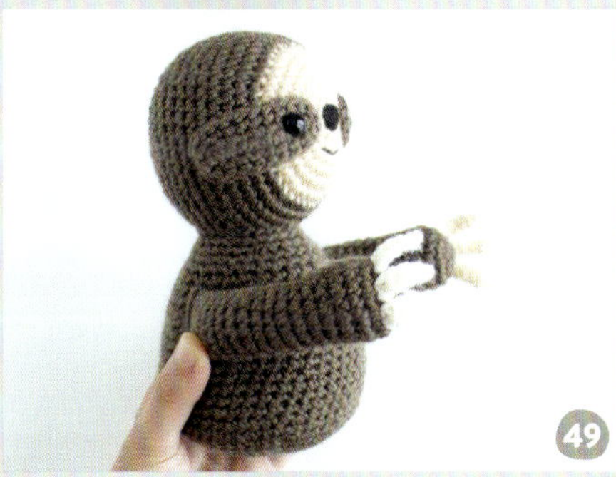
49
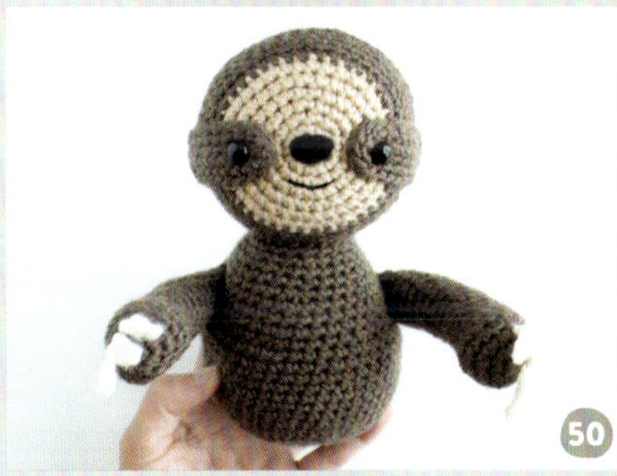
50
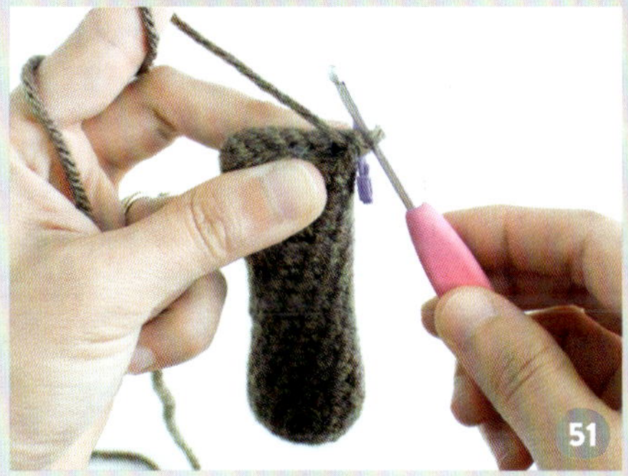
51
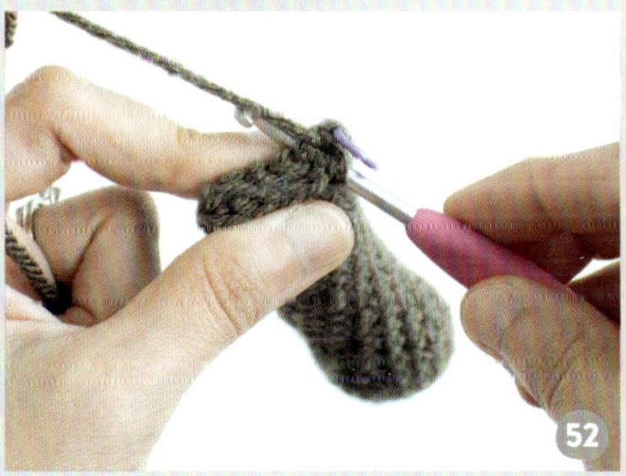
52
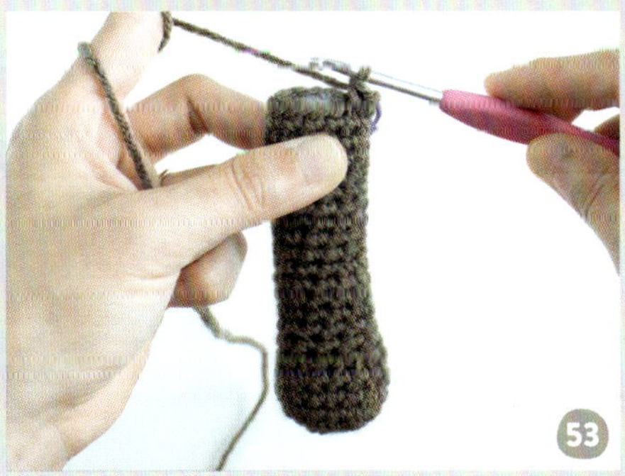
53
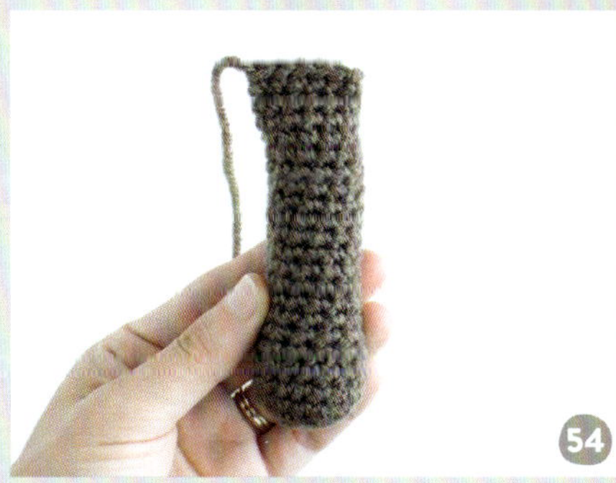
54

BEINE: 2 X HÄKELN

In Braun häkeln.

1. Rd: 6 fM in einen magischen Ring häkeln (6 M).

2. Rd: 6 Zun (12 M).

3. Rd: *1 fM, Zun* 6 x (18 M).

4.+5. Rd: 18 fM.

6. Rd: *1 fM, uns Abn* 6 x (12 M).

Die Beine ausstopfen und nach und nach weitere Füllwatte hinzufügen.

7.–22. Rd: 12 fM.

23. Rd: 5 fM. Dabei die Kanten des Beins aneinanderlegen und zusammenhäkeln. Dafür mit der Nadel durch beide M stechen. Dann wie gewohnt mit fM fortfahren (Fotos 51–54).

Abmaschen und den Faden zum Annähen hängen lassen (Foto 55).

Die Krallen zwischen der 2. und 3. Rd oben an die Beine stecken (Foto 56). Mit dem Endfaden annähen. Anfangs- und Endfaden verknoten und im Inneren der Beine verstecken (Foto 57–59).

Die Beine zwischen der 8. und 12. Rd seitlich an den Körper stecken. Darauf achten, dass sie weiter hinten als die Arme sitzen (Fotos 60+61). Mit dem Endfaden die Beine an den Körper nähen. Dabei die Nadel unter beide Mg der 23. Rd der Beine und dann in den Körper führen (Fotos 62–64). Mit demselben Faden die Beine oben an den Körper nähen. Dabei wie bei den Armen vorgehen (Fotos 65+66). Die Nadel oben in das Bein und in den Körper stechen (Foto 67), dann zwischen zwei M am Körper durchziehen. Anschließend an derselben Stelle wieder einstechen und durch das Bein führen. So fortfahren, bis die Oberseite des Beins befestigt ist (Fotos 68+69). Das Fadenende mit einem Knoten sichern und im Inneren des Körpers verstecken (Fotos 70+71).

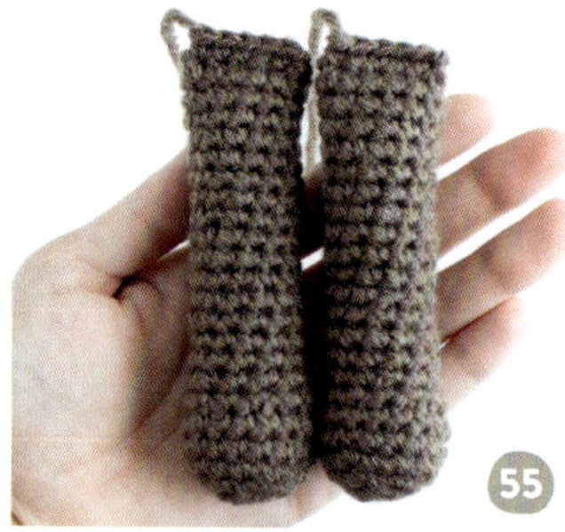
55

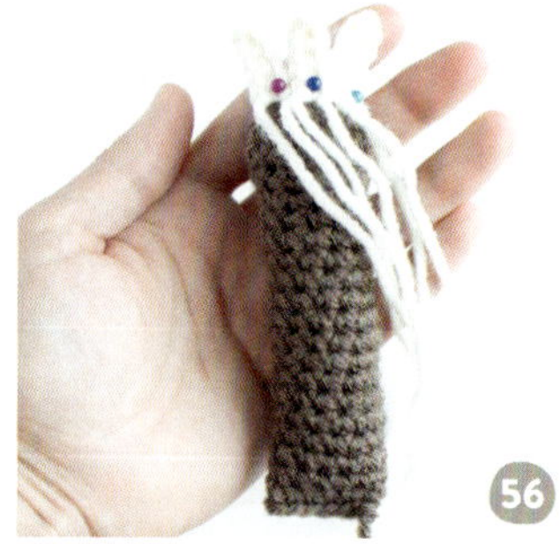
56

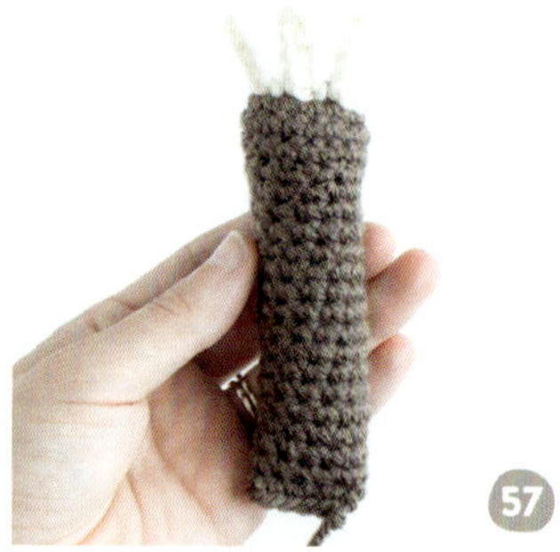
57

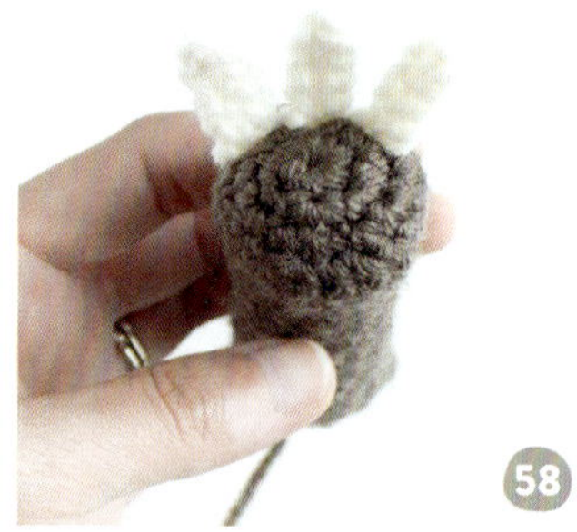
58

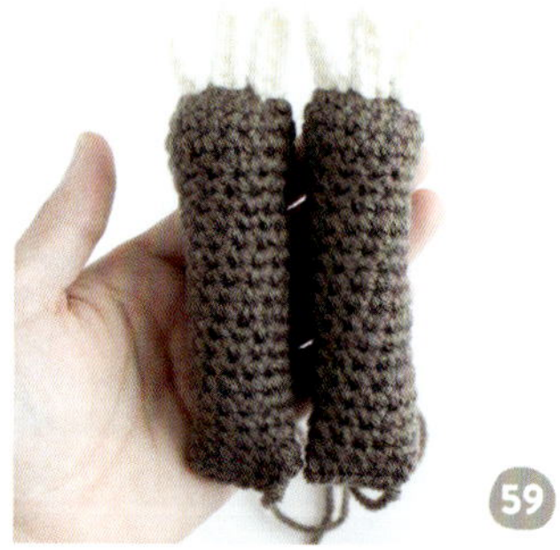
59

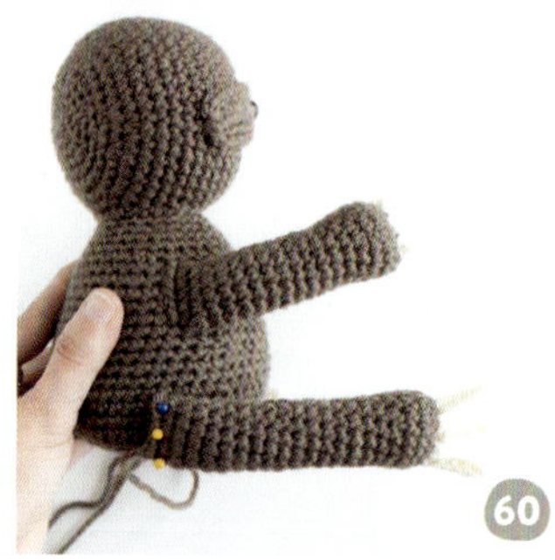
60

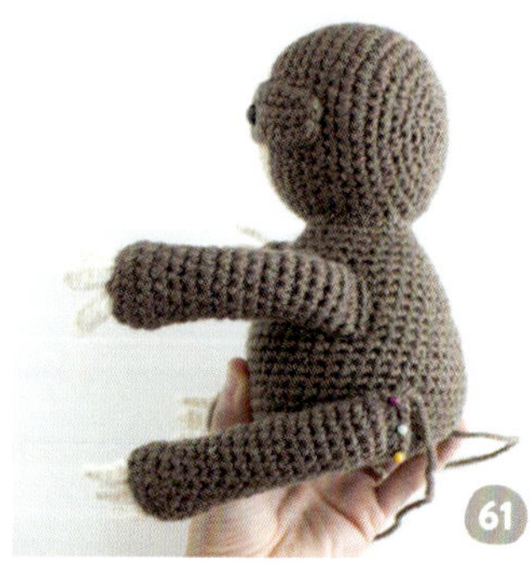
61

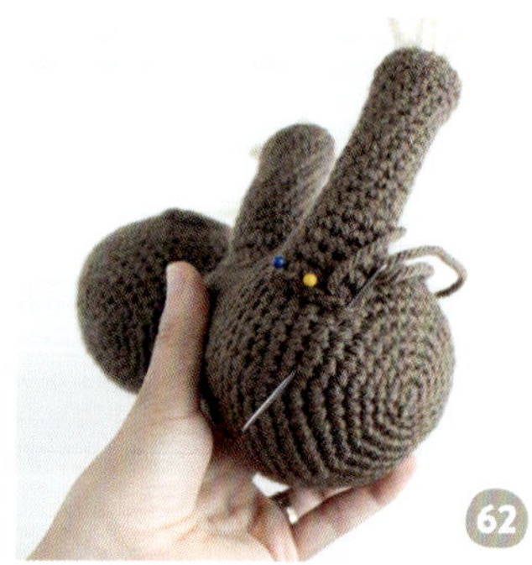
62

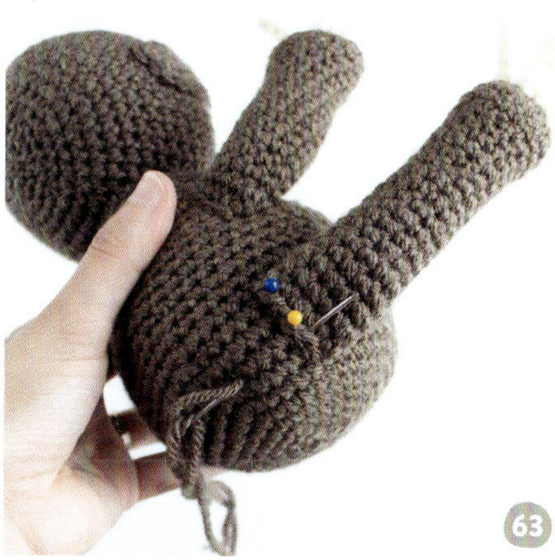
63

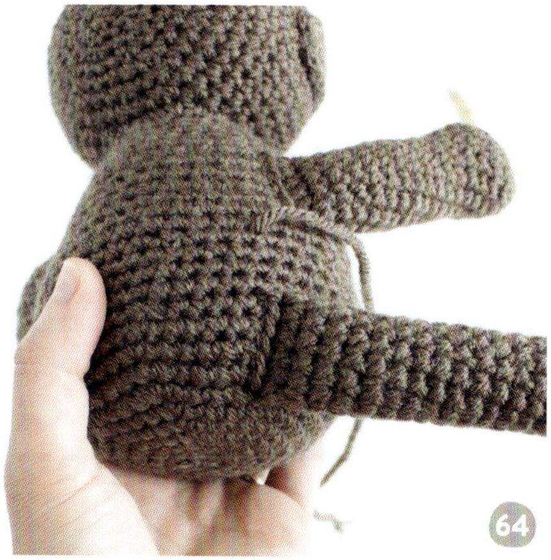
64

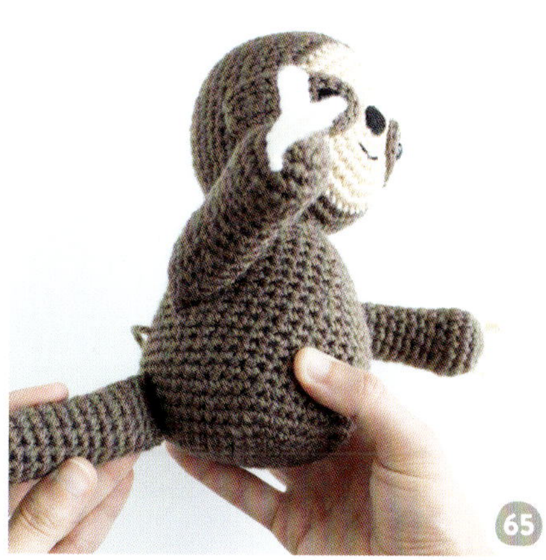
65

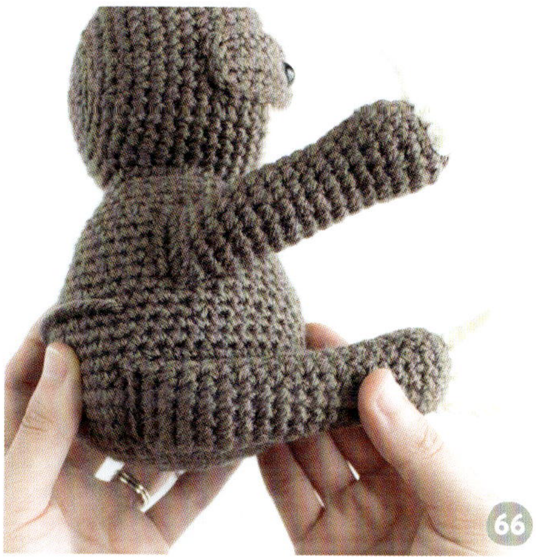
66

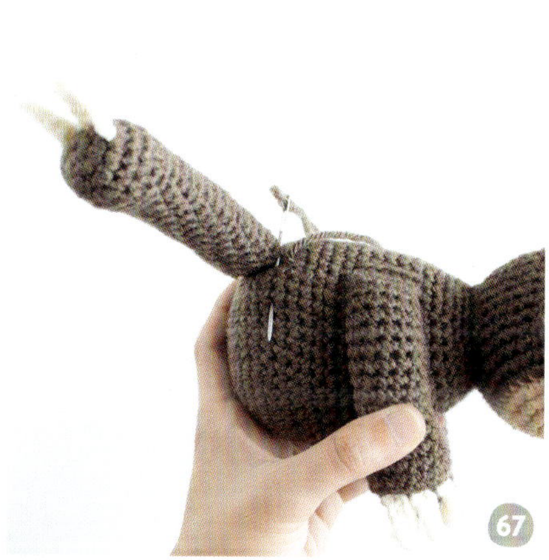
67

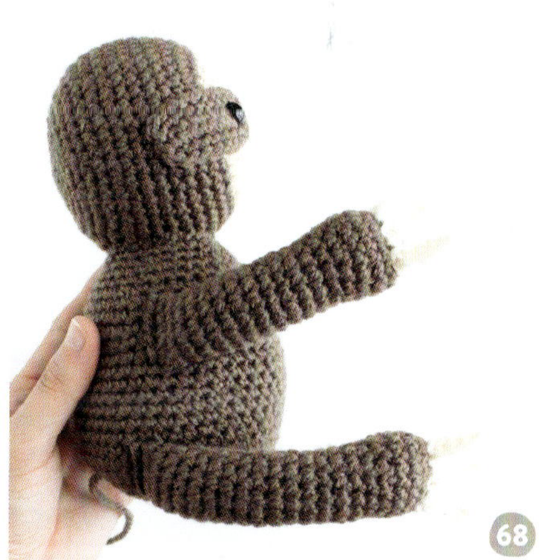
68

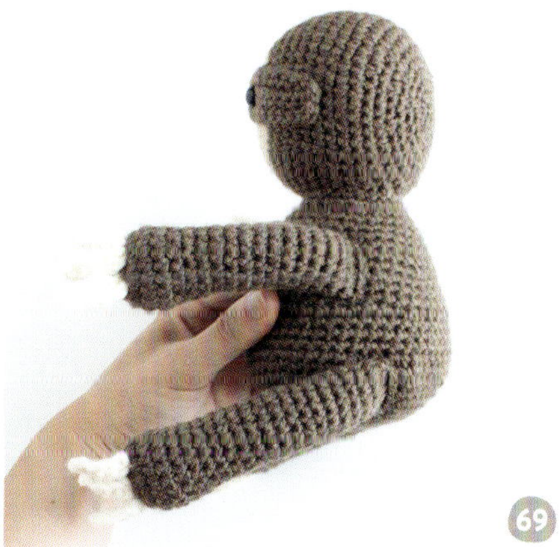
69

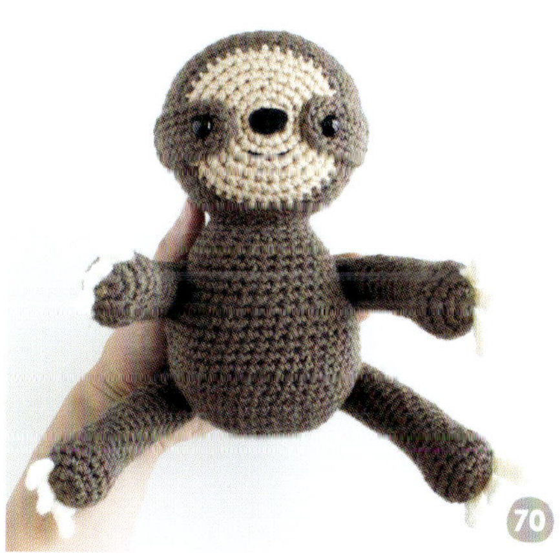
70

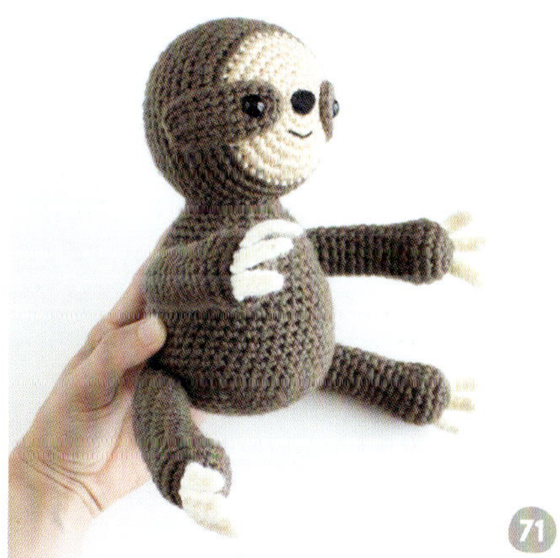
71

SCHLANGE

LEICHT

FERTIGE MASSE

- ✗ Etwa 15 cm breit und 14 cm hoch

MATERIAL

- ✗ Häkelgarn (Lauflänge 100–120 m/50 g) in Limettengrün und Hellgelb
- ✗ Häkelnadel 3,75 mm
- ✗ 1 Paar Sicherheitsaugen, 10 mm Ø
- ✗ Dunkelgrünes und rosa Stickgarn
- ✗ Sticknadel
- ✗ Rosa Filz
- ✗ Füllwatte aus Polyester
- ✗ Wollnadel
- ✗ Schere
- ✗ Maschenmarkierer
- ✗ Stecknadeln
- ✗ Alu-Basteldraht mit 1 mm Ø, 50 cm lang
- ✗ Klebeband für die Drahtenden

ABKÜRZUNGEN

- ✗ fM – feste Masche(n)
- ✗ M – Masche(n)
- ✗ Rd – Runde(n)
- ✗ uns Abn – unsichtbare Abnahme(n)
- ✗ Zun – Zunahme(n)

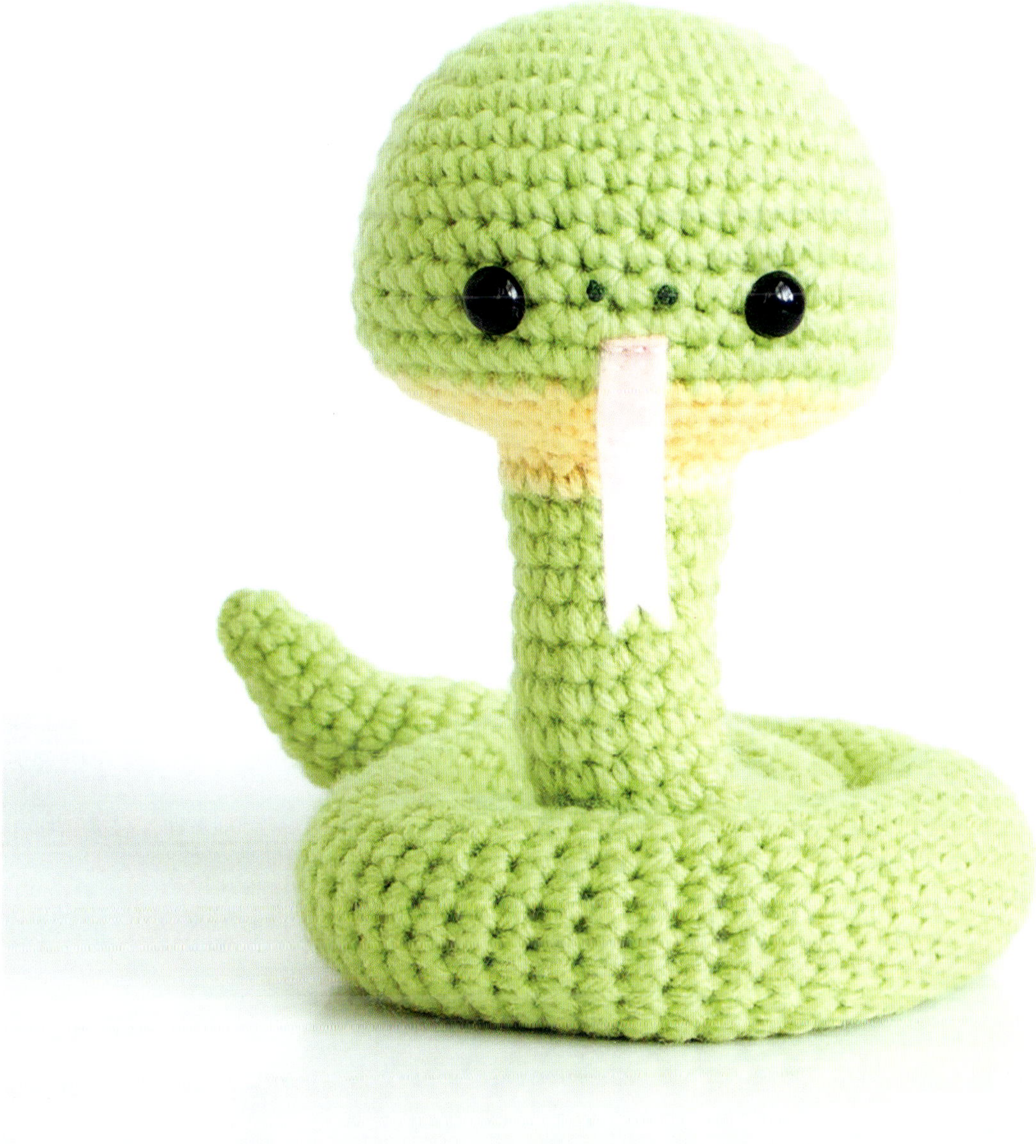

KOPF

Mit Limettengrün beginnen.

1. Rd: 6 fM in einen magischen Ring häkeln (6 M).

2. Rd: 6 Zun (12 M).

3. Rd: *1 fM, Zun* 6 x (18 M).

4. Rd: *2 fM, Zun* 6 x (24 M).

5. Rd: *3 fM, Zun* 6 x (30 M).

6. Rd: *4 fM, Zun* 6 x (36 M).

7. Rd: *5 fM, Zun* 6 x (42 M).

8.–12. Rd: 42 fM.

13. Rd: *6 fM, Zun* 6 x (48 M).

14. Rd: 48 fM.

Die Sicherheitsaugen zwischen der 12. und 13. Rd im Abstand von 6 M einsetzen. Mit dunkelgrünem Stickgarn die Nasenlöcher mit zwei Knötchen auf die 12. Rd mittig zwischen die Augen sticken (Foto 1). Für die Zunge einen schmalen, 4 cm langen Streifen aus rosa Filz ausschneiden und in das Ende ein Dreieck hineinschneiden (Foto 2). Mit rosa Stickgarn zwischen der 13. und 14. Rd unter die Nasenlöcher nähen (Foto 3).

Zu Hellgelb wechseln (Foto 4+5).

15. Rd: *6 fM, uns Abn* 6 x (42 M) (Foto 6).

16. Rd: *5 fM, uns Abn* 6 x (36 M).

Den Kopf ausstopfen und nach und nach weitere Füllwatte hinzufügen.

17. Rd: *4 fM, uns Abn* 6 x (30 M).

18. Rd: *3 fM, uns Abn* 6 x (24 M).

19. Rd: *2 fM, uns Abn* 6 x (18 M).

20. Rd: *1 fM, uns Abn* 6 x (12 M).

21. Rd: 6 uns Abn (6 M).

Abmaschen und den Faden zum Verschließen hängen lassen (Foto 7).

Den Kopf an den Seiten etwas zusammendrücken, sodass er kuppelförmig wird (Fotos 8+9).

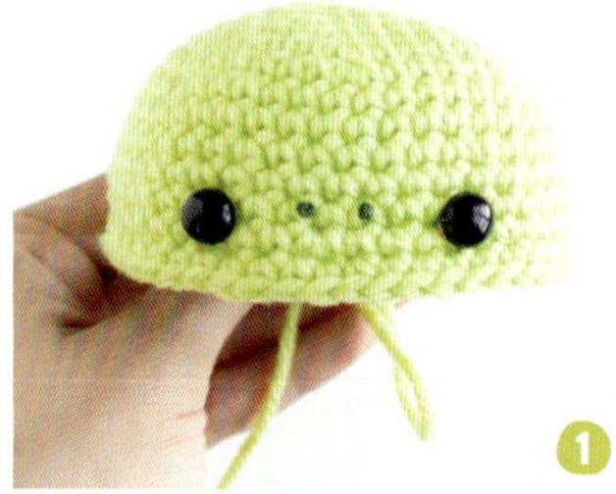

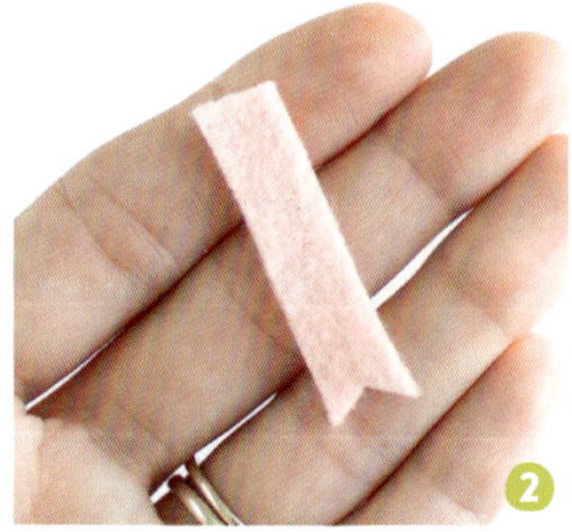

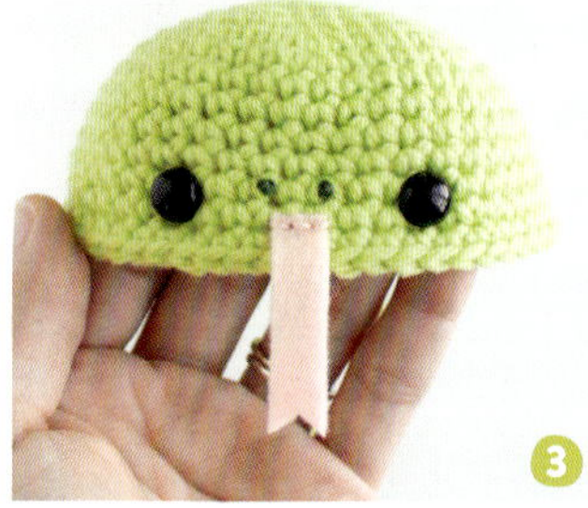

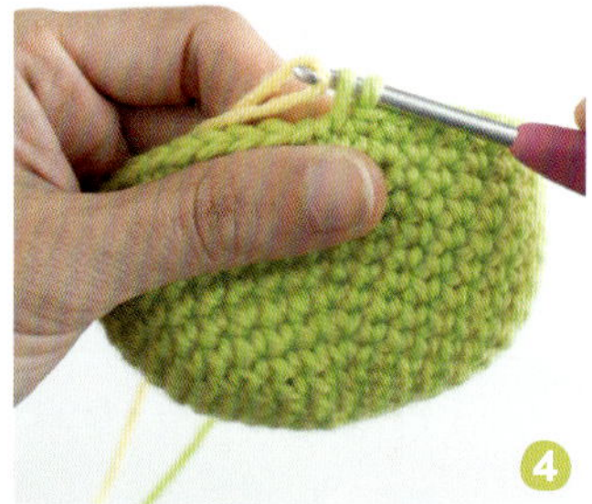

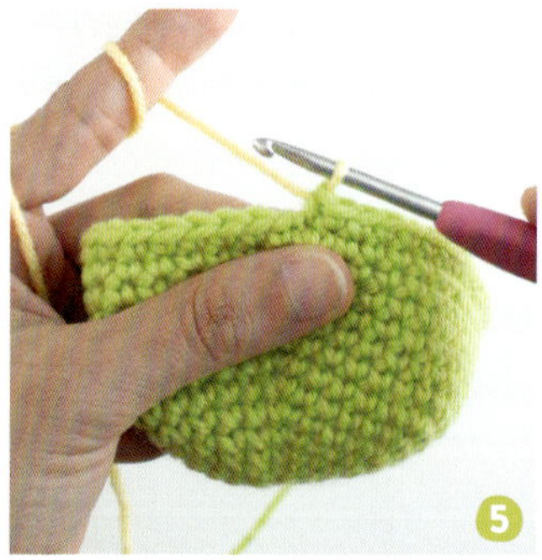

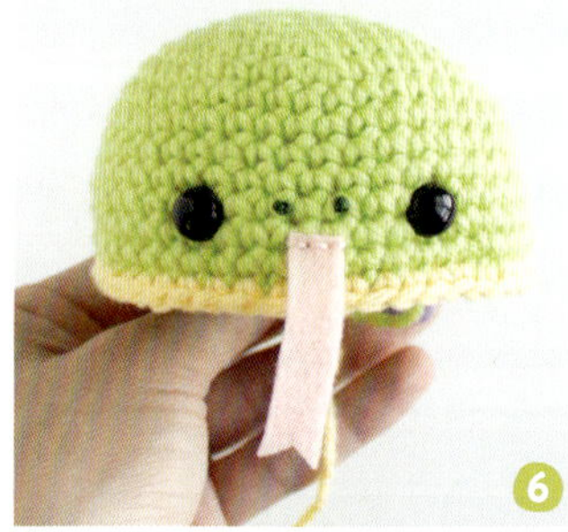

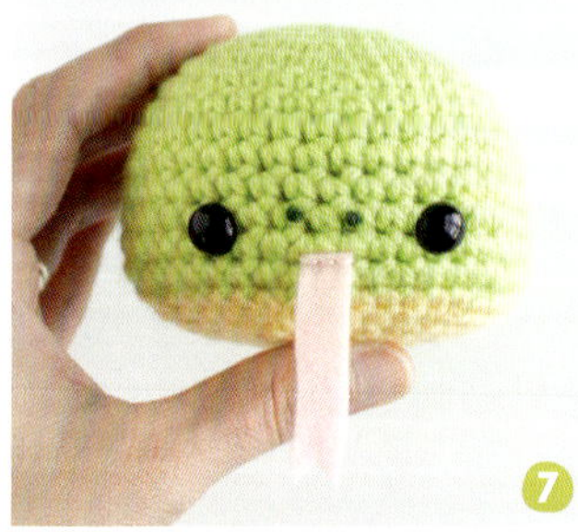

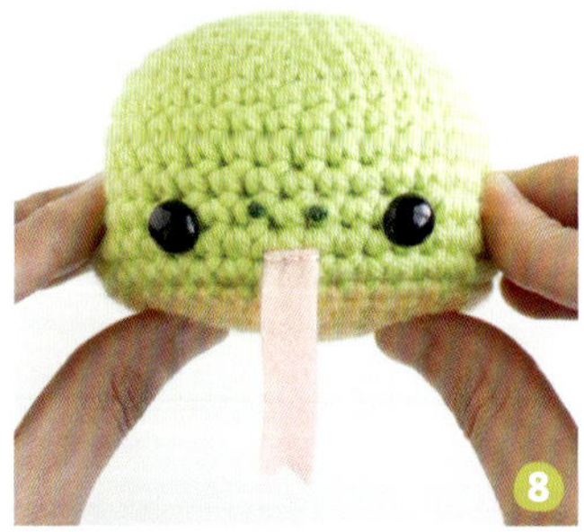

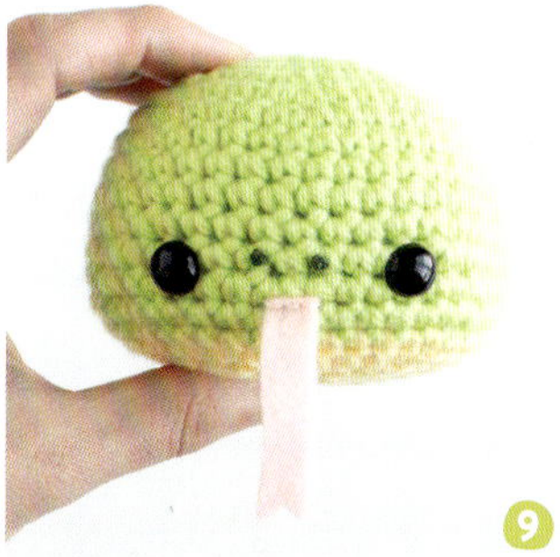

9

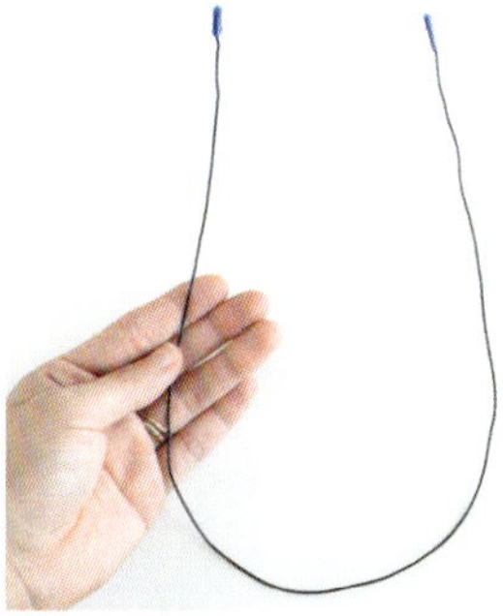

10

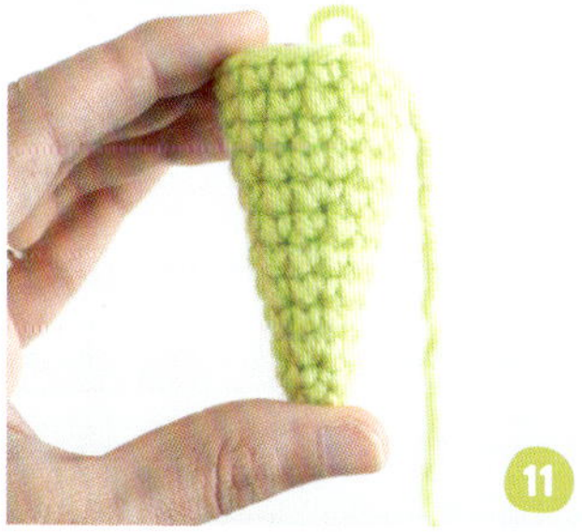

11

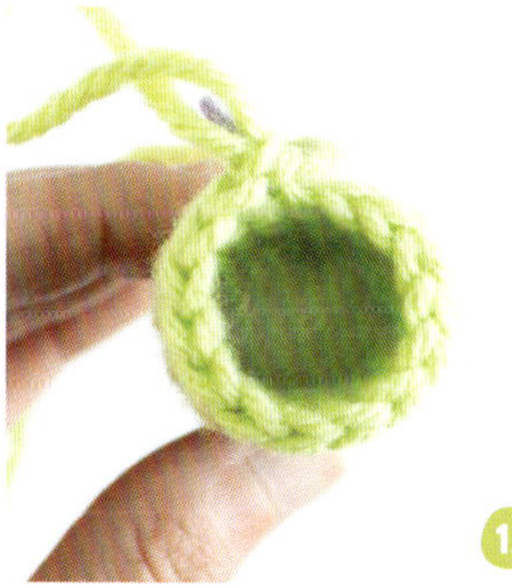

12

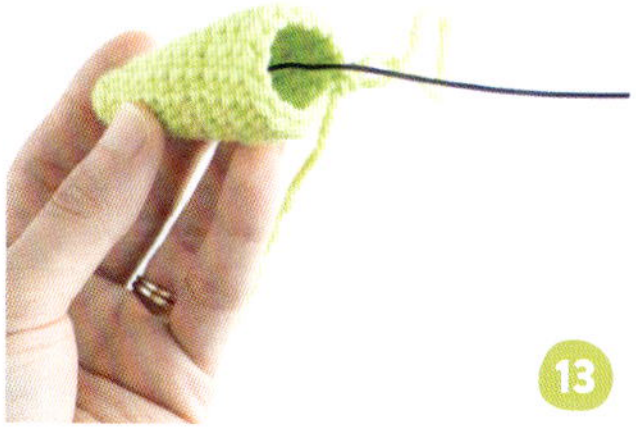

13

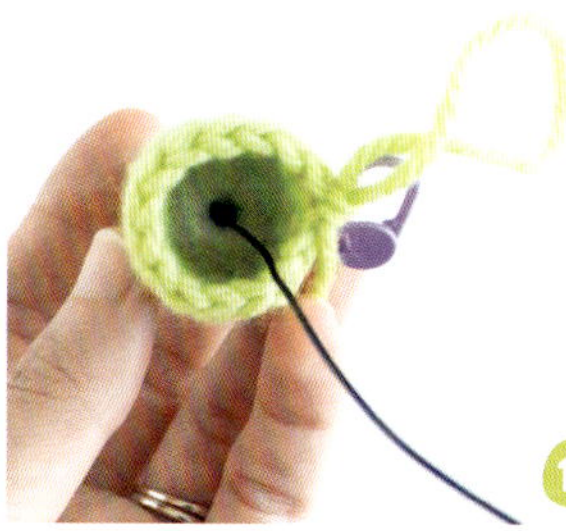

14

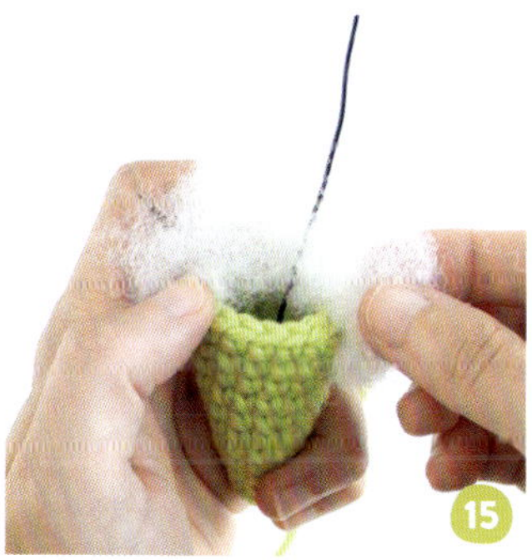

15

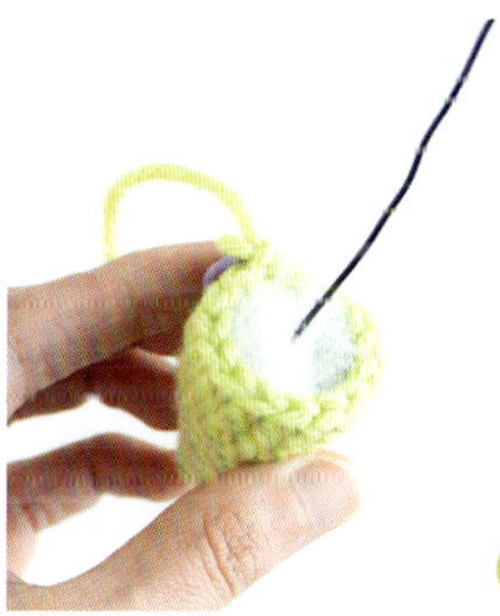

16

KÖRPER

Hinweis: Aus Sicherheitsgründen die Drahtenden mit Klebeband umwickeln (Foto 10). Nach der 12. Rd etwas Füllwatte in die Schwanzspitze füllen (Fotos 11+12). Dann den Draht in den Schwanz legen und Füllwatte herum legen (Fotos 13–15). Darauf achten, dass der Draht mittig sitzt und gleichmäßig von Füllwatte umgeben ist (Foto 16). Weiter in Rd häkeln und nach und nach Füllwatte hinzufügen. Eventuell geht es leichter, wenn man den Draht etwas einrollt (Foto 17). Insgesamt 95 Rd häkeln bzw. bis das Teil 50 cm lang ist (so passt der Draht in den Körper).

Mit Limettengrün beginnen.

1. Rd: 6 fM in einen magischen Ring häkeln (6 M).

2. Rd: 6 fM.

3. Rd: *1 fM, Zun* 3 x (9 M).

4. Rd: 9 fM.

5. Rd: *2 fM, Zun* 3 x (12 M).

6.+7. Rd: 12 fM.

8. Rd: *3 fM, Zun* 3 x (15 M).

9.–95. Rd: 15 fM. Siehe Hinweis oben.

96. Rd: *4 fM, Zun* 3 x (18 M).

97. Rd: 18 fM.

Zu Hellgelb wechseln (Foto 18).

98. Rd: *5 fM, Zun* 3 x (21 M).

Abmaschen und den Faden zum Annähen hängen lassen (Foto 19).

Den Körper mit Stecknadeln an den Kopf stecken (Fotos 20+21). Mit dem Endfaden den Kopf an den Körper nähen. Eventuell zuvor noch weitere Füllwatte nachfüllen. Der Draht sollte unter der 98. Rd sitzen. Wenn er übersteht, etwas abschneiden oder falten, bevor der Kopf angenäht wird. Das Fadenende mit einem Knoten sichern und im Inneren des Körpers verstecken (Fotos 22–24).

Zum Eindrehen der Schlange gibt es zwei Möglichkeiten. Die erste Möglichkeit besteht darin, sie wie eine Brezel zu verdrehen und zu verknoten. Bei der zweiten Variante wird sie wie eine Spirale verdreht und festgenäht.

Version 1: Etwa die oberen 10 cm vom Nacken aus gerade biegen, sodass dieser Teil aufrecht steht (Foto 25). Den übrigen Körper im Uhrzeigersinn spiralförmig einrollen (Foto 26). Die Schwanzspitze direkt hinter den ersten 10 cm in die Mitte der Spirale stecken (Foto 27) und durchziehen. Den Nacken so formen, dass die Schlange aufrecht sitzen kann (Fotos 28–30).

Version 2: Die Schlange wie beschrieben spiralförmig einrollen, aber den Schwanz nicht in die Mitte stecken, sondern ganz um den Körper rollen. Die Spitze sollte auf der rechten Körperseite liegen (Foto 31). Einen langen Faden von der limettengrünen Wolle abschneiden und die Teile, die den Körper berühren, aneinandernähen (Fotos 32+33). Die Schwanzspitze und den Nacken nicht festnähen (Foto 34). Das Fadenende mit einem Knoten sichern und im Inneren des Körpers verstecken. Die Schwanzspitze und den Nacken in Form biegen (Fotos 35+36).

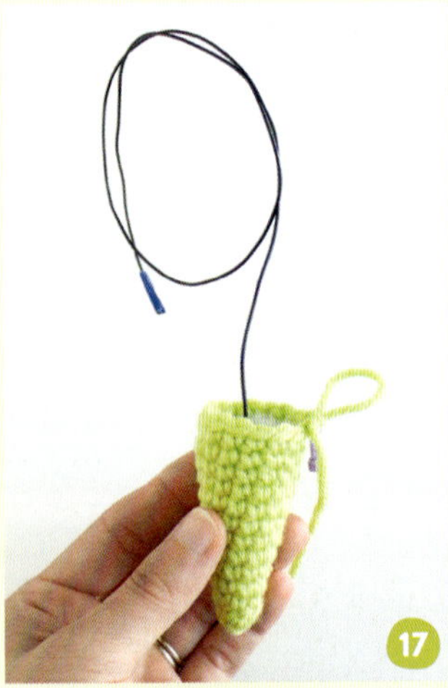
17

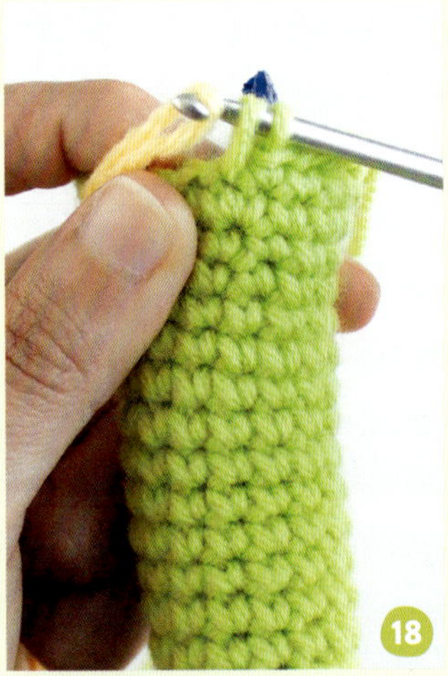
18

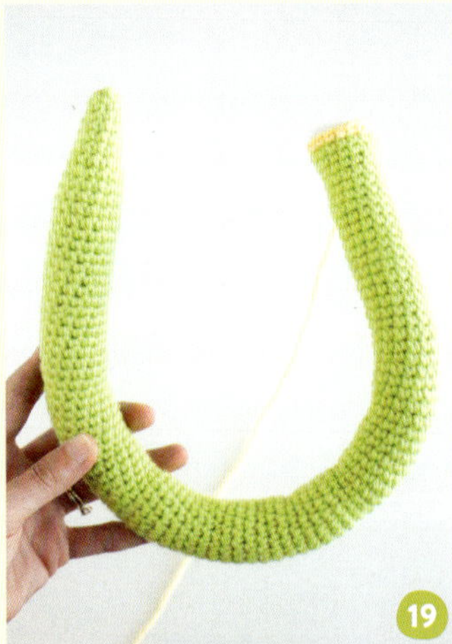
19

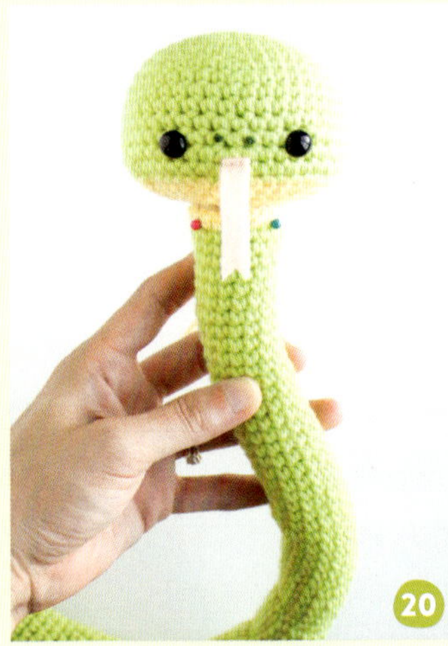
20

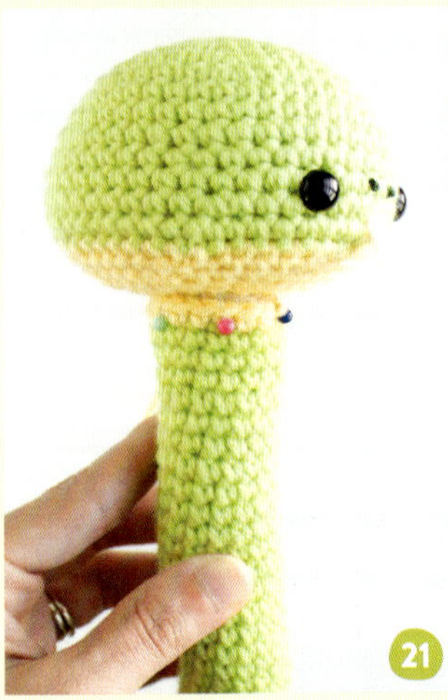
21

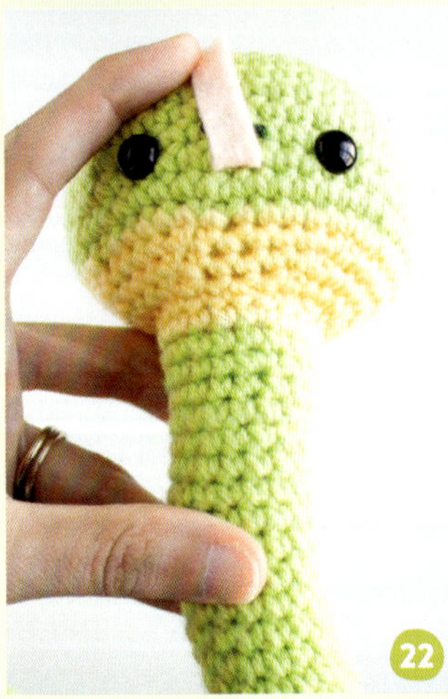
22

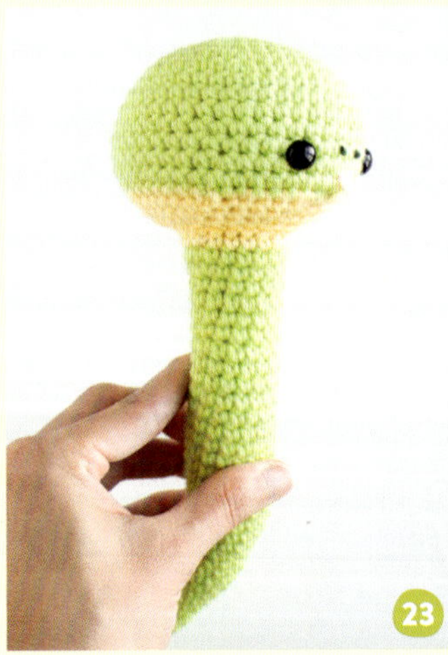
23

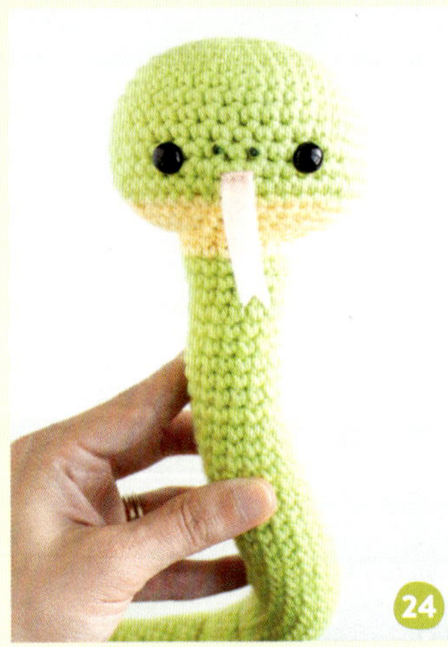
24

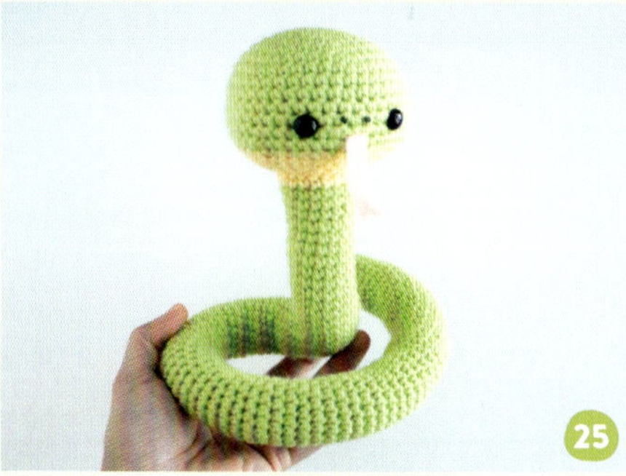
25
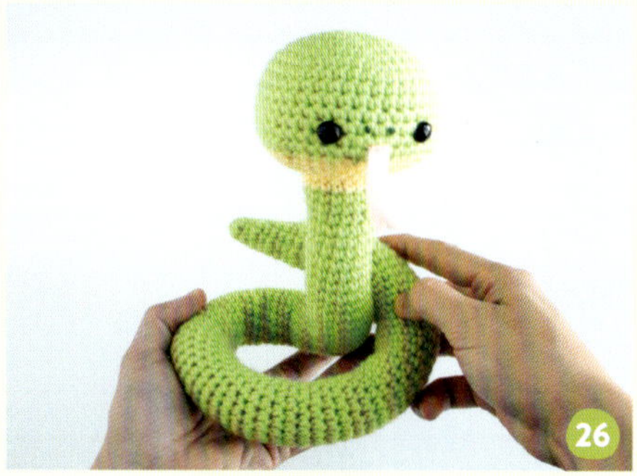
26
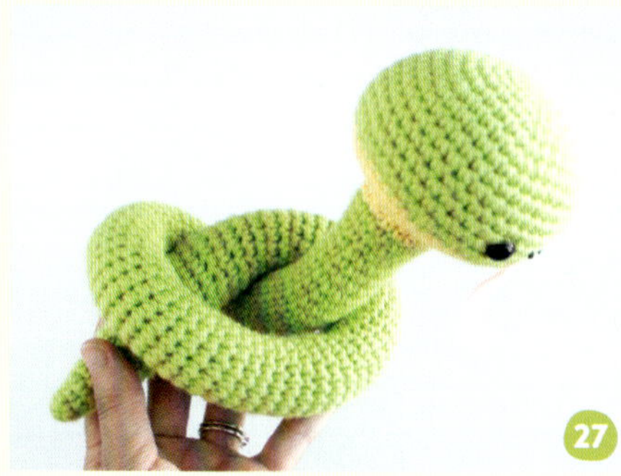
27
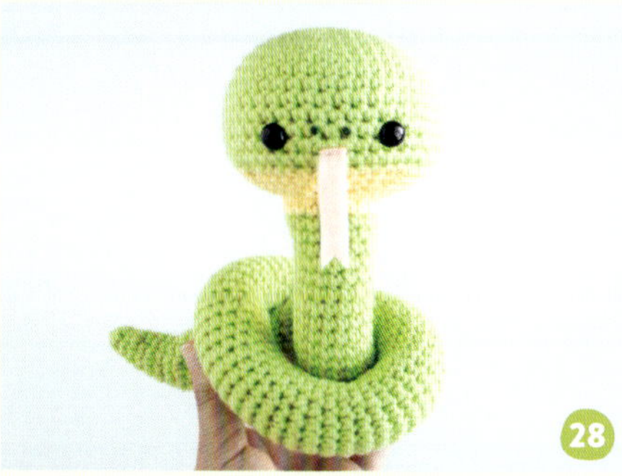
28
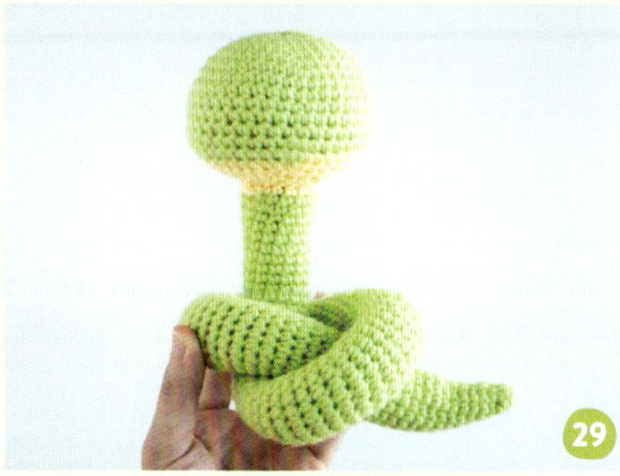
29
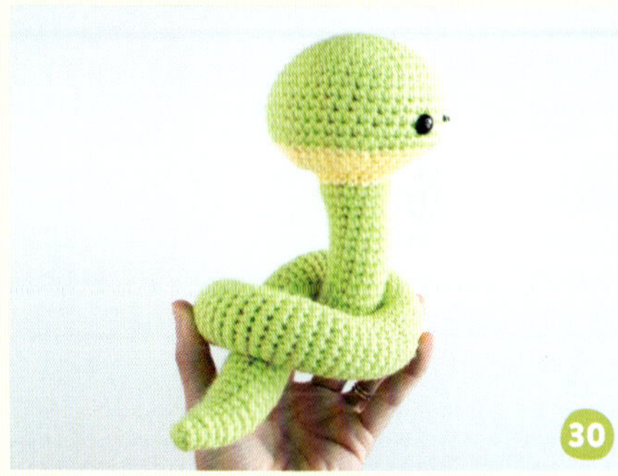
30
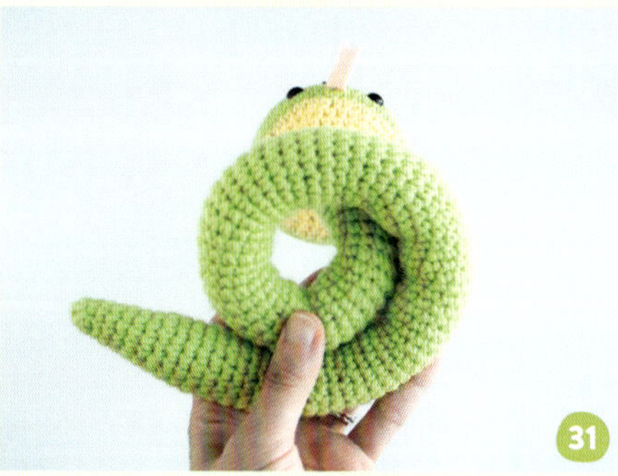
31
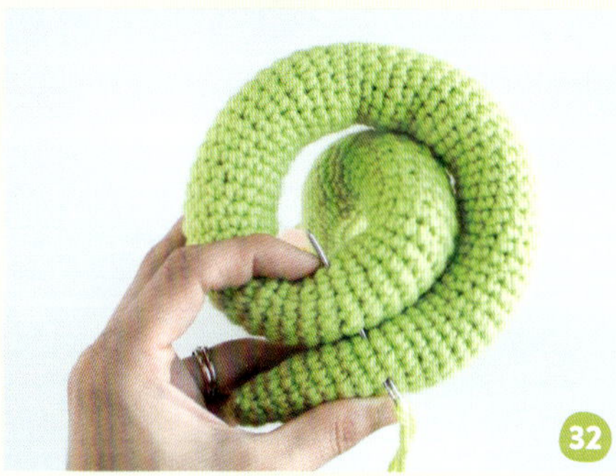
32
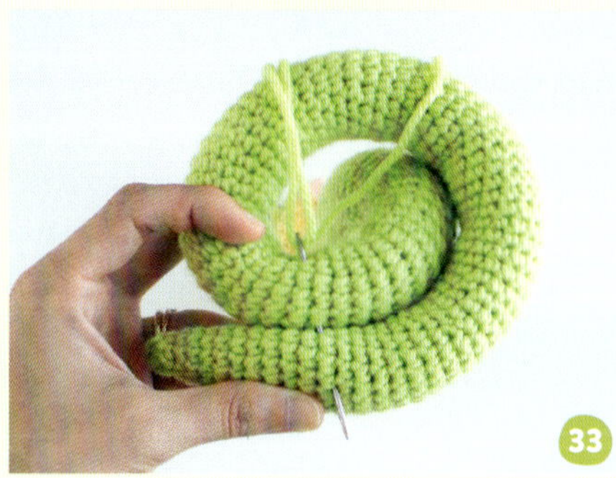
33
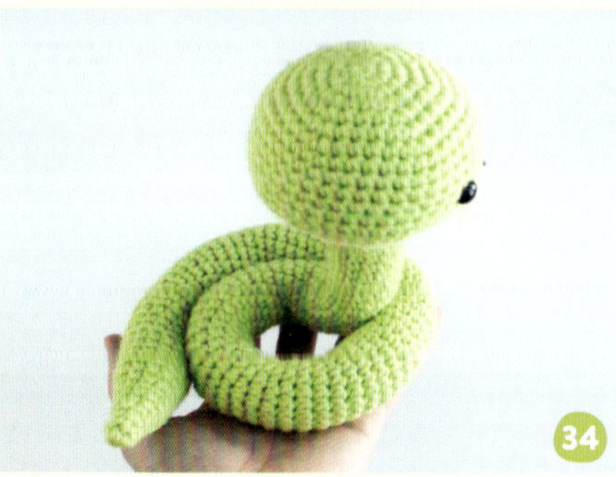
34
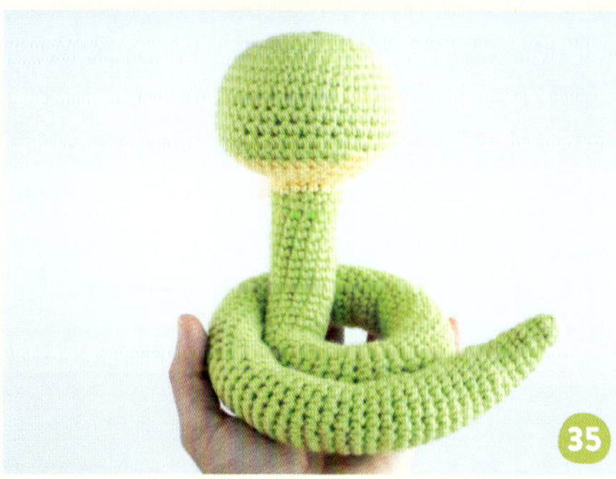
35
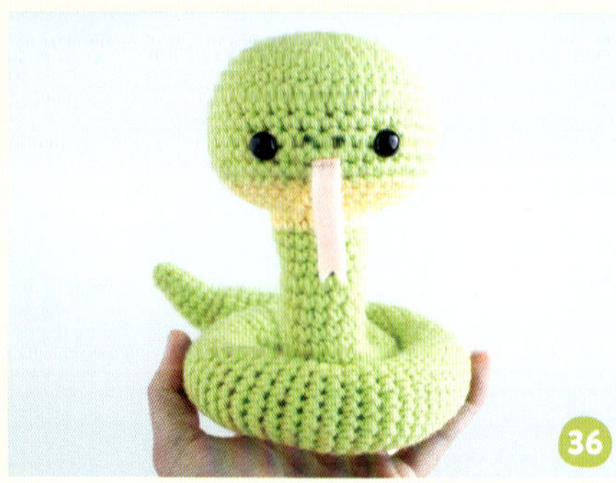
36

TIGER

SCHWIERIG

FERTIGE MASSE

- Etwa 16,5 cm breit und 18 cm hoch

MATERIAL

- Häkelgarn (Lauflänge 100–120 m/50 g) in Orange, Schwarz und Creme
- Häkelnadel 3,75 mm
- 1 Paar Sicherheitsaugen, 10,5 mm Ø
- Schwarzes Stickgarn und Sticknadel
- Füllwatte aus Polyester
- Wollnadel
- Schere
- Maschenmarkierer
- Stecknadeln

ABKÜRZUNGEN

- fM – feste Masche(n)
- hMg – nur in hintere(s) Maschenglied(er) häkeln
- M – Masche(n)
- Mini-Np – Mini-Noppe(n)
- Rd – Runde(n)
- uns Abn – unsichtbare Abnahme(n)
- Zun – Zunahme(n)

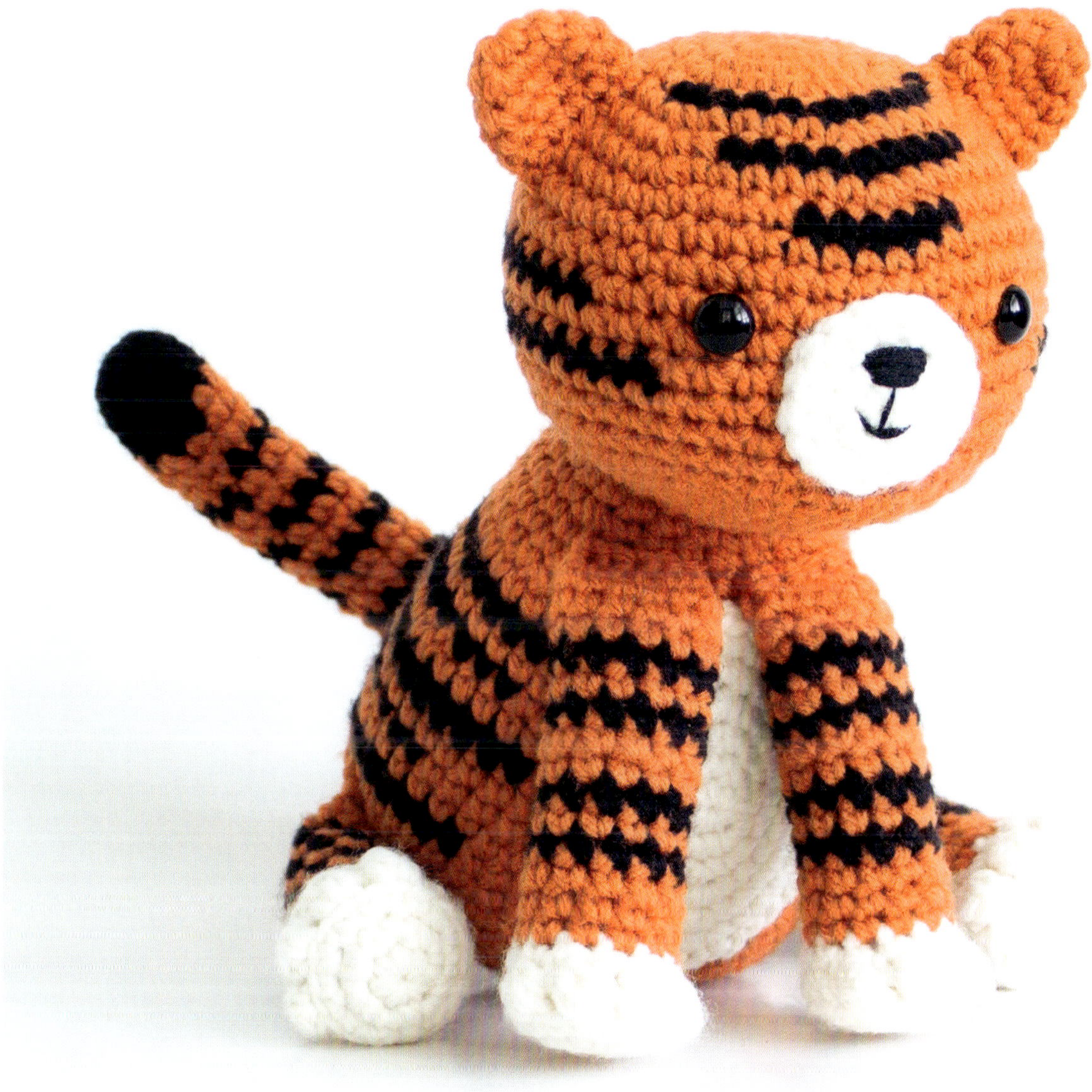

Hinweis: Beim Tiger werden viele Farbwechsel gearbeitet. Ich schneide den Faden nach jedem Farbwechsel ab und masche ihn wieder an, wenn er wieder benötigt wird. Dabei darauf achten, die Fadenenden immer zu sichern. Eine andere Möglichkeit ist, den Faden hinter der Arbeit mitzuführen und bei Bedarf aufzunehmen. Ich mache das nicht so gerne, weil man den mitgeführten Faden zwischen den Maschen durchscheinen sieht. Bei dieser Methode daran denken, den mitgeführten Faden nicht zu fest zu spannen.

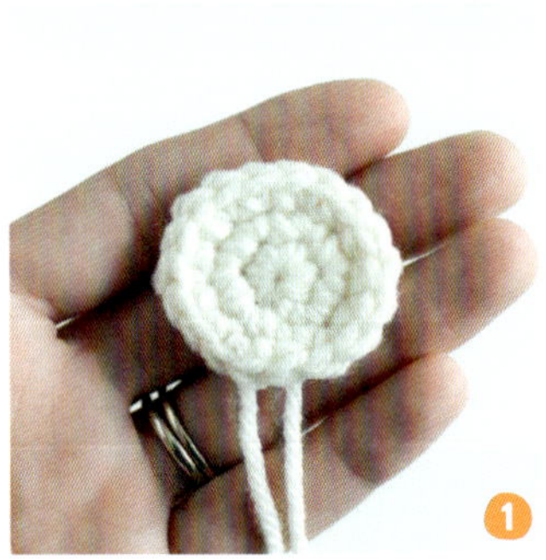

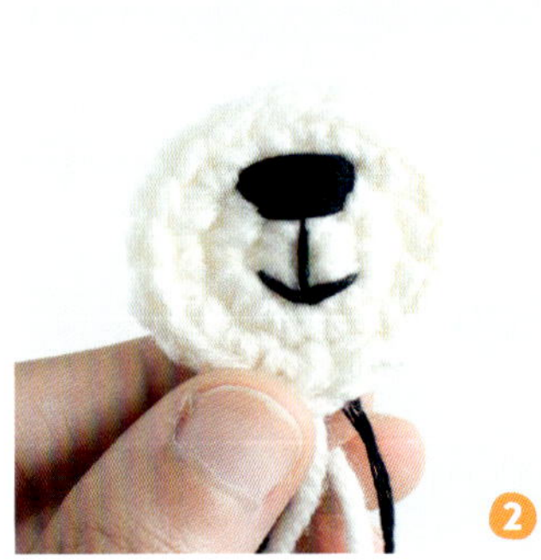

NASE

In Creme häkeln.

1. Rd: 6 fM in einen magischen Ring häkeln (6 M).

2. Rd: 6 Zun (12 M).

3. Rd:*1 fM, Zun* 6 x (18 M).

Abmaschen und den Faden zum Annähen hängen lassen (Foto 1).

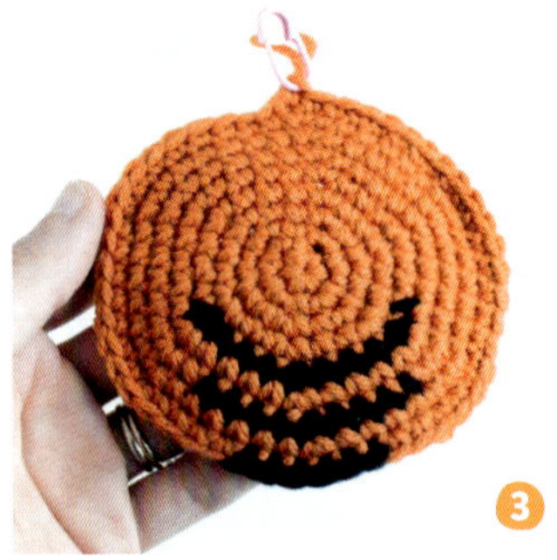

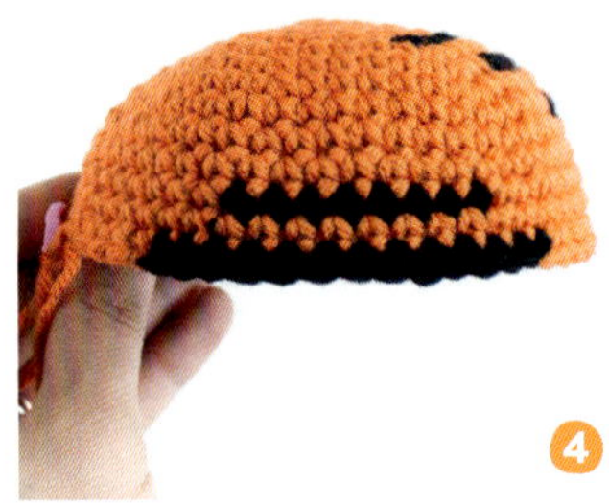

Mit schwarzem Stickgarn die Nase besticken. Dafür unter der 3. Rd über 2 Rd bis zum Magischen Ring sticken. Dann eine senkrechte Linie von der unteren Mitte der Nase bis auf die andere Seite des Magischen Rings sticken. Anschließend seitlich davon zwei schräge Linien hinzufügen, die sich am unteren Ende an der senkrechten Linie treffen und den Mund bilden (Foto 2).

KOPF

Mit Orange beginnen.

1. Rd: 6 fM in einen magischen Ring häkeln (6 M).

2. Rd: 6 Zun (12 M).

3. Rd: *1 fM, Zun* 6 x (18 M).

4. Rd: *2 fM, Zun* 6 x (24 M).

5. Rd: in Orange 3 fM, Zun , 3 fM, in Schwarz Zun, *3 fM, Zun* 2 x, 1 fM, in Orange 2 fM, Zun, 3 fM, Zun (30 M).

6. Rd: in Orange *4 fM, Zun* 6 x (36 M).

7. Rd: in Orange *5 fM, Zun* 2 x, fM, in Schwarz 4 fM,

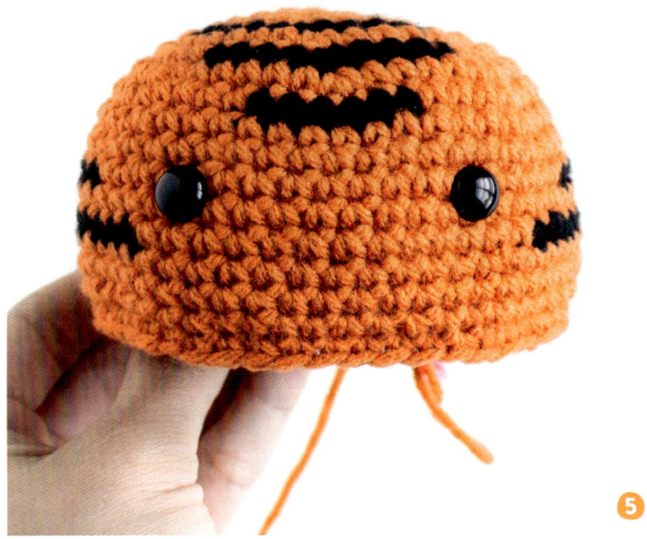

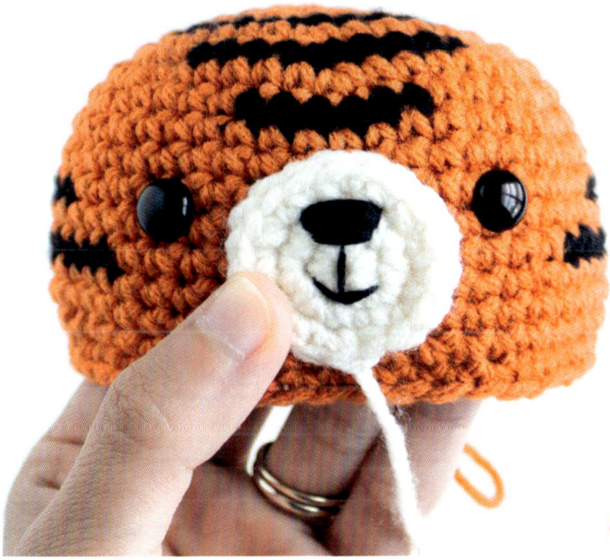

6

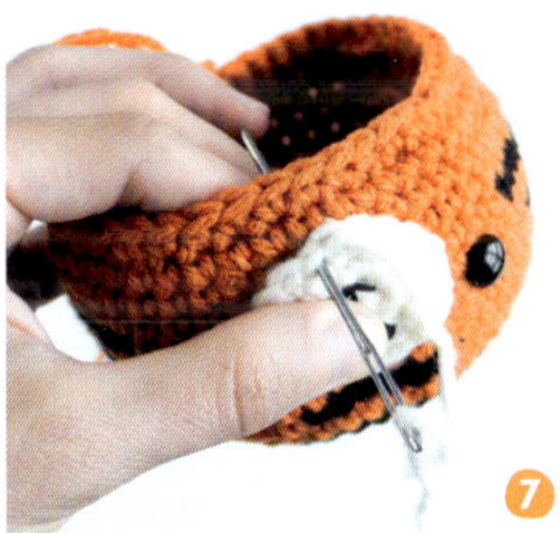

7

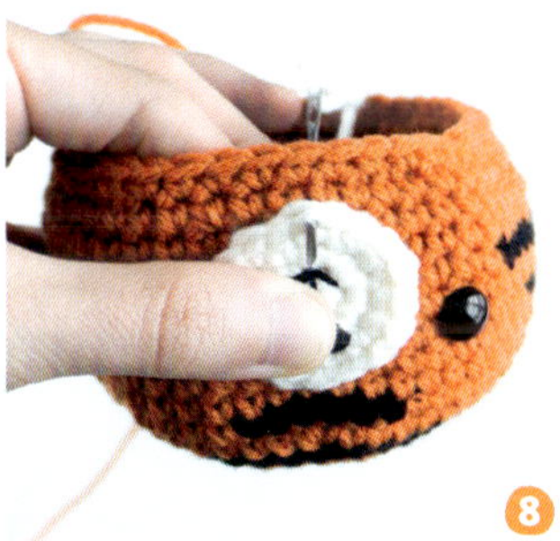

8

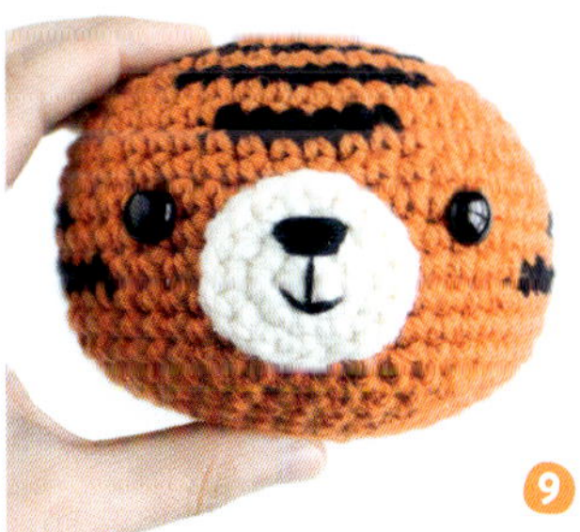

9

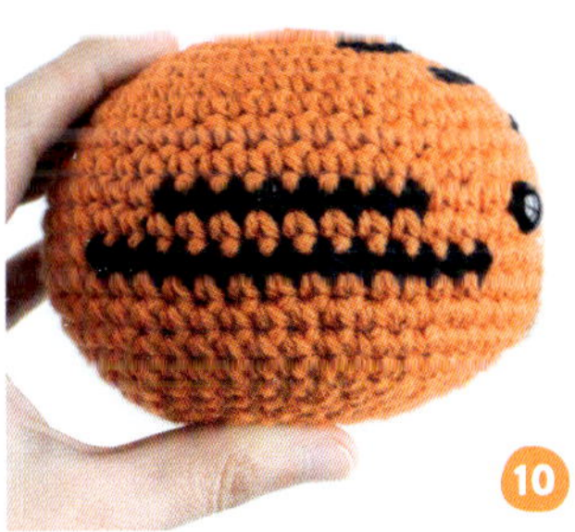

10

Zun, 4 fM, in Orange 1 fM, Zun, *5 fM, Zun* 2 x(42 M).

8. Rd: in Orange *6 fM, Zun* 6 x (48 M).

9. Rd: in Orange 20 fM, in Schwarz 6 fM, in Orange 22 fM (48 M) (Foto 3).

10.+11. Rd: in Orange 48 fM.

12. Rd: in Orange 7 fM, in Schwarz 8 fM, in Orange 18 fM, in Schwarz 8 fM, in Orange 7 fM (48 M).

13. Rd: in Orange 48 fM.

14. Rd: in Orange 5 fM, in Schwarz 13 fM, in Orange 13 fM, in Schwarz 13 fM, in Orange 4 fM (48 M). Den schwarzen Faden abmaschen (Foto 4).

15.–17. Rd: 48 fM.

18. Rd: *6 fM, uns Abn* 6 x (42 M).

Die Sicherheitsaugen zwischen der 12. und 13. Rd im Abstand von 8 M einsetzen. Darauf achten, dass die 6 fM der 9. Rd mittig zwischen den Augen liegen (Foto 5).

Die Nase zwischen der 11. und 16. Rd am Kopf platzieren (Foto 6). Mit dem Endfaden annähen. Dabei die Nadel unter beide Mg der 3. Rd der Nase und dann in den Kopf führen (Foto 7). Die Nadel in die nächste M stechen und nach außen ziehen (Foto 8). So bis zum Ende fortfahren. Darauf achten, den Faden unter und nicht über die M zu führen, damit die Naht sauber aussieht. Das Fadenende mit einem Knoten sichern und im Inneren des Kopfes verstecken.

19. Rd: *5 fM, uns Abn* 6 x (36 M).

Den Kopf ausstopfen und nach und nach weitere Füllwatte hinzufügen.

20. Rd: *4 fM, uns Abn* 6 x (30 M).

21. Rd: *3 fM, uns Abn* 6 x (24 M).

22. Rd: *2 fM, uns Abn* 6 x (18 M).

23. Rd: *1 fM, uns Abn* 6 x (12 M).

24. Rd: 6 uns Abn (6 M).

Abmaschen und den Faden zum Verschließen hängen lassen (Fotos 9+10).

OHREN: 2 X HÄKELN

In Orange häkeln.

1. Rd: 6 fM in einen magischen Ring häkeln (6 M).

2. Rd: 6 Zun (12 M).

3.–5. Rd: 12 fM.

Abmaschen und den Faden zum Annähen hängen lassen.

Die Ohren nicht ausstopfen (Foto 11) und zwischen der 6. und 10. Rd an den Kopf stecken (Fotos 12–14). Dabei sollte der Abstand zum schwarzen Streifen aus der 5. Rd etwa 1 M betragen. Die Ohren mit dem Endfaden annähen (Foto 15). Das Fadenende mit einem Knoten sichern und im Inneren des Kopfes verstecken (Foto 16).

KÖRPER

Mit Orange beginnen.

1. Rd: 6 fM in einen magischen Ring häkeln (6 M).

2. Rd: 6 Zun (12 M).

3. Rd: *1 fM, Zun * 6 x (18 M).

4. Rd: *2 fM, Zun * 6 x (24 M).

5. Rd: *3 fM, Zun * 6 x (30 M).

6. Rd: *4 fM, Zun * 6 x (36 M).

7. Rd: *5 fM, Zun * 6 x (42 M).

8. Rd: *6 fM, Zun * 6 x (48 M).

9. Rd: *7 fM, Zun * 6 x (54 M).

10.+11. Rd: 54 fM.

12. Rd: *7 fM, uns Abn* 6 x (48 M).

13. Rd: in Orange 8 fM, in Schwarz 10 fM, in Orange 14 fM, in Schwarz 10 fM, in Orange 6 fM (48 M).

14. Rd: in Orange 48 fM (Foto 17).

15. Rd: in Orange 6 fM, uns Abn, 3 fM, in Schwarz 3 fM, uns Abn, 6 fM, in Orange uns Abn, 5 fM, in Schwarz 1 fM, uns Abn, 6 fM, uns Abn, 1 fM, in Orange 5 fM, uns Abn (42 M).

16. Rd: in Orange 42 fM.

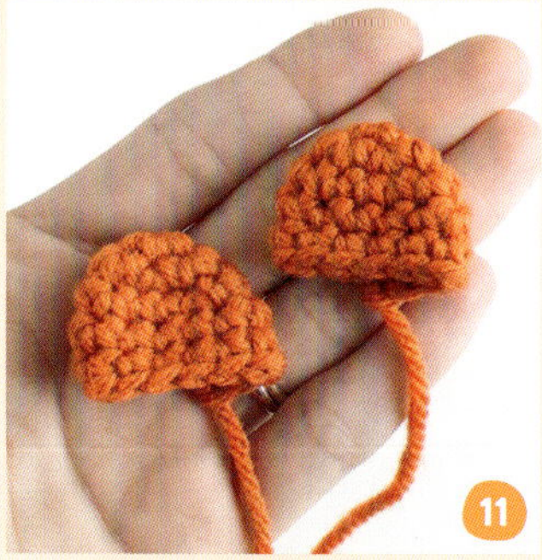
11

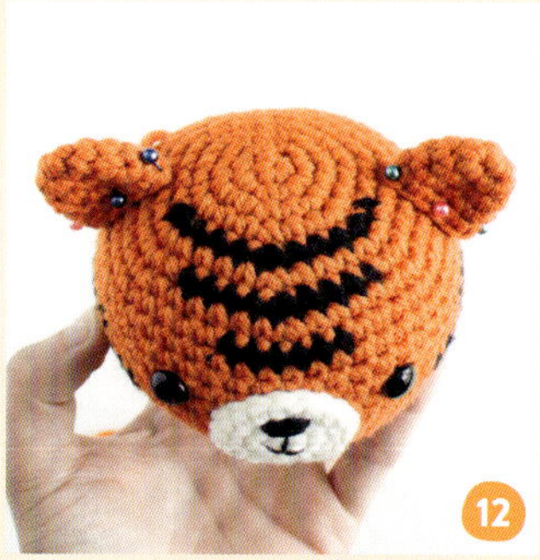
12

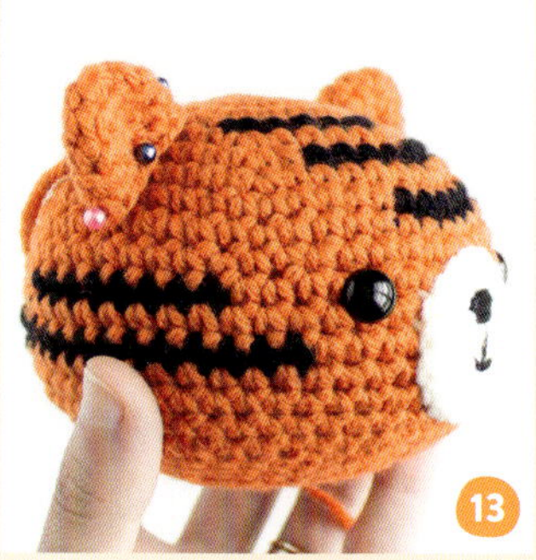
13

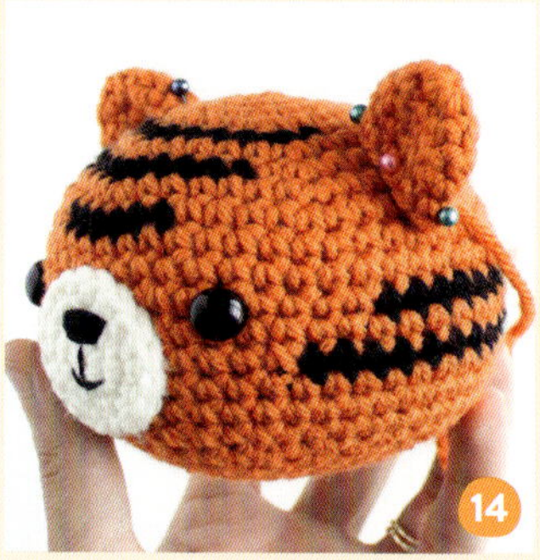
14

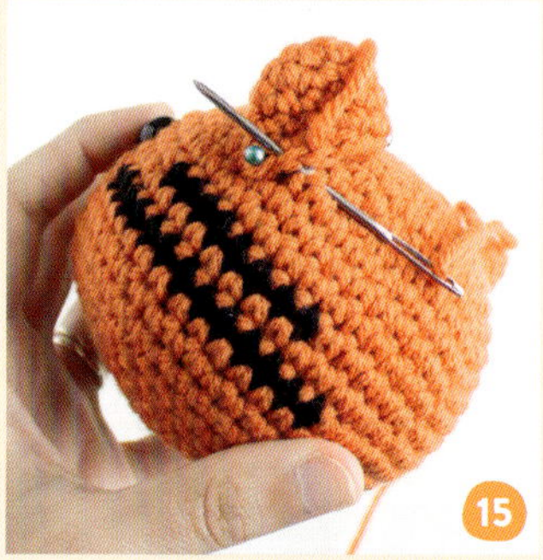
15

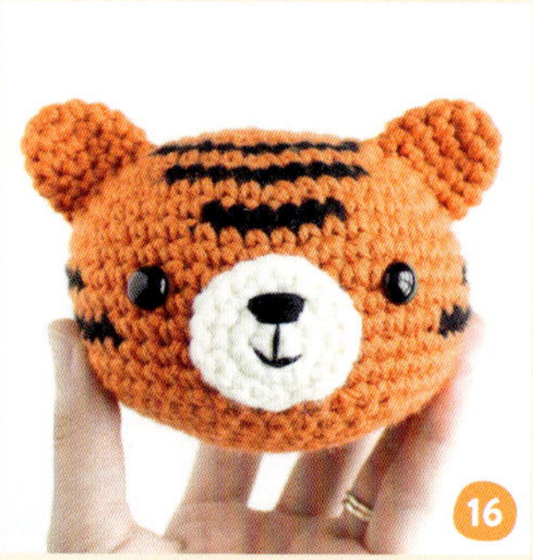
16

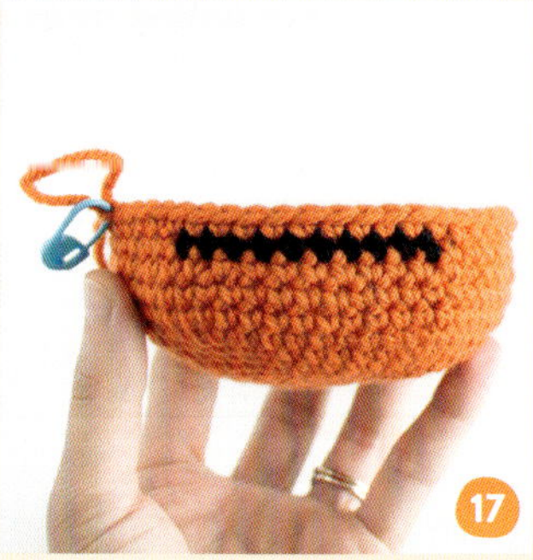
17

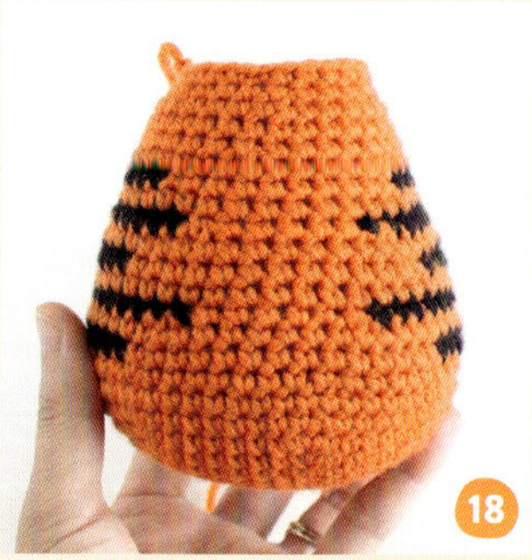
18

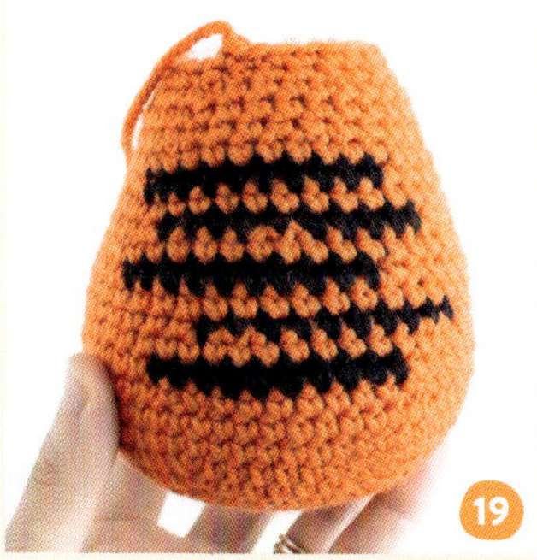

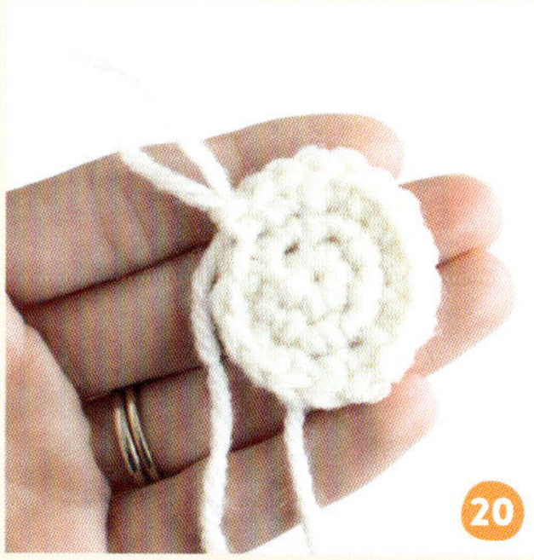

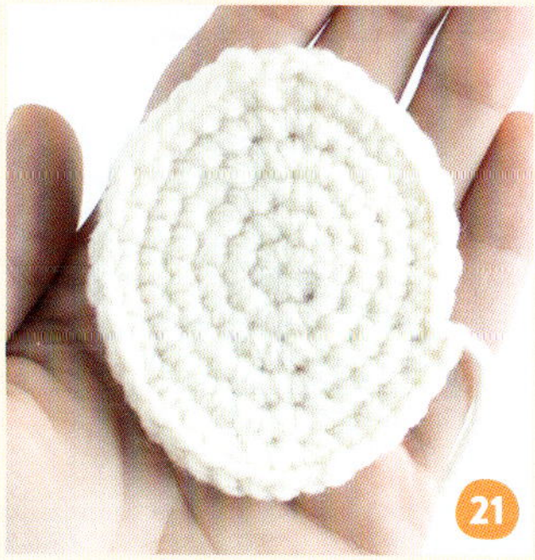

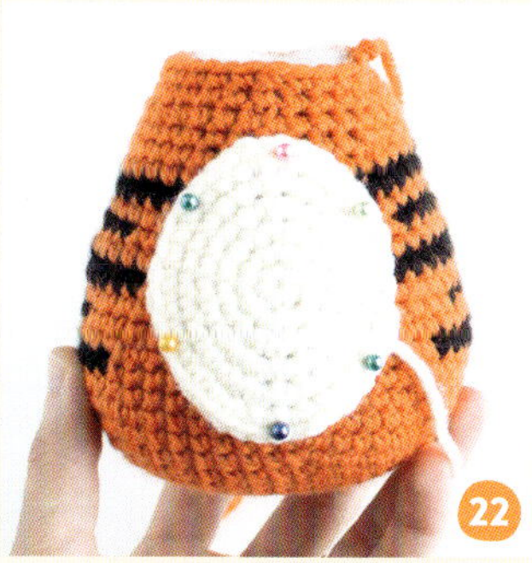

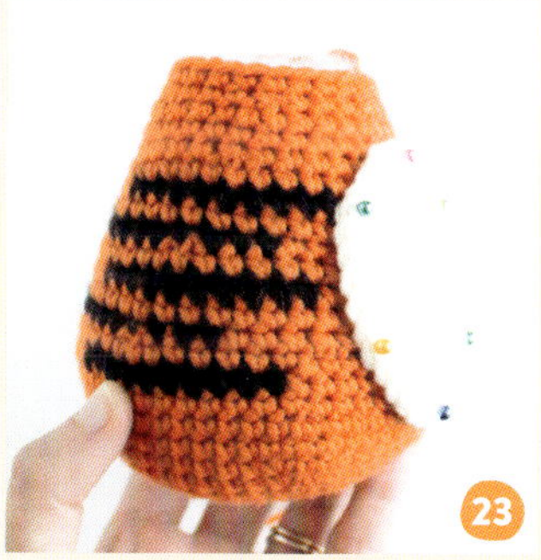

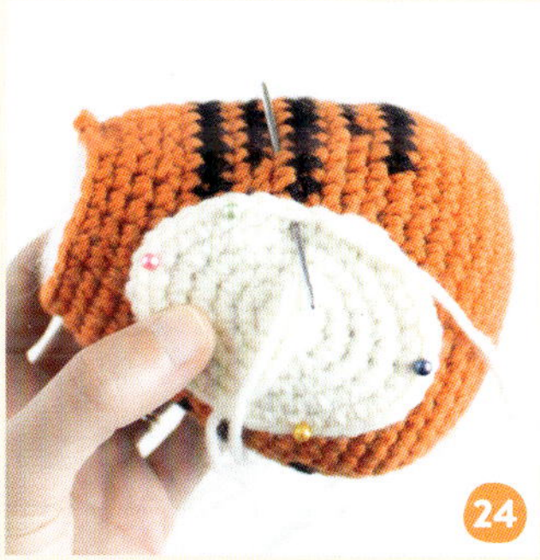

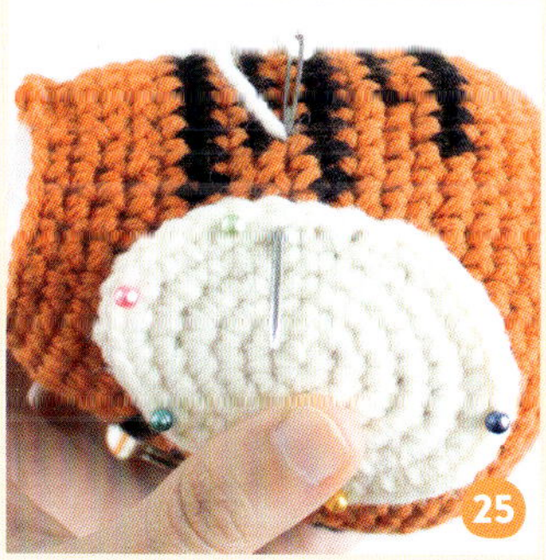

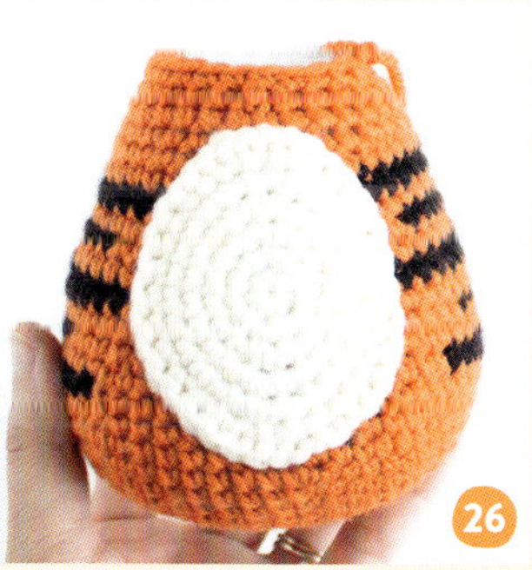

17. Rd: in Orange 7 fM, in Schwarz 10 fM, in Orange 13 fM, in Schwarz 10 fM, in Orange 2 fM (42 M).

18. Rd: in Orange 42 fM.

19. Rd: in Orange 5 fM, uns Abn, 2 fM, in Schwarz 3 fM, uns Abn, 5 fM, uns Abn, in Orange 5 fM, uns Abn, in Schwarz 5 fM, uns Abn, 4 fM, in Orange 1 fM, uns Abn (36 M).

20. Rd: in Orange 36 fM.

21. Rd: in Orange 6 fM, in Schwarz 10 fM, in Orange 10 fM, in Schwarz 10 fM (36 M).

Zu Orange wechseln und den schwarzen Faden abmaschen.

22. Rd: 36 fM.

Den Körper ausstopfen und nach und nach weitere Füllwatte hinzufügen.

23. Rd: *4 fM, uns Abn* 6 x (30 M).

24.+25. Rd: 30 fM.

26 Rd: *3 fM, uns Abn* 6 x (24 M).

27. Rd: 24 fM.

Abmaschen und den Faden zum Annähen hängen lassen (Fotos 18+19).

BAUCH

In Creme häkeln.

1. Rd: 6 fM in einen magischen Ring häkeln (6 M).

2. Rd: 6 Zun (12 M).

3. Rd: 2 fM, 3 Zun, 3 fM, 3 Zun, 1 fM (18 M) (Foto 20).

4. Rd: 3 fM, 3 Zun, 6 fM, 3 Zun, 3 fM (24 M).

5. Rd: 5 fM, 3 Zun, 9 fM, 3 Zun, 4 fM (30 M).

6. Rd: 7 fM, 3 Zun, 12 fM, 3 Zun, 5 fM (36 M).

Abmaschen und den Faden zum Annähen hängen lassen (Foto 21).

Den Bauch zwischen der 10. und 24. Rd an den Körper stecken (Fotos 22+23). Mit dem Endfaden annähen. Dabei die Nadel unter beide Mg der 6. Rd des Bauchs und dann in den Körper führen, zwischen zwei M ausstechen (Foto 24). An derselben Stelle wieder einstechen, die Nadel zur nächsten M am Bauch führen und auf diese Weise fortfahren (Foto 25). So sieht die Naht sauber aus.

Das Fadenende mit einem Knoten sichern und im Inneren des Körpers verstecken (Foto 26).

Den Körper zwischen der 18. und 23. Rd an den Kopf stecken. Dabei sollte der Kopf etwas schräg sitzen (Fotos 27+28). Mit dem Endfaden den Kopf annähen. Eventuell noch etwas Füllwatte in den Körper stopfen, bevor die Naht ganz geschlossen wird. Das Fadenende mit einem Knoten sichern und im Inneren des Körpers verstecken (Fotos 29+30).

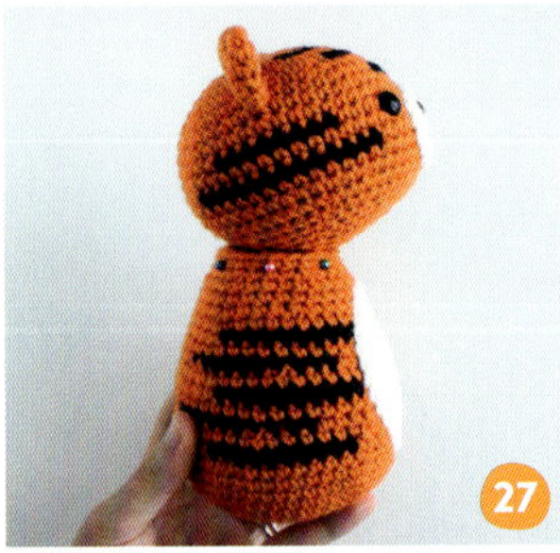
27

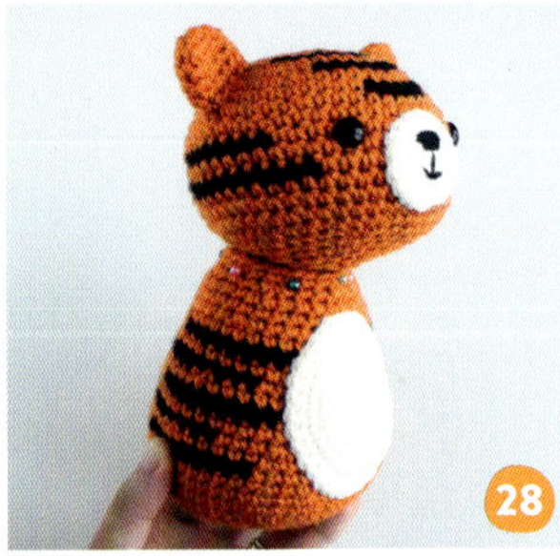
28

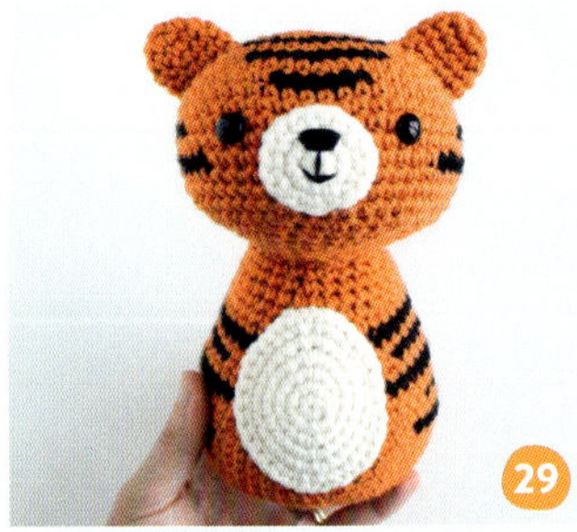
29

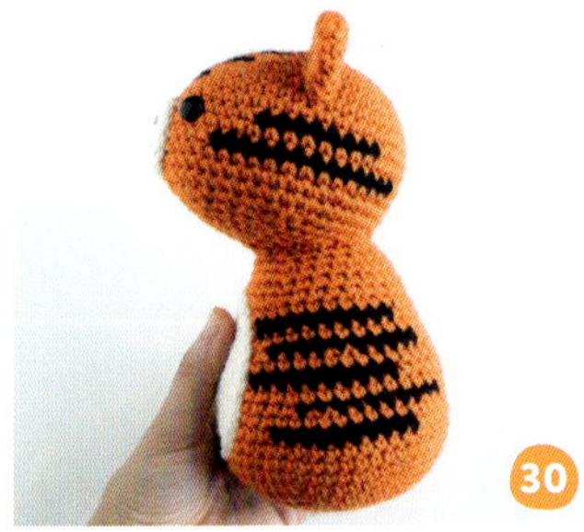
30

VORDERBEINE: 2 X HÄKELN

Mit Creme beginnen.

1. Rd: 6 fM in einen magischen Ring häkeln (6 M).

2. Rd: 6 Zun (12 M).

3. Rd: *1 fM, Zun* 6 x (18 M).

4. Rd: in hMg 3 fM, Mini-Np, *1 fM, Mini-Np* 3 x, 8 fM (18 M) (Fotos 31–41).

5. Rd: *1 fM, uns Abn* 6 x (12 M) (Fotos 42+43).

Zu Orange wechseln.

6.–8. Rd: 12 fM.

Zu Schwarz wechseln.

9. Rd: 12 fM.

Zu Orange wechseln.

10. Rd: 12 fM.

Zu Schwarz wechseln.

11. Rd: 12 fM.

Zu Orange wechseln.

12.+13. Rd: 12 fM.

Die Beine ausstopfen und nach und nach weitere Füllwatte hinzufügen.

Zu Schwarz wechseln.

14. Rd: 12 fM.

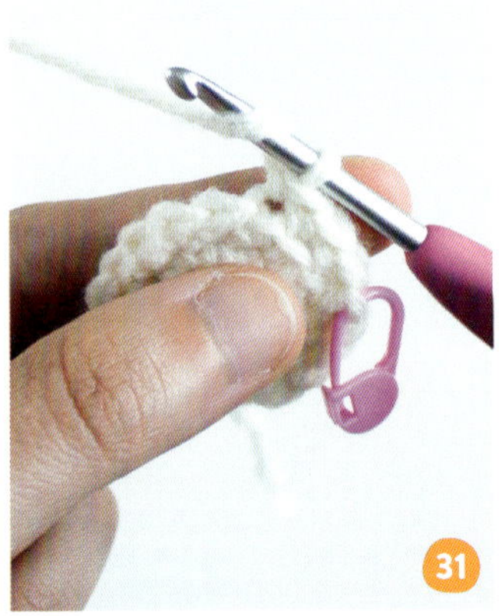
31

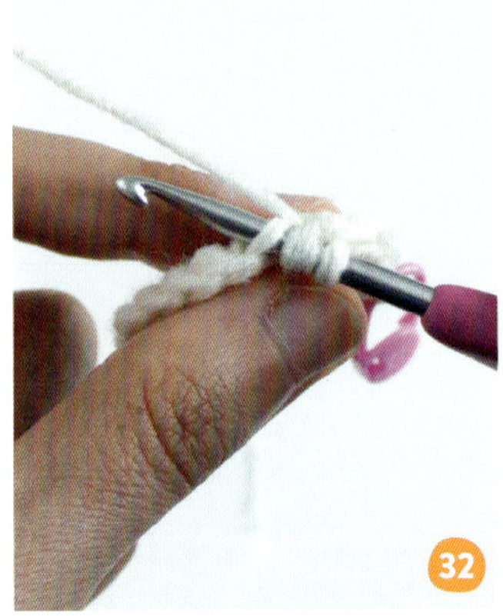
32

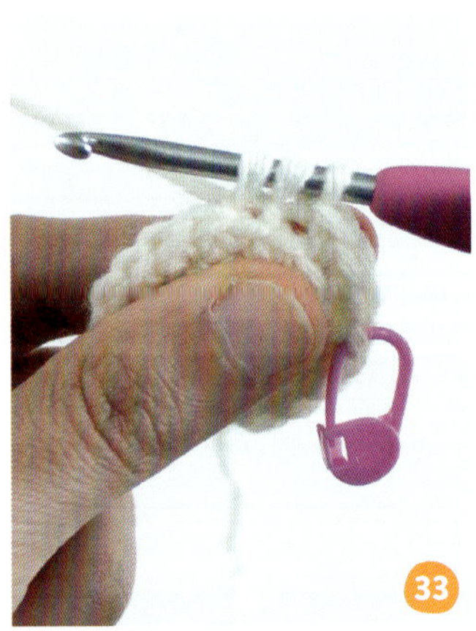
33

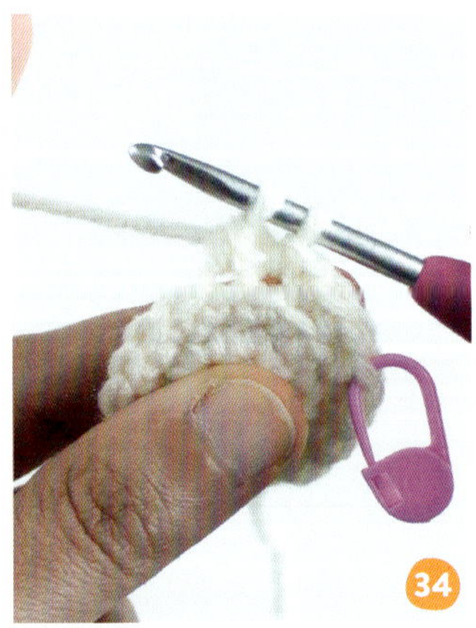
34

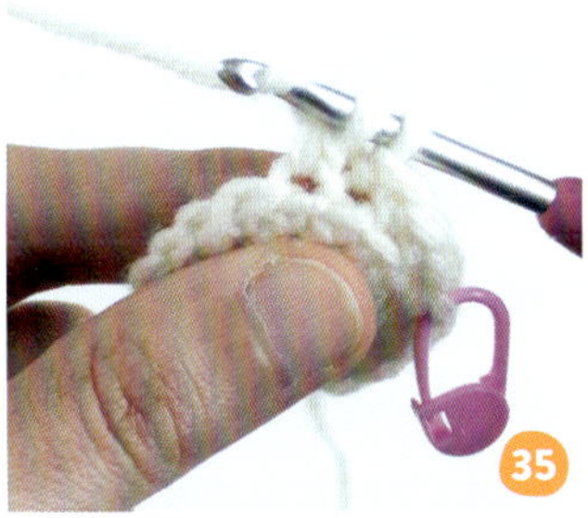

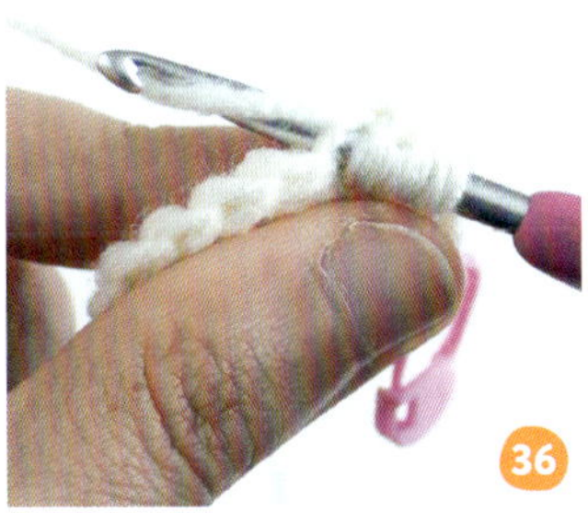

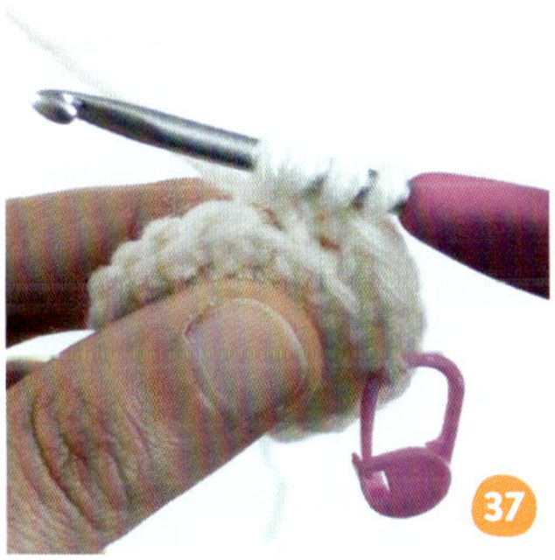

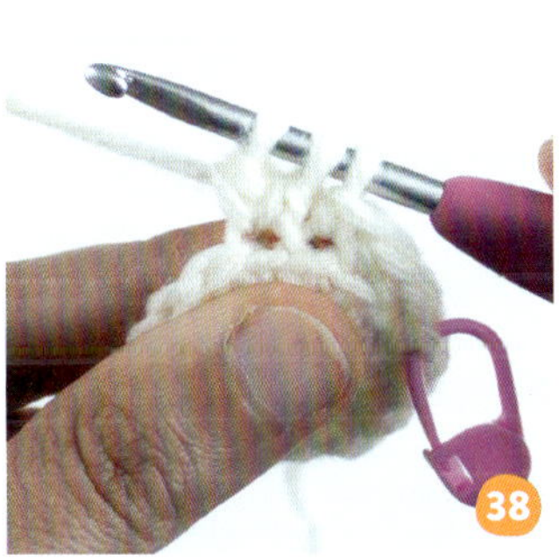

Zu Orange wechseln.

15. Rd: 12 fM.

Zu Schwarz wechseln.

16. Rd: 12 fM.

Zu Orange wechseln.

17.–19. Rd: 12 fM.

20. Rd: 5 fM. Dabei die Kanten des Beins aneinanderlegen und zusammenhäkeln. Dafür mit der Nadel durch beide M stechen. Dann wie gewohnt mit fM fortfahren (Fotos 44-47).

Abmaschen und den Faden zum Annähen hängen lassen (Foto 48).

Die Beine in der 24. Rd an den Körper stecken (Fotos 49+50). Die Vorderbeine sitzen über dem Bauch, die Noppen zeigen nach vorne. Mit dem Endfaden die Beine annähen. Dabei die Nadel unter beide Mg der 20. Rd der Beine und dann in den Körper führen (Foto 51). So bis zum Ende fortfahren. Das Fadenende verknoten und im Inneren des Körpers verstecken (Fotos 52–54).

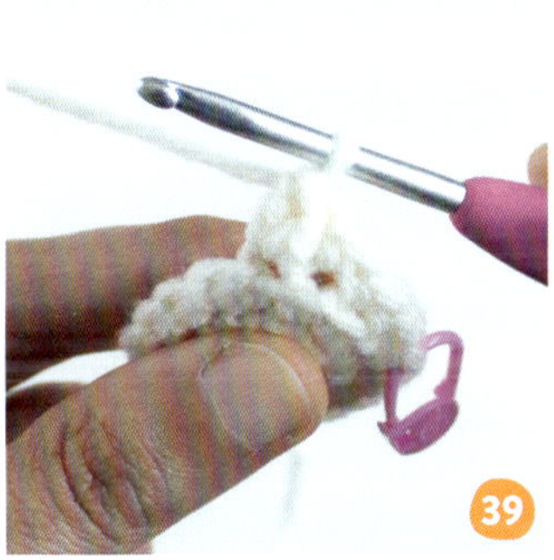

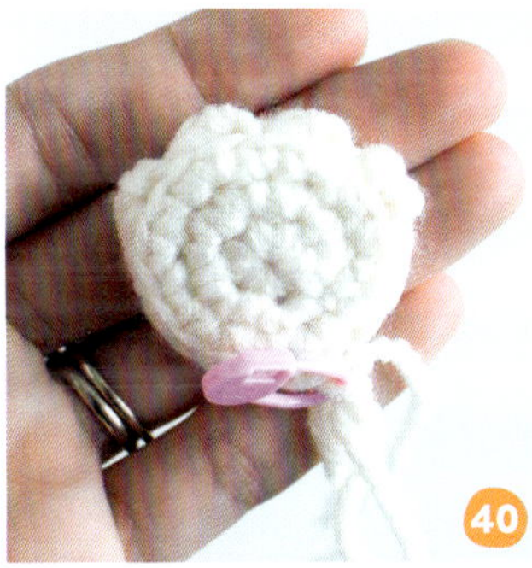

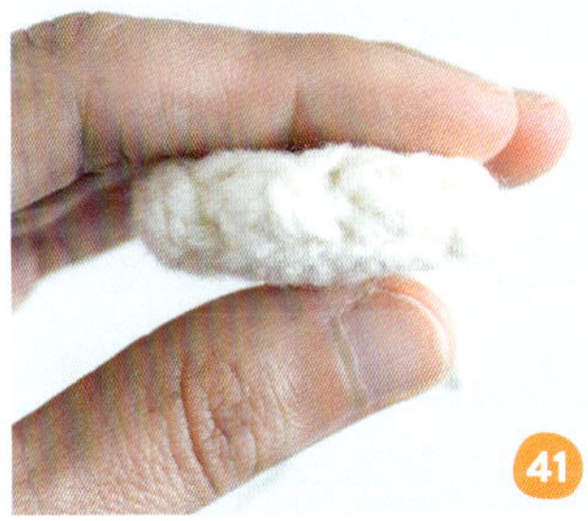

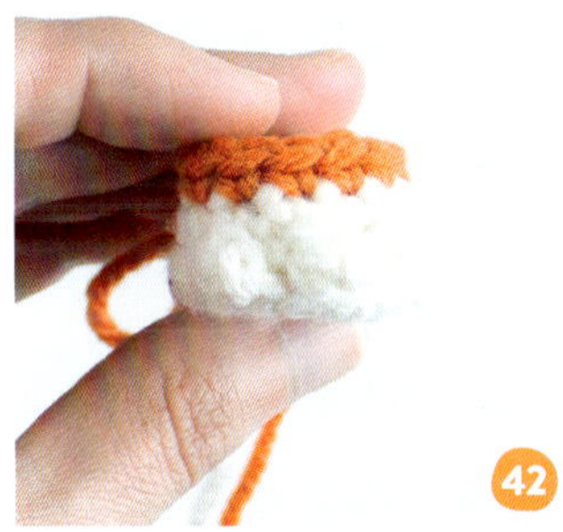

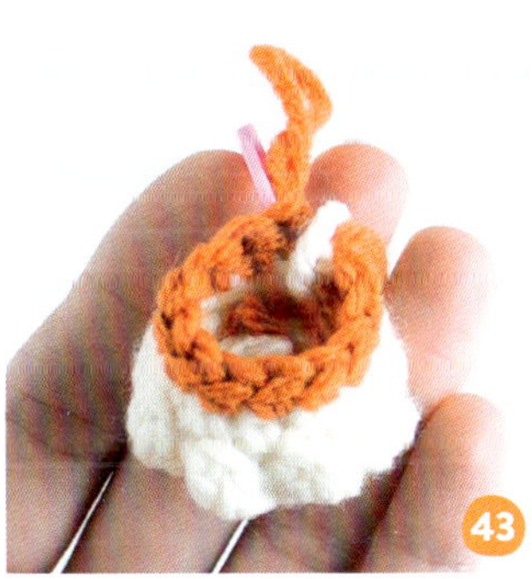

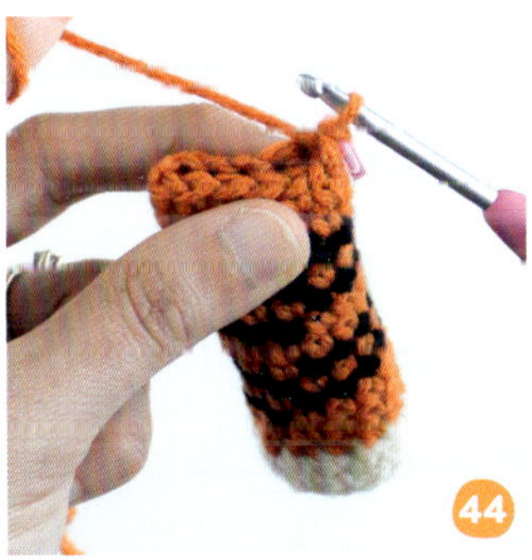

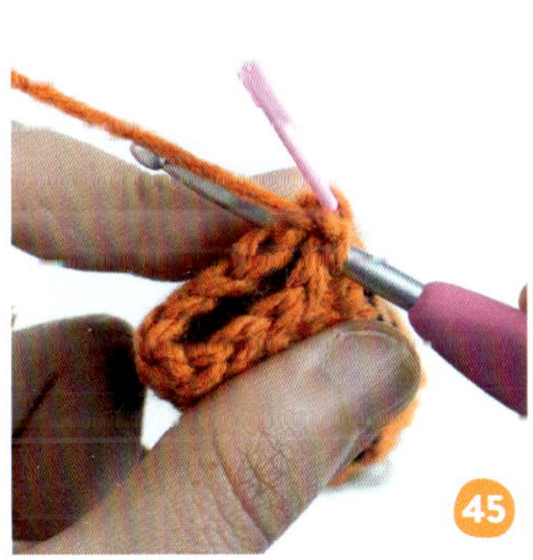

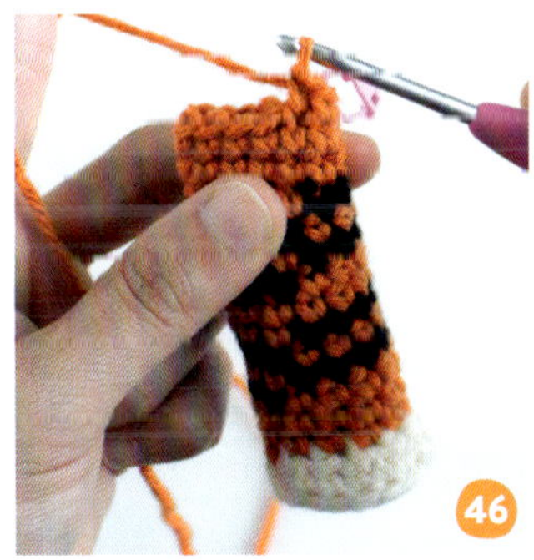

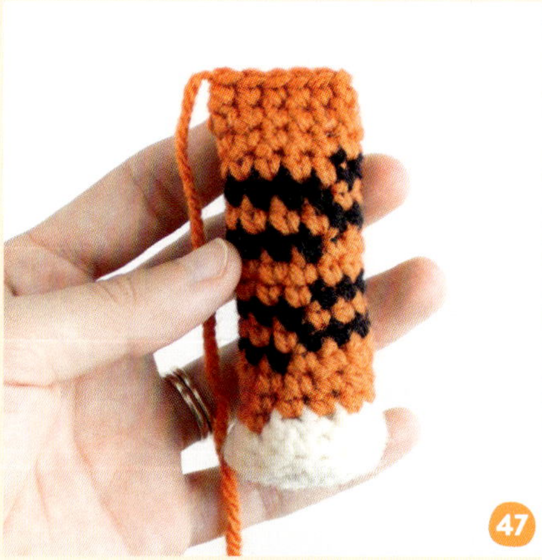
47

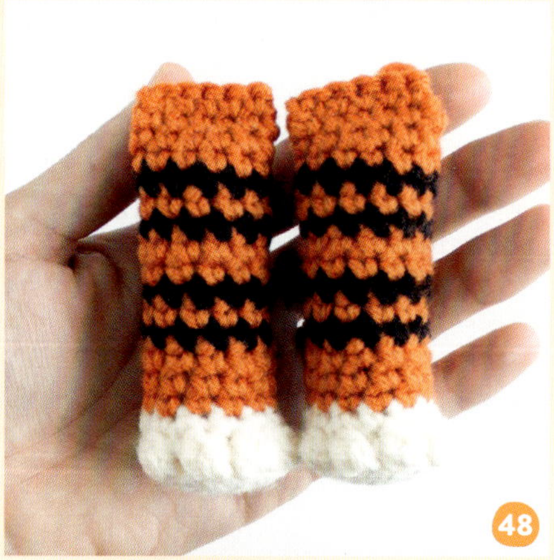
48

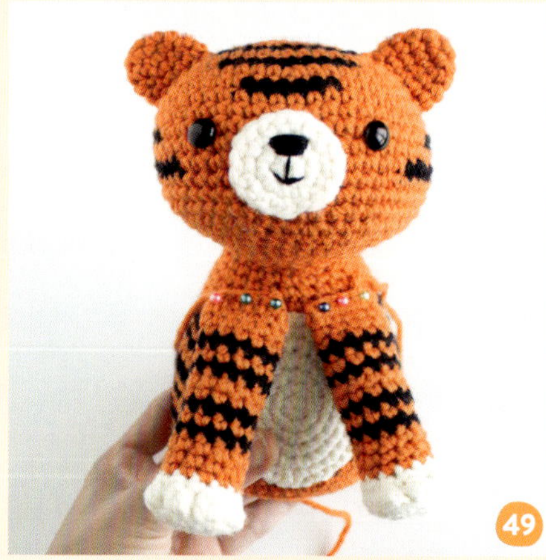
49

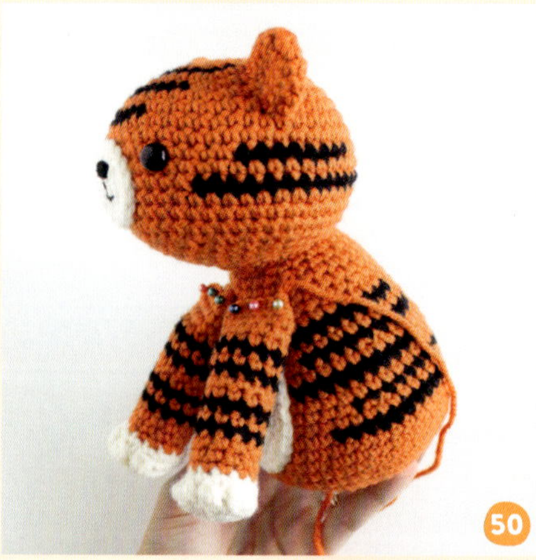
50

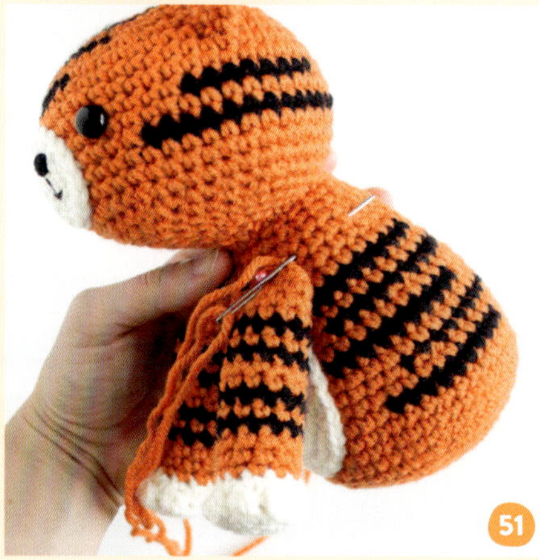
51

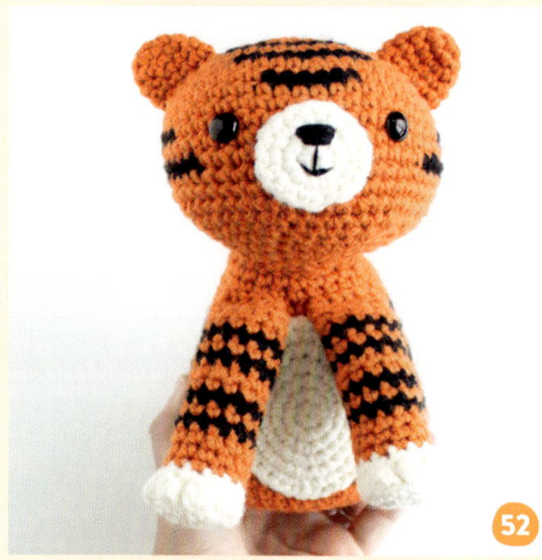
52

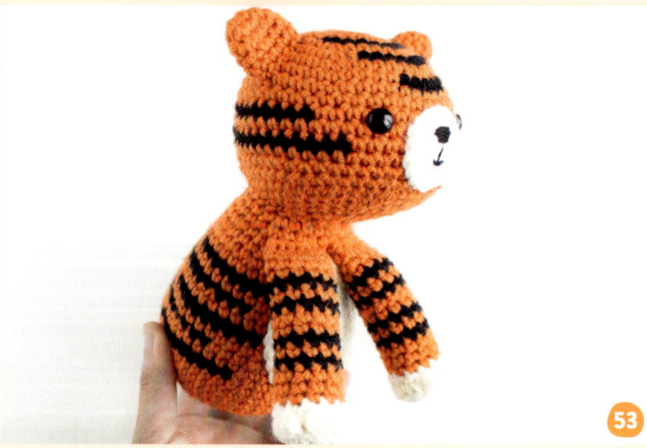
53

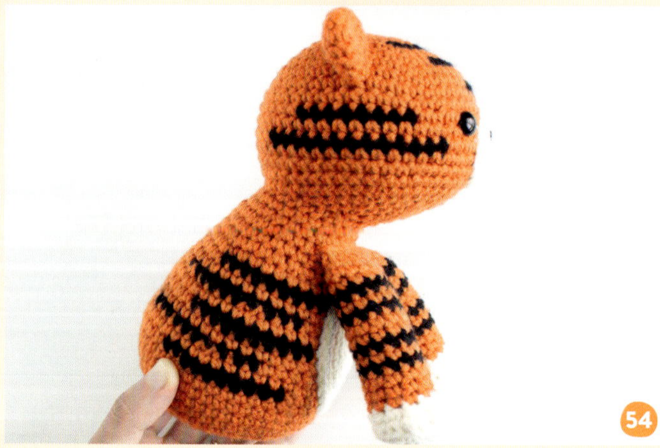
54

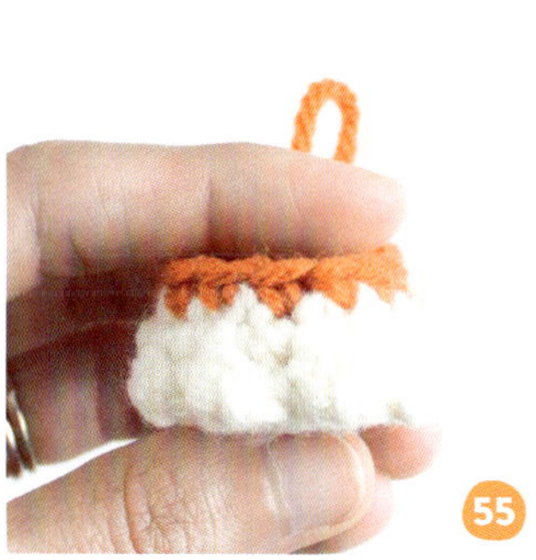

55

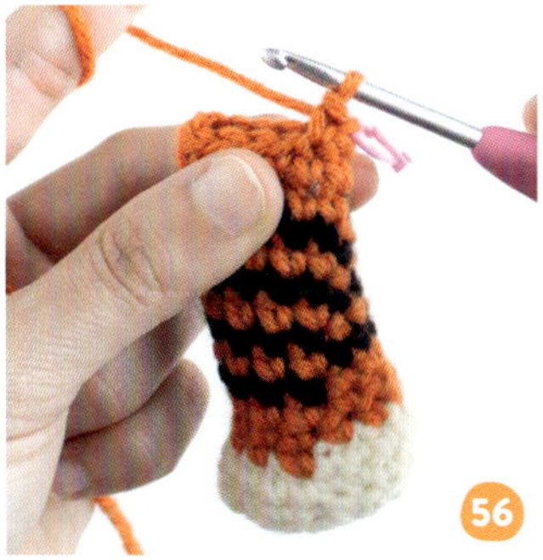

56

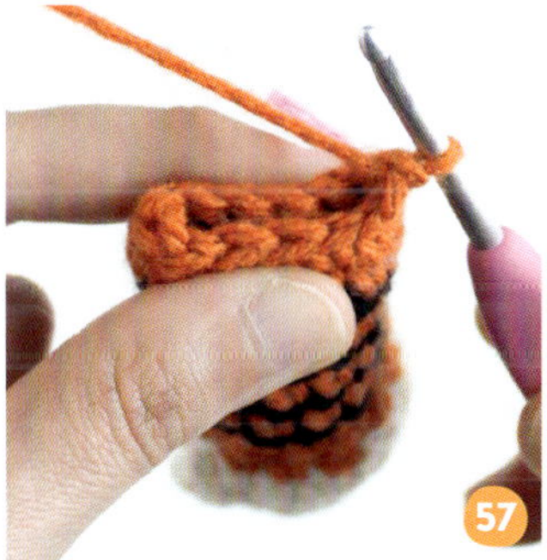

57

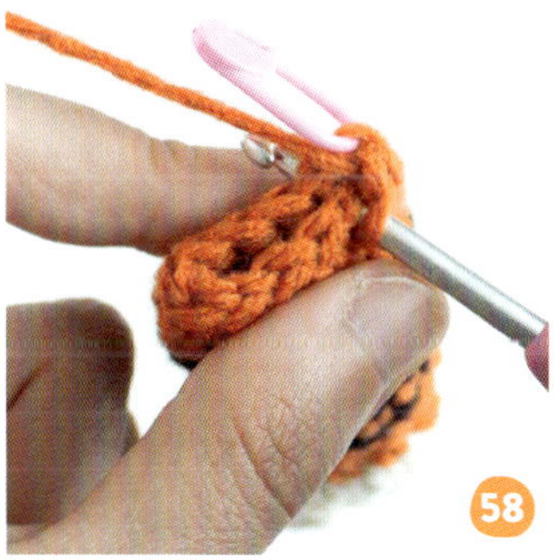

58

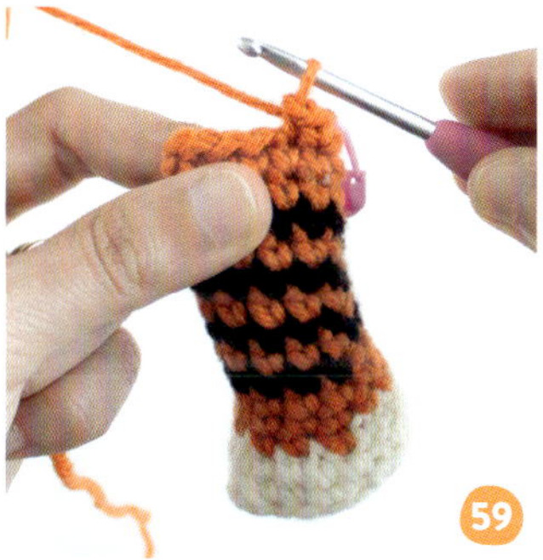

59

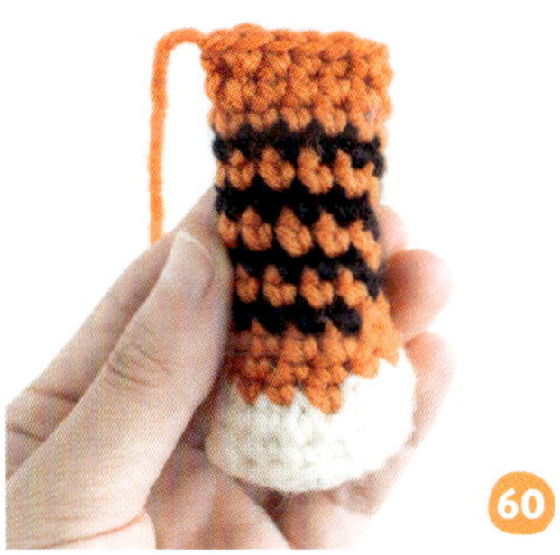

60

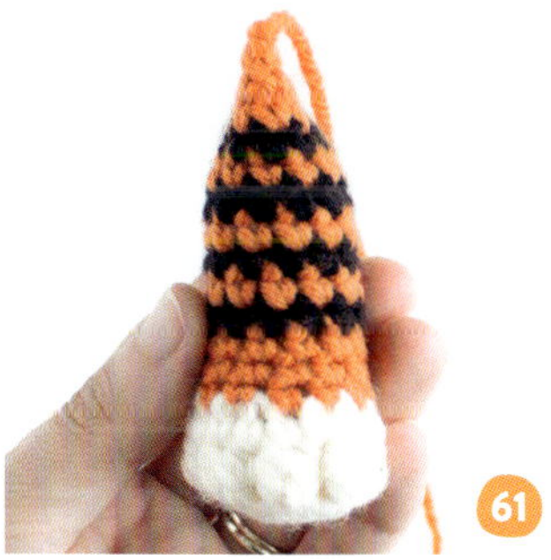

61

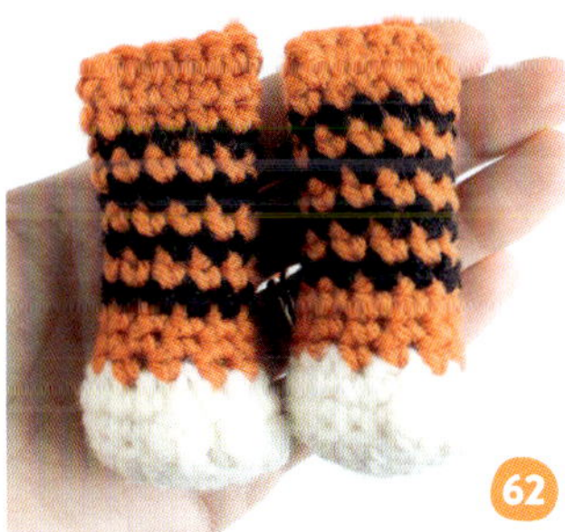

62

HINTERBEINE: 2 X HÄKELN

Mit Creme beginnen.

1. Rd: 6 fM in einen magischen Ring häkeln (6 M).

2. Rd: 6 Zun (12 M).

3. Rd: *1 fM, Zun* 6 x (18 M).

4. Rd: in hMg 4 fM, Mini-Np, *1fM, Mini-Np* 3 x, 7 fM (18 M). *Hinweis: Siehe dazu die Fotos für die Vorderbeine.*

5. Rd: 18 fM.

Zu Orange wechseln.

6. Rd: *1 fM, uns Abn* 6 x (12 M) (Foto 55).

7.+8. Rd: 12 fM.

Zu Schwarz wechseln.

9. Rd: 12 fM.

Zu Orange wechseln.

10. Rd: 12 fM.

Zu Schwarz wechseln.

11. Rd: 12 fM.

Zu Orange wechseln.

12. Rd: 12 fM.

Die Hinterbeine ausstopfen und nach und nach weitere Füllwatte hinzufügen.

Zu Schwarz wechseln.

13. Rd: 12 fM.

Zu Orange wechseln.

14. Rd: 12 fM.

Zu Schwarz wechseln.

15. Rd: 12 fM.

Zu Orange wechseln.

16.+17. Rd: 12 fM.

18. Rd: 1 fM. Die M aneinanderlegen und zusammenhäkeln. 5 fM. So zeigen die Zehen später nach oben (Fotos 56–59).

Abmaschen und den Faden zum Annähen hängen lassen (Fotos 60–62).

Die Beine zwischen der 7. und 11. Rd seitlich an den Körper stecken (Fotos 63+64). Die Noppen zeigen nach oben. Mit dem Endfaden die Beine annähen. Dabei die Nadel unter beide Mg der 18. Rd der Beine und dann in den Körper führen (Fotos 65+66). Bis zum Ende fortfahren (Foto 67).

Mit demselben Faden die Beine oben an den Körper nähen. So stehen sie nicht vom Körper ab (Fotos 68+69). Die Nadel oben in das Bein und in den Körper stechen, dann zwischen zwei M am Körper durchziehen. An derselben Stelle wieder einstechen und durch das Bein führen. So fortfahren, bis die Oberseite des Beins befestigt ist. Das Fadenende verknoten und im Inneren des Körpers verstecken (Foto 70). *Hinweis: Für detailliertere Fotos dieses Schritts siehe die Anleitung für das Faultier (Seite 87).*

SCHWANZ

Mit Schwarz beginnen.

1. Rd: 5 fM in einen magischen Ring häkeln (5 M).

2. Rd: 5 Zun (10 M).

3.+4. Rd: 10 fM.

Zu Orange wechseln.

5.–7. Rd: 10 fM.

Zu Schwarz wechseln.

8. Rd: 10 fM.

Zu Orange wechseln.

9.+10. Rd: 10 fM.

Zu Schwarz wechseln.

11. Rd: 10 fM.

Zu Orange wechseln.

12.+13. Rd: 10 fM.

Den Schwanz ausstopfen und nach und nach weitere Füllwatte hinzufügen.

Zu Schwarz wechseln.

14. Rd: 10 fM.

Zu Orange wechseln.

15.+16. Rd: 10 fM.

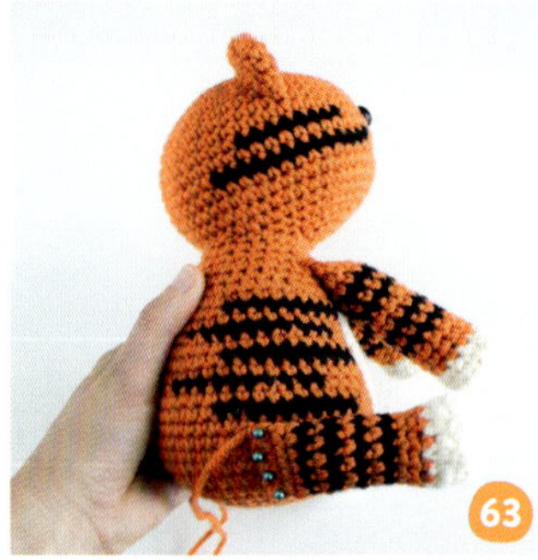
63

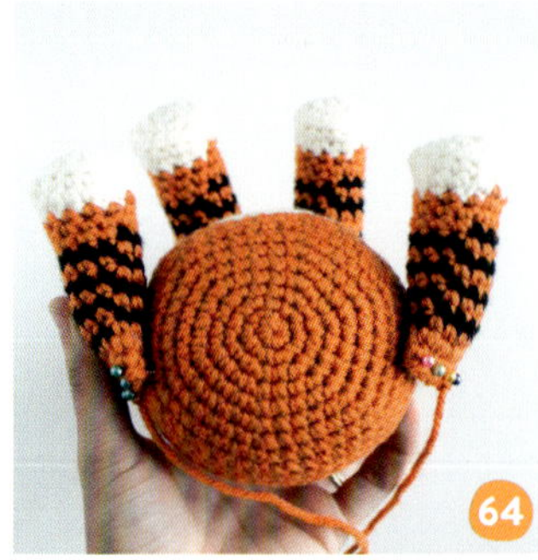
64

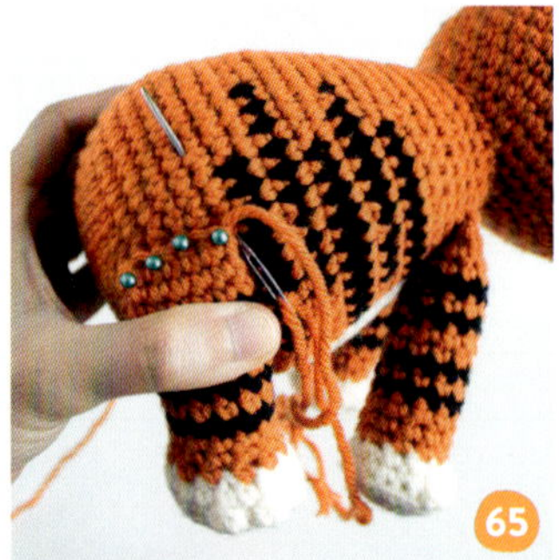
65

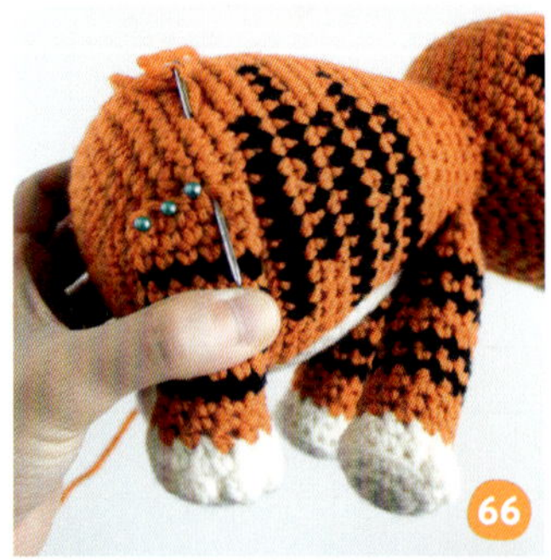
66

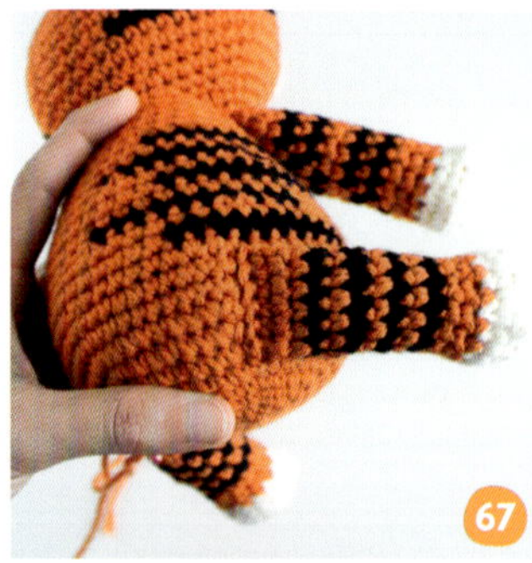
67

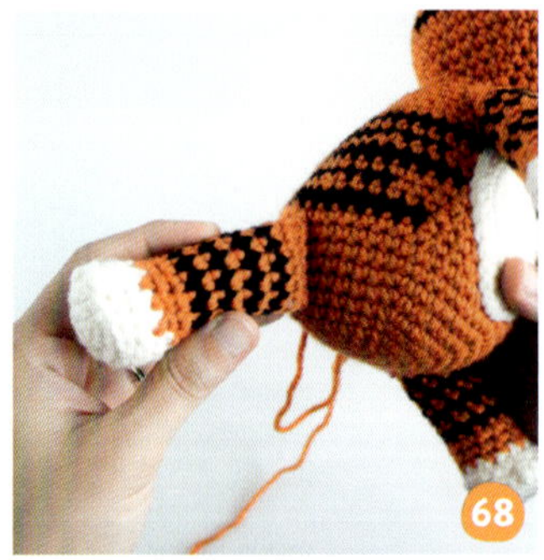
68

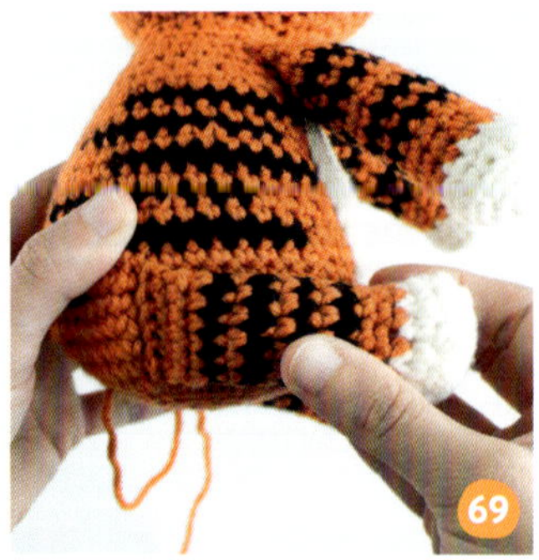
69

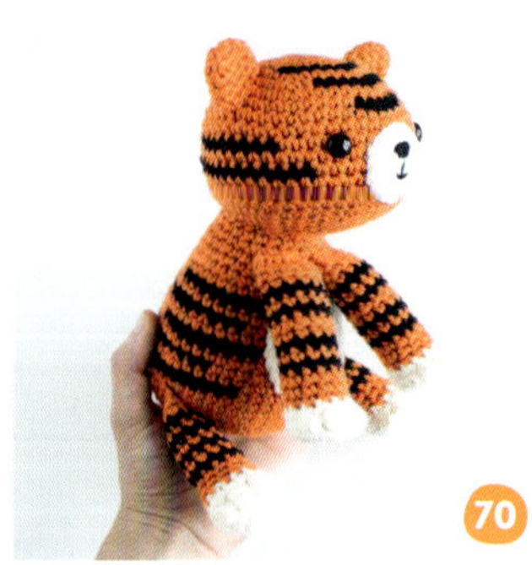
70

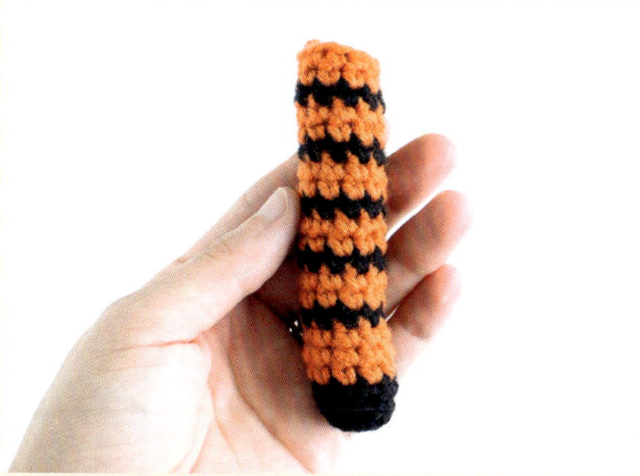

71

Zu Schwarz wechseln.

17. Rd: 10 fM.

Zu Orange wechseln.

18.+19. Rd: 10 fM.

Zu Schwarz wechseln.

20. Rd: 10 fM.

Zu Orange wechseln und den schwarzen Faden abmaschen.

21.+22. Rd: 10 fM.

Abmaschen und den Faden lang abschneiden (Foto 71). Den Schwanz zwischen der 9. und 12. Rd an den Körper stecken (Foto 72). Mit dem Endfaden annähen. Das Fadenende verknoten und im Inneren des Körpers verstecken (Fotos 73–75).

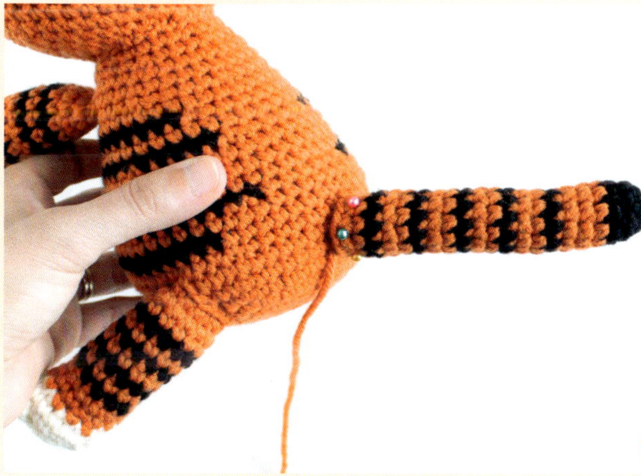

72

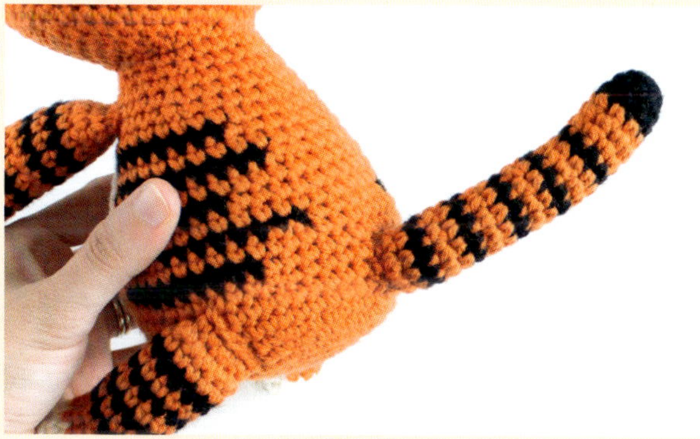

73

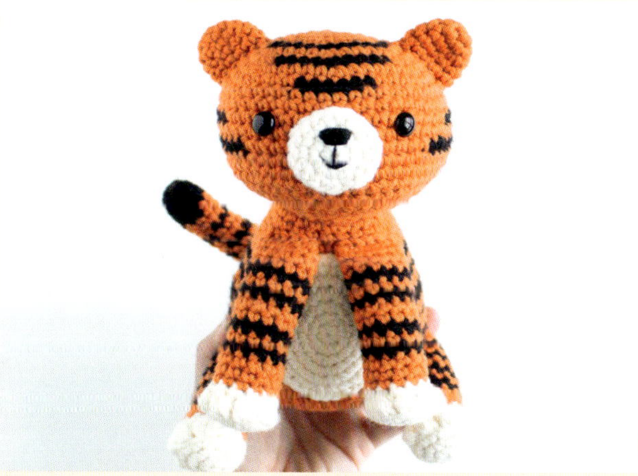

74

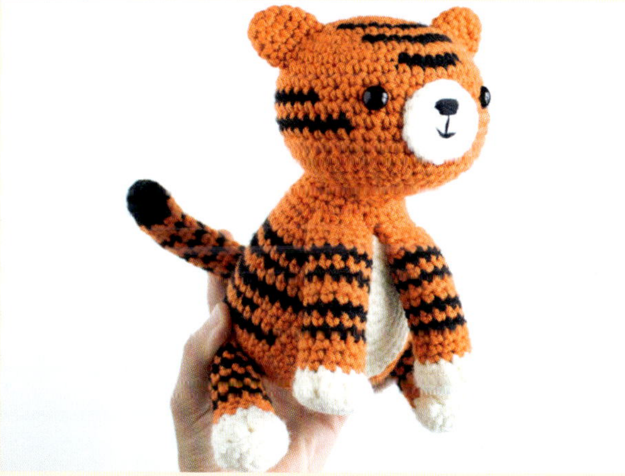

75

TUKAN

SCHWIERIG

FERTIGE MASSE

- ✗ Etwa 16,5 cm breit und 19 cm hoch

MATERIAL

- ✗ Häkelgarn (Lauflänge 100–120 m/50 g) in Schwarz, Weiß, Rot, Orange, Gelb, Limettengrün, Blau und Hellblau
- ✗ Häkelnadel 3,75 mm
- ✗ 1 Paar Sicherheitsaugen, 10 mm Ø
- ✗ Limettengrüner Filz
- ✗ Füllwatte aus Polyester
- ✗ Wollnadel
- ✗ Schere
- ✗ Maschenmarkierer
- ✗ Stecknadeln

ABKÜRZUNGEN

- ✗ Abn – Abnahme(n)
- ✗ fM – feste Masche(n)
- ✗ Lm – Luftmasche(n)
- ✗ M – Masche(n)
- ✗ R – Reihe(n)
- ✗ Rd – Runde(n)
- ✗ uns Abn – unsichtbare Abnahme(n)
- ✗ Zun – Zunahme(n)

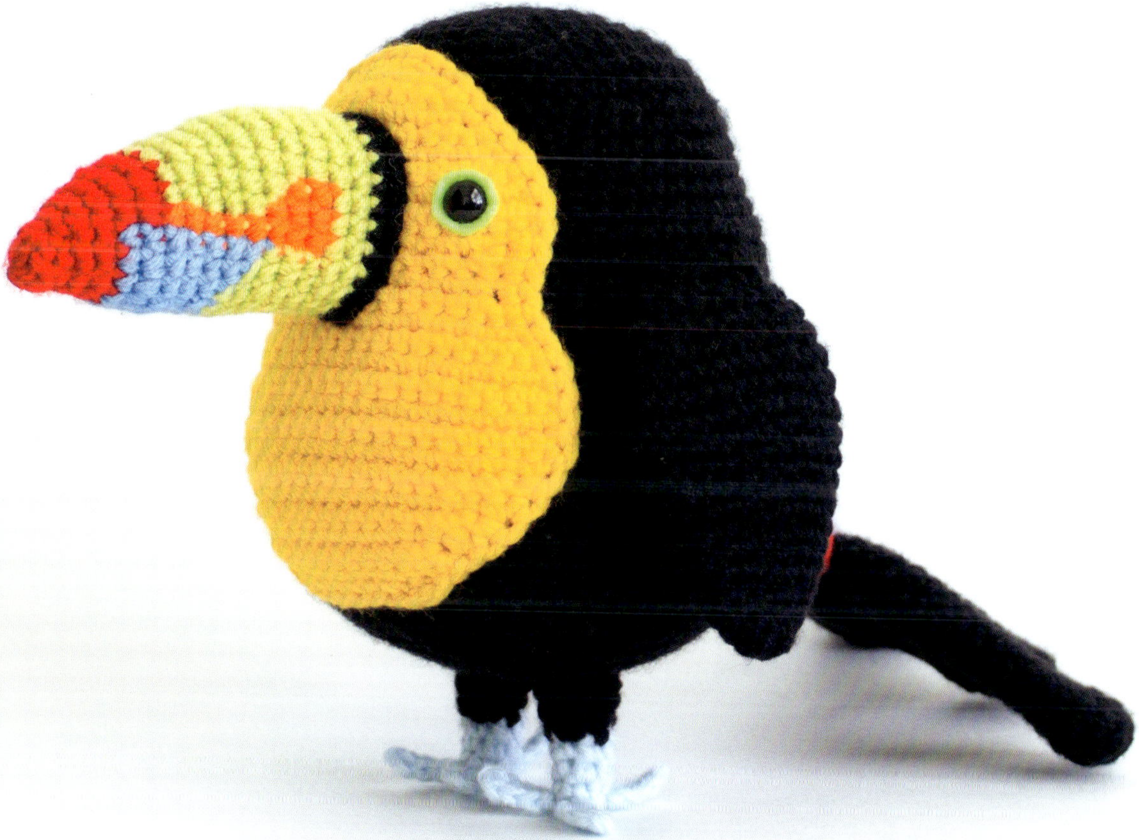

KÖRPER

In Schwarz häkeln.

1. Rd: 6 fM in einen magischen Ring häkeln (6 M).

2. Rd: 6 Zun (12 M).

3. Rd: *1 fM, Zun* 6 x (18 M).

4. Rd: *2 fM, Zun* 6 x (24 M).

5. Rd: *3 fM, Zun* 6 x (30 M).

6. Rd: *4 fM, Zun* 6 x (36 M).

7. Rd: *5 fM, Zun* 6 x (42 M).

8. Rd: *6 fM, Zun* 6 x (48 M).

9.–18. Rd: 48 fM.

19. Rd: *7 fM, Zun* 6 x (54 M).

20. Rd: 54 fM.

21. Rd: *8 fM, Zun* 6 x (60 M).

22. Rd: 60 fM.

23. Rd: *9 fM, Zun* 6 x (66 M).

24.–28. Rd: 66 fM.

29. Rd: *9 fM, uns Abn* 6 x (60 M).

30. Rd: 60 fM.

31. Rd: *8 fM, uns Abn* 6 x (54 M).

32. Rd: 54 fM.

33. Rd: *7 fM, uns Abn* 6 x (48 M).

34. Rd: 48 fM.

35. Rd: *6 fM, uns Abn* 6 x (42 M).

Den Körper ausstopfen und nach und nach weitere Füllwatte hinzufügen.

36. Rd: *5 fM, uns Abn* 6 x (36 M).

37. Rd: *4 fM, uns Abn* 6 x (30 M).

38. Rd: *3 fM, uns Abn* 6 x (24 M).

39. Rd: *2 fM, uns Abn* 6 x (18 M).

40. Rd: *1 fM, uns Abn* 6 x (12 M).

41. Rd: 6 uns Abn. (6 M).

Abmaschen und den Faden zum Verschließen hängen lassen (Foto 1).

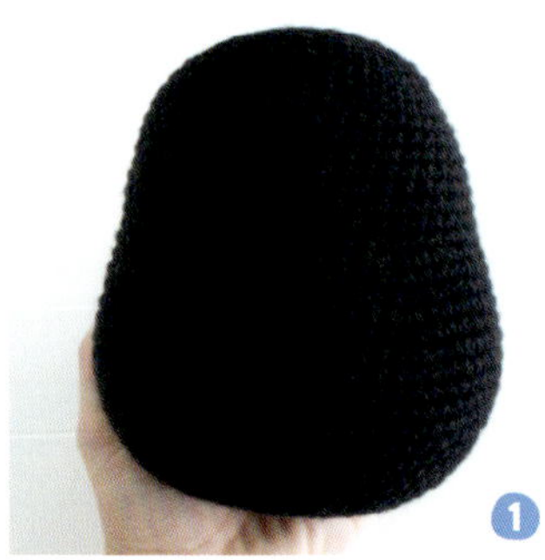

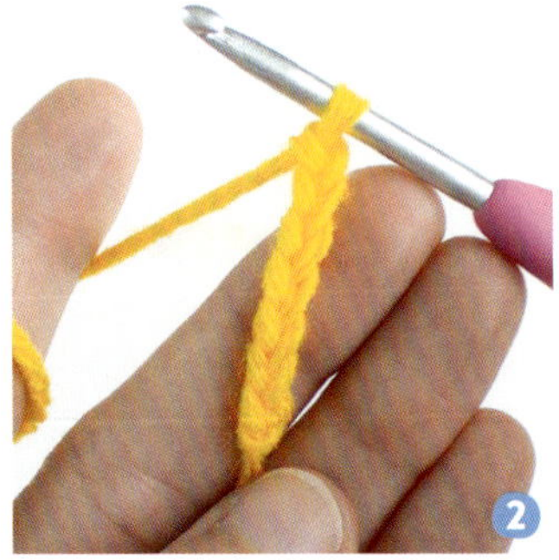

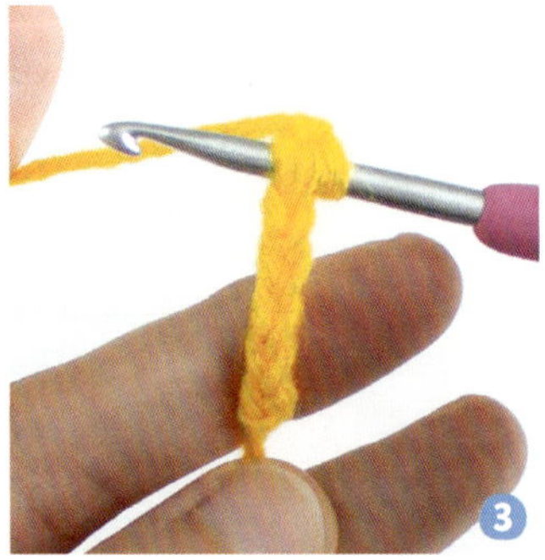

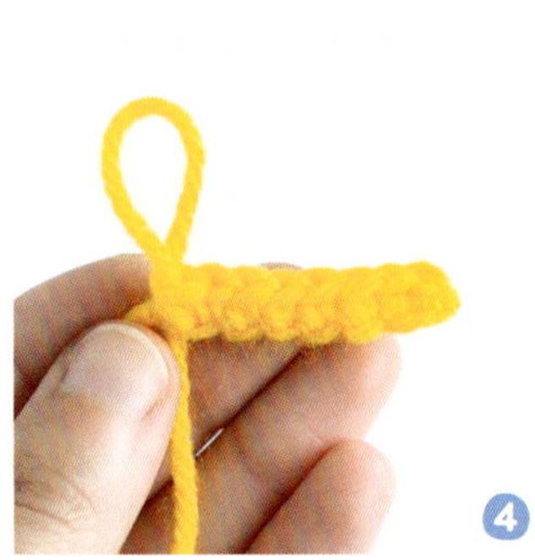

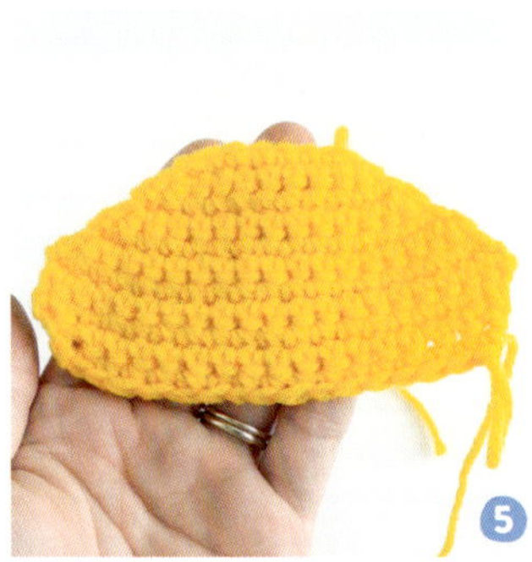

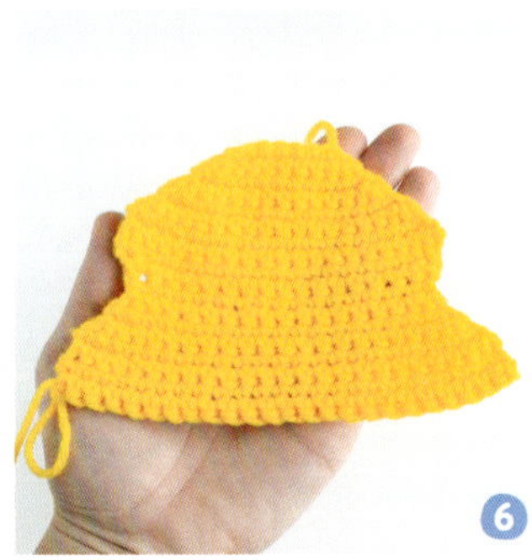

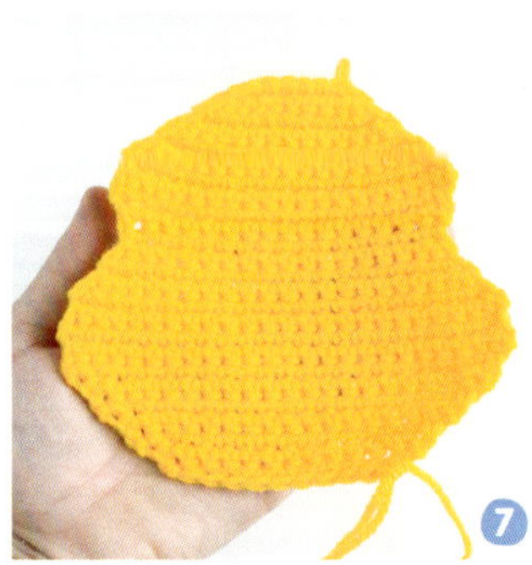

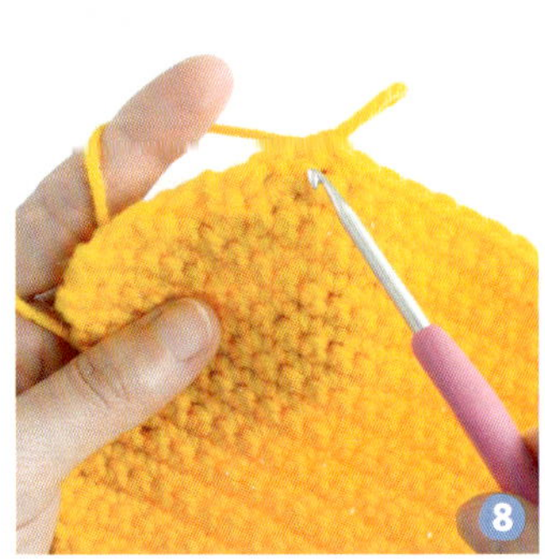

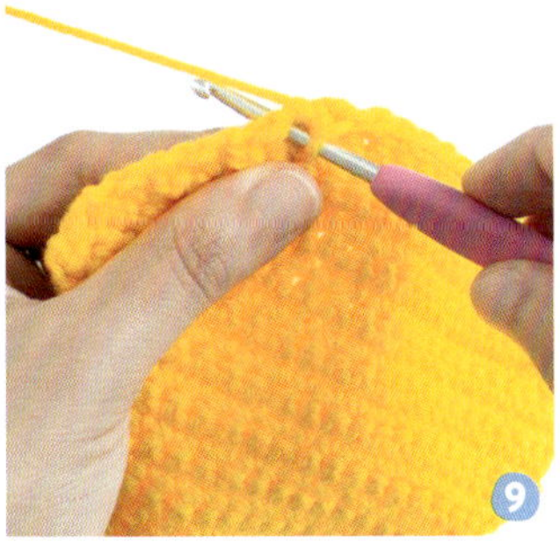

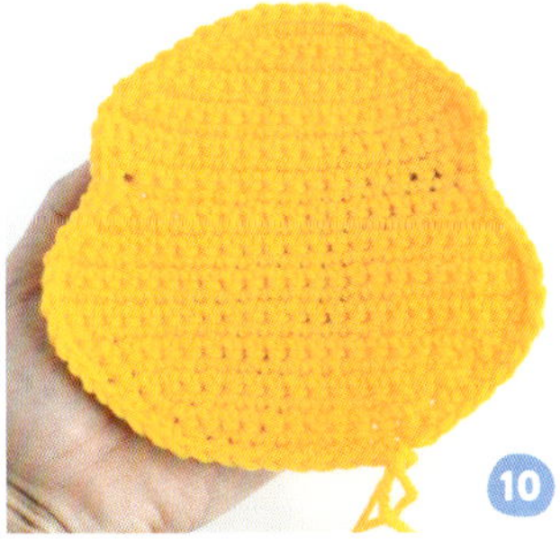

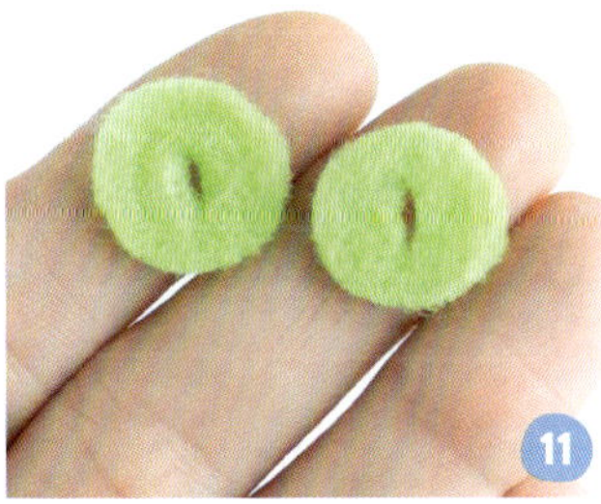

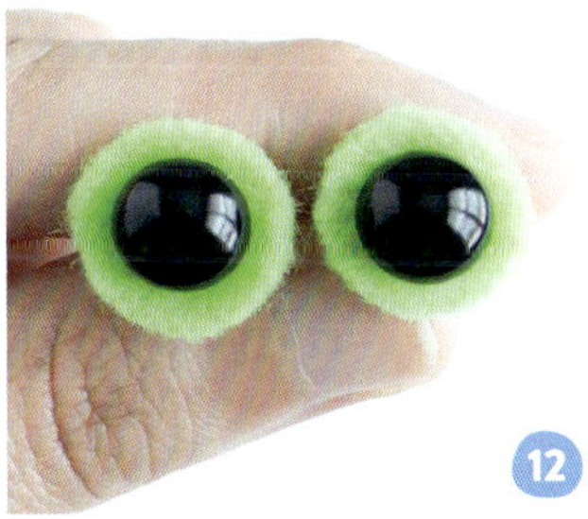

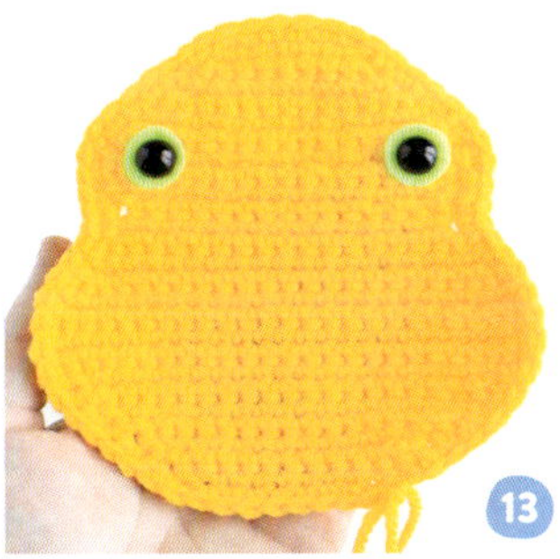

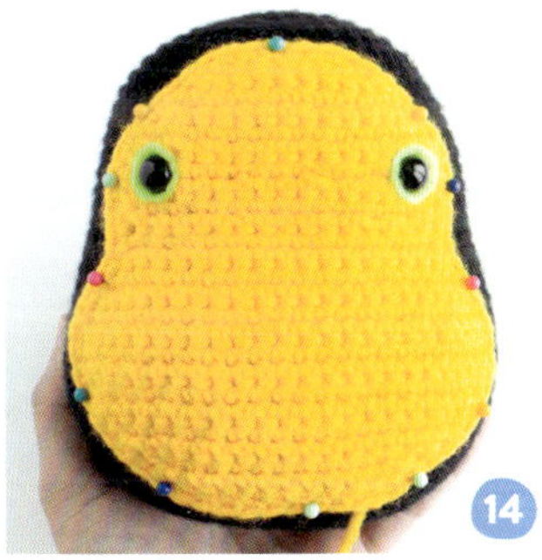

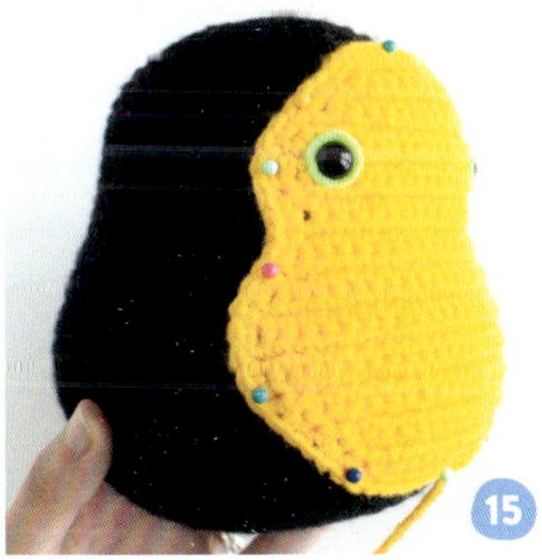

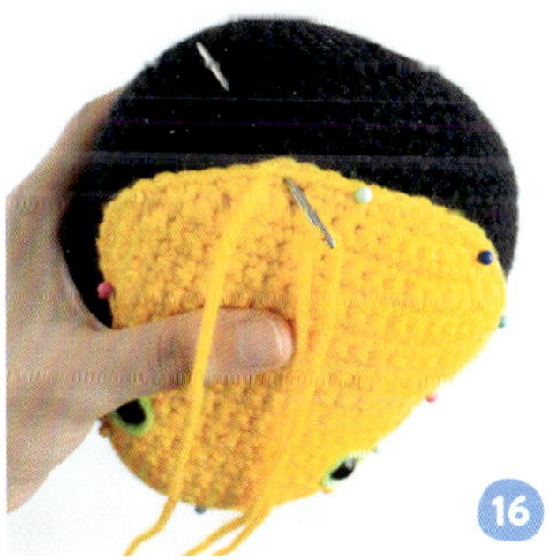

BAUCH

In Gelb häkeln.

1. R: 7 Lm, dann ab der 2. Lm von der Nadel Zun, 4 fM, Zun (8 M). 1 Lm und wenden (Fotos 2–4).

2. R: Zun, 6 fM, Zun (10 M). 1 Lm und wenden.

3. R: Zun, 8 fM, Zun (12 M). 1 Lm und wenden.

4. R: Zun, 10 fM, Zun (14 M). 1 Lm und wenden.

5. R: Zun, 12 fM, Zun (16 M). 1 Lm und wenden.

6. R: Zun, 14 fM, Zun (18 M). 1 Lm und wenden.

7. R: Zun, 16 fM, Zun (20 M). 1 Lm und wenden.

8. R: 20 fM. 1 Lm und wenden.

9. R: Abn, 16 fM, Abn (18 M). 1 Lm und wenden.

10. R: Abn, 14 fM, Abn (16 M). 1 Lm und wenden.

11. R: 16 fM. 1 Lm und wenden (Foto 5).

12. R: Zun, 14 fM, Zun (18 M). 1 Lm und wenden.

13. R: Zun, 16 fM, Zun (20 M). 1 Lm und wenden.

14. R: Zun, 18 fM, Zun (22 M). 1 Lm und wenden.

15. R: Zun, 20 fM, Zun (24 M). 1 Lm und wenden.

16.–18. R: 24 fM. 1 Lm und wenden (Foto 6).

19. R: Abn, 20 fM, Abn (22 M). 1 Lm und wenden.

20. R: Abn, 18 fM, Abn (20 M). 1 Lm und wenden.

21. R: Abn, 16 fM, Abn (18 M). 1 Lm und wenden.

22. R: Abn, 14 fM, Abn (16 M). 1 Lm und wenden.

23. R: Abn, 12 fM, Abn (14 M). 1 Lm und wenden.

24. R: Abn, 10 fM, Abn (12 M). 1 Lm und wenden.

25. R: Abn, 8 fM, Abn (10 M) (Foto 7)

In der nächsten R um die Kante des Bauchs herum häkeln. Einen Maschenmarkierer in die letzte fM einsetzen.

26. R: fM in dieselbe M wie die letzte fM, dann mit fM um die Kante fortfahren. Zuletzt 10 fM über die M der 25. R häkeln (64 M) (Fotos 8–10).

Abmaschen und den Faden zum Annähen besonders lang lassen.

Aus limettengrünem Filz zwei Kreise ausschneiden, die etwas größer als die Sicherheitsaugen sind. Ein kleines Löchlein in die Mitte schneiden und die Sicherheitsaugen einsetzen, aber noch nicht mit der Scheibe auf der Rückseite schließen (Fotos 11+12). Die Sicherheitsaugen mit einem Abstand von 12 M zwischen der 7. und 8. R des Bauchs einsetzen. Dann mit der Scheibe befestigen (Foto 13).

Den Bauch zwischen der 8. und 32. Rd auf den Körper stecken (Fotos 14+15). Mit dem Endfaden festnähen. Dabei die Nadel unter beide Mg der 26. R des Bauchs und dann in den Körper führen, zwischen zwei M ausstechen (Fotos 16+17). Die Nadel an derselben Stelle wieder einstechen, zur nächsten M am Körper führen und fortfahren. Darauf achten, den Faden unter und nicht über die M zu führen, damit die Naht sauber aussieht. Das Fadenende mit einem Knoten sichern und im Inneren des Körpers verstecken (Fotos 18+19).

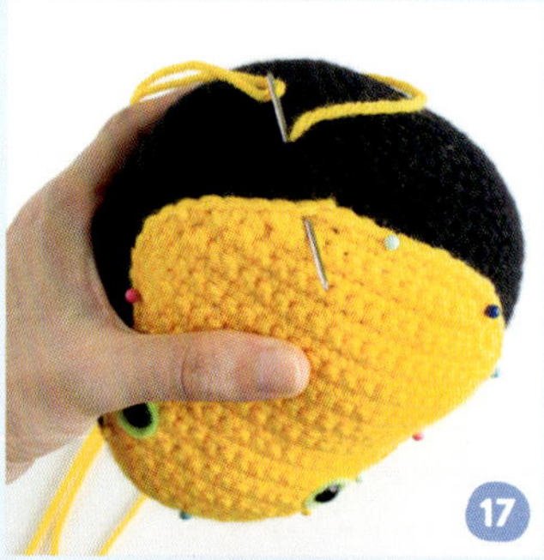
17

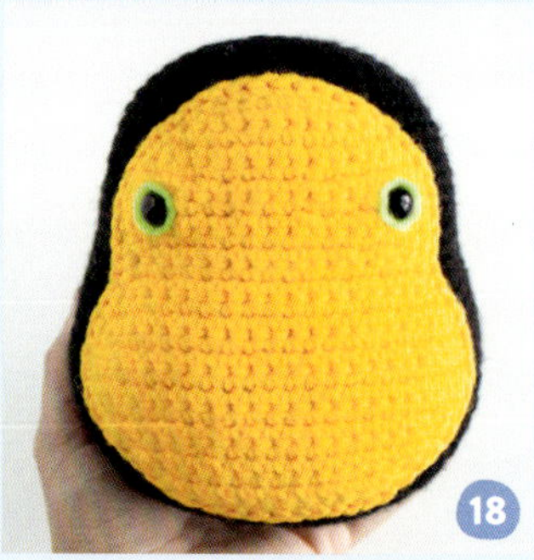
18

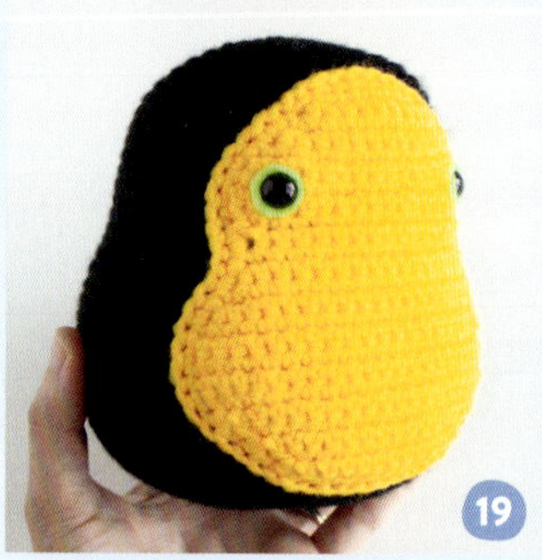
19

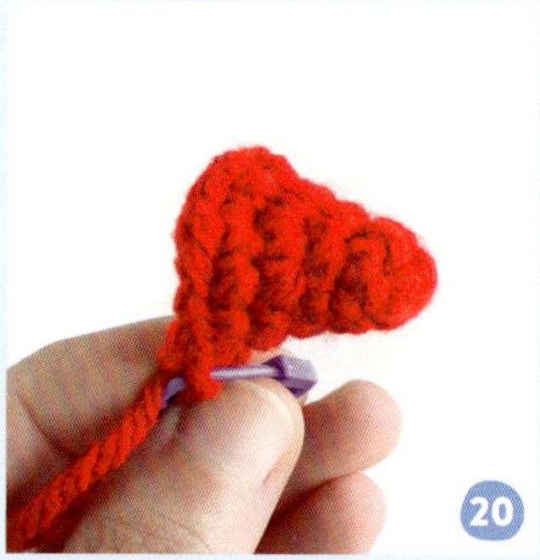
20

SCHNABEL

Hinweis: Beim Schnabel werden viele Farbwechsel gearbeitet. Ich führe hier am liebsten den Faden hinter den M mit, um ihn nach Bedarf aufzunehmen bzw. fallen zu lassen. Dabei muss der Faden locker mitgeführt werden. Du kannst die Fäden aber auch abschneiden und neu anmaschen.

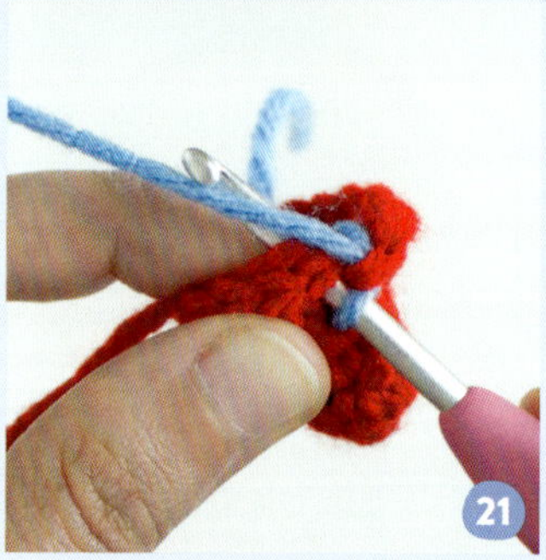
21

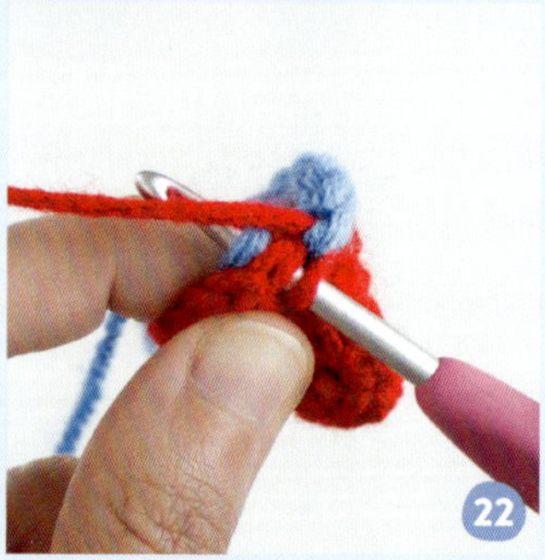
22

Mit Rot beginnen.

1. Rd: 6 fM in einen magischen Ring häkeln (6 M).

2. Rd: 6 fM.

3. Rd: *1 fM, Zun* 3 x (9 M).

4. Rd: *2 fM, Zun* 3 x (12 M).

5. Rd: *3 fM, Zun* 3 x (15 M) (Foto 20).

Zu Blau wechseln (Foto 21).

6. Rd: 7 fM, in Rot 8 fM (15 M) (Fotos 22+23).

Zu Blau wechseln.

7. Rd: 4 fM, Zun, 2 fM, in Rot 2 fM, Zun, 4 fM, Zun (18 M).

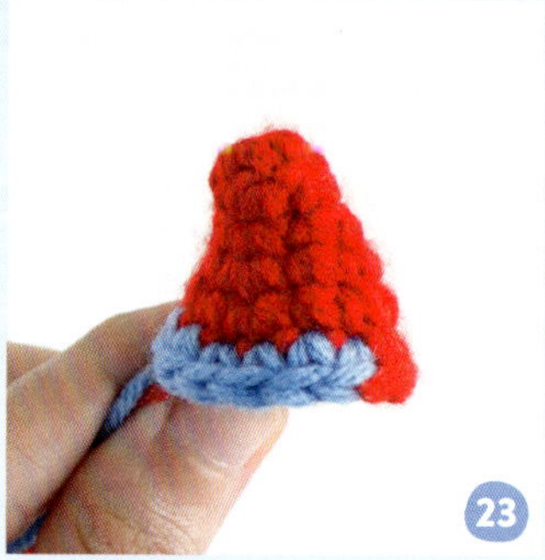
23

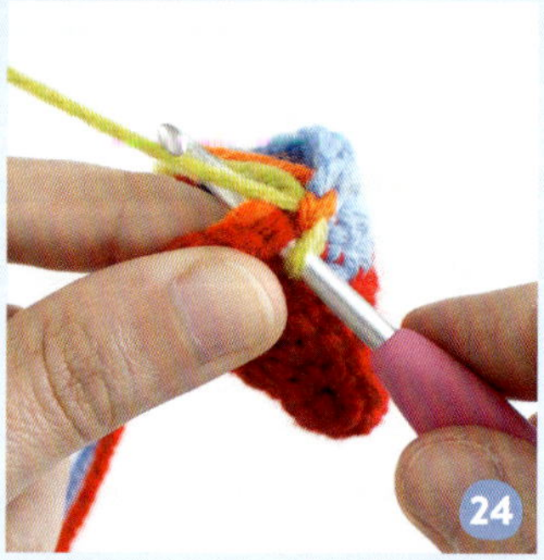
24

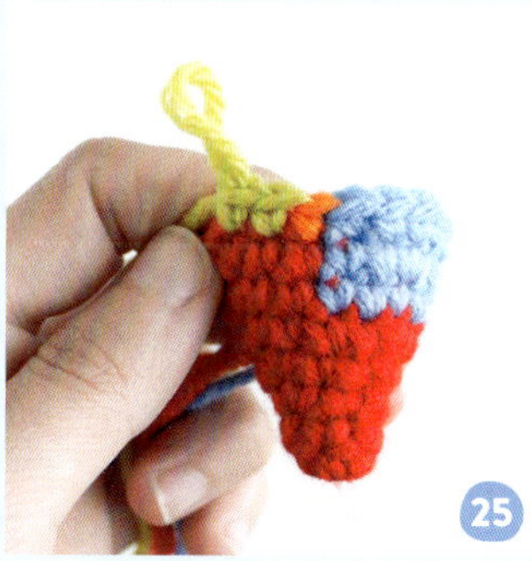
25

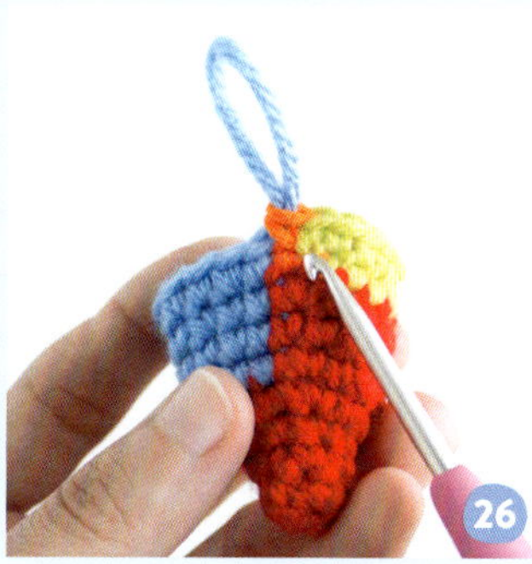
26

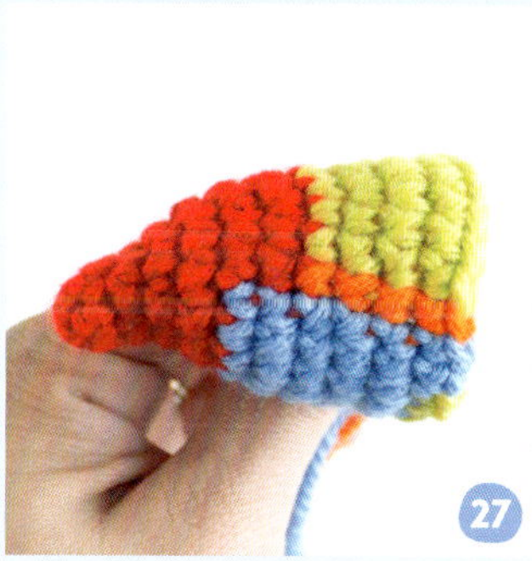
27

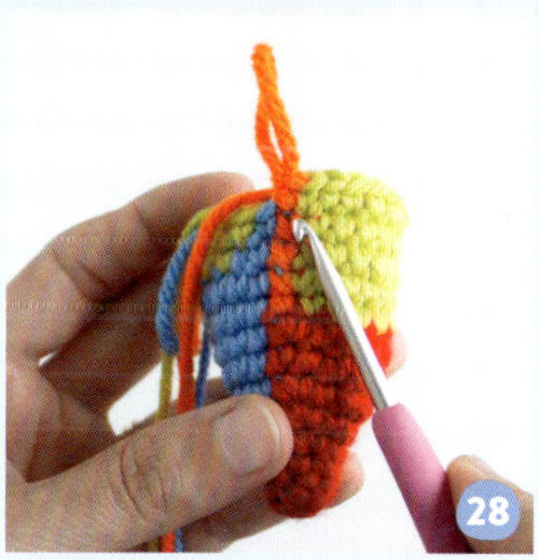
28

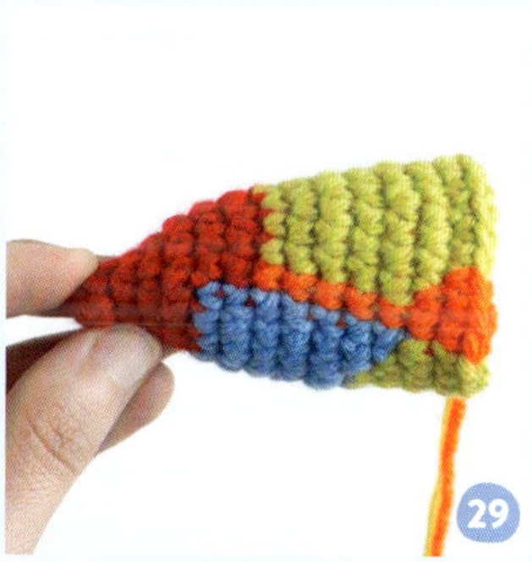
29

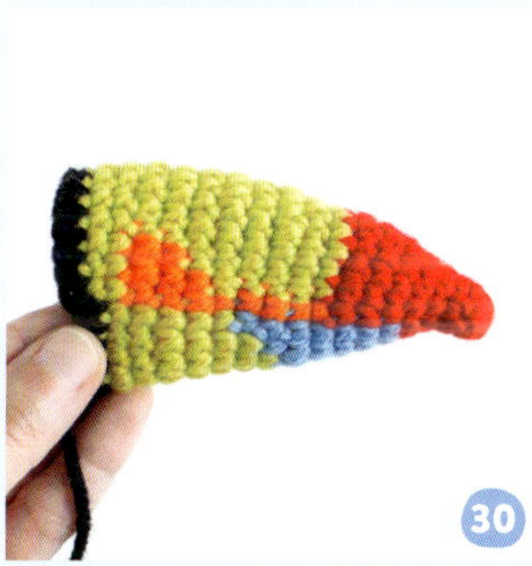
30

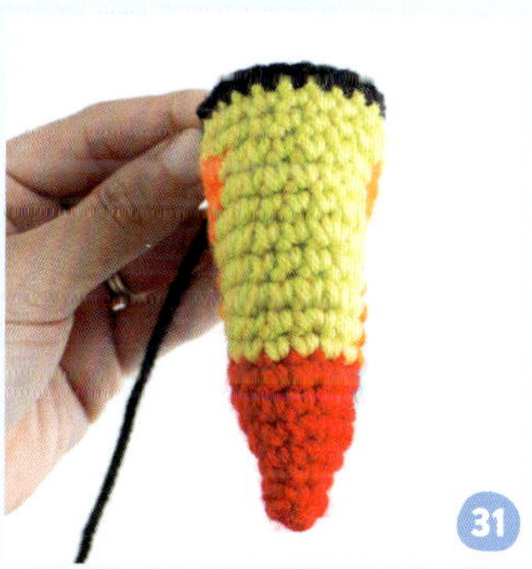
31

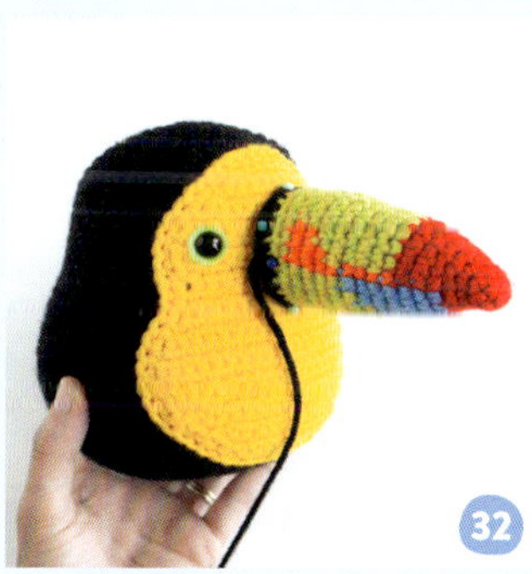
32

Zu Blau wechseln und den roten Faden abmaschen.

8. Rd: 8 fM, in Orange 1 fM, in Grün 8 fM, in Orange 1 fM (18 M) (Fotos 24+25).

Zu Blau wechseln.

9. Rd: 5 fM, Zun, 2 fM, in Orange 1 fM, in Grün 2 fM, Zun, 5 fM, Zun, in Orange 1 fM (21 M) (Foto 26).

Zu Blau wechseln.

10. Rd: 9 fM, in Orange 1 fM, in Grün 10 fM, in Orange 1 fM (21 M).

Zu Blau wechseln.

11. Rd: 2 fM, in Grün 5 fM, in Blau 2 fM, in Orange 1 fM, in Grün 10 fM, in Orange 1 fM (21 M) (Foto 27).

Zu Blau wechseln.

12. Rd: 1 fM, in Grün 5 fM, Zun, 1 fM, in Blau 1 fM, in Orange 1 fM, in Grün 3 fM, Zun, 6 fM, Zun, in Orange 1 fM (24 M) (Foto 28).

Zu Grün wechseln und den blauen Faden abmaschen.

13. Rd: 10 fM, in Orange 2 fM, in Grün 10 fM, in Orange 2 fM (24 M) .

Zu Grün wechseln.

14.+15. Rd: 10 fM, in Orange 3 fM, in Grün 8 fM, in Orange 3 fM (24 M) (Foto 29).

Zu Grün wechseln und den orangen Faden abmaschen.

16.+17. Rd: 24 fM.

Zu Schwarz wechseln und den grünen Faden abmaschen.

18. Rd: 24 fM.

Abmaschen und den Faden zum Annähen hängen lassen. Den Schnabel ausstopfen (Fotos 30+31) und zwischen der 5. und 13. R an den Bauch stecken (Foto 32). Mit dem Endfaden annähen. Dabei die Nadel unter beide Mg der 18. Rd des Schnabels und dann nur in den Bauch führen (Foto 33). So bis zum Ende fortfahren und noch weiteres Füllmaterial in den Schnabel stopfen, bevor die Naht ganz geschlossen wird. Das Fadenende mit einem Knoten sichern und im Inneren des Schnabels verstecken (Fotos 34+35).

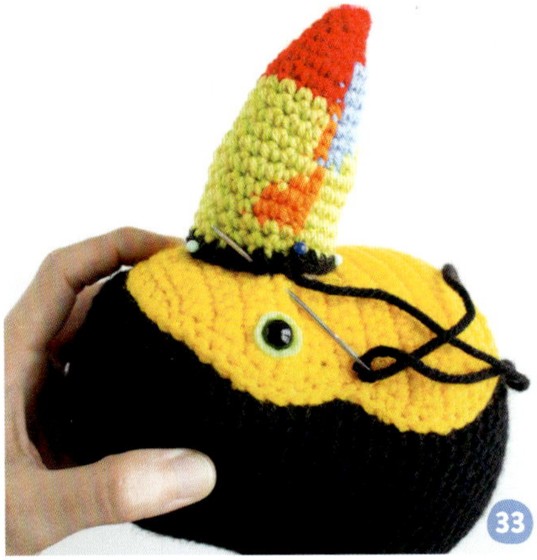
33

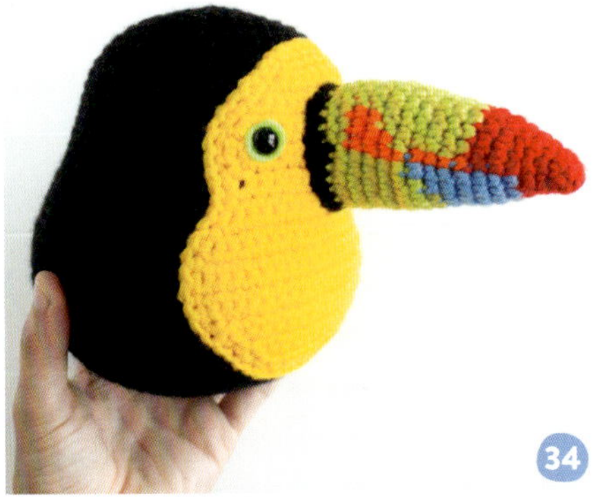
34

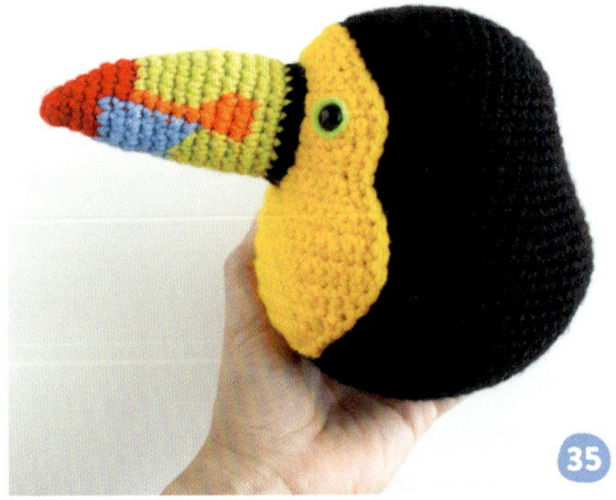
35

FLÜGEL: 2 X HÄKELN

In Schwarz häkeln.

1. Rd: 6 fM in einen magischen Ring häkeln (6 M).

2. Rd: *1 fM, Zun* 3 x (9 M).

3. Rd: *2 fM, Zun* 3 x (12 M).

4. Rd: *3 fM, Zun* 3 x (15 M).

5. Rd: 15 fM.

6. Rd: *4 fM, Zun* 3 x (18 M).

7. Rd: 18 fM.

8. Rd: *5 fM, Zun* 3 x (21 M).

9. Rd: 21 fM.

10. Rd: *6 fM, Zun* 3 x (24 M).

11. Rd: 24 fM.

12. Rd: *7 fM, Zun* 3 x (27 M).

13. Rd: *8 fM, Zun* 3 x (30 M).

14. Rd: *8 fM, uns Abn* 3 x (27 M).

15. Rd: *7 fM, uns Abn* 3 x (24 M).

16. Rd: *6 fM, uns Abn* 3 x (21 M).

17. Rd: *5 fM, uns Abn* 3 x (18 M).

18. Rd: *1 fM, uns Abn* 6 x (12 M) (Foto 36).

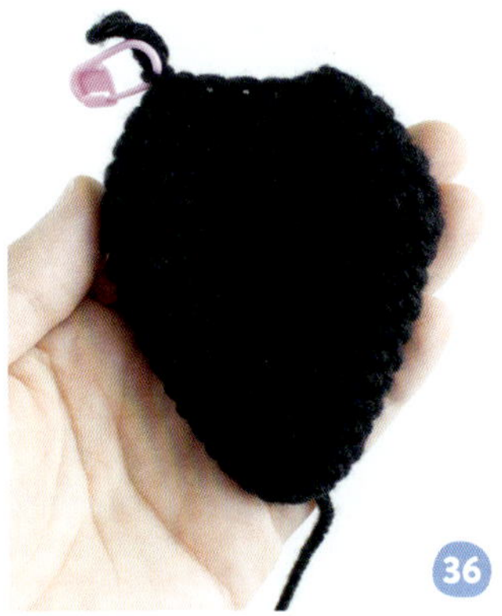
36

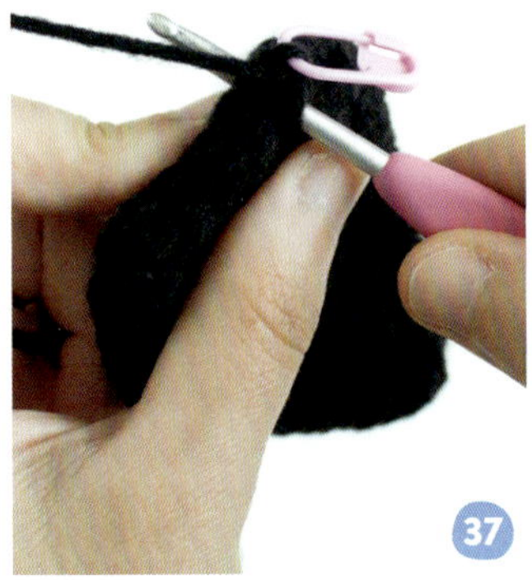
37

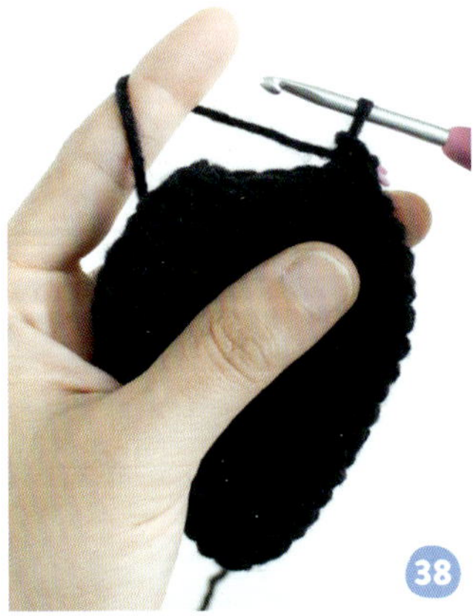
38

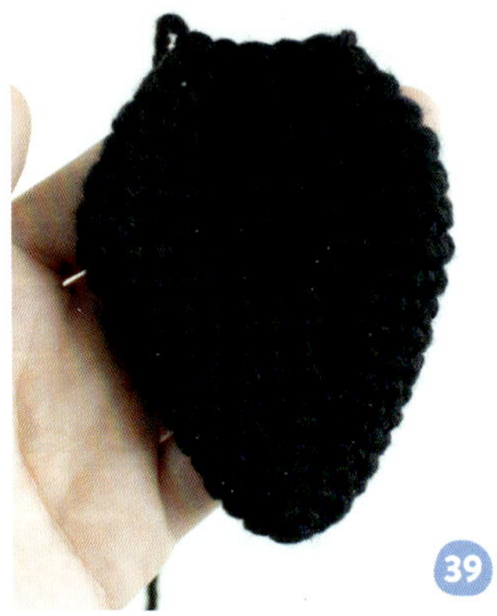
39

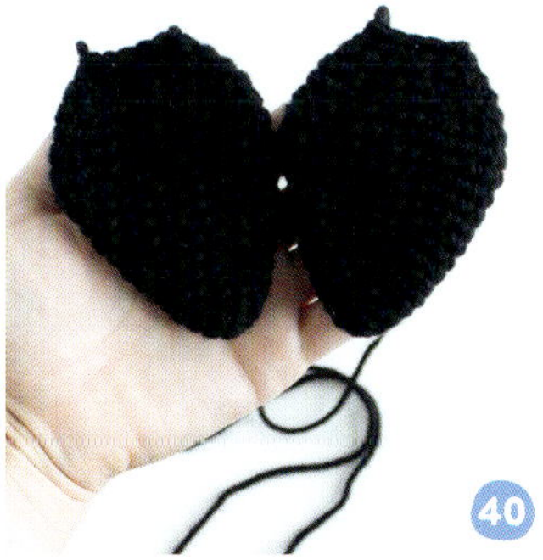

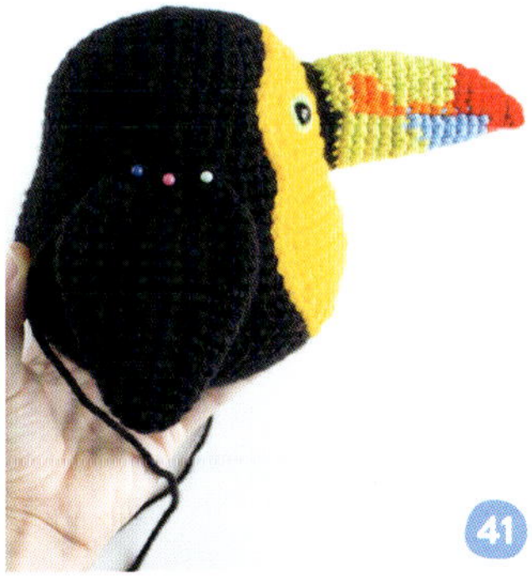

19. Rd: 5 fM. Dabei die Kanten des Beins aneinanderlegen und zusammenhäkeln. Dafür mit der Nadel durch beide M stechen. Dann wie gewohnt mit fM fortfahren (Fotos 37+38).

Abmaschen und den Faden zum Annähen hängen lassen. Die Flügel nicht ausstopfen (Fotos 39+40).

Die Flügel in der 18. Rd seitlich an den Körper stecken (Fotos 41–43). Mit dem Endfaden annähen. Dabei die Nadel unter beide Mg der 19. Rd der Flügel und dann in den Körper führen (Fotos 44+45). Das Fadenende mit einem Knoten sichern und im Inneren des Körpers verstecken (Fotos 46–48).

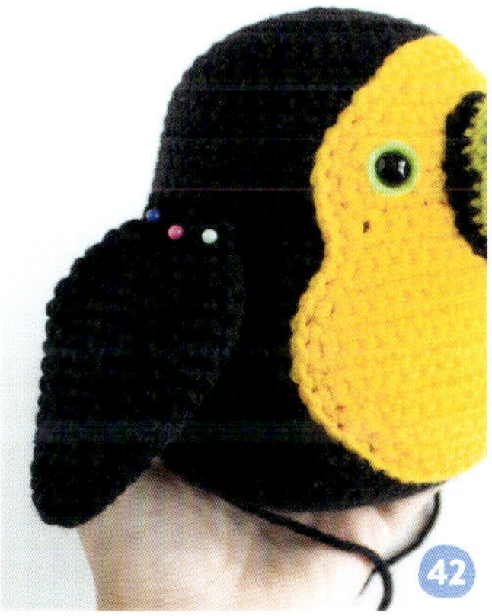

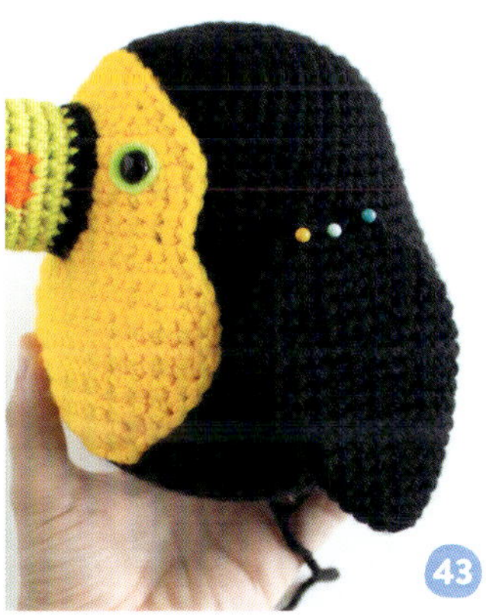

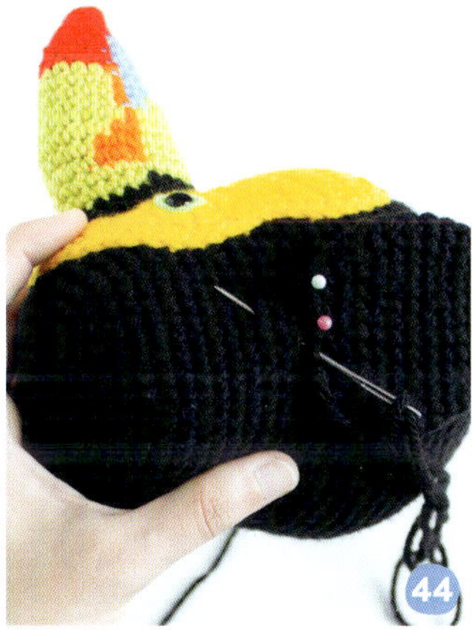

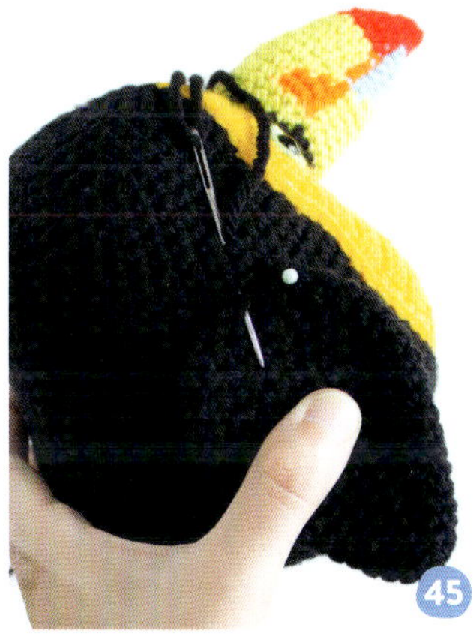

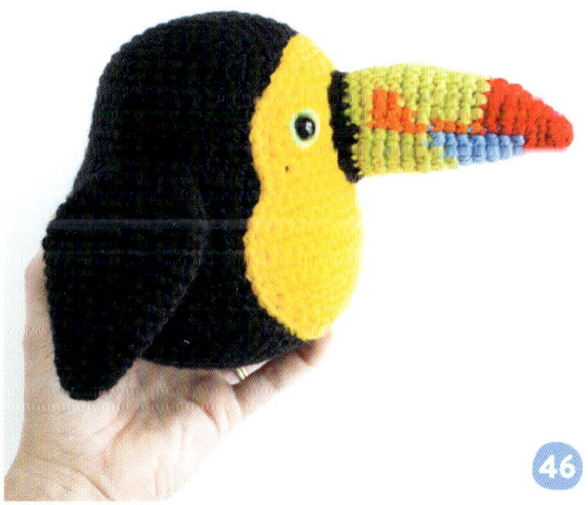

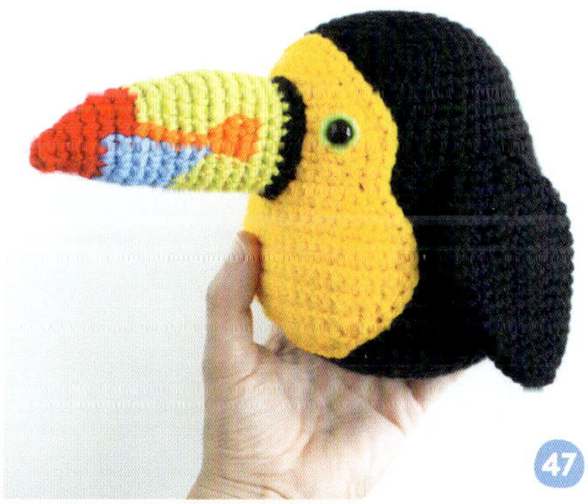

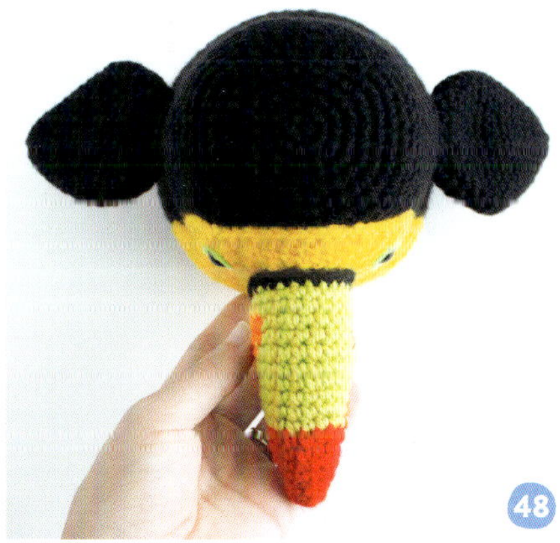

SCHWANZ

Hinweis: Beim Schwanz werden viele Farbwechsel gearbeitet. Ich schneide den Faden am liebsten jedes Mal ab und masche ihn bei Bedarf neu an. Denn wenn man den roten Faden mitführt, scheint er durch die weiße Wolle durch. Abschneiden und neu anmaschen ist daher die beste Methode, aber du kannst natürlich auch eine andere wählen.

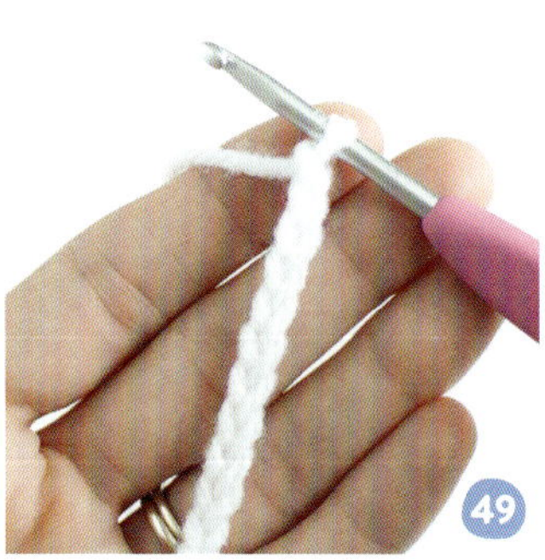

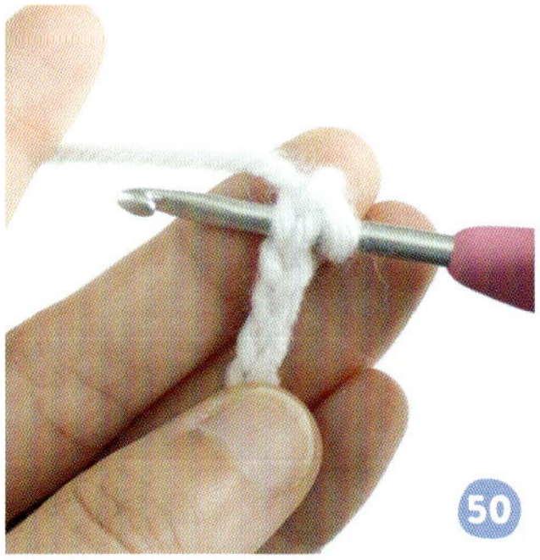

Mit Weiß beginnen.

1. R: 11 Lm, dann ab der 2. Lm von der Nadel 10 fM. Zu Rot wechseln und 10 fM auf der anderen Seite der Lm-Kette in die rückseitigen Schlaufen (20 M) (Fotos 49–55).

Zu Weiß wechseln.

2. R: Zun, 8 fM, Zun, in Rot Zun, 8 fM, Zun (24 M) (Foto 56).

3. R: Zun, in Weiß 1 fM, Zun, 9 fM, 2 Zun, in Rot 1 fM, Zun, 9 fM, Zun (30 M) (Fotos 57–59).

4. R: 1 fM, in Weiß 15 fM, in Rot 14 fM (30 M).

5. R: uns Abn, in Weiß uns Abn, 9 fM, 2 uns Abn, in Rot uns Abn, 9 fM, uns Abn (24 M) (Fotos 60–66).

Abmaschen und sowohl den roten als auch den weißen Faden zum Annähen hängen lassen (Fotos 67+68).

Den Schwanz zwischen der 27. bis 32. Rd an den Körper stecken (Fotos 69+70). Dabei die Nadel unter beide Mg der 5. R des Schwanzes und dann in den Körper führen, zwischen zwei M ausstechen (Foto 71). Die Nadel an derselben Stelle wieder einstechen, zur nächsten M am Schwanz führen und fortfahren (Foto 72). Darauf achten, den Faden unter und nicht über die M zu führen, damit die Naht sauber aussieht. Das weiße Fadenende mit einem Knoten sichern und im Inneren des Schwanzes verstecken. Den Schwanz ausstopfen. Mit dem roten Endfaden den roten Bereich an den Körper nähen. Das Fadenende mit einem Knoten sichern und im Inneren des Schwanzes verstecken (Fotos 73+74).

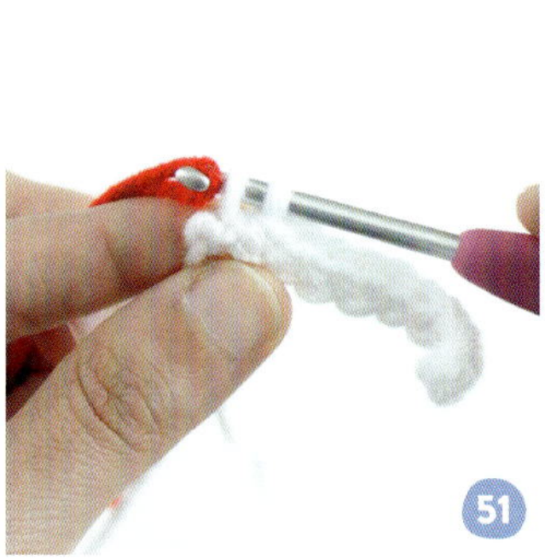

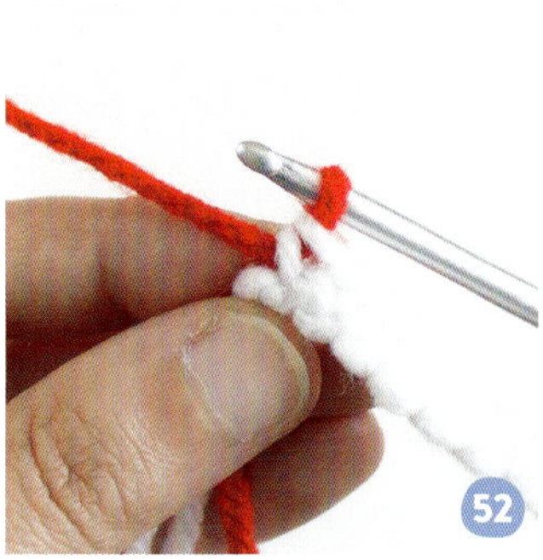

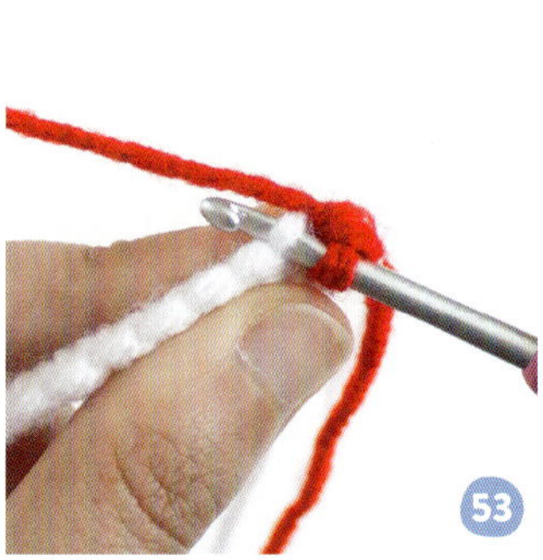

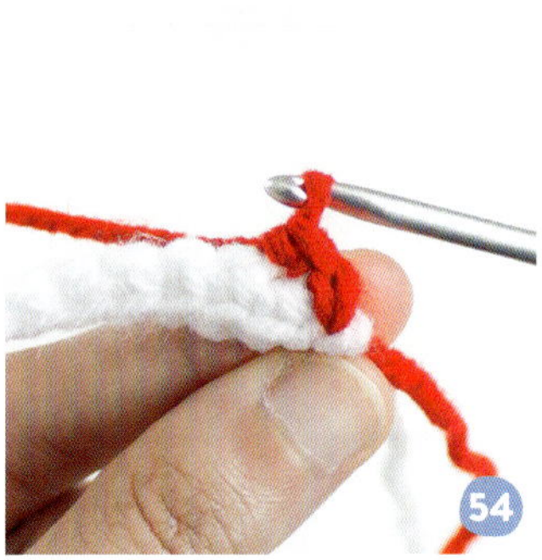

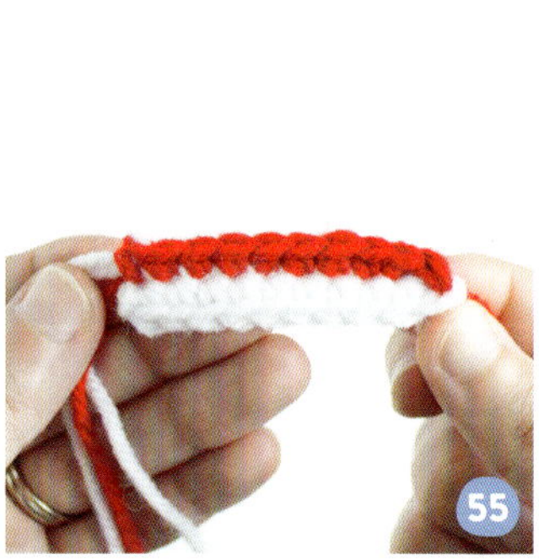

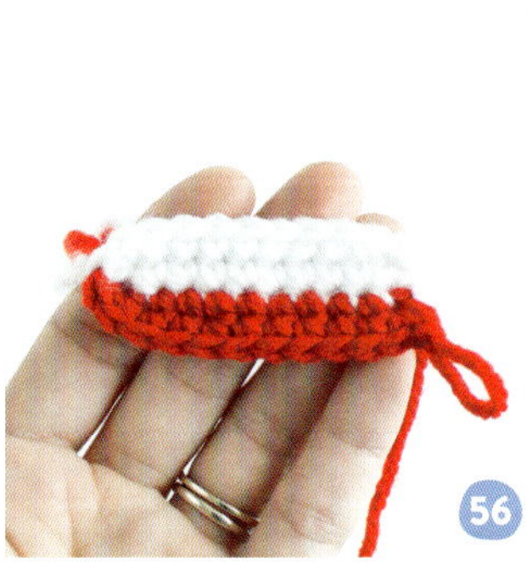

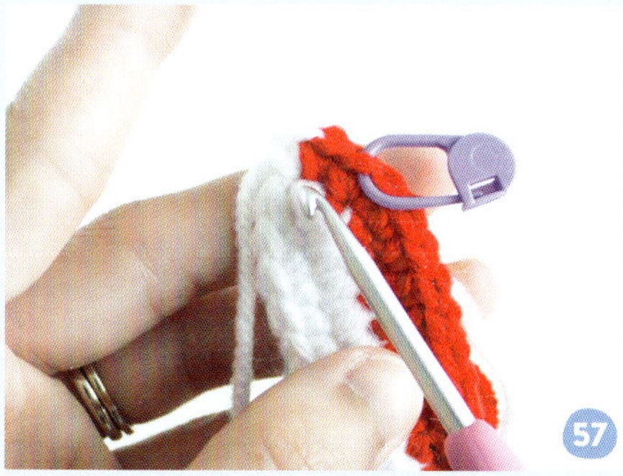
57

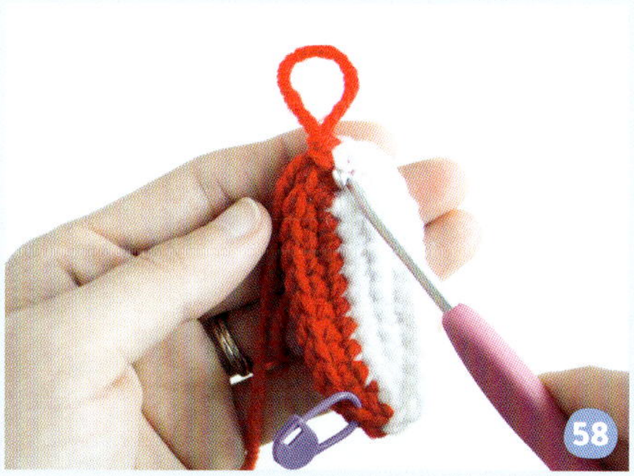
58

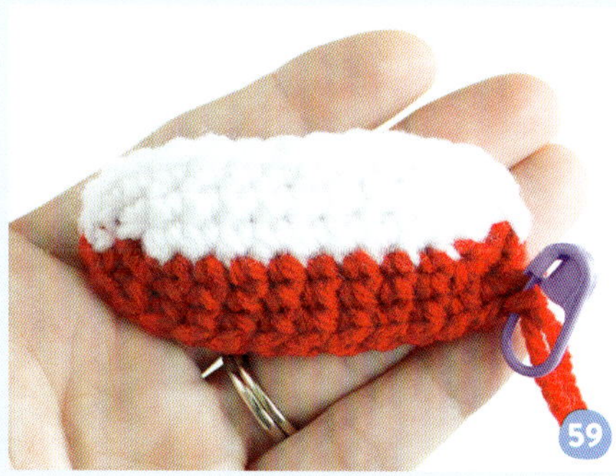
59

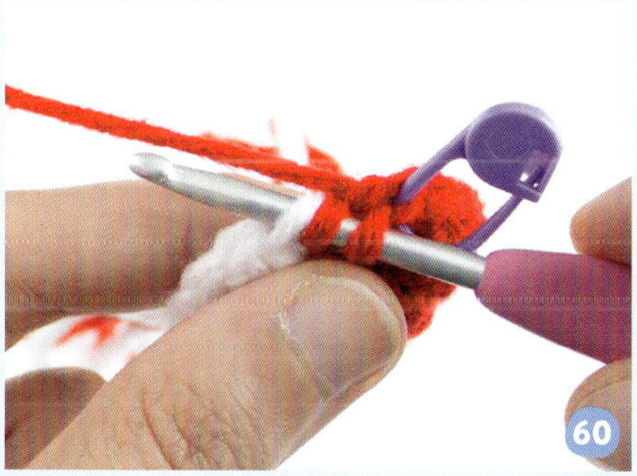
60

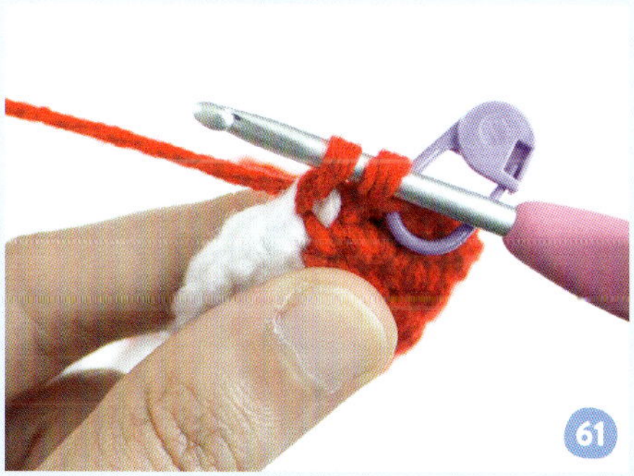
61

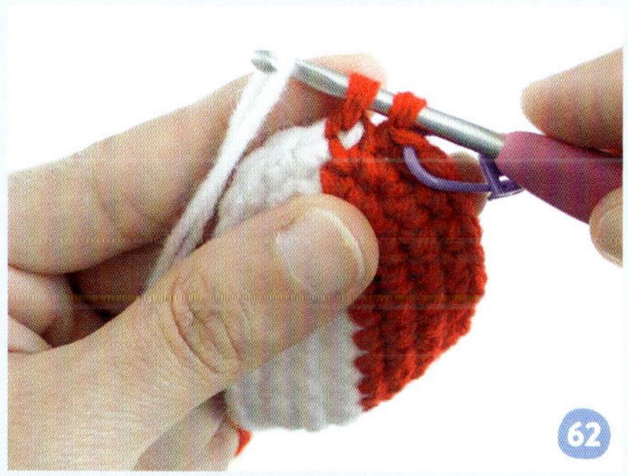
62

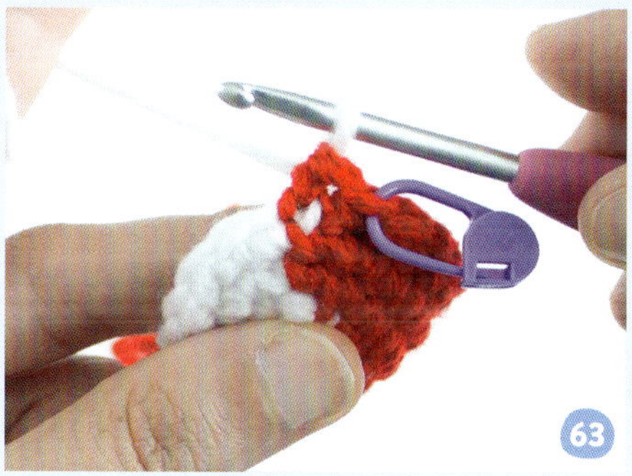
63

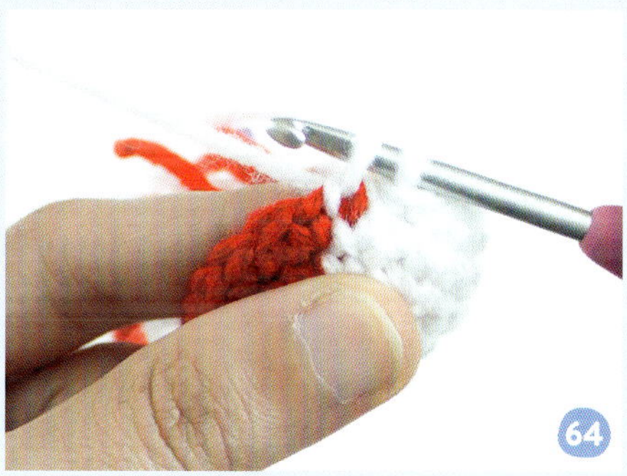
64

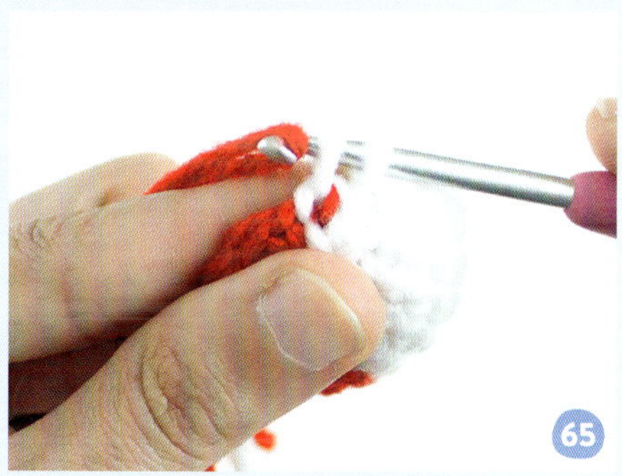
65

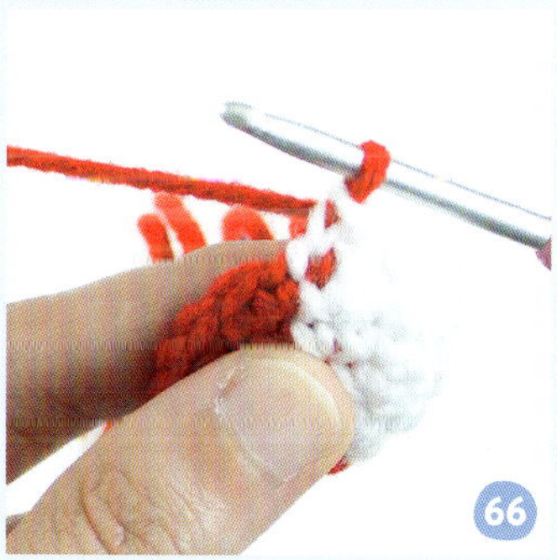
66

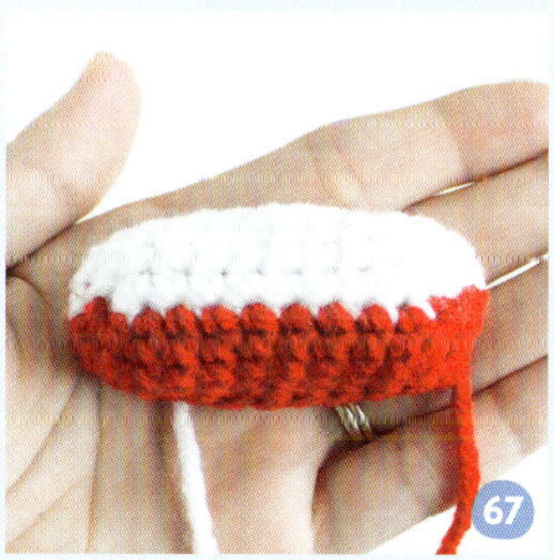
67

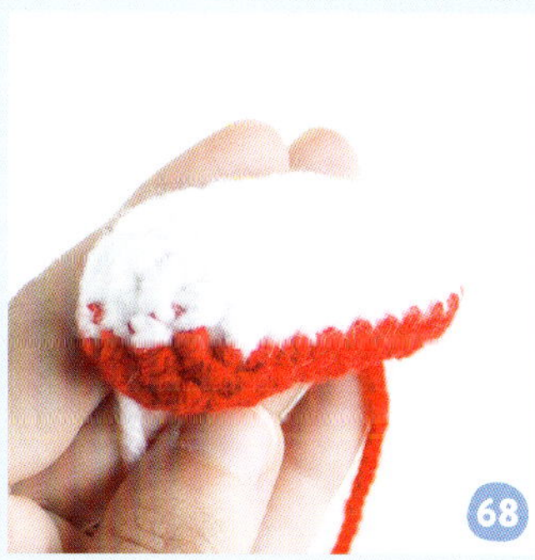
68

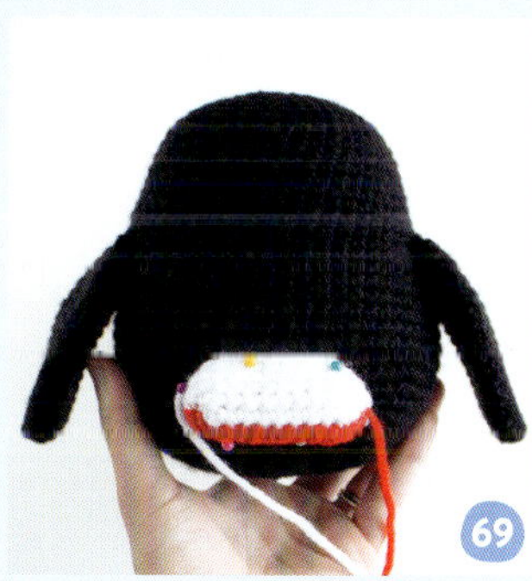
69

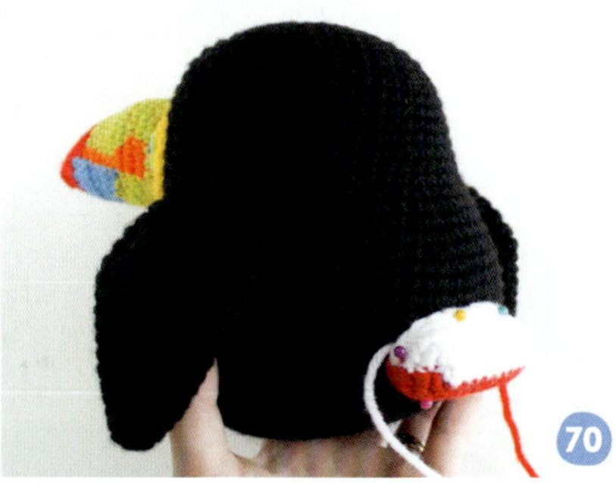

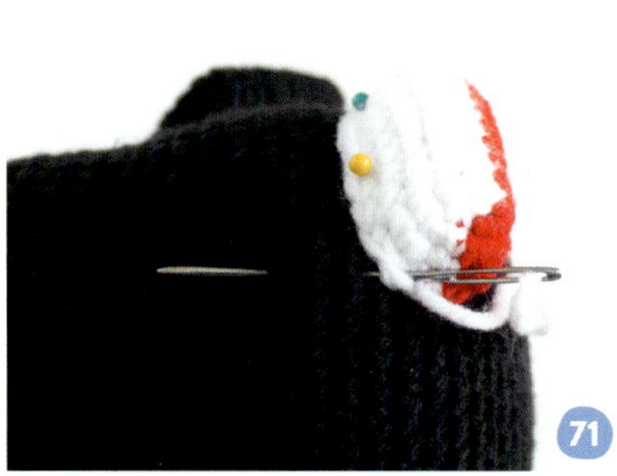

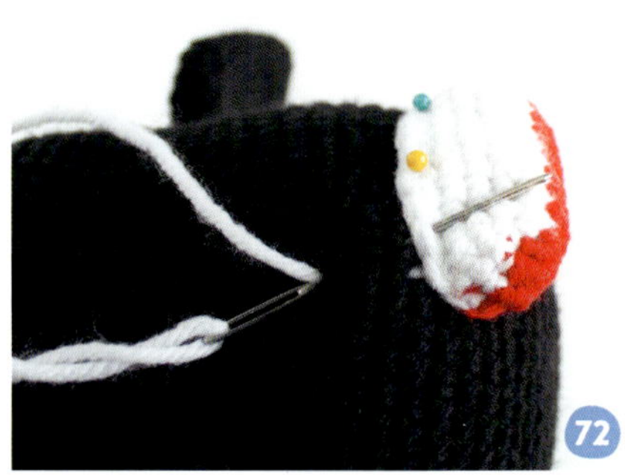

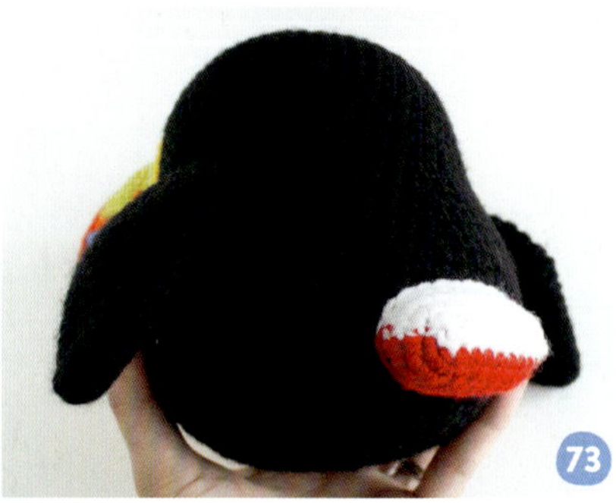

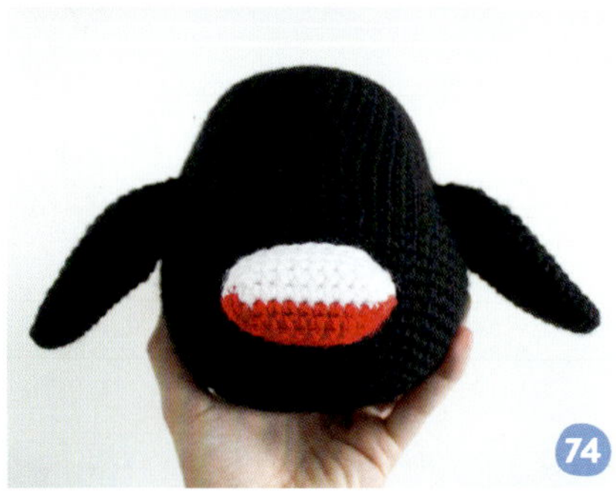

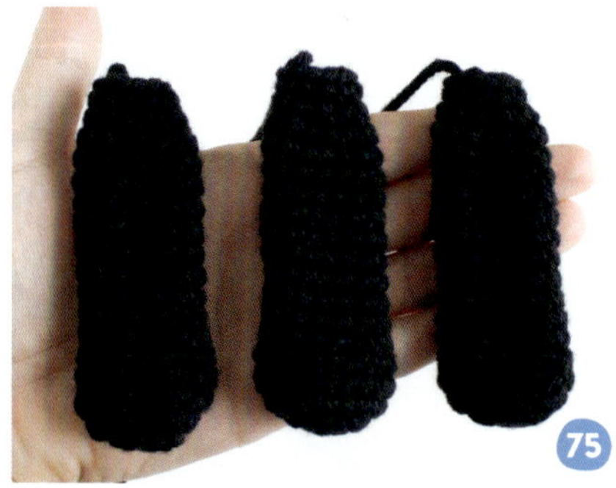

SCHWANZFEDERN: 3 X HÄKELN

In Schwarz häkeln.

1. Rd: 6 fM in einen magischen Ring häkeln (6 M).

2. Rd: 6 Zun (12 M).

3. Rd: *1 fM, Zun* 6 x (18 M).

4. Rd: 18 fM.

5. Rd: *1 fM, uns Abn* 6 x (12 M).

6.–16. Rd: 12 fM.

17. Rd: *2 fM, uns Abn* 3 x (9 M).

18. Rd: 9 fM.

Abmaschen und den Faden zum Annähen hängen lassen. Die Federn nicht ausstopfen (Foto 75).

Die Federn am Farbübergang zwischen Weiß und Rot nebeneinander an den Schwanz stecken (Fotos 76+77). Mit dem jeweiligen Endfaden annähen. Die Endfäden mit einem Knoten sichern und im Inneren des Schwanzes verstecken (Foto 78).

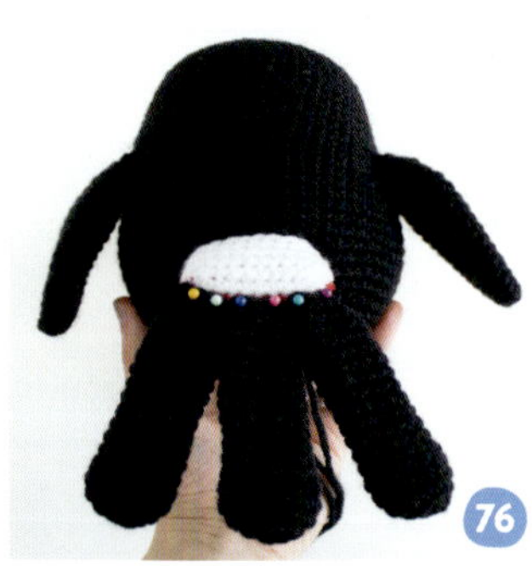

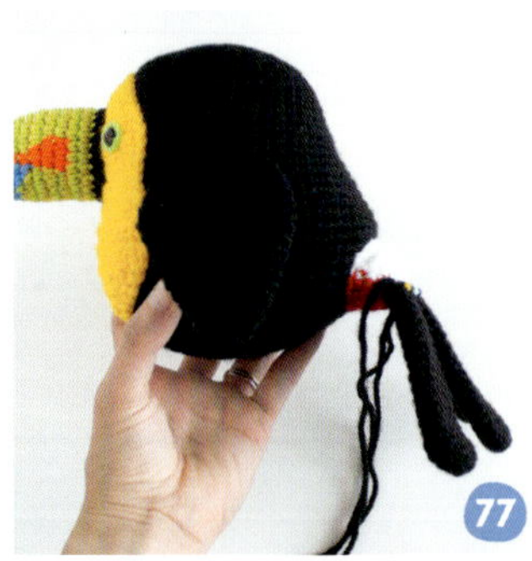

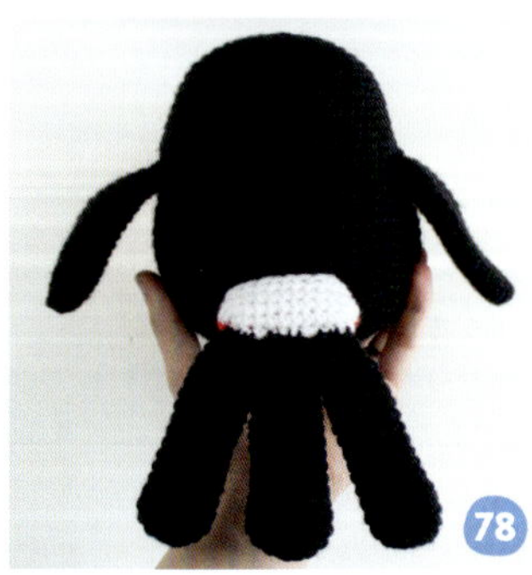

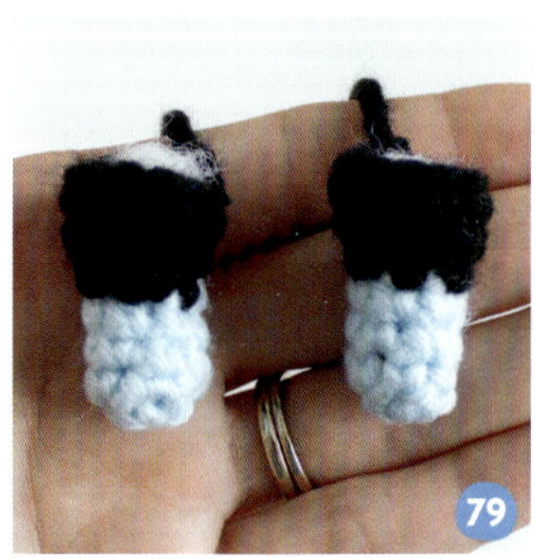

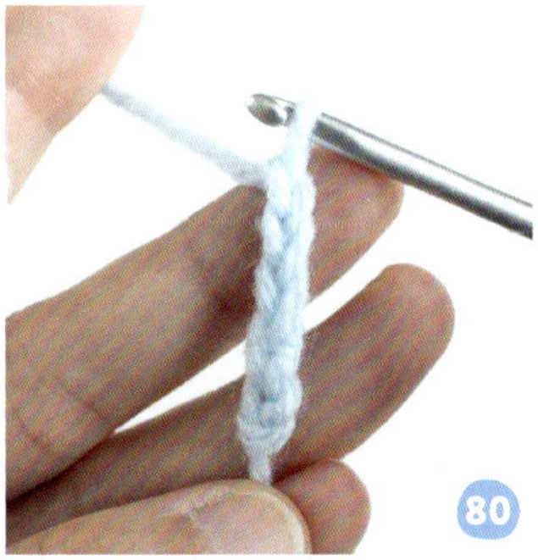

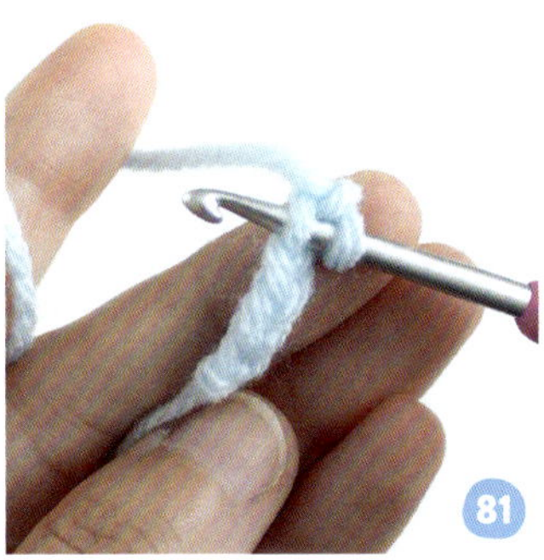

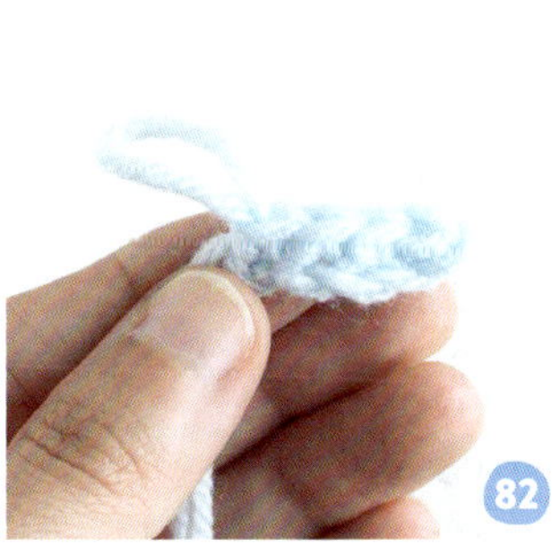

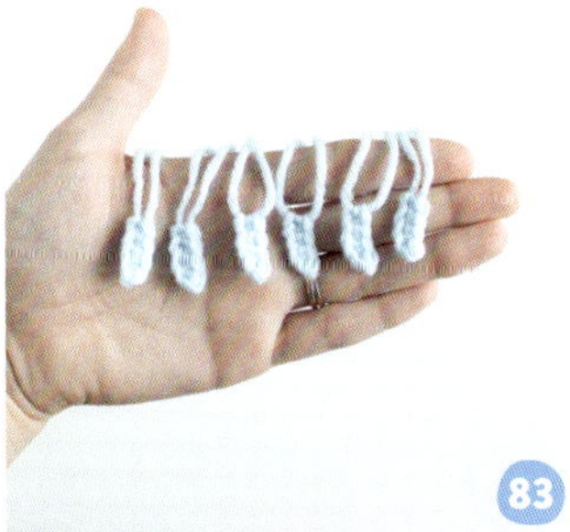

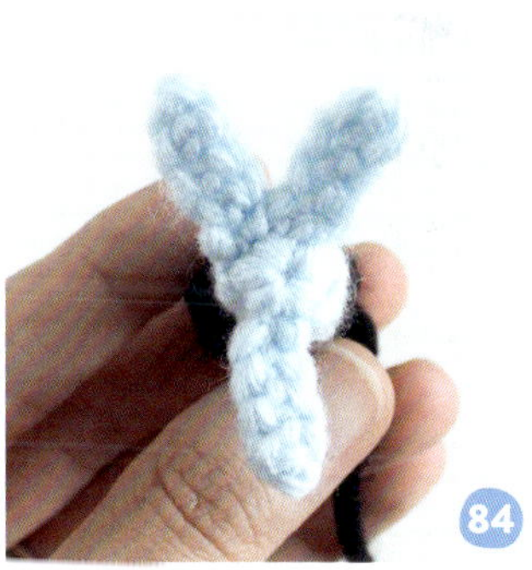

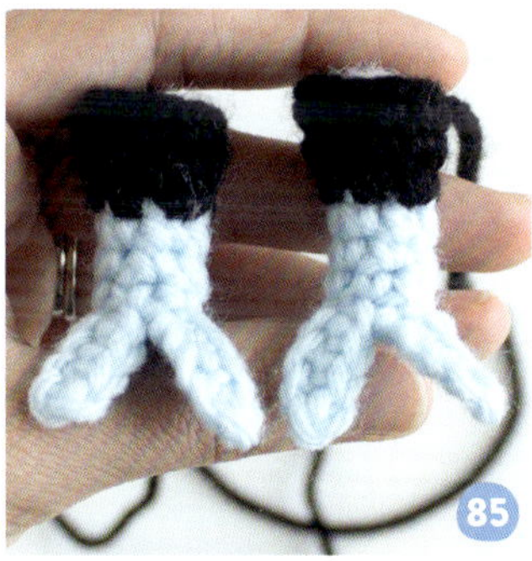

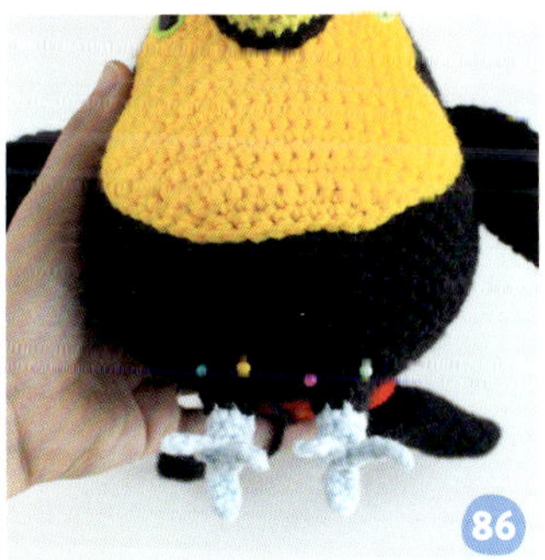

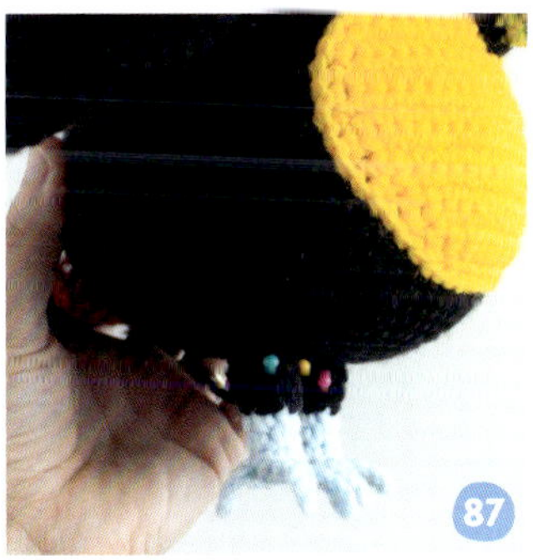

BEINE: 2 X HÄKELN

Mit Hellblau beginnen.

1. Rd: 6 fM in einen magischen Ring häkeln (6 M).

2.–4. Rd: 6 fM.

Zu Schwarz wechseln.

5. Rd: *1 fM, Zun* 3 x (9 M).

6.+7. Rd: 9 fM.

Beide Fäden abmaschen, den schwarzen zum Annähen hängen lassen und den hellblauen sichern (Foto 79).

KRALLEN: 6 X HÄKELN

In Hellblau häkeln.

1. R: 5 Lm, dann ab der 2. Lm von der Nadel 4 fM (4 M) (Fotos 80–82).

Abmaschen und den Faden zum Annähen hängen lassen (Foto 83).

Die zwei Krallen nebeneinander an den magischen Ring des Beins nähen. Dies ist die Vorderseite des Fußes. Dann die letzte Kralle jeweils auf die Rückseite des Fußes nähen. Von unten sieht der Fuß nun Y-förmig aus (Foto 84). Die Krallen mit einem Knoten sichern und diesen im Inneren des Beins verstecken (Foto 85).

Die Beine mit etwas Füllwatte ausstopfen und zwischen der 38. und 40. Rd an den Körper stecken (Fotos 86+87). Mit dem schwarzen Endfaden annähen. Das Fadenende mit einem Knoten sichern und im Inneren des Körpers verstecken (Fotos 88+89).

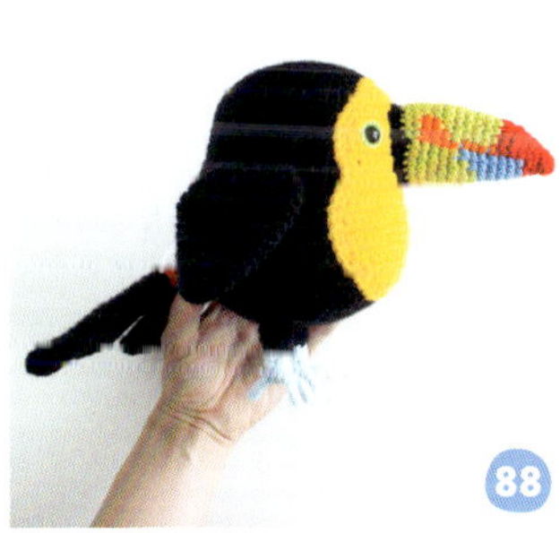

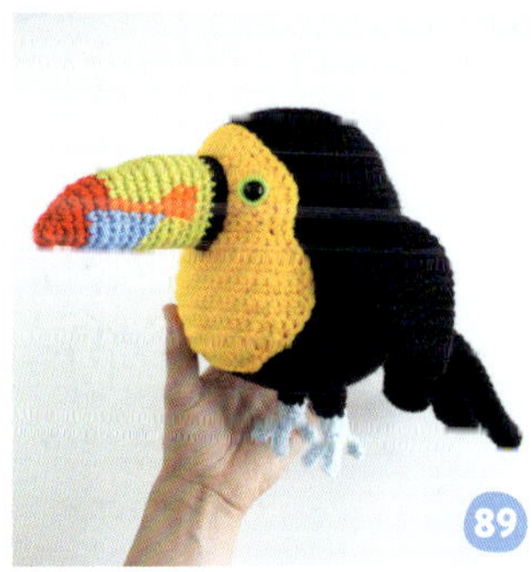

WALD

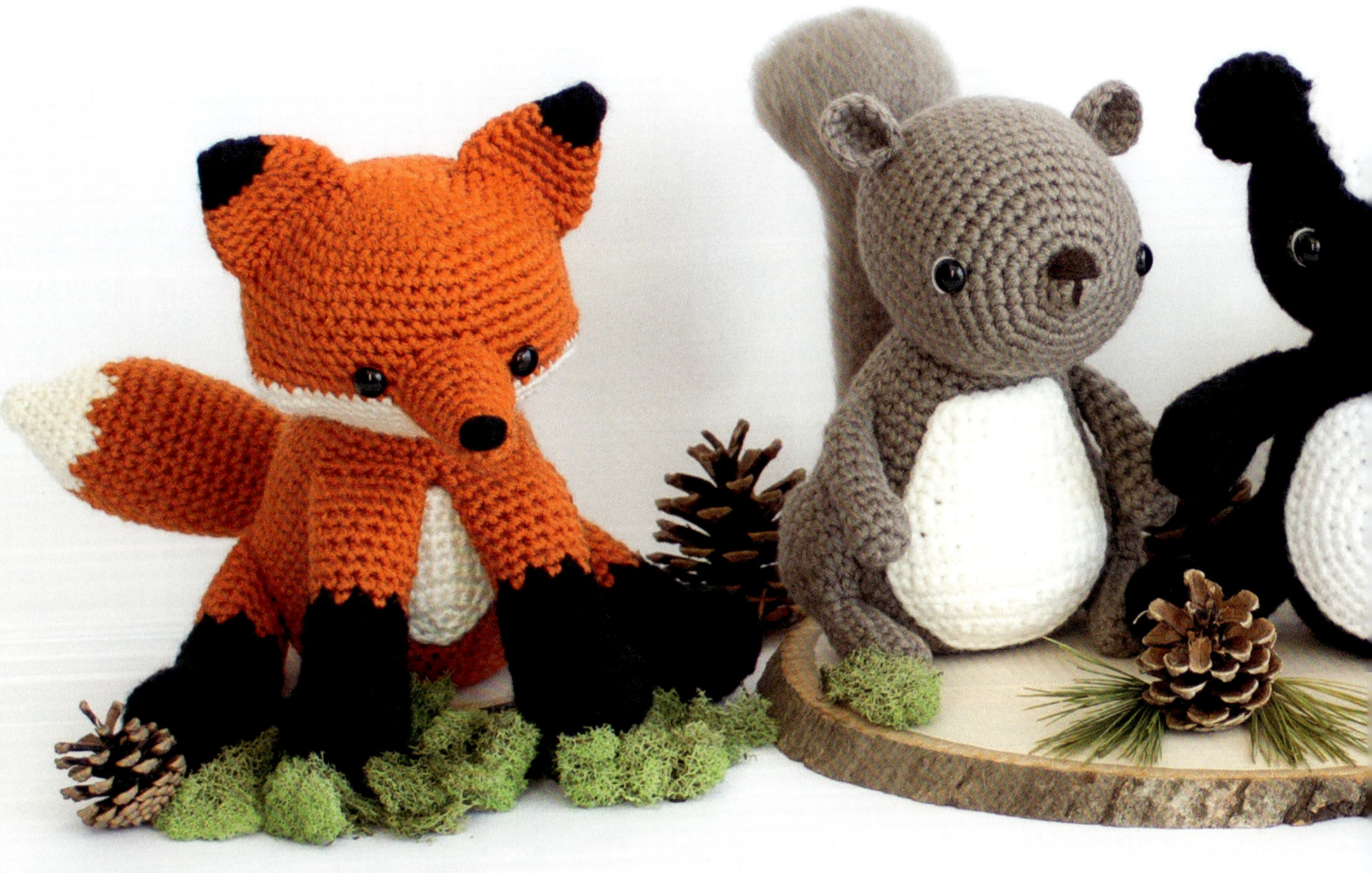

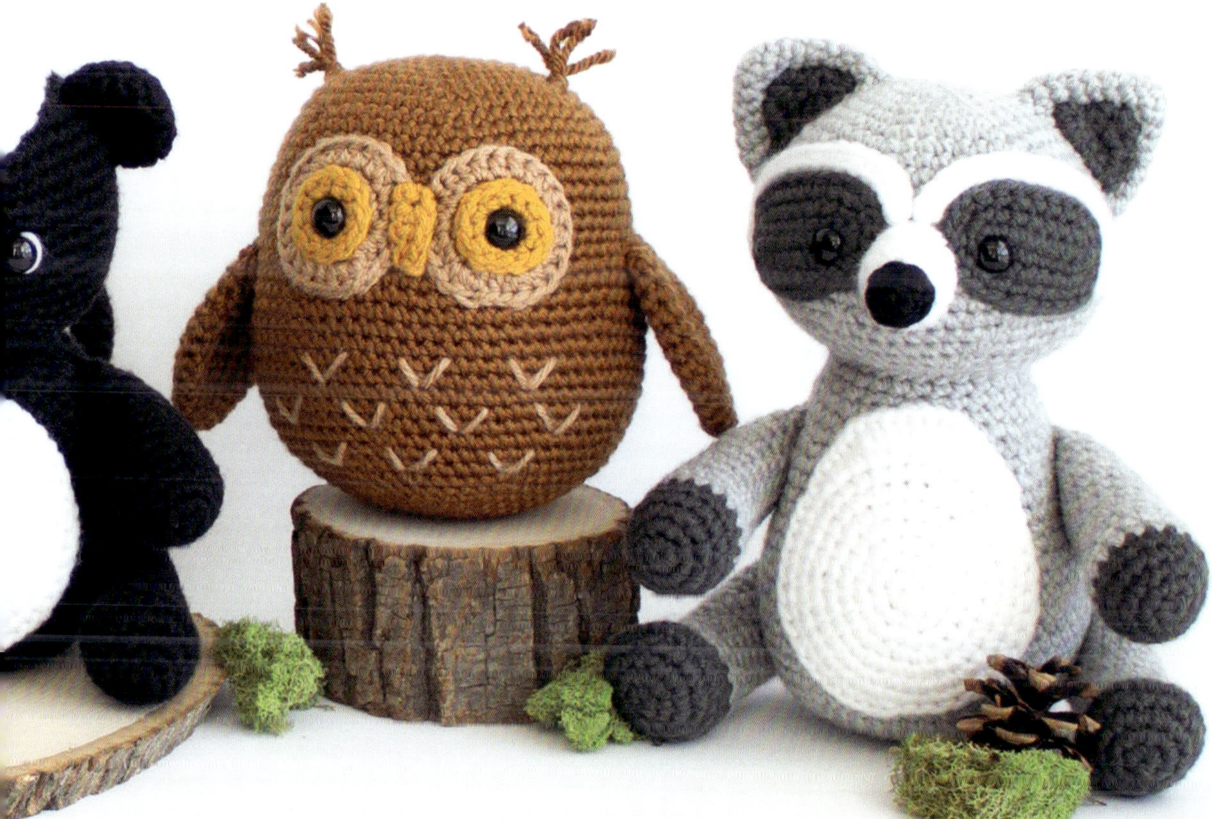

FUCHS

SCHWIERIG

FERTIGE MASSE

- Etwa 19 cm breit, 19 cm hoch und 20 cm lang

MATERIAL

- Häkelgarn (Lauflänge 100–120 m/50 g) in Orange, Schwarz und Creme
- Häkelnadel 3,75 mm
- 1 Paar Sicherheitsaugen, 10,5 mm Ø
- Füllwatte aus Polyester
- Wollnadel
- Schere
- Maschenmarkierer
- Stecknadeln

ABKÜRZUNGEN

- fM – feste Masche(n)
- Lm – Luftmasche(n)
- M – Masche(n)
- R – Reihe(n)
- Rd – Runde(n)
- uns Abn – unsichtbare Abnahme(n)
- Zun – Zunahme(n)

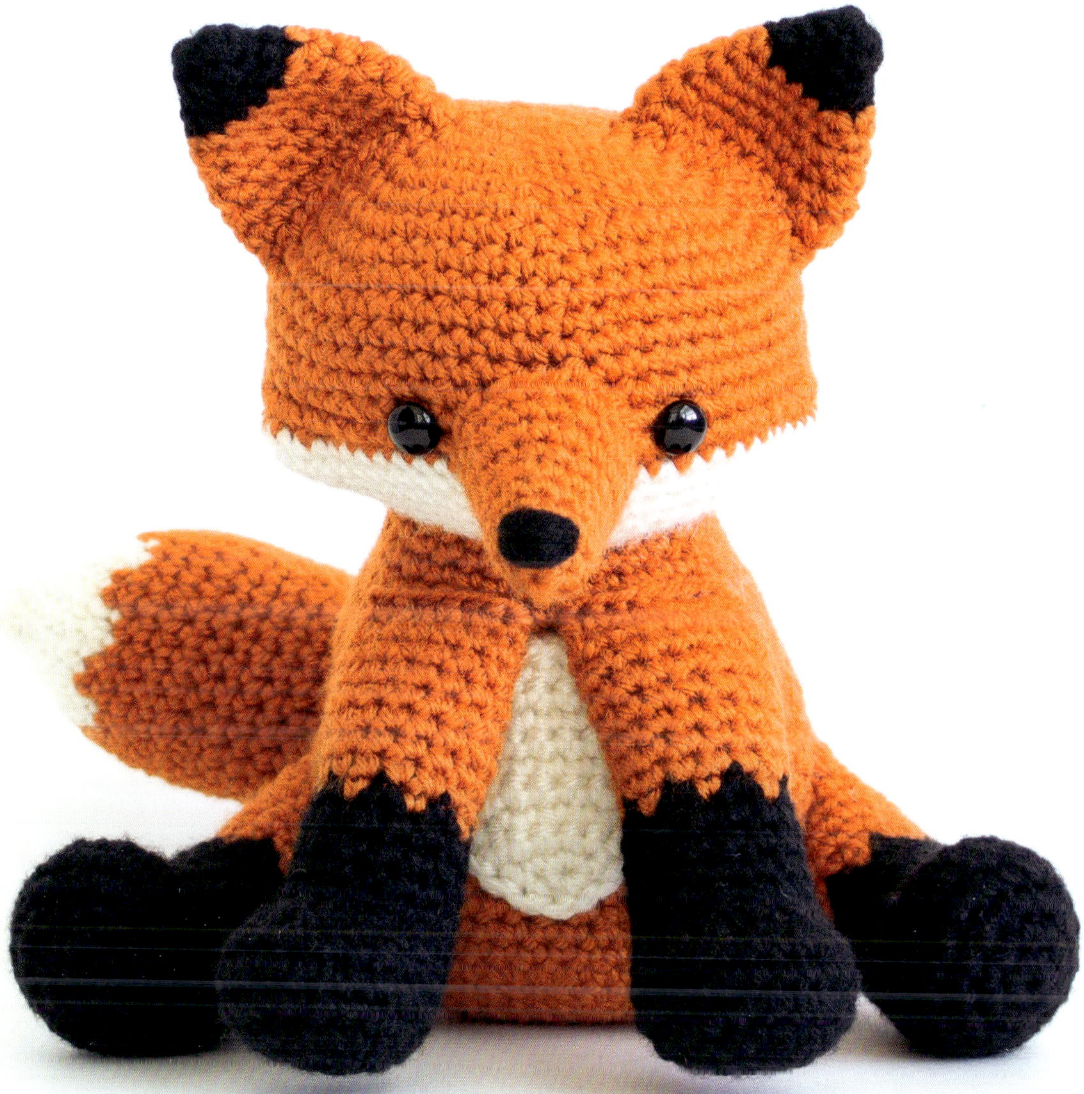

KOPF

Mit Orange beginnen.

1. Rd: 6 fM in einen magischen Ring häkeln (6 M).

2. Rd: 6 Zun (12 M).

3. Rd: *1 fM, Zun* 6 x (18 M).

4. Rd: *2 fM, Zun* 6 x (24 M).

5. Rd: *3 fM, Zun* 6 x (30 M).

6. Rd: *4 fM, Zun* 6 x (36 M).

7. Rd: *5 fM, Zun* 6 x (42 M).

8. Rd: *6 fM, Zun* 6 x (48 M).

9. Rd: *7 fM, Zun* 6 x (54 M).

10.–15. Rd: 54 fM.

16. Rd: 12 fM, 6 Zun , 18 fM, 6 Zun , 12 fM (66 M).

Zu Creme wechseln.

17.+18. Rd: 66 fM.

Die Sicherheitsaugen zwischen der 15. und 16. Rd im Abstand von 8 M einsetzen. Darauf achten, dass sie mittig zwischen den in der 16. Rd gearbeiteten Wangen sitzen.

19. Rd: 12 fM, 6 uns Abn, 18 fM, 6 uns Abn, 12 fM (54 M).

20. Rd: *7 fM, uns Abn* 6 x (48 M).

21. Rd: *6 fM, uns Abn* 6 x (42 M).

22. Rd: *5 fM, uns Abn* 6 x (36 M).

Den Kopf ausstopfen. Nach und nach weitere Füllwatte hinzufügen, bei den Wangen seitlich am Kopf etwas mehr.

23. Rd: *4 fM, uns Abn* 6 x (30 M).

24. Rd: *3 fM, uns Abn* 6 x (24 M).

25. Rd: *2 fM, uns Abn* 6 x (18 M).

26. Rd: *1 fM, uns Abn* 6 x (12 M).

27. Rd: 6 uns Abn (6 M).

Abmaschen und den Faden lang abschneiden (Foto 1).

NASE

In Orange häkeln.

1. Rd: 6 fM in einen magischen Ring häkeln (6 M).

2. Rd: *1 fM, Zun* 3 x (9 M).

3. Rd: *2 fM, Zun* 3 x (12 M).

4. Rd: 12 fM.

5. Rd: *3 fM, Zun* 3 x (15 M).

6. Rd: 15 fM.

7. Rd: *4 fM, Zun* 3 x (18 M).

8.+9. Rd: 18 fM.

Abmaschen und den Faden zum Annähen hängen lassen (Foto 2).

Für die Nasenspitze in Schwarz 6 x hin und her über die 2. Rd sticken (Foto 3). Das Fadenende verknoten und zurückschneiden.

Die Nase mit Füllwatte ausstopfen und zwischen der 13. und 19. Rd mit dem Endfaden an den Kopf nähen. Das Fadenende verknoten und im Inneren des Kopfs verstecken (Fotos 4+5).

OHREN: 2 X HÄKELN

Mit Schwarz beginnen.

1. Rd: 6 fM in einen magischen Ring häkeln (6 M).

2. Rd: 6 fM.

3. Rd: *1 fM, Zun* 3 x (9 M).

4. Rd: *2 fM, Zun* 3 x (12 M).

Zu Orange wechseln.

5. Rd: *3 fM, Zun* 3 x (15 M).

6. Rd: 15 fM.

7. Rd: *4 fM, Zun* 3 x (18 M).

8. Rd: 18 fM.

9. Rd: *5 fM, Zun* 3 x (21 M).

10. Rd: 21 fM.

Abmaschen und den Faden zum Annähen hängen lassen.

Die Ohren nicht ausstopfen (Foto 6) und zwischen der 4. und 12. Rd mit dem Endfaden an den Kopf nähen. Das Fadenende verknoten und im Inneren des Kopfes verstecken (Fotos 7–9).

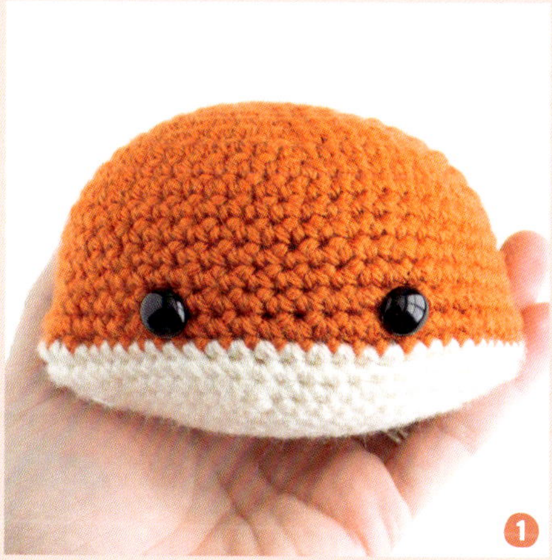
1
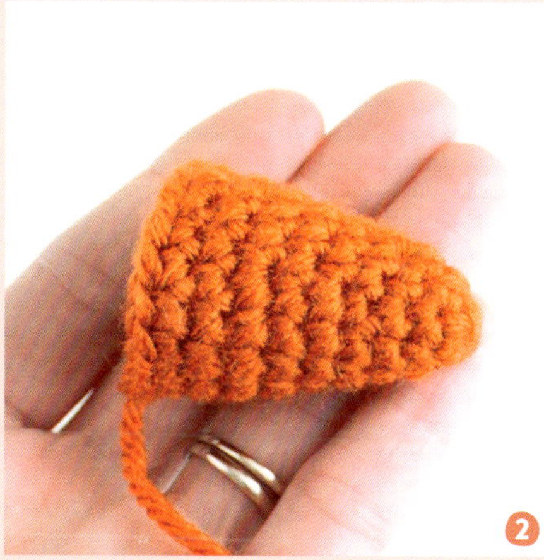
2
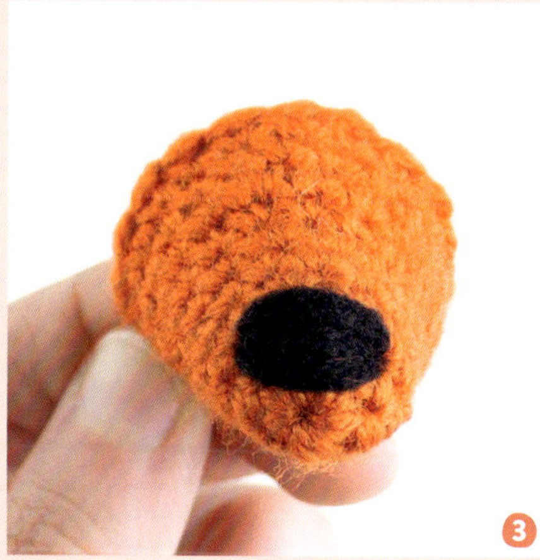
3
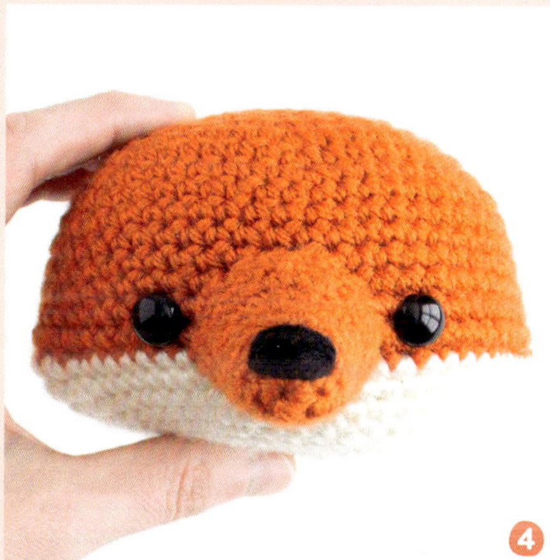
4
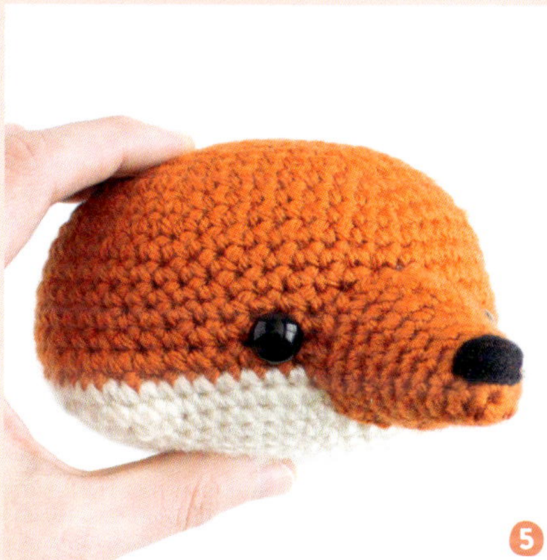
5
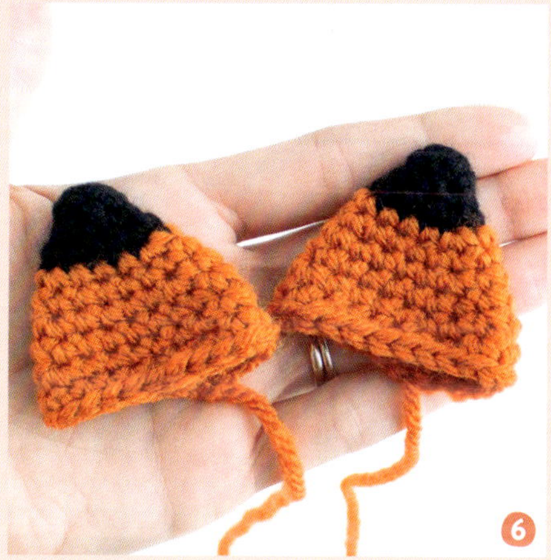
6
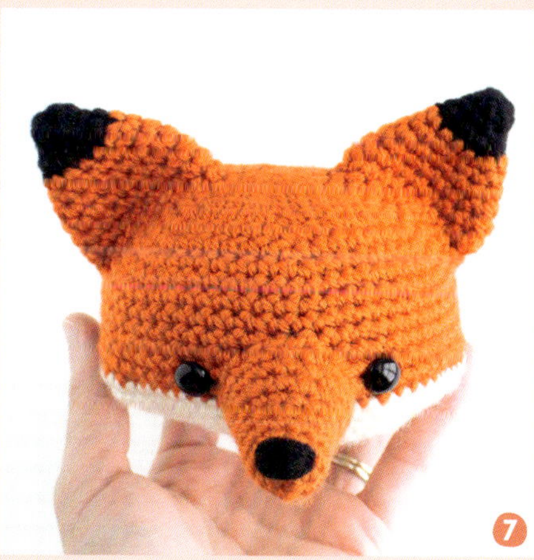
7
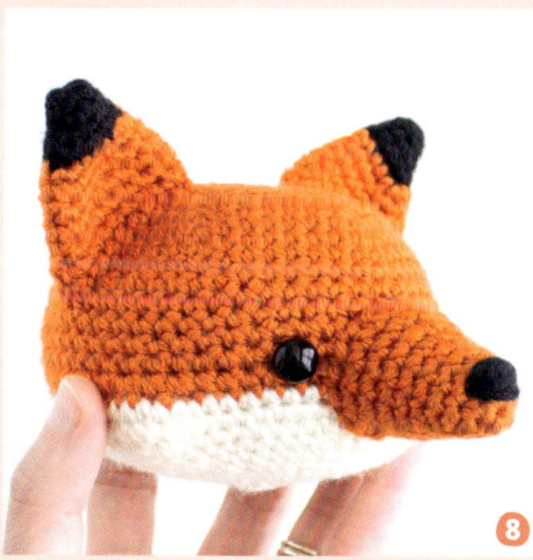
8
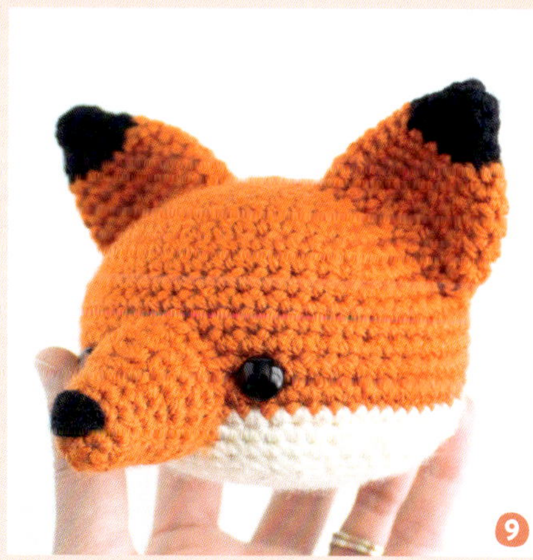
9

KÖRPER

In Orange häkeln.

1. Rd: 6 fM in einen magischen Ring häkeln (6 M).

2. Rd: 6 Zun (12 M).

3. Rd: *1 fM, Zun* 6 x (18 M).

4. Rd: *2 fM, Zun* 6 x (24 M).

5. Rd: *3 fM, Zun* 6 x (30 M).

6. Rd: *4 fM, Zun* 6 x (36 M).

7. Rd: *5 fM, Zun* 6 x (42 M).

8. Rd: *6 fM, Zun* 6 x (48 M).

9. Rd: *7 fM, Zun* 6 x (54 M).

10. Rd: *8 fM, Zun* 6 x (60 M).

11.–13. Rd: 60 fM.

14. Rd: *8 fM, uns Abn* 6 x (54 M).

15.+16. Rd: 54 fM.

17. Rd: *7 fM, uns Abn* 6 x (48 M).

18.–20. Rd: 48 fM.

21. Rd: *6 fM, uns Abn* 6 x (42 M).

22.–24. Rd: 42 fM.

Den Körper ausstopfen und nach und nach weitere Füllwatte hinzufügen.

25. Rd: *5 fM, uns Abn* 6 x (36 M).

26.–28. Rd: 36 fM.

29. Rd: *4 fM, uns Abn* 6 x (30 M).

Abmaschen und den Faden lang abschneiden (Foto 10).

BRUST

In Creme häkeln.

1. R: 2 Lm, dann ab der 2. Lm von der Nadel Zun (2 M). 1 Lm und wenden (Fotos 11+12).

2. R: 2 Zun (4 M). 1 Lm und wenden.

3. R: Zun, 2 fM, Zun (6 M). 1 Lm und wenden.

4. R: 6 fM. 1 Lm und wenden.

5. R: Zun, 4 fM, Zun (8 M). 1 Lm und wenden.

6. R: 8 fM. 1 Lm und wenden.

7. R: Zun, 6 fM, Zun (10 M). 1 Lm und wenden.

8. R: 10 fM. 1 Lm und wenden.

9. R: Zun, 8 fM, Zun (12 M). 1 Lm und wenden.

10. R: 12 fM (Foto 13).

In der nächsten R um die Kante herum häkeln.

11. R: fM in dieselbe M wie die letzte fM, dann fM um die Kante bis zur 1. fM der 10. R (31 M einschließlich der 12 M von der 10. R) (Fotos 14+15).

Abmaschen und den Faden lang abschneiden.

Die Brust zwischen der 15. und 26. Rd an den Körper stecken und mit dem Endfaden festnähen. Dabei die Nadel unter beide Mg der 11. R der Brust und dann in den Körper führen, zwischen zwei M ausstechen. Die Nadel an derselben Stelle einstechen, zur nächsten M der Brust führen und fortfahren. Den Faden unter, nicht über die M führen. So sieht die Naht sauber aus (Fotos 16+17). Das Fadenende mit einem Knoten sichern und im Inneren des Körpers verstecken (Foto 18).

Den Kopf an den Körper stecken und mit dem Endfaden festnähen. Nach Bedarf noch weitere Füllwatte hinzufügen, bevor der Körper ganz geschlossen wird. Das Fadenende mit einem Knoten sichern und im Inneren des Körpers verstecken (Fotos 19–21).

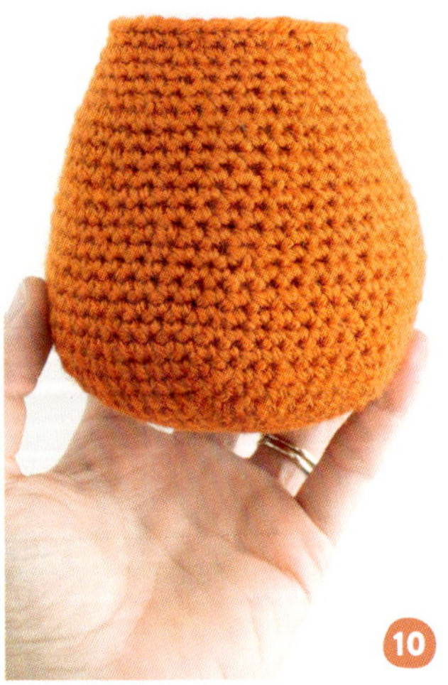

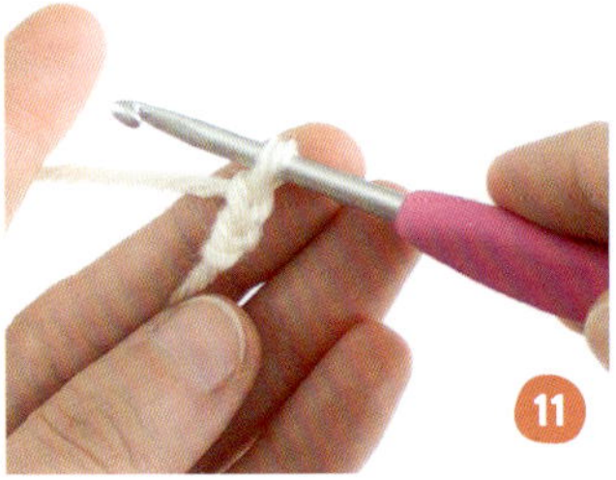

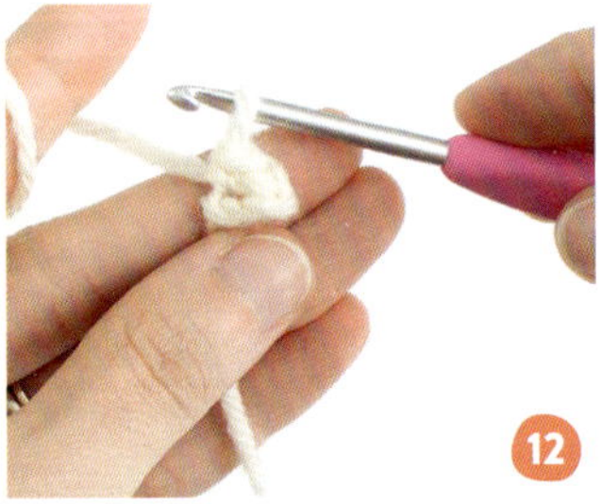

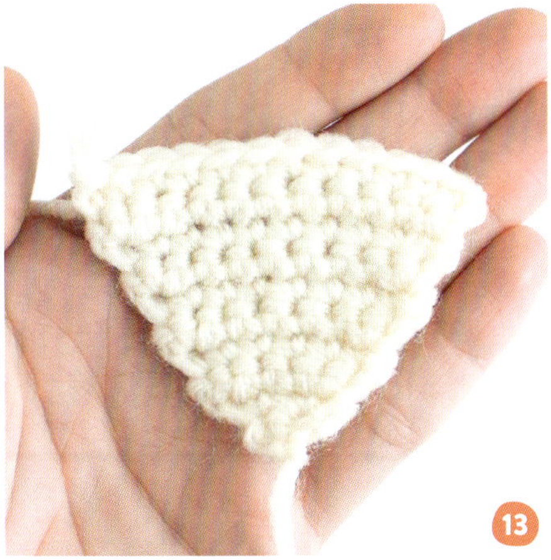
13

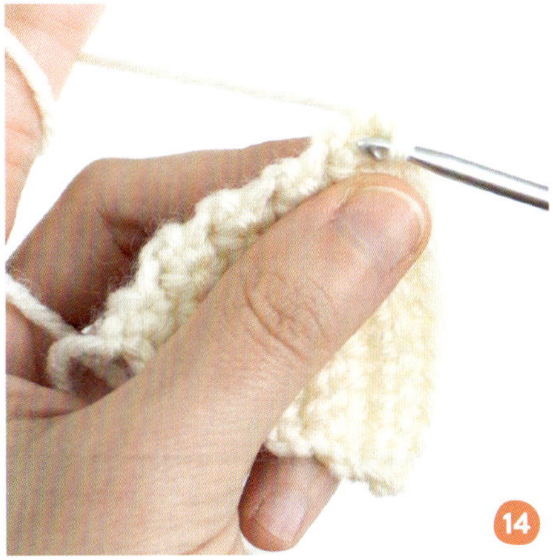
14

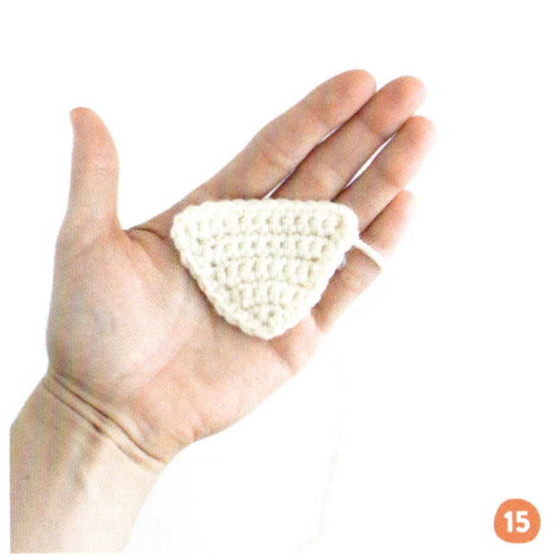
15

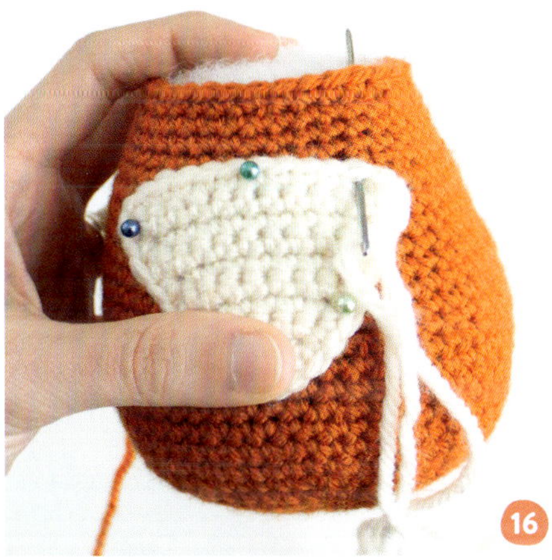
16

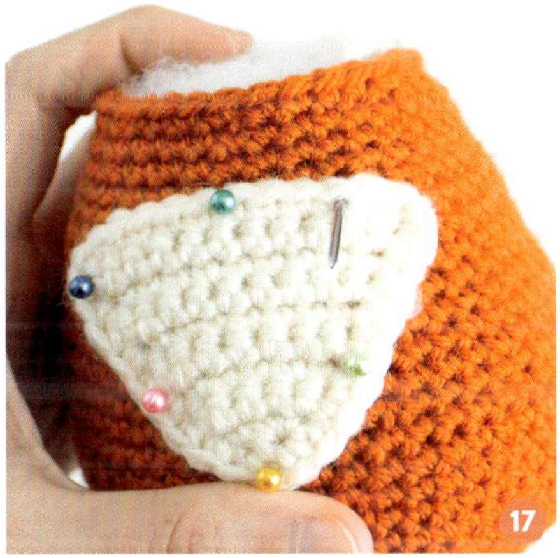
17

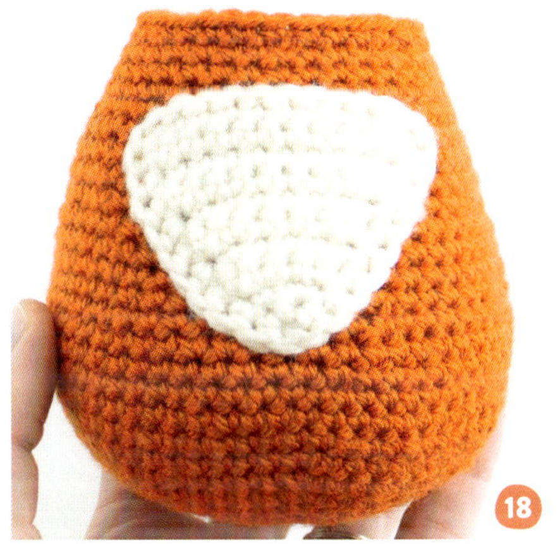
18

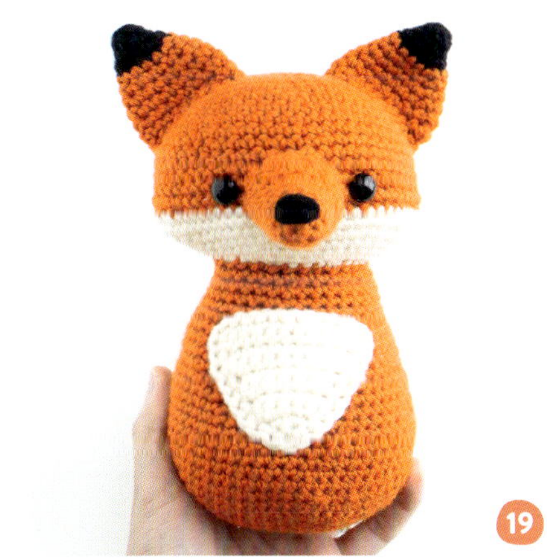
19

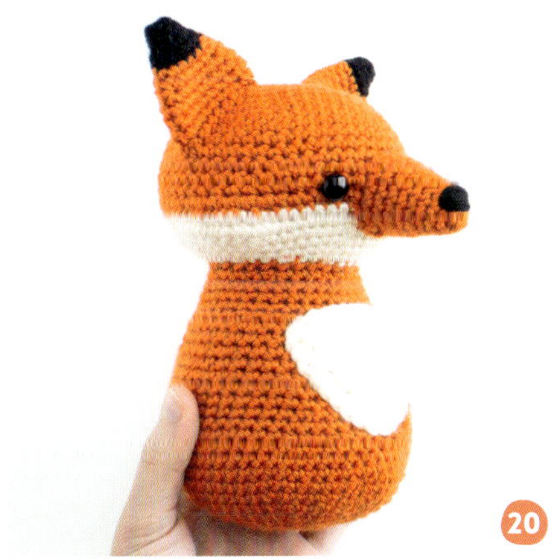
20

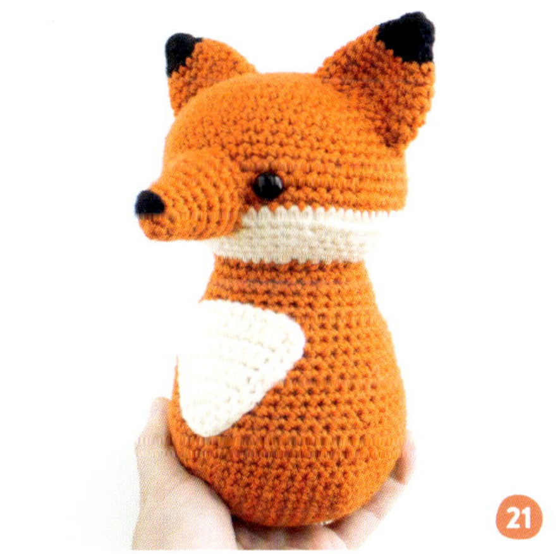
21

VORDERBEINE: 2 X HÄKELN

Mit Schwarz beginnen.

1. Rd: 6 fM in einen magischen Ring häkeln (6 M).

2. Rd: 6 Zun (12 M).

3. Rd: *1 fM, Zun* 6 x (18 M).

4. Rd: *2 fM, Zun* 6 x (24 M).

5.+6. Rd: 24 fM.

7. Rd: 6 fM, 6 uns Abn, 6 fM (18 M).

8. Rd: 6 fM, 3 uns Abn, 6 fM (15 M).

9.–12. Rd: 15 fM.

Die Beine ausstopfen und nach und nach weitere Füllwatte hinzufügen.

Zu Orange wechseln.

13. Rd: 15 fM, dabei die M abwechselnd in Orange und Schwarz häkeln: einfach eine orange fM und dann eine schwarze fM bis zum Rd-Ende arbeiten (Fotos 22–25). So entsteht automatisch ein Dreiecksmuster. Die Rd endet mit Orange. Den schwarzen Faden dann abmaschen (Foto 26).

14.–20. Rd: 15 fM (Foto 27).

21. Rd: 7 fM. Dann die Kanten aneinanderlegen und durch beide M häkeln. 7 fM. So zeigen die Zehen nach oben, wenn die Beine angenäht werden (Fotos 28–31).

Abmaschen und den Faden zum Annähen hängen lassen (Foto 32).

Die Beine mit Stecknadeln vorne an der 27. Rd an den Körper stecken. Sie sitzen dann über der Brust. Mit dem Endfaden annähen. Dabei die Nadel unter beide Mg der 21. Rd der Beine und dann in den Körper führen (Fotos 33+34). Bis zum Ende so fortfahren. Das Fadenende mit einem Knoten sichern und im Inneren des Körpers verstecken (Fotos 35–37).

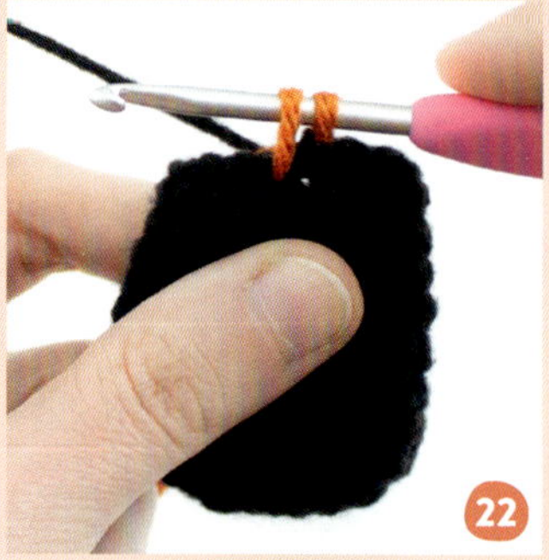

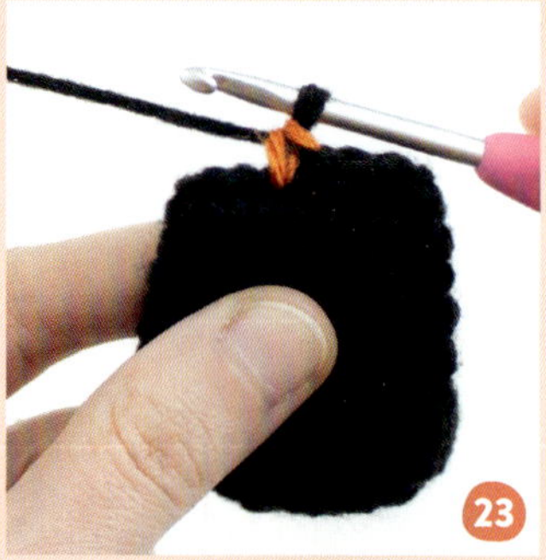

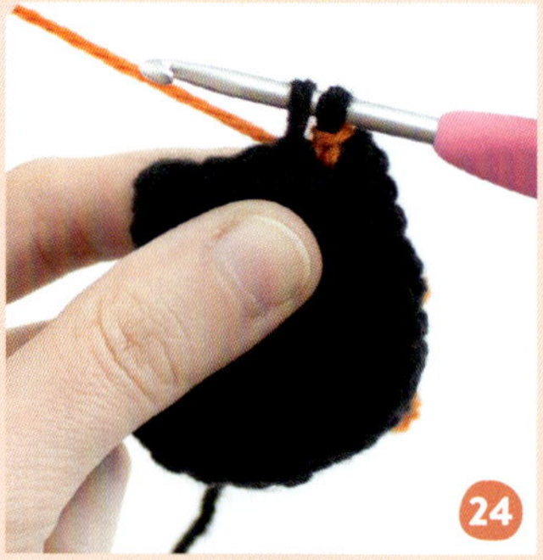

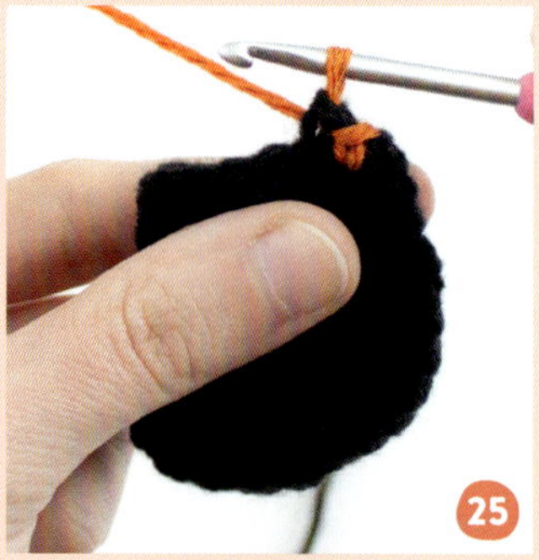

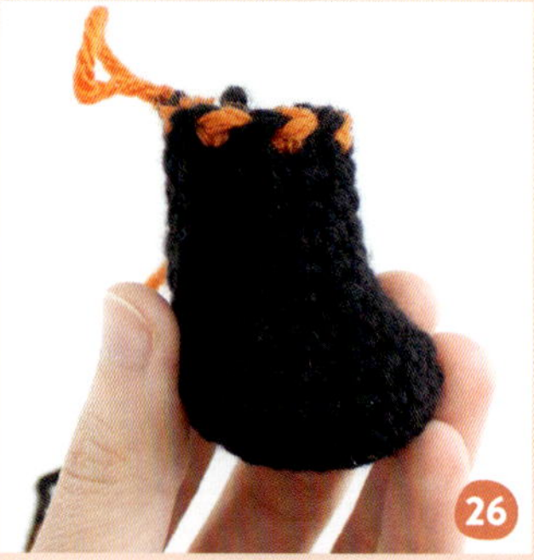

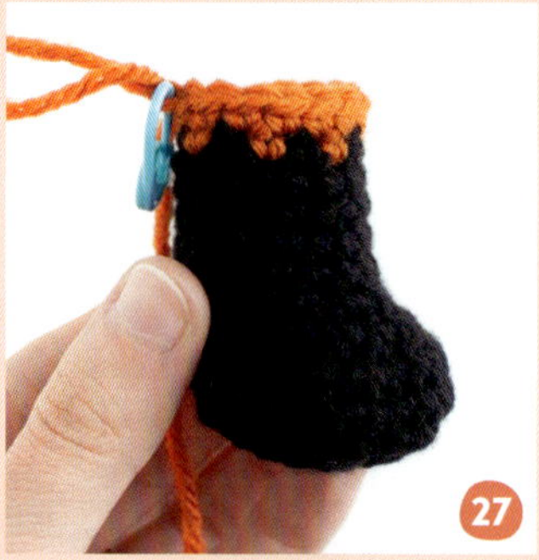

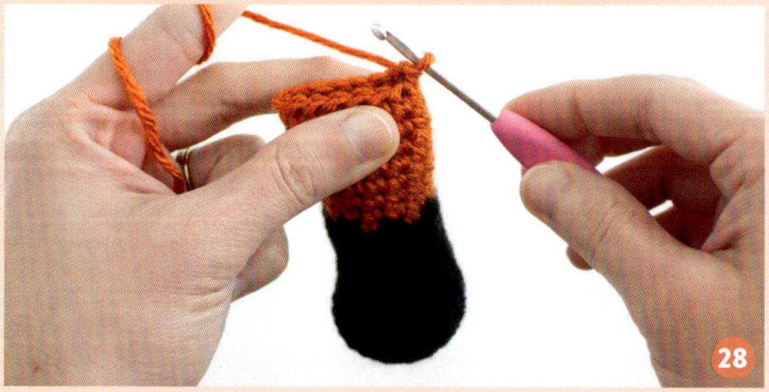

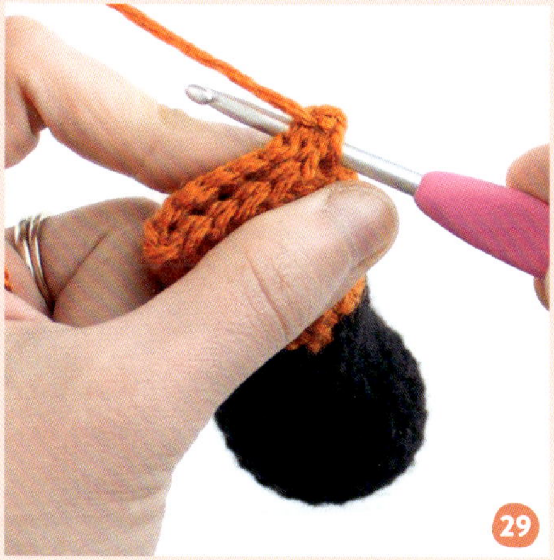
29

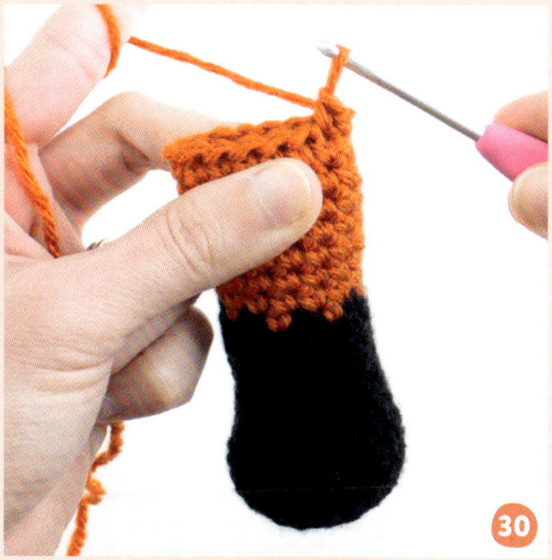
30

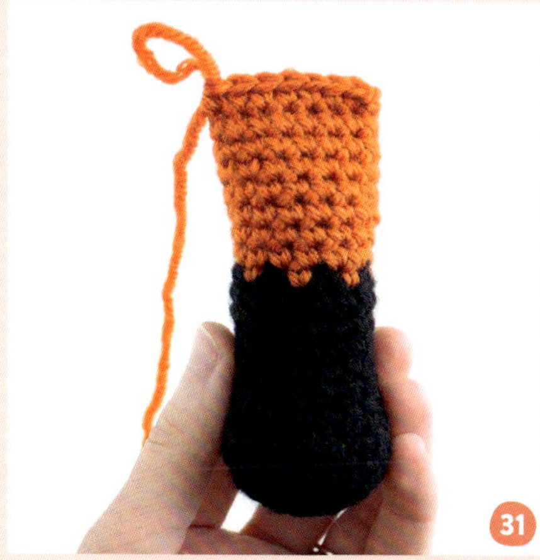
31

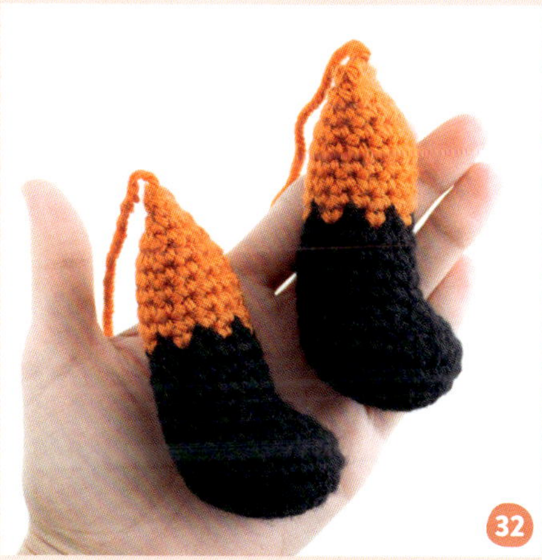
32

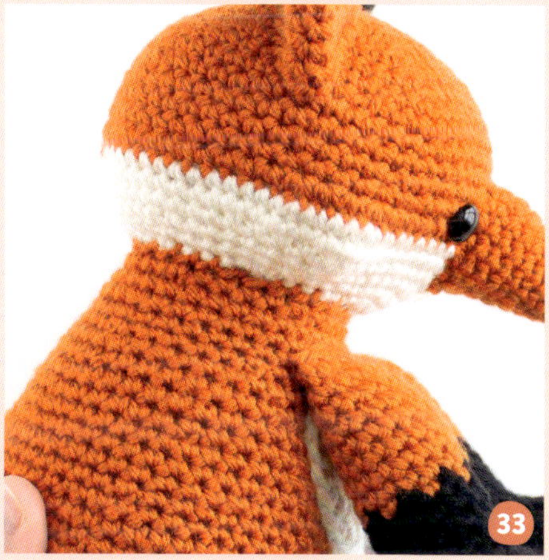
33

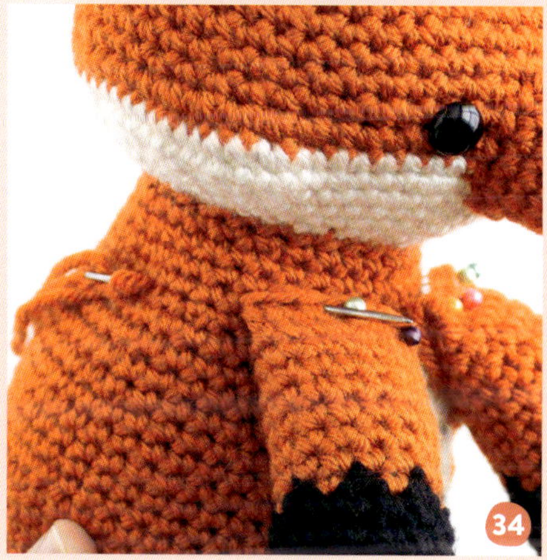
34

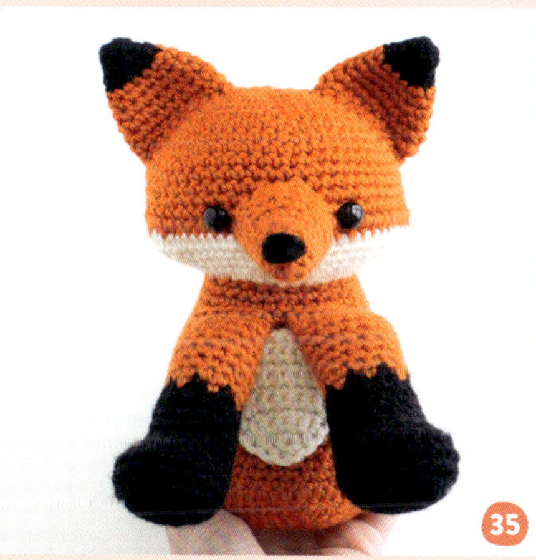
35

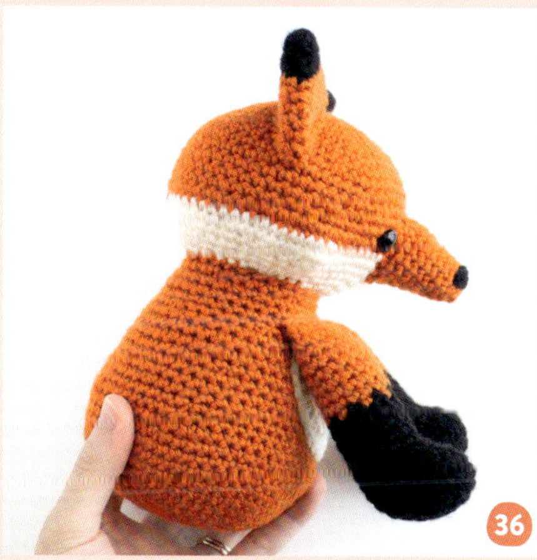
36

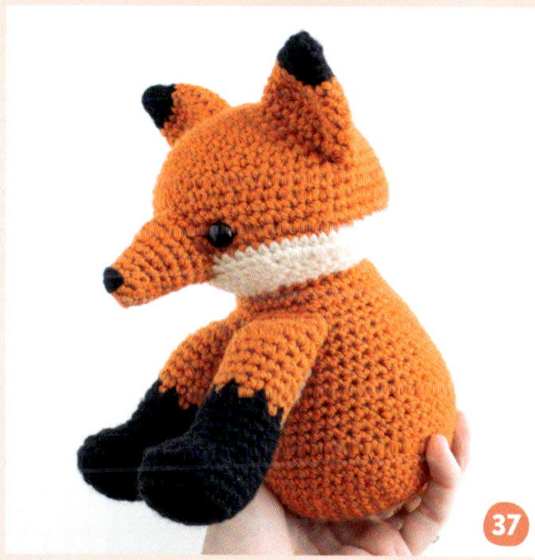
37

HINTERBEINE: 2 X HÄKELN

Mit Schwarz beginnen.

1. Rd: 6 fM in einen magischen Ring häkeln (6 M).

2. Rd: 6 Zun (12 M).

3. Rd: *1 fM, Zun* 6 x (18 M).

4. Rd: *2 fM, Zun* 6 x (24 M).

5.+6. Rd: 24 fM.

7. Rd: 6 fM, 6 uns Abn, 6 fM (18 M).

8. Rd: 6 fM, 3 uns Abn, 6 fM (15 M).

9.–12 Rd: 15 fM.

Die Beine ausstopfen und nach und nach weitere Füllwatte hinzufügen.

Zu Orange wechseln.

13. Rd: 15 fM, dabei die M abwechselnd in Orange und Schwarz häkeln: einfach eine orange fM und dann eine schwarze fM bis zum Rd-Ende arbeiten. So entsteht automatisch ein Dreiecksmuster. Die Rd endet mit Orange. Den schwarzen Faden dann abmaschen. *Hinweis: Siehe die Fotos 22–27 für die Vorderbeine.*

14.–20. Rd: 15 fM.

21. Rd: 2 fM. Dann die Kanten aneinanderlegen und durch beide M häkeln. 7 fM. So zeigen die Zehen nach oben, wenn die Beine angenäht werden (Fotos 38–41).

Abmaschen und den Faden zum Annähen hängen lassen (Foto 42).

Die Beine zwischen der 9. und 16. Rd seitlich an den Körper stecken. Mit dem Endfaden festnähen. Dabei die Nadel unter beide Mg der 21. Rd der Beine und dann in den Körper führen (Foto 43). So bis zum Ende fortfahren.

Mit demselben Faden die Beine oben an den Körper nähen. So liegen sie enger an und stehen nicht so sehr ab. Die Nadel oben in das Bein und in den Körper stechen. Dann zwischen zwei M am Körper durchziehen. Anschließend an derselben Stelle wieder einstechen und durch das Bein führen. So fortfahren, bis die Oberseite des Beins befestigt ist. Das Fadenende mit einem Knoten sichern und im Inneren des Körpers verstecken (Fotos 44–47).

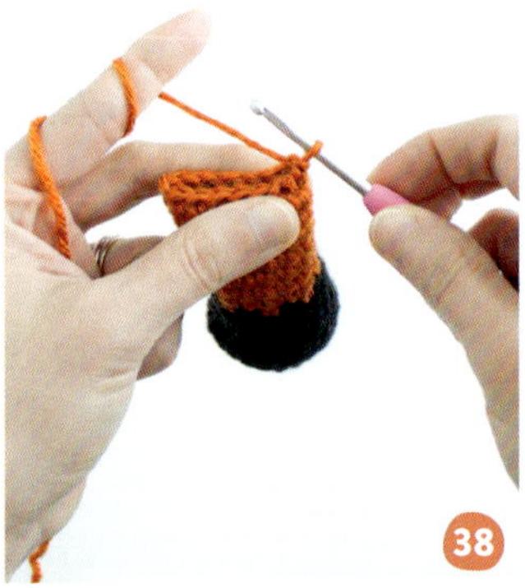

38

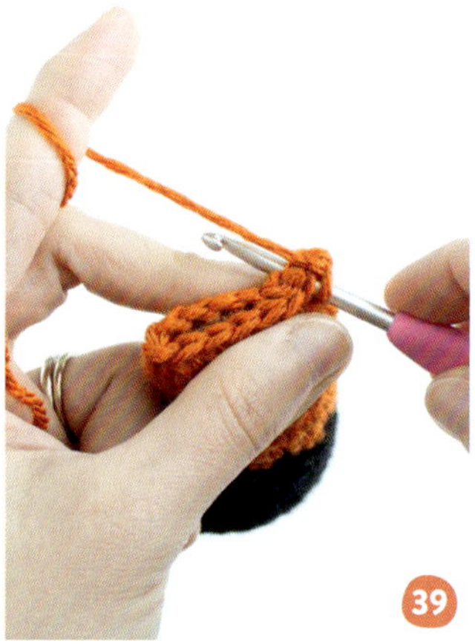

39

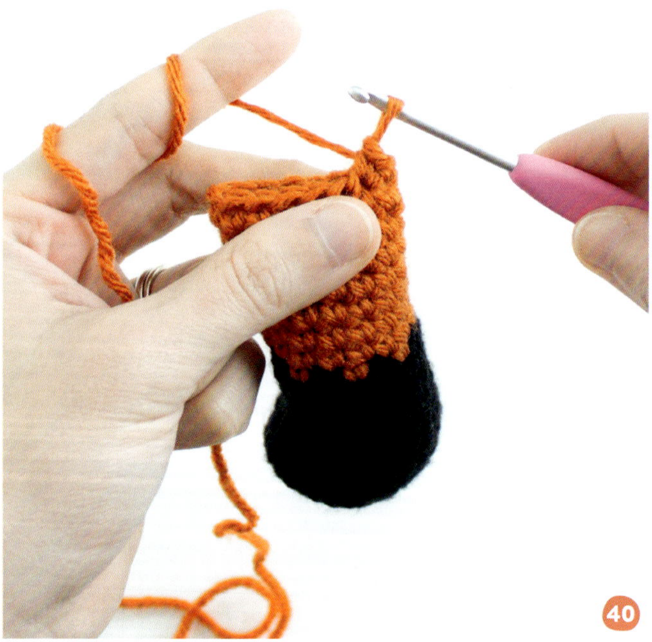

40

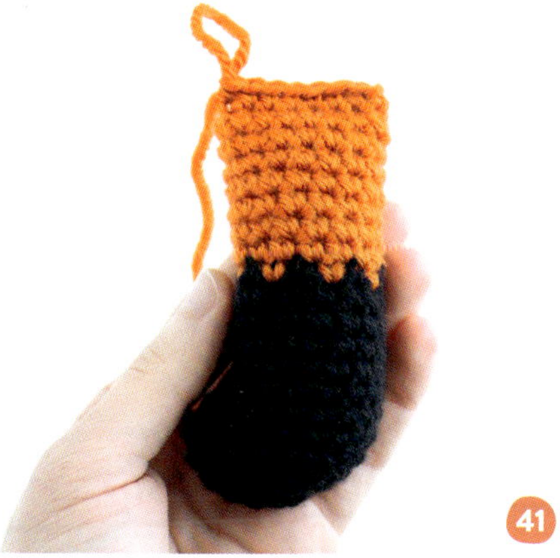

41

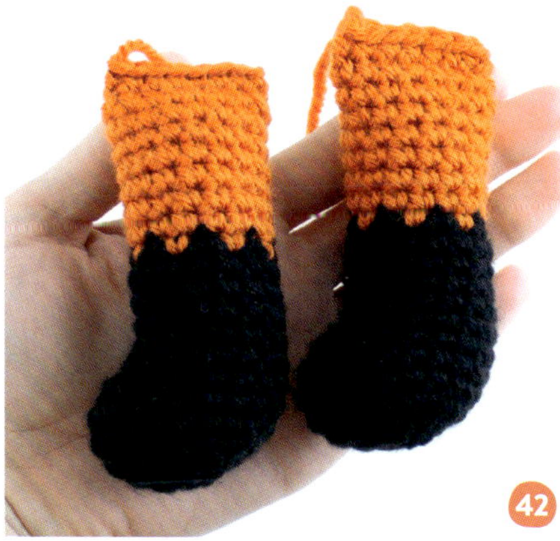

42

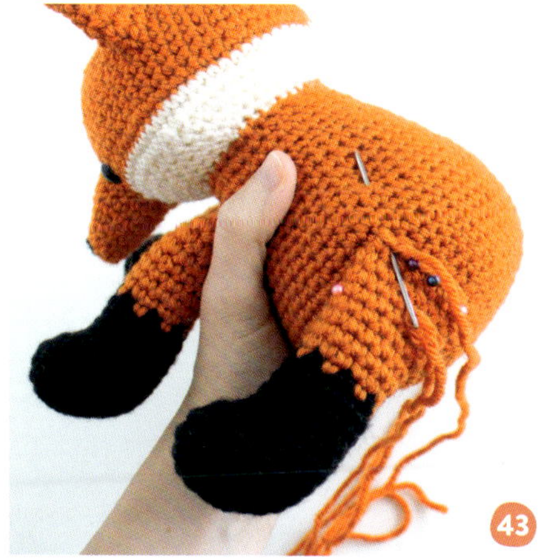

43

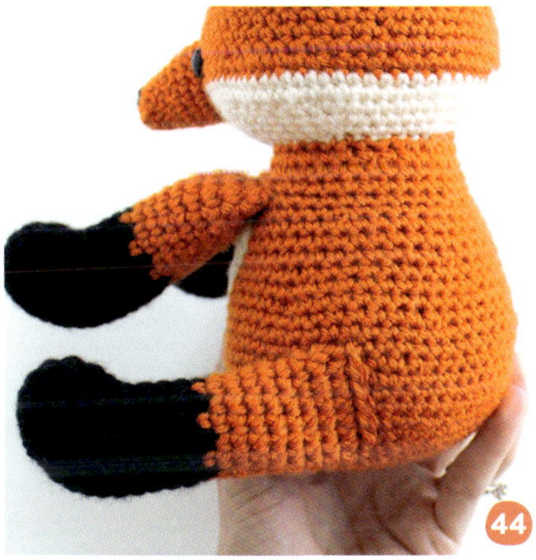

44

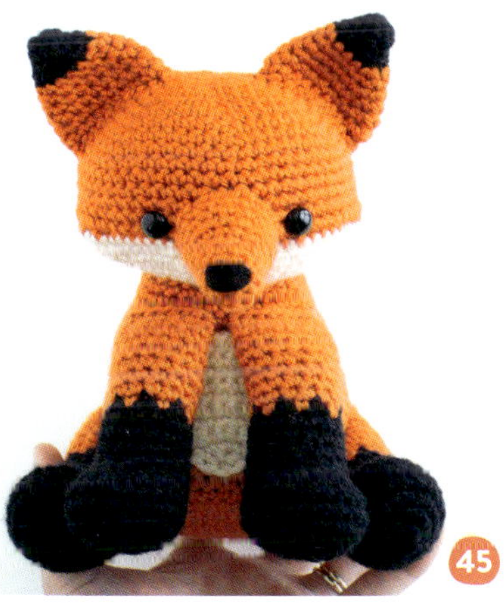

45

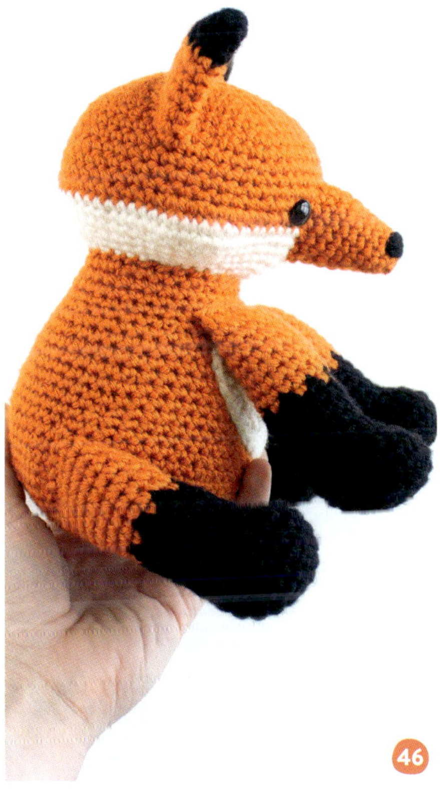

46

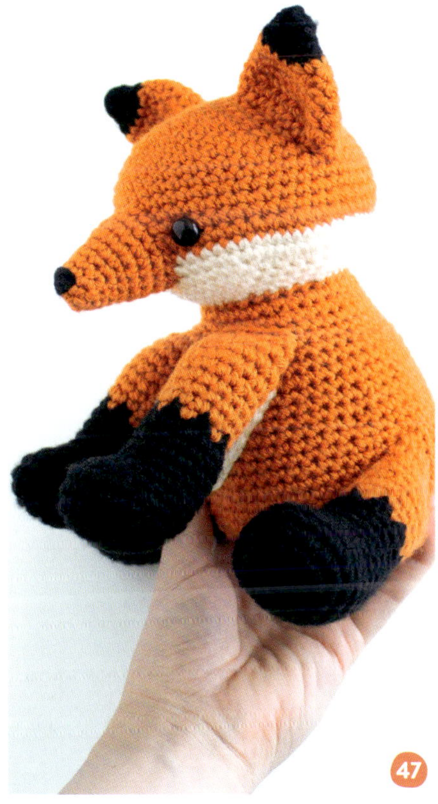

47

SCHWANZ

Mit Creme beginnen.

1. Rd: 6 fM in einen magischen Ring häkeln (6 M).

2. Rd: *1 fM, Zun* 3 x (9 M).

3. Rd: 9 fM.

4. Rd: *2 fM, Zun* 3 x (12 M).

5. Rd: *1 fM, Zun* 6 x (18 M).

6. Rd: 18 fM.

7. Rd: *2 fM, Zun* 6 x (24 M).

8. Rd: *3 fM, Zun* 6 x (30 M).

Zu Orange wechseln.

9. Rd: 30 fM, dabei im Wechsel zwei M in Orange und in Creme häkeln: einfach zwei orange fM und dann zwei cremefarbene fM bis zum Rd-Ende arbeiten (Fotos 48–50). So entsteht automatisch ein Dreiecksmuster. Die Rd endet mit Orange. Den cremefarbenen Faden abmaschen.

10.–13. Rd: 30 fM (Foto 51).

14. Rd: *8 fM, uns Abn* 3 x (27 M).

15.+16. Rd: 27 fM.

17. Rd: *7 fM, uns Abn* 3 x (24 M).

18.+19. Rd: 24 fM.

Den Schwanz ausstopfen und nach und nach weitere Füllwatte hinzufügen.

20. Rd: *6 fM, uns Abn* 3 x (21 M).

21.+22. Rd: 21 fM.

23. Rd: *5 fM, uns Abn* 3 x (18 M).

24.+25. Rd: 18 fM.

26. Rd: *4 fM, uns Abn* 3 x (15 M).

27.+28. Rd: 15 fM.

Abmaschen und den Faden zum Annähen hängen lassen (Foto 52).

Den Schwanz hinten zwischen der 9. und 13. Rd schräg am Körper feststecken, damit man ihn von vorne sehen kann. (Foto 53). Mit dem Endfaden annähen. Ein kleines Stück der unteren Kante des Schwanzes an den Körper nähen, damit er fest sitzt. Das Fadenende verknoten und im Inneren des Körpers verstecken (Fotos 54–57).

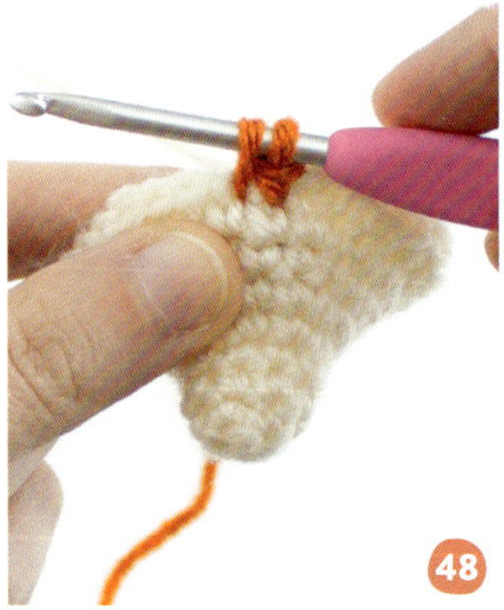

48

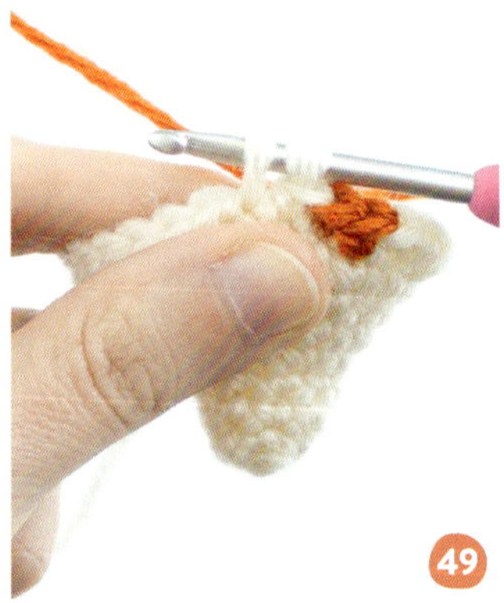

49

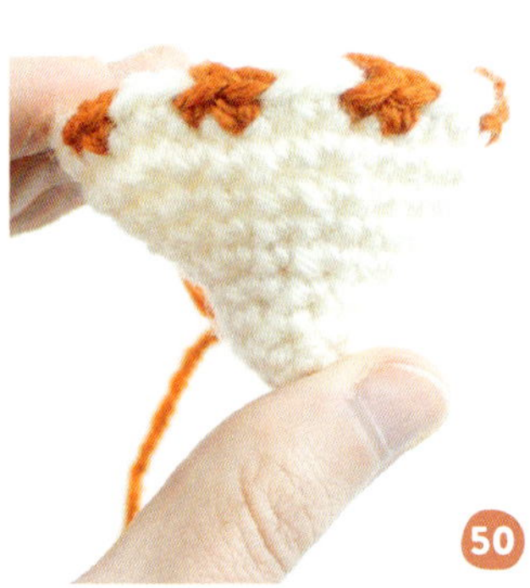

50

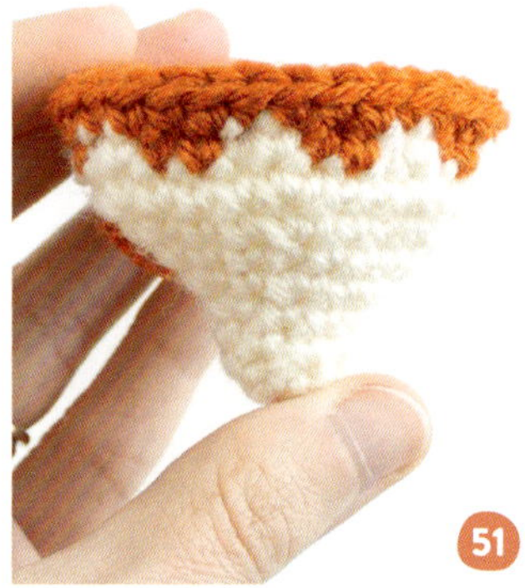

51

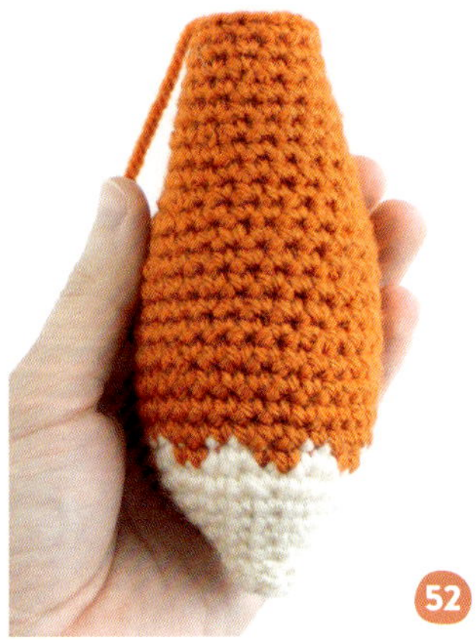

52

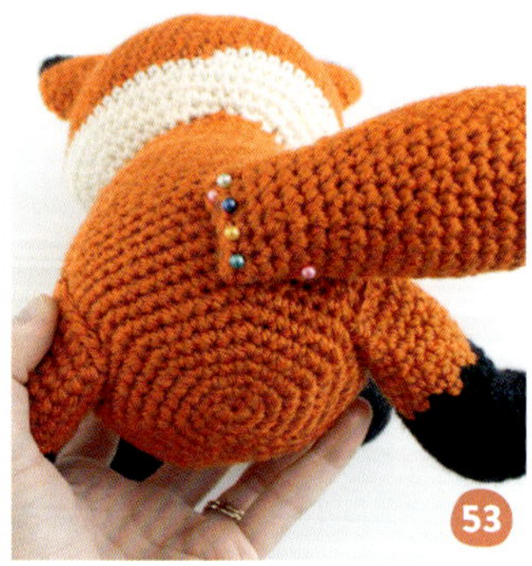

53

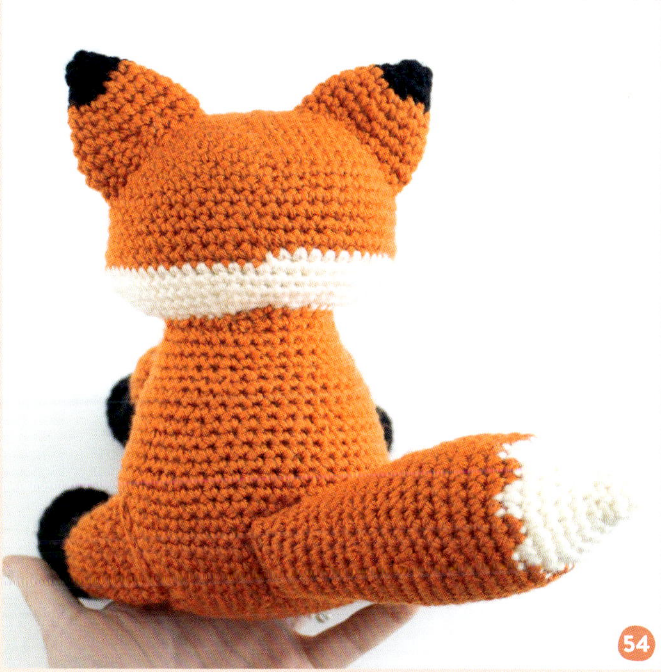
54

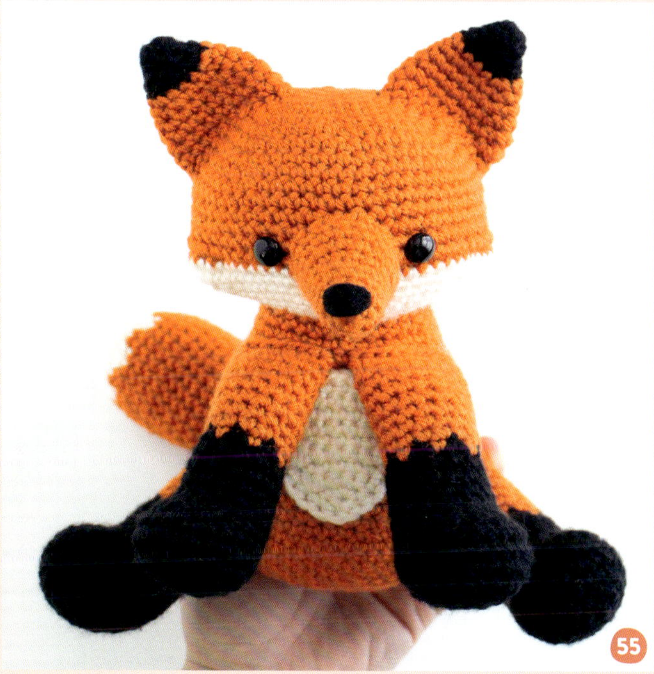
55

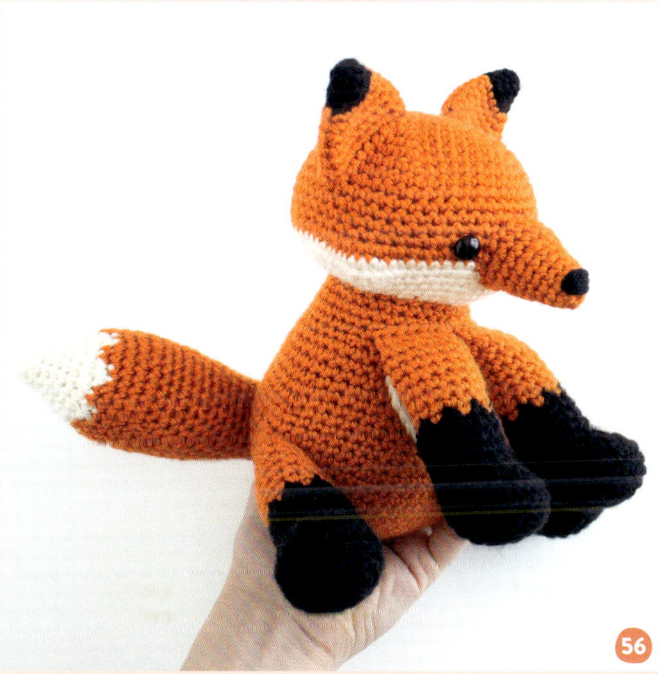
56

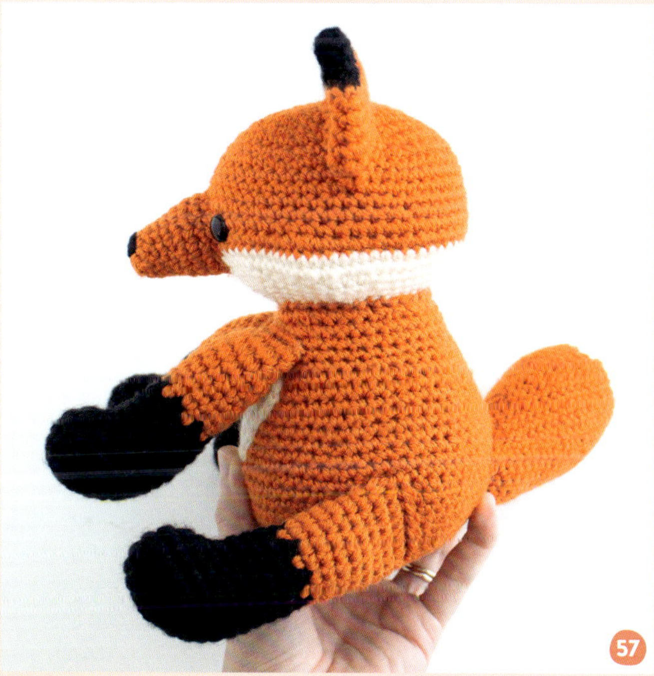
57

EULE

LEICHT

FERTIGE MASSE

- Etwa 15 cm breit und 14 cm hoch

MATERIAL

- Häkelgarn (Lauflänge 100–120 m/50 g) in Braun, Beige und Senfgelb
- Häkelnadel 3,75 mm
- 1 Paar Sicherheitsaugen, 12 mm Ø
- Füllwatte aus Polyester
- Wollnadel
- Schere
- Maschenmarkierer
- Stecknadeln

ABKÜRZUNGEN

- fM – feste Masche(n)
- hStb – halbe(s) Stäbchen
- Lm – Luftmasche(n)
- M – Masche(n)
- R – Reihe(n)
- Rd – Runde(n)
- Stb – Stäbchen
- uns Abn – unsichtbare Abnahme(n)
- Zun – Zunahme(n)
- Zun hStb – Zunahme(n) mit halbem/n Stäbchen

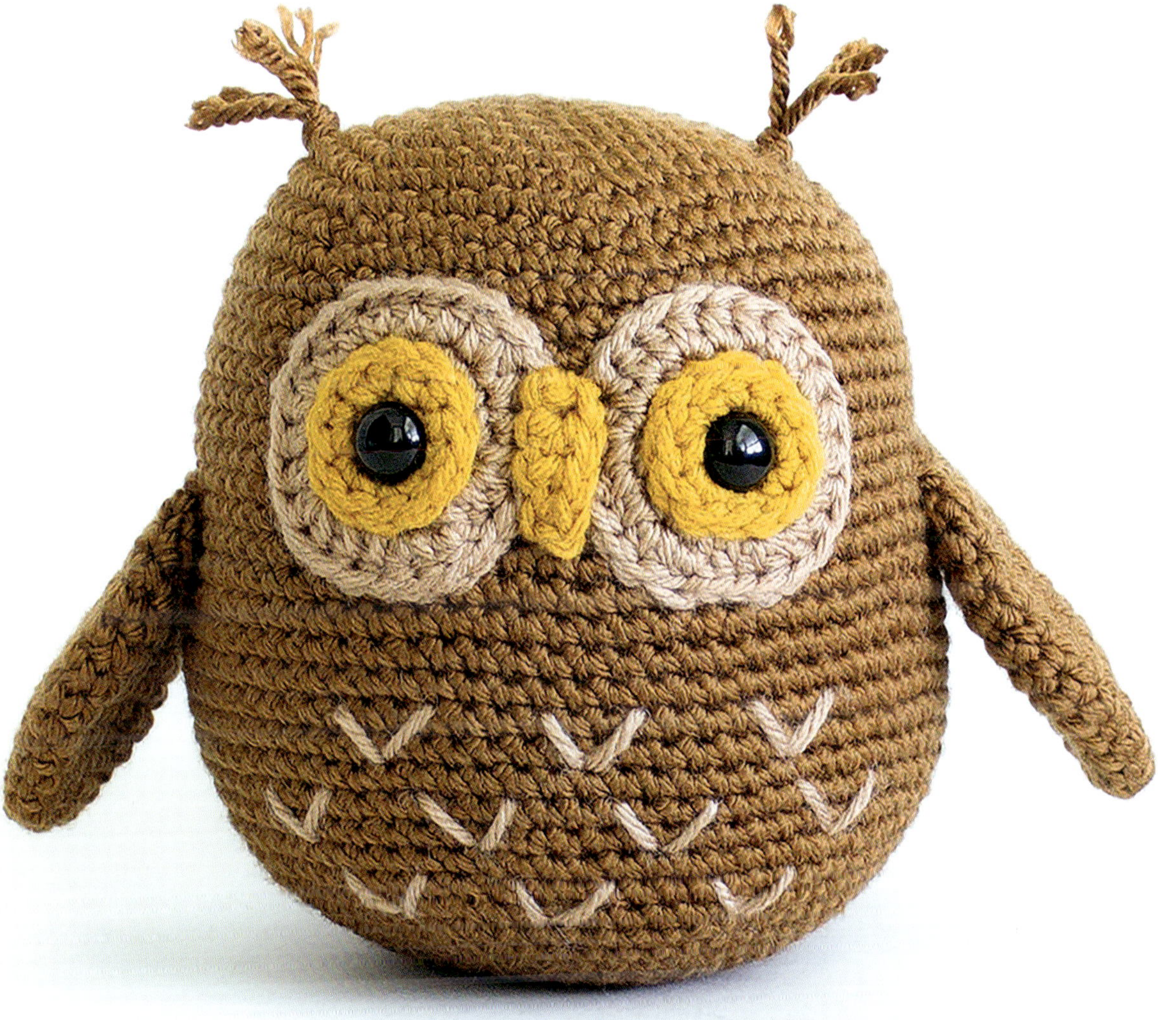

KÖRPER

In Braun häkeln.

1. Rd: 6 fM in einen magischen Ring häkeln (6 M).

2. Rd: 6 Zun (12 M).

3. Rd: *1 fM, Zun* 6 x (18 M).

4. Rd: *2 fM, Zun* 6 x (24 M).

5. Rd: *3 fM, Zun* 6 x (30 M).

6. Rd: *4 fM, Zun* 6 x (36 M).

7. Rd: *5 fM, Zun* 6 x (42 M).

8. Rd: *6 fM, Zun* 6 x (48 M).

9. Rd: *7 fM, Zun* 6 x (54 M).

10. Rd: 54 fM.

11. Rd: *8 fM, Zun* 6 x (60 M).

12.–19. Rd: 60 fM.

20. Rd: *14 fM, Zun* 4 x (64 M).

21. Rd: 64 fM.

22. Rd: *15 fM, Zun* 4 x (68 M).

23.–29. Rd: 68 fM.

30. Rd: *15 fM, uns Abn* 4 x (64 M).

31. Rd: 64 fM.

32. Rd: *14 fM, uns Abn* 4 x (60 M).

33. Rd: 60 fM.

34. Rd: *8 fM, uns Abn* 6 x (54 M).

35. Rd: *7 fM, uns Abn* 6 x (48 M).

36. Rd: *6 fM, uns Abn* 6 x (42 M).

37. Rd: *6 fM, uns Abn* 6 x (36 M).

Den Körper ausstopfen und nach und nach weitere Füllwatte hinzufügen.

38. Rd: *4 fM, uns Abn* 6 x (30 M).

39. Rd: *3 fM, uns Abn* 6 x (24 M).

40. Rd: *2 fM, uns Abn* 6 x (18 M).

41. Rd: *1 fM, uns Abn* 6 x (12 M).

42. Rd: 6 uns Abn (6 M).

Abmaschen und den Faden zum Verschließen hängen lassen (Foto 1).

GROSSE AUGENKREISE: 2 X HÄKELN

In Beige häkeln.

1. Rd: 6 fM in einen magischen Ring häkeln (6 M).

2. Rd: 6 Zun (12 M).

3. Rd: *1 fM, Zun* 6 x (18 M).

4. Rd: 1 Lm, hStb, Zun hStb, *2 hStb, Zun hStb* 5 x, hStb (24 M).

Abmaschen und den Faden zum Annähen hängen lassen. Den Anfangsfaden vernähen (Foto 2).

KLEINE AUGENKREISE: 2 X HÄKELN

In Senfgelb häkeln.

1. Rd: 6 fM in einen magischen Ring häkeln (6 M).

2. Rd: 6 Zun (12 M).

Abmaschen und den Faden zum Annähen hängen lassen. Den Anfangsfaden vernähen (Foto 3).

Mit einem Stäbchen oder Häkelnadelgriff die Mitte des magischen Rings etwas weiten, damit sich die Sicherheitsaugen besser einsetzen lassen (Fotos 4+5). Die Sicherheitsaugen zuerst in die Magischen Ringe der gelben, dann der beigen Kreise einsetzen (Foto 6). Die Scheiben auf der Rückseite befestigen. Mit dem gelben Endfaden den gelben Kreis auf den beigen nähen. Dabei die Nadel unter beide Mg der 2. Rd des gelben Kreises und dann in den beigen Kreis führen. Dann zurück nach oben und in die M führen und durchziehen (Fotos 7–9). Den Kreis rundum aufnähen und den gelben Faden mit einem Knoten sichern.

Anschließend die Augenkreise zwischen der 12. und 22. Rd auf den Körper stecken (Foto 10) und mit dem Endfaden annähen. Dabei die Nadel unter beide Mg der 4. Rd des beigen Kreises und dann in den Körper führen, zwischen zwei M ausstechen. Dann an derselben Stelle einstechen, zur nächsten M am Augenkreis führen und fortfahren (Foto 11+12). Darauf achten, den Faden unter und nicht über die M zu führen, damit die Naht sauber aussieht. Das Fadenende mit einem Knoten sichern und im Inneren des Körpers verstecken (Foto 13).

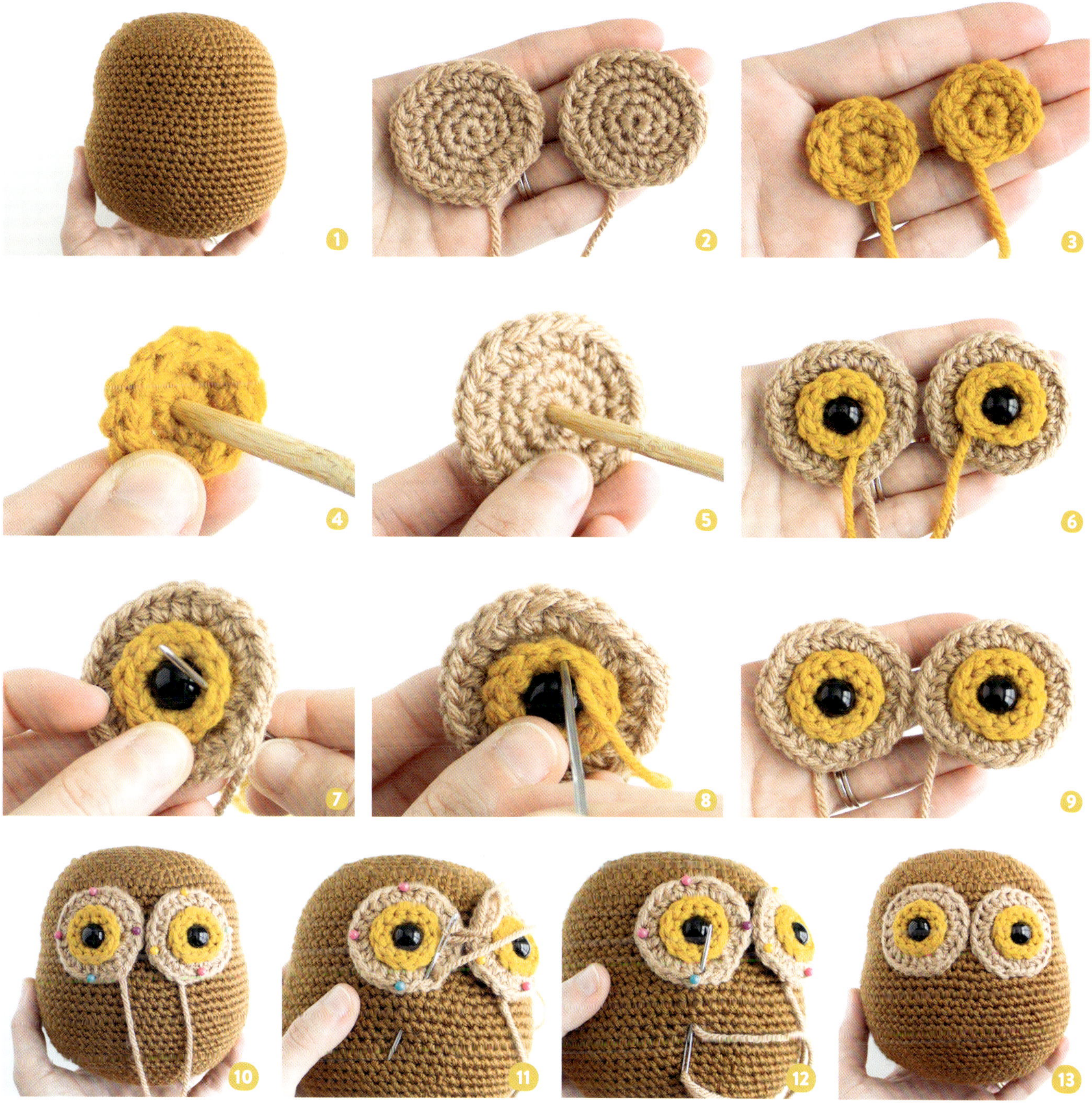
1
2
3
4
5
6
7
8
9
10
11
12
13

SCHNABEL

In Senfgelb häkeln.

1. R: 5 Lm, dann ab der 2. Lm von der Nadel fM, hStb, 2 Stb (4 M) (Fotos 14+15).

Abmaschen und den Faden zum Annähen hängen lassen.

Den Schnabel an der 15. Rd des Augenkreises feststecken und mit dem Endfaden annähen. Über die Stelle des letzten hStb nähen, dann die Spitze fixieren. Anfangs- und Endfaden mit einem Knoten sichern und diesen im Inneren des Körpers verstecken (Foto 16).

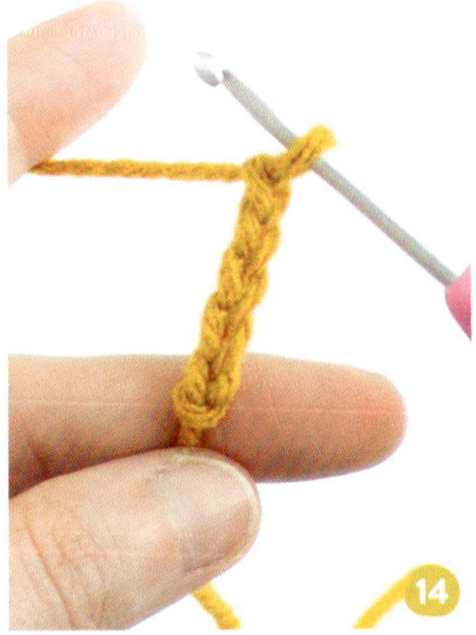

14

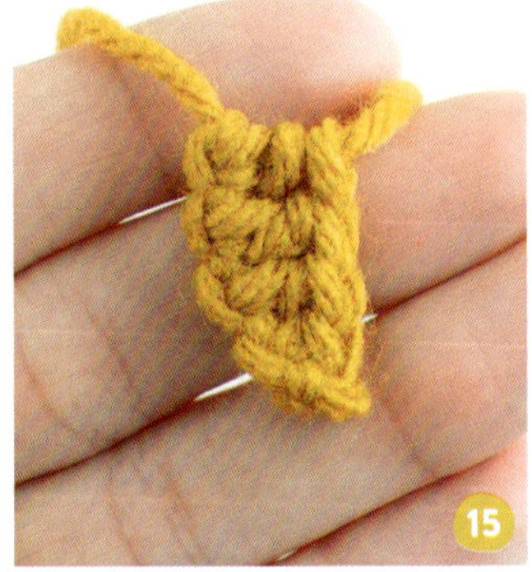

15

FLÜGEL: 2 X HÄKELN

In Braun häkeln.

1. Rd: 6 fM in einen magischen Ring häkeln (6 M).

2. Rd: 6 Zun (12 M).

3. Rd: 12 fM.

4. Rd: *1 fM, Zun* 6 x (18 M).

5. Rd: 18 fM.

6. Rd: *2 fM, Zun* 6 x (24 M).

7.–10. Rd: 24 fM.

11. Rd: *2 fM, uns Abn* 6 x (18 M).

12. Rd: 18 fM.

13. Rd: *1 fM, uns Abn* 6 x (12 M).

14. Rd: 5 fM. Dabei die Kanten des Beins aneinanderlegen und zusammenhäkeln. Dafür mit der Nadel durch beide M stechen. Dann wie gewohnt mit fM fortfahren (Fotos 17–20).

Abmaschen und den Faden zum Annähen hängen lassen.

Die Flügel nicht ausstopfen (Foto 21) und mit Stecknadeln an der 19. Rd seitlich an den Körper stecken. Mit dem Endfaden annähen. Dabei die Nadel unter beide Mg der 14. Rd der Flügel und dann in den Körper führen (Foto 22). Das Fadenende mit einem Knoten sichern und im Inneren des Körpers verstecken (Fotos 23–25).

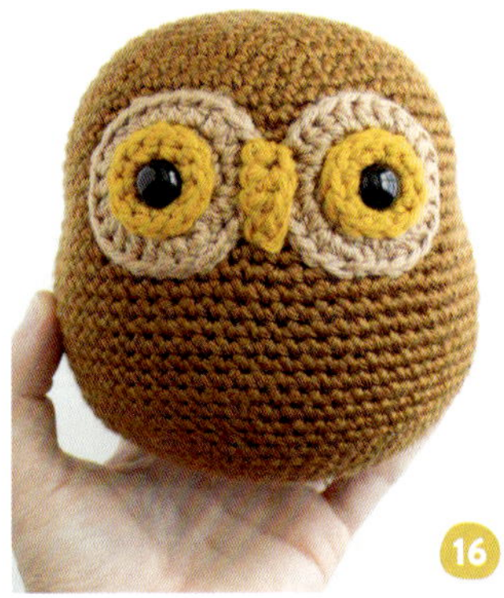

16

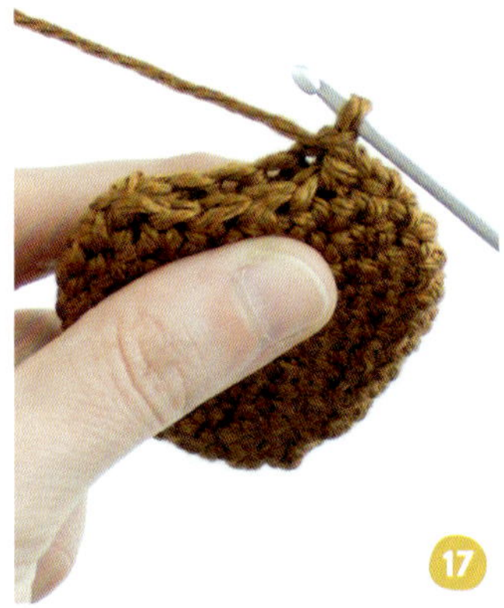

17

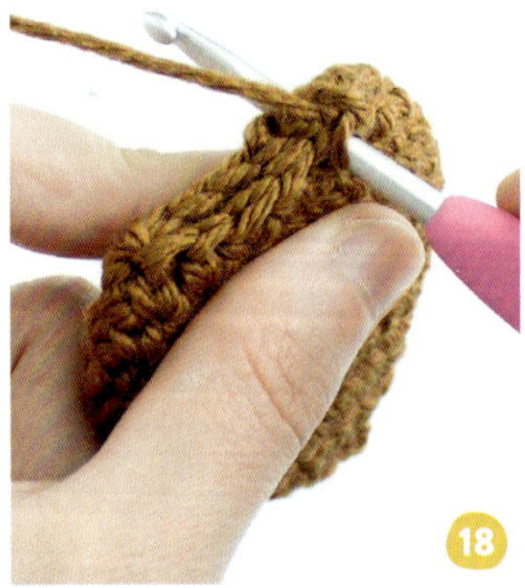

18

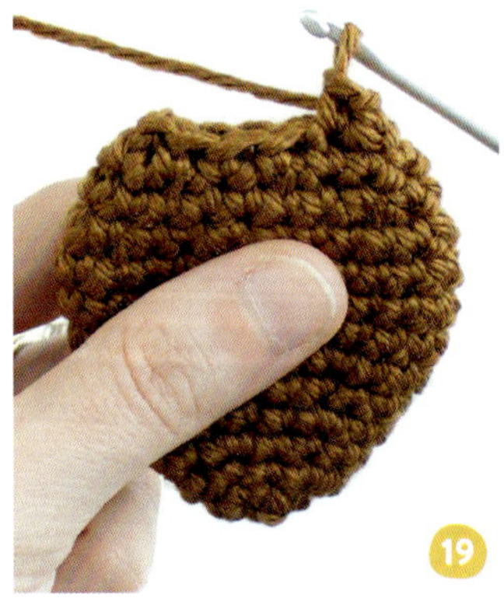

19

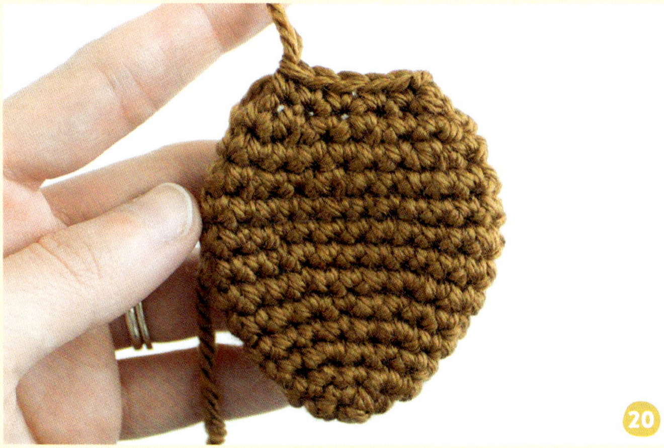
20
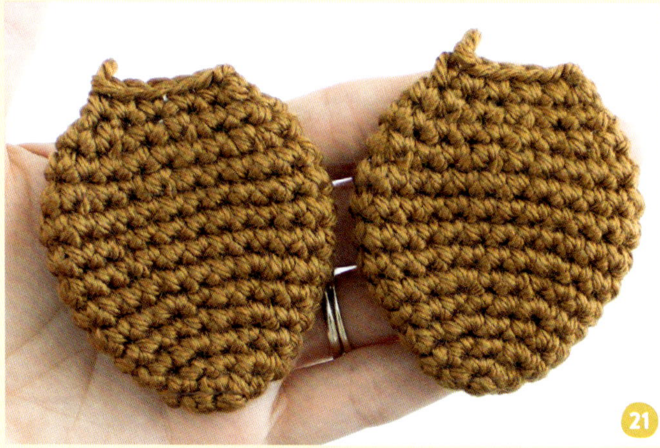
21
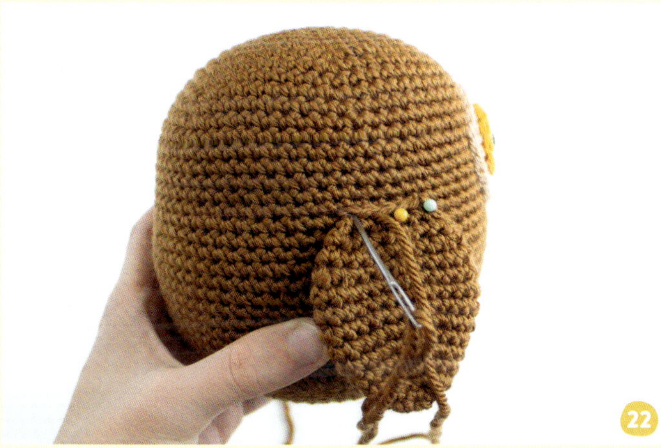
22
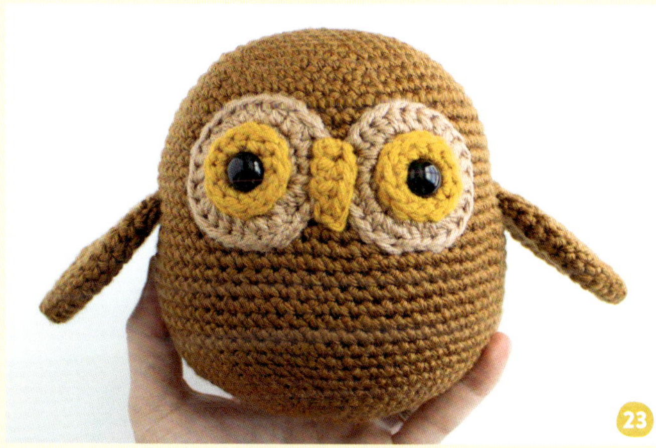
23
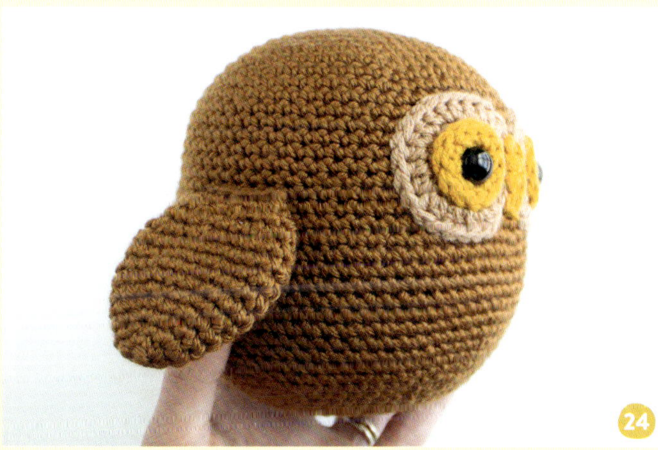
24
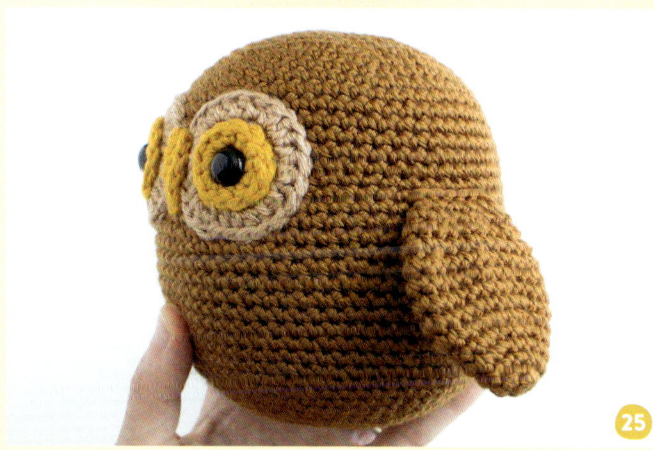
25

HAARE

Von der braunen Wolle 4 etwa 13 cm lange Fäden abschneiden. Die Häkelnadel oberhalb der Flügel in eine M der 8. Rd einstechen und zwei Fäden auf die Nadel legen (Fotos 26+27). Die Nadel mit den Fäden ein Stück, jedoch nicht ganz durch die M ziehen (Foto 28). Die losen Enden durch die Schlaufe ziehen (Foto 29). Vorsichtig festziehen und die Fäden auf etwa 2,5 cm zurückschneiden (Foto 30). Dasselbe auf der anderen Seite wiederholen (Fotos 31+32).

FEDERN

Mit Stecknadeln die V-Formen für die Federn auf der Vorderseite des Körpers markieren. Ich nehme dafür eine Farbe für jedes V, damit ich besser erkennen kann, wo die Nadel eingestochen werden muss. Zwischen den Stecknadeln 2 M Abstand lassen, dann die untere Nadel für jedes V etwa 2 Rd darunter mittig anbringen. Die erste R liegt über der 26 und 27. Rd, dort werden 3 Vs gestickt. Die zweite R liegt über der 29. und 30. Rd, mit 4 Vs. Die dritte R liegt über der 32. und 33. Rd und hat 3 Vs.

Darauf achten, dass die R mittig ausgerichtet sind (Foto 33). Einen beigen Faden abschneiden, ein Ende verknoten und das andere in eine Wollnadel fädeln. Die Nadel zwischen zwei M seitlich am Körper einstechen und zur ersten Stecknadel führen. Die Stecknadel entfernen und die Nadel durch das Loch der M führen, den Faden durchziehen (Foto 34). Die untere Stecknadel entfernen und die Wollnadel dort einstechen (Foto 35). Die dritte Stecknadel derselben Farbe entfernen und mit der Wollnadel dort einstechen. Die Nadel zurück zum unteren Einstich führen und dort wieder einstechen. Dann zu den Stecknadeln in der nächsten Nadelfarbe führen (zum nächsten V) und den Faden durchziehen. Das erste V ist nun fertig (Fotos 36+37). So für die anderen Vs fortfahren. Das Fadenende mit einem Knoten sichern und im Inneren des Körpers verstecken (Fotos 38–40).

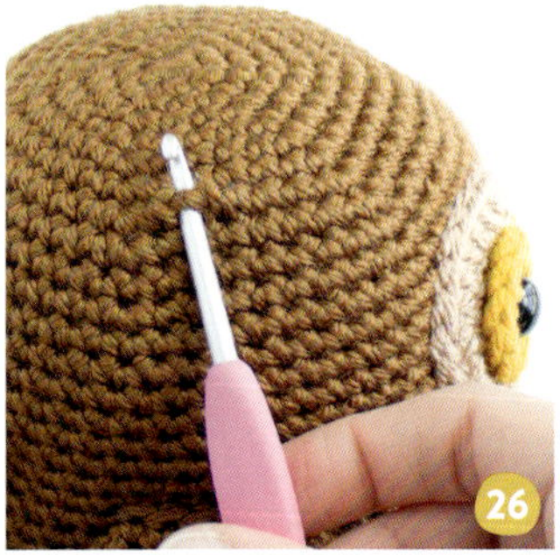
26

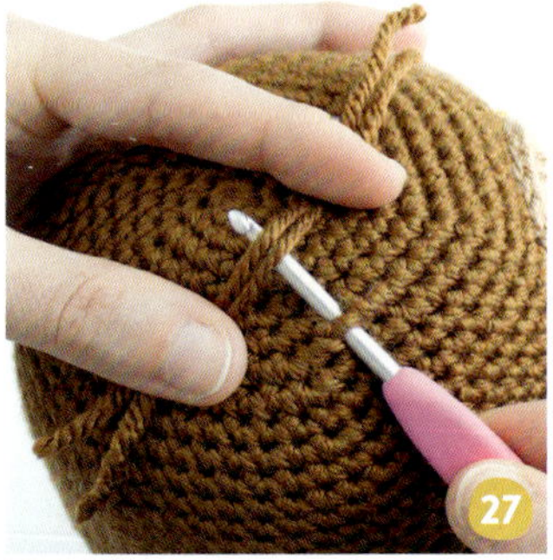
27

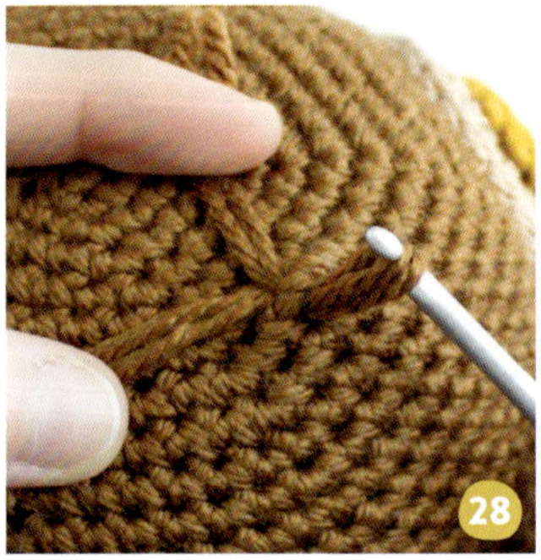
28

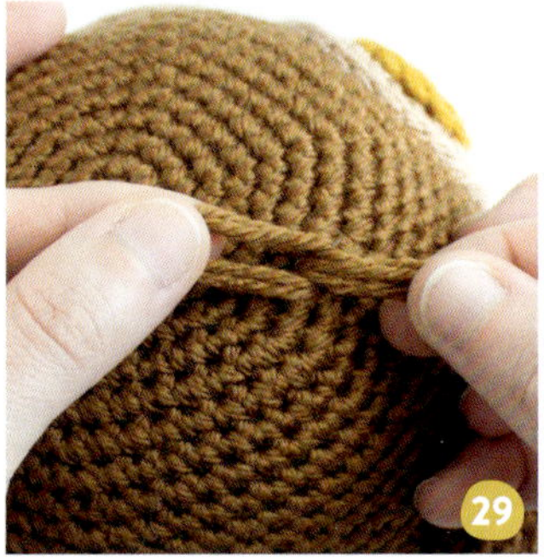
29

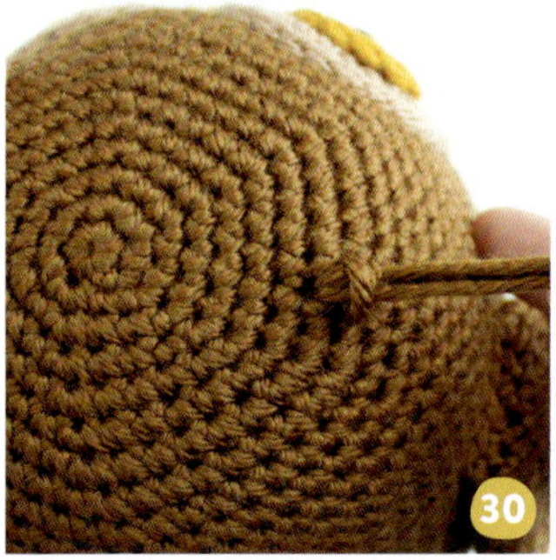
30

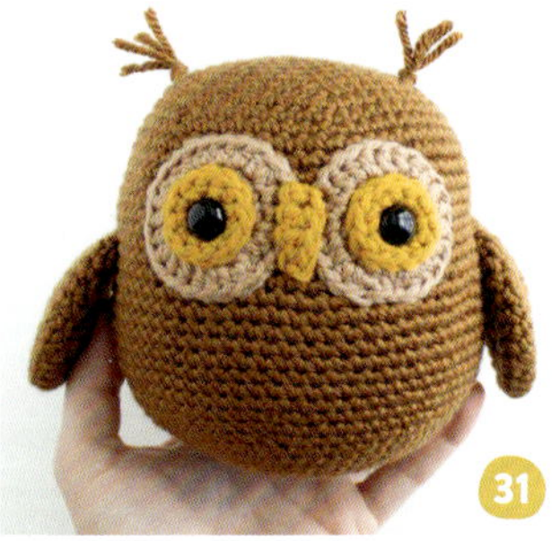
31

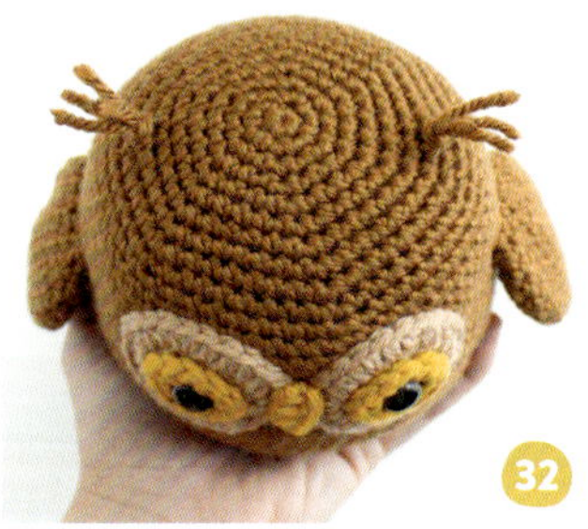
32

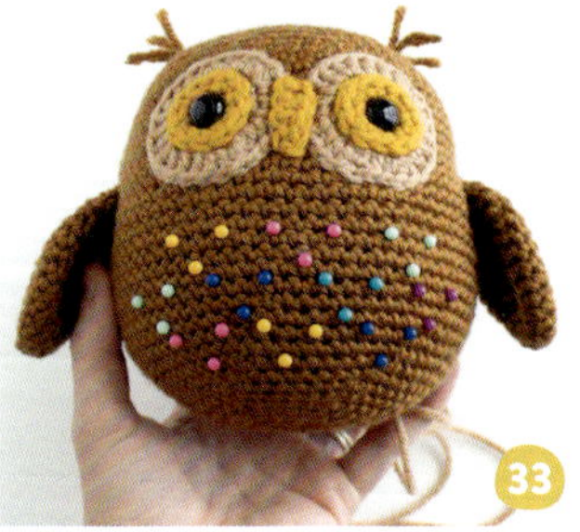
33

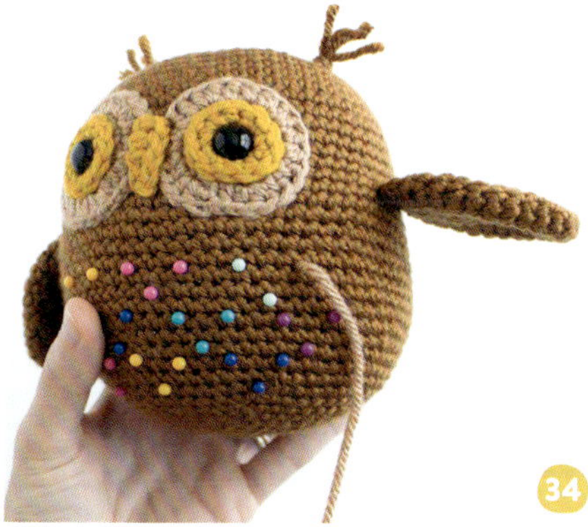
34

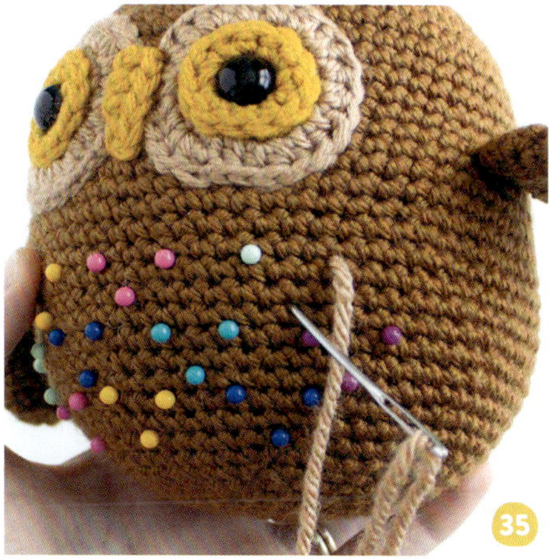
35

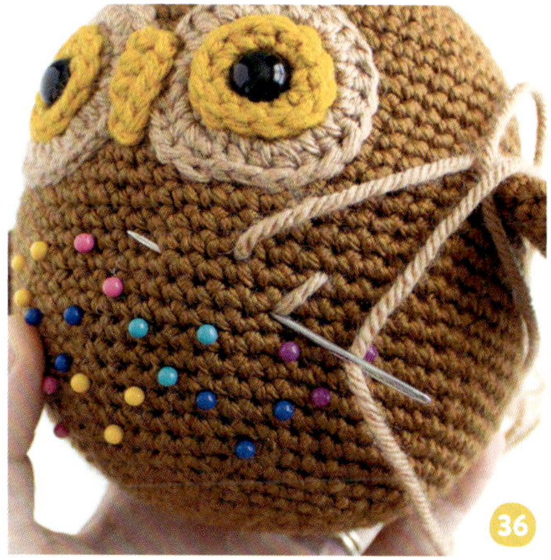
36

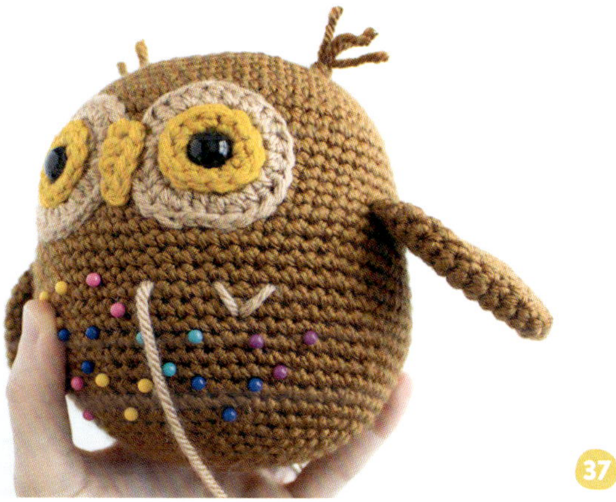
37

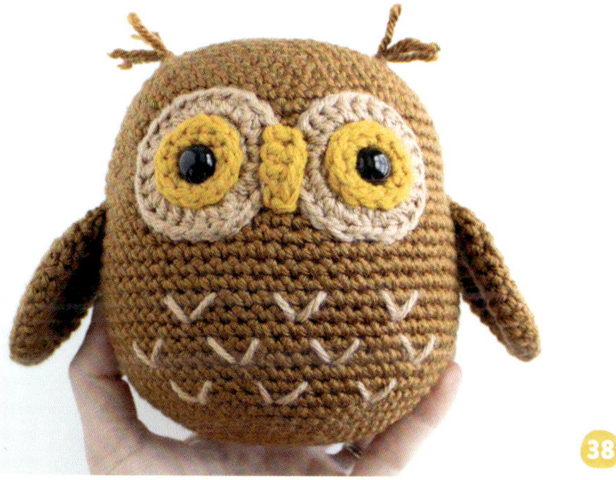
38

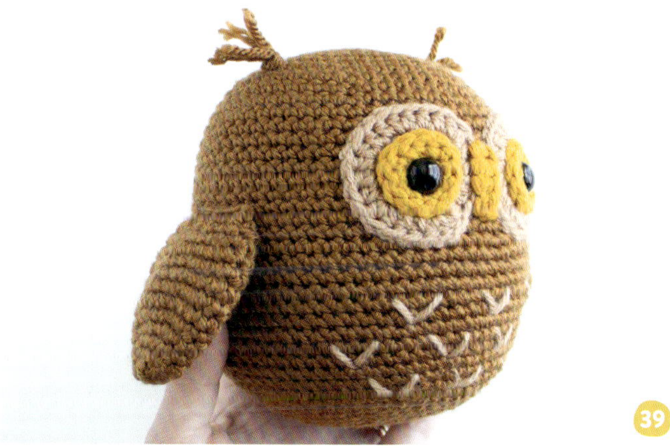
39

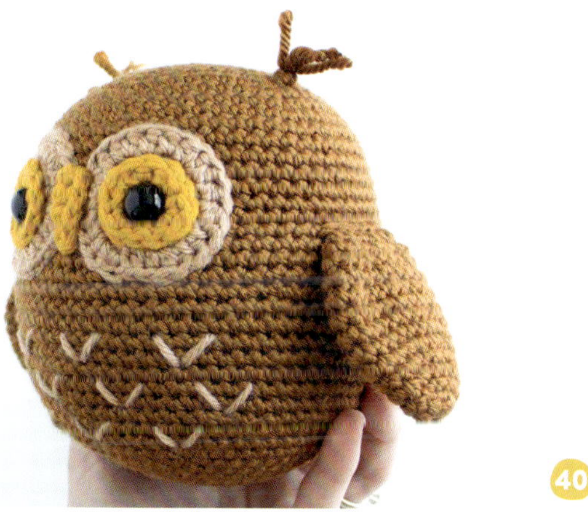
40

WASCHBÄR

MITTELSCHWER

FERTIGE MASSE

- Etwa 16,5 cm breit, 19 cm hoch und 23 cm lang

MATERIAL

- Häkelgarn (Lauflänge 100–120 m/50 g) in Weiß, Hellgrau, Dunkelgrau und Schwarz
- Häkelnadel 3,75 mm
- 1 Paar Sicherheitsaugen, 10,5 mm Ø
- Füllwatte aus Polyester
- Wollnadel
- Schere
- Maschenmarkierer
- Stecknadeln
- Optional: Heißklebepistole

ABKÜRZUNGEN

- Abn – Abnahme(n)
- fM – feste Masche(n)
- hStb – halbe(s) Stäbchen
- Lm – Luftmasche(n)
- M – Masche(n)
- R – Reihe(n)
- Rd – Runde(n)
- Stb – Stäbchen
- uns Abn – unsichtbare Abnahme(n)
- Zun – Zunahme(n)
- Zun hStb – Zunahme(n) mit halbem/n Stäbchen
- Zun Stb – Zunahme(n) mit Stäbchen

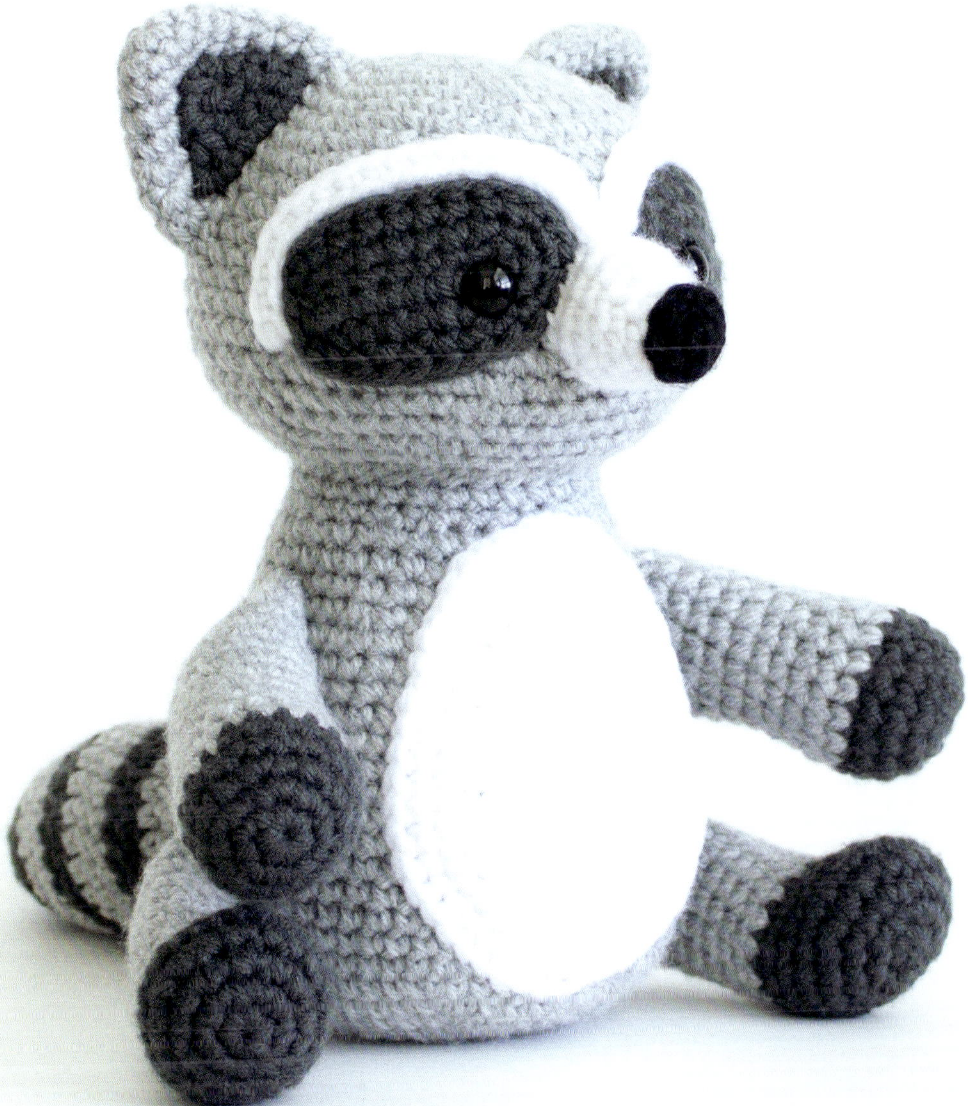

AUGENFLECKEN: 2 X HÄKELN

In Dunkelgrau häkeln.

1. R: 9 Lm, dann ab der 2. Lm von der Nadel 8 fM. Drehen, nicht wenden, und auf der anderen Seite der Lm-Kette in die rückseitigen Schlaufen 8 fM (16 M) (Fotos 1–5).

2. R: Zun, 6 fM, 2 Zun, 6 fM, Zun (20 M).

3. R: 2 Zun, 7 fM, 3 Zun, 7 fM, Zun (26 M).

Abmaschen und den Faden zum Annähen hängen lassen (Foto 6).

Die Sicherheitsaugen zwischen der 1. und 2. R der Augenflecken einsetzen. Die Scheiben auf der Rückseite noch nicht befestigen. Die Augenflecken zur Seite legen (Foto 7).

KOPF

In Hellgrau häkeln.

1. Rd: 6 fM in einen magischen Ring häkeln (6 M).

2. Rd: 6 Zun (12 M).

3. Rd: *1 fM, Zun* 6 x (18 M).

4. Rd: *2 fM, Zun* 6 x (24 M).

5. Rd: *3 fM, Zun* 6 x (30 M).

6. Rd: *4 fM, Zun* 6 x (36 M).

7. Rd: *5 fM, Zun* 6 x (42 M).

8. Rd: *6 fM, Zun* 6 x (48 M).

9. Rd: *7 fM, Zun* 6 x (54 M).

10.–15. Rd: 54 fM.

16. Rd: *8 fM, Zun* 6 x (60 M).

17. Rd: *9 fM, Zun* 6 x (66 M).

18. Rd: *9 fM, uns Abn* 6 x (60 M).

19. Rd: *8 fM, uns Abn* 6 x (54 M).

20. Rd: *7 fM, uns Abn* 6 x (48 M).

21. Rd: *6 fM, uns Abn* 6 x (42 M).

Die Sicherheitsaugen zwischen der 14. und 15. Rd im Abstand von 7 M einsetzen.

Die Augenflecken sollten dann zwischen der 10. und 18. Rd mit einem Abstand von 2 M dazwischen sitzen. Die Scheiben auf der Rückseite der Sicherheitsaugen befestigen. Wenn das zu dick wird, probiere, die Scheibe umzudrehen und andersherum am Auge zu befestigen (Foto 8).

Mit dem Endfaden die Augenflecken auf den Kopf nähen, dabei leicht schräg anbringen. Dabei die Nadel unter beide Mg der 3. R der Augenflecken und dann in den Körper führen. Wieder nach oben ausstechen, in die nächste M am Augenfleck einstechen und durchziehen (Fotos 9+10). So bis zum Ende fortfahren. Darauf achten, den Faden unter und nicht über die M zu führen, damit die Naht sauber aussieht. Mit einem Knoten sichern und das Fadenende zurückschneiden.

22. Rd: *5 fM, uns Abn* 6 x (36 M).

Den Kopf ausstopfen und nach und nach weitere Füllwatte hinzufügen.

23. Rd: *4 fM, uns Abn* 6 x (30 M).

24. Rd: *3 fM, uns Abn* 6 x (24 M).

25. Rd: *2 fM, uns Abn* 6 x (18 M).

26. Rd: *1 fM, uns Abn* 6 x (12 M).

27. Rd: 6 uns Abn (6 M).

Abmaschen und den Faden zum Verschließen hängen lassen (Fotos 11+12).

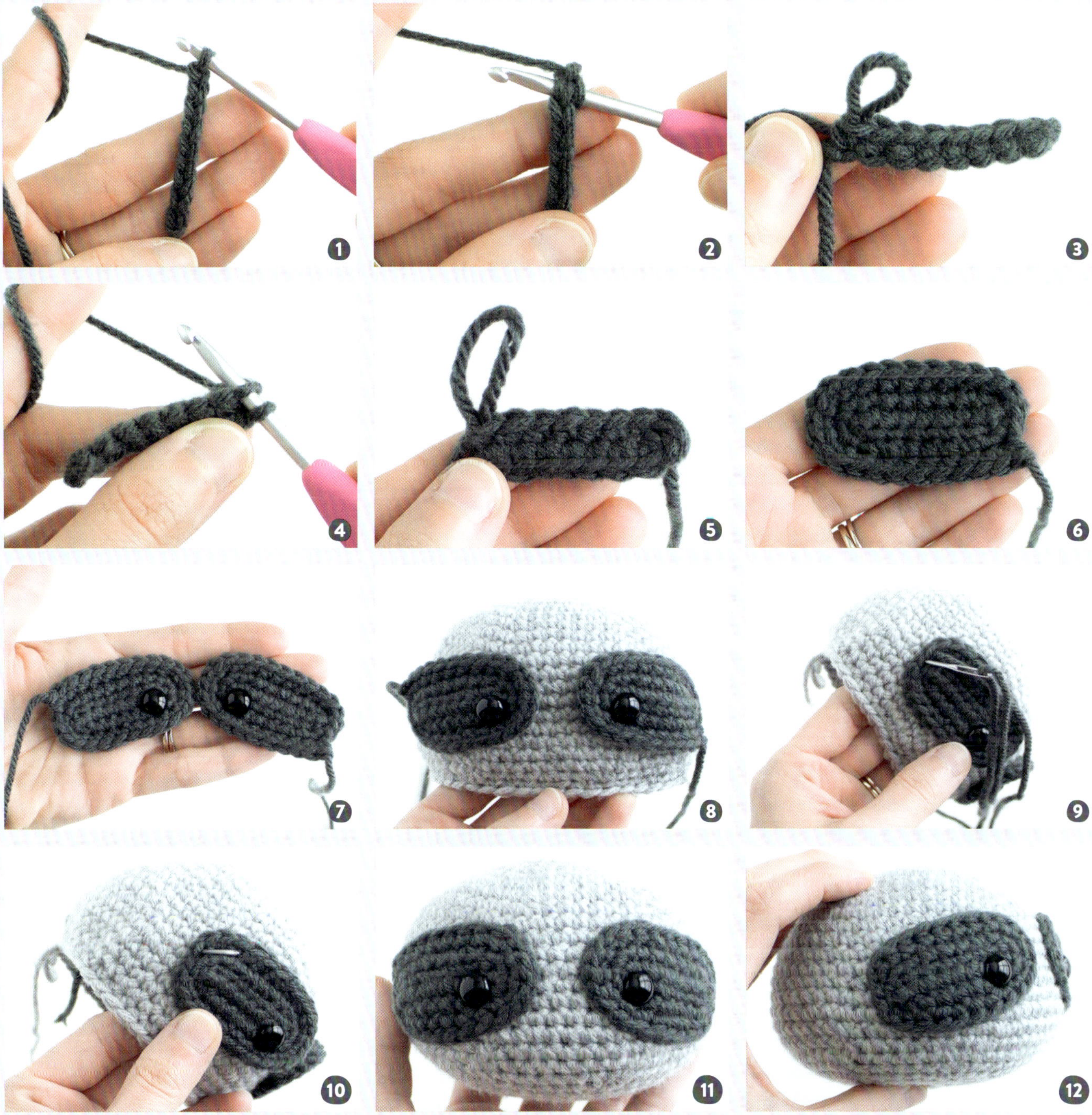
1
2
3
4
5
6
7
8
9
10
11
12

NASE

In Weiß häkeln.

1. Rd: 6 fM in einen magischen Ring häkeln (6 M).

2. Rd: *1 fM, Zun * 3 x (9 M).

3. Rd: *2 fM, Zun * 3 x (12 M).

4. Rd: 12 fM.

5 Rd: *3 fM, Zun * 3 x (15 M).

6. Rd: 15 fM.

Abmaschen und den Faden zum Annähen hängen lassen (Foto 13).

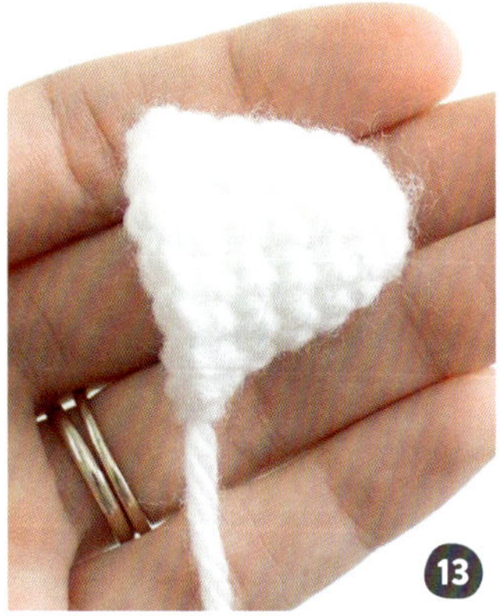
13

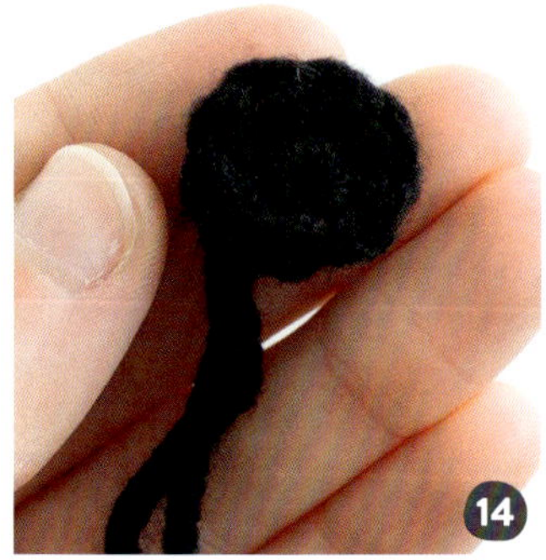
14

NASENSPITZE

In Schwarz häkeln.

1. Rd: 4 fM in einen magischen Ring häkeln (4 M).

2. Rd: 4 Zun (8 M).

Abmaschen und den Faden zum Annähen hängen lassen (Foto 14).

Mit dem Endfaden die schwarze Nasenspitze auf die weiße Nase nähen. Die Spitze sollte über der 1. und 2. Rd der Nase sitzen. Dafür die Nadel unter beide Mg der 3. Rd der Spitze und dann in die Nase führen (Foto 15). Dann die Nadel durch die nächste M der Spitze ausstechen und durchziehen. So bis zum Ende fortfahren. Darauf achten, den Faden unter und nicht über die M zu führen, damit die Naht sauber aussieht. Das Fadenende mit einem Knoten sichern und zurückschneiden (Foto 16).

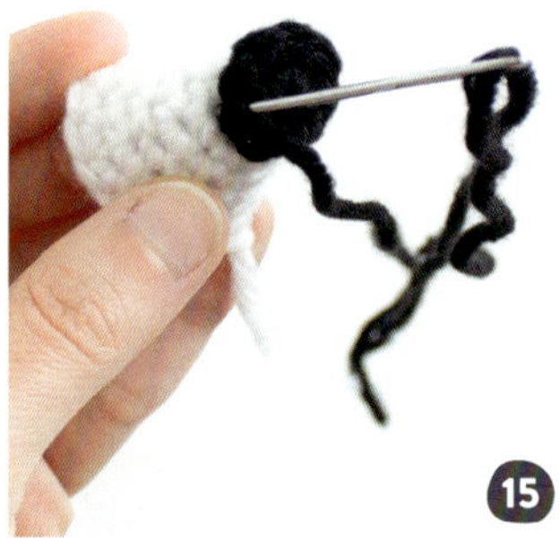
15

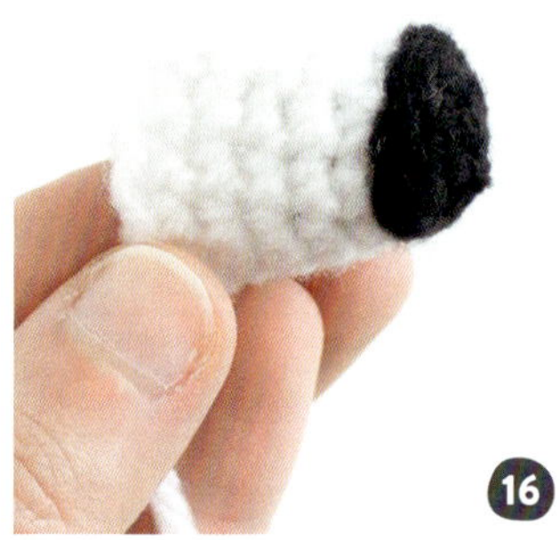
16

Die Nase mit Füllwatte ausstopfen. Mit Stecknadeln die Nase zwischen der 13. und 17. Rd an den Kopf stecken. Sie sollte genau zwischen den Augenflecken sitzen. Mit dem Endfaden an den Kopf nähen. Das Fadenende mit einem Knoten sichern und im Inneren des Kopfes verstecken (Fotos 17+18).

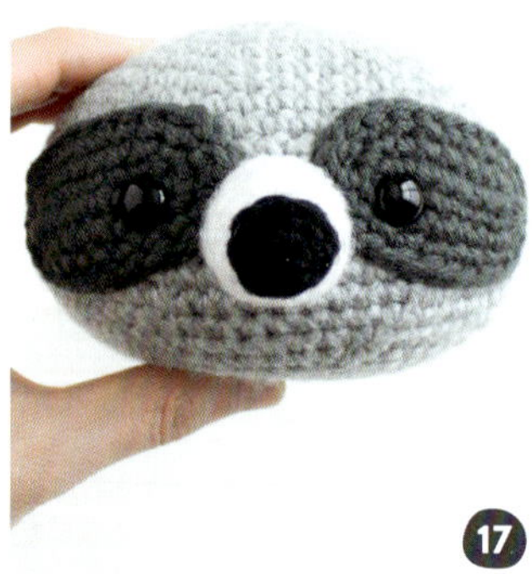
17

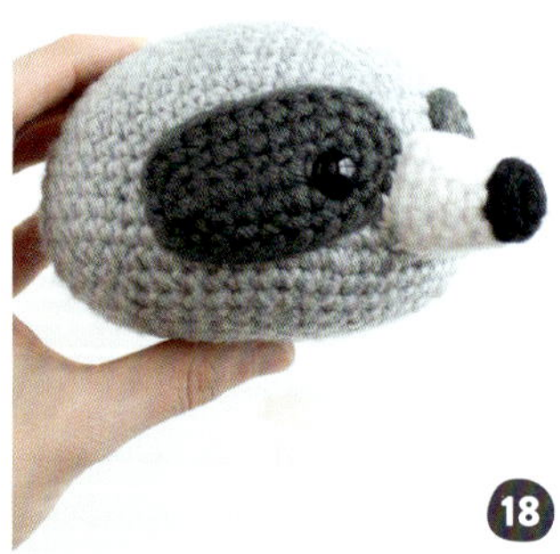
18

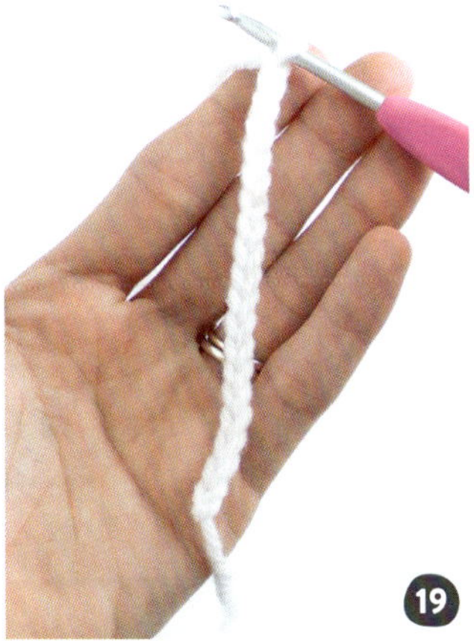

19

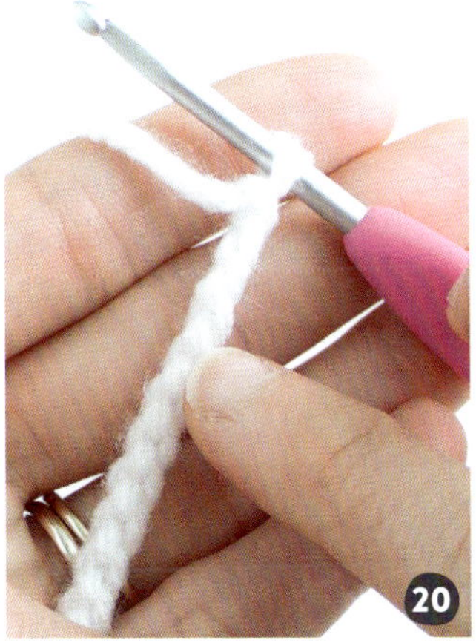

20

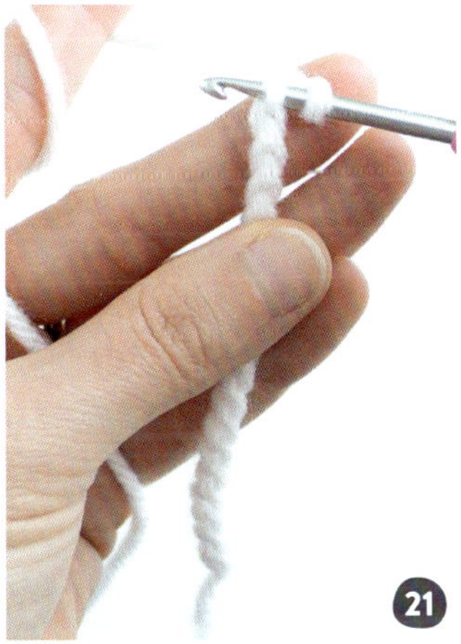

21

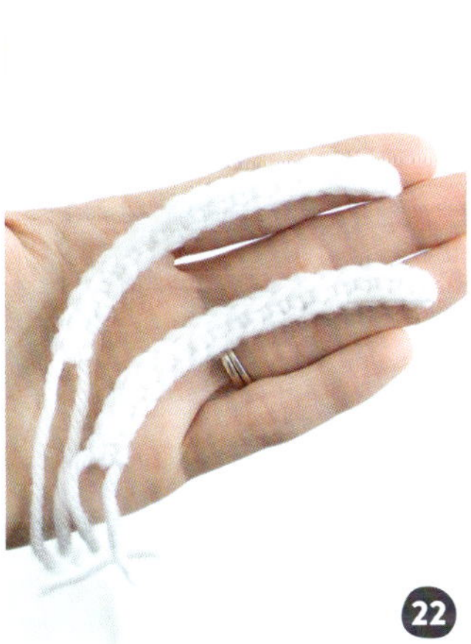

22

WEISSE STREIFEN FÜR DIE AUGEN: 2X HÄKELN

In Weiß häkeln.

1. Rd: 19 Lm, dann drehen, nicht wenden, und auf der Rückseite der Lm-Kette in die rückseitigen Schlaufen arbeiten. Ab der 2. Lm von der Nadel, 18 fM (18 M) (Fotos 19–21).

Abmaschen und den Faden zum Annähen hängen lassen (Foto 22).

Die Streifen über den Augenstreifen festsecken. Dafür an der Stelle beginnen, an der die Oberkante der Nase auf die 13. Rd trifft, und am Augenfleck entlang zur 17. Rd des Kopfs hin arbeiten (Fotos 23–25).

Mit dem Endfaden die Streifen auf den Kopf nähen. Dabei die Nadel unter beide Mg der 1. R des Streifens und dann in den Kopf führen. Zwischen zwei M ausstechen. An derselben Stelle wieder einstechen, zur nächsten M führen und fortfahren. Darauf achten, den Faden unter und nicht über die M zu führen, damit die Naht sauber aussieht. Mit einem Knoten sichern und im Inneren des Kopfs verstecken. Alternativ diese Teile mit Heißkleber anbringen. Dann darauf achten, dass die Fadenenden innen im Kopf versteckt werden.

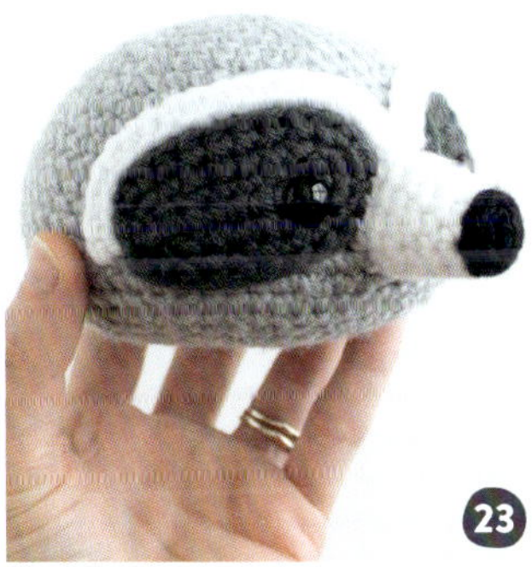

23

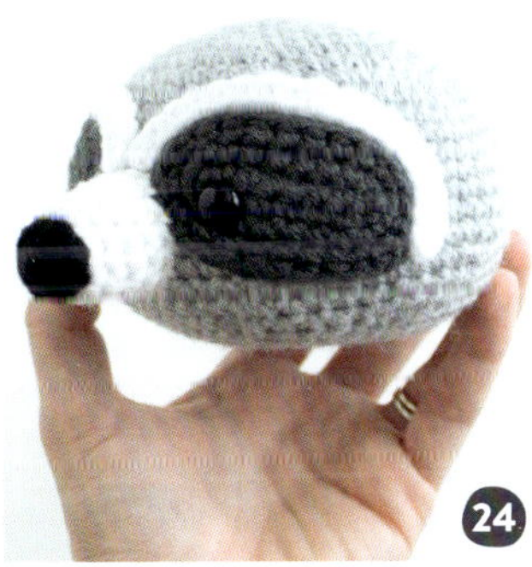

24

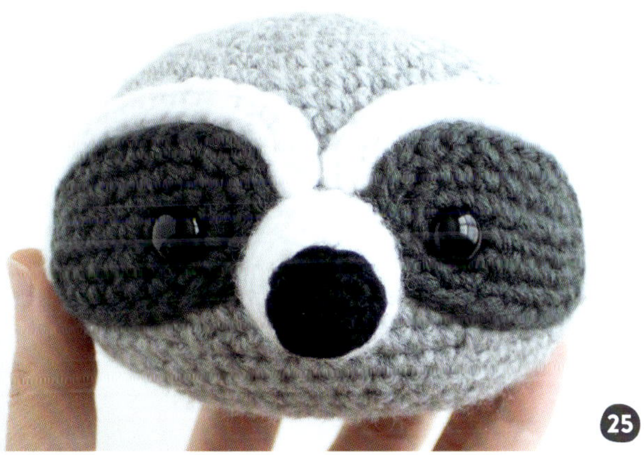

25

OHREN: 2 X HÄKELN

In Hellgrau häkeln.

1. Rd: 6 fM in einen magischen Ring häkeln (6 M).

2. Rd: *1 fM, Zun* 3 x (9 M).

3. Rd: *2 fM, Zun* 3 x (12 M).

4. Rd: *3 fM, Zun* 3 x (15 M).

5. Rd: *4 fM, Zun* 3 x (18 M).

6. Rd: *5 fM, Zun* 3 x (21 M).

7. Rd: *6 fM, Zun* 3 x (24 M).

8. Rd: 24 fM.

Abmaschen und den Faden zum Annähen hängen lassen.

Die Ohren nicht ausstopfen (Foto 26) und zwischen der 5. und 15. Rd am Kopf feststecken. Mit dem Endfaden festnähen. Das Fadenende mit einem Knoten sichern und im Inneren des Kopfs verstecken (Fotos 27–29).

INNENOHR: 2 X HÄKELN

In Dunkelgrau häkeln.

1. R: 7 Lm, dann ab der 2. Lm von der Nadel 6 fM (6 M). 1 Lm und wenden (Fotos 30–32).

2. R: Abn, 2 fM, Abn (4 M). 1 Lm und wenden.

3. Rd: 2 Abn (2 M). 1 Lm und wenden.

4. R: Abn (1 M).

Abmaschen und den Faden zum Annähen hängen lassen. Den Anfangsfaden vernähen (Foto 33).

Die Innenohren an die Ohren stecken (Foto 34) und mit dem Endfaden festnähen. Mit der Nadel in die Kante des Innenohrs stechen und dann in das Ohr. Dann durch beide Schichten des Ohrs ziehen und auf der Rückseite ausstechen (Fotos 35+36). An derselben Stelle wieder ein- und vorne an der Kante des Innenohrs wieder ausstechen (Fotos 37+38). Mit dieser Technik sieht man die Stiche auf der Rückseite des Ohrs nicht. Auf diese Weise bis zum Ende fortfahren. Das Fadenende mit einem Knoten sichern und im Inneren des Kopfs verstecken (Fotos 39+40).

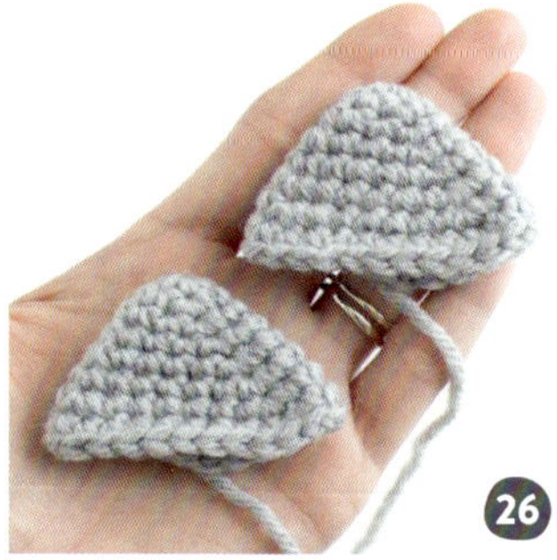

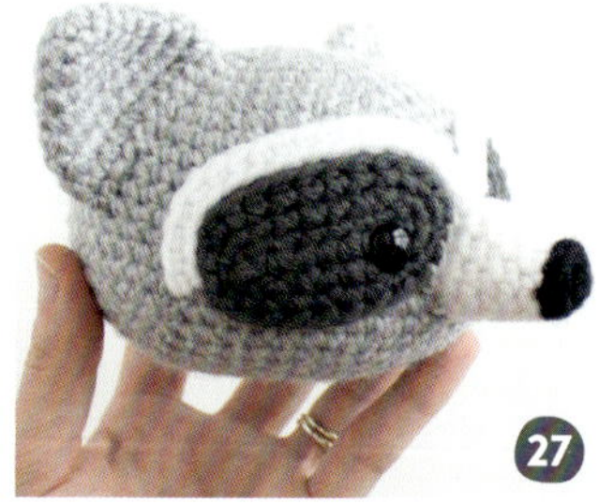

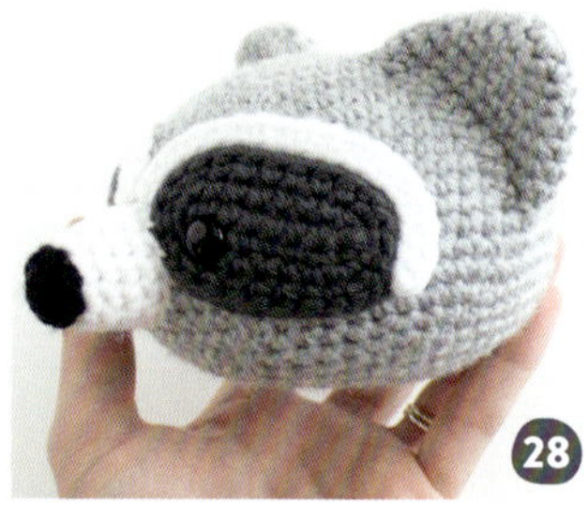

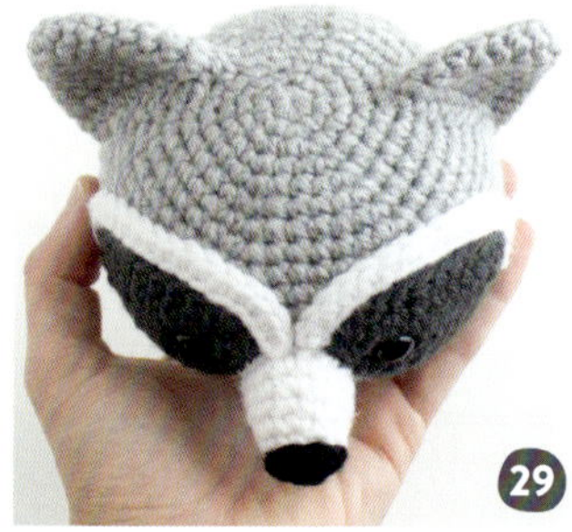

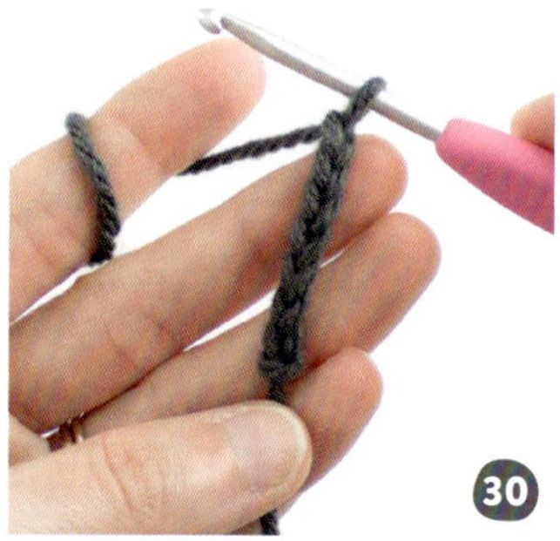

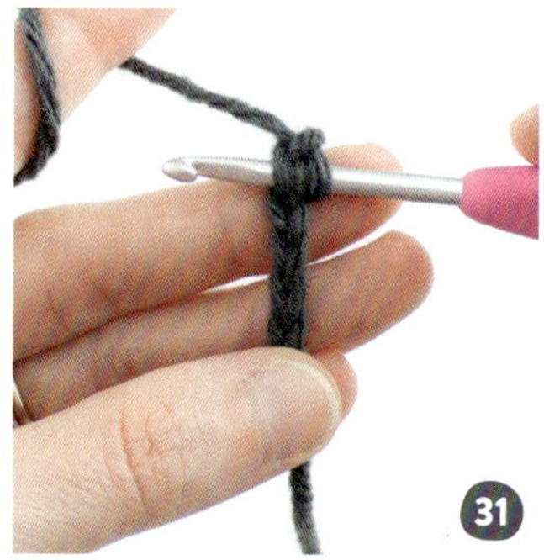

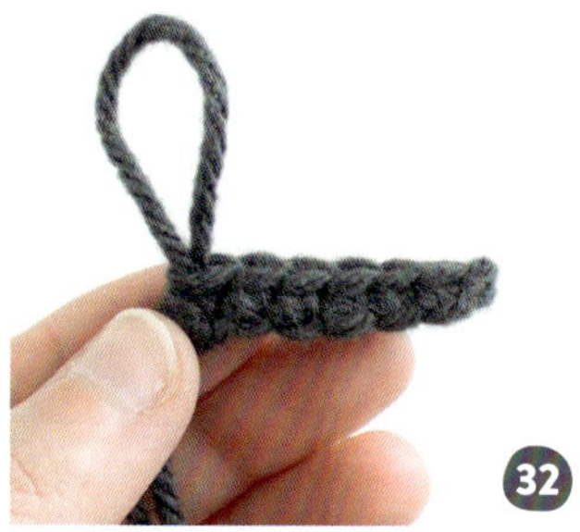

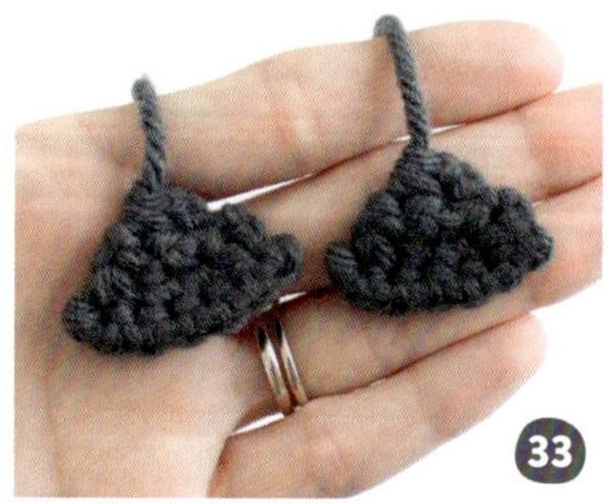

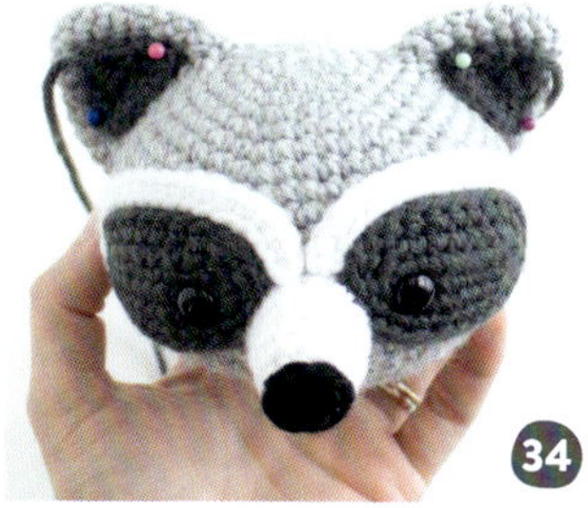

34

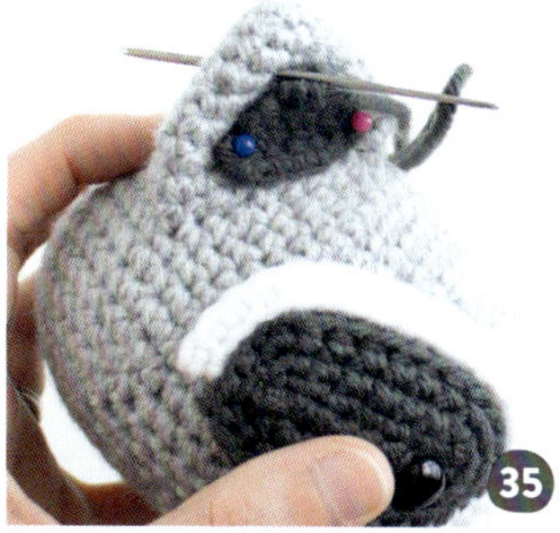

35

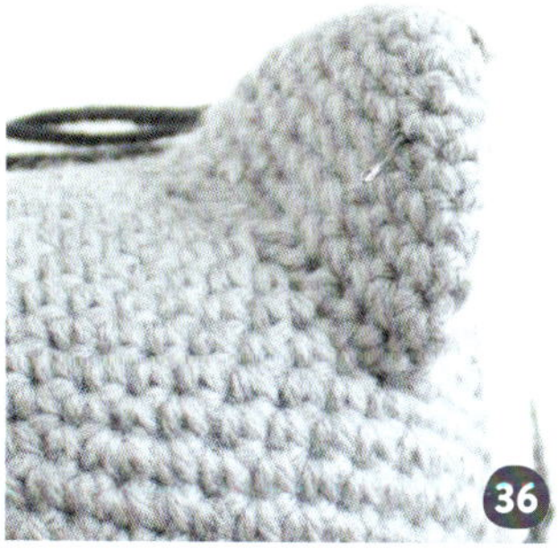

36

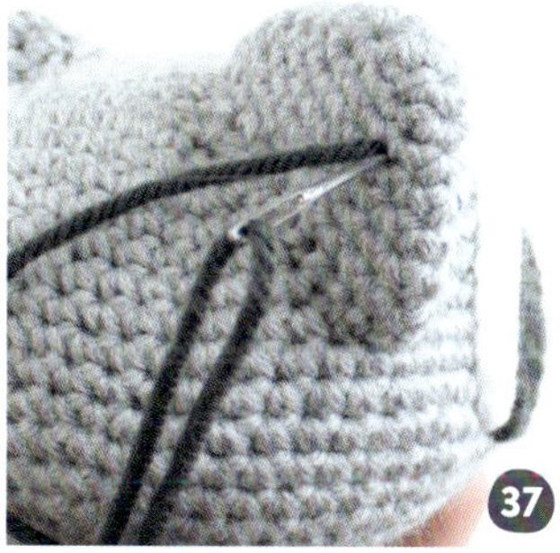

37

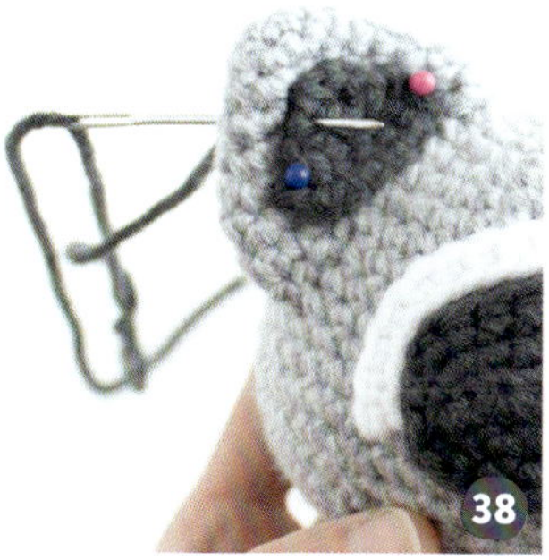

38

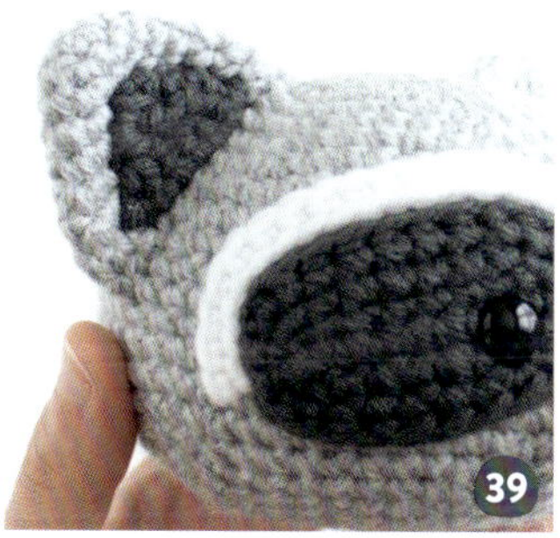

39

KÖRPER

In Hellgrau häkeln.

1. Rd: 6 fM in einen magischen Ring häkeln (6 M).

2. Rd: 6 Zun (12 M).

3. Rd: *1 fM, Zun* 6 x (18 M).

4. Rd: *2 fM, Zun* 6 x (24 M).

5. Rd: *3 fM, Zun* 6 x (30 M).

6. Rd: *4 fM, Zun* 6 x (36 M).

7. Rd: *5 fM, Zun* 6 x (42 M).

8. Rd: *6 fM, Zun* 6 x (48 M).

9. Rd: *7 fM, Zun* 6 x (54 M).

10. Rd: *8 fM, Zun* 6 x (60 M).

11.+12. Rd: 60 fM.

13. Rd: *8 fM, uns Abn* 6 x (54 M).

14.–16. Rd: 54 fM.

17. Rd: *7 fM, uns Abn* 6 x (48 M).

18.–20. Rd: 48 fM.

21. Rd: *6 fM, uns Abn* 6 x (42 M).

22.–24. Rd: 42 fM.

Den Körper ausstopfen und nach und nach weitere Füllwatte hinzufügen.

25. Rd: *5 fM, uns Abn* 6 x (36 M).

26.–28. Rd: 36 fM.

29. Rd: *4 fM, uns Abn* 6 x (30 M).

30. Rd: 30 fM.

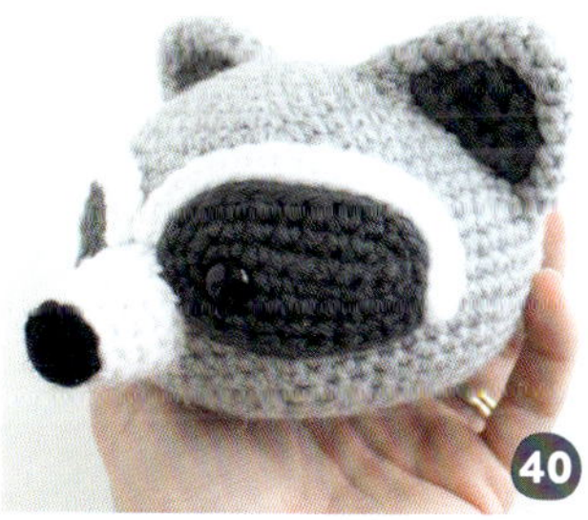

40

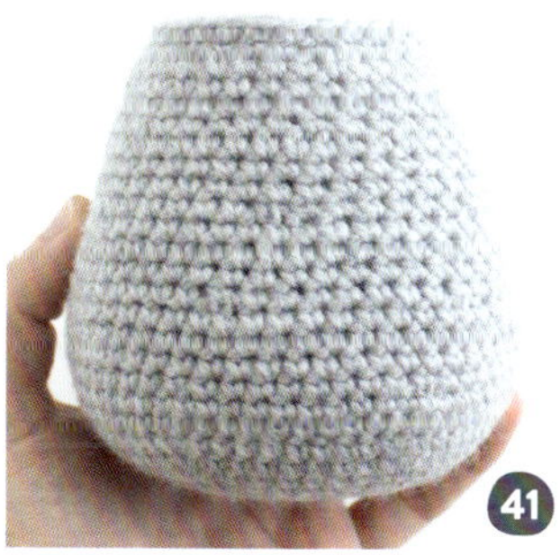

41

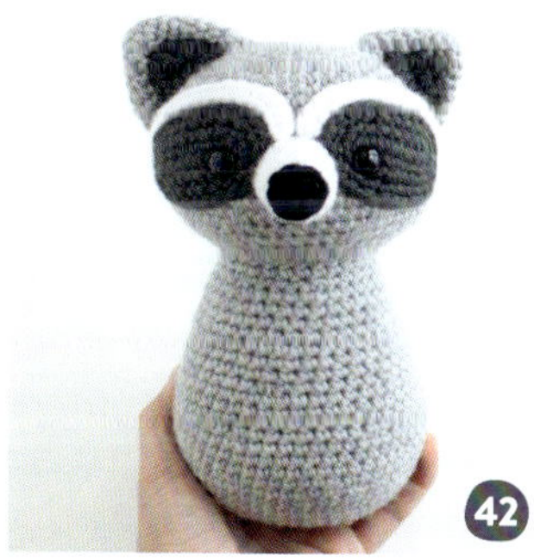

42

Abmaschen und den Faden lang abschneiden (Foto 41).

Den Kopf an den Körper stecken und mit dem Endfaden annähen. Nach Bedarf vor dem Schließen der Naht noch weitere Füllwatte hinzufügen. Das Fadenende verknoten und im Inneren des Körpers verstecken (Foto 42).

BAUCH

In Weiß häkeln.

1. Rd: 6 fM in einen magischen Ring häkeln (6 M).

2. Rd: 6 Zun (12 M).

3. Rd: *1 fM, Zun* 6 x (18 M).

4. Rd: 1 fM, Zun, *2 fM, Zun* 5 x, 1 fM (24 M).

5. Rd: *3 fM, Zun* 6 x (30 M).

6. Rd: 2 fM, Zun, *4 fM, Zun* 5 x, 2 fM (36 M).

7. Rd: *5 fM, Zun* 6 x (42 M).

8. Rd: 16 fM, (fM, hStb) in 1 M, Zun hStb, (hStb, Stb) in 1 M, 4 Zun Stb, (Stb, hStb) in 1 M, Zun hStb, (hStb, fM) in 1 M, 16 fM (52 M).

Abmaschen und den Faden zum Annähen lang genug lassen (Foto 43).

Den Bauch zwischen der 10. und 29. Rd auf den Körper stecken. Mit dem Endfaden festnähen. Dabei die Nadel unter beide Mg der 8. Rd des Bauchs und dann in den Körper führen, zwischen zwei M ausstechen. Die Nadel an derselben Stelle wieder einstechen, zur nächsten M am Bauch führen und fortfahren (Fotos 44+45). Darauf achten, den Faden unter und nicht über die M zu führen, damit die Naht sauber aussieht. Das Fadenende mit einem Knoten sichern und im Inneren des Körpers verstecken (Fotos 46+47).

ARME: 2 X HÄKELN

Mit Dunkelgrau beginnen.

1. Rd: 6 fM in einen magischen Ring häkeln (6 M).

2. Rd: 6 Zun (12 M).

3. Rd: *1 fM, Zun* 6 x (18 M).

4.+5. Rd: 18 fM.

Zu Hellgrau wechseln.

6.+7. Rd: 18 fM.

8. Rd: *4 fM, uns Abn* 3 x (15 M).

Die Arme ausstopfen und nach und nach weitere Füllwatte hinzufügen.

9.–17. Rd: 15 fM.

18. Rd: 7 fM. Dabei die Kanten des Beins aneinander legen und zusammenhäkeln. Dafür mit der Nadel durch beide M stechen. Dann wie gewohnt mit fM fortfahren (Fotos 48–51).

Abmaschen und den Faden zum Annähen hängen lassen (Foto 52).

Die Arme zwischen der 19. und 26. Rd seitlich an den Körper stecken. Darauf achten, dass sie etwas schräg sitzen. Mit dem Endfaden annähen. Dabei die Nadel unter beide Mg der 18. Rd der Arme und dann in den Körper führen (Fotos 53+54). Das Fadenende mit einem Knoten sichern und im Inneren des Körpers verstecken (Fotos 55–57).

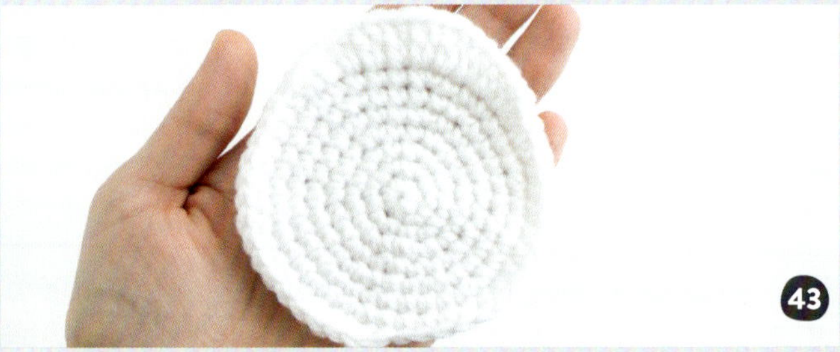
43

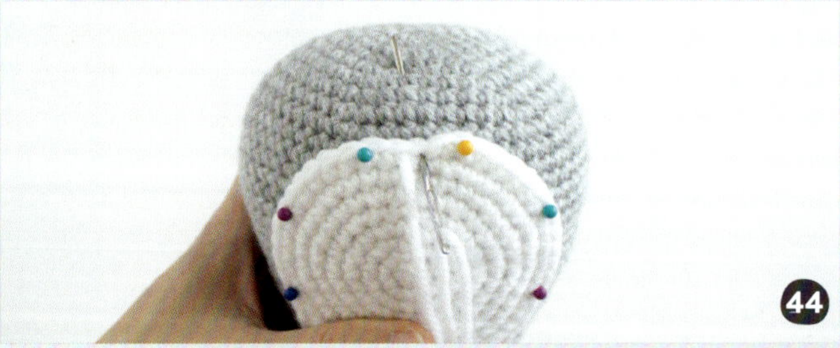
44

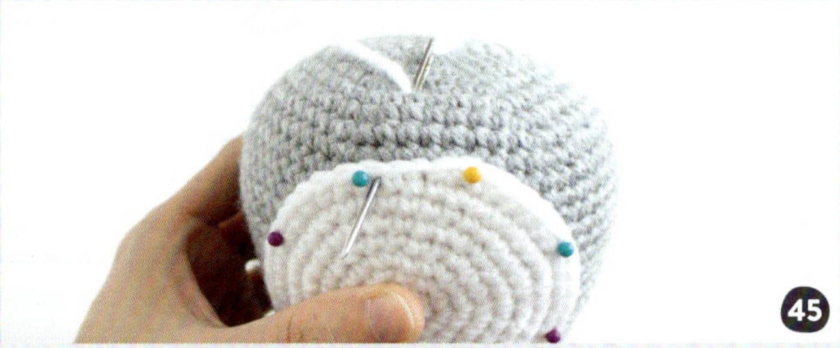
45

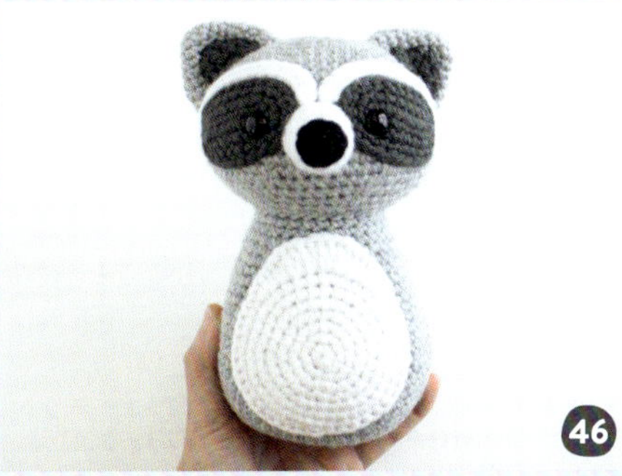
46

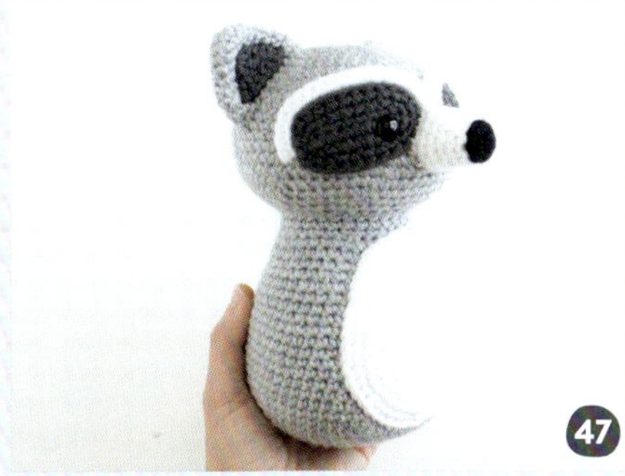
47

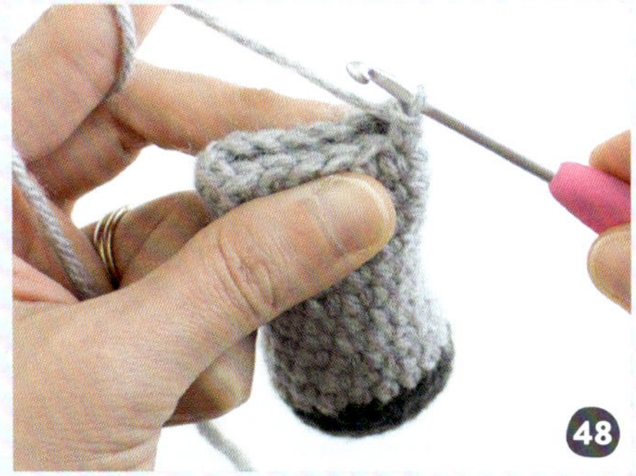
48

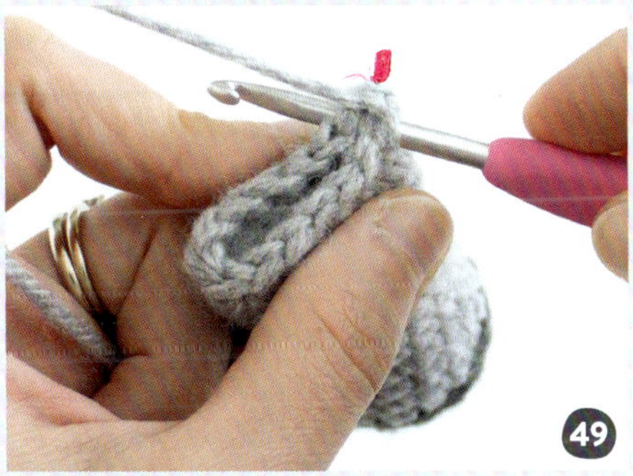
49

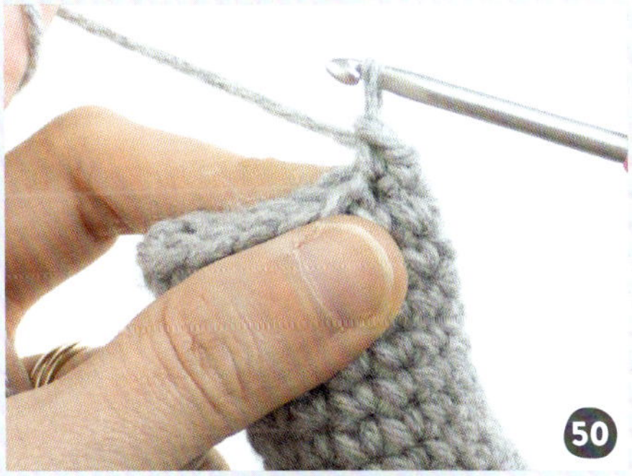
50

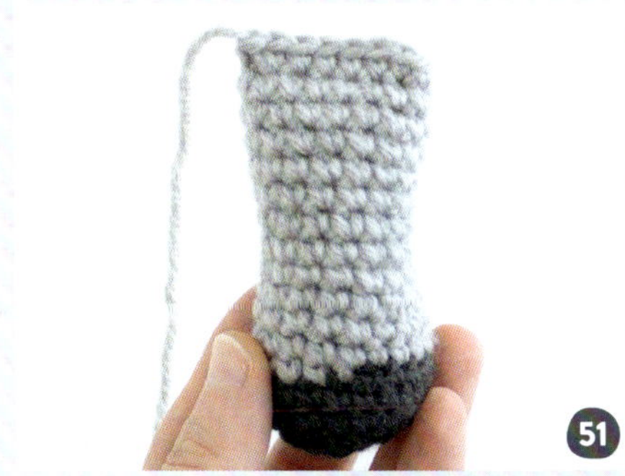
51

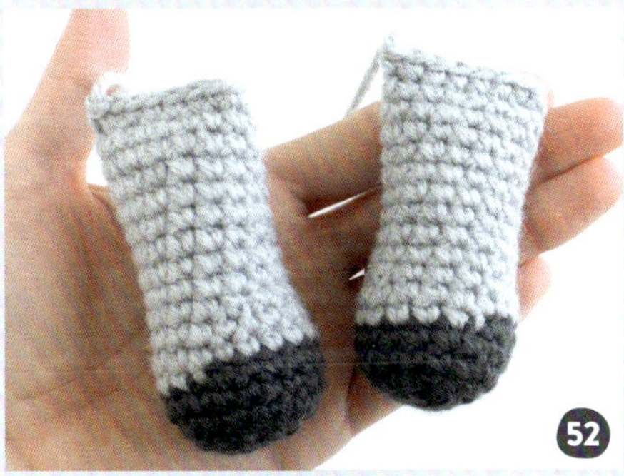
52

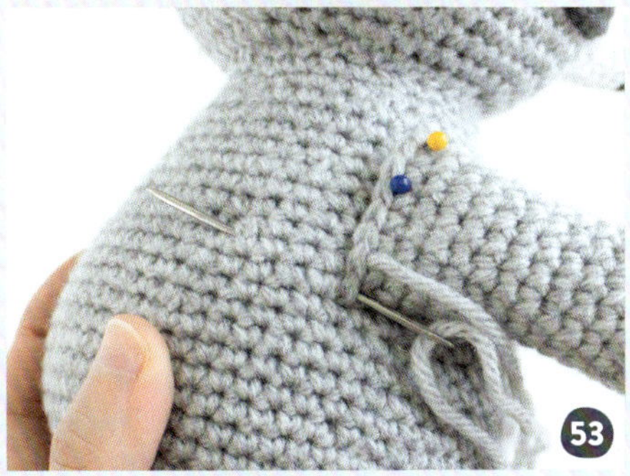
53

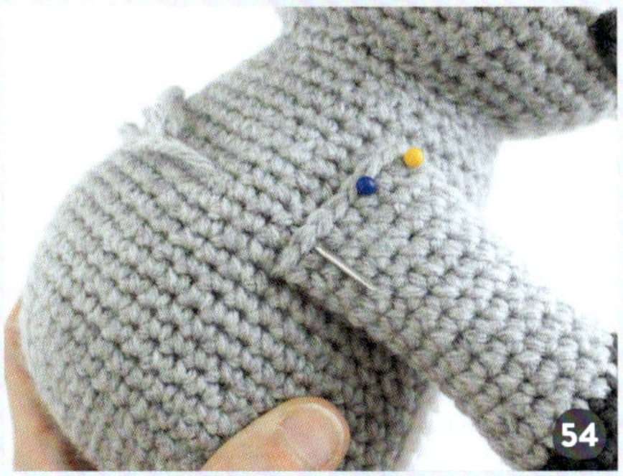
54

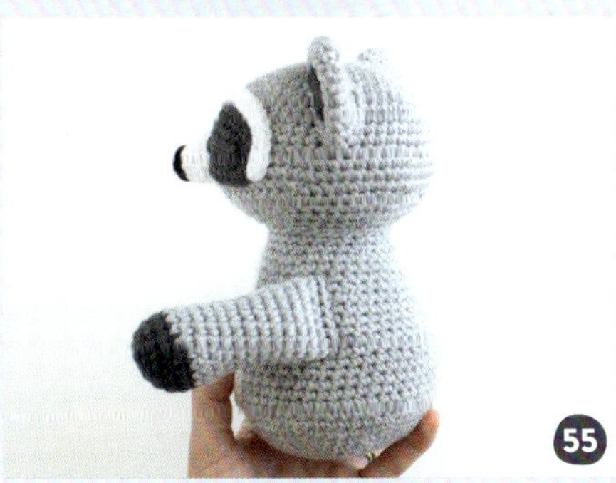
55

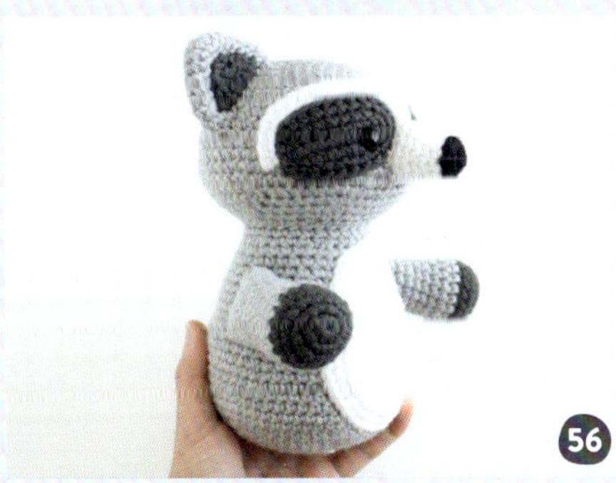
56

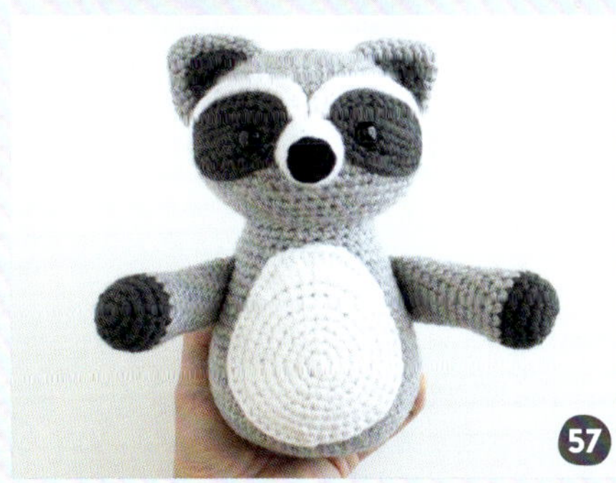
57

BEINE: 2 X HÄKELN

Mit Dunkelgrau beginnen.

1. Rd: 6 fM in einen magischen Ring häkeln (6 M).

2. Rd: 6 Zun (12 M).

3. Rd: *1 fM, Zun* 6 x (18 M).

4. Rd: *2 fM, Zun* 6 x (24 M).

5. Rd: 24 fM.

6. Rd: 6 fM, 6 uns Abn, 6 fM (18 M).

7. Rd: 6 fM, 3 uns Abn, 6 fM (15 M).

Zu Hellgrau wechseln.

Die Beine ausstopfen und nach und nach weitere Füllwatte hinzufügen.

8.–20. Rd: 15 fM.

Abmaschen und den Faden zum Annähen hängen lassen (Foto 58).

Die Beine zwischen der 9. und 15. Rd seitlich an den Körper stecken. Mit dem Endfaden annähen. Dabei die Nadel unter beide Mg der 20. Rd der Beine und dann in den Körper führen (Foto 59).

Mit demselben Faden die Beine oben an den Körper nähen. So liegen sie enger an und stehen nicht ab. Die Nadel oben in das Bein und in den Körper stechen. Dann zwischen zwei M am Körper durchziehen und an derselben Stelle wieder einstechen und durch das Bein führen. So fortfahren, bis die Oberseite des Beins befestigt ist. Das Fadenende mit einem Knoten sichern und im Inneren des Körpers verstecken (Fotos 60–62). *Hinweis: Siehe zu diesem Schritt auch die Fotos in der Anleitung für das Faultier (Seite 87).*

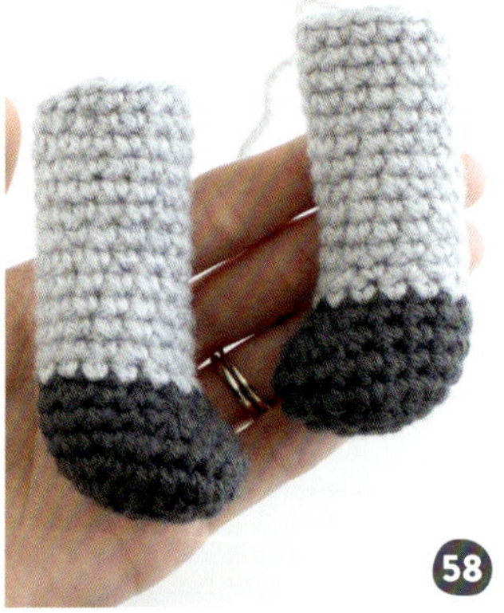

58

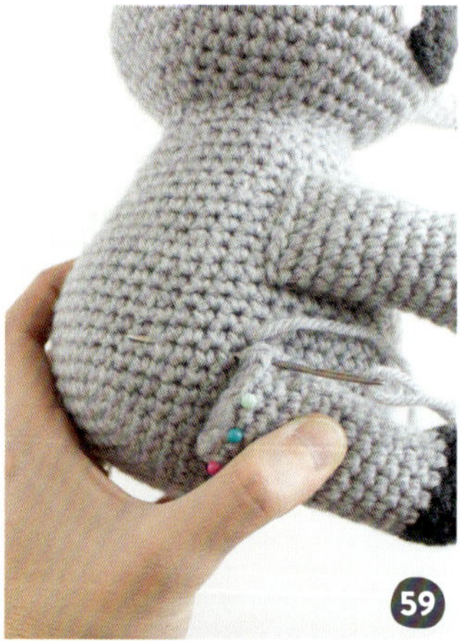

59

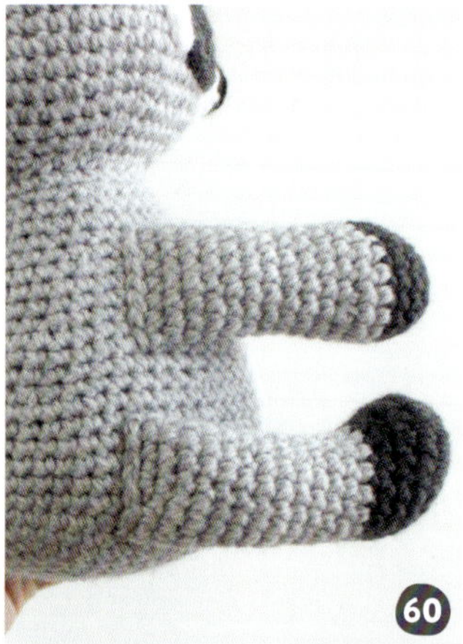

60

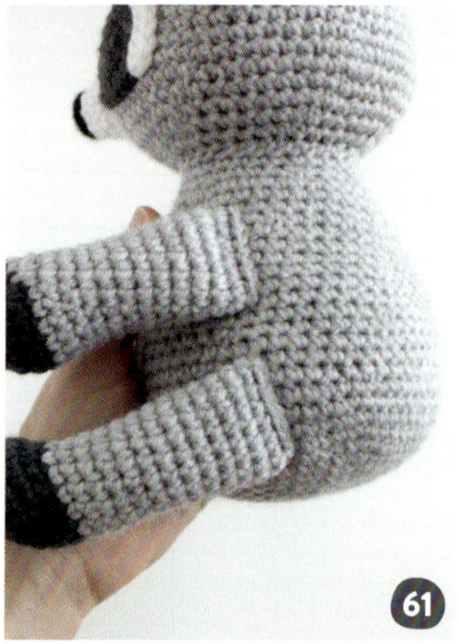

61

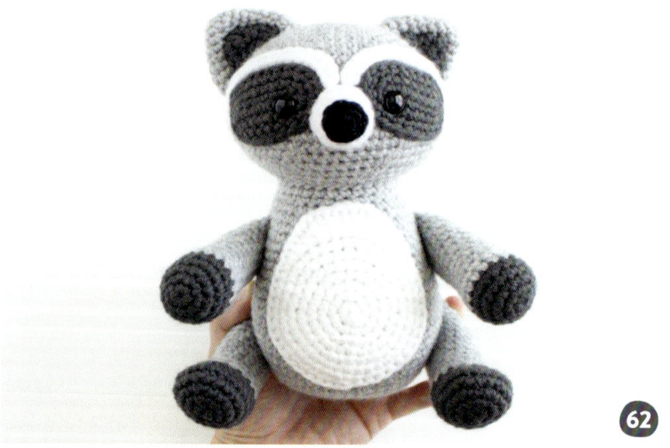

62

SCHWANZ

Hinweis: Für den Farbwechsel einfach die alte Farbe fallen lassen, die neue aufnehmen und wie gewohnt weiterhäkeln. Die Anleitung ist so geschrieben, dass du den Faden einfach wieder da aufnehmen kannst, wo er ein paar Runden zuvor fallengelassen wurde.

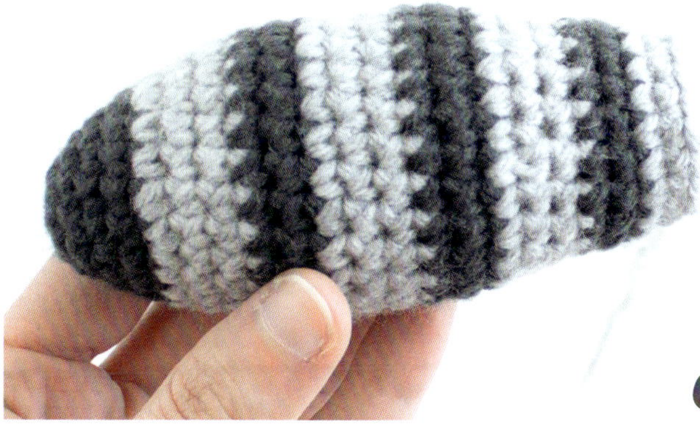

63

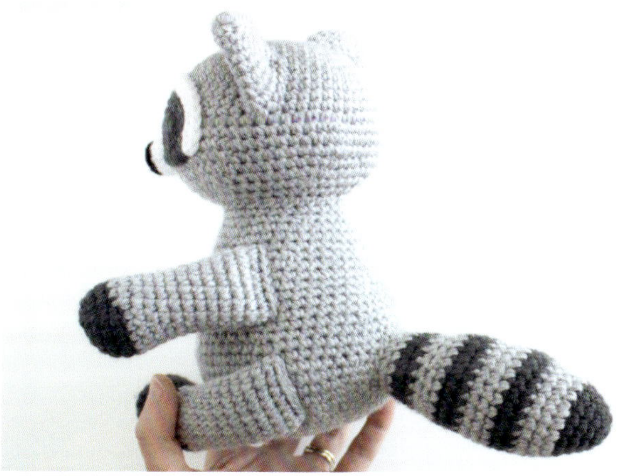

64

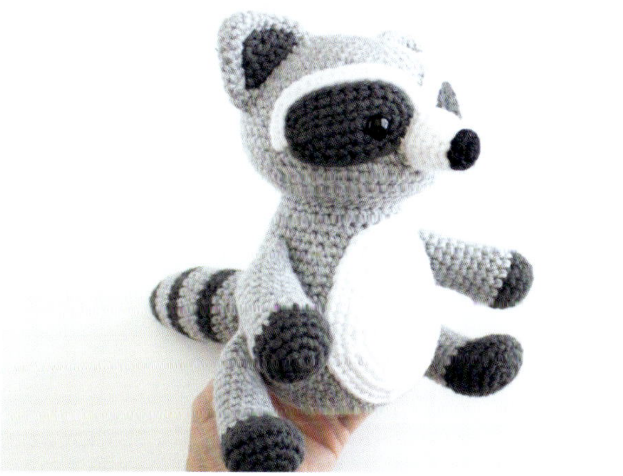

65

Mit Dunkelgrau beginnen.

1. Rd: 6 fM in einen magischen Ring häkeln (6 M).

2. Rd: 6 Zun (12 M).

3. Rd: 12 fM.

4. Rd: *1 fM, Zun* 6 x (18 M).

5. Rd: 18 fM.

Zu Hellgrau wechseln.

6. Rd: *2 fM, Zun* 6 x (24 M).

7.+8. Rd: 24 fM.

Zu Dunkelgrau wechseln.

9.+10. Rd: 24 fM.

Zu Hellgrau wechseln.

11.–13. Rd: 24 fM.

Zu Dunkelgrau wechseln.

14.+15. Rd: 24 fM.

Zu Hellgrau wechseln.

16. Rd: 24 fM.

Den Schwanz ausstopfen und nach und nach weitere Füllwatte hinzufügen.

17. Rd: *2 fM, uns Abn* 6 x (18 M).

18. Rd: 18 fM.

Zu Dunkelgrau wechseln.

19.+20. Rd: 18 fM.

Zu Hellgrau wechseln.

21.+22. Rd: 18 fM.

Abmaschen und den Faden zum Annähen hängen lassen (Foto 63).

Den Schwanz zwischen der 9. und 14. Rd an den Körper stecken. Mit dem Endfaden festnähen. Das Fadenende mit einem Knoten sichern und im Inneren des Körpers verstecken (Fotos 64+65).

STINKTIER

MITTELSCHWER

FERTIGE MASSE

- ✗ Etwa 16,5 cm breit, 19 cm hoch und 19 cm lang

MATERIAL

- ✗ Häkelgarn (Lauflänge 100–120 m/50 g) in Schwarz, Weiß und Rosa
- ✗ Häkelnadel 3,75 mm
- ✗ 1 Paar Sicherheitsaugen, 10,5 mm Ø
- ✗ Füllwatte aus Polyester
- ✗ Wollnadel
- ✗ Schere
- ✗ Maschenmarkierer
- ✗ Stecknadeln
- ✗ Optional: Heißklebepistole

ABKÜRZUNGEN

- ✗ Abn – Abnahme(n)
- ✗ fM – feste Masche(n)
- ✗ hStb – halbe(s) Stäbchen
- ✗ Lm – Luftmasche(n)
- ✗ M – Masche(n)
- ✗ R – Reihe(n)
- ✗ Rd – Runde(n)
- ✗ uns Abn – unsichtbare Abnahme(n)
- ✗ Zun – Zunahme(n)

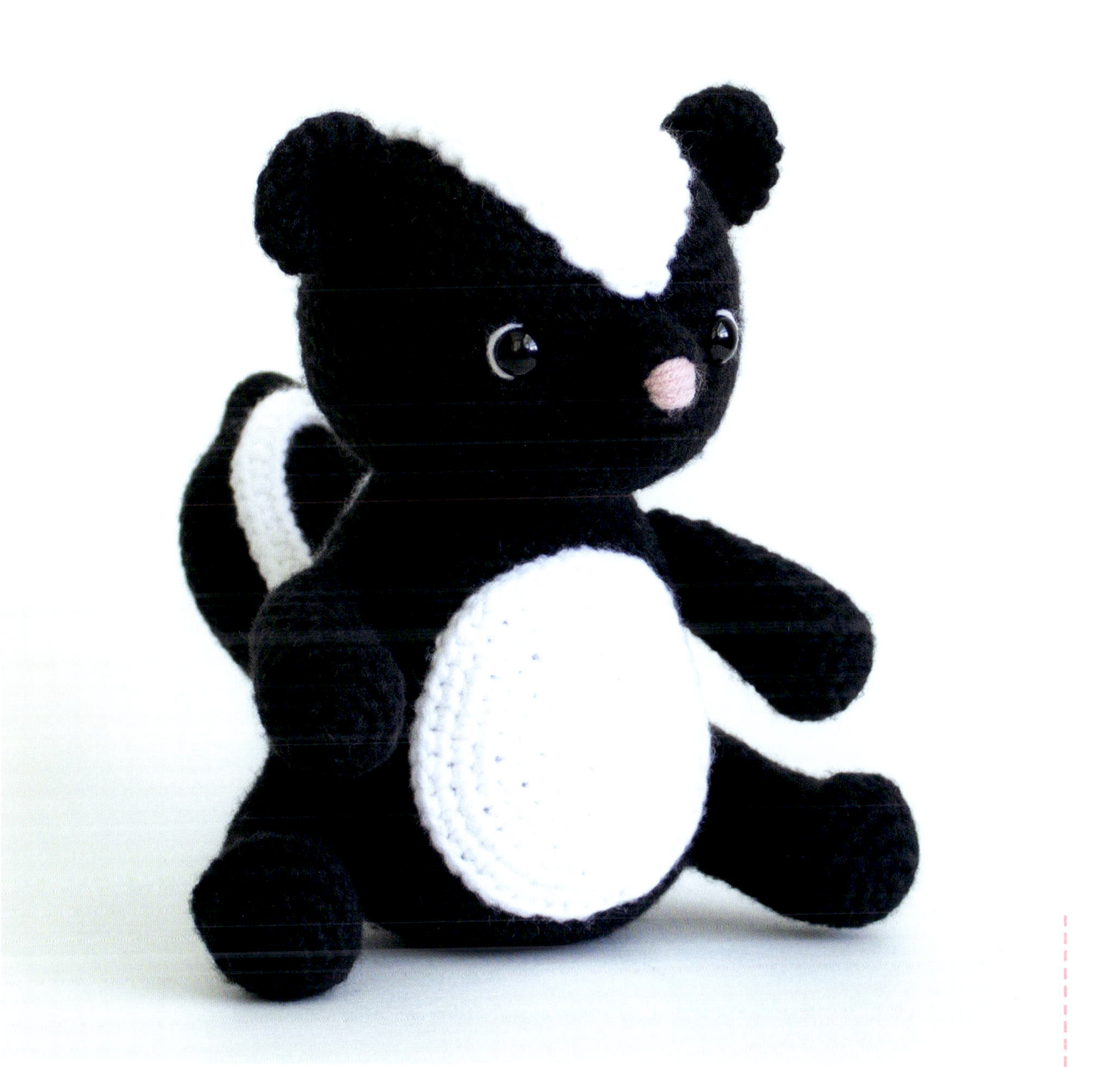

KOPF

In Schwarz häkeln.

1. Rd: 6 fM in einen magischen Ring häkeln (6 M).

2. Rd: 6 Zun (12 M).

3. Rd: *1 fM, Zun* 6 x (18 M).

4. Rd: *2 fM, Zun* 6 x (24 M).

5. Rd: *3 fM, Zun* 6 x (30 M).

6. Rd: *4 fM, Zun* 6 x (36 M).

7. Rd: *5 fM, Zun* 6 x (42 M).

8. Rd: *6 fM, Zun* 6 x (48 M).

9. Rd: *7 fM, Zun* 6 x (54 M).

10.–17. Rd: 54 fM.

Die Sicherheitsaugen zwischen der 14. und 15. Rd im Abstand von 8 M einsetzen. Mit weißem Garn um die Außenseite der Augen sticken (Fotos 1+2).

18. Rd: *8 fM, Zun* 6 x (60 M).

19. Rd: 60 fM.

20. Rd: *8 fM, uns Abn* 6 x (54 M).

21. Rd: *7 fM, uns Abn* 6 x (48 M).

22. Rd: *6 fM, uns Abn* 6 x (42 M).

23. Rd: *5 fM, uns Abn* 6 x (36 M).

Den Kopf ausstopfen und nach und nach weitere Füllwatte hinzufügen.

24. Rd: *4 fM, uns Abn* 6 x (30 M).

25. Rd: *3 fM, uns Abn* 6 x (24 M).

26. Rd: *2 fM, uns Abn* 6 x (18 M).

27. Rd: *1 fM, uns Abn* 6 x (12 M).

28. Rd: 6 uns Abn (6 M).

Abmaschen und den Faden zum Verschließen hängen lassen (Foto 3).

NASE

In Schwarz häkeln.

1. Rd: 6 fM in einen magischen Ring häkeln (6 M).

2. Rd: *1 fM, Zun* 3 x (9 M).

3. Rd: *2 fM, Zun* 3 x (12 M).

4. Rd: 12 fM.

Abmaschen und den Faden zum Annähen hängen lassen (Foto 4).

Mit einem rosa Faden die Nasenspitze über dem magischen Ring der Nase aufsticken (Foto 5). Dabei etwa 6 x über diese Stelle sticken. Das Fadenende mit einem Knoten sichern und zurückschneiden.

Die Nase mit Füllwatte ausstopfen. Dann mit Stecknadeln zwischen der 13. und 18. Rd an den Kopf stecken. Mit dem Endfaden annähen. Das Fadenende mit einem Knoten sichern und im Inneren des Kopfs verstecken (Fotos 6+7).

OHREN: 2 X HÄKELN

In Schwarz häkeln.

1. Rd: 6 fM in einen magischen Ring häkeln (6 M).

2. Rd: 6 Zun (12 M).

3. Rd: *1 fM, Zun* 6 x (18 M).

4.+5. Rd: 18 fM.

6. Rd: *1 fM, uns Abn* 6 x (12 M).

Abmaschen und den Faden zum Annähen hängen lassen.

Die Ohren nicht ausstopfen (Foto 8) und zwischen der 7. und 12. Rd an den Kopf stecken. Mit dem Endfaden annähen. Das Fadenende mit einem Knoten sichern und im Inneren des Kopfs verstecken (Fotos 9–12).

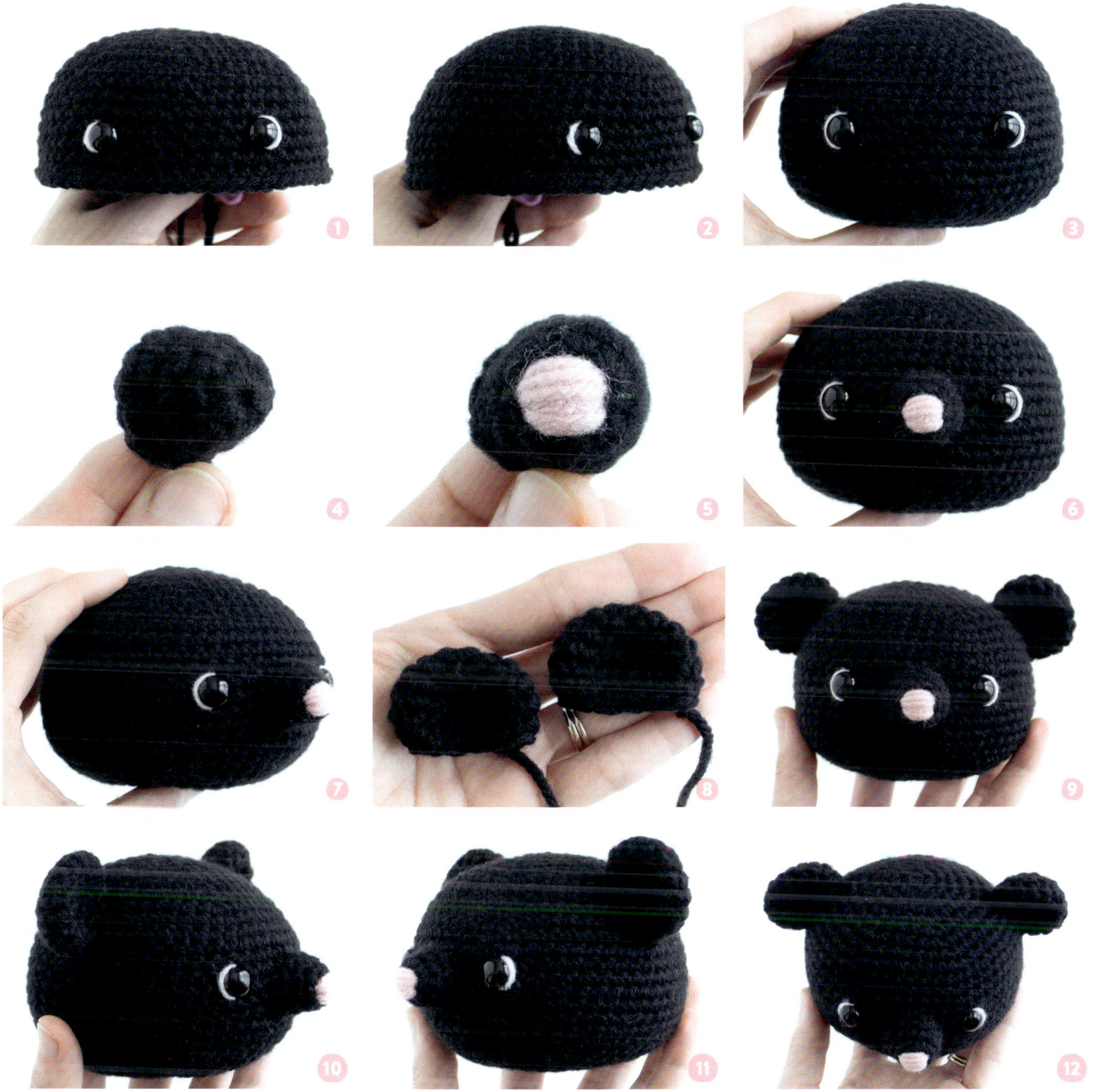

HAARE

In Weiß häkeln.

1. R: 3 Lm, dann ab der 2. Lm von der Nadel 2 fM (2 M). 1 Lm und wenden (Fotos 13+14).

2. R: 2 Zun (4 M). 1 Lm und wenden.

3. R: Zun, 2 fM, Zun (6 M). 1 Lm und wenden.

4. R: 6 fM. 1 Lm und wenden.

5. R: Zun, 4 fM, Zun (8 M). 1 Lm und wenden.

6. R: 8 fM. 1 Lm und wenden.

7. R: Zun , 6 fM, Zun (10 M). 1 Lm und wenden.

8.–31. R: 10 fM. 1 Lm und wenden.

32. R: Abn, 6 fM, Abn (8 M). 1 Lm und wenden.

33. R: Abn, 4 fM, Abn (6 M). 1 Lm und wenden.

34. R: Abn, 2 fM, Abn (4 M).

Abmaschen und den Faden zum Annähen lang genug lassen. Den Anfangsfaden vernähen (Foto 15).

Die Haare mit Stecknadeln an der 12. Rd über der Nasenspitze an den Kopf stecken. Zwischen die Ohren und nach hinten bis zur 20. Rd um den Kopf legen (Fotos 16–18). Mit dem Endfaden festnähen. Dabei die Nadel durch die Kante der Haare und in den Körper führen, zwischen zwei M ausstechen (Foto 19). An derselben Stelle wieder einstechen, zur nächsten M an den Haaren führen und fortfahren (Fotos 20+21). Das Fadenende mit einem Knoten sichern und im Inneren des Kopfs verstecken (Fotos 22–25).

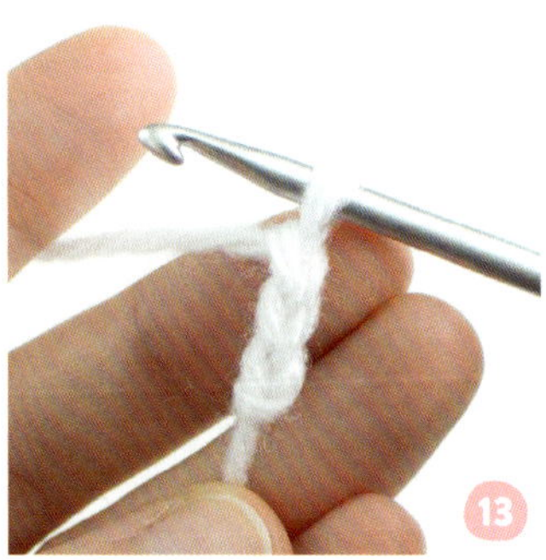

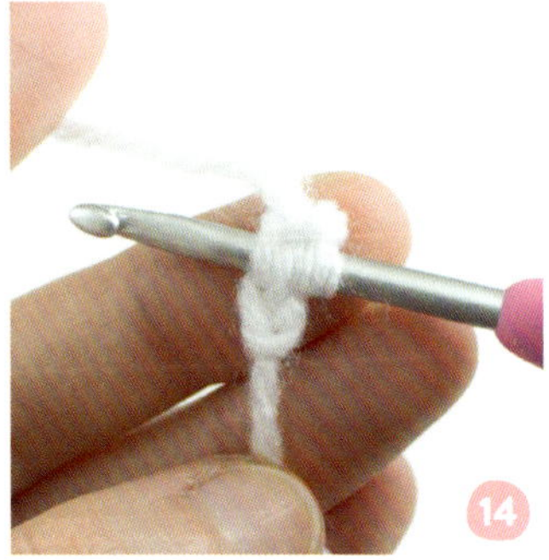

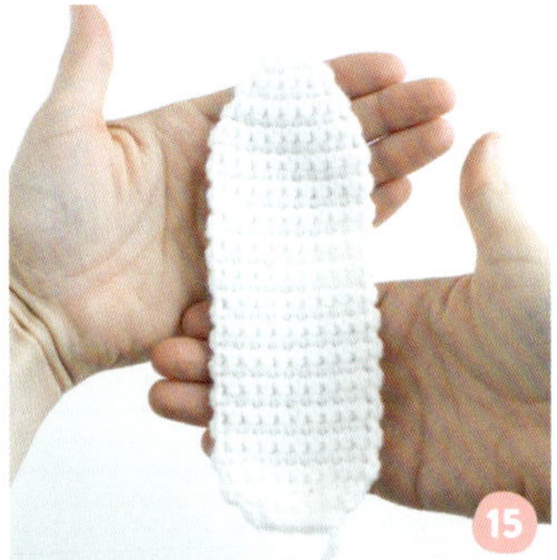

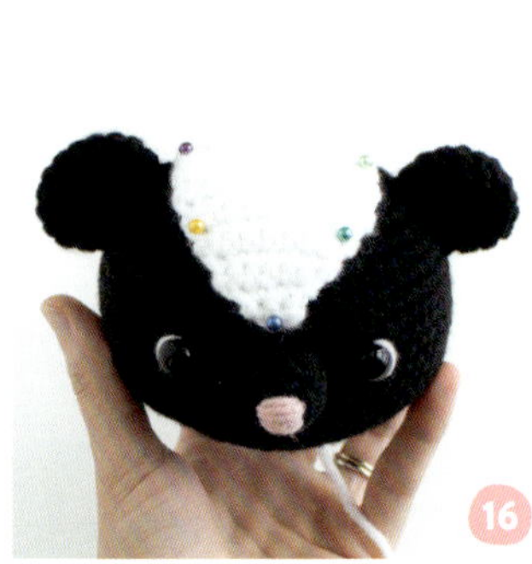

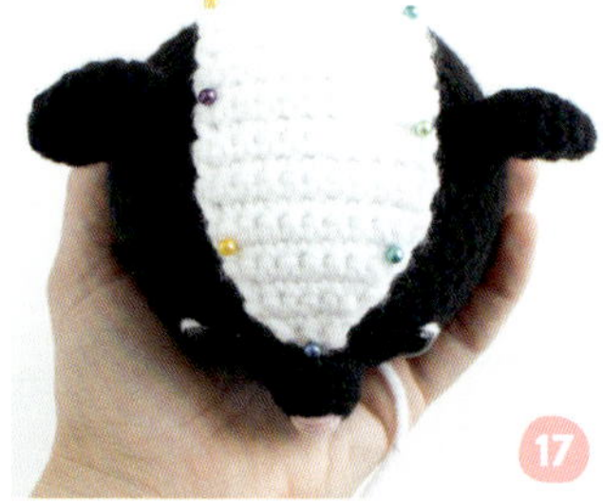

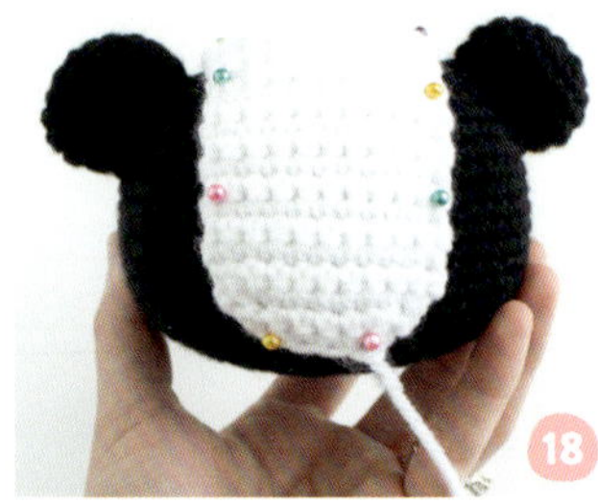

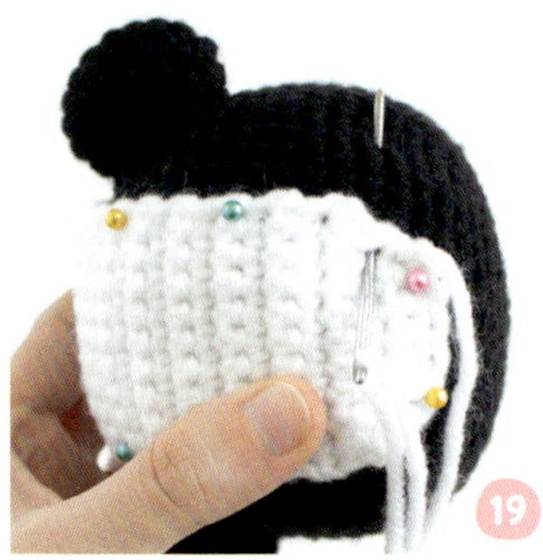

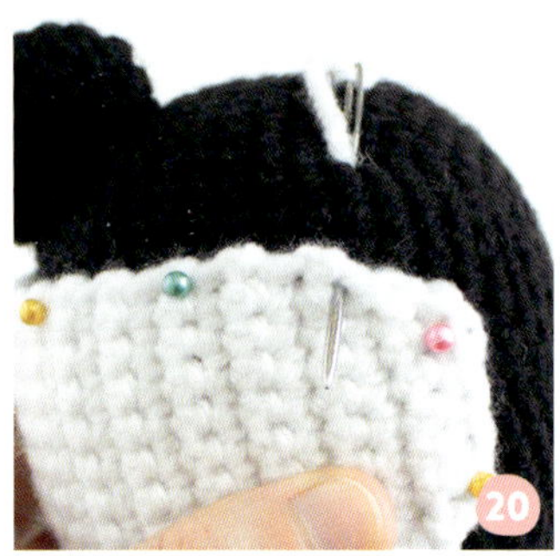

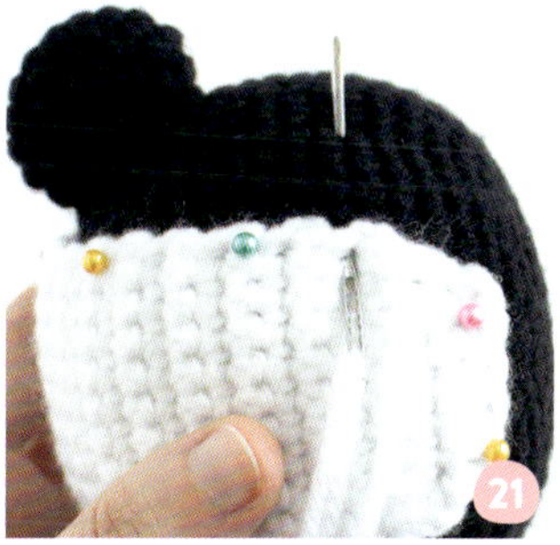

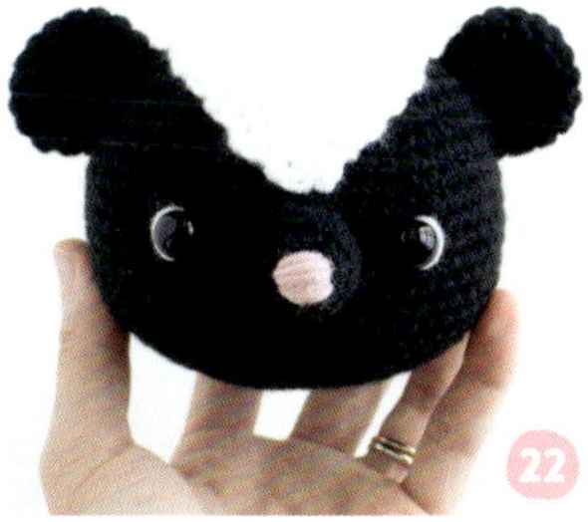

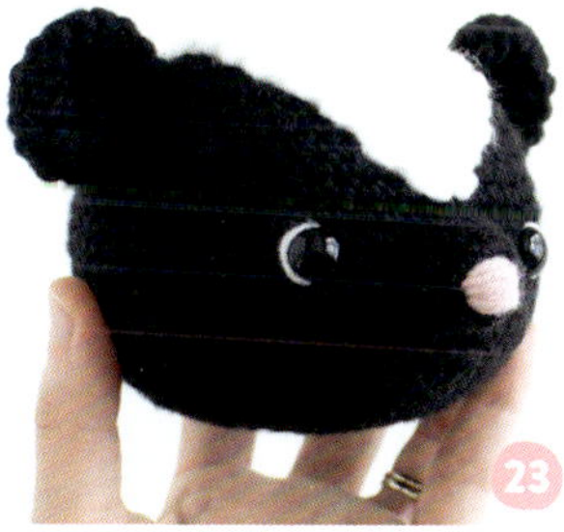

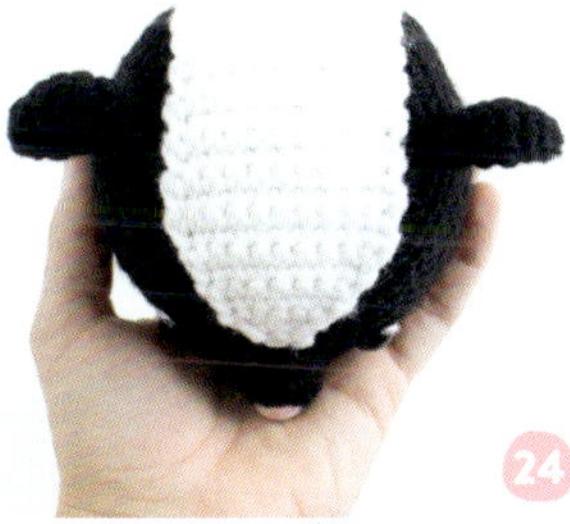

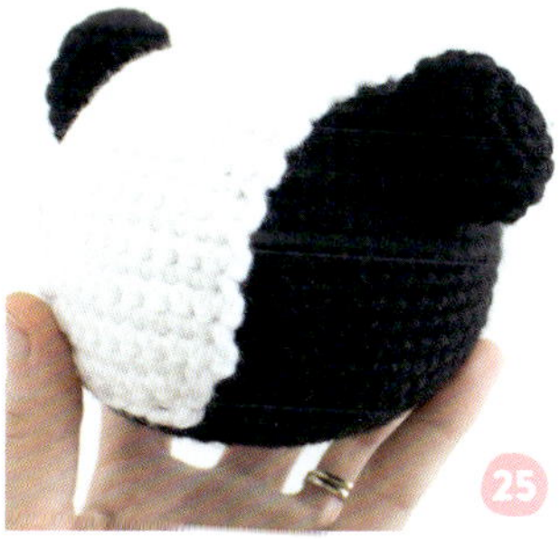

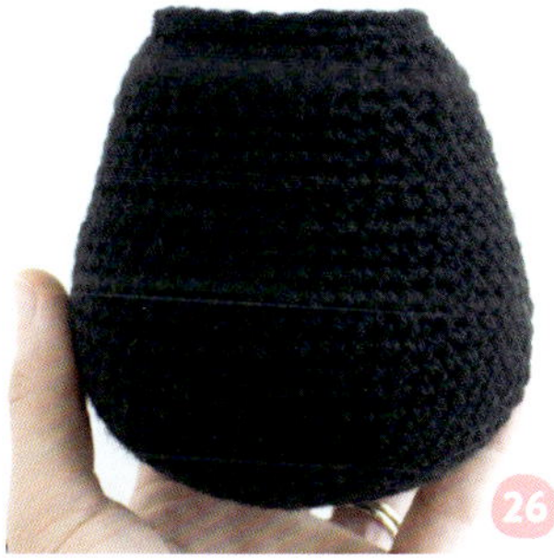

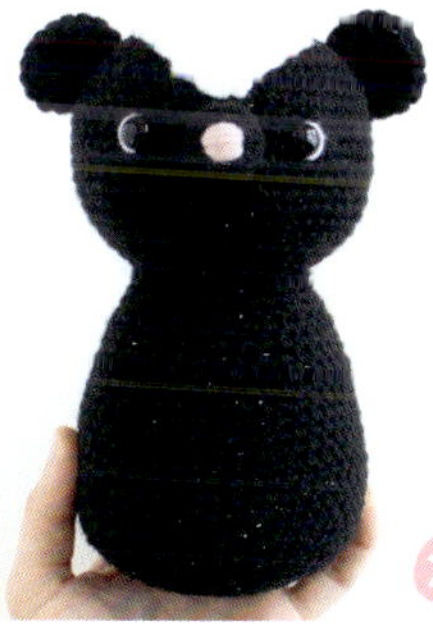

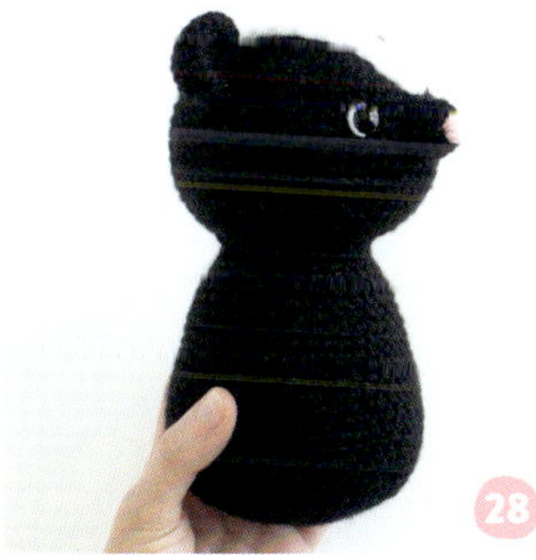

KÖRPER

In Schwarz häkeln.

1. Rd: 6 fM in einen magischen Ring häkeln (6 M).

2. Rd: 6 Zun (12 M).

3. Rd: *1 fM, Zun* 6 x (18 M).

4. Rd: *2 fM, Zun* 6 x (24 M).

5. Rd: *3 fM, Zun* 6 x (30 M).

6. Rd: *4 fM, Zun* 6 x (36 M).

7. Rd: *5 fM, Zun* 6 x (42 M).

8. Rd: *6 fM, Zun* 6 x (48 M).

9. Rd: *7 fM, Zun* 6 x (54 M).

10. Rd: *8 fM, Zun* 6 x (60 M).

11.+12. Rd: 60 fM.

13. Rd: *8 fM, uns Abn* 6 x (54 M).

14.+15. Rd: 54 fM.

16. Rd: *7 fM, uns Abn* 6 x (48 M).

17.–19. Rd: 48 fM.

20. Rd: *6 fM, uns Abn* 6 x (42 M).

21.–23. Rd: 42 fM.

Den Körper ausstopfen und nach und nach weitere Füllwatte hinzufügen.

24. Rd: *5 fM, uns Abn* 6 x (36 M).

25.+26. Rd: 36 fM.

27. Rd: *4 fM, uns Abn* 6 x (30 M).

28.+29. Rd: 30 fM.

Abmaschen und den Faden zum Annähen hängen lassen (Foto 26).

Mit Stecknadeln den Kopf an den Körper stecken und mit dem Endfaden annähen. Nach Bedarf vor dem Schließen der Naht den Körper noch weiter ausstopfen. Das Fadenende mit einem Knoten sichern und im Inneren des Körpers verstecken (Fotos 27+28).

BAUCH

In Weiß häkeln.

1. Rd: 6 fM in einen magischen Ring häkeln (6 M).

2. Rd: 6 Zun (12 M).

3. Rd: *1 fM, Zun* 6 x (18 M).

4. Rd: 1 fM, Zun, *2 fM, Zun* 5 x, 1 fM (24 M).

5. Rd: *3 fM, Zun* 6 x (30 M).

6. Rd: 2 fM, Zun, *4 fM, Zun* 5 x, 2 fM (36 M).

7. Rd: *5 fM, Zun* 6 x (42 M).

8. Rd: 3 fM, Zun, *6 fM, Zun* 5 x, 3 fM (48 M).

Abmaschen und den Faden zum Annähen lang genug lassen (Foto 29).

Den Bauch zwischen der 11. und 27. Rd an den Körper stecken. Mit dem Endfaden festnähen. Dabei die Nadel unter beide Mg der 8. Rd des Bauchs und dann in den Körper führen, zwischen zwei M ausstechen. Die Nadel an derselben Stelle wieder einstechen, zur nächsten M am Bauch führen und fortfahren (Fotos 30+31). Darauf achten, den Faden unter und nicht über die M zu führen, damit die Naht sauber aussieht. Das Fadenende mit einem Knoten sichern und im Inneren des Körpers verstecken (Fotos 32+33).

ARME: 2 X HÄKELN

In Schwarz häkeln.

1. Rd: 6 fM in einen magischen Ring häkeln (6 M).

2. Rd: 6 Zun (12 M).

3. Rd: *1 fM, Zun* 6 x (18 M).

4.+5. Rd: 18 fM.

6. Rd: *4 fM, uns Abn* 3 x (15 M).

7.+8. Rd: 15 fM.

9. Rd: *9 fM, uns Abn* 3 x (12 M).

Die Arme ausstopfen und nach und nach weitere Füllwatte hinzufügen.

10.–15. Rd: 12 fM.

16. Rd: 5 fM. Dabei die Kanten des Arms aneinanderlegen und zusammenhäkeln. Dafür mit der Nadel durch beide M stechen. Dann mit fM fortfahren (Fotos 34–37).

Abmaschen und den Faden zum Annähen hängen lassen (Foto 38).

Die Arme leicht schräg zwischen der 21. und 26. Rd seitlich an den Körper stecken. Mit dem Endfaden annähen (Fotos 39+40). Dabei die Nadel unter beide Mg der 16. Rd der Arme und dann in den Körper führen. Das Fadenende sichern und im Inneren des Körpers verstecken (Fotos 41+42).

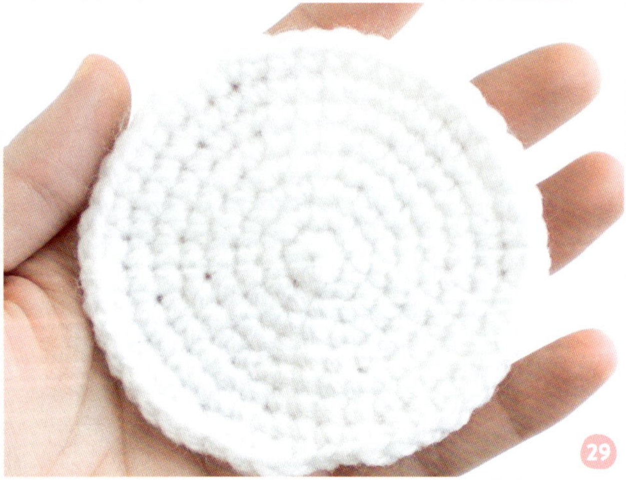

29

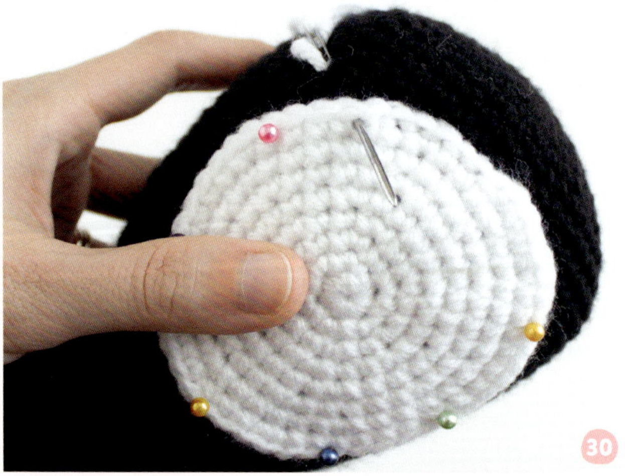

30

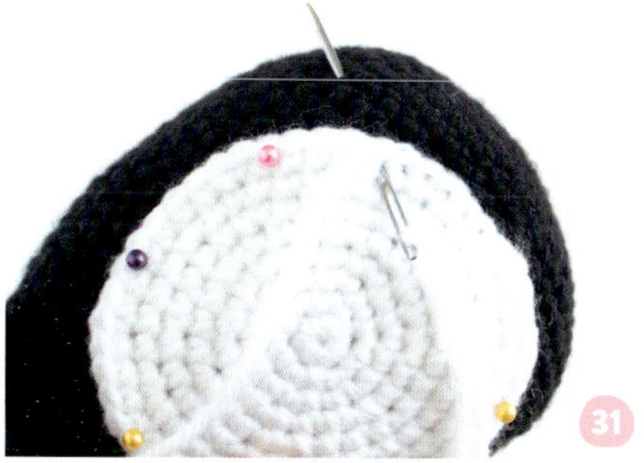
31
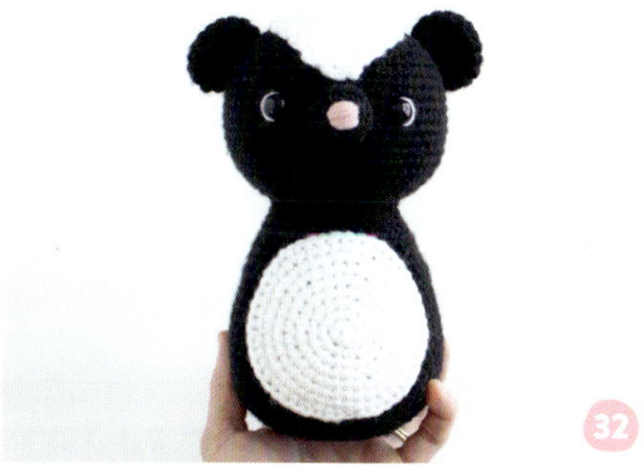
32
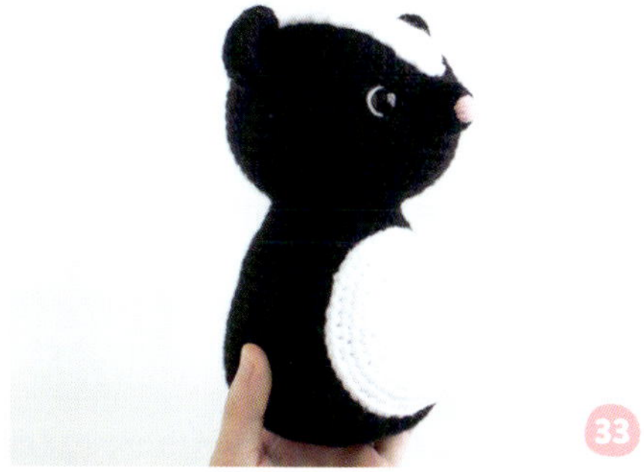
33
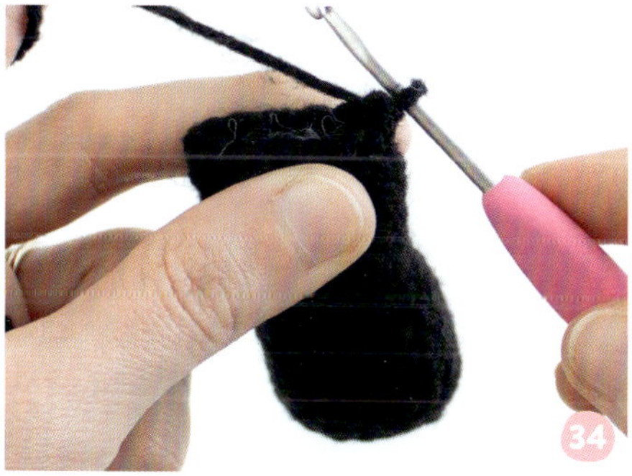
34
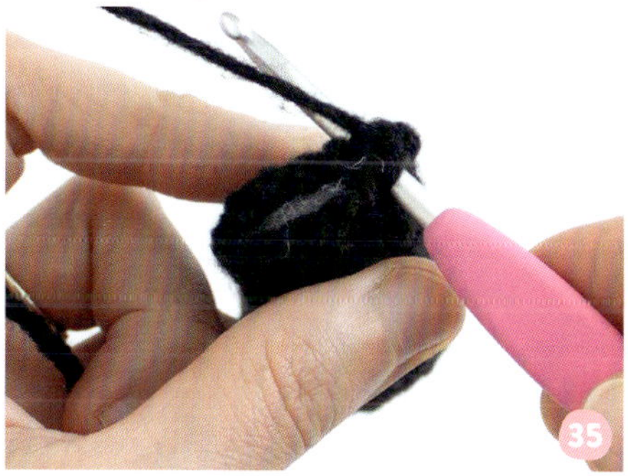
35
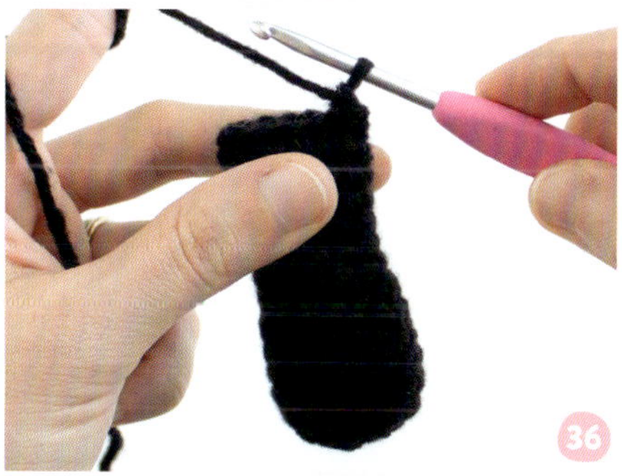
36
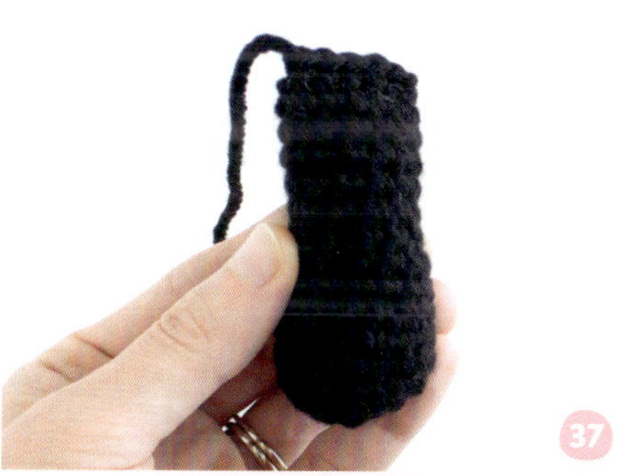
37
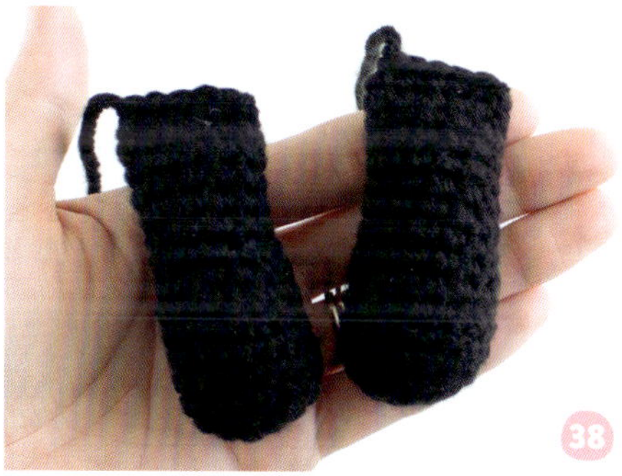
38
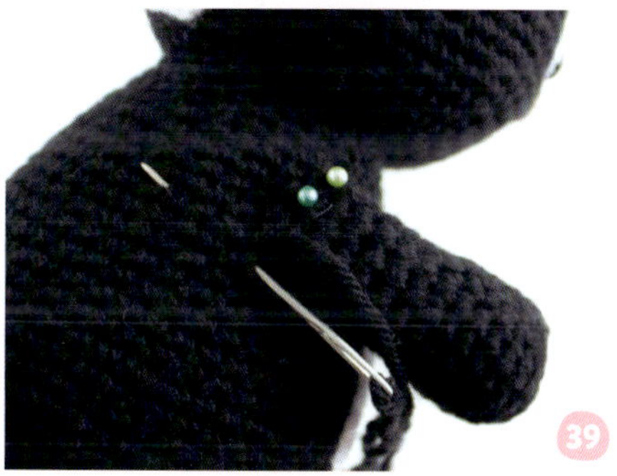
39
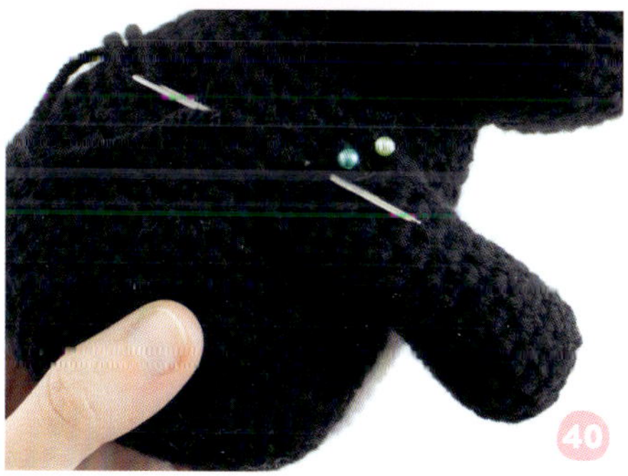
40
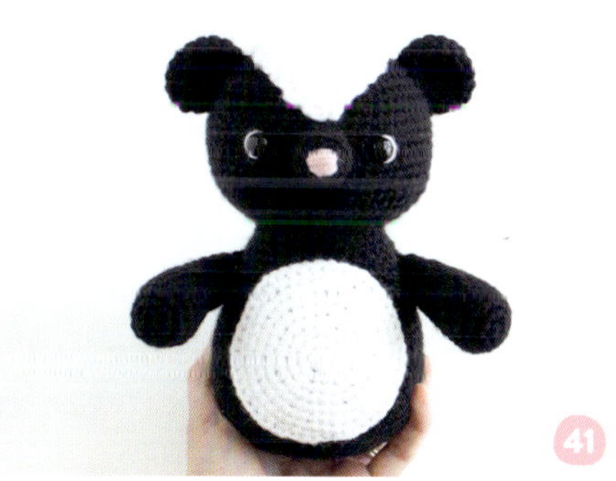
41
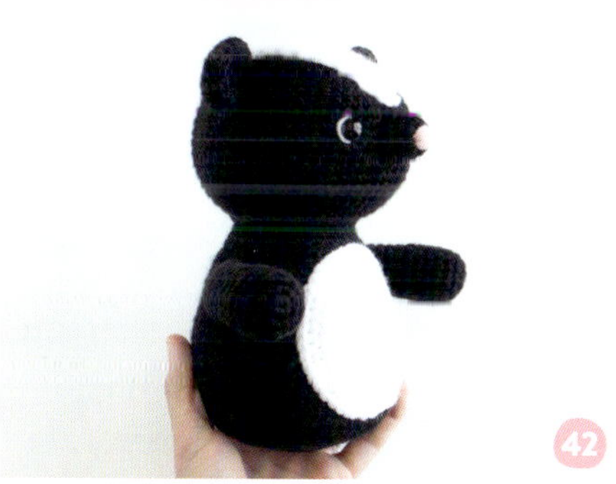
42

BEINE: 2 X HÄKELN

In Schwarz häkeln.

1. Rd: 6 fM in einen magischen Ring häkeln (6 M).

2. Rd: 6 Zun (12 M).

3. Rd: 3 fM, 6 Zun, 3 fM (18 M).

4. Rd: 6 fM, 6 Zun, 6 fM (24 M).

5. Rd: 24 fM.

6. Rd: 6 fM, 6 uns Abn, 6 fM (18 M).

7. Rd: 6 fM, 3 uns Abn, 6 fM (15 M).

Die Beine ausstopfen und nach und nach weitere Füllwatte hinzufügen.

8.–18. Rd: 15 fM.

19. Rd: 2 fM. Nun die Kanten aneinanderlegen und zusammenhäkeln. 7 fM. So zeigen die Zehen später nach oben (Fotos 43–46).

Abmaschen und den Faden zum Annähen hängen lassen (Foto 47).

Die Beine zwischen der 10. und 16. Rd seitlich an den Körper stecken. Mit dem Endfaden festnähen. Dabei die Nadel unter beide Mg der 19. Rd der Beine und dann in den Körper führen (Fotos 48+49). Das Fadenende mit einem Knoten sichern und im Inneren des Körpers verstecken (Fotos 50+51).

RÜCKENSTREIFEN: 2 X HÄKELN

In Weiß häkeln.

1. R: 16 Lm, dann ab der 2. Lm von der Nadel 15 hStb (15 M) (Foto 52).

Abmaschen und den Faden zum Annähen hängen lassen (Foto 53).

Die Streifen zwischen der 12. und 28. Rd so an den Körper stecken, dass sie eine leicht geschwungene Form bilden (Foto 54). Mit dem Endfaden annähen. Dabei die Nadel unter beide Mg der 1. R des Streifens und dann in den Körper führen, zwischen zwei M ausstechen.

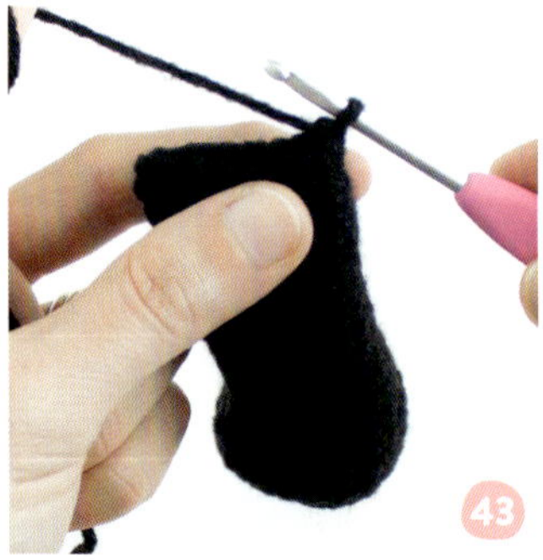
43

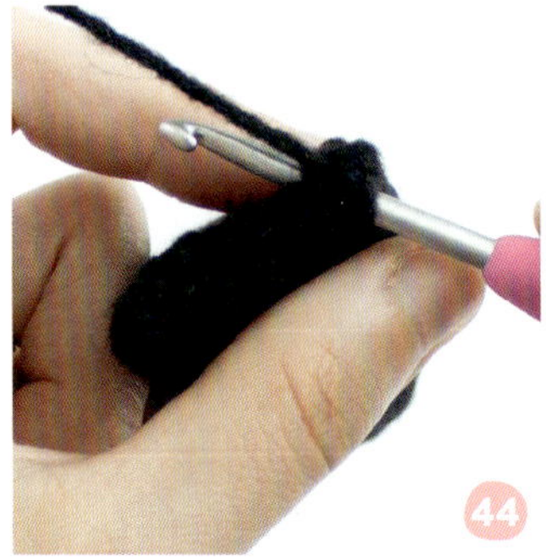
44

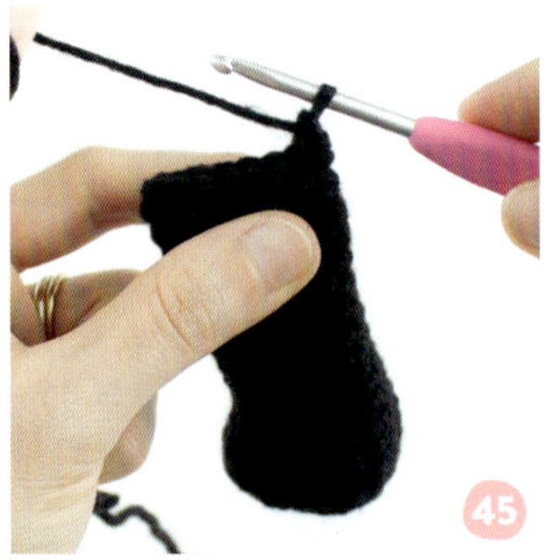
45

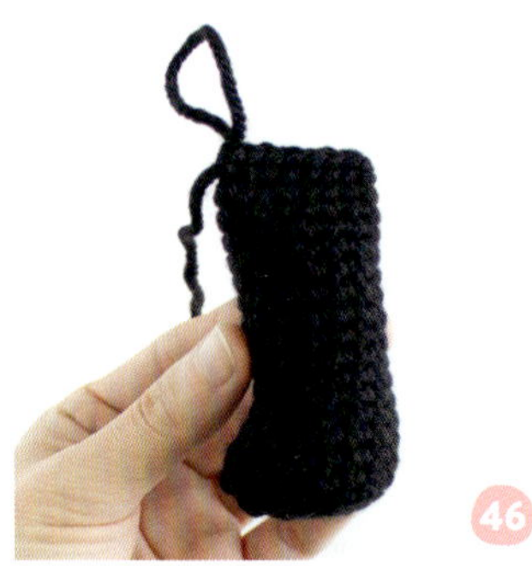
46

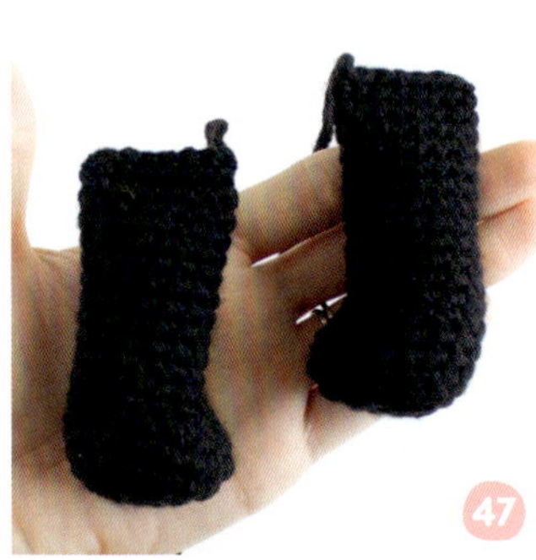
47

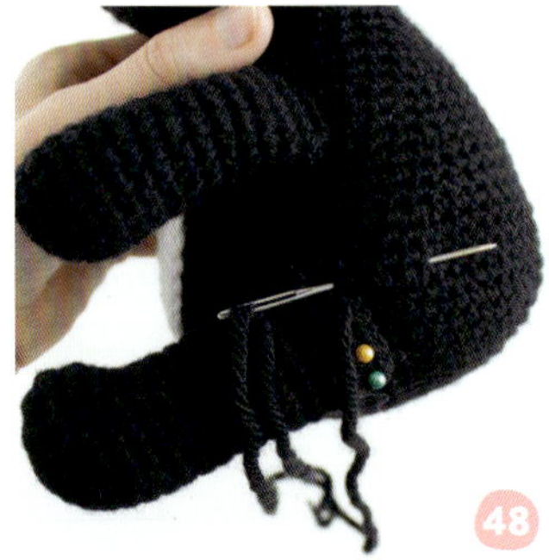
48

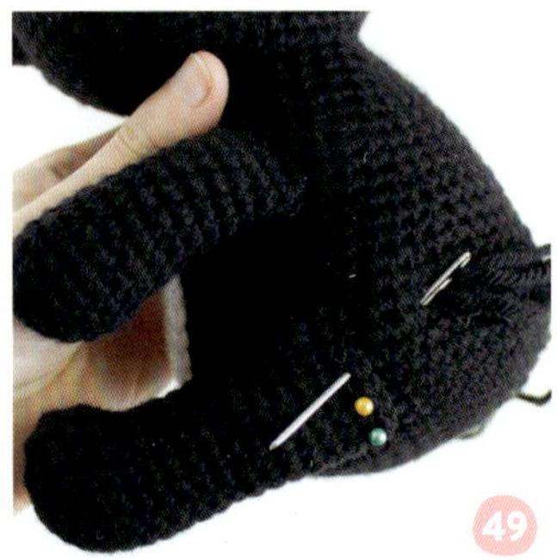
49

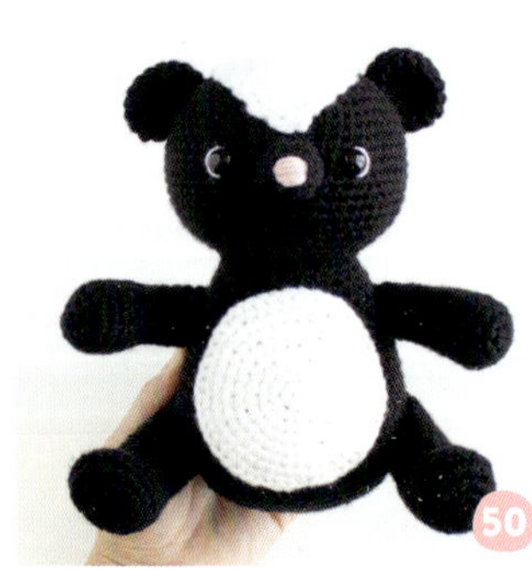
50

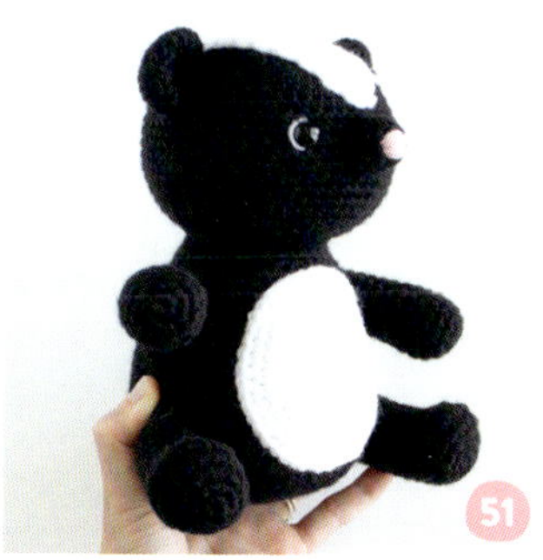
51

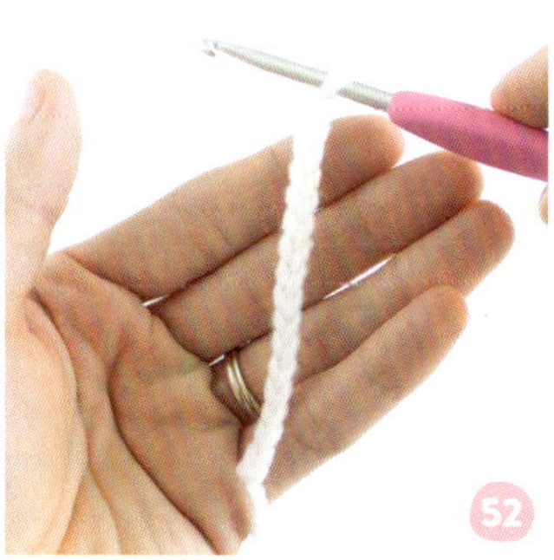
52

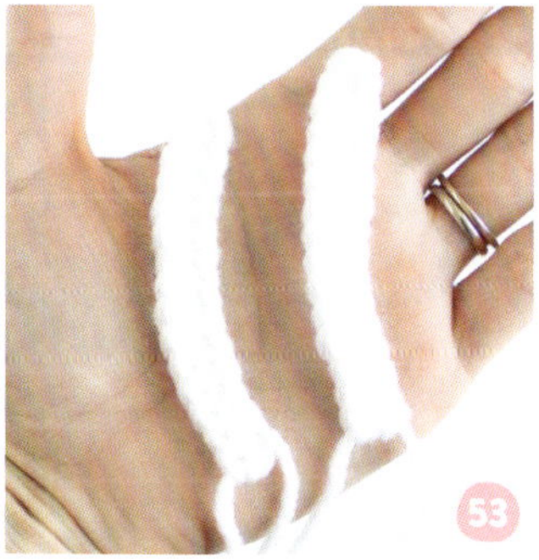
53

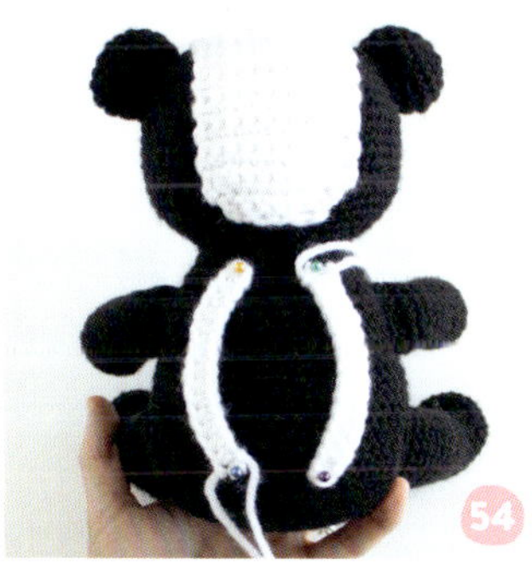
54

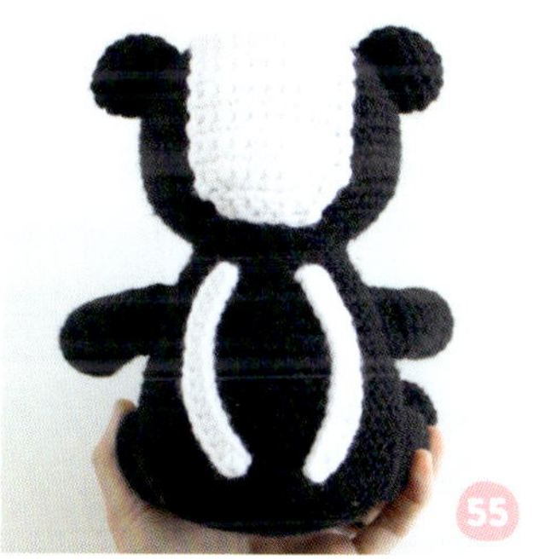
55

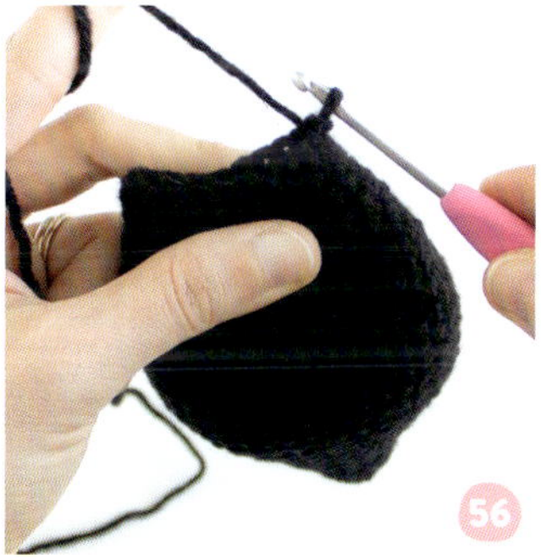
56

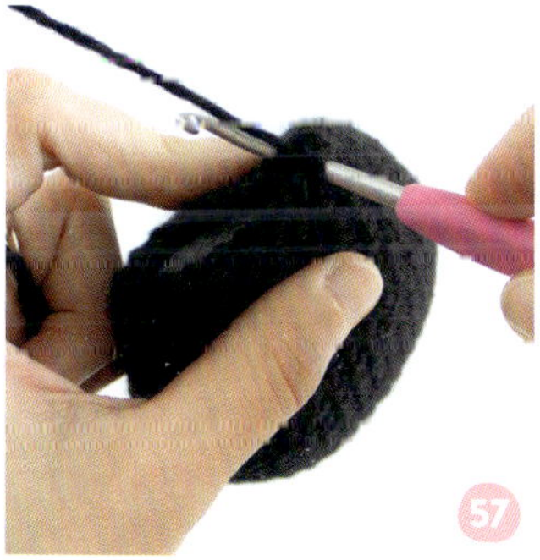
57

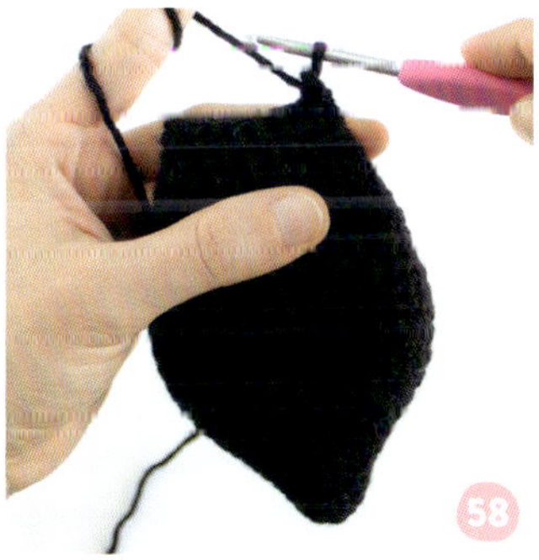
58

An derselben Stelle wieder einstechen, zur nächsten M des Streifens führen und rund um den Streifen fortfahren. So sieht die Naht sauber aus. Das Fadenende mit einem Knoten sichern und im Inneren des Körpers verstecken (Foto 55).

Alternativ die Streifen mit Heißkleber befestigen. Dann die Endfäden sichern und im Inneren des Körpers verstecken.

SCHWANZ

In Schwarz häkeln.

1. Rd: 6 fM in einen magischen Ring häkeln (6 M).

2. Rd: *1 fM, Zun* 3 x (9 M).

3. Rd: *2 fM, Zun* 3 x (12 M).

4. Rd: 12 fM.

5. Rd: *3 fM, Zun* 3 x (15 M).

6. Rd: *4 fM, Zun* 3 x (18 M).

7. Rd: *5 fM, Zun* 3 x (21 M).

8. Rd: *6 fM, Zun* 3 x (24 M).

9. Rd: *3 fM, Zun* 6 x (30 M).

10. Rd: *4 fM, Zun* 6 x (36 M).

11.–15. Rd: 36 fM.

16. Rd: *4 fM, uns Abn* 6 x (30 M).

17.+18. Rd: 30 fM.

19. Rd: *3 fM, uns Abn* 6 x (24 M).

Den Schwanz ausstopfen und nach und nach weitere Füllwatte hinzufügen.

20.–22. Rd: 24 fM.

23. Rd: *2 fM, uns Abn* 6 x (18 M).

24.+25. Rd: 18 fM.

26. Rd: 8 fM. Dabei die Kanten des Schwanzes aneinanderlegen und zusammenhäkeln. Dafür mit der Nadel durch beide M stechen.Dann wie gewohnt mit fM fortfahren (Fotos 56–59).

Abmaschen und den Faden zum Annähen hängen lassen. Zur Seite legen (Foto 60).

SCHWANZSTREIFEN

In Weiß häkeln.

1. R: 38 Lm, dann ab der 2. Lm von der Nadel 18 hStb, (hStb, Lm, hStb) in 1 M, 18 hStb (39 M, einschließlich 1 Lm) (Fotos 61–63).

Abmaschen und den Faden zum Annähen hängen lassen (Foto 64).

Den Streifen zwischen der 7. und 25. Rd an den Schwanz stecken (Foto 65). Dabei sollte er der Form des Schwanzes folgen. Mit dem Endfaden festnähen. Dabei die Nadel unter beide Mg der 1. R des Streifens und dann in den Körper führen, zwischen zwei M ausstechen. An derselben Stelle wieder einstechen, zur nächsten M am Streifen führen und rund um den Streifen fortfahren. Darauf achten, den Faden unter und nicht über die M zu führen, damit die Naht sauber aussieht. Mit einem Knoten sichern und im Inneren des Schwanzes verstecken (Fotos 66+67).

Alternativ den Streifen mit einer Heißklebepistole befestigen.

Dann den Schwanz an der 11. Rd auf dem Körper feststecken (Foto 68). Mit dem Endfaden annähen. Dabei die Nadel unter beide Mg der 26. Rd des Schwanzes und dann in den Körper führen (Fotos 69+70). Das Fadenende mit einem Knoten sichern und im Inneren des Körpers verstecken (Fotos 71–73).

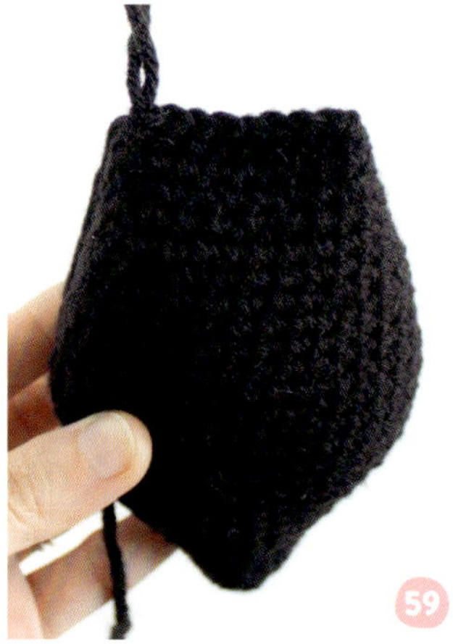
59

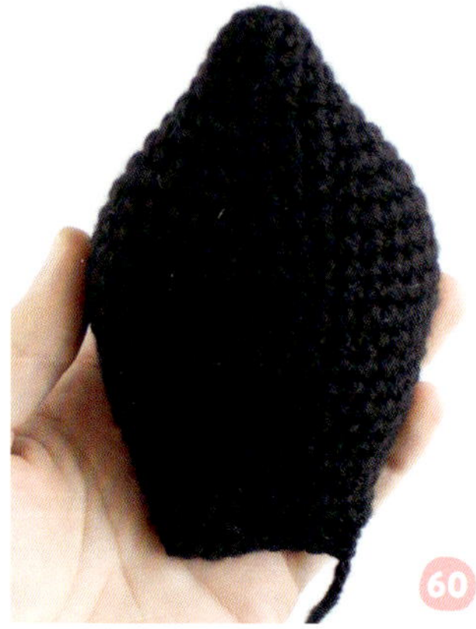
60

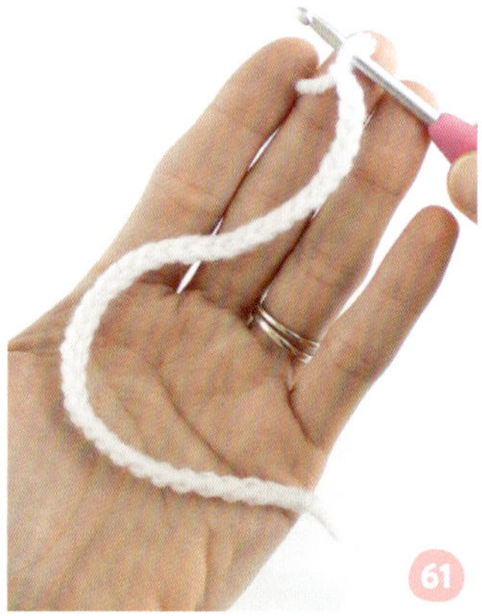
61

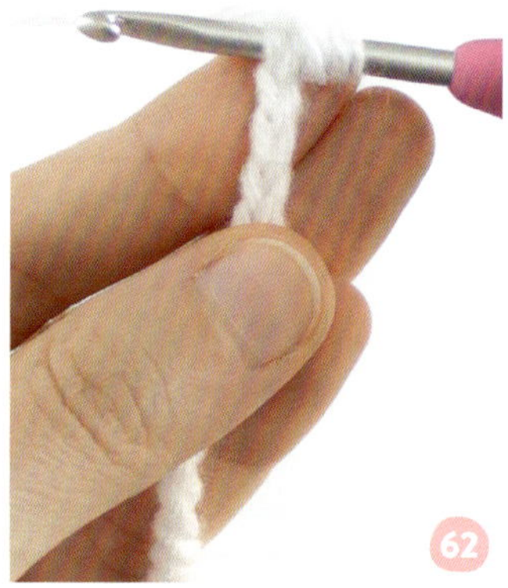
62

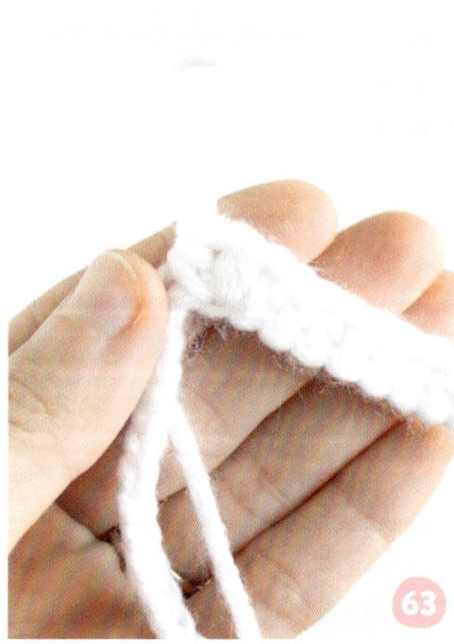
63

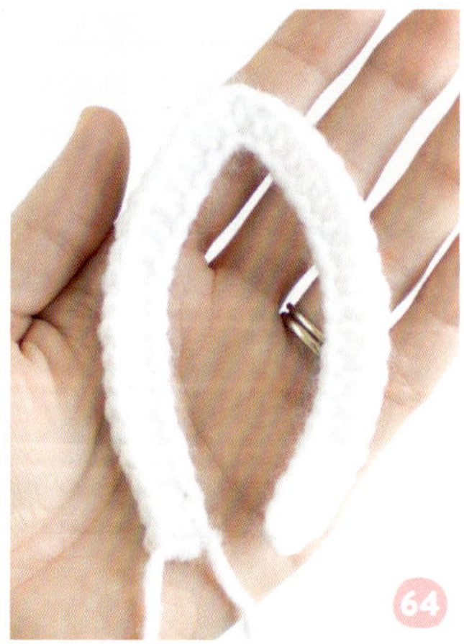
64

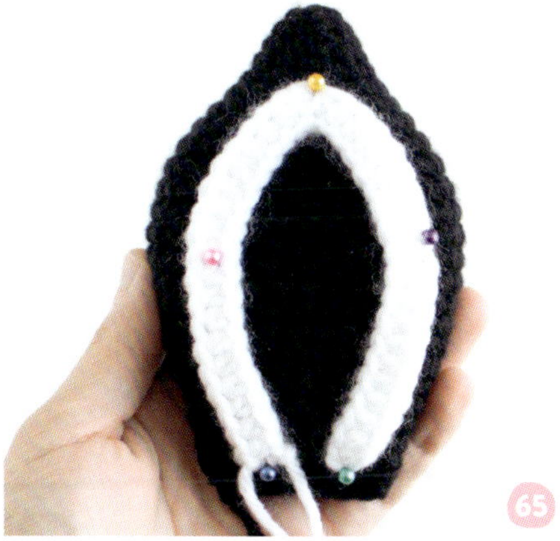
65

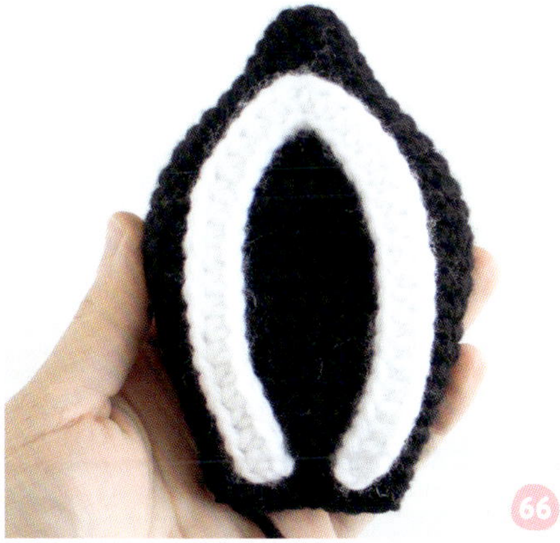
66

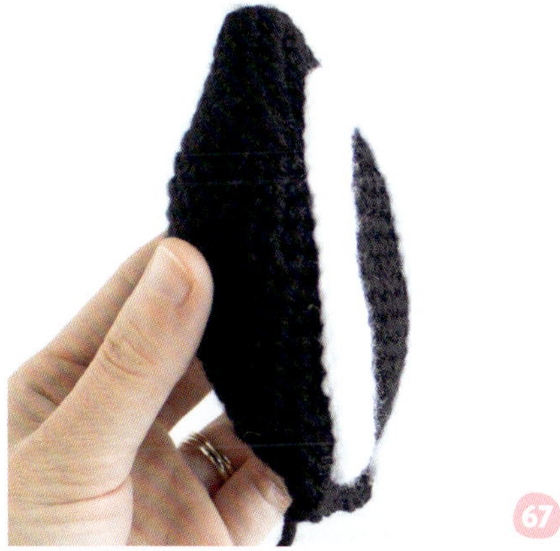
67

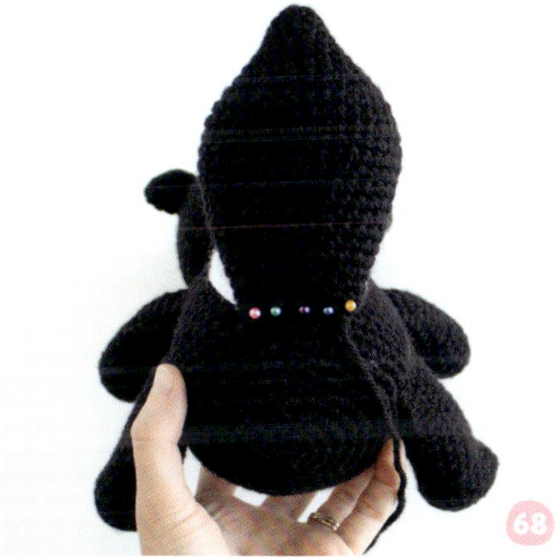
68

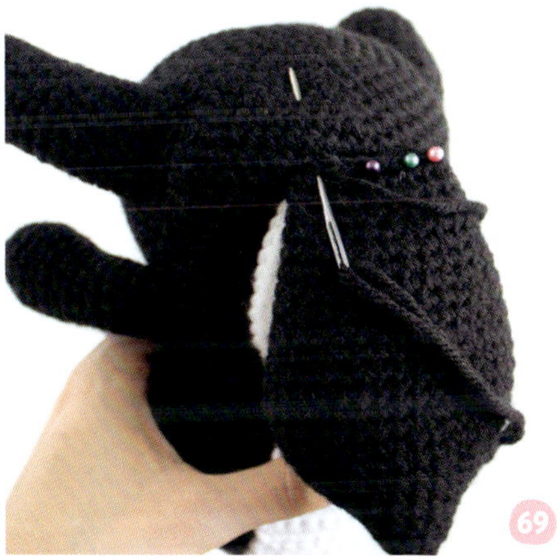
69

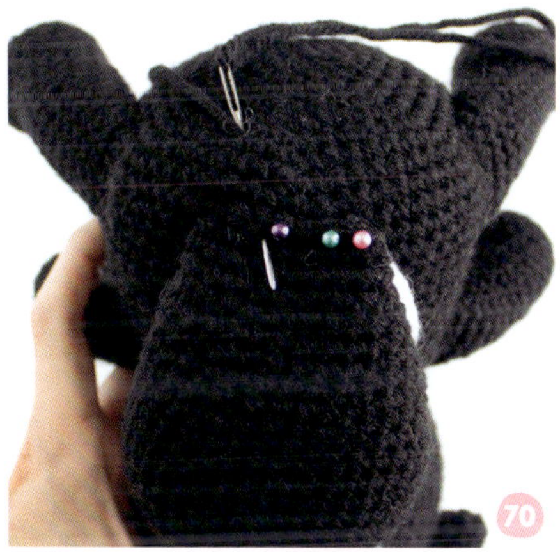
70

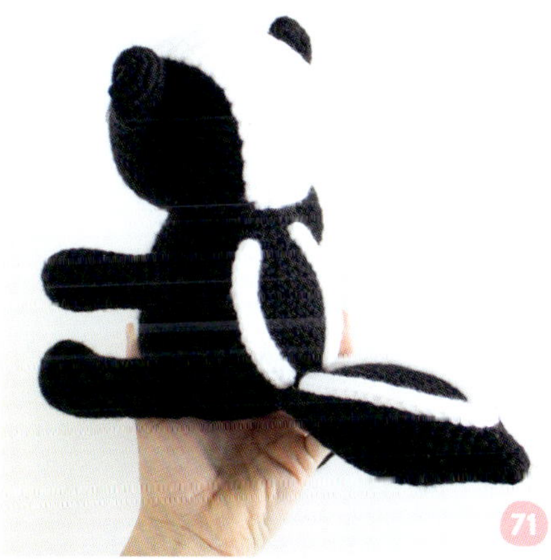
71

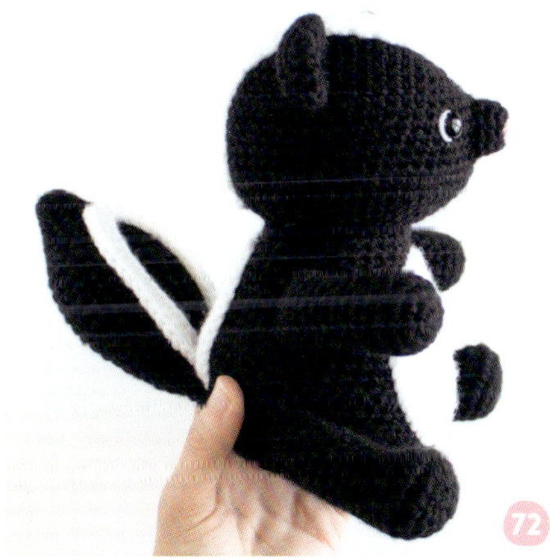
72

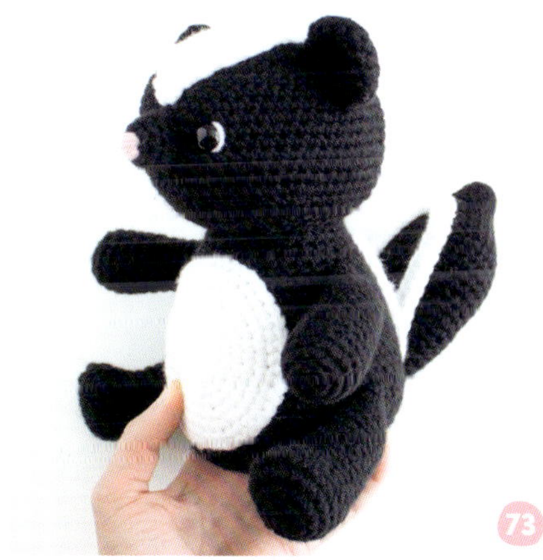
73

EICHHÖRNCHEN

LEICHT

FERTIGE MASSE

- ✗ Etwa 11,5 cm breit, 18 cm hoch und 18 cm lang

MATERIAL

- ✗ Häkelgarn (Lauflänge 100–120 m/50 g) in Hellbraun, Creme, Dunkelbraun und Weiß
- ✗ Häkelnadel 3,75 mm
- ✗ 1 Paar Sicherheitsaugen, 10,5 mm Ø
- ✗ Füllwatte aus Polyester
- ✗ Wollnadel
- ✗ Schere
- ✗ Maschenmarkierer
- ✗ Stecknadeln
- ✗ Optional: Hundebürste

ABKÜRZUNGEN

- ✗ Abn – Abnahme(n)
- ✗ fM – feste Masche(n)
- ✗ Lm – Luftmasche(n)
- ✗ M – Masche(n)
- ✗ R – Reihe(n)
- ✗ Rd – Runde(n)
- ✗ uns Abn – unsichtbare Abnahme(n)
- ✗ Zun – Zunahme(n)

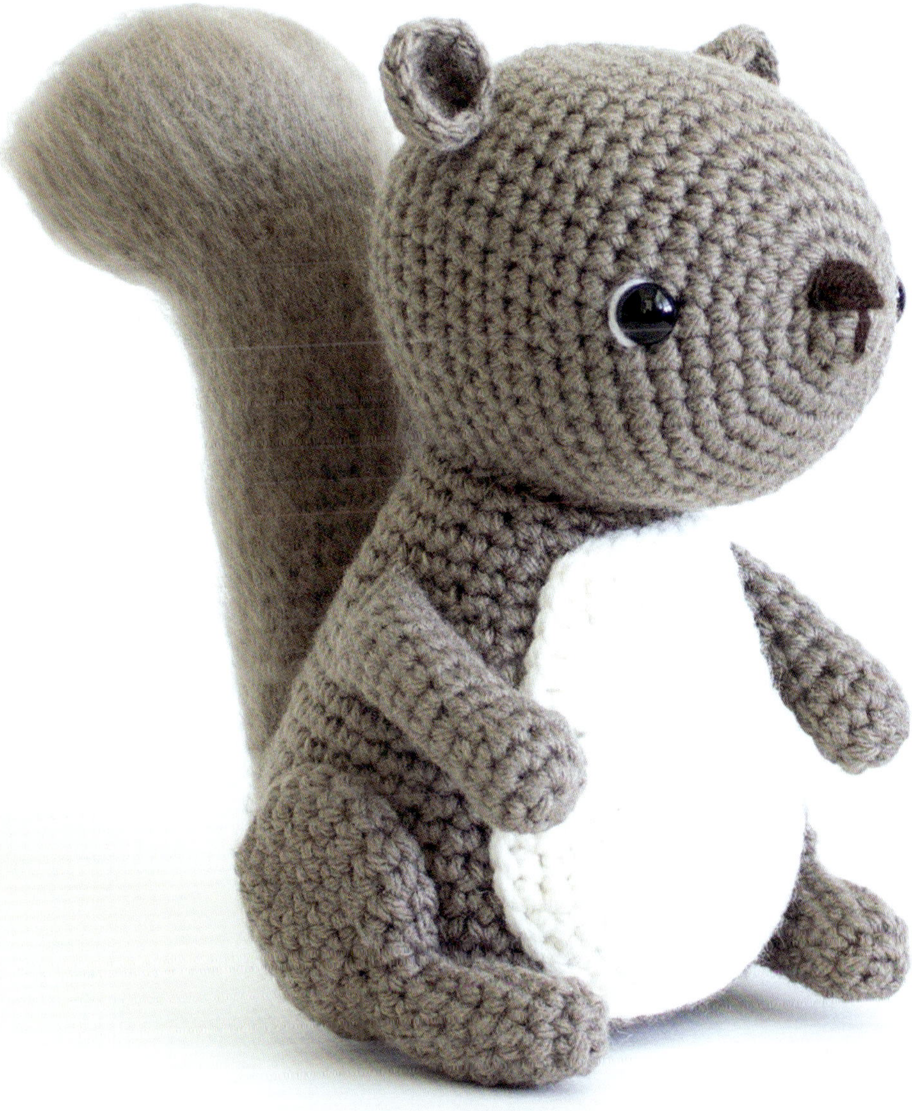

KOPF

In Hellbraun häkeln.

1. Rd: 6 fM in einen magischen Ring häkeln (6 M).

2. Rd: 6 fM.

3. Rd: 6 Zun (12 M).

4. Rd: *1 fM, Zun* 6 x (18 M).

5. Rd: *2 fM, Zun* 6 x (24 M).

6. Rd: *3 fM, Zun* 6 x (30 M).

7. Rd: 30 fM.

In Dunkelbraun die Nase über die 2. und 3. Rd über 4 M aufsticken (Foto 1). Dabei an dieser Stelle etwa 6 x hin und her sticken (Foto 2). Dann eine senkrechte Linie nach unten sticken (Foto 3). Den Faden mit einem Knoten sichern und im Inneren des Kopfs verstecken.

8. Rd: *4 fM, Zun* 6 x (36 M).

9. Rd: *5 fM, Zun* 6 x (42 M).

10.–19. Rd: 42 fM. Nach der 11. Rd die Sicherheitsaugen zwischen der 8. und 9. Rd im Abstand von etwa 17 M einsetzen. Mit Weiß um die Augen herum sticken (Fotos 4–6).

20. Rd: *5 fM, uns Abn* 6 x (36 M).

21. Rd: 36 fM.

Den Kopf ausstopfen und nach und nach weitere Füllwatte hinzufügen.

22. Rd: *4 fM, uns Abn* 6 x (30 M).

23. Rd: *3 fM, uns Abn* 6 x (24 M).

24. Rd: *2 fM, uns Abn* 6 x (18 M).

25. Rd: *1 fM, uns Abn* 6 x (12 M).

26. Rd: 6 uns Abn (6 M).

Abmaschen und den Faden zum Verschließen hängen lassen (Foto 7).

OHREN: 2 X HÄKELN

In Hellbraun häkeln.

1. Rd: 5 fM in einen magischen Ring häkeln (5 M).

2. Rd: 5 Zun (10 M).

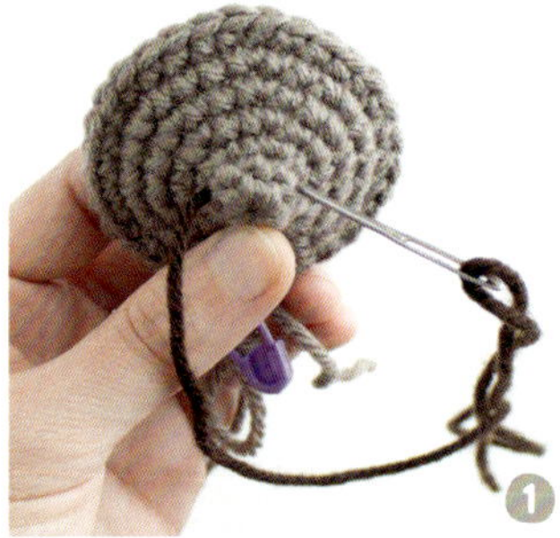
1

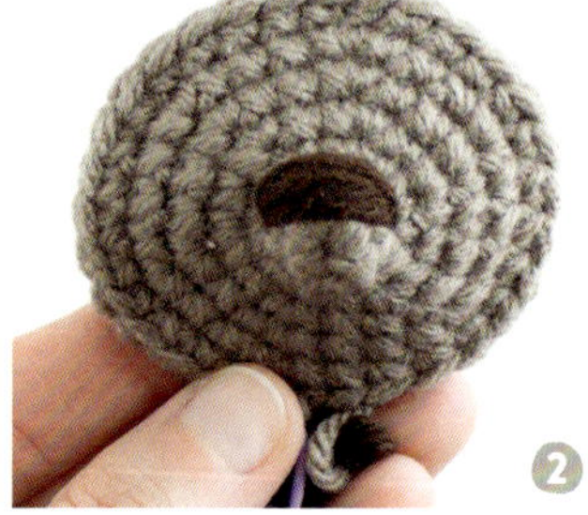
2

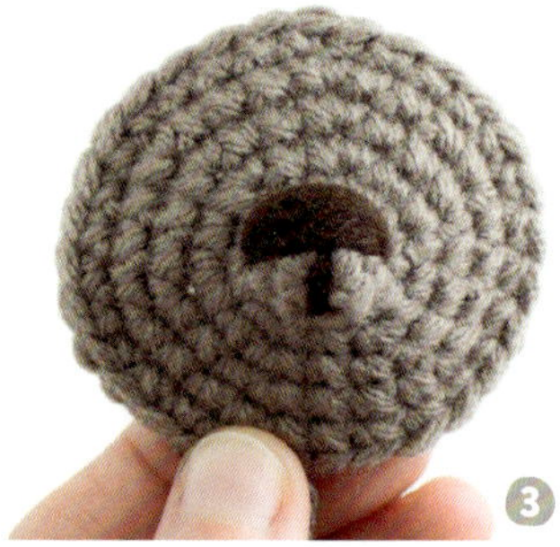
3

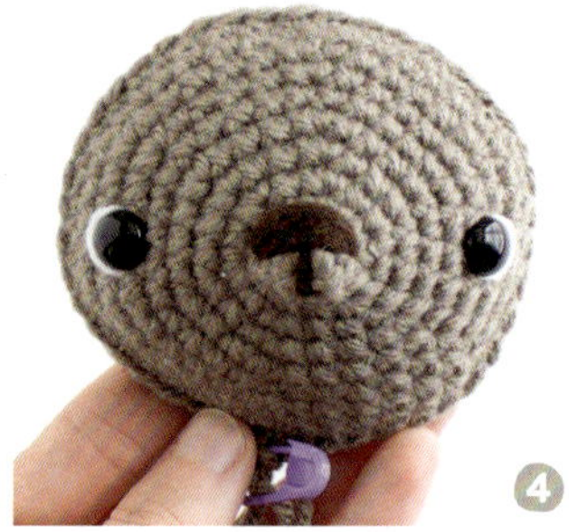
4

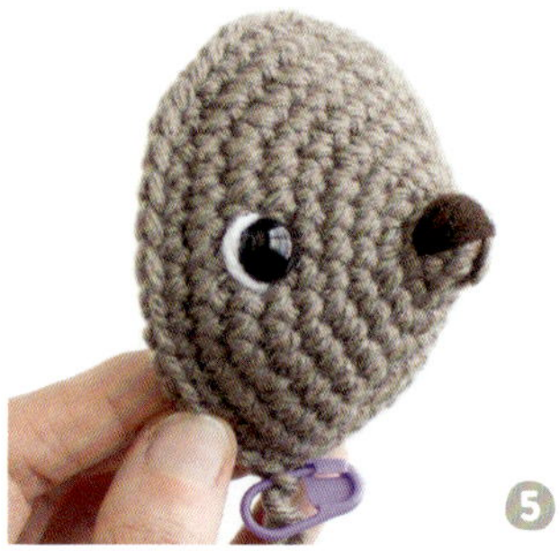
5

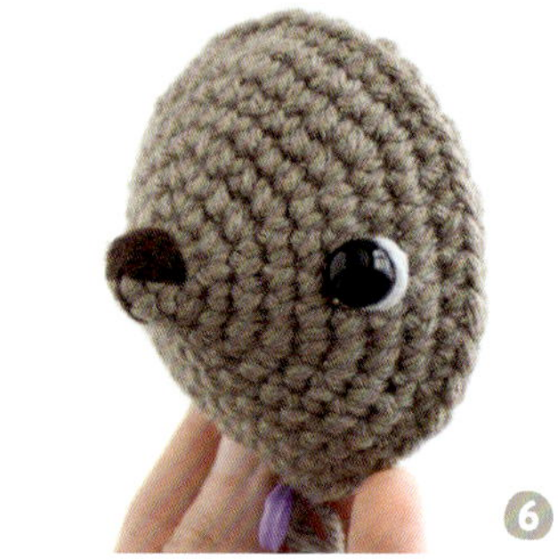
6

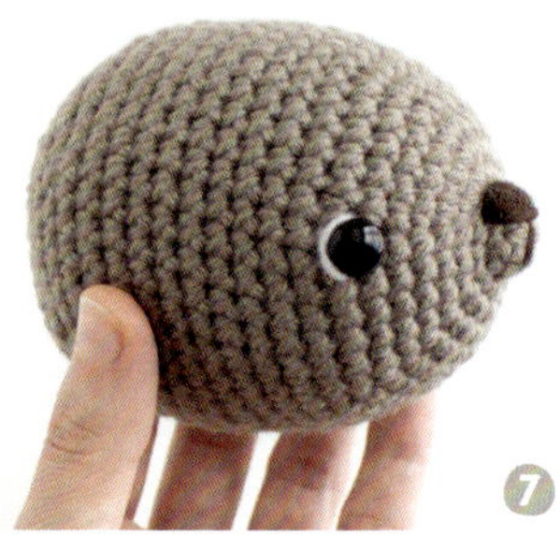
7

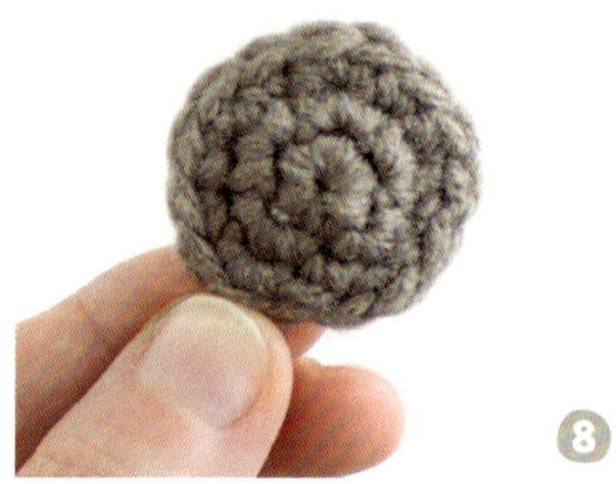
8

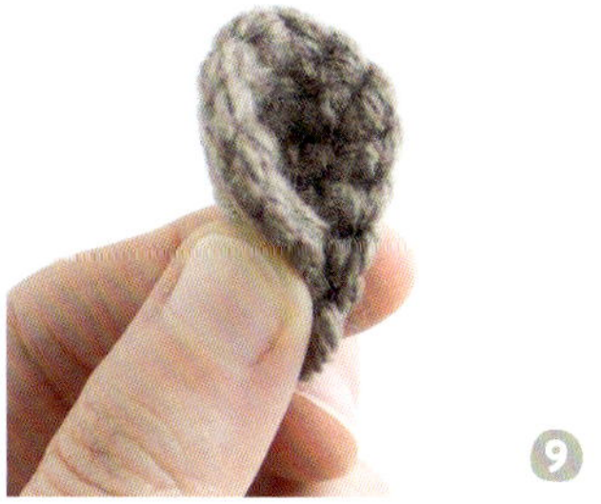

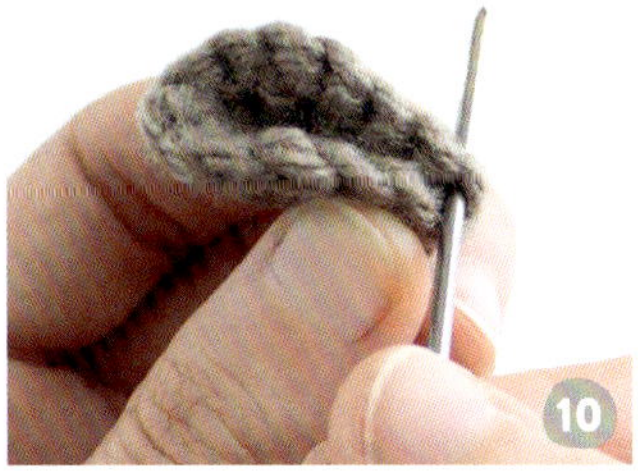

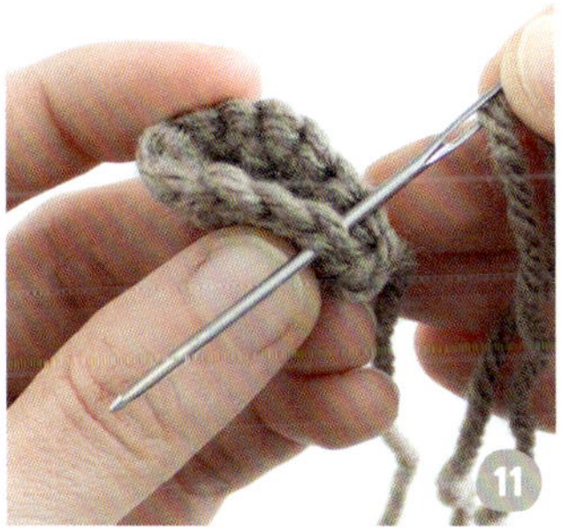

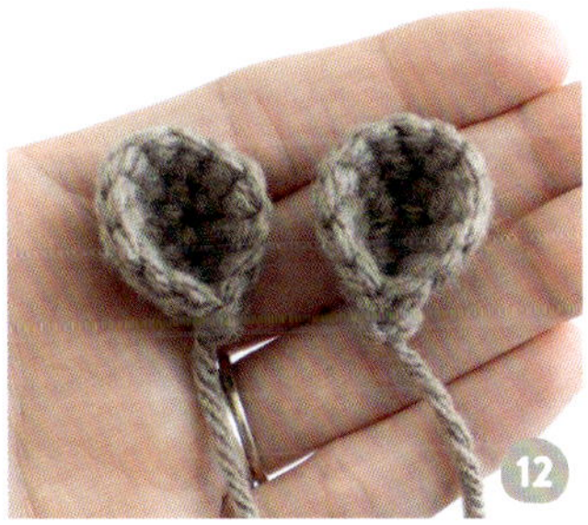

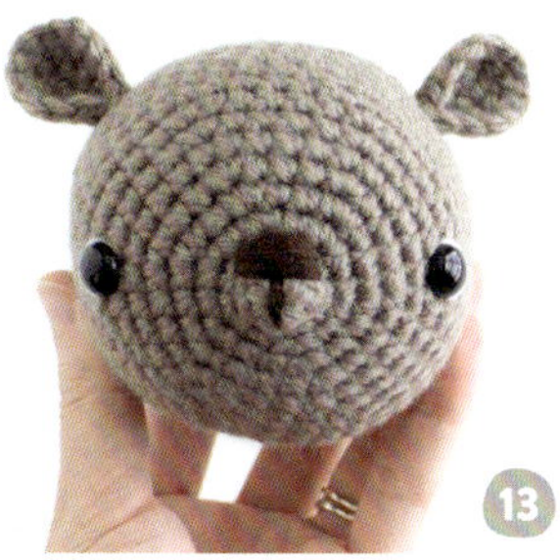

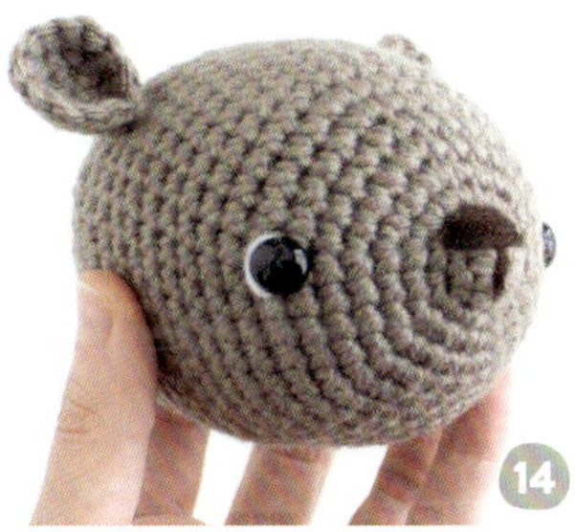

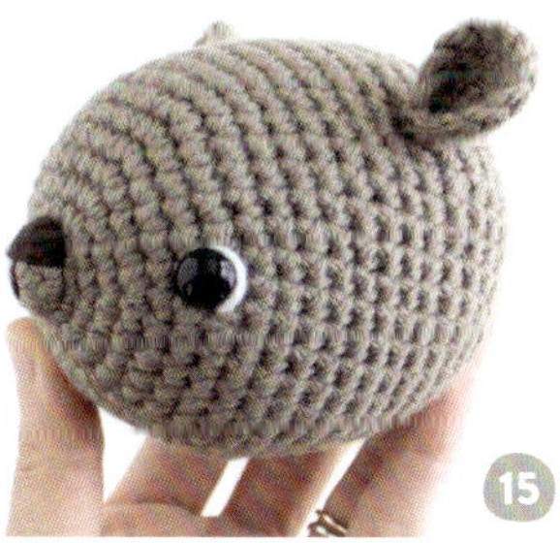

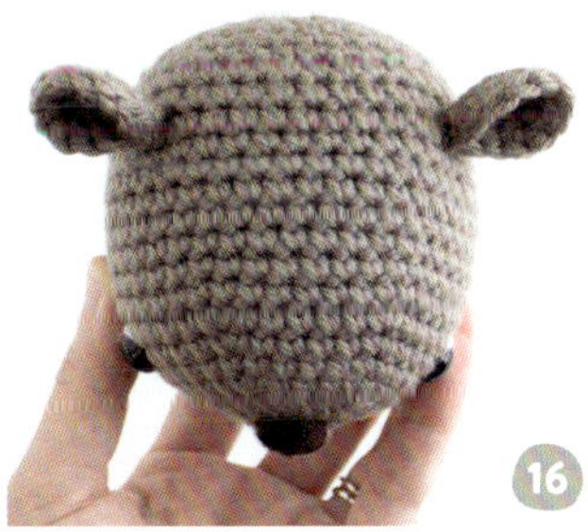

3. Rd: *1 fM, Zun* 5 x (15 M).

Abmaschen und den Faden zum Annähen hängen lassen. Den Anfangsfaden vernähen (Foto 8).

Die Ohren unten an der 3. Rd zusammendrücken (Foto 9) und diese Stelle Mit dem Endfaden fixieren (Fotos 10–12). Die Ohren zwischen der 17. und 18. Rd im Abstand von 11 M auf den Kopf stecken und mit dem Endfaden aufnähen. Das Fadenende mit einem Knoten sichern und im Inneren des Kopfs verstecken (Fotos 13–16).

KÖRPER

In Hellbraun häkeln.

1. Rd: 6 fM in einen magischen Ring häkeln (6 M).

2. Rd: 6 Zun (12 M).

3. Rd: *1 fM, Zun* 6 x (18 M).

4. Rd: *2 fM, Zun* 6 x (24 M).

5. Rd: *3 fM, Zun* 6 x (30 M).

6. Rd: *4 fM, Zun* 6 x (36 M).

7. Rd: *5 fM, Zun* 6 x (42 M).

8. Rd: *6 fM, Zun* 6 x (48 M).

9. Rd: *7 fM, Zun* 6 x (54 M).

10.+11. Rd: 54 fM.

12. Rd: *7 fM, uns Abn* 6 x (48 M).

13.+14. Rd: 48 fM.

15. Rd: *6 fM, uns Abn* 6 x (42 M).

16.–18. Rd: 42 fM.

Den Körper ausstopfen und nach und nach weitere Füllwatte hinzufügen.

19. Rd: *5 fM, uns Abn* 6 x (36 M).

20.–22. Rd: 36 fM.

23. Rd:*4 fM, uns Abn* 6 x (30 M).

24.+25. Rd: 30 fM.

26. Rd: *3 fM, uns Abn* 6 x (24 M).

27. Rd: 24 fM.

Abmaschen und den Faden zum Annähen lang genug lassen (Foto 17).

BAUCH

In Creme häkeln.

1. R: 7 Lm, dann ab der 2. Lm von der Nadel 6 fM (6 M). 1 Lm und wenden (Fotos 18–20).

2. R: Zun, 4 fM, Zun (8 M). 1 Lm und wenden.

3. R: Zun, 6 fM, Zun (10 M). 1 Lm und wenden.

4. R: Zun, 8 fM, Zun (12 M). 1 Lm und wenden.

5. R: Zun, 10 fM, Zun (14 M). 1 Lm und wenden.

6.–8. R: 14 fM. 1 Lm und wenden.

9. R: Abn, 10 fM, Abn (12 M). 1 Lm und wenden.

10. R: 12 fM. 1 Lm und wenden.

11. R: Abn, 8 fM, Abn (10 M). 1 Lm und wenden.

12.+13. R: 10 fM. 1 Lm und wenden.

14. R: Abn, 6 fM, Abn (8 M). 1 Lm und wenden.

15.+16. R: 8 fM. 1 Lm und wenden.

17. R: Abn, 4 fM, Abn (6 M). 1 Lm und wenden (Foto 21). In dieser R um die Kante des Bauchs herum häkeln.

18. R: fM in dieselbe M wie die letzte fM, dann in fM um die Kante bis zur 1. M der 17. R fortfahren (44 M) (Fotos 22+23).

Abmaschen und den Faden zum Annähen besonders lang lassen. Den Anfangsfaden vernähen.

Den Bauch zwischen der 9. und 26. Rd auf den Körper stecken. Dann mit dem Endfaden aufnähen. Dabei die Nadel unter beide Mg der 18. R des Bauchs und dann in den Körper führen, zwischen zwei M ausstechen. An derselben Stelle wieder einstechen, zur nächsten M des Bauchs führen und fortfahren. Darauf achten, den Faden unter und nicht über die M zu führen, damit die Naht sauber aussieht (Fotos 24+25). Das Fadenende mit einem Knoten sichern und im Inneren des Körpers verstecken (Foto 26).

Den Körper mit Stecknadeln an den Kopf stecken. Mit dem Endfaden den Kopf annähen. Nach Bedarf den Körper noch weiter ausstopfen, bevor die Naht ganz geschlossen wird. Das Fadenende mit einem Knoten sichern und im Inneren des Körpers verstecken (Fotos 27+28).

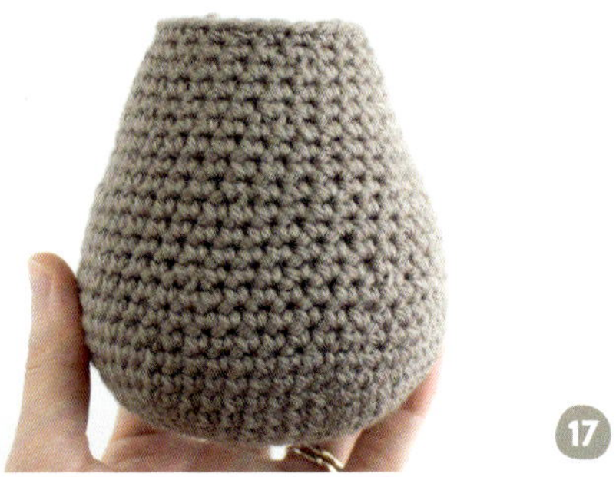

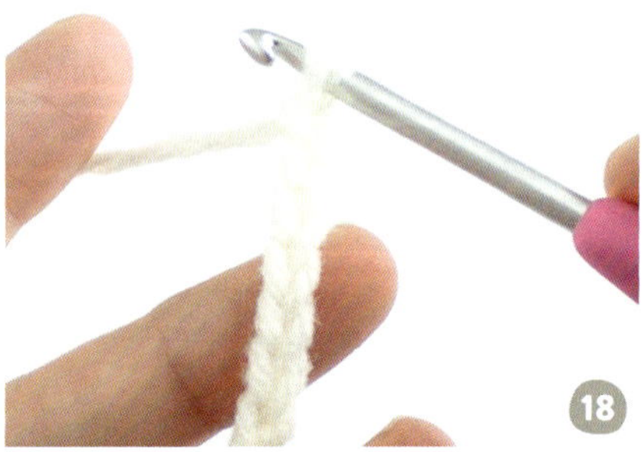

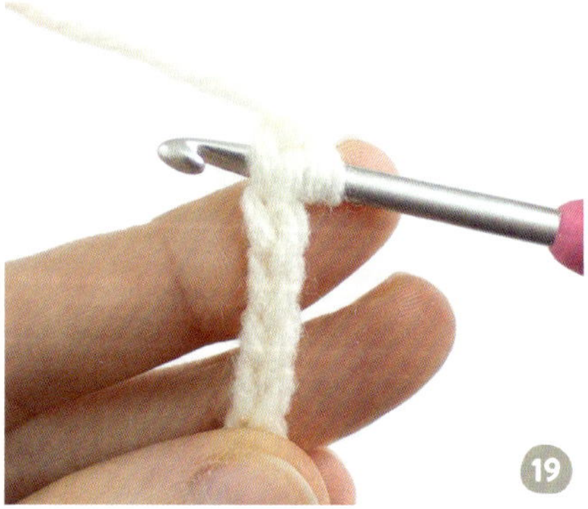

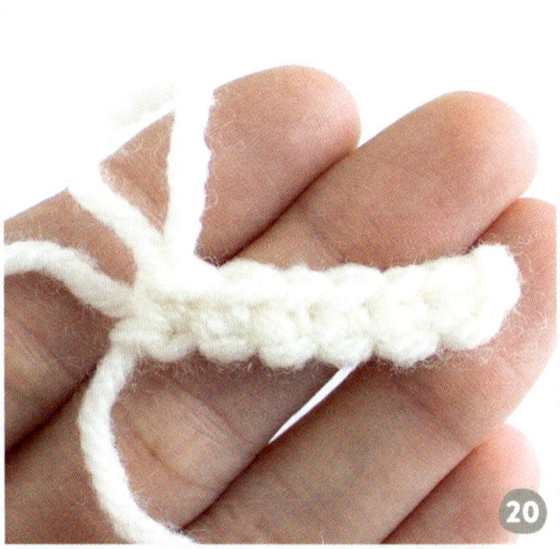
20
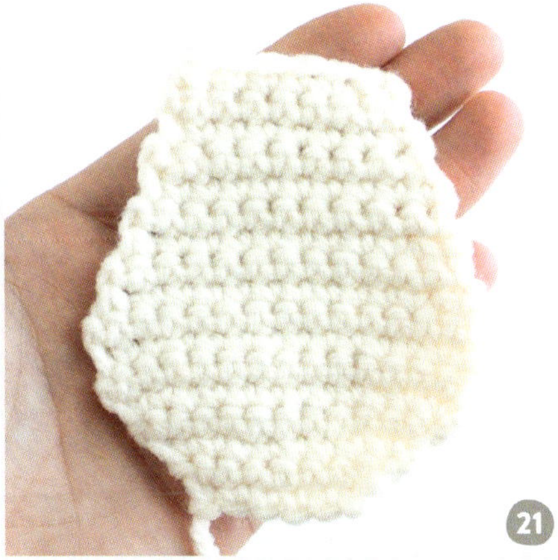
21
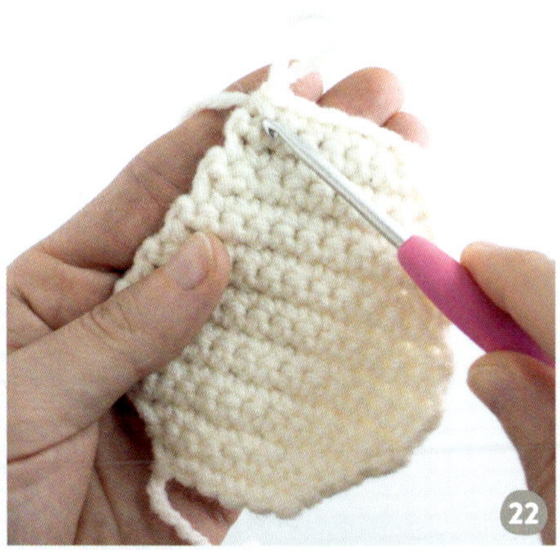
22
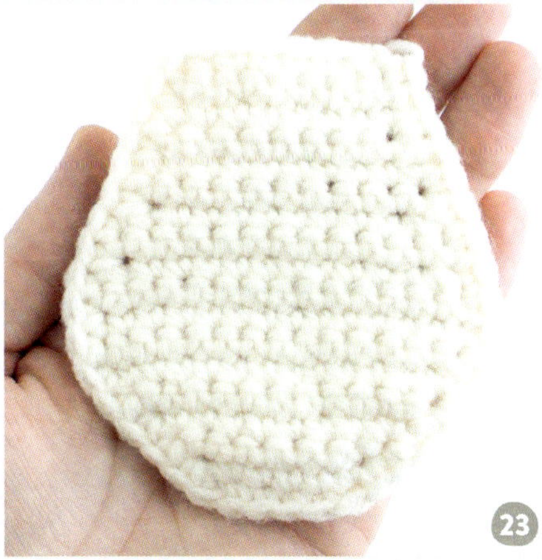
23
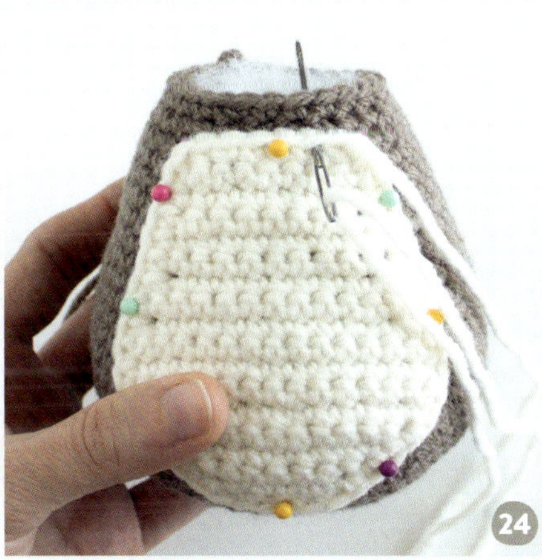
24
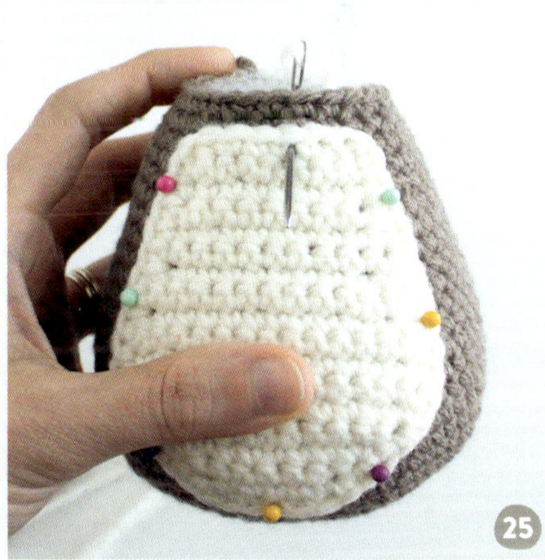
25
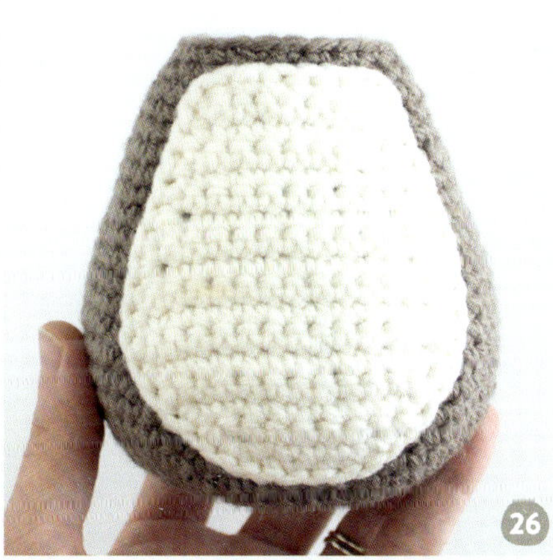
26
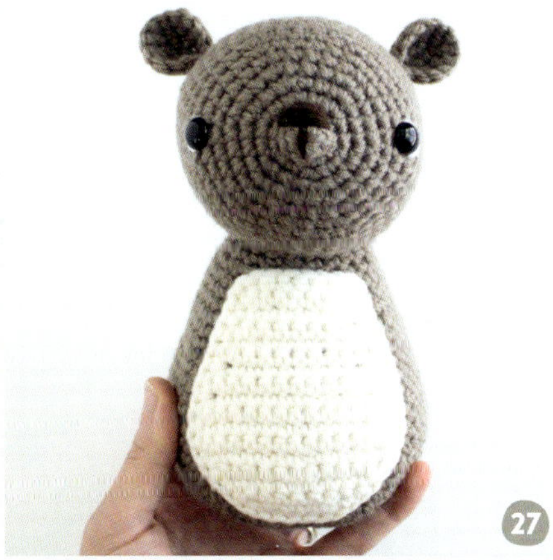
27
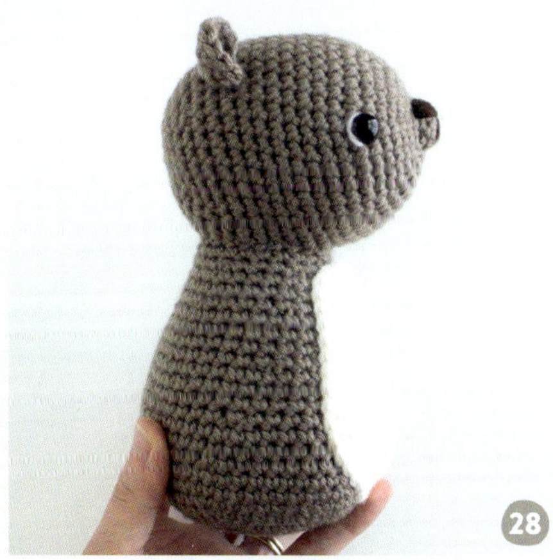
28

ARME: 2 X HÄKELN

In Hellbraun häkeln.

1. Rd: 6 fM in einen magischen Ring häkeln (6 M).

2. Rd: 6 Zun (12 M).

3. Rd: 12 fM.

4. Rd: *1 fM, uns Abn* 4 x (8 M).

Die Arme ausstopfen und nach und nach weitere Füllwatte hinzufügen.

5.–12. Rd: 8 fM.

13. Rd: 3 fM. Dabei die Kanten des Arms aneinanderlegen und zusammenhäkeln. Dafür mit der Nadel durch beide M stechen. Dann wie gewohnt mit fM fortfahren (Fotos 29–32).

Abmaschen und den Faden zum Annähen hängen lassen (Foto 33).

Die Arme leicht schräg zwischen der 21. und 24. Rd seitlich an den Körper stecken. Dann mit dem End-

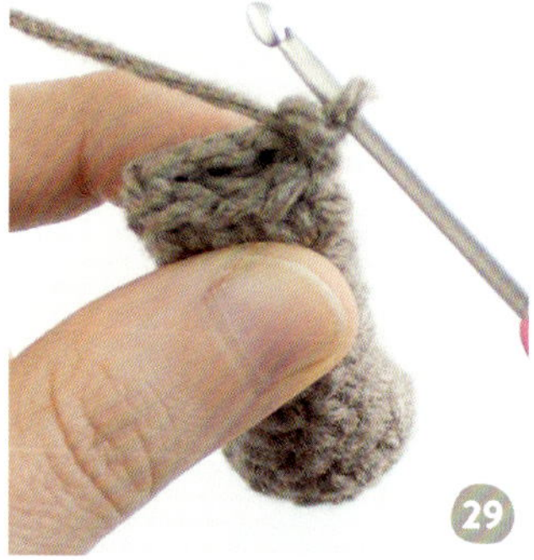

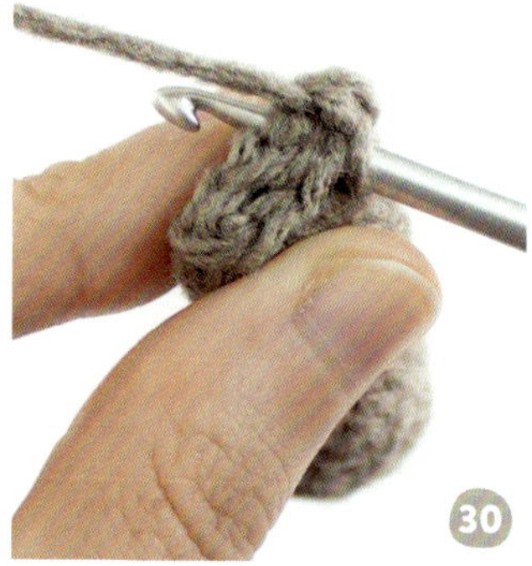

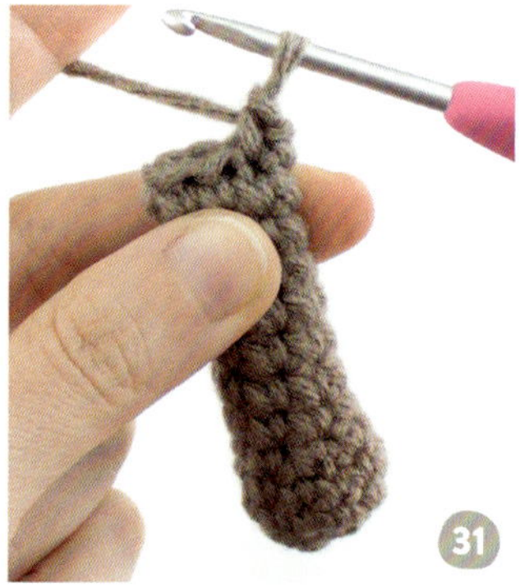

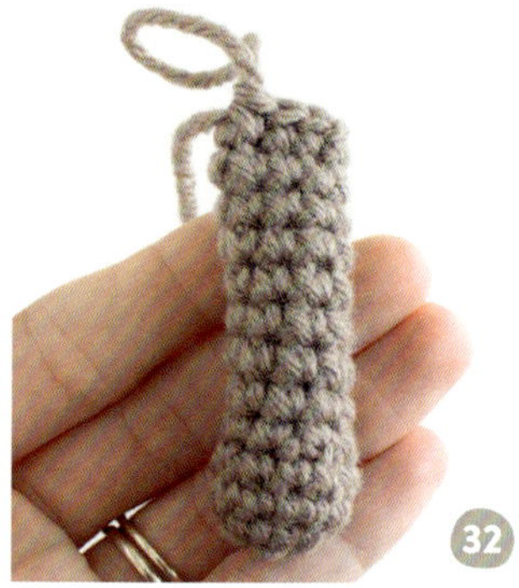

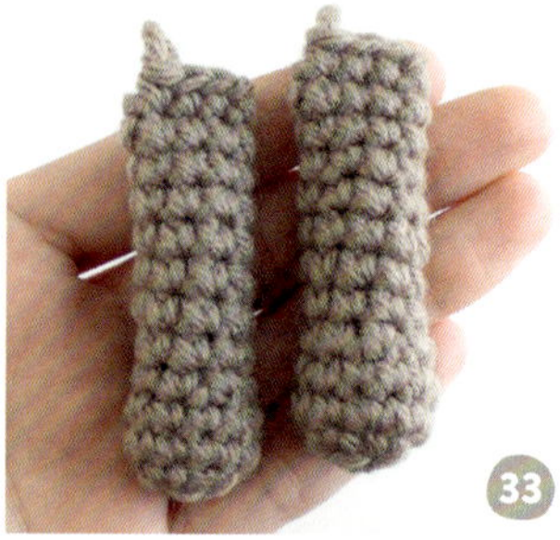

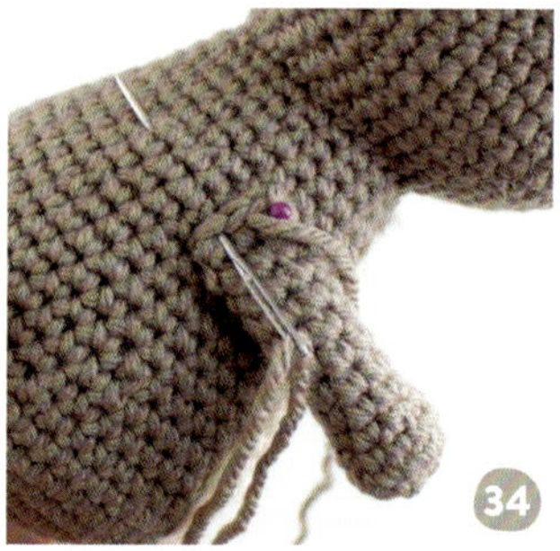

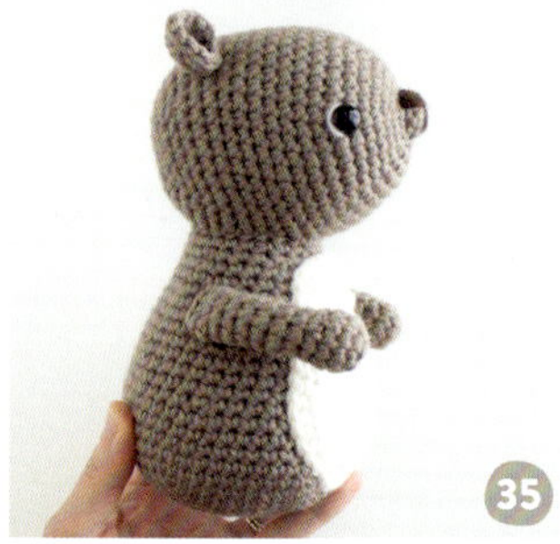

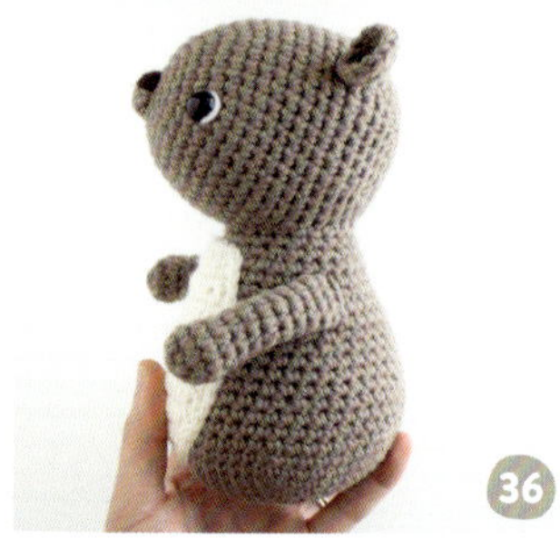

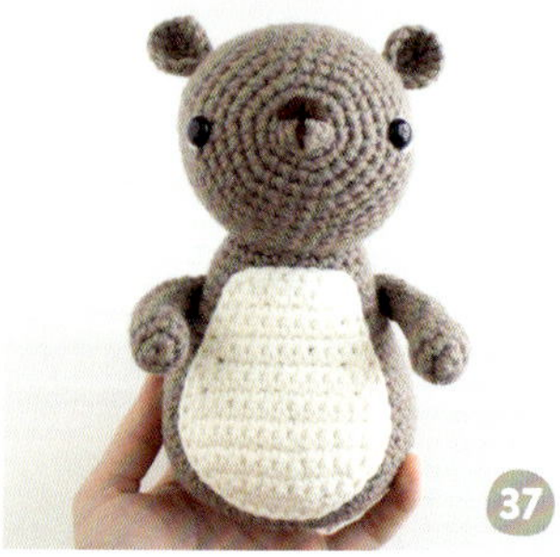

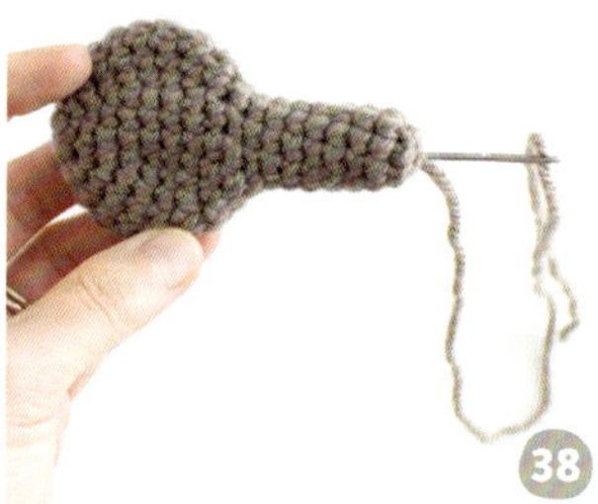

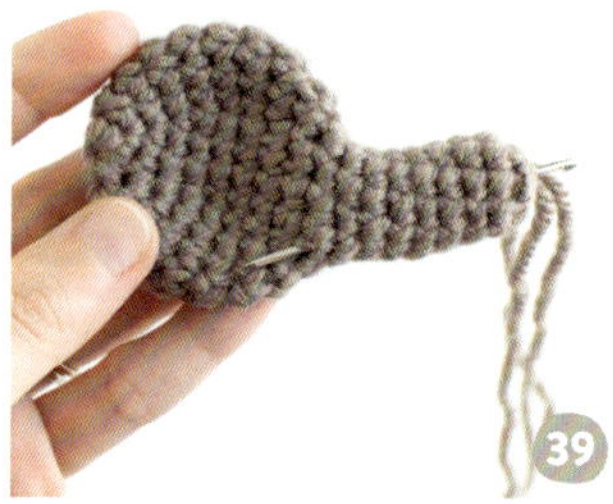

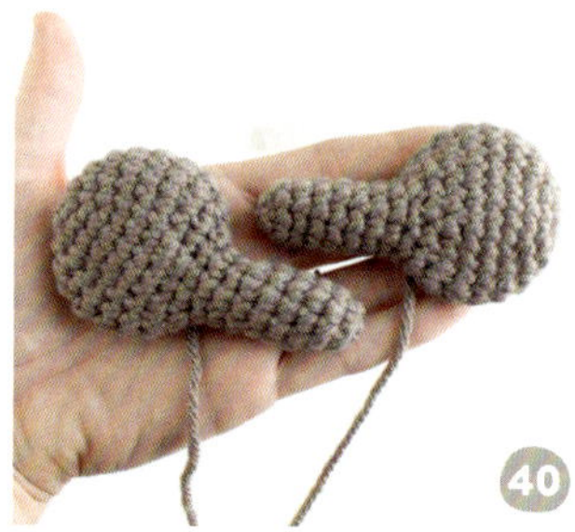

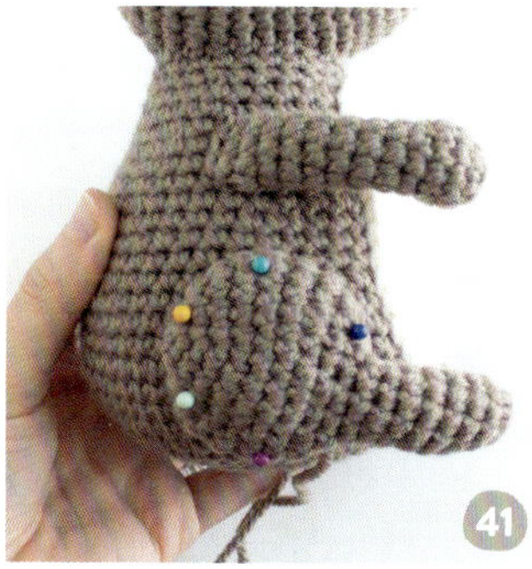
41

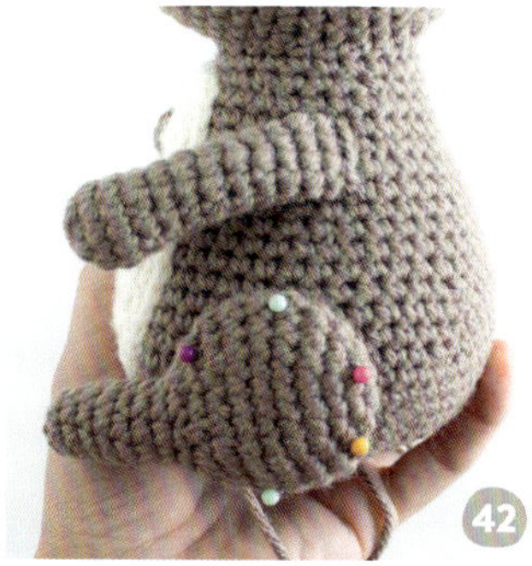
42

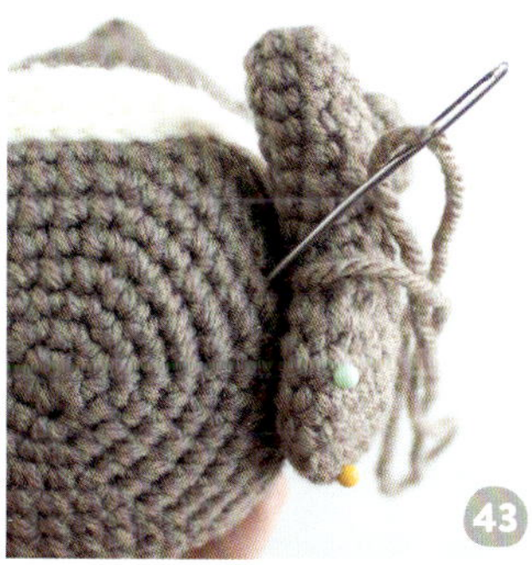
43

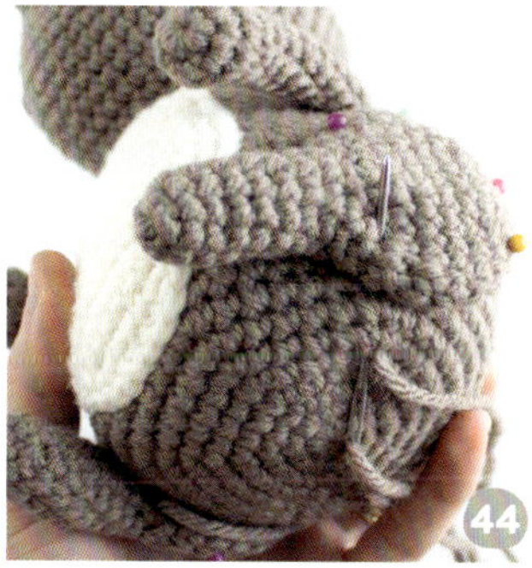
44

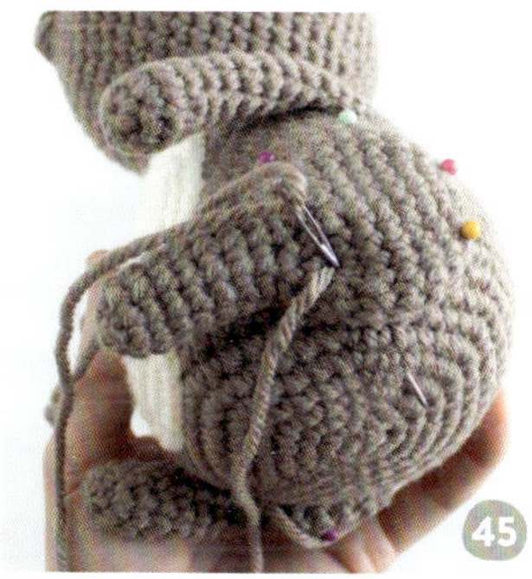
45

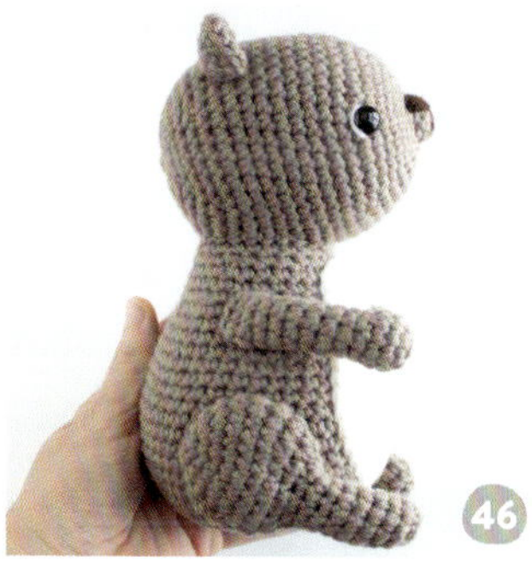
46

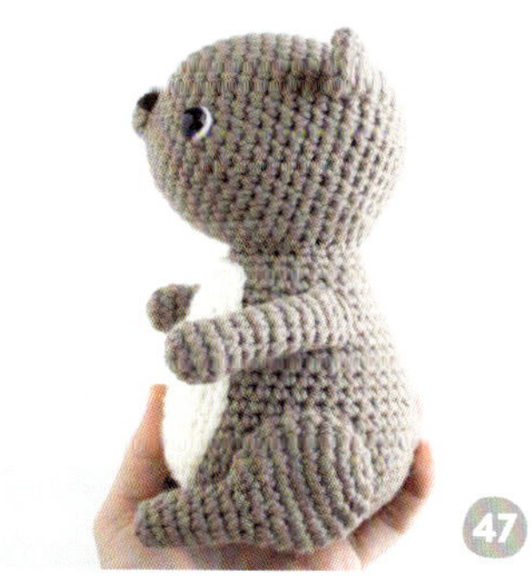
47

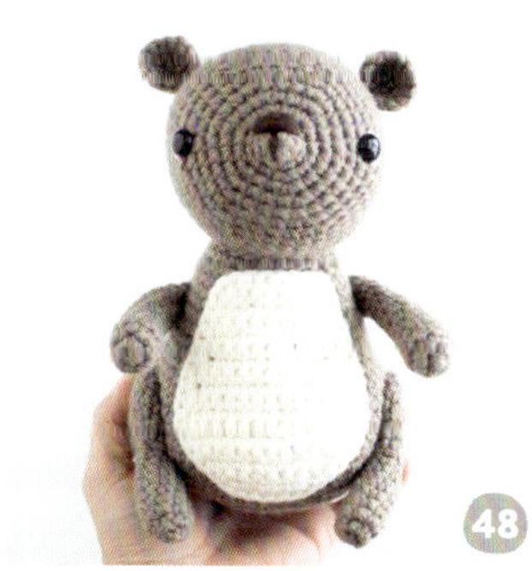
48

faden annähen. Dabei die Nadel unter beide Mg der 13. Rd der Arme und dann in den Körper führen (Foto 34). Das Fadenende mit einem Knoten sichern und im Inneren des Körpers verstecken (Fotos 35–37).

BEINE: 2 X HÄKELN

In Hellbraun häkeln.

1. Rd: 6 fM in einen magischen Ring häkeln (6 M).

2. Rd: 6 Zun (12 M).

3. Rd: *1 fM, Zun* 6 x (18 M).

4. Rd: *2 fM, Zun* 6 x (24 M).

5.–7. Rd: 24 fM.

8. Rd: *2 fM, uns Abn* 6 x (18 M).

9. Rd: *1 fM, uns Abn* 6 x (12 M).

10. Rd: 3 fM, 3 uns Abn, 3 fM (9 M).

11.–17. Rd: 9 fM.

Nur die 11.–17. Rd , nicht jedoch die anderen Rd mit Füllwatte ausstopfen.

18. Rd: 1 fM, 4 uns Abn (5 M).

Abmaschen und den Faden zum Verschließen hängen lassen. Die Beine schließen und den Endfaden durch das Bein und bei der 10. Rd nach außen führen (Fotos 38–40).

Die Beine zwischen der 8. und 16. Rd seitlich an den Körper stecken (Fotos 41+42). Mit dem Endfaden den Oberschenkel annähen. Da er nicht ausgestopft ist, legt er sich leicht an den Körper an. Um den Oberschenkel herum nähen, dabei von unten nach oben arbeiten. Das linke Bein gegen und das rechte Bein im Uhrzeigersinn annähen. Dabei die Nadel zwischen 2 M in den Körper stechen, an derselben Stelle wieder ausstechen und zugleich durch das Bein führen. An derselben Stelle wieder in das Bein und den Körper einstechen (Fotos 43–45). Fortfahren, bis der Oberschenkel festgenäht ist. Die 11.–18. Rd des Beins nicht annähen. Das Fadenende mit einem Knoten sichern und im Inneren des Körpers verstecken (Fotos 46–48).

SCHWANZ

In Hellbraun häkeln.

1. Rd: 6 fM in einen magischen Ring häkeln (6 M).

2. Rd: 6 Zun (12 M).

3. Rd: *1 fM, Zun* 6 x (18 M).

4. Rd: *2 fM, Zun* 6 x (24 M).

5. Rd: *3 fM, Zun* 6 x (30 M).

6. Rd: *4 fM, Zun* 6 x (36 M).

7.–11. Rd: 36 fM.

12. Rd: 12 fM, 6 uns Abn, 12 fM (30 M).

13. Rd: 9 fM, 6 uns Abn, 9 fM (24 M).

14. Rd: 8 fM, 4 uns Abn, 8 fM (20 M).

Den Schwanz ausstopfen und nach und nach weitere Füllwatte hinzufügen. Die letzten Rd jedoch nicht ausstopfen, damit sich der untere Teil des Schwanzes flach an den Körper legen kann.

15.–33. Rd: 20 fM.

34. Rd: 9 fM. Dabei die Kanten des Schwanzes aneinanderlegen und zusammenhäkeln. Dafür mit der Nadel durch beide M stechen. Dann wie gewohnt mit fM fortfahren (Fotos 49–52).

Abmaschen und den Faden zum Annähen hängen lassen (Foto 53).

Optional: Vor dem Annähen den Schwanz mit einer Hundebürste bürsten, sodass er flauschig wird. Dafür den Schwanz umdrehen und in Richtung der Spitze bürsten (Fotos 54+55).

Anschließend an der 8. Rd an den Körper stecken. Mit dem Endfaden festnähen. Dabei die Nadel unter beide Mg der 34. Rd des Schwanzes und dann in den Körper führen (Foto 56). Den Schwanz an der 26.–33. Rd an den Körper nähen (Foto 57). Auf der anderen Seite des Schwanzes wiederholen. Das Fadenende mit einem Knoten sichern und im Inneren des Körpers verstecken (Fotos 58+59).

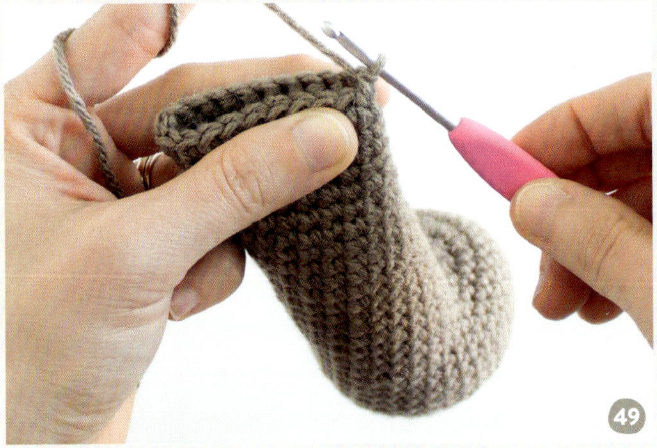

49

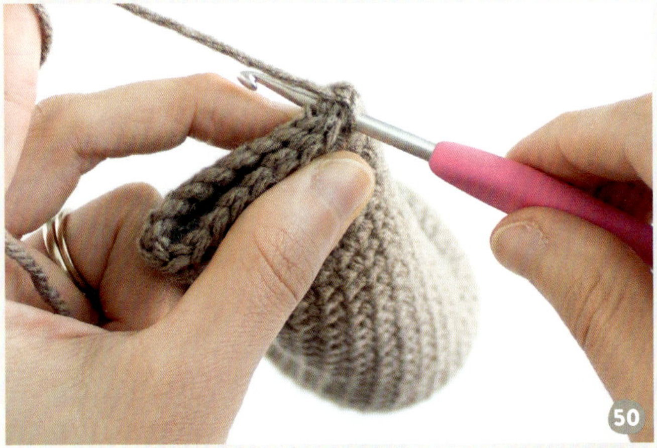

50

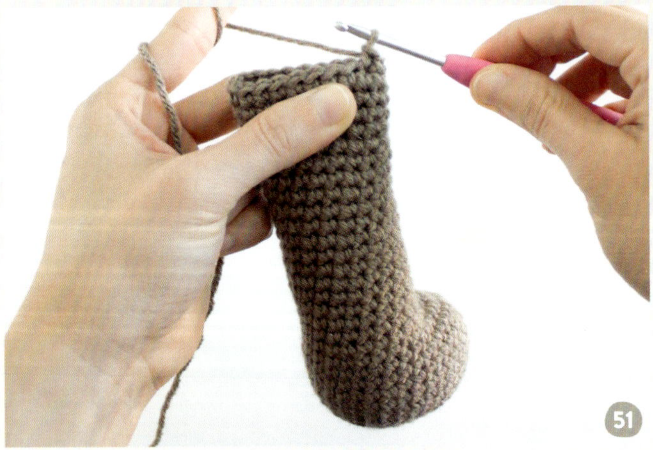

51

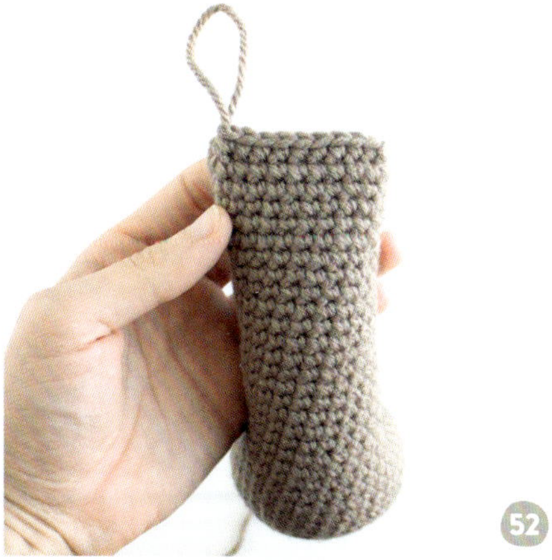
52

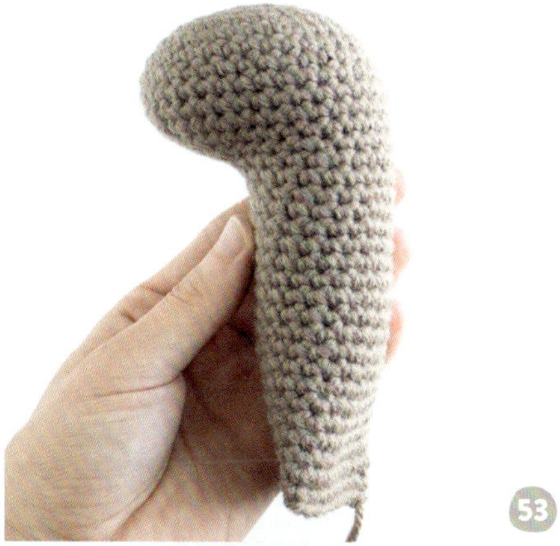
53

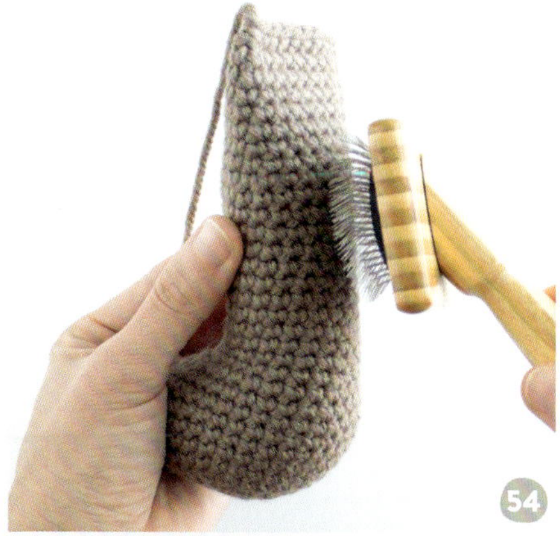
54

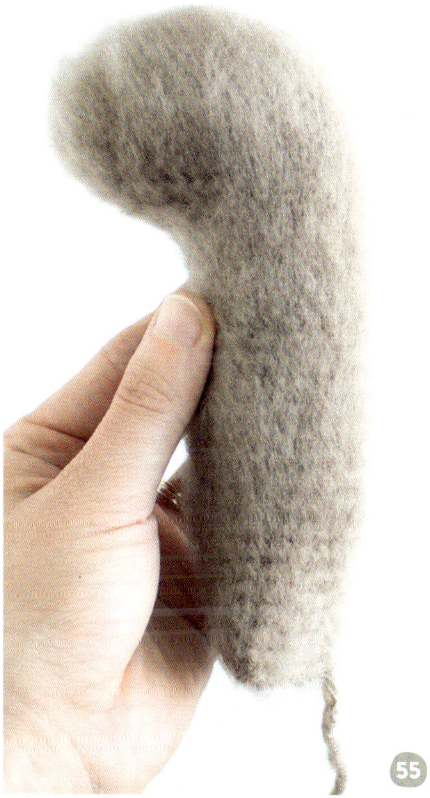
55

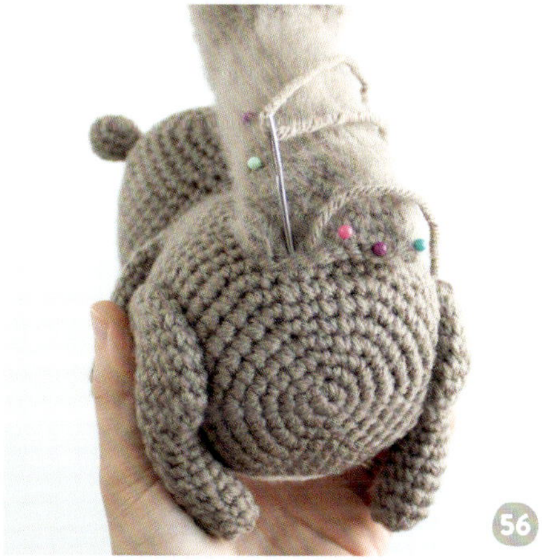
56

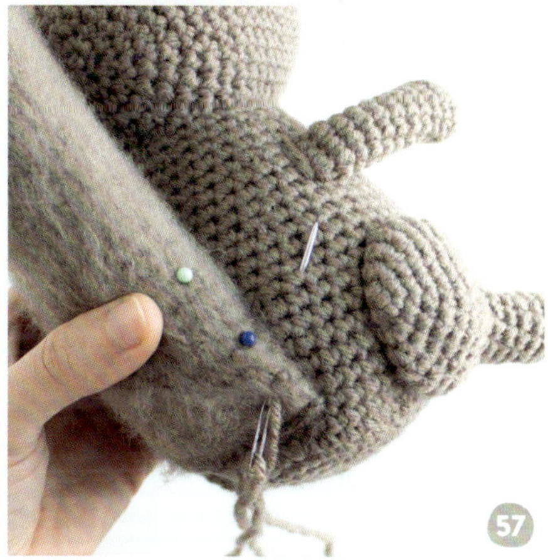
57

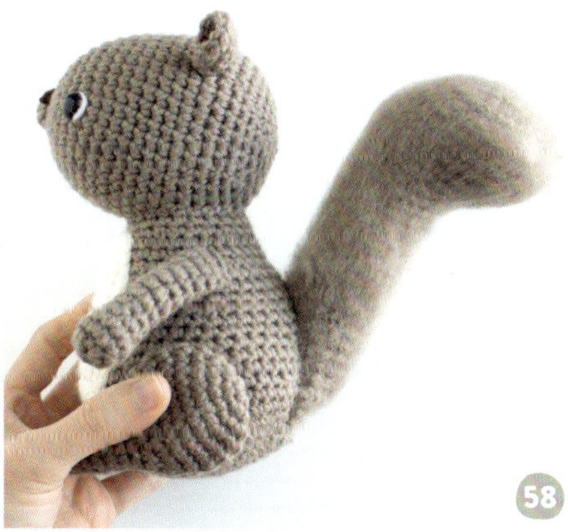
58

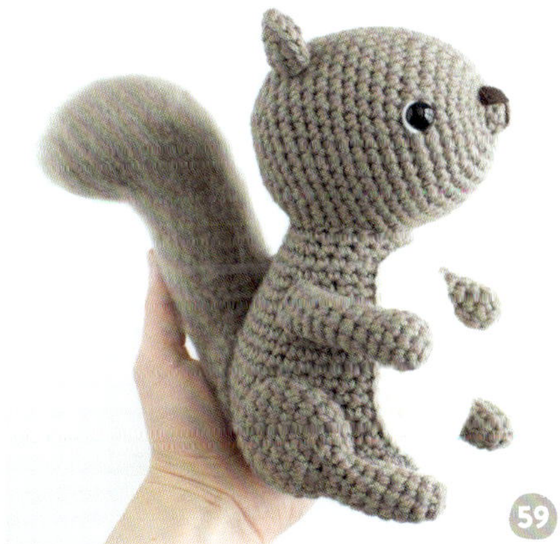
59

DANKSAGUNG

Ich bin allen, die dieses Buch möglich gemacht haben, unendlich dankbar. Ohne ihre Unterstützung wäre es immer noch nur eine Idee auf Papier.

Ein riesiger Dank geht an Lindsay, Clare, Peter, Brenna, Megan und das ganze Team bei Blue Star Press. Es ist immer eine Ehre, für diese Bücher mit euch allen zusammenzuarbeiten. Ich bin so dankbar, dass ich meine Arbeit auf diesen Seiten, die ihr mitgestaltet habt, veröffentlichen kann. Danke, dass ihr immer an mich geglaubt habt, dass ihr flexibel wart, wenn ich mehr Zeit brauchte, und dass ihr mich bei jedem Schritt für dieses Buch bestätigt habt.

An meine unglaubliche technische Redakteurin Carmen Nuland: Ich kann dir nicht genug dafür danken, dass du so viel Zeit investiert hast, damit diese Anleitungen genau und so perfekt wie möglich sind. Deine Liebe zum Detail und dein aufmerksamer Blick haben mir geholfen, ein weiteres Buch zu schaffen, auf das ich sehr stolz bin.

Ich hatte das große Glück, dass eine wunderbare Gruppe diese Anleitungen getestet hat: Abby Dalager, Andrea Thiessen, Anika Kam, Anna Hall, Anna Turek, Bianca Flatman, Christina Marie, Deidra Montalvo, Elizabeth Joersz, Jason Knop, Jenessa Davis, Lysa Rohrer, Megan Bopp, Melissa Pegan, Stephanie Cothran, Tina Shunk. Vielen Dank, dass ihr mir nicht nur eure Zeit und euer Feedback, sondern auch euer Talent zur Verfügung gestellt habt. Es war wirklich ein unvergessliches Erlebnis zu sehen, wie ihr alle diese Tiere angefertigt habt.

Ohne meine treuen Follower*innen und ihre Unterstützung wäre ich nicht da, wo ich bin. Als ich angekündigt habe, dass ich mein drittes Buch schreiben würde, hat mich eure Begeisterung dazu gebracht, mein bisher bestes Werk abzuliefern. Jedes Liken und Teilen, jede Nachricht und jeder Kauf bleiben nicht unbemerkt, und ich könnte nicht dankbarer über eure Unterstützung sein. Es ist mir eine große Freude und Ehre, dass einige von euch dieses Buch erwerben und damit häkeln lernen. Ihr seid es, die meinen Traum wahr machen, als Häkeldesignerin zu arbeiten.

Ich habe gar nicht genug Worte, wie sehr ich meine Familie und all die Ermutigung schätze, die sie mir in den letzten Jahren gegeben hat. An Rachael, Taylor, Jessica, Jacob, Opa und meine Schwiegereltern Amy und George: Vielen Dank, dass ihr mich beim Schreiben dieses Buchs so tatkräftig unterstützt habt. Dass ich meine Entwürfe mit euch teilen konnte, bevor sie jemand anderes zu sehen bekam, wird mir immer in bester Erinnerung bleiben.

An meine Mutter und Großmutter, die im Geiste bei mir sind. Mama, ich denke daran, dass wir schon über dieses Buch gesprochen haben, als es erst eine Idee war. Ich weiß, du hättest gerne jedes Tier fertig gehäkelt gesehen. Ich vermisse dich jeden Tag und bin dir für immer dankbar für all die Opfer, die du gebracht, und für die Unterstützung, die du mir immer gegeben hast. Oma, du hast in meiner ganzen Häkelkarriere die wichtigste Rolle gespielt. Ohne dein großzügiges Herz hätte ich mich niemals ins Häkeln verliebt. Du hättest dich riesig gefreut, wenn du meine Bücher in unserem Lieblingsbastelladen gesehen hättest. Ich verdanke dir so viel von meinem Erfolg.

Nicht zuletzt möchte ich meinem Mann Carl danken. Durch dich bin ich mehr gesegnet, als du dir jemals vorstellen kannst. Vom ersten Tag an warst du da, um mich zu unterstützen. Du hast mich immer ermutigt, meinen Träumen zu folgen und mich bei jedem Schritt auf diesem Weg begleitet. Selbst an Tagen, an denen ich ganz aufgeben wollte. Danke, dass du dir meine verrückten Ideen angehört hast (und deine verrückten Ideen auch mit mir geteilt hast!), dass du so geduldig mit mir bist und mir geholfen hast, wenn ich Hilfe brauchte. Ich bin so unglaublich glücklich, dass ich dich und unsere Hunde Thunder und Storm an meiner Seite habe. Ich liebe dich für immer, Carl!

Bibliografische Information der Deutschen Bibliothek.

Die Deutsche Bibliothek verzeichnet diese Publikation in der Deutschen Nationalbibliografie.

Detaillierte bibliografische Daten sind im Internet über http://www.d-nb.de/ abrufbar.

EIN BUCH DER EDITION MICHAEL FISCHER

1. Auflage 2024

Erstveröffentlicht bei Blue Star Press, Bend, Oregon, USA

Titel der Originalausgabe: Animal Amigurumi Adventures Vol. 1: 15 Crochet Patterns to Create Adorable Amigurumi Critters

Aus dem Englischen übertragen von Dr. Katrin Korch, Baden-Baden

Fotos und Anleitungen: Lauren Espy
Coverdesign: Megan Kesting
Layout: Rhoda Wong
Satz: Jonas Högerl und Paulina Ernst
Produktmanagement: Maren Bellon

ISBN 978-3-7459-2028-4

Gedruckt bei Polygraf Print, Čapajevova 44, 08001 Prešov, Slowakei

www.emf-verlag.de